Die Alpen im Kalten Krieg

Beiträge zur Militärgeschichte

Herausgegeben vom
Militärgeschichtlichen Forschungsamt

Band 71

Oldenbourg Verlag München 2012

Die Alpen im Kalten Krieg

Historischer Raum,
Strategie und Sicherheitspolitik

In Zusammenarbeit der
Landesverteidigungsakademie Wien und des
Militärgeschichtlichen Forschungsamtes, Potsdam,
herausgegeben von

Dieter Krüger
und Felix Schneider

Oldenbourg Verlag München 2012

Umschlagbild:
Zwei einstrahlige Kampfflugzeuge Saab 29 Tunnan (dt. »Tonne«) im September 1966 in den österreichischen Alpen. Zwischen 1960 und 1962 hatte das österreichische Bundesheer 30 gebrauchte Saab 29F von Schweden übernommen. Die Flugzeuge waren in Österreich bis 1973 im Einsatz.
(Foto: BMLVS/Heeresbild- und Filmstelle)

Die Deutsche Nationalbibliothek verzeichnet diese Publikation in der Deutschen Nationalbibliografie; detaillierte bibliografische Daten sind im Internet über www.dnb.de abrufbar.

© 2012 Oldenbourg Wissenschaftsverlag GmbH, München
Rosenheimer Straße 145, D-81671 München
www.oldenbourg-verlag.de
Das Werk einschließlich aller Abbildungen ist urheberrechtlich geschützt. Jede Verwertung außerhalb der Grenzen des Urheberrechtsgesetzes ist ohne Zustimmung des Verlages unzulässig und strafbar. Das gilt insbesondere für Vervielfältigungen, Übersetzungen, Mikroverfilmungen und die Einspeicherung und Bearbeitung in elektronischen Systemen.
Gedruckt auf säurefreiem, alterungsbeständigen Papier (chlorfrei gebleicht).

Redaktion: Militärgeschichtliches Forschungsamt, Potsdam, Schriftleitung
    Projektkoordination, Bildrechte: Michael Thomae
    Lektorat: Michael Thomae, Matthias Rawert (Freiburg i.Br.), Carmen Winkel (Potsdam)
    Lektoratsassistenz: Ralf Zaschke (Potsdam)
    Satz: Carola Klinke
    Umschlaggestaltung: Maurice Woynoski
    Karten: Ulf Balke, Daniela Heinicke, Bernd Nogli, Frank Schemmerling
Druck und Bindung: Memminger MedienCentrum AG, Memmingen

ISBN: 978-3-486-58817-0

Inhalt

Vorwort 7
Einleitung 9

* * *

Reinhard Mang
   Der Alpenraum aus geografischer Sicht 13

Claudia Reichl-Ham
   Kriege im Alpenraum. Ein militärhistorischer Rückblick 25

Felix Schneider
   No last Stand. Eisenhower, Berlin und keine Alpenfestung 87

Erwin A. Schmidl
   Österreich im frühen Kalten Krieg 109

Horst Pleiner
   Strategisches Denken im Alpenraum aus österreichischer Sicht
   von 1955 bis in die Gegenwart 131

Peter Braun
   Neutral zwischen Ost und West? Die schweizerische Landesverteidigung
   und die Herausforderungen des Nuklearzeitalters 1955 bis 1961 159

Hans Rudolf Fuhrer
   Die operativen Planungen der Schweiz 1945 bis 1970 177

Stefanie Frey und Jürg Stüssi-Lauterburg
   Die Schweiz im Kalten Krieg. Westliche Perzeptionen 1945 bis 1973 221

Helmut R. Hammerich
   Die geplante Verteidigung der bayerischen Alpen im Kalten Krieg 239

Maurizio Cremasco
   Der Alpenraum im Kalten Krieg. Eine italienische Perspektive 263

László Ritter
  Der geheime Krieg zwischen dem Sowjetblock
  und Jugoslawien 1948 bis 1953 277

Vladimir Prebilič
  Zur geostrategischen Bedeutung Sloweniens – Vorteil oder Fluch? 313

Miljan Milkić
  Das Freie Territorium Triest unter jugoslawischer Militärregierung
  1947 bis 1954 325

Sviatlana Stsiaposhyna
  Der Alpenraum aus sowjetischer Perspektive in der Ära Gorbačëv 337

Dieter Krüger
  Die Alpen im Kalten Krieg. Versuch einer
  strategisch-politischen Bilanz 347

* * *

Abkürzungen 403
Personenregister 407
Autorinnen und Autoren 413

Vorwort

Die Landesverteidigungsakademie (LVAk) in Wien und das Militärgeschichtliche Forschungsamt (MGFA) in Potsdam legen mit diesem Buch das Ergebnis eines österreichisch-deutschen Kooperationsprojektes zum Kalten Krieg vor. Während sich die Zeitgeschichtsschreibung in Österreich wie in Deutschland – vor dem Hintergrund des vorrangigen öffentlichen Interesses sowie der Schutzfristen für die archivalische Überlieferung – lange auf die Zeit vor 1945 konzentriert hat, rückt nun der Kalte Krieg verstärkt in den Fokus der Forschung. Heute, rund zwei Jahrzehnte nach dem Ende des Ost-West-Konfliktes, ist es nicht zuletzt dank einer immer größeren Anzahl freiwerdender Quellen möglich, neue und gesicherte Antworten auf bisher offene Fragen zu geben.

Die Epoche des Kalten Krieges war durch die Vernetzung der europäischen Nationalstaaten innerhalb ihrer Bündnisse geprägt. Daneben kam den neutralen Staaten eine eigene strategische und außenpolitische Rolle zu. Dieses Neben- und Miteinander zeigt sich besonders in den strategischen Überlegungen zum Alpenraum. Daher ist es geboten, Forschungen dazu international vergleichend anzulegen. Das erfordert die enge Zusammenarbeit zwischen Wissenschaftlern aus allen ehemals in verfeindeten Blöcken eingebundenen und aus neutralen Staaten. Dem trägt der vorliegende Sammelband in besonderer Weise Rechnung. Historiker aus acht Nationen haben daran mitgewirkt. Doch während die Fachdisziplin bisher vorwiegend die Planungen und Bedrohungsbilder beider Machtblöcke des Kalten Krieges im zentralen Sektor »NATO-Mitte« in Deutschland untersucht hat, steht im Zentrum dieses Bandes das zentraleuropäische Thema der strategischen Bedeutung des Alpenraums vom Ende des Zweiten Weltkrieges bis zum Ende des Kalten Krieges. Die hier versammelten Beiträge gehen auf eine von der Landesverteidigungsakademie unter Mitwirkung des Militärgeschichtlichen Forschungsamtes organisierte internationale wissenschaftliche Tagung zurück. Die Auswirkungen strategischer Überlegungen in Ost und West werden ebenso thematisiert wie der historische Raum oder die Bedeutung verschiedener regionaler Ordnungskonzepte.

Wir danken den Autorinnen und Autoren des Bandes sowie den Mitarbeitern unserer Institute in Potsdam bzw. in Wien, insbesondere Privatdozent Dr. Dieter Krüger (MGFA) sowie Universitätsdozent Dr. Erwin A. Schmidl und Dr. Felix Schneider (beide LVAk) für ihr Engagement und ihre Arbeit, ohne die der Band nie hätte entstehen können. Ferner gilt unser Dank den Mitarbeitern der Schriftleitung des MGFA, welche die Ausstattung und Drucklegung des Buches professionell vorbereitet haben.

Möge dieser Band zum besseren Verständnis der europäischen Geschichte und damit auch zu jenem Orientierungswissen beitragen, das uns allen hilft, die Herausforderungen der Gegenwart und Zukunft zu meistern.

Generalleutnant Mag. Erich Csitkovits
Kommandant der
Landesverteidigungsakademie Wien

Oberst Dr. Hans-Hubertus Mack
Amtschef des Militärgeschichtlichen
Forschungsamtes, Potsdam

Einleitung

Selbst im Bewusstsein der Zeitgenossen, die zu seinen Hochzeiten ihre wesentlichen sozialen und mentalen Prägungen erfahren haben, verblasst der »Kalte Krieg« erstaunlich schnell. Die erste Hälfte des 20. Jahrhunderts und namentlich der Zweite Weltkrieg bieten anhaltend Stoff für öffentliche Kontroversen jenseits des historiografischen Fachdiskurses. Dagegen lässt das Interesse an den Ursachen, dem Verlauf und den Gründen des Endes des Ost-West-Konflikts deutlich nach. Seine eigentlichen Verlierer, die kommunistischen Eliten des Ostblocks und ihre Opfer, sterben nach und nach. In der Konsequenz wird es immer leiser um das »radikale Zeitalter«[1], um den »fünfzigjährigen Krieg«[2] und um die zweite Hälfte des »Zeitalters der Extreme«, das sich für viele Westeuropäer und Amerikaner im Rückblick immer mehr als »goldenes Zeitalter«[3] darstellt. Nicht zuletzt mag mancher Angehörige der sowjetischen und osteuropäischen kommunistischen Nomenklatura in der Rückschau selbst die lange Herrschaft von Leonid I. Brežnev von 1964 bis 1982 als »goldenes Zeitalter der Stagnation« empfunden haben[4].

Für die meisten Nachgeborenen hat sich längst der Staub der Geschichte auf die Ära des Kalten Krieges gesenkt. Dennoch ist es die Mühe wert, sich seiner zu erinnern und nach den Spuren zu suchen, die er in unseren Köpfen und Herzen, auch denen der Nachgeborenen, sowie in unseren Lebensräumen hinterlassen hat. Dabei werden wir zusehends besser verstehen, wie es zu dieser Konfrontation kommen konnte, die die Existenz der ganzen Menschheit bedrohte. Wir werden die Rolle erkennen, die unsere jeweiligen Staaten und Gesellschaften und ihre Repräsentanten in der Interaktion der antagonistischen Blöcke spielten. Heutige Historiker setzen fort, was ihre Väter und Großväter schon vor Jahrzehnten begonnen hatten. Nicht nur die historiografischen Einzelstudien zu Ursachen, Verlauf und Folgen des Kalten Krieges sind Legion[5]. Mittlerweile liegen aus der relativ

---

[1] Bernd Stöver, Der Kalte Krieg. Geschichte eines radikalen Zeitalters 1947–1991, München 2007.
[2] Georges-Henri Soutou, La guerre des Cinquante Ans. Les relations Est-Ouest 1943–1990, Paris 2001.
[3] Eric Hobsbawm, Das Zeitalter der Extreme. Weltgeschichte des 20. Jahrhunderts, München 1995 (engl. 1994). Hobsbawm übertitelt seine Darstellung des Zeitalters der Weltkriege mit »Katastrophenzeitalter« und die Ära des Kalten Krieges mit »Goldenes Zeitalter«.
[4] Das Urteil Michail Gorbačëvs, die Ära Brežnev sei eine Phase der Stagnation gewesen, leuchtet unmittelbar ein. Das – freilich sarkastisch gemeinte – Adjektiv »golden« wird dem russischen Historiker Viktor Koslov zugeschrieben.
[5] Die historiografische Debatte resümiert Odd Arne Westad, The Cold War and the international history of the twentieth century. In: The Cambridge History of the Cold War. Ed. by Melvyn P. Leffler and Odd Arne Westad, 3 vols., Cambridge 2010, vol. 1: Origins, S. 1–19, hier S. 3–8. Vgl. auch die Ausführungen zum Stand der Forschung bei Georges-Henri Soutou, L'historiographie

sicheren Position der Rückschau nach einem oder gar zwei Jahrzehnten eindrucksvolle Gesamtdarstellungen vor[6].

Der Natur des Kalten Krieges als Auseinandersetzung von zwei Supermächten und den von ihnen geführten Bündnissen entsprechend, stand und steht noch immer die sogenannte große Politik im Zentrum der Betrachtung. Ebenso wie diese große Politik ist die Geschichte der militärischen Strategien zumindest für den Westen verhältnismäßig gut erforscht. Russland scheint vorläufig nicht bereit, die Historiker in die von ihm verwahrten Strategiedokumente des Warschauer Paktes hineinsehen zu lassen. Dagegen öffnen die osteuropäischen Archive ihre Akten, die immerhin Rückschlüsse auf die geplante Operationsführung des Warschauer Paktes und sogar auf dessen Strategie erlauben. Doch hat die Erforschung der Operationspläne der NATO erst vor wenigen Jahren begonnen. Sie leidet sowohl an der Verfügbarkeit der Operationsakten – die in den Kommandobehörden der NATO offenkundig mit der Aktualisierung vielfach gleich vernichtet wurden – als auch an deren Zugänglichkeit. Folgerichtig konzentrieren sich die historiografischen Beiträge zur Operations- und Strategiegeschichte vornehmlich auf die 1950er, 1960er und die frühen 1970er Jahre. Das gilt im Übrigen auch für die neutralen Staaten Schweiz und Österreich.

Das Militärgeschichtliche Forschungsamt (MGFA) in Potsdam hat mit seinen einschlägigen Reihen sowie mit zahlreichen Einzelschriften und Aufsätzen zur historischen Aufarbeitung des Kalten Krieges nach dessen Ende beigetragen[7]. Dem transnationalen Ansatz seiner NATO-Reihe folgend, erkannten Historiker des MGFA den Alpenraum als historiografisch reizvollen Gegenstand einer komparativen und integrativen Betrachtung. Ausschlaggebend war die Frage nach der geostrategischen und geopolitischen Rolle des Alpenraumes nicht nur für die drei neutralen bzw. blockfreien Alpenstaaten in einer durch die antagonistischen Blöcke definierten Umgebung, sondern auch für die Alpenstaaten Bundesrepublik Deutschland und Italien, die dem westlichen Bündnis angehören.

Der Kalte Krieg war zwar weitaus mehr als ein macht- und sicherheitspolitischer Konflikt. Um jedoch für den vorliegenden Band eine sinnvolle Beschränkung zu erreichen, wird im ersten Ansatz die Sicherheitspolitik und Strategie der Alpenstaaten beschrieben. Auf kultur-, sozial- und wirtschaftshistorische Aspekte wird bewusst verzichtet. Nicht verzichtet werden soll dagegen auf die einführende Betrachtung des Alpenraumes als geografischer und historischer Raum. Denn

---

actuelle de la Guerre froide entre révisionisme et nouvelles recherches. In: Revue d'histoire diplomatique, 122 (2008), S. 187-192; und jüngst bei Gottfried Niedhart, Der Ost-West-Konflikt. Konfrontation im Kalten Krieg und Stufen der Deeskalation. In: Archiv für Sozialgeschichte, 50 (2010), S. 557-594, mit Akzent auf der zweiten Hälfte des Kalten Krieges.

[6] Vgl. neben den bereits erwähnten Monografien von Soutou und Stöver die jüngst erschienene dreibändige Cambridge History of the Cold War, die freilich wiederum aus einer Sammlung von Einzelbeiträgen zu den Zeitabschnitten Entstehung, Krise und Entspannung sowie Ende des Kalten Krieges besteht.

[7] Vgl. etwa Anfänge westdeutscher Sicherheitspolitik 1945 bis 1956, 4 Bde, München 1982-1997; Entstehung und Probleme des Atlantischen Bündnisses, bislang 8 Bde, München 1998-2009; Sicherheitspolitik und Streitkräfte der Bundesrepublik Deutschland, bislang 10 Bde, München 2006-2011.

Geografie und Geschichte stellen Rahmen und Ausgangspunkt der Alpenstaaten im Kalten Krieg dar.

Die Historiker der Wiener Landesverteidigungsakademie (LVAk) und anderer österreichischer Einrichtungen, aber auch ausländische Kollegen veröffentlichen schon seit Jahren Studien zur Geschichte Österreichs im Kalten Krieg[8]. Ähnlich verhält es sich mit den Schweizer Militärhistorikern[9]. In der Folge organisierte die LVAk 2007 in Kooperation mit dem MGFA die multinationale Konferenz »Sicherheit im Alpenraum – vom Gestern zum Morgen/Security in the Alpine Region – Past and Future«. Zwischenzeitlich liegen zwei Publikationen vor, die verwandten Ansätzen folgen und Aspekte behandeln, die auf der Tagung der LVAk 2007 angesprochen wurden: Der 2010 von Arnold Suppan und Wolfgang Mueller herausgegebene Sammelband thematisiert die Beziehungen Österreichs zu seinen östlichen Nachbarn in der Epoche von Kaltem Krieg und Entspannung[10]. Im gleichen Jahr erschien ein weiterer Band, für den Manfried Rauchensteiner als Herausgeber verantwortlich zeichnet und worin die Rolle Österreichs zwischen den beiden Machtblöcken vorgestellt wird[11]. Auch in diesen Bänden steht die große Politik im Zentrum der Betrachtung, aber sie enthalten ebenso Beiträge zu Wirtschaft, Kultur und Medien. Damit boten diese beiden jüngst erschienen Bücher zusätzliche Anregungen, die in die vorliegende Publikation einfließen konnten.

---

8   Vgl. Oliver Rathkolb, Washington ruft Wien. US-Großmachtpolitik und Österreich 1953–1963. Mit Exkursen zu CIA-Waffenlagern, NATO-Connection, Neutralitätsdebatte, Wien [u.a.] 1997; sowie Österreich im frühen Kalten Krieg 1945–1958. Spione, Partisanen, Kriegspläne. Hrsg. von Erwin A. Schmidl, Wien [u.a.] 2000; James J. Carafano, Waltzing into the Cold War. The struggle for occupied Austria, College Station, TX 2002; B-Gendarmerie, Waffenlager und Nachrichtendienste. Der militärische Weg zum Staatsvertrag. Hrsg. von Walter Blasi, Erwin A. Schmidl und Felix Schneider, Wien [u.a.] 2005; Die Ungarnkrise 1956 und Österreich. Hrsg. von Erwin A. Schmidl, Wien [u.a.] 2003; Erwin A. Schmidl, Im Dienste des Friedens: Die österreichische Teilnahme an Friedensoperationen seit 1960, Graz 2010; Erwin A. Schmidl, Blaue Helme, Rotes Kreuz. Das österreichische UN-Sanitätskontingent im Kongo 1960 bis 1963, 2., überarb. Aufl., Innsbruck [u.a.] 2010 (= Peacekeeping-Studien, 1).
9   Vgl. Mauro Mantovani, Schweizerische Sicherheitspolitik im Kalten Krieg 1947–1963. Zwischen angelsächsischem Containment und Neutralitäts-Doktrin, Zürich 1999; Peter Braun, Von der Reduitstrategie zur Abwehr. Die militärische Landesverteidigung der Schweiz im Kalten Krieg 1945–1966, 2 Bde, Basel 2006; Peter Veleff, Angriffsziel Schweiz? Das operativ-strategische Denken im Warschauer Vertrag mit Auswirkungen auf die neutralen Staaten Schweiz und Österreich, Zürich 2007; Jürg Stüssi-Lauterburg und Stefanie Frey, Unvollständiges Protokoll eines Krieges, der nicht stattfand. Schweizerische Militärgeschichte aus der Sicht westlicher Quellen von 1944 bis 1973, Lenzburg 2009; Die Planung der Abwehr in der Armee 61. La planification de la défense combinée dans l'Armee 61. Hrsg. von Peter Braun und Hervé de Weck, Bern 2009; und zuletzt Hans Rudolf Fuhrer und Matthias Wild, Alle roten Pfeile kamen aus Osten – zu Recht? Das Bild und die Bedrohung der Schweiz 1945–1966 im Licht östlicher Archive, Baden 2010 (= Der Schweizerische Generalstab, 10).
10 Vgl. Peaceful Coexistence or Iron Curtain? Austrian Neutrality, and Easten Europe in the Cold War and Détente, 1955–1989. Ed. by Arnold Suppan and Wolfgang Mueller, Wien, Berlin 2009.
11 Vgl. Zwischen den Blöcken. NATO, Warschauer Pakt und Österreich. Hrsg. von Manfried Rauchensteiner, Wien 2010; und daneben auch die bereits 2007 erschienene Dissertation von Andrew E. Harrod, Felix Austria? Cold War security policy between NATO, neutrality and Warsaw Pact, 1945–1989, The Fletcher School of Law and Diplomacy, Ann Arbor 2007 (UMD Dissertations Services).

Die innovative Bedeutung der hier versammelten Beiträge liegt in der vergleichenden Betrachtung der sicherheitspolitischen Probleme aller Alpenländer – sieht man von Frankreich ab – während des Kalten Krieges vor dem Hintergrund ihrer geografischen und militärgeschichtlichen Voraussetzungen. Damit wird, bezogen auf eine binneneuropäische Region von scheinbar zweitrangiger geopolitischer Bedeutung, eine Lücke gefüllt zwischen der Darstellung zu einzelnen Ländern auf der einen und den übergreifenden Linien des globalen Konflikts auf der anderen Seite. Die meisten Autorinnen und Autoren warten zudem mit zahlreichen neuen Erkenntnissen und bislang nicht bekannten Aspekten bereits bekannter Umstände auf. Insofern trägt dieser Sammelband zur Tiefenerforschung der Epoche weit über rein militärische Aspekte hinaus bei.

In zwei Einleitungsbeiträgen stellen *Reinhard Mang* und *Claudia Reichl-Ham* die Alpen als geografischen und militärhistorischen Raum vor. Mit ihren Beiträgen zur Alpenfestung am Ende des Zweiten Weltkriegs, zu Österreich im frühen Kalten Krieg sowie zur Situation in Triest leiten *Felix Schneider*, *Erwin A. Schmidl* und *Miljan Milkić* direkt vom Ende des Zeitalters der Weltkriege in den Kalten Krieg über. *László Ritter* behandelt eine Episode, die sich im unmittelbaren Vorfeld der Ostalpen und der NATO abspielte, den bislang kaum bekannten Geheimdienstkrieg zwischen Ungarn und Jugoslawien in der Frühphase des Kalten Kriegs bis 1953. Die Bereinigung der Krise um Triest 1954 und der Abschluss des Österreichischen Staatsvertrags 1955 beendeten für Österreich und den Alpenraum die unmittelbare Nachkriegszeit. Damit fand auch die Unsicherheit über die künftige Rolle Österreichs und Jugoslawiens ihr vorläufiges Ende. *Horst Pleiner* untersucht die österreichische Sicherheitspolitik von 1955 bis in die Gegenwart im Spannungsfeld von Militärführung, Bundesregierung und Parlament. Dagegen beschreiben *Peter Braun* und *Hans Rudolf Fuhrer* die Probleme der Schweizer Sicherheits- und Militärpolitik vom Ende des Grenzeinsatzes während des Zweiten Weltkrieges bis in die 1960er Jahre. Nach der Zäsur von 1966 tritt auch keine wesentliche Veränderung in der strategischen Planung der Schweiz mehr ein. *Stefanie Frey* und *Jörg Stüssi-Lauterburg* beleuchten die ambivalente Haltung Großbritanniens und der Vereinigten Staaten zur Schweizer Neutralität. *Helmut R. Hammerich* schildert die Operationsplanung der westdeutschen Gebirgsdivision, die sich auf ein womöglich schwach verteidigtes neutrales Vorfeld im Süden und Osten einzurichten hatte. Eher auf der politisch-strategischen Ebene argumentierend, stellen *Maurizio Cremasco* und *Vladimir Prebilič* die sicherheitspolitischen Probleme von Italien bzw. Slowenien, als Teilrepublik der jugoslawischen Föderation, vor. Mit ihrem Beitrag über die Bedeutung Österreichs und der Schweiz für die Außenpolitik Michail Gorbačevs schlägt *Sviatlana Stsiaposhyna* die Brücke zur Endphase des Kalten Krieges. Abschließend fasst *Dieter Krüger* die Ergebnisse der Beiträge zusammen. Er ergänzt, wo ein Sammelband zwangsläufig Lücken lässt, und stellt den Zusammenhang mit der Entwicklung des strategisch-politischen Denkens der beiden Bündnisse her.

Reinhard Mang

Der Alpenraum aus geografischer Sicht

Die geografische Würdigung der Alpen im Rahmen der übergeordneten Fragestellung »Sicherheit« erfordert naturgemäß eine Betrachtung nicht nur des historisch erfassbaren Zeitraums, sondern auch die Berücksichtigung prähistorischer Phasen. Denn nur dann ist das Werden des Raumes in natur- und später in kulturräumlicher, schließlich in geopolitischer Sicht zu verstehen.

Die Alpen sind ein sehr heterogenes Gebilde, das sich einer plakativen, simplifizierenden, induktiven Betrachtungsweise entzieht, da hiermit zu viele individuelle Prozesse verloren gingen. Die nachstehenden Ausführungen erheben daher keinen Anspruch auf Vollzähligkeit; sie sollen lediglich solche ausgewählte Aspekte beleuchten, die im Weiteren für die Befassung mit Fragen der Sicherheit relevant sind. Dabei stellt sich zunächst das Problem der externen terminologischen Abgrenzung des Untersuchungsobjektes gegenüber anderen Objekten sowie der internen terminologischen Strukturen der Alpen.

Nach der Beschreibung allgemeiner Merkmale folgen überblicksartige Darstellungen der natur- und kulturräumlichen Gegebenheiten im Hinblick auf die politischen Raumbildungen und Raumerweiterungen oder Raumbewahrungen sowie -nutzungen. Damit nähert man sich auch geopolitischen Fragestellungen, wobei hier unter Geopolitik alle jene politischen Maßnahmen verstanden werden sollen, die eine bestimmte politische Entität zur Schaffung eines für sie relevanten, vorteilhaften, erstrebenswerten Umfeldes ergreift. Zum Abschluss wird in diesem Sinne eine kurze Würdigung der Alpen im geopolitischen Kontext entworfen.

Definition Alpen

Das Wort »Alpen« ist indogermanischen Ursprungs und bedeutet »Berg«, aber auch »Hochweide«. Dies ist bereits ein erster, kulturhistorisch wesentlicher Hinweis auf den grundsätzlich zweistöckigen (landwirtschaftlichen, in neuerer Zeit aber auch touristischen) Nutzungsaufbau der Alpen. Die externe Struktur beschreibt die Position des Großraumes »Alpen« im Kontext zu seinen geografischen Nachbarräumen. Dies führt zur Frage, wie geografische Räume gegeneinander abgegrenzt werden. Das Problem ist politisch aktuell – etwa im Falle der »Gren-

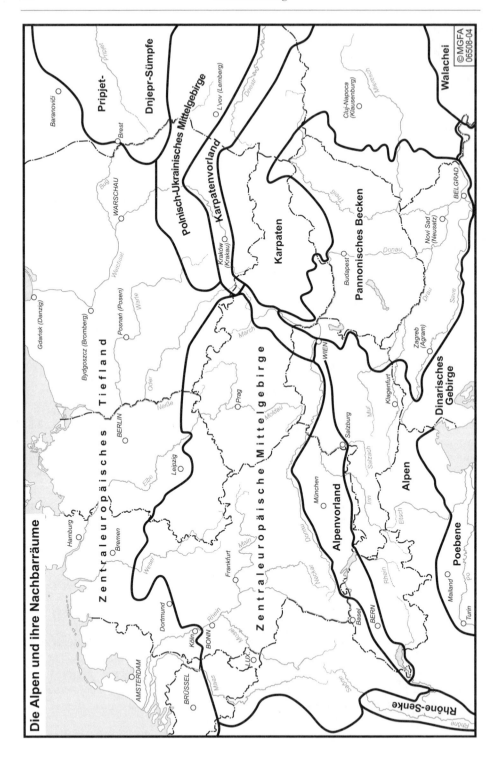

zen« des Raumes »Europa«. Immer ist es ein Bündel von Faktoren, die grundsätzlich beliebig und dabei – wenn nachvollziehbar – sogar wissenschaftlich korrekt so gewählt werden können, dass es einer bestimmten Interessensgruppe mehr, einer anderen weniger entgegenkommt. Bei rein geografischen Räumen wie den Alpen – ohne ausgeprägten politischen Hintergrund – fällt dies allerdings etwas leichter. Die Alpen werden in Mitteleuropa konventionell gegen ihre Nachbarräume abgegrenzt (siehe Karte S. 14). Die an die Alpen angrenzenden Räume sind: Alpenvorland, Karpatenvorland, Pannonisches Becken, Dinarisches Gebirge, Poebene, Apenninen, Riviera, Rhône-Saône-Senke, Zentraleuropäische Mittelgebirge.

Die interne Gliederung der Alpen ist Gegenstand zahlreicher methodischer Betrachtungen. Es gibt keine international koordinierte, terminologisch verbindliche und räumlich linear definierte Raumgliederung der Alpen. Lediglich über einige wenige Großräume (Ostalpen, Westalpen, Seealpen, Tauern usw.) herrscht Einigkeit. In Österreich hat der Militärgeografische Dienst des Bundesministeriums für Landesverteidigung 1983 eine das Gebiet der Republik Österreich abdeckende Raumgliederung erstellt, die auch den gesamten alpinen Anteil des Landes umfasst (Österreich: Geographische Raumgliederung 1:1,5 Mio. ÖMK-A 1500 GEORG).

Entscheidendes Merkmal dieser Bearbeitung war die explizite Berücksichtigung und somit Ausgliederung der Talräume als Lebens- und Siedlungsräume der Alpen. Gebirgsgruppen grenzen also nicht mehr direkt aneinander (Grenze: die jeweilige Gewässermitte in den trennenden Tälern!), sondern werden durch Talräume voneinander getrennt.

Allgemeine Merkmale

Die Alpen sind das höchste Gebirge Europas. Weltweit zählen sie jedoch zu den ganz kleinen Hochgebirgen. Dies sollte man bei globalen Vergleichen stets berücksichtigen (siehe Grafik S. 16).

Die Alpen erstrecken sich von Nizza im mediterran geprägten Südwesten (Grenze gegen den Apennin: Pass von Altare, 459 m) bis nach Wien (Leopoldsberg, 425 m) im kontinental geprägten Nordosten.

Sie bilden in Mitteleuropa die Wasserscheide zwischen der Nordsee/Ostsee und dem Mittelmeer. Dies ist regional noch immer relevant, da etwa die Staatsgrenze zwischen Italien und Österreich abschnittsweise durch den Verlauf der Wasserscheidelinie definiert wird.

Die Alpen weisen eine Länge von ca. 1200 km auf. Die Breite ist sehr variabel, sie erreicht maximal rund 250 km. Die von den Alpen eingeschlossene Fläche beträgt etwa 240 000 km² (zum Vergleich: Republik Österreich 84 000 km²), davon entfallen etwa 40 Prozent auf die Westalpen und 60 Prozent auf die Ostalpen. Infolge der hohen Reliefenergie ist die tatsächliche Oberfläche der Alpen jedoch noch um ca. 9 Prozent größer als die aus verebneten Karten entnehmbare Fläche.

Die höchsten Erhebungen befinden sich im Bereich der geringsten Breite (etwa zwischen Turin und Genf), die größte Breite erreichen die Alpen zwischen Kuf-

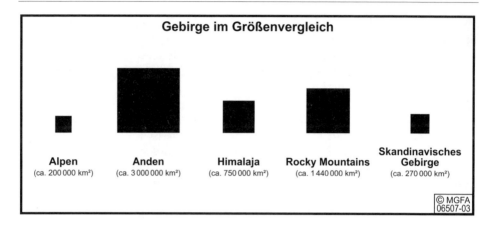

stein und Verona im Meridian des Brenner-Passes, also des niedrigsten Alpenüberganges!

Der Anstieg zum Hochgebirge erfolgt im Norden allmählich, im Süden hingegen meist schroff und unvermittelt; dabei liegt das Alpenvorland im Norden um 300 m höher als die Poebene im Süden. Die historischen Passstaaten in den Alpen sind von Norden her entstanden, weil von dort aus der Zugang zu den Pässen leichter war als vom Süden.

Die Alpen bewirken eine Abschirmung Norditaliens gegen das atlantische, aber auch das kontinentale Klima Zentraleuropas. Daraus entsteht für die südlich an die Alpen angrenzenden Räume (aber auch bereits für einige inneralpine, südlich des Alpenhauptkammes gelegene Teilräume wie Veltlin, Tessin oder Vintschgau) eine außerordentliche Klimagunst mit allen positiven Folgen. Im Vergleich dazu verhindern etwa in Nordamerika keine breitenkreisparallelen Gebirgsbarrieren den ungestörten Durchzug von Blizzards, Wirbelstürmen, usw. nach Süden. Global erfüllt nur der Himalaya, wenngleich in anderen Dimensionen, eine ähnliche Barrierefunktion.

Innerhalb der Alpen gibt es mehrere Formenwandel:
– einen west-östlichen Formenwandel von mediterran zu kontinental, bewirkt durch die Alpenbiegung;
– einen nord-südlichen Formenwandel durch die oben genannte Funktion der Alpen als Klimascheide (dabei ist die trennende Wirkung im Westen und im Osten der Alpen am geringsten: im Westen findet sich beiderseits des Hauptkammes mediterranes Klima, im Osten beiderseits kontinentaler Vorlandcharakter);
– einen lokalen Formenwandel, bedingt durch die Exposition zum Sonnenstand;
– einen temporären Formenwandel, der sich vor unseren Augen im Zusammenhang mit dem Rückgang der Gletscher, der Inanspruchnahme des Raumes durch Verkehr und Tourismus usw. abspielt.

Der Alpenraum gliedert sich vertikal im Wesentlichen in drei Höhenstufen: den Dauersiedlungsraum der Talräume, den saisonalen Siedlungs- und Wirtschaftsraum der Almen und Hochweiden sowie den anökumenischen Naturraum. Durch

den extensiven Fremdenverkehr, große Verkehrsbauwerke usw. wird diese Dreigliederung jedoch langsam und regional durchbrochen.

Die auf dieser Seite abgebildete Karte vermittelt einen Überblick über die an den Alpen territorial teilhabenden Staaten bis 1989. Es waren dies Österreich, Schweiz, Italien, Frankreich, Bundesrepublik Deutschland, Jugoslawien, Liechtenstein und Monaco. Die Gesamtfläche dieser Staaten war um ein Vielfaches größer als die Gesamtfläche der Alpen, nämlich rund 1 320 000 km². Die Alpen selbst nehmen also lediglich ca. 18 Prozent dieser Fläche ein. Die Zahlen sind für die Gegenwart etwas zu revidieren, da die Wiedervereinigung Deutschlands, zugleich aber der Zerfall Jugoslawiens berücksichtigt werden müssen.

Interessant ist jedenfalls, dass diese Staaten bis an den Atlantik (Frankreich), bis an die Nord- und Ostsee (Deutschland), bis auf die geografische Breite von Afrika (Italien) und bis zur Straße von Otranto (Jugoslawien) reichen bzw. reichten. In früherer Zeit erstreckten sich die Alpen-Passstaaten – wie die Urschweiz, das alte

Tirol oder Savoyen – nur beiderseits der großen Übergänge, heute sind die Alpen für die großen Anrainerstaaten zwar ein wichtiger, letztlich aber doch peripherer Raum.

Die generelle Ost-West-Ausrichtung der Alpen führt auch in geopolitischer Hinsicht zu einer Sperrfunktion in orthogonaler Richtung: deshalb bildeten sich früh politische Einheiten (eben die »Passstaaten«), deren Aufgabe die Überwachung, Sicherung und Behauptung der entsprechenden Alpenübergänge war. Wo die natürliche Kanalisierung und Sperrwirkung nicht ausreichte, schufen die politischen Machtträger unter Anlehnung an natürliche Vorgaben technische Sperren: in jüngerer Zeit beispielsweise die »Maginotlinie« in den Westalpen, den »Vallo Alpino« in Südtirol oder die österreichisch-ungarischen Festungen entlang der alten Reichsgrenze, aber auch die »Festen Anlagen« des österreichischen Bundesheeres der 1960er bis 1980er Jahre.

Naturräumliche Aspekte

Die Alpen sind ein klassisches Kettengebirge. Dies ist das Ergebnis der alpinen Faltungen, die durch den gegenseitigen Druck tieferliegender Kontinentalschollen entstanden sind. Sie führten nach der Hebung der Alpen vor allem im Ostalpenbereich zu einer sehr regelmäßigen, morphografisch ausgeprägt symmetrischen Konfiguration: Die längliche Zone der Zentralalpen aus Gneis und Schiefer wird beiderseits von den parallelen Ketten und Hochplateaus der karstgeprägten (wasserarmen) Nördlichen und Südlichen Kalkalpen und diese wiederum von den Flyschzonen flankiert. Stark abstrahiert und generalisiert ergibt sich daraus ein zentraler Raum der höchsten Erhebungen mit relativ guten, auch hochalpinen landwirtschaftlichen Nutzungsmöglichkeiten. Daran anschließend bilden die Kalkalpenketten sehr meridionaltransitfeindliche Barrieren, an deren Außenseiten jedoch die weiten Grasbergzonen gute Voraussetzungen für Forst- und Landwirtschaft bieten. Diese über lange Perioden konstanten Determinanten prägen im Weiteren die kulturräumliche Entwicklung der Alpen.

Die Alpen sind nun nicht einfach entstanden und seither quasi »fertiggestellt«, im Gegenteil, sie sind in fortwährender Bildung begriffen. Als junges Faltengebirge unterliegen sie permanenten Hebungen, die sich in Form von Erdbeben als Normalzustand einer Gebirgsbildung bemerkbar machen. Parallel dazu erfolgt jedoch die fluviatile Erosion, mit der die gehobenen Teile wieder abgebaut werden – man spricht von etwa einem Meter Abtragung in 4000 Jahren. Beide Vorgänge – Hebung und Abtragung – halten sich in etwa die Waage. Wäre dies nicht so, gäbe es entweder – ähnlich wie in den Westalpen – wesentlich höhere lokale Reliefenergien (relative Höhenunterschiede) oder es käme zu einer allmählichen Einebnung.

Das Vordringen der menschlichen Aktivitäten an den Rand der Ökumene (Tourismus, Verkehr) erhöht drastisch die Gefahren für die Natur. Dieses Gefahrenpotenzial ist also nur scheinbar gewachsen, wobei zusätzlich noch die entsprechende mediale Aufbereitung eine große Rolle spielt. Langfristigen Naturgefahrenpotenzialen werden nun von kurz- und mittelfristigen Phänomenen wie den interglazialen Klimaschwankungen überlagert. Ein Ausschlagen der Temperaturen in Richtung einer Erhöhung führt zwangsläufig nach geraumer Zeit zur Absenkung des »Permafrostes«, also in den Hochregionen zur Tieferlegung der Zone dauernder Gefrörnis. Bisher durch Eis zusammengehaltene, vertikal gestellte Felsschuppen lösen sich ab und wirken als lokale Felsstürze erosionsverstärkend. Allerdings gibt es seit 600 000 Jahren Eiszeiten mit unterschiedlich langen, sehr warmen Interglazialstadien, für deren Kausalität man keine Spraydosen heranzuziehen braucht! Die Alpen haben viele geogene Klimawandel ausgehalten – nur der bedingungslos fortschrittsgläubige Mensch begibt sich in Gefahrenzonen, die der bodenständige Alpenbewohner nie betreten oder nutzen würde!

Die geologische Vielfalt des Gesteinsaufbaus der Alpen bringt nicht nur unterschiedliche Oberflächenformen, sondern auch unterschiedliche Bodenschätze mit sich. Die Passstaaten *mit* Bodenschätzen (Tirol: Gold, Silber, Salz!) zählten ehedem zu den reichsten Staaten überhaupt. Bis in die Gegenwart bilden die Bodenschätze eine nicht zu unterschätzende Einnahmequelle; so gehört etwa Österreich zu den weltweit wichtigsten Magnesitförderländern.

Die engere Formenwelt der Alpen ist wesentlich durch die Wirkung der Eiszeiten bestimmt. Die unter der großen Eisdecke liegenden Geländeteile (Firngebiete) zeigen abgerundete Formen, die darüber liegende Bereiche blieben schroff und kantig.

Die eiszeitliche Überprägung hat vor allem die Lebensräume in den Tälern der Alpen bestimmt. Die charakteristische U-Talform, deren Basis nach dem Rückzug der Gletscher mit Sedimenten aufgefüllt wurde und so zu ebenen Talböden führte, wurde zum Träger der großen inneralpinen Siedlungs- und Verkehrsachsen. Im Gegensatz hierzu führt junge oder postglaziale Erosion zur V-Talform ohne Talboden. In diesen Bereichen siedelte der Mensch grundsätzlich auf den überschwemmungssicheren Schuttfächern lateraler Zuflüsse. Erst in jüngster Zeit wurden eben diese jahrtausendealten Siedlungserfahrungen durchbrochen.

Wie bereits angedeutet, unterbrachen interglaziale Warmzeiten, die jeweils nahezu alle Gletscher zum Abschmelzen brachten, die Eiszeiten. Die heutige Vergletscherung präsentiert sich daher nur mehr inselhaft, sie ist aber immer noch vier Mal so groß wie zur Zeit des postglazialen Klimaoptimums. Vor 1600 waren Gletscher noch wesentlich kleiner als heute. Dies sollte bei den aktuellen Diskussionen zum Klimawandel stets berücksichtigt werden, denn das Klima zwischen den Hochständen der Eiszeit war zeitweise sogar noch um zwei bis drei Grad wärmer als heute.

Die besondere Lage der Alpen zu den Regen bringenden Westwetterlagen führt zu Stauniederschlägen an der Nordwest- und Nordflanke der Alpen. In zahlreichen inneralpinen Tal- und Beckenlagen treten daher einerseits Trockengebiete (Engadin, Inntal, Vintschgau), im Herbst und Winter jedoch auch lang anhaltende Inversionslagen mit hoher Schneedeckendauer auf.

Exposition, Geländeformen und Niederschläge in fester Form führen zu einem weiteren Bedrohungspotenzial – den Lawinen. In der Schweiz werden etwa 17 000

Lawinenabgänge pro Winterhalbjahr registriert. Im Gebirgskrieg von 1915 bis 1918 forderten Lawinenabgänge mehr Opfer als der eigentliche Schießkrieg. Ähnlich ist es heute: Alpintourismus, Wintersport usw. sind mehr durch Lawinen, Schneebretter und sonstige Erscheinungen als durch ihr eigenes Gefahrenpotenzial gefährdet. Bannwälder, Bestoßung der Almen, künstliche Baumaßnahmen wie Zäume, Mauern usw. sollen gegen diese Naturgefahr schützen.

Kulturräumliche Aspekte

Schon die naturräumlichen Aspekte lassen die historisch vorgeprägten kulturräumlichen Entwicklungs- und Vorzugsräume der Alpen erahnen. Es sind die inneralpinen »Längstäler« wie das Durancetal, das Briançonnais, das Aostatal, das Wallis, das Oberrheintal, das Veltlin, das Engadin, das Oberinntal, der Vintschgau, das Bozener Becken und das Pustertal. Diese Vorzugsräume sind zugleich die eigentlichen Lebensräume (»Dauersiedlungsräume«) mit den großen, breiten glazialen Talböden. Größere Sammelsiedlungen gibt es also nur in den glazial vorgeprägten Sohlentälern, weil hier auch die entsprechenden Flächen für die Siedlungsausbreitung gegeben sind, z.B. Isèretal (Grenoble), Rhonetal (Sion), Rheintal (Chur, Dornbirn), Inntal (Innsbruck).

Da nun allgemein in den Tälern zu wenig Raum für eine Landwirtschaft, die auch die für die Viehhaltung erforderliche Menge an Produkten bereitstellen kann, verfügbar ist, wird auf höher gelegene Gebiete ausgewichen. An der anderen Seite der Kulturnahme im mehrstufigen Aufbau der Alpen stehen daher die Gebiete der (periodischen) Almsiedlungen. Deren Obergrenze ist zugleich Siedlungsgrenze. Infolge der großen Almflächen kann der nur im Sommer genutzte Weideraum sogar größer als der in den Tälern liegende Dauersiedlungsraum sein! Der generelle Rückgang der Landwirtschaft, insbesondere der Almwirtschaft, hat nun zu Überlegungen geführt, Almbauern als »staatlich besoldete Landschaftsgärtner« derart zu unterstützen, dass diese sowohl für den Tourismus als auch für den Schutz gegen Naturgefahren (Bannwald, Kurzhaltung der Bergmähder) weiterhin tätig sein können.

Die großen Städte in den Alpen liegen überwiegend in der Nähe des Alpenrandes – nur Innsbruck, Bozen, Trient, Villach und Klagenfurt liegen in zentralen Teilen der Alpen.

Die klimatischen und morphografischen Rahmenbedingungen in den Alpen haben seit jeher – durchaus auch im Sinne Darwins – einen Erfindergeist, einen Überlebenswillen geschaffen, der schon früh zu hohen kulturellen Leistungen geführt hat (La-Thène-Kultur, Hallstatt-Kultur). Nach der Phase der Nutzung der Bodenschätze verlagerte sich das Kultur- und Machtpotenzial jedoch auf jene territorialen Einheiten, die die Kontrolle über Alpen-Übergänge innehatten. Wer diese Kontrolle besaß, konnte durch Zölle, durch Transportleistungen, aber auch durch Handel wohlhabend werden.

Militärisch-politische Entwicklungen haben im weiteren Verlauf der Geschichte dazu geführt, dass praktisch nur mehr die Schweiz ein klassischer Passstaat ist.

Österreich verlor Südtirol und wurde dadurch mit dem verbleibenden Teil Tirols auf den Alpenhauptkamm zurückgedrängt (»Italia al Brennero!«). Dennoch kontrolliert Österreich in seiner heutigen Konfiguration sämtliche Alpenübergänge zwischen der Donau und dem Reschenpass.

In Verbindung mit der Schweiz ergibt sich durch diesen Umstand der bekannte »neutrale Riegel« des Kalten Krieges. Dieser wurde in dem Augenblick geschaffen, als die damalige Bundesrepublik Deutschland der NATO beitrat und es daher plötzlich im vitalen Interesse der damaligen UdSSR lag, eine Annäherung bzw. Angliederung der durch die Westmächte kontrollierten westlichen österreichischen Bundesländer an die NATO zu verhindern, um derart eine Rochadelinie der NATO quer zum Alpen-Kammverlauf zu durchkreuzen. Österreich verdankt wohl dieser raschen Einsicht der damaligen Führer der UdSSR und der langsamen Reaktion der Amerikaner auf die plötzlich veränderte geopolitische Bedeutung seine bis heute währende »Freiheit«!

In der Gegenwart sind nach wie vor Bauten für den Straßen- und Schienenverkehr im Gange. Sie folgen zum Teil noch immer den alten römischen Verkehrswegen. Manche dieser Bauten zählen zu den ältesten (Semmeringbahn) und kühnsten Werken menschlicher Verkehrsbaukunst (Tauernautobahn, Simplon-Bahntunnel, Mont-Blanc-Straßentunnel).

Der Tourismus als wirtschaftliche Basis der Postbodenschätze-Ära und das immer noch enorme Naturraumpotenzial (Trinkwasser, Energiewasser) schaffen eine alpine Wohlstandssphäre, in der sich die Erkenntnis der Notwendigkeit zur Pflege des »Landschaftsbildes Alpen« in zahlreichen nationalen und multinationalen Natur- und Nationalparks widerspiegelt.

Die ethnische Vielfalt der Alpenbewohner konnte sich lange Zeit allein durch den erschwerten Zugang zu den Talschaften halten. So wurden zahlreiche Minderheiten (Ladiner, Rätoromanen, Zimbern usw.) über die Zeit der großen Assimilierung hinweggerettet in eine Zeit der Rückbesinnung auf die Bewahrung von Traditionen und entsprechende staatliche und überstaatliche (EU) Unterstützungen. Zwangsmaßnahmen (Umsiedlungen, Ausweisungen) aber auch Assimilierungen und die neuere freie Wahl von Wohn- und Arbeitsplatz führen insgesamt zu einem Typus »Alpen-Bewohner«, der fallweise größere interne Kohärenz als externe Adhärenz zeigt. Dies kommt natürlich auch einer der Grundideen der Europäischen Union, dem »Europa der Regionen«, sehr nahe. Die Artikulierung alpenweiter Interessen erfolgte erstmals in größerem Umfang im Rahmen der »Alpenkonvention« (1989, Berchtesgaden). Diese Konvention könnte sich als Schlüsselinstrument zur Lösung übergreifender Probleme darstellen.

Würdigung der Alpen im geopolitischen Kontext

Eine abschließende Würdigung der Alpen kann auch im geopolitischen Kontext aus verschiedenen Sichtweisen heraus erfolgen. In diesem Rahmen sollen militärische und dann geografische Aspekte im Vordergrund stehen.

Militärische Aspekte
1. Die Alpeneingänge waren seit jeher Gegenstand militärischer Aktionen. Dies zeigen die Feldzüge Hannibals, die »festen Anlagen« des Mittelalters in Form von Wehrsiedlungen, Burgen, Sperren, aber in jüngster Zeit auch die Anlagen der »Maginotlinie« in den Westalpen, des »Reduits« in der Schweiz, des »Vallo Alpino« in den Dolomiten Italiens oder der Raumverteidigung in Österreich.
2. Die Alpendurchgänge, insbesondere ihre kanalisierenden Engen, zogen immer wieder das Kampfgeschehen auf sich. Ob es nun die (im Beitrag von Claudia Reichl-Ham behandelten) Geschehnisse von Morgarten, die Schlacht am Berg Isel, die Schlacht von Rivoli (1797 zwischen Österreichern und Franzosen) oder ähnliche Unternehmungen waren – immer ging es um Durchgangslinien und ihre durch das Gelände bedingten Engstellen, die sich für Defensivhandlungen besonders eigneten, bei denen zahlenmäßig weit überlegene Kräfte von quantitativ und qualitativ oft ebenso weit unterlegenen Kräften gebunden werden konnten.
3. Die Alpen-Hochlagen runden dieses frühe Bild asymmetrischer Kriegführung ab. Im Ersten Weltkrieg erreichte der Kampf im Hochgebirge seinen bisherigen Höhepunkt. Der Besitz der Höhen, Joche, Pässe usw. war nicht – wie oft behauptet – das Ergebnis zweckfreier Prestigeunternehmen, sondern hauptsächlich darin begründet, dem Gegner die Einsichtmöglichkeiten für den Artillerieeinsatz zu verwehren. Zugleich war der Gebirgskrieg ein Musterbeispiel dafür, wie die operative Berücksichtigung hochalpiner Geländeformen es möglich machte, mit einem Minimum an personellen Kapazitäten ein Maximum an Defensivwert zu erzielen. Das sparte mit Sicherheit viel Blut.

Geografische Aspekte
1. Die Alpen bilden, großräumig gesehen, von Zentraleuropa aus eine Zugangssperre zur zentralen Halbinsel des mediterranen Raumes nach Italien.
2. Die Alpen schirmen Norditalien gegen Frankreich im Westen, gegen Deutschland im Norden und gegen das ehemalige Jugoslawien im Osten ab. Die Abschirmung ist geländebedingt im Südosten am schwächsten. Dies zeigen die Schlachten am Isonzo während des Ersten Weltkrieges, in denen Italien vergeblich versuchte, in der Hauptangriffsrichtung Wippachtal (Vipacco/Vipava) von Görz Richtung Laibach und Wien zu stoßen.
3. Zwischen den Alpen und dem Apennin liegt die Poebene – die wirtschaftlich stärkste Region in der EU; im Norden zwischen Alpen und den Zentraleuropäischen Mittelgebirgen das Alpenvorland – seinerseits die derzeit prosperierendste Region Deutschlands bzw., weiter im Westen, der Schweiz. Die Alpen werden somit in ihrer Längserstreckung von wirtschaftlich extrem hoch entwickelten Regionen flankiert, deren Potenziale sich naturgemäß tief in die Kernräume der Alpen hinein auswirken.
4. Im »Europa der Regionen« stehen auch neue politische Raumbildungen am Horizont. Wird eines Tages die politische Kohärenz der Alpenanrainer bzw. der Alpeneinwohner stärker sein als jene zu ihren betreffenden Vorlandstaaten?

5. Naturräumlich bedingte Sicherheitsprobleme in den Alpen sind gegeben, doch ihre wahre Bedeutung erreichen sie erst durch die kulturräumlichen Aktivitäten des oftmals Jahrhunderte alte Erfahrungen ignorierenden Menschen. Sicherheit im Alpenraum ist mithin weniger ein Primärproblem der Alpen selbst als vielmehr ein Sekundärproblem für die dort siedelnde Bewohner. Dies gilt für die individuelle Sicherheit an Leib und Gut, aber auch für die politische Sicherheit in einem historisch bis in jüngste Zeit leidgeprüften Lebensraum.

Claudia Reichl-Ham

Kriege im Alpenraum. Ein militärhistorischer Rückblick

Wenn von Konflikten im Alpenraum die Rede ist, denkt man unwillkürlich an so markante Ereignisse wie den Gebirgskrieg von 1915 bis 1918, die Kämpfe in Tirol von 1809 oder die spektakulären Alpenüberquerungen von Hannibal über Prinz Eugen bis Napoleon, wobei Letztere doch eher bemerkenswerte Marschleistungen als eigentliche Kampfhandlungen waren. Im Allgemeinen waren Kriegshandlungen im Gebirge bis zum Ersten Weltkrieg eher Ausnahmeerscheinungen. Weder die verfügbare Ausrüstung noch die Ausbildung empfahlen die unwirtlichen und unübersichtlichen Gebirgsregionen als Kriegsschauplatz. Berggebiete wie die Schweiz oder Tirol waren zwar wegen der Kontrolle wichtiger Transitrouten strategisch bedeutsam und daher Ziel militärischer Unternehmungen, doch Schauplatz größerer Kämpfe war das (Hoch-)Gebirge nur in Ausnahmefällen[1].

Da erst um 500 v.Chr. die Schrift über die Etrusker in den Zentralalpenraum – zu den dort ansässigen Raetern – gelangte, ist die Geschichtsschreibung auf objektbezogene Informationen angewiesen, wie sie etwa Grab- oder Bodenfunde bieten. Neben einfachen Gräbern finden sich bereits ab der Bronzezeit auch so genannte Kriegergräber mit Waffen, Helmen, Lanzen und Ketten als Beigaben. Diese lassen darauf schließen, dass es zu dieser Zeit durchaus kriegerische Auseinandersetzungen im Alpenraum gab.

In den Blickpunkt des Geschehens rücken die Alpen im Jahre 218 v.Chr. während der bereits erwähnten Alpenüberquerung des karthagischen Feldherrn Hannibal. Er zeichnete sich durch ein für seine Zeit ungewöhnliches Bewusstsein über die Möglichkeiten und Grenzen von Zeit und Raum für militärische Operationen aus. Um seine Idee zu verwirklichen, den Krieg ins Land des Gegners zu tragen und einen römischen Angriff auf Hispanien bzw. Nordafrika abzuwenden, überschritt er mit mehr als 50 000 Soldaten, 9000 Reitern und 37 Kriegselefanten über einen heute nicht mehr genau zu bestimmenden Pass (vermutlich der Col de Clapier) die winterlichen Alpen und gelangte durch das Gebiet der Salasser nach Aosta und Ivrea. Das Heer erlitt in den Alpen schwere Verluste, da feindliche Stämme die Karthager bedrängten und die Natur weitere Opfer forderte; es konnte jedoch mit Kelten aus der Po-Ebene verstärkt werden.

---

1 Hermann Hinterstoisser, Soldaten im Hochgebirge. Anfänge des militärischen Alpinismus. In: Truppendienst, 2006, 3, S. 210.

Durch diesen überraschenden Zug gelangte Hannibal für die nächsten Jahre gegenüber den militärisch überlegenen Römern in die strategische Offensive. Auch in weiterer Folge konnte er die taktischen Schwächen des römischen Militärsystems ausnutzen und in den Schlachten am Ticinus, an der Trebia (beide 218), am Trasimenischen See (217) und bei Cannae (216) die meist deutlich überlegenen römischen Legionen schlagen[2].

Die Raeter, die sich vornehmlich in Teilen des heutigen Nord- und Südtirols sowie in Vorarlberg und der Ostschweiz angesiedelt hatten, waren von der im 5. Jahrhundert v.Chr. einsetzenden Landnahme der Kelten verhältnismäßig wenig betroffen, da diese eher die Ostalpen, die Talschaften der Salzach, der Enns, der oberen Mur, im Kärntner Becken und im Alpenvorland bevölkerten. Es handelte sich zunächst um eine Vielzahl kleinerer Stämme verschiedener Sprachen und Dialekte, deren Gebiete im Raum der Ostalpen im Laufe des 2. Jahrhunderts v.Chr. unter Führung des Stammesfürsten der Noriker zum Königreich Noricum zusammengefasst wurden[3].

Die Römer in den Alpen

In den folgenden Jahrzehnten kam es zu mehreren Zwischenfällen zwischen den sogenannten Barbarenvölkern und den Römern, die ihren Höhepunkt 113 v.Chr. in der Schlacht bei Noreia fanden, einer befestigten, keltischen Siedlung in Kärnten, die als Hauptstadt von Noricum gilt und deren Lage archäologisch noch nicht mit Sicherheit festgestellt werden konnte[4]. Der griechische Geograf Strabo berichtet, dass die vermutlich durch heftige Sturmfluten aus ihrer Heimat in Nordjütland vertriebenen germanischen Stämme der Kimbern, Teutonen und Ambronen auf ihrem Weg nach Süden im Jahre 113 nach Noricum gelangten[5]. Sie suchten sich dort das Durchzugsrecht vertraglich zu sichern. Rom, das zu jener Zeit ein Freundschaftsbündnis mit den Norikern geschlossen hatte, entsandte daraufhin ein Heer unter dem Konsul Gnaeus Papirius Carbo. Dieser leitete zunächst Unterhandlungen mit den Germanen ein. Die Gesandten der Kimbern erklärten ihre Bereitwilligkeit, das Land der Noriker wieder zu verlassen. Daraufhin

---

[2] Pedro A. Barceló, Ein karthagischer Feldherr: Hannibal (247–182 v.Chr.). In: Kriegsherren der Weltgeschichte. 22 historische Porträts. Hrsg. von Stig Förster, München 2006, S. 51–59; Pedro A. Barceló, Hannibal. Stratege und Staatsmann, Stuttgart 2004, S. 115–152; Karl Christ, Hannibal, Darmstadt 2003, S. 51–94, hier v.a. S. 61–68 (Alpenquerung); Jakob Seibert, Hannibal als Feldherr. In: Hannibal ante portas. Ausstellungskatalog Badisches Landesmuseum. Red.: Sabine Peters, Karlsruhe, Stuttgart 2004, S. 26–32, hier v.a. S. 27–29.

[3] Erich Zöllner, Geschichte Österreichs. Von den Anfängen bis zur Gegenwart, 8. Aufl., Wien, München 1990, S. 21 f.

[4] Vgl. dazu Verena Gassner, Sonja Jilek und Sabine Ladstätter, Am Rande des Reiches. Die Römer in Österreich 15 v.Chr.–378 n.Chr., Wien 2002 (= Österreichische Geschichte, Erg.Bd 2), S. 39 f.; Walter Schmid, Noreia. Zusammenfassung der Grabungsergebnisse 1929–1932. In: Heimgarten, Nr. 57, Graz 1933, S. 386–394, zit. in: www.noreia.at.

[5] Alfred Franke, Rom und die Germanen. Das neue Bild der deutschen Frühgeschichte, Tübingen 1986, S. 82–84.

gab Carbo der Gesandtschaft einheimische Führer mit, die sie auf einem Umweg in das Lager zurückführen sollten. Er selbst eilte auf dem kürzeren Weg voraus, um die bei Noreia lagernden Kimbern hinterrücks zu überfallen. Auf dem Hörfeld bei Noreia trafen die beiden Heere aufeinander.

Das Schlachtfeld war 600 bis 800 m breit und bot genug Raum, um die Schlachtordnung zu entfalten. Nach der damaligen römischen Manipulartaktik, wie sie Polybios schildert, benötigte eine Legion mit dem Normalstand von 4200 Mann Infanterie und 300 Reitern für die Aufstellung der Schlachtordnung eine Frontbreite von durchschnittlich 180 m und eine Tiefe von 100 m; an den Flanken nahm die Kavallerie Aufstellung. Vermutlich stellten die Römer eine derartige Schlachtordnung auf, die jedoch von den Germanen durchbrochen und überrannt wurde. Der römischen Kriegführung fehlte daher der operative Raum. Lediglich ein Gewitter verhinderte die totale Vernichtung der Römer, da die Germanen das Gewitter für den Zorn der Götter hielten. Die Kimbern und Teutonen nutzten ihren Sieg allerdings nicht aus. Ihr Ziel, sich den Weg nach Süddeutschland freizukämpfen, hatten sie erreicht[6].

Im Jahre 102 v.Chr. wurden die Teutonen und Ambronen bei Aquae Sextiae (Aix-en-Provence) an der unteren Rhône und die Kimbern, die in diesem Jahr die Alpen, wahrscheinlich über den Brenner oder einen benachbarten Pass, überschritten hatten, 101 v.Chr. bei Vercellae, einem Ort zwischen Mailand und Turin, vernichtend geschlagen[7].

Auf ihrer Wanderung hatten sich die germanischen mit einer Reihe von Keltenstämmen verbündet, unter anderem auch mit den Tigurinern, einem Teilstamm der Helvetier. Die verbündeten keltischen und germanischen Stämme fielen gemeinsam in Gallien ein, unternahmen dort allerdings getrennte Züge. Im Jahr 107 v.Chr. gelangten die Tiguriner in das Gebiet des heutigen Südfrankreich. Bei Agen an der Garonne besiegten sie unter ihrem Feldherrn Divico eine römische Legion. Bei Orange schlugen die Tiguriner wieder gemeinsam mit den anderen Stämmen 105 v.Chr. ein weiteres römisches Heer.

Nach der Niederlage der Kimbern und Teutonen sahen sich die Helvetier jedoch gezwungen, sich wieder auf das Gebiet der heutigen Schweiz zurückziehen. Orgetorix war zu jener Zeit der mächtigste Mann der Helvetier, der Caesar zufolge den Plan gefasst hatte, Gallien zu unterwerfen:

> »Dieser [...] stiftete eine Verschwörung des Adels an und überredete die Bürgerschaft, mit allen Truppen aus ihrem Gebiet [im heutigen schweizerischen Mittelland] auszurücken. Es sei ganz leicht, sich der Herrschaft ganz Galliens zu bemächtigen, da sie an Tapferkeit alle übertrafen[8].«

Gleichzeitig verschwor Orgetorix sich mit mächtigen Fürsten der Haeduer und Sequaner[9]. Sein Plan wurde jedoch verraten, und er musste sich vor der Stammesversammlung der Helvetier verantworten. Er schüchterte die Stammesversammlung aber, so wiederum Caesar, durch das Erscheinen seiner Familie und von etwa

---

6   Ebd., S. 96 f.
7   Ebd., S. 86, 112-133.
8   Gaius Julius Caesar, De Bello Gallico: Liber I – Kapitel II, 2, 3.
9   Ebd., Kapitel III, 5, 6.

10 000 Hörigen ein und konnte sich der Verantwortung entziehen. Kurze Zeit später starb er aus nicht geklärten Umständen. Caesar vermutet, er habe Selbstmord begangen[10].

Ab den Siebzigerjahren des 1. Jahrhunderts v.Chr. standen die Helvetier gemeinsam mit den Haeduern und Sequanern immer mehr unter dem Druck der Germanen. Diese führten unter Ariovist von Norden und Osten her immer öfter Überfälle und Raubzüge in das Gebiet der Helvetier durch. Bei einer Entscheidungsschlacht im Jahre 61 oder 60 v.Chr. (bei Magetobriga) erlitten die Haeduer und ihre Verbündeten, darunter auch die Helvetier, eine empfindliche Niederlage gegen Ariovists Truppen. Die Helvetier bestärkte diese Niederlage in ihrem Beschluss auszuwandern. Ob dies allerdings für alle Teilstämme oder nur für einen Teil galt, lässt sich heute nicht mehr mit Sicherheit feststellen. Fest steht jedenfalls, dass Abwanderungswillige Verhandlungen mit den Nachbarstaaten aufnahmen, eine größtmögliche Zahl an Zugtieren und Wagen anschafften und haltbare Vorräte anhäuften. Ziel ihrer Wanderung sollte das Land der Santonen sein, die heutige Saintogne nördlich der Garonnemündung. Nachdem sie ihre Städte und Dörfer sowie das nicht benötigte Getreide verbrannt hatten, setzte sich der Zug, dem sich gemäß Caesar auch andere Stämme – Rauraker, Tulinger, Latobriger und Boier – anschlossen, um den 28. März im Jahre 58 v.Chr. in Bewegung. Die Helvetier wählten den Weg durch die römische Provinz Gallia Narbonensis, »weil zwischen den Gebieten der Helvetier und der Allobroger, die erst kürzlich befriedet worden waren, die Rhône fließt und sie an einigen Stellen durch eine Furt überschritten werden konnte«. Bei Genf wollten sie die Brücke überqueren[11].

Sie verhandelten zunächst mit Caesar, damit er ihnen den Durchzug durch das erst vor kurzem nach schweren Kämpfen dem Römischen Reich einverleibte Gebiet der Allobroger gewährte.

»Als Caesar gemeldet wurde, dass diese versuchten, durch unsere Provinz zu ziehen, beeilte er sich von der Stadt [Rom] aufzubrechen und reiste in möglichst großen Eilmärschen ins jenseitige Gallien und gelangte nach Genf. Er befahl der gesamten Provinz, eine möglichst große Anzahl an Soldaten bereitzustellen (es gab in ganz Gallien überhaupt nur eine Legion), und die Brücke, die nach Genf führte, befahl er einzureißen[12].«

Des Weiteren ließ er seine Legionäre bei Genf Schanzarbeiten verrichten, sie bauten »einen Erdwall mit Graben von 19 000 Doppelschritt Länge [= 27,5 km] und 16 Fuß Höhe vom Genfer See, der in die Rhône fließt, bis zum Juragebirge, das das Gebiet der Sequaner von den Helvetiern trennt«[13].

Nach einigen Versuchen, mit zusammengebundenen Schiffen und Flößen oder durch Furten über die Rhône zu setzen, gaben die Helvetier ihr Vorhaben auf und

---

[10] Ebd., Kapitel IV, 3–5.
[11] Ebd., Kapitel VI, 1–3; Andres Furger-Gunti, Die Helvetier. Kulturgeschichte eines Volkes, 3. Aufl., Zürich 1988, S. 100–104; sowie der Artikel des Vereins des Regionalen Historisch-Waffentechnischen Armeemuseums über Bibracte, http://www.vrha.ch/17401/index.html (28.2.2011).
[12] Caesar, De Bello Gallico: Liber I – Kapitel VII, 1, 2.
[13] Ebd., Kapitel VIII, 1.

wählten den beschwerlichen Weg durch das Land der Sequaner zwischen dem Jura-Gebirge und der Rhône, die ihnen in einem Vertrag das Durchzugsrecht zubilligten. Auf dem Gebiet der Haeduer angelangt, kam es zu Verwüstungen und Übergriffen gegen die dortige Bevölkerung. Die Haeduer riefen nun Caesar zu Hilfe. Dieser folgte daraufhin mit sechs Legionen, etwa 30 000 bis 36 000 Mann, plus Hilfstruppen den Helvetiern. Während diese versuchten, mit Flößen und Einbäumen die Saône zu überqueren, schlug Caesar unerwartet zu. Nachdem er die Meldung erhalten hatte, dass drei Viertel der Helvetier den Fluss bereits überquert hatten, griff er mit drei Legionen das nicht kampfbereite letzte Viertel an und kämpfte einen Großteil von ihnen nieder. Danach ließ er eine Brücke über die Saône bauen, überschritt sie mit seinen Truppen und heftete sich den Helvetiern an die Fersen. Die Helvetier schickten Divico als Gesandten zu Caesar. Der helvetische Gesandte unterbreitete ihm den Vorschlag, Frieden zu schließen und die Helvetier in einer Gegend anzusiedeln, die dem römischen Herrscher genehm sei, erinnerte ihn aber für den Fall, dass die Feindseligkeiten fortgesetzt würden, an frühere Niederlagen der Römer gegen die Helvetier, wie etwa in der Schlacht bei Agen 107 v.Chr. Caesar verlangte im Gegenzug für eine diplomatische Lösung Reparationszahlungen an die Haeduer und Allobroger sowie die Stellung von Geiseln, was Divico schlichtweg ablehnte. Der Gesandte entfernte sich, und Caesar schickte ihm daraufhin 4000 Reiter zur Beobachtung nach, die in Kämpfen mit der Nachhut der Helvetier eine empfindliche Niederlage einstecken mussten[14]. Die Helvetier gingen nun weiter Richtung Westen, um bei Nevers über die Loire zu gelangen. Von dort war der Weg durch die Landschaft des Berry nicht mehr so schwierig.

Nach einigen kleineren Scharmützeln und einem fehlgeschlagenen Zangenangriff der Römer war Caesar um den 20. Juni gezwungen, die Verfolgung der Helvetier aufzugeben und nach Bibracte (vermutlich Montmort/Autun) abzubiegen, um die Verpflegung seiner Legionen zu sichern. Nun verfolgten die Helvetier die Römer und sie begannen, die Nachhut der Römer anzugreifen. Als Caesar die Angriffe der Helvetier bemerkte, führte er seine Truppen auf die nächste Anhöhe (vermutlich den Bois de Jaux bei Montmort, 22 km südlich von Bibracte) und ließ die Reiterei zur Abwehr des feindlichen Angriffs ausschwärmen. In der Zwischenzeit stellte Caesar auf halber Höhe der Anhöhe seine vier erfahrenen Legionen in dreifacher Schlachtreihe und auf dem Gipfel alle Hilfstruppen sowie die zwei kürzlich in der Provinz Gallia Cisalpina ausgehobenen Legionen auf.

Die Helvetier warfen in dichter Aufstellung die Reiterei der Römer zurück. Sie bildeten eine Phalanx (d.h. eine tiefe Schlachtordnung; die Schilde des ersten Gliedes wurden mit den Rändern übereinandergelegt) und rückten gegen das erste Treffen der Römer vor. Um eine Flucht unmöglich zu machen, ließ Caesar sein Pferd und danach die Pferde der Offiziere außer Sichtweite bringen. Die Legionäre schleuderten von oben ihre Speere (Pila) in die Phalanx der Feinde und sprengten so die feindliche Front. Danach griffen sie die Helvetier mit gezückten Schwertern

---

[14] Furger-Gunti, Die Helvetier (wie Anm. 11), S. 105–111; Caesar, De Bello Gallico: Liber I – Kapitel XII–XV, 5.

an. Die römischen Speere waren so geschmiedet, dass die Eisenspitzen sich verbogen und nicht aus den Schutzschilden herausgezogen werden konnten. Daher warfen viele Helvetier ihren Schild weg und kämpften ohne Deckung. Bald begannen sie erschöpft zurückzuweichen und sich auf eine etwa 1,5 km entfernte Anhöhe zurückzuziehen.

Die Boier und Tulinger, die mit etwa 15 000 Mann die Nachhut der Helvetier bildeten, trafen gerade auf dem Schlachtfeld ein, als die Helvetier die Anhöhe besetzt hatten und die Römer nachrückten. Sie griffen die Römer auf der ungedeckten rechten Flanke an, und die Helvetier, als sie dessen gewahr wurden, nahmen den Kampf wieder auf. Die Römer spalteten ihr Heer daraufhin in zwei Gruppen: Das erste und zweite Treffen leistete den Helvetiern Widerstand, das dritte Treffen sollte die Tulinger und Boier aufhalten. In dieser Doppelschlacht wurde lange gekämpft, insgesamt tobte die Schlacht von Mittag bis gegen Abend. Schließlich zogen sich die Helvetier zurück: die einen auf den Berg, auf den sie schon einmal geflohen waren, die anderen zum Gepäck und ihren Karren. Mit ihren Karren hatten die Helvetier auf einem erhöhten Ort eine Wagenburg gebildet, dort wurde bis tief in die Nacht weitergekämpft. Die Helvetier schleuderten aus den Zwischenräumen der Karren und Räder ihre Wurfspieße auf die Römer. Doch schließlich gelang es den Römern, die Wagenburg zu erobern und die Tochter des Orgetorix sowie einen seiner Söhne gefangen zu nehmen.

In der Schlacht von Bibracte im Jahr 58 v.Chr. standen laut Caesar sechs römischen Legionen (5000 bis 6000 Mann pro Legion) insgesamt 368 000 Helvetier gegenüber (davon 92 000 Krieger). Bloß 130 000 Helvetier sollen die Schlacht überlebt haben (diese Zahl dürfte stark übertrieben sein, denn dann hätte jeder kämpfende Römer etwa sechs bis acht Helvetier getötet). Die Helvetier zogen noch in der Nacht weiter. Die Römer folgten ihnen nicht, da sie ihre Verwundeten versorgen und die Gefallenen bestatten mussten. Der Ausgang der Schlacht wird unterschiedlich bewertet. Das Urteil reicht von einem unzweifelhaften Sieg Caesars bis hin zum militärischen Patt[15].

Tatsächlich sahen sich die Helvetier aufgrund fehlender Versorgung nach dem Verlust ihres gesamten Trosses gezwungen, sich Caesar bedingungslos zu unterwerfen. Der etwa 6000 Mann umfassende Teilstamm der Verbigener weigerte sich jedoch zu kapitulieren und flüchtete in Richtung Heimat. Doch wurden sie eingeholt, zur Abgabe der Waffen sowie ihrer ganzen Habe gezwungen und anschließend versklavt. Die übrigen Stämme erfuhren unerwartete Milde: Sie durften in ihr Land zurückkehren, erhielten von den Allobrogern Getreidelieferungen, da ihr Land ja verödet war, und Hilfe beim Wiederaufbau ihrer Städte und Dörfer. Mit ein Grund für diese Haltung Caesars mag wohl gewesen sein, dass er das noch vorhandene militärische Potenzial der Helvetier zum Schutz gegen die Germanen und zum bereits beschlossenen Vorgehen gegen Ariovist nützen wollte, denn von 58 v.Chr. bis ca. 80 n.Chr. verlief die Grenze des Römischen Reiches entlang des

---

[15] Furger-Gunti, Die Helvetier (wie Anm. 11), S. 112–116; Caesar, De Bello Gallico: Liber I, Kapitel XXIV–XXVI, 5.

Rheins, und Helvetien nahm in dieser Zeit die Funktion eines Grenzgebietes, aber vermutlich auch eines Foederaten ein[16].

Abgesehen vom Regnum Noricum, das durch den oben erwähnten Vertrag ein Bündnis mit Rom eingegangen war, erwies sich die Eroberung und Sicherung der Zentralalpen und ihres Vorlandes durch die Römer als militärische Notwendigkeit, denn nur so schien die Versorgung der Truppen, die am Mittel- und Niederrhein sowie am Mittellauf der Donau stationiert waren, gewährleistet. Durch die Siege Caesars über die Helvetier und Rauriker sowie die übrigen gallischen Kelten wurde die Grenze des römischen Machtbereichs zu den Rätischen Alpen verschoben. Sie bot eine neue Reibungsfläche zwischen den dortigen Bewohnern, den als besonders streitbar und grausam geltenden Raetern, und den Römern. Die wohlhabenden Städte Ober- und Mittelitaliens fühlten sich zunehmend von den Raetern bedroht und forderten Schutz vor den »Barbaren«[17]. Bald kam es auch hier zu Kämpfen. Im Jahre 44 oder 43 v.Chr. wehrte L. Munatius Plancus, Statthalter der neu geschaffenen Provinz Gallia Comata, am Oberrhein, in der Nähe des Bodensees oder im Etschtal – die Historiker sind sich bezüglich des genauen Ortes uneinig – einen Angriff der Raeter ab[18]. 20 Jahre später besetzte der Feldherr M. Apuleius die Stadt Tridentum (Trient) und schuf damit die Ausgangsbasis für den Vorstoß auf die Alpen.

Rom begann relativ spät mit der Eroberung der Alpentäler: Erst Augustus ließ im ersten Jahrzehnt seiner Herrschaft die Grenze im Bereich der Westalpen bis auf die Wasserscheide vorschieben und den über den Großen St. Bernhard führenden Weg vom Po-Tiefland in das Gebiet der Helvetier für römische Truppen und Kaufleute freimachen. 25 v.Chr. wurden die Salasser des Aostatales unterworfen. Vermutlich sind damals auch die im Wallis ansässigen Uberi, Nantuates, Veragri und Seduni in Abhängigkeit von Rom gebracht und die Lepontier zur Anerkennung der römischen Oberhoheit gezwungen worden.

Nach einem missglückten Einfall der Noriker und Pannonier in Istrien im Jahr 16 v.Chr. führte, wie der griechische Historiker Cassius Dio Cocceianus berichtet, der Prokonsul P. Silius Nerva sein Heer ins norisch-pannonische Grenzgebiet[19].

---

[16] Furger-Gunti, Die Helvetier (wie Anm. 11), S. 116-118; Caesar, De Bello Gallico: Liber I – Kapitel XXVII-XXVIII.

[17] In seinem Beitrag »Der Alpenkrieg und die Eingliederung Noricums und Raetiens in die römische Herrschaft« nennt Karl Strobel diese Schutzforderung eine »eindeutige Propaganda zur Konstruktion eines bellum iustum für die Kaschierung eines römischen Angriffskrieges« und betont die Rolle Augustus' als »Vollender und Garant dieser Sicherheit«; in: Thiasos. Festschrift für Erwin Pochmarski. Hrsg. von Christiane Franek, Wien 2008, S. 976-1004, hier S. 978 f.

[18] Richard Heuberger, Rätien im Altertum und Frühmittelalter. Forschungen und Darstellungen, Innsbruck 1932 (= Schlern-Schriften, 20/1), S. 56 f.

[19] Cassius Dio, Römische Geschichte (Historiarum Romanorum quae supersunt). Übers. von Otto Veh, Einf. von Gerhard Wirth, 5 Bde, Zürich, München 1985-1987, hier Bd 4, S. 169, Buch 54, 20: »Während jener Zeit kam es auch zu zahlreichen anderen Unruhen: Die Kammunier und Vennier, Alpenvölker, erhoben nämlich die Waffen, wurden aber von Publius Silius besiegt und unterworfen. Und die Pannonier überfielen im Verein mit den Norikern Istrien; die ersteren ergaben sich indes erneut freiwillig, nachdem Silius und seine Unterführer ihnen schweren Schaden zugefügt hatten, und brachten es auch dahin, dass die Noriker in die gleiche Sklaverei gerieten.«

Dort eroberte er das Regnum Noricum und machte es dem Römischen Reich tributpflichtig. In den Zentralalpen gelang ihm die Unterwerfung der Stämme der Camunni (Kammunier) und Trumpilini. Der Zug des Silius Nerva diente vor allem der militärischen Aufklärung und der Vorbereitung auf einen geplanten großen Alpenfeldzug[20].

Nach der Konsolidierung des römischen Imperiums nahm Augustus die Expansionspolitik der Republik wieder auf. Ziel war es, »die Grenzen vom Rhein zur Elbe, vom Südsaum der Alpen über das Donauland zu den Sudeten und ins Marchtal vorzuschieben«[21]. Drusus und sein Bruder Tiberius, die Adoptivsöhne von Augustus, sollten den Zentralalpenraum erobern und Raetien unterwerfen. Horaz musste sogar sein »carmen saeculare«, in dem er die »Kriegsgewalt« des August lobpreist, mit der Würdigung des Alpenfeldzuges ergänzen. In einem Sommerfeldzug des Jahres 15 v.Chr. drangen zwei große Heeresgruppen bis ins süddeutsche Alpenvorland vor und durchkämmten die Alpentäler in einer großangelegten zangenförmigen Aktion[22]: Ausgehend von den tridentinischen Bergen unterwarf Drusus die raetischen Stämme im Etschtal und zog mit seiner Hauptstreitmacht über den Reschenpass ins Inntal und weiter ins nördliche Alpenvorland. Die Armee des Tiberius stieß von Gallien aus über das Rhônetal, das Schweizer Mittelland oder die Burgundische Pforte und den Hochrhein in den Bodenseeraum vor. Hier kam es zu einem Seegefecht mit den Vindelikern[23]. Anschließend marschierte er weiter zu den Donauquellen, wo zwischen Bodensee und Lech am 1. August die von Horaz überlieferte Auseinandersetzung mit den Raetern stattfand. Nach deren Niederwerfung wurde der Feldzug offiziell beendet; die endgültige Befriedung des Landes erfolgte aber erst nach der Deportation eines erheblichen Teiles der Bevölkerung. Das vom römischen Senat gestiftete Siegesdenkmal »Tropaeum Alpium« in La Turbie bei Monaco erinnert an den Sieg des Augustus über die Alpenvölker; in der Aufzählung finden sich 45 niedergeworfene Völker[24]. Vermutlich unter Kaiser Gaius (Caligula, 37–41 n.Chr.), spätestens aber unter Kaiser Claudius (41–54 n.Chr.) wurde das Land als neue Provinz Raetia et Vindelicia formell dem Imperium Romanum angeschlossen[25].

Zunächst war der Ostalpenraum freilich von geringerer strategischer Bedeutung. Die Provinz, die Alpen und das Alpenvorland unterstanden der römischen

---

[20] Strobel, Der Alpenkrieg (wie Anm. 17), S. 972 ff.
[21] Ebd., S. 979; Zöllner, Geschichte Österreichs (wie Anm. 3), S. 25.
[22] Dies wurde in der schriftlichen Überlieferung besonders hervorgehoben, u.a. vom römischen Schriftsteller Lucius Annaeus Florus und vom bereits erwähnten Cassius Dio, Römische Geschichte, Bd 4 (wie Anm. 19), S. 172 f., Buch 54,22. Siehe auch Strobel, Der Alpenkrieg (wie Anm. 17), S. 983–986, 991; sowie Rudolf Harb [u.a.], Quellen, Texte, Bilder zur Tiroler Geschichte. Hrsg. vom Pädagogischen Institut Tirol, Wien 1996, S. 19–21.
[23] Gerhard Wanner, Kriegsschauplatz Bodensee 1799/1800 und 1809, Wien 1987 (= Militärhistorische Schriftenreihe, 59), S. 4.
[24] Siehe dazu Harb [u.a.], Quellen (wie Anm. 22), S. 23–25 (mit Auflistung einiger Stämme und der Abbildung des Denkmales); sowie die Artikel zu den folgenden Stichwörtern im Historischen Lexikon der Schweiz (http://hls-dhs-dss/index.php): Lepontier, Calucones, Brigantii, Civitas/die Civitates im Alpenraum/Das Wallis (28.2.2011); Printausgabe: Historisches Lexikon der Schweiz, Bd 2 (S. 700), Bd 3 (S. 176, S. 402) und Bd 7 (S. 784), Basel 2002, 2003, 2007.
[25] Gassner/Jilek/Ladstätter, Am Rande des Reiches (wie Anm. 4), S. 81, 373.

Militärverwaltung; der Kommandeur der bei Augsburg-Oberhausen lagernden Legion war zugleich Statthalter von Oberschwaben und Bayern (legatus Augusti pro praetore in Vindolicis)[26]. Erst unter der Regierungszeit des Kaisers Claudius wurde eine römische Provinzialverwaltung eingerichtet. Im Westalpenraum kam es von 58 v.Chr. bis ca. 80 n.Chr. zu mehreren Aufständen der Helvetier gegen die römische Herrschaft. So wurde zum Beispiel im Jahre 68 n.Chr. eine Erhebung von der in Vindonissa (Windisch) stationierten 21. Legion, genannt Rapax, gewaltsam niedergeworfen. Der Aufstand war ausgebrochen, nachdem Angehörige dieser Legion einen helvetischen Geldtransport überfallen hatten. Das Land der Helvetier wurde verwüstet. Dies war der letzte helvetische Aufstand gegen die römische Herrschaft[27].

Von 80 bis 250 n.Chr. wurden die Germanen schrittweise weiter nach Norden bis jenseits des Mains und der Donau zurückgedrängt. Für rund 170 Jahre herrschten nun Ruhe und Ordnung in der römischen Provinz Helvetien. Noch heute weisen Grabungsfunde aus dieser Zeit auf den hohen Stand des Lebensstils und der Kultur hin. Nach 250 n.Chr. begannen die germanischen Volksstämme im Zuge der einsetzenden Völkerwanderung erneut nach Süden vorzudringen. Die römischen Legionen waren nun aus verschiedenen Gründen immer weniger in der Lage, diese Entwicklung dauerhaft aufzuhalten. Ende des vierten Jahrhunderts verlor Rom vollends die Herrschaft über die nördlichen Grenzen. Für die Römer war Helvetien zu diesem Zeitpunkt nur noch eine Terra Nullis (Niemandsland)[28].

Der Alpenraum in der Spätantike und im Mittelalter

Bis in die Spätantike spielte der Alpenraum die Rolle eines Grenzgebietes, das zunehmend unter feindlichen Übergriffen aus nördlicher Richtung zu leiden hatte. Alamannen, Juthungen, Vandalen, Franken und Alanen fielen im 3. und 4. Jahrhundert n.Chr. in den Provinzen Raetien und Noricum ein; es kam zu heftigen Kämpfen mit der ansässigen Bevölkerung, zu Plünderungen und zur völligen Verwüstung ganzer Landstriche. Die Brandkatastrophe in der römischen Siedlung Stufels bei Brixen (Bressanone) und das Vergraben des Münzschatzes in Sarnonico am Nonsberg (Val di Non) – die jüngsten Münzen sind mit 276 n.Chr. datiert – dürften mit diesen Ereignissen ebenso im Zusammenhang stehen wie die Zerstörung einer römischen Villa im Gebiet von Wörgl im Inntal.

In der Regierungszeit des Ostgotenkönigs Theoderich des Großen (493–536) bildete der Alpenhauptkamm die Nordgrenze des Königreichs Italien. Die Grenzverteidigung nach Norden war ein gestaffeltes System. Die südlichen Alpenausgänge wurden von Kastellen bewacht, denen im innernorischen Raum eine zweite

---

[26] Philipp Filtzinger (Universität Tübingen), Kastell Aalen. Kommandozentrale am rätischen Limes, http://homepages.uni-tuebingen.de/peter.rempis/aalen/sqhm/kastell/kastellaa.html (4.4.2011).
[27] Furger-Gunti, Die Helvetier (wie Anm. 14), S. 132 f.
[28] Ebd., S. 136–147; sowie der Artikel über Bibracte, http://www.vrha.ch/17401/index.html (28.2.2011).

Verteidigungslinie zur Sicherung der Zentralalpen vorgesetzt war. Nördlich des Alpenhauptkammes lagen Vorposten, die die Alpenübergänge zu bewachen und in Krisenzeiten abzusperren hatten. Herwig Wolfram spricht sogar von einer Abschirmung des Reiches »durch einen dreifach gegliederten Grenzsaum [...] Im voralpinen und nordalpinen Bereich standen Föderaten, in den Alpen einheimische Milizformationen, an den befestigten Südausgängen der Alpen das reguläre Gotenheer und ebenfalls römische Milizen[29].« Gleichwohl geriet Raetien, das eigentlich die Stellung eines »Bollwerks Italiens« einnehmen sollte, nach dem Sieg des Frankenkönigs Chlodwig über die Alamannen verstärkt unter fränkischen Einfluss. 536 fiel das Alpengebiet an die Franken, als die Goten in Italien während ihres Kampfes gegen Byzanz alle von ihnen beherrschten Gebiete nördlich der Alpen den Königen der Franken überließen, um sich damit deren Neutralität zu sichern. So wurde neben Raetien auch das Noricum fränkisch. Die Franken begnügten sich allerdings mit der militärischen Sicherung des Gebiets. Mit der Übernahme der römischen Provinzen durch die Stämme der Völkerwanderungszeit (u.a. in den inneralpinen Gebieten) und durch die Slawen (im Südalpenraum) endete schließlich die römische Herrschaft im Alpenraum[30].

In den Auseinandersetzungen zwischen Langobarden und Franken wurde vor allem im Tiroler Etschtal von Meran bis vor die Tore Trients gekämpft. Dabei mussten die Franken eine verheerende Niederlage hinnehmen. Weitere Vorstöße der Franken nach Italien endeten ebenfalls glücklos.

Ende des 6. Jahrhunderts kam es im Bereich der Ostalpen, vermutlich im Drautal, zu schweren Auseinandersetzungen zwischen Baiern und Slawen, die, vor den Awaren flüchtend, in die Ostalpen vorgedrungen waren. Nach einem Sieg Herzog Tassilos I. 592 »im Slawenland« mussten die Baiern drei Jahre später eine schwere Niederlage einstecken, zu der sich 610 unter Garibald II. noch eine weitere bei Aguntum/Lavant (in der Nähe von Lienz in Osttirol) gesellte. Die Slawen stießen nach und verheerten die Grenzgebiete der Baiern, denen es schließlich aber doch gelang, die Slawen wieder zurückzudrängen.

In diesen Kämpfen bildete sich eine Grenzzone heraus, die den Ostalpenraum fast zwei Jahrhunderte lang in eine fränkisch dominierte Westhälfte und eine slawische Osthälfte spaltete. Die Trennlinie verlief im Norden entlang der Enns, ging dann in einen breiten Grenzsaum über, den die steirisch-oberösterreichisch-salzburgischen Kalkalpen bis zum Tennengebirge bildeten, erreichte über den Pongau den Alpenhauptkamm und stieß schließlich östlich von Innichen auf die Karnischen Alpen und damit auf die Grenze des langobardischen Italien[31]. In der fol-

---

[29] Herwig Wolfram, Grenzen und Räume. Geschichte Österreichs vor seiner Entstehung 378–907, Wien 1995 (= Österreichische Geschichte, 1), S. 65.
[30] Gassner/Jilek/Ladstätter, Am Rande des Reiches (wie Anm. 4), S. 243, 278 ff., 345 f.; Wolfram, Grenzen und Räume (wie Anm. 29), S. 63–65.
[31] Herwig Wolfram, Salzburg, Bayern, Österreich. Die Conversio Bagoariorum et Carantanorum und die Quellen ihrer Zeit, Wien 1995 (= Mitteilungen des Instituts für Österreichische Geschichtsforschung, Erg.Bd 31), S. 42 mit Anm. 161; Wolfram, Grenzen und Räume (wie Anm. 29), S. 79 f.

genden Zeit bis ins Spätmittelalter hinein blieb der Alpenraum von großen Auseinandersetzungen mehr oder minder verschont.

Die Habsburger und die Schweizer Eidgenossenschaft

Die Schlacht am Morgarten 1315 stellt eine kurze Unterbrechung dieser Friedensperiode dar und ist die erste Auseinandersetzung zwischen Habsburgern und Eidgenossen. Die Ursachen für den Konflikt waren vielfältig: einerseits der »Schwyzer Freiheitsdrang« und die habsburgischen Hausmachtsansprüche in den eidgenössischen Gebieten, andererseits der Marchenstreit zwischen Schwyz und dem Kloster Einsiedeln sowie der deutsche Thronstreit von 1314 bis 1322. Nach landläufiger Auffassung ist die Eidgenossenschaft im Kampf gegen die Machtpolitik des aufstrebenden Adelsgeschlechts der Habsburger entstanden. Diese hätten im 13. Jahrhundert versucht, vor dem Hintergrund des krisenhaften Werdens des Heiligen Römischen Reiches (Deutscher Nation)[32] ein einheitlich organisiertes und geschlossenes Herrschaftsgebiet zwischen Oberrhein und den Alpen aufzubauen. Dabei sei der St. Gotthardpass ihr Hauptziel gewesen. Gegen diesen Anspruch hätten sich die Länder Uri, Schwyz und Unterwalden zusammengeschlossen, um ihre alten Rechte der Reichsunmittelbarkeit zu verteidigen, die ihnen noch zu Zeiten der staufischen Kaiser gewährt worden waren[33].

Im deutschen Thronstreit standen sich Herzog Ludwig IV. von Bayern und Herzog Friedrich I. von Österreich und Steiermark, genannt Friedrich der Schöne, als Konkurrenten gegenüber. Beide erhoben den Anspruch, »von einer Mehrheit der Kurfürsten gewählt« und »mit Bestandteilen des traditionellen Zeremoniells« gekrönt worden zu sein[34]. Bis zur Entscheidung in der Schlacht bei Mühldorf 1322[35] spaltete der Konflikt um die Königskrone das Reich in zwei Parteien. Eine Konfrontation schien unvermeidlich. Mit einem starken militärischen Aufgebot rückte Herzog Friedrich nach Speyer vor, doch Ludwig wich einem Kampf aus, was zu einer Stärkung der österreichischen Position im Südwesten des Reiches führte. Auch in Bayern marschierten die Habsburger ein und zerstörten Landshut,

---

[32] Das Heilige Römische Reich entwickelte sich im 10. Jahrhundert unter der Dynastie der Ottonen aus dem ehemals karolingischen Ostfrankenreich. Die Bezeichnung »Sacrum Imperium« ist erstmals für 1157 und der Titel »Sacrum Romanum Imperium« für 1254 urkundlich belegt. Im späten 15. Jahrhundert erhielt es den Zusatz »Deutscher Nation«.

[33] Schlacht am Morgarten. In: Arbeitskreis für Geschichts- und Wirtschaftswissenschaften (akgw Geschichte), FN IV: Schweiz, Alte Eidgenossenschaft. Appendix A3, http://hist.akgw.ch/fn/mat/docs/04_B_appA3.pdf (28.2.2011).

[34] Alois Niederstätter, Die Herrschaft Österreich. Fürst und Land im Spätmittelalter 1278–1411, Wien 2001 (= Österreichische Geschichte, 4), S. 122.

[35] In der Schlacht bei Mühldorf am 28.9.1322 besiegte Ludwig IV. von Bayern Friedrich von Habsburg und beendete damit die seit 1314 anhaltenden Streitigkeiten. Ludwig wurde am 17.1.1328 zum Kaiser des Heiligen Römischen Reiches gekrönt. Um eine Aussöhnung mit den Habsburgern zu erreichen, hatte Ludwig im September 1325 seinen Kontrahenten Friedrich als Mitkönig anerkannt. Ebd., S. 125–129.

erneut eine Demonstration der Macht und Stärke des Hauses Habsburg. Und wieder vermied Ludwig den Kampf.

Die verbündeten innerschweizerischen Waldstätte, Uri, Schwyz und Unterwalden, stellten sich bei dieser Auseinandersetzung auf die Seite des Wittelsbachers Ludwig, da sie sich Unterstützung gegen die habsburgische Hausmachtpolitik erhofften. Sie überfielen das unter einem habsburgischen Vogt stehende Kloster Einsiedeln, plünderten es und nahmen den Abt sowie den gesamten Konvent gefangen. Herzog Friedrich nutzte daraufhin seine Befugnisse als König (Friedrich III.) und sprach die Reichsacht über die Friedensbrecher aus den Waldstätten aus. Er beauftragte gleichzeitig seinen jüngeren Bruder Herzog Leopold I. von Habsburg, dem die Verwaltung der habsburgischen Besitzungen in den Vorlanden[36] oblag, die habsburgische Schutzpflicht über Einsiedeln wahrzunehmen und gegen die Waldstätte vorzugehen[37].

Herzog Leopold zog im Herbst 1315 im habsburgischen Stammland im Aargau ein Heer zusammen und versammelte es am 14. November in Zug. Zur Truppe gehörten auch der gesamte süddeutsche Adel beiderseits des Rheins mit seinem Gefolge sowie starke Abordnungen aus den habsburgischen Städten Luzern, Winterthur, Zug und Zürich. Es sollen ungefähr 9000 Mann, darunter 2000 Ritter mit berittenem Gefolge, gewesen sein. Diese Zahlen sind jedoch nicht belegbar.

Die Waldstätte hatten bereits seit längerem Befestigungen gebaut, um sich vor möglichen Angriffen der Habsburger zu schützen. Diese Sperranlagen, »Letzi« genannt[38], bestanden aus Erdwällen und Palisaden und sollten das Eindringen eines Feindes in das Territorium verhindern. Im Herbst 1315 waren der Hauptzugang in die Innerschweiz bei Arth (Schwyz), der Pass bei Rothenturm sowie der Brünigpass und der Renggpass mit Letzimauern gesichert. Auch der Zugang über den Vierwaldstättersee war durch Palisaden im Wasser bei Brunnen (Schwyz), Stansstad und Buochs verwehrt. Nicht gesichert war nur der Weg von Ägeri über den Sattel zwischen dem Rossberg und dem Morgarten. Ob dies eine Falle war oder ob die Zeit zum Bau einer Letzi nicht ausgereicht hatte, ist unklar. Im Jahr 1322 wurde jedenfalls auch hier noch eine Letzi angelegt, was immerhin die Theorie widerlegt, dass die Schwyzer geglaubt hätten, der dicht bewaldete Übergang wäre leicht zu verteidigen gewesen.

Das Heer Leopolds rückte entlang des Ägerisees (östlich des Zugersees) in einer mehrere Kilometer langen Kolonne vor. Die Reihenfolge der Truppen war durch den ständischen Rang vorgegeben. Die Ritterschaft bildete die Spitze der Kolonne, dahinter kam das Fußvolk. Der Angriff erfolgte zwar nachts, allerdings war der Himmel klar und der Mond ermöglichte eine gute Sicht. Der Weg am See

---

[36] Bezeichnung für die Besitzungen der Habsburger im Westen des Reichs: in der Schweiz (u.a. Aargau, Thurgau, Zürichgau), in Schwaben und im Elsass (Sundgau).
[37] Niederstätter, Die Herrschaft Österreich (wie Anm. 34), S. 118–126.
[38] Für eine genauere Erklärung des Terminus »Letzi« siehe Martin Illi, Letzi. In: Historisches Lexikon der Schweiz, http://www.hls-dhs-dss.ch/textes/d/D8620.php (28.2.2011); Print: Historisches Lexikon der Schweiz, Bd 7, Basel 2007, S. 794.

Kriege im Alpenraum

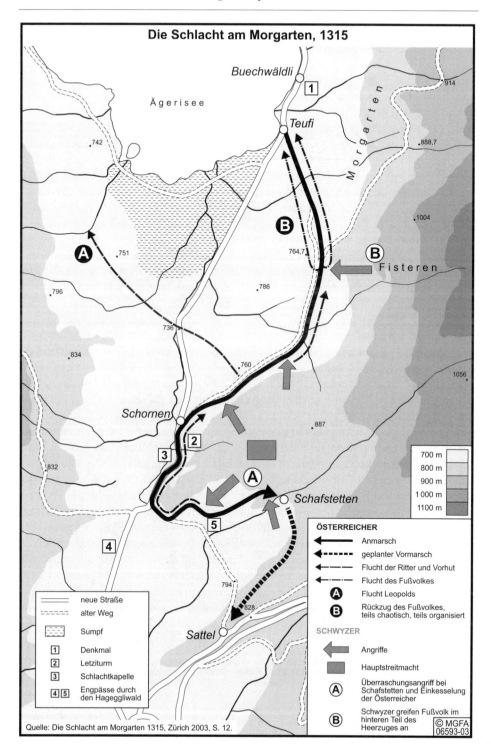

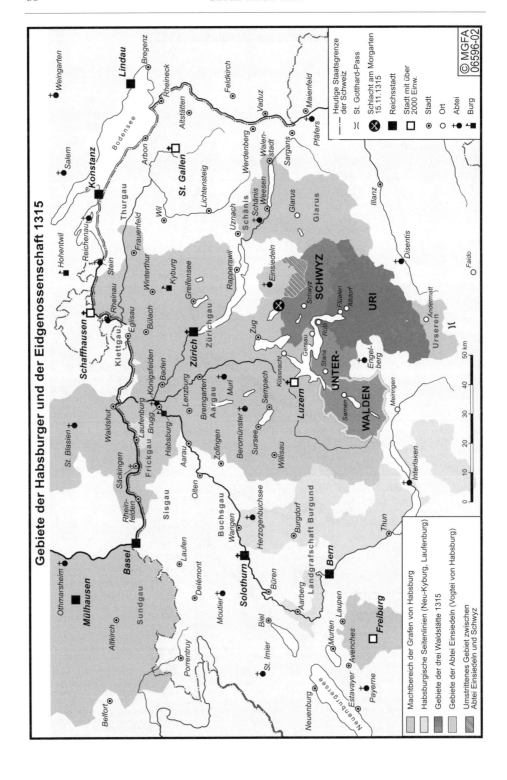

entlang ist eine enge Strecke zwischen Hang und dem versumpften Seeufer des damals noch größeren Ägerisees. Dort errichteten die Schwyzer mit den verbündeten Urnern einen Hinterhalt. Der Angriff begann erst, als die Kolonne der Ritter über eine längere Strecke in einem Hohlweg bewegungslos gefangen war und die Kolonnenspitze auf eine Sperre aufgelaufen war. Vom Hang her wurde die Reiterei mit Stämmen gefällter Bäume an verschiedenen schmalen Stellen unterbrochen. Mit faustgroßen Steinen wurden die Pferde scheu gemacht und mit Hellebarden die Ritter angegriffen. Die Ritter hatten im engen Gelände kaum Raum zur Gegenwehr, und die Schlacht endete mit einer vernichtenden Niederlage des habsburgischen Heeres. Am Ausgang des Hohlweges kam es zum Gedränge, bei dem zahlreiche Ritter und nachrückendes Fußvolk, das überhaupt nicht in die Kämpfe eingreifen konnte, in die Sümpfe getrieben, niedergeritten und erschlagen wurden. Herzog Leopold konnte sich dank der Ortskenntnis seines Begleiters retten.

Die Schlacht am Morgarten stellt eine Wende in der Operationsführung dieser Zeit dar. Sie gilt als mustergültiges Beispiel für die geschickte Nutzung des Geländevorteils in der Verteidigung. Der Kampf wird dort gesucht und dem Gegner aufgezwungen, wo das Gelände den Verteidiger stark macht und den zahlenmäßig, materiell und technisch überlegenen Gegner schwächt. Die Schwyzer erlaubten den Rittern nicht, Formen des Reiterkampfes anzuwenden, sondern zwangen ihnen den Nahkampf auf. Damit kam die Schlagkraft der schweren Reiterei nicht zum Zug. Ein wesentliches Element der Operationsführung bestand zudem im Überraschungseffekt[39]. Die Waldstätte hatten sich mit diesem Sieg ihre Unabhängigkeit gesichert. Die Auseinandersetzungen der Habsburger mit den westlichen Nachbarn gingen im 14. und 15. Jahrhundert unvermindert weiter und führten in den Jahren 1386 und 1388 zu Niederlagen der Habsburger bei Sempach bzw. Näfels.

Der Appenzeller Krieg von 1404 bis 1408 war ein Bauernkrieg der Appenzeller gegen den Abt von St. Gallen. Aufgrund des Bündnisses von Herzog Friedrich IV. von Tirol mit dem Abt dehnte er sich auf Vorarlberg und Tirol aus. Am 14. Juni 1405 unterlag der Herzog am Stoos bei Altstätten, worauf sich Feldkirch, Bludenz, Rankweil und Götzis und 1406 auch der Bregenzerwald dem »Bund ob dem See« anschlossen. Ein Heer des von den Appenzellern angeführten Bundes ob dem See fiel daraufhin über den Arlberg in Tirol ein. Die Burgen Jagdberg, Tosters, Ramschwag, Bürs und Alt-Montfort wurden zerstört, die Appenzeller drangen bis Landeck vor. Sie belagerten Bregenz, konnten es aber nicht einnehmen und wurden schließlich am 13. Januar 1408 durch Truppen des Schwäbischen Bundes besiegt. 1408 wurde in Konstanz Frieden geschlossen: Der Bund ob dem See musste sich auflösen, den Mitgliedern wurden aber die alten Freiheiten und Privilegien bestätigt. Vorarlberg kehrte unter die habsburgische Herrschaft zurück. Dafür verloren die Habsburger in den nächsten Jahrzehnten fast alle Gebiete in der Schweiz, wobei vor allem der Verlust des Aargaus an die Schweizer Eidgenossenschaft ein sehr

---

[39] Johann Christoph Allmayer-Beck, Der operative Generalstabsdienst, Bd 2: Das kriegsgeschichtliche Beispiel, Wien o.J., S. 11–16; Niederstätter, Die Herrschaft Österreich (wie Anm. 34), S. 120.

schwerwiegender war, und in Schwaben. Vorarlberg wurde zum Grenzgebiet[40]. 1474 schlossen die acht Orte der Alten Eidgenossenschaft in Konstanz einen Friedens- und Bündnisvertrag mit Herzog Sigmund von Tirol, die sogenannte Ewige Richtung, der gegenseitige Hilfsverpflichtungen und den ausdrücklichen Verzicht auf die ehemaligen österreichischen Gebiete, die an die Eidgenossen gefallen waren, vorsah. Damit wurden die jahrzehntelangen militärischen Konflikte zwischen dem Haus Habsburg und den Schweizern vorerst beendet[41].

Die letzte Auseinandersetzung mit der Eidgenossenschaft und Graubünden führte der deutsche König und spätere Kaiser Maximilian I. zusammen mit dem Schwäbischen Bund im Jahre 1499 im Rahmen des »Schwabenkrieges« – in der Geschichtsschreibung auch als Schweizerkrieg oder als Engadiner Krieg bezeichnet. Im Januar 1499 ließ der habsburgische Statthalter von Tirol den Vinschgau (Val Venosta) und das Münstertal militärisch besetzen, um seinen Anspruch gegen die von den Bischöfen von Chur bestrittenen Rechte im Unterengadin, im Münstertal und im Vinschgau durchzusetzen. Das eigentliche Ziel war wohl die Sicherung des Umbrailpasses, der eine direkte Verbindung zwischen Innsbruck und Mailand darstellte. Diese Verbindung war für die Sicherung der militärischen Interessen Habsburgs in der Lombardei entscheidend. Trotz eines Abkommens zwischen den Tiroler Landständen und Bischof Heinrich von Chur kam es zu wiederholten Zusammenstößen zwischen schwäbischen Landsknechten und eidgenössischen Kontingenten, wobei diese bis zum Bodensee vordrangen. Gefechte bei Hart, Frastanz und Höchst in Vorarlberg sowie an der Calven bei Glurns in Tirol verliefen für beide Landesaufgebote unglücklich. Der unterlegene Gegner wurde – begleitet von Plünderungen, grausamen Massakern und Verwüstungen – bis weit in den Vinschgau hinein verfolgt. Maximilian traf eine Woche später ein und verwüstete mit seiner Truppe in einer Racheaktion das Engadin, musste aber bald wieder vor anrückenden eidgenössischen Truppen zurückweichen. In der Folge schied die Eidgenossenschaft faktisch aus dem Heiligen Römischen Reich aus, was der Frieden von Westfalen 1648 nur noch förmlich besiegelte.

Die Habsburger und das Tiroler Erbe

Im späten Mittelalter entstanden die Länder im »Ostalpenraum«[42], die von mächtigen Geschlechtern wie den Babenbergern in Österreich, den Ottokaren in der Steiermark, den Herzögen von Kärnten oder den Grafen von Tirol beherrscht wurden. Die den Alpenhauptkamm überspannende Grafschaft Tirol wurde bald

---

[40] Alois Niederstätter, Das Jahrhundert der Mitte. an der Wende vom Mittelalter zur Neuzeit 1400-1522, Wien 1996 (= Österreichische Geschichte, 5), S. 123-125, 317-320; Benedikt Bilgeri, Der Bund ob dem See, Stuttgart 1968.

[41] Niederstätter, Das Jahrhundert der Mitte (wie Anm. 40), S. 325-327.

[42] Diesen Begriff, der freilich keine politische Einheit darstellt, sondern Ausdruck der geografischen Größe ist, verwendet Heinz Dopsch, Die Länder und das Reich. Der Ostalpenraum im Hochmittelalter 1122-1278, Wien 1999 (= Österreichische Geschichte, 3), S. 17.

Kriege im Alpenraum

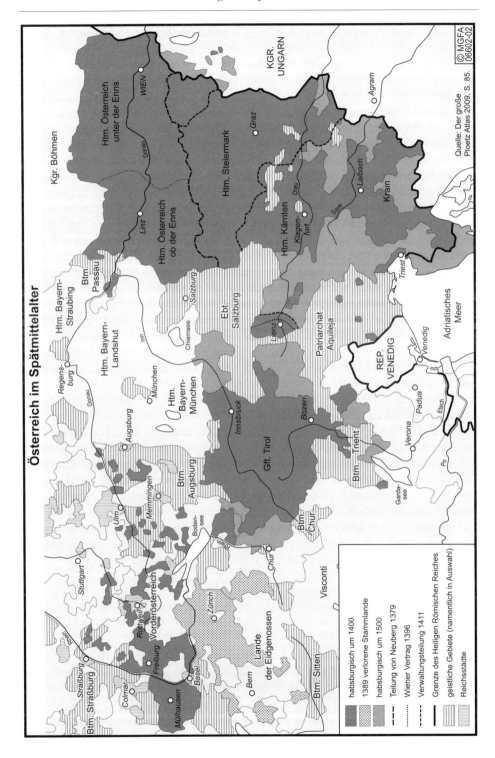

zum Zankapfel zwischen Luxemburgern, Wittelsbachern und Habsburgern. Denn mit dem Tod Heinrichs von Tirol 1335, des Sohns Meinhards II., erlosch die Tiroler Linie der Görzer Grafen im Mannesstamm. Nach dem Tod ihres Mannes Ludwigs des Brandenburgers und ihres Sohnes Meinhard übertrug Margarete Maultasch am 26. Januar 1363 ihre Rechte auf Tirol an den Habsburger Herzog Rudolf den Stifter, wobei sie bis zu ihrem Lebensende als Regentin die Herrschaft ausüben sollte. Die Wittelsbacher agitierten jedoch gegen eine noch engere Beziehung Tirols an Österreich. Sie wollten die Grafschaft Tirol, deren größerer Teil von der Zeit der Agilolfinger bis ins 13. Jahrhundert zum bayerischen Herzogtum gehört hatte, wieder für sich vereinnahmen. Das Land stellte »den geografischen und strategischen Schlüssel für alle bayerischen Ambitionen in Richtung Italien« dar. Seine Rückgewinnung hätte eine »beträchtliche Ausweitung der herzoglichen Macht und die Aussicht auf Einnahmen aus dem als reich geltenden Territorium« bedeutet[43]. Angesichts der drohenden militärischen Auseinandersetzung mit Bayern konnte Rudolf Margarete am 29. September 1363 zum Verzicht auf die Statthalterschaft bewegen. Die Grafschaft Tirol ging nun endgültig in habsburgische Hände über. Die Bayern, die im November und Dezember 1363 mehrfach massive militärische Vorstöße ins Inntal unternommen hatten, konnten erfolgreich zurückgeschlagen werden. Entscheidend für den Misserfolg waren wohl innerfamiliäre Gegensätze der Wittelsbacher sowie der Widerstandswille der Städte Hall und Innsbruck. Ein endgültiger Verzicht der Wittelsbacher auf Tirol erfolgte aber erst durch den Frieden von Schärding im Jahre 1369, wobei sie, abgesehen von einer Geldentschädigung, auch die Städte Kufstein, Kitzbühel und Rattenberg sowie Schärding selbst erhielten. Tirol bildete nun die Brücke zwischen den habsburgischen Herrschaften im Südwesten und im Südosten des Reiches[44].

Im Süden erwuchs den Tiroler Landesfürsten, einer Nebenlinie der Habsburger, mit Venedig ein ernsthafter Gegner. Christoph Haidachers These[45], dass die Wittelsbacher Erzherzog Sigmund von Tirol 1487 »in das venezianische Abenteuer getrieben hätten«, um den Fürsten in eine noch größere finanzielle Abhängigkeit von ihnen zu zwingen, scheint durchaus plausibel. Denn sie hatten bereits zuvor die finanziellen Schwierigkeiten und die zunehmende Senilität des erbenlosen Fürsten ausgenützt, ihm große Geldsummen geliehen, sich dafür Herrschaftsrechte in

---

[43] Josef Riedmann, Beziehungen zu Tirol (Spätmittelalter). In: Historisches Lexikon Bayerns, http://www.historisches-lexikon-bayerns.de/artikel/artikel_45090 (28.2.2011); Niederstätter, Die Herrschaft Österreich (wie Anm. 34), S. 154–157, 238–247.

[44] Josef Riedmann, Bayerisch-tirolische Beziehungen in Mittelalter und Frühneuzeit. In: 1703. Der »Bayerische Rummel« in Tirol. Akten des Symposiums des Tiroler Landesarchivs Innsbruck, 28.–29. November 2003. Hrsg. von Martin P. Schennach und Richard Schober, Innsbruck 2005, S. 12–16; Christoph Haidacher, Margarethe Maultasch übergibt die Grafschaft Tirol an die Habsburger (1363), http://www.tirol.gv.at/fileadmin/www.tirol.gv.at/themen/kultur/ landesarchiv/downloads/Tirol-Habsburg-1363.PDF (28.2.2011).

[45] Christoph Haidacher, Die Schlacht von Calliano, http://www.tirol.gv.at/fileadmin/www.tirol.gv.at/themen/kultur/landesarchiv/downloads/homepage-calliano.doc (28.2.2011). Ein 1487 von Erzherzog Sigmund vom Zaun gebrochener Angriffskrieg gegen die Serenissima führte zu großen Zerstörungen in Südtirol und Italien, brachte jedoch für keine Seite entscheidende Vorteile oder Gebietsgewinne.

den Vorlanden verpfänden lassen und schließlich noch die Anwartschaft auf ganz Tirol im Falle seines Todes ohne männliche Erben erlangt. Willfährige Helfer fand Herzog Albrecht IV. von Bayern-München in den »bösen Räten« am Innsbrucker Hof. Als Gegenspieler dieser von den Wittelsbachern geförderten Hofkamarilla traten die Tiroler Landstände auf. Sie waren gegen diesen Kriegszug und unterstützten ihn in der Folge auch nicht. Das Tiroler Aufgebot unter der Führung des Hofmeisters Gaudenz von Matsch nützte zunächst das Überraschungsmoment und eroberte das venezianische Rovereto im Etschtal. Die Venezianer unter dem Befehl des Condottiere Roberto da Sanseverino konnten die Stadt jedoch binnen kurzem wieder zurückerobern und sogleich zum Gegenangriff Richtung Norden übergehen. Venedig besetzte den Südrand des geistlichen Fürstentums Trient, das unter dem Schutz der Tiroler gestanden hatte, und auch die stark befestigten Städte Rovereto und Riva. Die vor der Stadt Trient lagernden Tiroler Truppen wurden daraufhin durch südwestdeutsche Landsknechte verstärkt.

Roberto da Sanseverino zog von Rovereto am linken Etschufer aufwärts, ließ alsbald von der erfolglosen Belagerung von Castelpietra ab und errichtete in der Nacht vom 9. auf den 10. August 1487 bei Calliano eine Bootsbrücke über die Etsch, um dann am rechten Flussufer gegen Trient vorzurücken. Als er zu Mittag auf die Tiroler Truppen traf, die gekommen waren, um ihm den Weg nach Norden zu versperren, war sein Aufgebot noch stark zerstreut, vor allem wurden seine beiden Hauptkontingente durch den Fluss getrennt. Nach anfänglichen Vorteilen da Severinos gelang es dem Tiroler Feldhauptmann Friedrich Kappler, die venezianischen Linien zu durchbrechen. Da die Bootsbrücke nicht mehr intakt war, brach bei den Venezianern Panik aus. Die Truppen versuchten durch den Fluss zu entkommen; ihr Anführer wurde dabei von der Strömung mitgerissen und ertrank. Noch intakte Einheiten der Venezianer zwangen schließlich die bereits plündernden südwestdeutschen Landsknechte zum Abzug.

Venedig erkannte schnell die geringe strategische Bedeutung dieses Gefechts und schritt rasch zu Friedensverhandlungen, um den Warenverkehr zwischen Deutschland und Italien wieder ungestört betreiben zu können. Die Venezianer stießen damit bei den Tiroler Landständen auf offene Ohren. Die »bösen Räte« wurden entlassen, Erzherzog Sigmund im Zusammenspiel der Landstände mit Kaiser Friedrich III. mehr oder weniger entmachtet und mit der Lagunenrepublik ein Friede geschlossen, der dem Status quo entsprach. Die Gefahr, dass das Land Tirol an die Wittelsbacher fallen könnte, war gebannt. Historiografen haben dieses Gefecht in der Folge zu einer Auseinandersetzung mit nationalem Hintergrund hochstilisiert: Erzherzog Sigmund habe dem Vordringen des »welschen« Elements Einhalt geboten. Militärhistoriker sahen in ihm eine neue Epoche anbrechen, in der sich die Überlegenheit der Landsknechtstruppen über die italienische Reiterei zeigte. Auch die Schöpfer des Kenotaphs Kaiser Maximilians I. in der Hofkirche in Innsbruck konnten sich dem nicht entziehen und stellten auf dem Relief einen großartigen Schlachtensieg des Kaisers dar[46].

---

46 Ebd.

Belagerung von Kufstein durch Truppen Kaiser Maximilians I. im Oktober 1504. Buchmalerei, Ende 16. Jahrhundert.

picture-alliance/IMAGNO/Austrian Archives

Der Landshuter Erbfolgekrieg von 1504/1505

Im Landshuter Erbfolgekrieg, auch Bayerische Fehde genannt, von 1504/1505 stand Maximilian I. seinem Schwager Herzog Albrecht IV. von Bayern-München bei. Im Zuge der Auseinandersetzungen zwischen Albrecht IV. und Ruprecht von der Pfalz um die Erbfolge in Bayern-Landshut konnte der Habsburger die damals bayerischen Gerichtsbezirke Kufstein, Kitzbühel und Rattenberg für Tirol gewinnen. Durch seine geografische Lage war Kufstein von größter Bedeutung, vor allem aber nahm es aufgrund der starken Befestigungen eine militärische Schlüsselposition als Tor zu Tirol bzw. zu Bayern ein. Stadt und Festung Kufstein befanden sich zu jenem Zeitpunkt in der Hand des noch vom verstorbenen Herzog Georg von Bayern-Landshut eingesetzten Kommandanten Hans von Pienzenau. Dieser übergab die Festung kampflos seinem neuen Herrn und wurde als Verwalter (Pfleger) eingesetzt.

Über Ruprecht von der Pfalz, Ehemann von Georgs Tochter Elisabeth und Statthalter in Bayern-Landshut, hatte Maximilian die Reichsacht verhängt, nachdem dieser den Landfrieden gebrochen hatte. Maximilian ließ die Festung Kufstein reich mit Geschützen und Munition aus dem Innsbrucker Zeughaus ausstatten, um sich gegen allfällige Angriffe pfälzischer Truppen zu wappnen. Als Anfang 1504 eine pfälzische Abteilung, rund 6000 Mann, in den Raum Kufstein vorstieß, nahm diese Verhandlungen mit Pienzenau auf, der schließlich Stadt und Festung ohne die geringsten Kampfhandlungen an die Pfälzer übergab. Maximilian befahl daraufhin dem Innsbrucker Regiment[47], unverzüglich das Aufgebot zu erlassen. Rattenberg, dessen Abfall ebenfalls drohte, wurde ganz bewusst als Sammelort der verschiedenen Truppenkörper bestimmt. Herzog Albrecht wurde um Zuzug und Unterhalt von 3000 Fußknechten und 500 Pferden für die Belagerung ersucht. Die Tiroler Landstände bewilligten nur 4500 Fußknechte statt der geforderten 10 000 Mann, noch dazu mit der Einschränkung, sie nur für die Belagerung von Kufstein einzusetzen. Hinzu kam der chronische Geldmangel Maximilians, der neben der Versorgung der Truppen vor allem deren Ergänzung durch Söldner erschwerte. Die Besatzungen von Rattenberg und Kitzbühel forderten plötzlich auch noch Geld vom Kaiser und drohten mit dem Abzug. Zudem wurden Gerüchte laut, die Pfälzer planten, mit 10 000 Mann von Kufstein aus Rattenberg und andere Städte zu erobern und das ganze Inntal zu verwüsten.

Von 5. bis 17. Oktober erfolgte schließlich die Belagerung Kufsteins. Die Geschütze der Belagerer konnten gegen das starke Mauerwerk nichts ausrichten; die steinernen Geschosse prallten wirkungslos an den Mauern ab oder zerbarsten, ohne Schaden anzurichten, und der andauernde Beschuss von der Festung her brachte den Belagerern empfindliche Verluste an Mannschaft und Gerät bei. Daher ließ Maximilian größere Kanonen, die »Türkische Kaiserin«, die »Burgunderin« und die »Schöne Kathl«, aus dem Innsbrucker Zeughaus holen. Da auch diese Kanonen nichts ausrichteten, wurde das Feuer gegen die Festung eingestellt, und

---

[47] »In den Quellen des Tiroler Landesarchivs lässt sich bereits für das 15. Jahrhundert eine zunehmende Zentralverwaltung Vorderösterreichs durch die Innsbrucker Behörden nachweisen. Diese Tendenz wurde durch die 1491 einsetzende Behördenorganisation des nachmaligen Kaisers Maximilians I. institutionalisiert. Seit damals gab es in Innsbruck das oberösterreichische Regiment/Regierung und die oberösterreichische Kammer. Beide waren für Tirol und die Vorlande zuständig. Das Regiment war zugleich Regierung, oberstes politisches Verwaltungsorgan, Gerichtshof und Lehenbehörde.« Christian Fornwagner, Tiroler Landesarchiv: Vorderösterreich, http://www.tirol.gv.at/fileadmin/www.tirol.gv.at/theman/Kultur/Landesarchiv/downloads/vorderoesterreich.pdf (28.2.2011).

Maximilian ließ sämtliche Batterien auf die Stadt feuern, bis die Mauern der Stadt völlig zusammengeschossen waren. Nachdem auch mehrere Entsatzversuche vonseiten der Pfälzer gescheitert waren, öffnete zwar die Stadt Kufstein gegen Zusicherung von Leben und Gut dem Kaiser die Tore. Die Festung war allerdings nicht zur Kapitulation bereit. Pienzenau vertraute auf das starke Mauerwerk und die geringe Durchschlagskraft der Belagerungsgeschütze und hoffte auf einen baldigen Entsatz. Nun konnte die Festung von vier Seiten aus beschossen werden, weswegen man noch zusätzliche Geschütze aus dem Innsbrucker Zeughaus wie »Purlepauß« und »Weckauf von Österreich« holte, die größten Geschütze, über die das Reich damals verfügte und mit denen man 100 kg schwere Eisenkugeln verschießen konnte. Nach drei Tagen Beschuss lag die Festung in Trümmern. Pienzenau sah ein, dass die Festung nicht mehr zu halten war, und unterbreitete Maximilian das Angebot, sie gegen freien Abzug der Besatzung zu übergeben. Doch der Kaiser befahl, die Festung am folgenden Tag zu stürmen und keine Gefangenen zu machen. Dieser Befehl wurde allerdings nicht ausgeführt. Am 17. Oktober, um acht Uhr morgens, befanden sich Stadt und Festung Kufstein in den Händen des Kaisers. Es folgte ein hartes Strafgericht. Pienzenau und ein Teil der Besatzung wurden hingerichtet[48]. Die Festung Kufstein wurde aufgrund ihrer Bedeutung als Bollwerk am Aus- bzw. Eingang zum Inntal rasch wieder aufgebaut. Eine lange Ruhephase war dem Land Tirol aber nicht gegönnt, denn kaum 20 Jahre später war es wieder Schauplatz von heftigen Auseinandersetzungen.

Bauern- und Knappenaufstände von 1525

Bauernunruhen im süddeutschen Raum gab es bereits während des ganzen Spätmittelalters. Im 15. Jahrhundert wuchsen Häufigkeit und Intensität. 1462/1463 fand der erste alpenländische Aufstand im Erzbistum Salzburg statt, der sich namentlich gegen neue Steuern und erhöhte Abgaben richtete. Bedingt durch Pest, Heuschrecken und Hungersnot, unzählige Fehden, marodierende Söldnerbanden und Türkeneinfälle wuchs die Unzufriedenheit der alpenländischen Bevölkerung. Sie schloss sich in Bünden gegen die Obrigkeit zusammen. In Tirol traten, wie in anderen Alpenländern auch, zu den unzufriedenen Bauern, Handwerkern und Bürgern die häufig kriegsgewohnten Knappen und Gewerken (Anteilseigner bergrechtlicher Gewerkschaften).

»Es gärte schon lange in Tirol. Die Steuerpolitik war erpresserisch, der Regierungsstil arrogant und feudal, der Hochmut der Beamten tat sein Übriges. An die Kirche waren überhohe Steuerleistungen zu erbringen [...] Hunger, Pest und Hochwasser suchten zwischen 1500 und 1525 gerade die ärmeren Schichten heim. Die Venezianerkriege und die ständigen Truppendurchzüge hatten die Kassen geleert und die Missstimmung vergrößert[49].«

---

[48] Winfried Stelzer, Die Belagerung von Kufstein 1504, Wien 1969 (= Militärhistorische Schriftenreihe, 12), passim.
[49] Rudolf Fallmann, Der Bauernkrieg unter Michael Gaismair, http://www.geschichte-tirol.com/zum-thema/125/1279-der-bauernkrieg-unter-michael-gaismair.html (28.2.2011).

Nach dem Tod Maximilans und der Übernahme der Regierung durch die Stände 1519 (bis zur Ankunft eines neuen Fürsten) kam es ab 1520 in einigen Tiroler Gebieten zu lokalen Aufständen der Bauern. Im Januar/Februar 1525 erhoben sich die Schwazer Bergknappen gegen die Fugger'sche Verwaltung.

Im Mai kam es zum Aufstand der Bauern und Landarbeiter gegen die geplante Hinrichtung des Bauern Peter Paßler, der dem Brixener Bischof eine Fehde angesagt hatte. Paßler wurde von den Aufständischen befreit und schloss sich ihnen an, um später von einem seiner eigenen Leute ermordet zu werden. Etwa 5000 Mann zogen nach der Befreiung Paßlers in Brixen ein, plünderten und besetzten die Hofburg, wo sie die bischöflichen Beamten hinausjagten. Handwerker und ein Teil der Bürger verbündeten sich mit den Aufständischen. Michael Gaismair – er war bischöflicher Sekretär und Bürger von Sterzing (Vipiteno) – wurde zum Anführer des Aufstandes in Tirol. Ohne entscheidende Beteiligung Gaismairs kam es im Juni 1525 zur Einberufung eines Landtages in Innsbruck, wo ein gemäßigtes Forderungsprogramm der Bauernvertreter vom 30. Mai, die 62 »Meraner Artikel«, angehört und möglichst viele ihrer Forderungen in geltendes Recht umgesetzt werden sollten. Gegen Adel und Kirche gerichtet, aber für den Landesfürsten durchaus vorteilhaft, wurde es tatsächlich beschlossen.

Der Aufstand verbreitete sich rasch über die Haupttäler Südtirols; in Nordtirol war das Echo schwächer. Klöster und Burgen wurden erstürmt und geplündert. Erzherzog Ferdinand konnte den Aufstand nicht niederwerfen und versuchte die Aufständischen zu spalten, indem er ausschließlich mit den Gemäßigten, darunter Gaismair, verhandelte. Ferdinand war zunächst nur zu wenigen, kaum ernst gemeinten Zugeständnissen bereit. Schließlich ließ er Gaismair im August 1525 sogar gefangen nehmen. Dieser konnte jedoch fliehen und ging nach der Niederlage der Trientiner Bauern in die Schweiz, wo er eine gegen Habsburg gerichtete, republikanische und sozialrevolutionäre Landesordnung ausarbeitete und Pläne zur Befreiung Tirols schmiedete.

1525 und 1526 kam es auch zu zwei Erhebungen in Salzburg, wo sich die Pinzgauer und Pongauer Knappen gegen die geistliche Obrigkeit erhoben. 1526 spielte wieder Gaismair eine entscheidende Rolle. Der Aufrührer musste aber nach Venedig fliehen und wurde auf dem Weg dorthin ermordet. Der Aufstand von 1526 war eine geplante Aktion; er ging auf ein Bündnis mit den aufständischen Allgäuern und Tirolern zurück. Die Aufständischen errangen 1525 auch bei Schladming einen militärischen Erfolg gegen ein Kontingent der steirischen Stände; das Eingreifen von Niklas Graf Salm führte aber zur Niederlage. Die Stadt Schladming wurde daraufhin zerstört. Die Tiroler hingegen konnten eine Verbesserung ihrer Situation erzielen: In der neuen Landesordnung von 1526 wurden Zugeständnisse an die Bauern ratifiziert, die neben der Erweiterung des bäuerlichen Erbrechtes eine Neuordnung des Handels und eine transparente Handhabung der Gerichtsbarkeit festlegten; insgesamt war die Bauernbewegung aber gescheitert[50].

---

50 Eine detaillierte Abhandlung findet sich bei Roland Schäffer, Der obersteirische Bauern- und Knappenaufstand und der Überfall auf Schladming 1525, Wien 1989 (= Militärhistorische Schriftenreihe, 62).

Ehrenberger Klause bei Reutte. Abb. aus: Gabriel Bodenehr, Curioses Staats und Kriegs Theatrum Dermahliger Begebenheiten in Tyrol, Augsburg, um 1720.

Bibliothek und Archiv des Erzstiftes St. Peter, Salzburg

Der Schmalkaldische Krieg und Fürstenaufstand

Kaiser Karl V. hatte im Schmalkaldischen Krieg 1546/1547 die reichsrechtliche Anerkennung des Protestantismus zu verhindern und die Macht der Reichsstände im Heiligen Römischen Reich zu beschneiden versucht. Von dieser Auseinandersetzung war auch der Alpenraum betroffen, als Söldner des Schmalkaldischen Bundes im Juli 1546 bis zur Ehrenberger Klause südlich von Reutte zum Fernpass vordrangen und diese ohne große Gegenwehr einnahmen. Die Besatzung der Burg Ehrenberg leistete keinen Widerstand und die Burg wurde den Söldnern kampflos übergeben. Die Rückeroberung durch die kaiserlichen Truppen erfolgte durch

Beschuss der Burg am 4. und 5. September 1546 vom Falkenberg (heute Hochschanz) aus, worauf die Söldner abzogen[51].

In der Schlacht bei Mühlberg 1547 schlug Karl V. die Armee des sächsischen Kurfürsten Johann Friedrich von Sachsen und diktierte auf dem »geharnischten Reichstag« in Augsburg das sogenannte Interim. Im Reich wuchs die Unzufriedenheit mit den Beschlüssen des Augsburger Reichstages und im Norden schlossen sich die protestantischen Fürsten zu einem Bündnis zusammen. Eine Schlüsselrolle spielte Moritz von Sachsen, der im Auftrag des Kaisers Truppen gegen Magdeburg führte, das sich dem Augsburger Interim nicht beugen wollte, sich aber dann mit der Stadt und den Gegnern des Kaisers verbündete. Einer der Verbündeten, Frankreich, erklärte daraufhin im Herbst 1551 den Krieg und stieß bis zum Rhein vor.

Den Truppen der verbündeten protestantischen Fürsten gelang es, handstreichartig die süddeutschen, noch kaisertreuen Städte zu erobern und im März 1552 nach Tirol vorzudringen. Die kaiserlich-tirolischen Truppen, die ungeschützt in der Ebene von Reutte lagerten, wurden bei Reutte vernichtend geschlagen. Moritz von Sachsen zog mit seinem Heer anschließend weiter nach Süden in Richtung Ehrenberger Klause. Ein Teil der sächsischen Truppen unter der Führung des Herzogs Georg von Mecklenburg umging in der Nacht die Burg von Ehrenberg und stand am folgenden Tag plötzlich auf der Südseite der Ehrenberger Klause. Durch den beiderseitigen Angriff wurde die Klause eingenommen. Der sächsische Kurfürst verzichtete aber auf einen Angriff auf die Burg. Am 29. Mai 1552 zog die plündernde Truppe über Ehrenberg und Reutte zurück. Das milizartige Verteidigungssystem der Grafschaft Tirol erwies sich bei diesem Vorstoß der Bayern als wenig wirksam. Moritz von Sachsen besetzte am 23. Mai 1552 die Residenzstadt Innsbruck. Karl V. hatte bereits am 19. Mai bei strömendem Regen eine demütigende Flucht über den Brenner nach Villach antreten müssen. Der Herrscher, in dessen Reich die Sonne niemals unterging, hetzte, von einer mindermächtigen Fürstenallianz bedroht, durch die Alpen.

Während ihres Abzuges aus Tirol verwüsteten die verbündeten protestantischen Truppen noch weite Teile des Oberinntales, hier vor allem das Zisterzienserstift Stams, und des Außerferns (heutiger Bezirk Reutte). An die 4000 Menschen wurden um ihre Existenzgrundlage gebracht. Zudem brach in der Bergwerksgemeinde Schwaz ein Knappenaufstand aus. Das Scheitern Karls V., der kurz zuvor, im April 1552, die lothringische freie Stadt Metz an den französischen König Heinrich II. verloren hatte, manifestierte sich somit auch auf Tiroler Boden. Karl V. blieb in der Folge nichts anderes übrig, als Verhandlungen mit den Kurfürsten und den wichtigsten weltlichen Reichsfürsten zuzustimmen. Das Ergebnis dieser Verhandlungen war der Passauer Vertrag von 1552, mit dem die Reichs- und Konfessionspolitik des Kaisers praktisch liquidiert wurde[52].

---

51 Richard Lipp, Ehrenberg. Die Zeitreise, http://www.burgehrenberg.com/index.php?id=120000 (28.2.2011).
52 Thomas Winkelbauer, Ständefreiheit und Fürstenmacht. Länder und Untertanen des Hauses Habsburg im konfessionellen Zeitalter, Wien 2003 (= Österreichische Geschichte, 6/1), S. 368 f. Zu

Der Dreißigjährige Krieg

Der Dreißigjährige Krieg hinterließ ebenfalls seine Spuren im Alpenraum, auch wenn dieser nicht in dem Maße wie andere Landstriche von den Kriegsereignissen betroffen war. Das Gebiet musste zwar Truppendurchzüge und Einquartierungen in Kauf nehmen, blieb aber von verlustreichen Kämpfen und größeren Kampfhandlungen zunächst verschont.

Die Bündner Alpenpässe gewannen im 17. Jahrhundert strategische Bedeutung als kürzeste Verbindung zwischen Tirol und dem von den spanischen Habsburgern beherrschten Mailand. Dies erkannten auch Franzosen und Venezianer, die versuchten, den Transitkorridor für die Habsburger zu sperren. Mit Geld, Versprechungen und Drohungen wollten beide Seiten Einfluss auf die Bündner Politik gewinnen. Das Land stürzte in der Folge in anarchische Zustände und drohte zu zerreißen. Verstärkt wurden diese Turbulenzen noch durch die in Graubünden erst im späten 16. Jahrhundert einsetzende Gegenreformation. Dabei wurden mehrere Konfliktebenen evident: Familienfehden innerhalb der Bündner Führungsschicht, Rivalitäten in und unter den Talschaften, der Streit zwischen den österreichisch-spanischen und venezianisch-französischen Parteigruppierungen sowie der Kampf zwischen den Häusern Habsburg und Bourbon um die Vorherrschaft in Europa.

Im Juli 1620 drang eine Söldnertruppe aus Italien ins Veltlin (Valtellina, Tal des Flusses Adda mit seinen Seitentälern) ein und stachelte die katholisch gebliebene Bevölkerung des Veltlins zu einem Aufstand gegen ihre mehrheitlich reformierten Bündner Landesherren auf. Die Ermordung von 500 Protestanten im Veltlin durch Aufständische und eingedrungene Söldner bedeutete das Ende des Protestantismus in dem lombardischen Tal und war der Auftakt für die fast zwei Jahrzehnte dauernden »Bündner Wirren«. Ende Oktober besetzten Spanien und Österreich Graubünden. Von den unter sich uneinigen Eidgenossen kam nur aus Bern und Zürich Hilfe. Frankreich war geschwächt. Dagegen griff die Zentralschweiz unter Führung des Abtes von Disentis aufseiten der Spanier und Österreicher ein. Graubünden musste im Januar 1622 das Münstertal, das Unterengadin und das Prättigau an Österreich abtreten. Da den Bewohnern dort die Ausübung der protestantischen Religion verboten wurde, kam es 1622 zum Prättigauer Aufstand und zur Vertreibung der Österreicher. An diesen Kämpfen war auf österreichischer Seite auch Vorarlberger Miliz beteiligt, die über das Montafon in das Gebiet der Aufständischen eindrang und ihnen in der Folge einen Kleinkrieg aufzwang. Zwei weitere österreichische Invasionen folgten in den Jahren 1623 und 1624 sowie 1629 bis 1631[53].

Karl V. siehe Kaiser Karl V. (1500-1558). Macht und Ohnmacht Europas, Katalog zur Ausstellung des Kunsthistorischen Museums, Wien 2000; hier v.a. die Beiträge von Alfred Kohler, Persönlichkeit und Herrschaft, S. 7-16, und Bernd Moeller, Die Reformation, S. 77-85; Alfred Kohler, Karl V. 1500-1558, Eine Biographie, München 1999; sowie Robert Rebitsch, Tirol, Karl V. und der Fürstenaufstand von 1552, Hamburg 2000 (= Studien zur Geschichtsforschung der Neuzeit, 18).

53 http://geschichte-schweiz.ch/reformation.html (28.2.2011); Silvio Färber, Bündner Wirren, http://www.hls-dhs-dss.ch/textes/d/D28698.php (28.2.2011), zugleich: Historisches Lexikon

1632 drangen die Schweden, die aufseiten der Protestanten in den Krieg eingetreten waren, nach Süddeutschland vor. Wangen im Allgäu geriet in schwedische Hand. Bregenz, dessen Fortifikationen eben verstärkt worden waren, wurde zur Kapitulation aufgefordert, lehnte dieses Ansinnen aber ab, worauf die Schweden den Bodenseeraum wieder verließen. Doch kam es zu den ersten verlustreichen Kampfhandlungen auf Vorarlberger Boden. Im Rahmen der Kriegshandlungen und der wechselseitigen Einnahme von Füssen drangen die Schweden unter den Herzögen Bernhard und Ernst von Weimar am 29. Juli 1632 bis Reutte vor, das sie brandschatzten. Sie unternahmen Erkundungsritte, versuchten die von Erzherzog Leopold Wilhelm verteidigte Ehrenberger Festung zu erobern und ins Inntal vorzustoßen. Die Tiroler wehrten ihre Versuche jedoch ab. Am 31. Juli erfolgten der Rückzug und die Verlegung der schwedischen Truppen auf einen anderen Kriegsschauplatz[54].

Im September/Oktober 1633 wurde der Bodenseeraum erneut Operationsgebiet, wobei Bregenz immer mehr zum wichtigsten Waffen- und Munitionsstapelplatz der Kaiserlichen wurde. Das Vorarlberger Aufgebot beteiligte sich an der Verteidigung der österreichischen Stadt Konstanz gegen den schwedischen Feldmarschall Gustav Horn. Infolge des Krieges traten Hungersnöte und Seuchen auf; so wütete in den Jahren 1628 bis 1630 und 1635 die Pest.

Im Spätherbst 1646 zog der schwedische Oberbefehlshaber Gustav Wrangel mit 40 000 Mann an den Bodensee. Dort erhielt er Anfang 1647 die Nachricht, dass Vorarlberger Miliz aus den vier habsburgischen Herrschaften vor dem Arlberg (Bregenz und Hohenegg, Neuburg, Feldkirch, Sonnenberg-Bludenz) zur Verteidigung ihrer Heimat aufgeboten worden war und die schwedische Besatzung von Isny (Allgäu) in Kampfhandlungen verwickelt hatte. Die Bregenzer Klause, die Rheinlinie und der Luziensteig sowie der Rätikon- und der Silvrettapass bildeten die Einfallspforten für einen möglichen Vorstoß nach Südwesten. Als Sperre und Stützpunkte für die Landesverteidiger dienten die Befestigungen an der Bregenzer Klause, die Burg Hohenbregenz, die Neuburg mit Hohenems, die Schattenburg ob Feldkirch und südlich davon die Burgen Vaduz und Gutenberg. 8000 Mann, überwiegend Kavallerie und 24 Geschütze, standen 2000 Mann des Vorarlberger Aufgebots gegenüber, die nur den Rückhalt einiger Befestigungen hatten.

Am 4. Januar 1647 begann der Angriff des schwedischen Heeres. Auf ihrem Weg von Lochau nach Bregenz marschierten Wrangels Truppen entlang der Ausläufer der Allgäuer Alpen, die zum Teil steil zum Bodenseeufer abfielen. Die Straße führte durch drei Engpässe, die durch Tore gesichert waren: die Bregenzer Klause. Eben dort hatten die Vorarlberger Stellung bezogen. Die Klause war mit Bastionen und Vorwerken versehen; davor lag die Schanze Unnoth, dahinter die Neuschanze am Mühlbach mit einem festen Turm. Von der Klause zogen sich Palisaden zum Seeufer und auf der anderen Seite führte vom Besenreis und Ku-

---

der Schweiz, Bd 3, Basel 2003, S. 47 f.; Peter Broucek, Die Eroberung von Bregenz am 4. Jänner 1647, 2. Aufl., Wien 1981 (= Militärhistorische Schriftenreihe, 18), S. 7.
[54] Lipp, Ehrenberg. Die Zeitreise (wie Anm. 51).

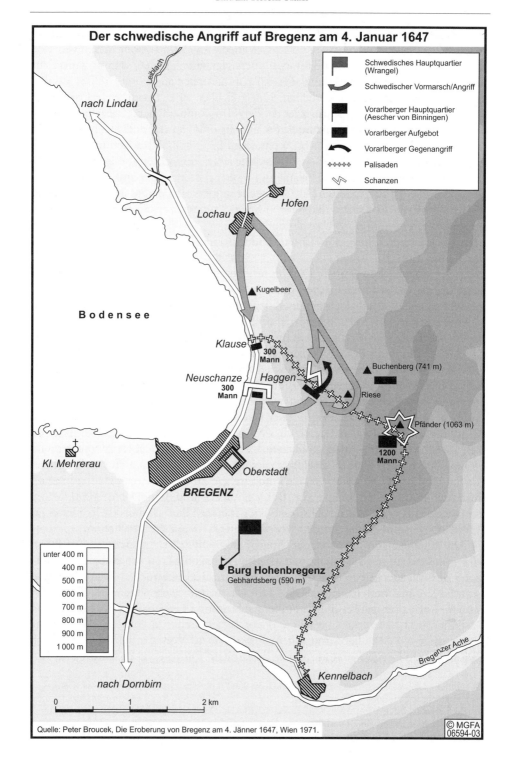

gelbeer ein Befestigungskranz aus Doppelmauern, Palisaden, Erdaufwürfen und Blockhäusern über den Gipfel des Haggen zur Redoute auf dem Pfänder. Den Norden des Landes schützten Feldbefestigungen, die von den Bewohnern des Bregenzer- waldes in langjähriger Schanzarbeit angelegt worden waren. Die Stadt Bregenz selbst besaß noch ihre mittelalterliche Ringmauer; diese war jedoch in einem schlechten Zustand und bot daher kaum einen Schutz im Fall einer Belagerung.

Wrangel führte zunächst einen Frontalangriff gegen die Klause, der jedoch in den Befestigungen stecken blieb. Er befahl daraufhin Generalmajor Kaspar Kornelius Mortaigne de Potelles, mit einem Teil der Truppen auf dem Bergweg von Lochau gegen den Haggen vorzurücken. Die Bauern hielten auch diesem Angriff stand. Obwohl sie mehrere Tage bei starkem Schneefall, mit mangelhafter Bekleidung und wenig Verpflegung hatten ausharren müssen, war ihr Kampfeswille ungebrochen. Sie wagten sogar Ausfälle, die sich allerdings als verlustreich erwiesen. Erst durch ein Umgehungsmanöver dieses Stützpunktes gelang es den zahlenmäßig überlegenen Angreifern, die Entscheidung herbeizuführen und Bregenz einzunehmen[55]. Wrangel hatte somit am Bodensee Fuß gefasst, gute Winterquartiere errichtet und mit der reichen Beute auch seine Soldaten zufriedengestellt. Am 7. Januar meldete er nach Schweden, dass sich ihm »hier durch nun mehr der Pass in Italia, Tyroll oder die Schweiz Gott lob eröffnet, welches die Zeit dieses gewehrten teutschen krieges vorhin noch nicht beschehen isst«[56] – eine maßlose Übertreibung, denn er war sich wohl bewusst, dass ein weiteres Vordringen nach Süden ohne Zersplitterung seiner Truppen nicht möglich war und auch kaum im Interesse der schwedischen Regierung lag. Die Schweden unternahmen in der Folge Streifzüge bis nach Bludenz und zum Luziensteig, womit sie den südlichsten Punkt erreichten. Sie stellten Übergabeaufforderungen an Gutenberg und Vaduz. Als diese aber nicht darauf reagierten, zogen sie weiter.

Noch im Januar wandte sich Wrangel nach Lindau, um die Stadt, die Generalfeldwachtmeister Willibald Max Graf Wolfegg-Waldburg heftigst verteidigte, zu belagern. Der französische Heerführer Henri de La Tour d'Auvergne, vicomte de Turenne, sollte diese Operation durch die Einnahme Überlingens unterstützen. Durch die Eroberung von Stützpunkten am See konnte die Stadt von der Zufuhr aus Konstanz abgeschnitten werden. Am 6. März musste die Belagerung allerdings aufgehoben werden, nachdem sich die militärische Situation grundlegend geändert hatte: Die schwedischen Truppen hatten 1646 mit französischer Hilfe weite Teile Bayerns verwüstet; Kurfürst Maximilian von Bayern blieb keine andere Wahl, als sein Bündnis mit dem Kaiser aufzukündigen und sich im Waffenstillstandsvertrag zu Ulm vom 14. März 1647 zur Neutralität zu verpflichten[57]. Feldkirch wurde geräumt, die Festung Hohenbregenz durch fünf Minen gesprengt und die Schanzen an der Klause und am Pfänder geschleift. Dann marschierten die schwedi-

---

55 Bregenz war nach dem Ende des Krieges wirtschaftlich am Ende: Beschießung, Einquartierung und Flüchtlingsströme hatten ihre Spuren hinterlassen. Auch die Bevölkerung wurde zur Ader gelassen. Der durchschnittliche Verlust betrug in Vorarlberg zwischen fünf und zehn Prozent. In Bregenz sank die Bevölkerung von 1600 auf 1200 Personen.
56 Broucek, Die Eroberung von Bregenz (wie Anm. 53), S. 12.
57 Winkelbauer, Ständefreiheit und Fürstenmacht (wie Anm. 52), S. 388 f.

schen Truppen ab[58]. Die Kaiserlichen, die nach der Nachricht von der Eroberung Bregenz' sofort zwei Kürassierregimenter entsandt hatten, zogen schließlich mit 300 Mann zu Fuß und 80 Reitern über den Arlberg und trafen am 10. April in Bludenz ein. Als Gerüchte über neuerliche schwedische Vorstöße aufkamen, wurden eiligst die oben erwähnten Befestigungswerke wiederhergestellt. Doch trotz Vorstößen der Schweden nach Bayern blieben Übergriffe auf Vorarlberger Gebiet aus. Auf dem Bodensee blieb die schwedische Flottille jedoch ein unangenehmer Gegner, dem die Kaiserlichen keine gleichwertige Macht entgegenstellen konnten[59].

Im Dreißigjährigen Krieg, insbesondere während des Engadiner Krieges 1620/1624 und der Bedrohung der Tiroler Nordgrenze durch die vorrückenden Schweden ab 1632, vermochte die neue Tiroler Landmiliz die in sie gesetzten Erwartungen in keiner Weise zu erfüllen: Je länger die kriegerischen Auseinandersetzungen dauerten, desto schwieriger wurde es, die zuzugspflichtigen Männer zur Erfüllung ihrer Dienstpflicht zu bewegen: Die einen verweigerten von vornherein den Zuzug, andere – teilweise das gesamte Aufgebot einer Stadt oder eines Gerichts – kehrten eigenmächtig von ihrem Einsatzort nach Hause zurück. Die hohen Verweigerungs- und Desertionsraten lagen weniger im Mutwillen, der Faulheit oder mangelnden Wehrbereitschaft der »Ausgeschossenen« begründet als vielmehr in den organisatorischen Rahmenbedingungen[60]. Die Verpflegung im Einsatz war schlecht bis nicht vorhanden, vom Sold sahen die meisten Landmilizionäre nichts. Besonderen Unwillen erregte es, wenn zu guter Letzt auch noch Söldnertruppen im Hinterland in ihren Quartieren liegen blieben – also in den Bauern- und Bürgerstuben –, während die Landmiliz in die gefährdeten Landesteile abrücken musste. Schon bald nach 1632/1633 stellte man daher in Tirol Überlegungen an, wie man die enttäuschenden Resultate der Landmiliz verbessern könnte[61].

Der »Bayerische Rummel« in Tirol 1703

Im Spanischen Erbfolgekrieg von 1701 bis 1714, dem Kampf zwischen Frankreich und Österreich um die Nachfolge des letzten spanischen Habsburgers, mischte

---

[58] Broucek, Die Eroberung von Bregenz (wie Anm. 53), passim; Stadtarchiv Bregenz, Der Dreißigjährige Krieg, http://www.bregenz.gv.at/kultur-stadtarchiv/stadtarchiv/chronikstadtgeschichte/der-dreissigjaehrige-krieg.html (28.2.2011).

[59] Wanner, Kriegsschauplatz Bodensee (wie Anm. 23), S. 5–8.

[60] In Tirol und Vorarlberg herrschte die »Ausschusspflicht«, die Stellung des Aufgebotes, wie sie im Landlibell von 1511 verankert worden war. Im Rahmen der allgemeinen Wehrpflicht und der Schützenausbildung des Landlibells formierten sich die Landesmilizen, die das vertraute Gelände zur Besiegung des Gegners nutzten. Siehe Martin Paul Schennach, Tiroler Landesverteidigung 1600–1650. Landmiliz und Söldnertum, Innsbruck 2003 (= Schlern-Schriften, 323); Martin Paul Schennach, Das Tiroler Landesverteidigungswesen bis 1703. In: 1703. Der »Bayerische Rummel« (wie Anm. 44), S. 23–38.

[61] Martin Paul Schennach, Das Gutachten Hans Khüenings über die Tiroler Landmiliz vom Juni 1633, siehe in: www.tirol.gv.at/fileadmin/www.tirol.gv.at/themen/kultur/landesarchiv/downloads/tiroler-aufgebote.doc (28.2.2011). Vgl. auch Schennach, Das Tiroler Landesverteidigungswesen (wie Anm. 60), S. 34 f.

Tiroler Scharfschützen. Kupferstich von Elias Baeck aus einer Flugschrift, 1703.
Tiroler Landesmuseum Ferdinandeum, Innsbruck

auch Bayern kräftig mit, das mit Frankreichs Hilfe versuchte, wieder in den Besitz Tirols zu gelangen. Bereits 1701 fanden an der Südgrenze Tirols Kriegshandlungen zwischen den österreichischen Truppen unter Prinz Eugen und französischen sowie spanischen Truppen statt. Die Franzosen unter General Louis II. Joseph de Bourbon, Duc de Vendôme, hatten die Alpenausgänge in die Poebene abgeriegelt und das Val Lagarina bis Rovereto besetzt. Prinz Eugen konnte ihnen in einer kühnen Umgehung in den Rücken fallen, sie besiegen und in die Poebene zurückdrängen. Während die Lage im Süden des Landes einigermaßen ruhig blieb, kam es an der Nordgrenze zu einem zwar nicht unerwarteten Angriff, der die Abwehr aber dennoch unvorbereitet traf.

Am 17. Juni 1703 überschritten bayerische Truppen in einer Stärke von rund 10 000 Mann unter dem Oberbefehl von Kurfürst Max Emanuel von Bayern die Tiroler Grenze bei Kufstein und zogen am 22. Juni in Innsbruck ein[62]. Während

---

[62] Der Ausdruck »Bayerischer Rummel« wurde vermutlich erst später geprägt, da er in den Diarien und Relationen jener Zeit nicht vorkommt. Fritz Kirchmair, Die Gefechte an der Pontlatzer Brücke 1703 und 1809, Wien 1983 (= Militärhistorische Schriftenreihe, 48), S. 1, steht diesem Ausdruck auch sehr kritisch gegenüber, da seiner Ansicht nach das Wort »Rummel« für das von

Max Emanuel Boten mit Übergabeaufforderungen aussandte, drangen seine Truppen über Sterzing zum Jaufenpass und den Eisack entlang bis zur Südgrenze des Hochstiftes Brixen vor. Nach dem Erhalt der Nachricht vom Einfall der Bayern in Tirol erhielt General Vendôme, der mit seinem Heer in der Poebene lag, den Befehl, etschaufwärts zu marschieren, um sich mit den Bayern zu vereinigen. Er überschritt am 22. Juli die Südgrenze Tirols und erschien Ende August vor Trient, wo er seine Artillerie in Stellung brachte und mit der Beschießung der Stadt begann.

Dieser Zangenangriff schien jede weitere Abwehr durch die schwachen militärischen Kräfte in Tirol überflüssig zu machen und das weitere Schicksal Tirols zu besiegeln. Die Fürstbischöfe ermahnten das Volk sowie die politischen Führer des Landes zur Ruhe und nahmen nach außen eine neutrale Haltung ein. So versuchten sie, Unheil, Plünderungen und Verwüstungen vom Land abzuwenden. Im Etsch-, Eisack- und oberen Inntal formierte sich allerdings der Widerstand der Bevölkerung gegen die Eindringlinge. In Bozen und Meran sammelte sich der Landsturm. Am 27. Juni rückten ca. 3000 Landsturmmänner aus dem Vinschgau gegen den Jaufen vor und vertrieben die bayerischen Vorposten. Eine weitere kleine Abordnung begab sich auf das Wormser Joch im Ortlergebiet, und eine dritte Abteilung des Landsturms aus dem Etsch-, Eisack- und Pustertal stieß von Bozen aus gegen Brixen vor. Hier erfolgte beim »Brixner Kläusl« die erste Feindberührung. Daraufhin führten Tiroler Schützen erfolgreich kleinkriegartige Einsätze gegen den Feind durch, der inzwischen bis auf den Brennerpass zurückgewichen war und sich jenseits der Passanhöhe am Lueg verschanzt hatte. Ein Befehl von Generalfeldwachtmeister Wenzel Graf Guttenstein, den Kommandanten der Kaiserlichen, zum sofortigen Rückzug wurde von den Landsturmscharen zwar zunächst befolgt, aber bereits wenige Tage später besetzten sie erneut den Brenner. Hier kam der Vormarsch der Verteidiger fürs Erste zum Stehen, da die bayerischen Verschanzungen nicht sofort zu nehmen waren. Im Gegenzug begannen nun die Bayern mit wiederholten Angriffen, um ihren Vormarsch in Richtung Süden fortzusetzen. Diese Angriffe konnten aber allesamt abgewehrt werden.

Daraufhin sollte ein weiteres bayerisches Korps den Südtiroler Landstürmern und den Kaiserlichen in den Rücken fallen, um an der Aufhebung der Brennerblockade mitzuwirken. Beim Vorstoß ins obere Inntal wurden die Bayern beim Vorrücken gegen den Reschenpass von den Oberinntaler Landstürmern in eine Falle gelockt; sie mussten daraufhin bis Imst zurückweichen.

Diese Kämpfe an der Pontlatzer Brücke vom 1. Juli sowie die Nachricht, dass der Südtiroler Landsturm am Brenner stehe, ermutigten die Unterinntaler zum Aufstand gegen die Bayern. Das band die Kräfte der Bayern an verschiedenen Schauplätzen, sodass die Angriffe gegen Süden und Westen an Stoßkraft verloren. Ein letzter Durchbruchsversuch der Bayern am Brenner misslang am 17. Juli. Nach Verstärkung des Landsturmes mit regulären Truppen gelang es, den Feind bis nach Innsbruck zurückzudrängen. Tiroler Bauern zwangen die Besatzung Rat-

---

beiden Seiten erbittert geführte Ringen mit hohen Verlusten an Mensch und Material für einen Freiheitskampf zu despektierlich und verniedlichend ist.

Die Annasäule in der Innsbrucker Maria-Theresien-Straße, geschaffen zwischen 1704 und 1706 durch den Trentiner Bildhauer Cristoforo Benedetti im Auftrag der Tiroler Landstände zur Erinnerung an die Vertreibung der letzten bayerischen Truppen aus Innsbruck am Annatag (26. Juli) 1703.
picture-alliance/Bildagentur Huber

tenbergs zur Übergabe der Stadt. Kurfürst Max Emanuel verließ fluchtartig Innsbruck, seine Truppen folgten ihm auf den Fersen, und am 27. Juli zogen die regulären Truppen unter Guttenstein und die Landesschützen als Befreier in die Hauptstadt ein. Die Räumung des übrigen Tirol zog sich noch eine Weile hin, sie war aber nur eine Frage der Zeit. Den Schützen aus dem Etsch-, Eisack- und Pustertal war keine lange Ruhepause vergönnt. Denn während Kurfürst Max Emanuel Tirol im Norden angegriffen hatte, hatte General Vendôme mit den französischen Truppen, 20 000 Mann, einen Angriff aus dem Süden unternommen und einen Durchbruch durch das Etschtal geplant. Er ließ Arco einnehmen und die Stadt Trient beschießen. Doch der Übertritt der Herrschaft Savoyen zum Kaiser veranlasste ihn, Trient in Richtung Süden zu verlassen und sich über den Gardasee in die Po-Ebene zurückzuziehen[63].

---

[63] Josef Nössig, Die Südtiroler Städte und Gerichte und ihr Beitrag zum Abwehrerfolg von 1703. In: 1703. Der »Bayerische Rummel« (wie Anm. 44), S. 65–68. Zum genauen Ablauf der Ereignisse siehe Albert Jäger, Tirol und der bairisch-französische Einfall im Jahre 1703. Aus archivali-

Die Auseinandersetzung mit den Bayern hatte dem Kaiser die Passivität und Unterwürfigkeit der Innsbrucker Regierungsstellen sowie der Fürstenhöfe von Brixen und Trient deutlich vor Augen geführt. Im Nachhinein rügte der Kaiser zwar »die Wendehälse« der Innsbrucker Regierung und kündigte eine Untersuchung an, doch letztlich wurden fast alle alten Beamten wieder in ihrem Amt bestätigt; ein entscheidendes Signal für die Änderung der bestehenden Verhältnisse blieb also aus. Nicht ganz so konfliktfrei verliefen die Beziehungen der Landesverteidiger untereinander. Der Kommandant der Meraner und Vinschgauer Landmiliz, Dominik von Hohenhauser, war bei seinen Männern wenig beliebt; er fiel vor allem durch sein Zögern auf und geriet auch bald in Verdacht, die Bauern bewusst mit schlechten Gewehren ausgestattet zu haben. Die Wut der Bauern auf ihren Anführer entlud sich schließlich, als Hohenhauser auf dem Weg zum Jaufen seinen Leuten auf die dringende Nachfrage nach Munition und besseren Gewehren die ausweichende Antwort gab, diese würden schon noch kommen. Daraufhin nahmen ihn die Bauern gefangen und misshandelten ihn, ehe er von tödlichen Schüssen getroffen wurde; Hohenhauser war ein Opfer der Volkswut geworden. Seine Witwe begehrte nach dem Abzug der Bayern die Aufklärung des Mordes, was jedoch unterblieb.

Die Wut der gemeinen Leute forderte im Zusammenhang mit dem »Bayerischen Rummel« noch zwei weitere prominente Opfer: den Rittner Pfleger Georg Plankensteiner, der die abmarschbereiten Landesschützen zur Ruhe und zur Rückkehr zur Arbeit ermahnte, da ein Widerstand ohnehin zwecklos sei; er wurde daraufhin vom Pferd gerissen, mit Schlägen traktiert und schließlich mit einer Axt erschlagen. Das dritte Opfer war der Landrichter von Rettenberg, Mathias von Steck, den die Bauern für einen Verräter hielten und deshalb in seinem Haus ermordeten. Während die Untersuchung im ersten und dritten Fall im Sande verlief, statuierte die Obrigkeit im zweiten Fall ein Exempel: Zwei Verdächtige wurden zum Tode durch Enthauptung und zur Zurschaustellung der toten Körper auf dem Rad verurteilt, wobei es bald zu heftigen Diskussionen kam, ob man tatsächlich die Schuldigen hingerichtet habe oder diese nur die Sündenböcke gewesen seien[64].

Insgesamt markierten die Ereignisse des Jahres 1703 den Beginn einer allgemeinen Volkserhebung, die »allerdings erst ausbrach, als aus der Masse der zum Kampf Bereiten Persönlichkeiten hervortraten, die einflussreich und mit militärisch-taktischem Geschick in das Geschehen eingriffen und die Vorteile der Ortskenntnis und des bäuerlichen Wehrwillens auszunützen verstanden«[65]. Tirol war vor Fremdherrschaft und vor einem eventuellen Zerreißen bewahrt worden. Für die Gegner der Habsburger aber brachte die Niederlage in Tirol »als unmittelbare Wirkung den Abfall Savoyens von Frankreich, die mittelbare Wirkung war der

---

schen und andern gedruckten und ungedruckten Quellen bearbeitet, Innsbruck 1844; Josef Egger, Geschichte Tirols von den ältesten Zeiten bis in die Neuzeit, Bd 2, Innsbruck 1876, S. 480–514; Georg Mühlberger, Absolutismus und Freiheitskämpfe. In: Josef Fontana [u.a.], Geschichte des Landes Tirol, Bd 2, 2. Aufl., Innsbruck, Wien, Bozen 1998, S. 289–579, hier v.a. S. 300–308; Kirchmair, Die Gefechte an der Pontlatzer Brücke (wie Anm. 62), S. 1–30.

[64] Nössig, Die Südtiroler Städte (wie Anm. 63), S. 68–71.
[65] Kirchmair, Die Gefechte an der Pontlatzer Brücke (wie Anm. 62), S. 1.

Verlust der Initiative für Max Emanuel. Bei der exponierten Lage Bayerns bedeutete das die endgültige Niederlage«, so das »Handbuch der bayerischen Geschichte«. Reinhard Heydenreuter urteilt resümierend, dass der »Rummel« in der bayerischen Historiografie der letzten 100 Jahre gemeinhin als ein »verunglücktes und überspanntes Militärunternehmen beschrieben wird, das mitentscheidend war für die endgültige Niederlage Max Emanuels im Spanischen Erbfolgekrieg«. Das entspreche aber nach neueren Studien keineswegs den tatsächlichen Gegebenheiten: Vielmehr wirke hier bis heute noch die Propaganda der von den Kaiserlichen beeinflussten Presse mit ihren übertriebenen Verlustzahlen nach. In den zeitgenössischen bayerischen Quellen werde vor allem die »völkerrechtswidrige«, irreguläre und grausame Kampfweise der Bauern, die die Franzosen und Bayern gänzlich überrascht hätten, hervorgehoben. Der Widerstand der Bauern sei irregulär und kriegsrechtswidrig gewesen, da das Land Tirol ganz offiziell dem Kurfürsten von Bayern übergeben worden sei[66].

Auch Vorarlberg wurde 1703 in Verteidigungsbereitschaft gesetzt. Nach der Eroberung von Buchhorn zogen die Franzosen an Lindau vorbei und nahmen vor Bregenz Aufstellung. Im Mai 1703 griffen sie an, mussten aber, als sie auf starken Widerstand stießen, unverrichteter Dinge wieder abziehen[67]. Während das Tiroler und Vorarlberger Gebiet in der Folge von Kampfhandlungen verschont blieb, verlagerte sich das Kriegsgeschehen in den Westalpenraum, d.h. in die Dauphiné, wo die verbündeten österreichisch-savoyischen Heere unter Feldmarschall Wirich Philipp Graf Daun von 1709 bis 1711 in Kämpfe gegen die französischen Truppen unter dem Marschall schottischer Herkunft Berwick-upon-Tweed (James Fitzjames, 1. Duke of Berwick) verwickelt waren. Trotz anfänglicher Vorteile für die Verbündeten gelang es ihnen nicht, sich gegen den Feind zu behaupten. Berwick verteidigte mit seinen schwachen Truppen die Ausgänge der Gebirgspässe so hartnäckig, dass sich die Österreicher bald zurückziehen mussten. Auch 1711 konnten sie zwar die französischen Truppen trotz heftigen Widerstandes bis Barraux zurückdrängen; Viktor Amadeus II., Herzog von Savoyen, befahl jedoch den Rückzug des verbündeten Heeres, als Verstärkungen von der französischen Rheinarmee eintrafen.

Die Napoleonischen Kriege und der Alpenraum

Im Verlauf der Feldzüge des Ersten und Zweiten Koalitionskrieges gegen Frankreich war auch der Alpenraum Schauplatz von Kriegshandlungen[68]. Bereits

---

66 Handbuch der bayerischen Geschichte. Begr. von Max Spindler. Hrsg. von Andreas Kraus, Bd 2, 2., überab. Aufl., München 1988, S. 501; zit. bei: Reinhard Heydenreuter, Der »Bayerische Rummel« 1703 aus der Sicht bayerischer Quellen. In: 1703. Der »Bayerische Rummel« (wie Anm. 44), S. 83, 95 f.
67 Stadtarchiv Bregenz, Der Spanische Erbfolgekrieg, http://www.bregenz.gv.at/kultur-stadtarchiv/stadtarchiv/chronikstadtgeschichte/der-spanische-erbfolgekrieg.html (28.2.2011).
68 Für Details siehe Josef Fontana, Das Südtiroler Unterland in der Franzosenzeit 1796 bis 1814. Voraussetzungen, Verlauf, Folgen, Innsbruck 1998 (= Schlern-Schriften, 304).

1796/1797 drangen die Franzosen zum ersten Mal in Vorarlberg und Tirol ein und besetzten einige Ortschaften. In Vorarlberg konnten die französischen Truppen nach der Besetzung von Bregenz am 10. August bei Götzis von den Vorarlberger Landesverteidigern aufgehalten und zurückgedrängt werden. Bregenz wurde am 21. September nach den Siegen Erzherzog Carls bei Amberg und Würzburg von den Franzosen wieder geräumt. Doch die Kriegsschäden wurden für die Bevölkerung zu einer drückenden Last; sie betrugen 1796 mehr als eine halbe Million Gulden[69].

Während die Hauptarmee Napoleons durch Friaul, Kärnten und Steiermark vorrückte, gelangte ein französisches Korps unter General Barthélemy-Catherine Joubert im März 1797 über Trient und Bozen bis nach Brixen. Am 2. April 1797 kam es zu einem Angriff der österreichischen Truppen und des aufgebotenen Landsturmes von Süd- und Nordtirol auf die Stellung der Franzosen im Eisacktal. Der vor allem aus Nordtirol stammende Landsturm vereinigte sich bei Sterzing mit den regulären österreichischen Truppen.

»In den Morgenstunden des 2. April 1797 hatten die unter dem Kommando des Schützenmajors Philipp Wörndle stehenden Männer das sogenannte Valser Joch erreicht. Und von dort drangen nun rund 4600 Mann ins Tal herab und griffen die Franzosen beim kleinen Ort Spinges [Spinga] an[70]«.

Es gelang ihnen in der Folge, Jouberts Truppen aus Südtirol zu vertreiben, jedoch konnte sich dieser am 8. April bei Villach mit der Hauptarmee vereinen. Napoleon meinte daher schon 1796: »Tirol ist ein äußerst gebirgiges Land und von einem kriegerischen Volke bewohnt«, und er suchte auch später den Gebirgskrieg nach Möglichkeit zu umgehen, nicht zuletzt aufgrund der Erfahrungen, die General Joubert 1797 in Tirol gemacht hatte[71].

Erzherzog Carl war nach seinen Erfolgen in Süddeutschland an den italienischen Kriegsschauplatz geeilt, wo er in Südtirol allerdings nur mehr auf eine demoralisierte Restarmee traf, die an Verpflegungs-, Ausrüstungs- und Nachschubmangel litt. Er plante daher mit dem Gros seiner Truppen über Laibach (Ljubljana, Slowenien) nach Villach zurückzugehen und das Defilee (Engstelle) bei Klausen (Chiusaforte, Friaul) sowie die Flitscher Klause (Flitsch/Bovec, Slowenien) zu besetzen und dort auf die zugesagten Verstärkungen zu warten. Durch den Eintritt in das Gebirge sah er eine Chance, sich zu behaupten und Napoleon vom Eindringen in die österreichischen Erblande abzuhalten. Die Flusstäler des Tagliamento und des Isonzo boten auch dem Schwächeren die Möglichkeit, sich durch die Ausnützung der Gebirgslandschaft einen Vorteil zu verschaffen. Die innere Linie und die Kenntnis der topografischen Verhältnisse waren eigentlich von Vorteil, doch fehlte es Erzherzog Carl und seinen Truppen an Geländekenntnis und Alpinerfahrung. Das hatte zur Folge, dass die Österreicher von den schneller agierenden Franzosen immer wieder ausmanövriert wurden. Die Tiroler Landesschützen

---

[69] Thomas Albrich, Vorarlberg 1809. Am Rande des Aufstands. Das Tagebuch des Christoph Anton Kayser, Innsbruck, Wien 2009, S. 16-20; Vorarlberg-Chronik, Die Franzosenkriege 1792-1805, http://www.vol.at/chronik/viewpage.aspx?viewtype=artikel&id=59&left=artikel (28.2.2011).
[70] Hans Magenschab, Andreas Hofer. Held und Rebell der Alpen, Wien 1998, S. 63 f.
[71] Franz Huter, Das Jahr 1809 in der Tiroler Geschichte. In: Tiroler Heimat. Jahrbuch für Geschichte und Volkskunde, Bd 24, Innsbruck, Wien 1960, S. 101-110, hier S. 104 f.

Erzherzog Carl von Österreich (1771-1847), Befehlshaber der österreichischen Truppen im Ersten und Zweiten Koalitionskrieg gegen Frankreich. Holzschnitt nach einem Gemälde, um 1810.
ullstein bild – Granger Collection

wären wohl geeigneter für diesen Kampf gewesen, doch Carl hegte seit jeher ein gewisses Ressentiment gegen diese Form der Landesverteidigung. Dem Erzherzog gelang es in der Folge weder bei Klausen, bei Pontafel (Pontebba) noch bei der Flitscher Klause Stellung zu beziehen oder Befestigungen zu errichten, um in den Talengen die Straßen zu blockieren. Stattdessen wurde er von der französischen Infanterie ausmanövriert, die die Höhen ringsum in gewagten Operationen besetzte – eine ausweglose Situation, der er sich durch einen raschen Rückzug durchs Gebirge entziehen wollte. Doch General André Masséna überholte mit seinem Korps die österreichischen Einheiten im Kanaltal (Val Canale), sodass diese plötzlich von vorn und im Rücken durch die nachdrängenden Truppen Napoleons angegriffen wurden. Sie leisteten kaum mehr Widerstand und wurden gefangen genommen oder suchten ihr Heil in der Flucht. Der Erzherzog meldete in düsterer Skizzierung der Lage nach Wien:

> »Sie flohen, ohne dass man sie weder in Defilées noch an Brücken oder Steigen halten konnte [sic], und zerstreuten sich dann so in den Schluchten und auf den Felsen, dass ich mit Hilfe der Husaren bei der Brücke von Conca nur 5 Mann von allen 6 Bataillonen zusammenbrachte [...] Die 6 Bataillone, so gestern im Feuer waren, sind so zersprengt oder gefangen, dass ich kaum 200 Mann weiß, die wir davon zusammengebracht haben. Viele kommen ohne Gewehr und Patrontaschen zurück, sind folglich auf lange Zeit nicht zu brauchen[72].«

---

[72] Haus-, Hof- und Staatsarchiv, Wien, Sammelbände, K. 37, Erzherzog Carl an Kaiser Franz, 24.3.1797, zit. bei Oskar Criste, Erzherzog Carl von Österreich. Ein Lebensbild, Bd 1, Wien [u.a.] 1912, S. 510, 514.

In der Folge fielen auch Tarvis (Tarvisio), Villach und Klagenfurt in die Hände der Franzosen. Erzherzog Carl, der noch immer auf die Ankunft der Verstärkungen wartete, entwarf daraufhin einen neuen Operationsplan, der einen Rückzug nach Linz und die Vereinigung mit der Rheinarmee ebendort vorsah. Letztlich trafen nur vier ungarische Bataillone ein. Der Erzherzog zog sich weiter nach St. Veit und Friesach zurück, wo er nochmals in heftige Verfolgungskämpfe verwickelt wurde. Auf dem Weg ins Ennstal erreichte ihn schließlich der Befehl, Waffenstillstandsverhandlungen einzuleiten, womit der Wiener Hof den Forderungen Napoleons nach einer Beendigung der Kämpfe entsprach. Der Vorfriede von Leoben wurde im April 1797 unterzeichnet[73]. Der Friedensvertrag von Campo Formio folgte am 17. Oktober 1797. Der Kaiser verzichtete unter anderem auf die österreichischen Niederlande zugunsten Frankreichs und stimmte einer Neugestaltung Norditaliens zu. Österreich erhielt im Gegenzug dafür, dass es die Unabhängigkeit der Cisalpinischen Republik (eine italienische »Tochterrepublik« mit Verfassung nach französischem Vorbild) anerkannte, Venedig mit seinen Besitzungen, die bis an die Etsch reichten.

Im Zweiten Koalitionskrieg (1799–1802) unternahmen die Verbündeten Österreich, Russland und Großbritannien den Versuch, Frankreich auf den Gebietsstand von 1789 zurückzudrängen und das absolute Königtum wiederherzustellen. Die Feldzugspläne der Alliierten sahen gleichzeitige militärische Operationen auf drei Kriegsschauplätzen vor: in Süddeutschland, in der Schweiz und in Italien. Zu diesem Zweck wurde:
– die russische Armee unter General Aleksandr Michajlovič Rimskij-Korsakov von ihrem Auftrag am Niederrhein entbunden und in die Schweiz befohlen;
– General Aleksandr Vasil'evič Suvorov und seine Armee aus Oberitalien abgezogen und nach Norden umdirigiert; Suvorov wurde auch der Oberbefehl über alle Truppen in der Schweiz übertragen;
– Erherzog Carl angewiesen, sich für eine Verschiebung an den Nieder- und Mittelrhein bereit zu halten[74].

Die mit 300 000 Mann geführte Offensive begann mit dem Ziel, die Schweiz und Oberitalien zu erobern sowie an den Rhein zu ziehen. Die Besetzung der Schweiz durch die Franzosen 1798 verschärfte auch die Lage in Vorarlberg. General Masséna beabsichtigte nämlich, zwischen Bregenz und Maienfeld in Graubünden den Rhein zu überschreiten, Bregenz, Feldkirch und Chur einzunehmen und danach über den Arlberg und das Engadin gegen Innsbruck vorzustoßen. Eine dritte Angriffskolonne sollte aus dem Veltlin durch den Vinschgau nach Bozen und Brixen vorstoßen und auf diese Weise die Eroberung Vorarlbergs und Tirols unterstützen. Masséna rückte am 7. März 1799 gegen Feldkirch vor und wurde sofort in heftige Kämpfe mit den kaiserlichen Truppen und den Landesschützen unter

---

[73] Criste, Erzherzog Carl (wie Anm. 72), S. 385–430; Helmut Hertenberger und Franz Wiltschek, Erzherzog Karl. Der Sieger von Aspern, Graz, Wien, Köln 1983, S. 76–81. Eine sehr detaillierte Schilderung der Ereignisse findet sich bei Franz Kolb, Das Tiroler Volk in seinem Freiheitskampf 1796–1797, Innsbruck, Wien, München 1957.

[74] Fred Heer und Hans R. Fuhrer, Suworow 1799. Der russische Feldzug in der Schweiz, Zürich 1999 (= Militärgeschichte zum Anfassen, 8), S. 4.

Feldmarschallleutnant Friedrich Freiherr von Hotze verwickelt. Die Kämpfe um Feldkirch gerieten zu einem großen Abwehrerfolg der zahlenmäßig unterlegenen Österreicher.

Nach dem Abzug eines Großteils der kaiserlichen Truppen aus Vorarlberg kam es am 22./23. März 1799 zu einem neuerlichen Angriff der Franzosen auf Feldkirch, den reguläre Truppen und Vorarlberger Landesschützen unter Generalmajor Franz Freiherr von Jellačić zurückwiesen. In Graubünden mussten die von Feldmarschallleutnant Franz Xaver Freiherr von Auffenberg befehligten Österreicher dagegen unter großen Verlusten an Gefangenen und Vorräten zurückweichen. Nach einem Vorstoß der Franzosen über den Kunkelpass musste Chur aufgegeben werden. Die darauf folgende Räumung Graubündens durch die habsburgischen Truppen, die Einnahme des Engadin und des Vinschgaus sowie der Vorstoß gegen Nauders im Laufe des März bedrohten auch vom oberen Inntal her die Verbindung von Vorarlberg nach Tirol[75].

Die Feldmarschallleutnants Hotze und Heinrich Graf von Bellegarde einigten sich in der Folge auf eine gemeinsame Operation zur Rückeroberung Graubündens. Im Mai drangen die Truppen Bellegardes aus Nord- und Südtirol vor, befreiten zunächst das untere Engadin, drängten die Franzosen nach Chur zurück, stellten eine Verbindung mit den russischen Truppen unter General Suvorov an der Adda her und drängten im Verbund mit diesem den Feind aus weiten Teilen der nördlichen Lombardei und aus der südöstlichen Schweiz. Am 4. Juli wurden die Franzosen in der ersten Schlacht bei Zürich geschlagen. Jellačić konnte daraufhin weiter vorrücken und im Reusstal die Verbindung mit den über den St. Gotthardpass vorgestoßenen Truppen Graf Bellegardes herstellen. Die östliche Schweiz befand sich damit in der Hand der Österreicher[76].

Erzherzog Carl erhielt am 31. Juli 1799 von Kaiser Franz II. den Befehl, sich mit 60 000 Mann in den Raum Mannheim oder Philippsburg zu begeben. Carl war mit diesem Befehl nicht einverstanden und unterbreitete den Vorschlag, erst die Ankunft des russischen Heeres unter Korsakov abzuwarten, gemeinsam mit diesem die französischen Verbände unter General Masséna zu bekämpfen und so rasch eine Entscheidung herbeizuführen. Der Kaiser forderte jedoch weiterhin Zurückhaltung vonseiten Carls, der sich auch durch die Zusicherung, dass Suvorov mit seinen Truppen aus Italien als Verstärkung in die Schweiz kommen werde, nicht überzeugen ließ. Seiner Ansicht nach war diese Verstärkung zu gering, und es sei »fahrlässig, die Front längs der Linie Walensee–Zürichsee–Limmat–Aare–Rhein allein Korsakow zu überlassen«[77]. Als Suvorov am 13. August den Befehl erhielt, seine Truppen in die Schweiz zu führen, wies Carl nochmals eindringlich auf die Schwäche der Russen und die negative Entwicklung in den Alpen hin. Denn die Franzosen hatten begonnen, die Nord-Süd-Verbindungen (Wallis,

---

[75] Albrich, Vorarlberg 1809 (wie Anm. 69), S. 21-27; Erich Hillbrand, Die Gefechte bei Feldkirch 1799 und der Kampf um Vorarlberg bis 1801, Wien 1985 (= Militärhistorische Schriftenreihe, 52), passim.
[76] Hillbrand, Die Gefechte bei Feldkirch 1799 (wie Anm. 75), passim.
[77] Heer/Fuhrer, Suworow 1799 (wie Anm. 74), S. 6.

Grimsel und Gotthard) für sich in Besitz zu nehmen, wodurch sie auch eine Bedrohung für die österreichischen Positionen in Graubünden darstellten. Am 17. August 1799 versuchten die österreichischen Truppen – entgegen ausdrücklicher Weisungen – bei Döttingen die Aare zu überqueren. Von der Mündung der Surb aus nahmen sie die französische Armee auf der anderen Flussseite unter Artilleriebeschuss. Die Franzosen erwiderten das Feuer und konnten den Brückenschlag verhindern. Die Dörfer Kleindöttingen und Eien auf der anderen Flussseite wurden vollständig zerstört und es gab mehrere Dutzend Tote.

Nun wandte sich das Kriegsglück: Durch österreichische Truppenverschiebungen wurde die russische Front in zunehmendem Maße überdehnt. Dies belastete das Verhältnis zwischen Erzherzog Carl und General Korsakov, worauf Korsakov sich weigerte, die von den Österreichern geplante neuerliche Offensive mitzumachen, da er erst die Ankunft Suvorovs abwarten wollte. Masséna nützte diese Unstimmigkeiten, um mit seinen Truppen in bewährter Taktik zwischen die beiden Heere zu stoßen, sie zu trennen und einzeln zu schlagen. Er ließ Glarus besetzen, verstärkte seine Positionen in der Zentralschweiz und band damit die Divisionen Hotzes.

Obwohl sich der Anmarsch Suvorovs aus Oberitalien aufgrund der Bekämpfung französischer Widerstandszentren verzögerte, musste Erzherzog Carl auf neuerlichen Befehl des Kaisers am 31. August mit dem Großteil seines Heeres die Schweiz verlassen und konnte nur etwa 22 000 Mann unter Feldmarschallleutnant Hotze zurücklassen. Suvorov, der von gemeinsamen Operationen mit dem Erzherzog ausgegangen war, zeigte sich verärgert, als er vom Abzug der Österreicher erfuhr, doch auch heftige Proteste nützten nun nichts mehr.

Suvorovs Feldzugsplan sah den Marsch mit seiner 21 000 Soldaten zählenden Truppe über den Gotthard vor, den kürzesten, aber gewagtesten Weg aus der Lombardei in die Schweiz und in den Rücken bzw. die Flanke Massénas. Dabei rechnete er mit der Hilfe einer österreichischen Brigade unter Oberst Gottfried Freiherr von Streich und mit Flankenschutz im Wallis sowie im Reuss- und Linthtal durch die Brigaden von Generalmajor Viktor Fürst Rohan und Feldmarschallleutnant Karl Joseph Graf Hadik-Futak bzw. durch das Korps von Feldmarschallleutnant Friedrich Freiherr von Linken.

Am 9. September marschierte Suvorov mit seinen Truppen aus Piemont ab. Aufgrund der schlechten Wege ab Lugano musste er sich von seinem Tross trennen, der durch das Etschtal, Tirol und über den Arlberg nach Feldkirch zog. Die Artillerie wurde von Mailand über den Comersee, den Malojapass, das Engadin und den Arlberg ebenfalls dorthin gebracht. So war die russische Armee für einen Angriff und die beschwerliche Alpenüberquerung nur unzureichend ausgestattet. Es fehlte an Artillerie, Trossfahrzeugen, Zugpferden, Verpflegung und Munition. Verpflegung, 25 Gebirgsgeschütze sowie Lasttiere samt Begleitpersonal sollten von der österreichischen Militärverwaltung nördlich von Lugano bereit gestellt werden, wo Suvorov am 15. September eintraf. Doch aufgrund von Fehldispositionen waren weder ausreichend Verpflegung noch genügend Maultiere vorhanden, weshalb Suvorov am 17. September einen Brief an Kaiser Franz verfasste, in dem er seinen Unmut deutlich zum Ausdruck brachte: »Auf diese Weise war die Schnelligkeit unseres Marsches völlig nutzlos; die entscheidenden Vorteile der Schnelligkeit und des ungestümen Angriffes sind für die bevorstehenden Operationen verloren[78].«

Am frühen Morgen des 21. September begann Suvorov schließlich mit dem Vormarsch seiner Armee bis Bellinzona, wo die Befehle für den Angriff ausgegeben wurden. Über Giornico und Piotta ging es weiter in Richtung Pass, wo sich die russischen Truppen am Abend des 23. für den Angriff bereit machten. Am 24. um drei Uhr setzte der eigentliche Vormarsch auf den Gotthard ein. Nach Gefechten bei Faido und Airolo gegen die Franzosen erreichte er mit seiner Truppe die Passhöhe, aber die Eroberung des Passes hatte ihren Preis gefordert. Rund 2000 Mann sollen bei den Kämpfen gefallen oder verwundet worden sein. Nach kurzem Aufenthalt und Sammeln begann der mühevolle Abstieg, denn schon südlich von Hospental warteten französische Truppen in neuen Stellungen auf die Angreifer. Parallel zu diesem Hauptstoß erfolgte gemäß dem Operationsplan eine weiträumige Umgehung des Passes über den Lukmanier und den Oberalp nach Andermatt in den Rücken der Franzosen. Bereits am Oberalp kam es am 24. zu ersten Feindkontakten, doch die Russen erreichten plangemäß Andermatt und schlossen sich wieder der Hauptarmee Suvorovs an. Die Franzosen waren im Schutz der Dunkelheit unbemerkt aus Andermatt abgerückt und hatten dem Feind das Feld überlassen.

In der Enge der Schöllenenschlucht kam es zu harten Kämpfen gegen den französischen General Claude-Jacques Lecourbe, der an der »Teufelsbrücke« über die Reuss mit zwei Bataillonen und einer Kanone Stellung bezogen hatte. Warum er die Brücke den Regeln der Kriegskunst widersprechend nicht zur Sprengung vorbereitet hatte, sei dahingestellt. Russischen Abteilungen gelang es jedoch, die Reuss zwischen Andermatt und Hospental zu durchwaten und so das Hindernis zu umgehen und den Rückzug der Franzosen zu bedrohen. Diese mussten sich nach einem Sturmangriff der Russen zurückziehen und den Engpass für den Durchmarsch der russischen Armee freigeben.

Am frühen Morgen des 26. September vereinigten sich die Truppen Suvorovs bei Amsteg mit der Brigade Auffenberg und drängten die Franzosen unter Lecourbe auf dem Ostufer der Reuss in Richtung Altdorf zurück. Durch das Zerstören der Brücken wurden die Russen aufgehalten und erreichten daher erst das Südende des Vierwaldstättersees, als sie sich eigentlich bereits in Schwyz mit General Linken hätten vereinigen sollen. Zudem befanden sie sich damit in einer natürlichen Sackgasse: Zu beiden Seiten des Reusstales ragten schwer passierbare Gebirgszüge auf. In der westlichen Flanke stand der Feind, und von den österreichischen Verbündeten, auf deren Unterstützung man fest gesetzt hatte, war weit und breit nichts zu sehen. Der einzige Weg führte über den See, doch die Franzosen hatten die Schiffe beschlagnahmt.

Während des Vormarsches Suvorovs war es für die Verbündeten zur Katastrophe gekommen: Am 25. September war überraschend ein Angriff der Franzosen

---
[78] Ebd., S. 14.

an der Limmat und in der Linthebene erfolgt. Dieser traf Korsakov und Hotze völlig unvorbereitet und führte zu einer bitteren Niederlage in der sogenannten Zweiten Schlacht von Zürich. Bei Schänis gerieten Hotze und sein Stabschef ins Feuer und kamen ums Leben. Durch die Niederlage Korsakovs in der Schlacht bei Zürich sowie den Rückzug von Jellačić und Linken war nun der strategische Plan, die beiden russischen Heere miteinander zu vereinen, gescheitert. Die Ostschweiz und das Glarnerland waren wieder im Besitz der Franzosen und Masséna konnte in der Folge seine Kräfte gegen Suvorov konzentrieren[79].

Suvorov war am Abend des 26. September noch immer ohne Nachricht von den Verbündeten und fest entschlossen, die Vereinigung mit Linken in Schwyz zu vollziehen, wie es der Operationsplan vorsah. Er entschied, am Morgen des folgenden Tages über den Chinzigpass ins Muotatal aufzubrechen und sich so selbst aus dieser Sackgasse zu befreien. Als die russischen Truppen das Muotatal erreichten, verbreitete sich rasch das Gerücht von der Niederlage Korsakovs und Hotzes bei Zürich bzw. Schänis. Zudem wurde bekannt, dass der Feind sämtliche Ausgänge aus dem Muotatal besetzt hielt. Bei einem Kriegsrat, bei dem Suvorov hart mit den Österreichern ins Gericht ging, wurde beschlossen, den Vormarsch nach Schwyz abzubrechen. Stattdessen wollte man über den Pragelpass ins Glarnerland ausweichen, um dann über den Kerenzer Berg weiter gegen Sargans abzuziehen. Am 30. September und 1. Oktober kam es aber noch zu Gefechten im Muotatal, in denen das Korps Rosenberg, das zur Deckung des Rückzuges zurückgeblieben war, die Angriffe der Franzosen nicht nur abwehrte, sondern sie bis Schwyz zurückdrängen konnte. Nach der Vereinigung mit dem Korps Rosenberg entschloss sich Suvorov, am 5. und 6. Oktober über den verschneiten Panixerpass ins Vorderrheintal abzusetzen[80]. Am 12. Oktober verließen seine Truppen Bünden über den Luziensteig und marschierten über München nach Russland zurück. Der von Unwettern, Schnee und ständigen Gefechten begleitete Alpenzug hatte hohe Verluste gefordert – laut Thomas Albrich betrugen sie rund ein Drittel! In 21 Tagen hatten die Truppen Suvorovs rund 370 Kilometer, zum Teil unter heftigen Kämpfen, zurückgelegt und vier Pässe mit insgesamt 7100 Höhenmetern überquert[81]. Auf seinem Rückmarsch zog der russische General mit seinen 20 000 Mann auch durch Vorarlberg, wo es in Feldkirch, Altenstadt, Gisingen, Frastanz und Dornbirn zu zahlreichen Übergriffen und Exzessen kam. Allein durch diesen Durchzug verbündeter Truppen entstand dem Land ein Schaden von 100 000 Gulden[82].

Dass der Feldzug von 1799 in der Schweiz in einer Katastrophe endete, kann man weder Suvorov noch den verbündeten österreichischen Truppen anlasten. Es waren wohl eher die gegensätzlichen Interessen der verbündeten Regierungen, die

---

[79] Ebd., S. 14–24.
[80] Ebd., S. 25–29, 32–42.
[81] Albrich, Vorarlberg 1809 (wie Anm. 69), S. 28 f. Siehe auch Fred Heer, Der Alpenübergang General Suworows 1799. In: Allgemeine Schweizerische Militärzeitschrift (ASMZ), 165 (1999), 9, S. 1–31 (Beil.); Heer/Fuhrer, Suworow 1799 (wie Anm. 74); Colloque Souvorov du bicentenaire 1799–1999. Red.: Hervé de Weck et Anselm Zurfluh, Zürich 2001; Adolf Collenberg, Suworow, Alexander, http://www.hls-dhs-dss.ch/textes/d/D41517.php (28.2.2011).
[82] Hillbrand, Die Gefechte bei Feldkirch (wie Anm. 75), S. 27 f.

den entscheidenden militärischen Rückschlag in den Schweizer Alpen bewirkten. Infolge all dieser Missverständnisse und Streitigkeiten kam es bald zum offenen Bruch zwischen den Alliierten. Zar Paul I. ordnete schließlich den Abzug aller russischen Truppen an und trat aus der Koalition aus.

Nach einem anfangs erfolgreichen Seekrieg auf dem Bodensee, den der englische Oberstleutnant James Ernest Freiherr von Williams gemeinsam mit emigrierten französischen Offizieren glänzend organisiert hatte, mussten die österreichischen Truppen im Frühjahr 1800 vor den Franzosen aus Südwestdeutschland weichen. Am 11. Mai 1800 wurde Bregenz von den Franzosen besetzt, Feldkirch kapitulierte am 14. Juli 1800. Die Bevölkerung wurde entwaffnet. Eine Million Gulden musste für den Unterhalt der französischen Truppen aufgebracht werden, die ein halbes Jahr im Land blieben. Requirierungen, Erpressungen und Plünderungen kamen hinzu. Der französische General Martial Thomas führte zahlreiche Bücher, wertvolle alte Handschriften und Gemälde als Kriegsbeute fort. Der Friede von Lunéville vom 9. Februar 1801 bestätigte die österreichischen Verluste des Friedens von Campo Formio von 1797[83].

Der Tiroler Befreiungskampf von 1809

Im Frieden von Pressburg musste Österreich 1805 Vorarlberg und Tirol an Bayern abtreten. 1809 entlud sich der Widerstand gegen die energische Reformpolitik des bayerischen Ministers Maximilian Graf von Montgelas im Tiroler Volksaufstand, der von Andreas Hofer – Sandwirt aus dem Passeiertal und Bauernführer –, dem Landesschützenmajor Josef Speckbacher und dem Kapuzinerpater Joachim Haspinger angeführt wurde. Die Bayern hatten unter anderem das Landlibell von 1511[84] aufgehoben und massiv in das traditionelle religiöse Leben der Bewohner des abgetretenen Gebietes eingegriffen. Der Volksaufstand wurde vom konservativen Klerus mitgetragen. Der Wiener Hof unterstützte und förderte zunächst den Aufstand, denn Tirol konnte die Verbindung zwischen den feindlichen Armeen in Deutschland und Italien unterbinden und als Gebirgsfestung im Rücken eines nach Österreich einmarschierenden Feindes gefährlich werden. Tirol wurde daher in die Kriegsvorbereitungen einbezogen. Die Pläne – federführend war Erzherzog Johann – sahen vor, das Volk durch Agitatoren so zeitgerecht aufzuwiegeln, dass gleichzeitig mit dem Eintreffen kaiserlicher Truppen der Aufstand losbrach. Bayern wusste sehr wohl über den geplanten Aufstand Bescheid, doch man war zu

---

[83] Ebd., S. 29–31; Albrich, Vorarlberg 1809 (wie Anm. 69), S. 30–32.
[84] Bei diesem Landlibell handelt es sich um eine Urkunde Kaiser Maximilians I. vom 23.6.1511. Dieses legt eine im Einvernehmen mit den Tiroler Landständen beschlossene militärische Aufgebotsordnung fest, wonach das Landesaufgebot aller Stände zur Verteidigung des Landes Kriegsdienste zu leisten hatte. Zur Abwehr einer Gefahr konnten alle Wehrfähigen vom 18. bis zum 60. Lebensjahr aufgeboten und innerhalb des Landes eingesetzt werden. Jeder Bewohner durfte Waffen tragen. Siehe dazu Franz Huter, 450 Jahre Tiroler Wehrverfassung. Das Landlibell von 1511, ein Wahrzeichen und Mahnmal der Wehrfähigkeit und Wehrfreiheit. In: Tiroler Heimat, 25 (1961), S. 137–142.

sehr von Napoleon abhängig, der nicht an einen Einmarsch der Österreicher in Tirol glaubte. Tirol kam in Napoleons militärischen Planungen gar nicht vor, nur die Grenzfesten wie Kufstein sollten gut besetzt sein. Napoleon wollte die Entscheidung an der Donau erzwingen, und die bayerischen Truppen sollten ein Teil der Donauarmee sein[85].

Von österreichischer Seite sollte ein Teil des VII. Armeekorps unter Feldmarschallleutnant Johann Gabriel Marquis du Chasteler de Courcelles am 9. April 1809 zur »Befreiung« Tirols durch das Pustertal nach Brixen vorrücken und in weiterer Folge den Brenner besetzen. Die Bevölkerung bereitete den einmarschierenden Truppen einen jubelnden Empfang, und im Laufe des Tages schlossen sich ihnen immer mehr kampfbegeisterte Bauern an. Am 11. April brach schließlich im ganzen Land der Aufstand aus. Trotz gewaltiger Marschleistungen traf das reguläre Heer erst in Innsbruck ein, als der Entscheidungskampf bereits zugunsten der Aufständischen ausgegangen war. Im Rahmen der ersten Bergiselschlacht am 12. April 1809 befreite der Schützenhauptmann Martin Teimer die Landeshauptstadt Innsbruck. Die bayerischen Truppen unter General Georg August von Kinkel mussten sich den Tirolern ergeben. Die erste Befreiung Tirols war also allein vom bewaffneten Landvolk ohne jede militärische Hilfe der regulären Armee erfolgt. Charakteristisch dafür war, dass die Befreiungsaktionen sowohl in Nord- als auch in Südtirol gleichzeitig vonstatten gingen, was großteils zum Sieg beigetragen hatte[86].

Chasteler musste sich allerdings am 13. Mai 1809 den Bayern bei Wörgl geschlagen geben; Innsbruck ging wieder verloren, konnte aber in den Bergiselkämpfen vom 25. und 29. Mai wieder zurückerobert werden. Die Tiroler waren bereit weiterzukämpfen, denn im Wolkersdorfer Handbillet Kaiser Franz' I. von Österreich (bis 1806 Franz II., Kaiser des Heiligen Römischen Reiches Deutscher Nation), das er nach dem Sieg bei Aspern geschrieben hatte, finden sich die verhängnisvollen Worte: »und erkläre ich hiemit Meiner treuen Grafschaft Tyrol, mit Einschluss des Vorarlbergs, dass sie nie mehr von dem Körper des Österreichischen Kaiserstaates soll getrennt werden, und dass ich keinen anderen Frieden unterzeichnen werde als den, der dieses Land an Meine Monarchie unauflöslich knüpft«[87]. Nach dem Sieg bei Wagram konnte Napoleon jedoch bedeutende Truppenkontingente nach Tirol verlegen, die Innsbruck und andere Städte besetzten. Er gab seinen Generälen den Befehl, rücksichtslos gegenüber der Bevölkerung vorzugehen.

---

[85] Werner Köfler, Die Kämpfe am Bergisel 1809, Wien 1972 (= Militärhistorische Schriftenreihe, 20), S. 3–13.

[86] Ebd., S. 15–21; Meinrad Pizzinini, Andreas Hofer. Seine Zeit, sein Leben, sein Mythos, Innsbruck, Wien 2008, S. 131–144. Eine ausführliche Darstellung dieser Ereignisse bietet Viktor Schemfil, Der Tiroler Freiheitskrieg 1809. Eine militärhistorische Darstellung. Hrsg. von Bernhard Mertelseder, Innsbruck 2007 (= Schlern-Schriften, 335), S. 41–77. Persönliche Aufzeichnungen finden sich in: Der Aufstand der Tiroler gegen die bayerische Regierung nach den Aufzeichnungen des Zeitgenossen Josef Daney. Hrsg. von Mercedes Blaas, Innsbruck 2005 (= Schlern-Schriften, 328).

[87] Harb [u.a.], Quellen (wie Anm. 22), S. 158 f. Zu den Ereignissen siehe Schemfil, Der Tiroler Freiheitskrieg 1809 (wie Anm. 86), S. 99–174.

Noch einmal trat eine Wende ein, als eine 25 000 Mann starke Armee auf Napoleons Befehl hin in der zweiten Julihälfte nach Tirol einmarschierte, jedoch in den Kämpfen um die Lienzer Klause, an der Ehrenberger Klause bei Reutte, an der Pontlatzer Brücke[88] zwischen Landeck und Prutz und im Eisacktal in der »Sachsenklemme« zwischen Sterzing und Brixen schwere Niederlagen erlitt. Die Entscheidung fiel am 13. August in der dritten Bergiselschlacht. 15 000 bayerische, sächsische und französische Soldaten unter der Führung des französischen Marschalls François Joseph Lefebvre standen einem ebenso großen Tiroler Schützenaufgebot unter Andreas Hofer gegenüber. Die von Peter Mayr befehligten Kompanien aus Süd- und Nordtirol bildeten das Zentrum des tirolischen Aufgebotes. Lefebvre musste sich am 15. August durch das Unterinntal zurückziehen und das Land räumen. Andreas Hofer wurde Landeskommandant.

Der im Oktober 1809 unterzeichnete Friede von Schönbrunn sah gleichwohl die »endgültige« Aufgabe der Tiroler Gebiete durch den Kaiser vor. Noch am Tag des Friedensschlusses gab Napoleon den Befehl, Tirol zu unterwerfen. Mitte Oktober drangen bayerische Truppen vom Norden und die Franzosen vom Süden in Tirol ein. Am 24. Oktober standen die Bayern vor Innsbruck. Nach leichten Gefechten traten die Bayern am 1. November in der Früh zum Sturm auf den Bergisel an; nach einem knapp zweistündigen Gefecht war die letzte Bergiselschlacht für die Tiroler verloren. Einzelne Erfolge Mitte November, etwa bei Meran oder St. Leonhard im Passeiertal (San Leonardo in Passiria), konnten die Niederlage nicht mehr verhindern. Andreas Hofer musste flüchten, wurde verraten, am 28. Januar 1810 gefangen genommen, nach einem Scheinprozess in Mantua zum Tode verurteilt und am 20. Februar 1810 erschossen[89].

Um die Bergiselschlachten ranken sich zahlreiche Mythen und Legenden, die kaum mehr der historischen Wahrheit entsprechen. Faktum ist, dass diese Kämpfe zwar für das Schicksal des Landes nicht entscheidend waren, aber dennoch den Verlauf des Aufstandes stark beeinflussten. Was aber war der Bergisel? »Bergisel« war ein weit gefasster Begriff, war doch darunter bis in die Mitte des 19. Jahrhunderts die Erhebung zwischen der Sill und dem Bergiselsattel, über den die Brennerstraße führt, sowie der Plumeskopf und der Klosterberg, die Fortsetzung des Höhenzuges nach Westen bis zum Geroldsbach, zu verstehen. Dass bei den Kämpfen 1809 dieser weitere Raum gemeint ist, beruht schon allein auf der Tatsache, »dass die damals sehr dichte Bewaldung und das Fehlen eines Wegenetzes auf dem Bergisel Kämpfe mit starken Kräften nicht zuließ und die Höhe außerhalb der Angriffsrichtung auch taktisch wertlos war«[90]. Der eigentliche Schauplatz der Kämpfe war die südlich von Innsbruck gelegene Mittelgebirgsstufe östlich und westlich der Sill; er reichte bis an den Geroldsbach im Westen, Amras im Osten und nördlich des Inns bis Hötting.

Die ersten drei Schlachten am 12. April, 29. Mai und 13. August verliefen jeweils nach einem ähnlichen Schema: Das bewaffnete Tiroler Landesvolk ver-

---

88 Kirchmair, Die Gefechte an der Pontlatzer Brücke (wie Anm. 62), S. 39–43.
89 Köfler, Die Kämpfe am Bergisel 1809 (wie Anm. 85), S. 40–45.
90 Schemfil, Der Tiroler Freiheitskrieg 1809 (wie Anm. 86), S. 144.

Andreas Hofer 1809 am Berg Isel bei Innsbruck. Zeitgenössisches Flugblatt. *akg-images*

sammelte sich im Brennergebiet und marschierte vorerst in einer langen Kolonne bis Matrei. Dort ging dann ein Teil auf der Landstraße ins Gebiet östlich der Sill weiter. Bei Schönberg zweigte die nächste Gruppe Richtung Mutters und Natters ab, während sich das Gros der Bewaffneten zum Bergiselsattel begab. Dort fanden die heftigsten Kämpfe statt. Die bayerischen Sicherungstruppen, die den Abstieg über den Sattel ins Inntal sperrten, wurden von der Höhe ins Tal abgedrängt, wo aber die Verstärkungen der bayerischen Truppen in einem Gegenangriff die Aufständischen wieder zurückwarfen. Die Bayern beteiligten sich in keiner der drei Auseinandersetzungen mit ihren gesamten Truppen am Schlachtengeschehen; der größere Teil stand in den Wiltener Feldern in Bereitschaft. Sie waren sich wohl bewusst, dass sie in dem für sie ungewohnten Gelände im Nachteil wären, wie einem Brief General Bernhard Erasmus Graf von Deroys an Maximilian Joseph I., König von Bayern, zu entnehmen ist. Ein umfassender Angriffsplan von Tiroler Seite lag den Kämpfen nicht zugrunde. Sie beabsichtigten wohl eine Einschließung der feindlichen Kräfte bei Innsbruck, doch mangelte es zunächst an einer Vorbereitung für die Durchführung eines solchen Planes. Erst am 13. August konnte man Ansätze dazu erkennen. In der Talebene bei Innsbruck wurde nicht gekämpft – dies hätten, so Viktor Schemfil, »die in Schlachtordnung bei der Wiltener Pfarrkirche aufgestellten bayerischen Formationen und deren Kavallerie nie zugelassen«. Auch waren bei den Kämpfen keine französischen und italienischen Truppen anwesend; diese hielten sich nur in Süd- und Welschtirol auf[91].

Mehr als 2500 in den Kriegen von 1796/1797 und 1809 gefallene Tiroler zu beiden Seiten des Brenners sind stille Zeugen für den Kampf um die Freiheit und Einheit Tirols. Napoleon teilte das Land, um seine Widerstandskraft zu schwächen, in drei Teile: Der Süden einschließlich Bozens kam zum Königreich Italien, das Pustertal zu den von Napoleon am 14. Oktober per Dekret eingerichteten Illyrischen Provinzen[92], der Rest verblieb als Innkreis bei Bayern. Erst 1814 kam Tirol wieder zu Österreich und wurde um die bis 1805 salzburgischen Gebiete Zillertal, Brixental und Matrei vergrößert[93].

Eine weniger bekannte Episode ist, dass es 1809 auch in Vorarlberg zu einer Volkserhebung kam. Der große Unterschied zum Tiroler Aufstand bestand darin, dass ebendort die Landstände, die zuvor von den Bayern aufgelöst worden waren, die Erhebung in einer ordentlichen Sitzung beschlossen und organisiert hatten. An der Spitze der Bewegung stand der Rechtsanwalt Dr. Anton Schneider; ihm wurde die oberste zivile und später auch militärische Führung von Vorarlberg anvertraut. In der Anfangsphase kam es zu keinen Kampfhandlungen, weil Vorarlberg ohne bayerische Militärbesatzung war. Als dann im Mai bayerische und württembergische Verbände ins Rheintal vorrückten, gelang es den Vorarlberger Landesverteidigern, sie bei Hohenems zu schlagen, über die Landesgrenze zurückzuwerfen und

---

[91] Ebd., S. 146 f.
[92] Zu den Illyrischen Provinzen siehe Claudia Reichl-Ham, Militärgrenze und Militärgrenzer in den Napoleonischen Kriegen. In: Niederösterreich und die Franzosenkriege. Die Vorträge des 29. Symposions des Niederösterreichischen Instituts für Landeskunde, Schallaburg, 6. bis 8. Juli 2009. Hrsg. von Willibald Rosner und Gertrude Langer-Ostrawsky, St. Pölten 2010 (= Studien und Forschungen aus dem Niederösterreichischen Institut für Landeskunde, 49), S. 59–103. Der Wortlaut des Dekrets findet sich bei Gertraud Marinelli-König, Die Südslaven in den Wiener Zeitschriften und Almanachen des Vormärz (1805–1848), Wien 1994 (= Österreichische Akademie der Wissenschaften, Philosophisch-Historische Klasse, Sitzungsberichte, 603), S. 427.
[93] Fritz M. Rebhann, Anno Neun. Vom Bergisel zum Schönbrunner Frieden, Wien, München 1984; Der Aufstand der Tiroler (wie Anm. 86).

in weiterer Folge sogar Vorstöße bis nach Konstanz, seit 1806 zum Großherzogtum Baden gehörend, zu unternehmen. In Anbetracht der allgemeinen politischen und militärischen Lage brach die Vorarlberger Erhebung allerdings bereits Anfang August 1809 zusammen, nachdem es vorher zu heftigen Kontroversen zwischen Friedenswilligen und den Befürwortern einer Fortsetzung des Krieges gekommen war. 10 000 württembergische und französische Soldaten besetzten Vorarlberg, in allen Landesteilen erfolgten Geiselaushebungen. Anton Schneider und andere Anführer wurden zwar gefangen genommen, von den Württembergern und Bayern jedoch nicht an Frankreich ausgeliefert, das die Erschießung Schneiders gefordert hatte[94].

Der Sonderbundskrieg von 1847[95]

Der Bundesvertrag von 1815 formte die Eidgenossenschaft zu einem Staatenbund. Unter dem Eindruck der französischen Julirevolution von 1830 zerbrach die durch die Restauration vermeintlich festgefügte konservative Macht in der Schweiz. Es setzte eine liberale Erneuerungsbewegung ein. Sie forderte die Umgestaltung der Verfassung auf der Grundlage der Volkssouveränität und Rechtsgleichheit. Bis 1831 erneuerten die Kantone Solothurn, Freiburg, Luzern, Sankt Gallen, Zürich, Thurgau, Aargau, Waadt, Schaffhausen und Bern ihre Verfassungen und schafften die Aristokratie bzw. das Patriziat ab.

In Basel weigerten sich die Städter, der Landbevölkerung mit der neuen Verfassung gleiche Rechte zuzugestehen. Daraufhin gaben sich die Baselbieter Gemeinden eine eigene Verfassung. Zwei Versuche der Stadt, ihre Vorrechte militärisch durchzusetzen, endeten mit Niederlagen. 1833 kam es schließlich zu der von der Tagsatzung – bis 1848 die Versammlung der Abgeordneten der Kantone – anerkannten Trennung von Basel in zwei Halbkantone: Basel-Landschaft und Basel-Stadt. Auch in Schwyz kam es zur Abspaltung eines Kantons Außerschwyz. Die Tagsatzung zwang hier aber beide Parteien an den Verhandlungstisch und erreichte 1833 die Wiedervereinigung unter einer neuen Verfassung.

Durch die liberalen Bestrebungen geriet die bisher praktizierte Einvernehmlichkeit von Kirche und Staat in Gefahr, da eine zentrale Forderung des Liberalismus darin bestand, die Kirche der staatlichen Kontrolle zu unterwerfen und insbesondere den Einfluss der Kirche im Erziehungswesen zurückzudrängen. Dies rief in der katholischen Kirche, aber auch bei den Reformierten Widerstand hervor.

---

[94] Für eine detaillierte Schilderung der Ereignisse siehe Albrich, Vorarlberg 1809 (wie Anm. 69); Vorarlberg 1809. Ein Kampf um Freiheit und Selbständigkeit, Wien 1959.

[95] Eine umfassende Darstellung der Ereignisse findet sich bei Erwin Bucher, Die Geschichte des Sonderbundskrieges, Zürich 1966; Joachim Remak, Bruderzwist nicht Brudermord. Der Schweizer Sonderbundskrieg von 1847, Zürich 1997; Der Weg zum modernen demokratischen Bundesstaat, http://www.geschichte-schweiz.ch/bundesstaat.html; Sonderbundskrieg 1847. In: Historisch-Biographisches Lexikon der Schweiz, Bd 3, Neuenburg 1926, http://www.mrkunz.ch/lexikon/beg/sonderbundskrieg.htm; Artikel »Sonderbund« in: Historisch-biographisches Lexikon der Schweiz, Bd 6, Neuenburg 1931, S. 445 f.

Die Folge waren oft mit Waffengewalt geführte Auseinandersetzungen zwischen liberalen und klerikal-konservativen Gruppierungen.

Eine konservative Wende in Luzern und die Berufung von Jesuiten an die höheren Lehranstalten Anfang der Vierzigerjahre des 19. Jahrhunderts führten zu einer weiteren Radikalisierung. 1845 versuchten Luzerner Radikale gemeinsam mit Freischaren aus anderen Kantonen, die Regierung mit Gewalt zu stürzen. Das Unternehmen scheiterte kläglich: 185 Tote und 1785 Verletzte hatten die Freischärler zu beklagen. Die Furcht vor weiteren Freischarzügen und die Ermordung des konservativen Politikers und Führers der Luzerner Konservativen Joseph Leu von Ebersol durch einen Freischärler veranlassten die konservativen Kantone Luzern, Uri, Schwyz, Unterwalden, Zug, Freiburg und Wallis, im Dezember 1845 den »Sonderbund« zu schließen. Er sollte die Interessen der katholisch, ländlich, konservativ und föderalistisch geprägten Kantone gegen den zunehmenden Einfluss der städtischen, protestantischen und liberalen Kräfte wahren. Die Kantone versprachen sich auch gegenseitige Waffenhilfe. Die Stimmung im katholischen Volk wurde durch Politiker und Priester weiter angeheizt, die verkündeten, der katholische Glaube würde durch die liberalen Kantone bedroht. Insbesondere in der Innerschweiz zog die Bevölkerung eine Parallele zu dem blutigen Einmarsch der Franzosen 1798 und befürchtete das Schlimmste.

Die Gründung des Sonderbundes widersprach dem Bundesvertrag von 1815, § 6, der die Bildung von Bündnissen unter den Kantonen zum Nachteil anderer Kantone untersagte. Daher beantragte Zürich im Sommer 1846 bei der Tagsatzung die Auflösung des Sonderbundes. Erst im Juli 1847, nachdem in Genf und St. Gallen jeweils liberale Parteien an die Macht gekommen waren, erhielt der Antrag die erforderliche Stimmenmehrheit. Des Weiteren wurden eine Revision des Bundesvertrages und die Ausweisung des Jesuitenordens aus der Schweiz beschlossen. Die Sonderbundskantone richteten daraufhin formelle Hilfsappelle an Österreich und Frankreich und begannen mit der Aufrüstung.

Der Krieg begann mit dem Einfall der Sonderbundstruppen (ca. 85 000 Mann) ins Tessin am 3. November 1847 und in das aargauische Freiamt am 12. November. Beide Unternehmungen scheiterten. Die Truppen der Tagsatzung (im Folgenden: eidgenössische Truppen, fast 100 000 Mann) unter General Guillaume Henri Dufour marschierten ab 11. November gegen Freiburg und Zug, die beide kampflos kapitulierten. Am 17. November überquerte eine Kolonne der Sonderbundstruppen den Gotthard und schlug die eidgenössischen Truppen im Tessin in die Flucht. In Honau, Gisikon, Meierskappel und Schüpfheim kam es zu weiteren Kämpfen, in denen General Dufour die Sonderbundstruppen unter dem Kommando von Johann-Ulrich von Salis-Soglio schlug. Am 24. November kapitulierte Luzern nach dreitägigem Kampf und wurde besetzt. Dufour hatte seine Truppen dazu angehalten, unnötiges Blutvergießen zu vermeiden und auf Plünderungen und Brandschatzungen zu verzichten. Ihm war es vor allem zuzuschreiben, dass der Sonderbundskrieg schnell – nach nur 25 Tagen – und mit lediglich insgesamt 86 Toten und 500 Verletzten beendet werden konnte: Die übrigen Kantone des Sonderbundes beschlossen noch am folgenden Tag die Kapitulation.

Die Verfassungen und Regierungen in den besiegten Kantonen wurden durch die Sieger im liberalen Sinne revidiert. Die Jesuiten wurden ausgewiesen. Die Kriegskosten, etwa sechs Millionen Franken, wurden den unterworfenen Kantonen aufgebürdet, die sie in Raten abzahlen mussten. Eine Intervention ausländischer Mächte wie Österreich, Preußen oder Frankreich blieb aufgrund der angespannten vorrevolutionären Lage in diesen Ländern aus.

Der Krieg von 1866

Nachdem bereits in den Jahren 1848 und 1858 »Freiwillige Landesschützen« zur Verteidigung von Tirol aufgeboten werden mussten, war der Ostalpenraum 1866 auch ein Nebenschauplatz der Auseinandersetzungen mit Italien. Die Truppen des italienischen Freischarführers Giuseppe Garibaldi, der selbst einige Zeit im Plöckenhaus gewohnt hatte, besetzten den Plöckenpass. Kärntner Freiwillige Schützen drängten sie in der Folge wieder über den Pass nach Süden zurück. Im gleichen Jahr wurde der gesamte Karnische Kamm zur Grenze zwischen Österreich und dem Königreich Italien. Der Plöckenpass als einziger fahrbarer Übergang in den Karnischen Alpen besaß somit als Einbruchspforte in das Gail- und weiter in das Drautal eine Schlüsselposition.

Der Süden Tirols war ein weiteres Angriffsziel des Freiwilligenkorps Garibaldis. Seit den Tagen Napoleons war der Gedanke nationaler Selbstständigkeit in den italienisch besiedelten und Italienisch sprechenden Teilen Tirols nicht mehr erloschen. Die Bewegung des italienischen Irredentismus erhob schon vor 1848, vor allem aber 1866 (Giuseppe Mazzini[96]) Anspruch auf die Brennergrenze: Sie sei als Wasserscheide des Alpenhauptkammes »eine natürliche Grenze« Italiens. Am 23. Juni 1866 drang Garibaldi mit seinen Freischaren zwischen Gardasee und Stilfser Joch gegen Tirol vor, das von 17 000 Mann Landesschützen und kaiserlichen Truppen unter Generalmajor Franz Freiherr von Kuhn verteidigt wurde. Am 3. Juli wehrten die Kaiserjäger bei Monte Suello die Angriffe der italienischen Brigade Corte zurück. Am 4. wurden die italienischen Alpenjäger bei Vezza im Valcamonica erneut geschlagen, erreichten aber am 11. bei Spondalunga einen kleinen Erfolg bei einem Angriff auf die Nachhut der Österreicher. Als die österreichische Südarmee Richtung Isonzo marschierte, wollte Garibaldi sein Angriffsvorhaben fortsetzen. Doch ließ Kuhn vom Stilfser Joch und am Tonale Vorstöße ausführen, die seinem neuerlichen Vormarsch ein Ende setzten. Garibaldi schloss daraufhin Fort Ampola ein, das er am 19. zur Aufgabe zwang. Am 21. wurden jedoch bei Bezzeca neun Bataillone Alpenjäger von 5000 Landesschützen und kaiserlichen Truppen vernichtend geschlagen. Die italienische Division Medici, die am 20. ins südliche Tirol eingedrungen war, wurde am 23. bei Borgo durch den

---

[96] Giuseppe Mazzini veröffentlichte im August 1866 einen Artikel, in dem er den italienischen Verzicht auf die Alpen- und Küstenländer für schmachvoll erklärte und die Abtretung Südtirols, Friauls und Istriens an Italien verlangte. Sie waren als »unerlöste Gebiete« die Hauptziele der Irredenta.

Der italienische Freischarführer Giuseppe Garibaldi (1807-1882) in einer Aufnahme um das Jahr 1865.
bpk/Fratelli Alinari

heftigen Widerstand der Österreicher aufgehalten. Dies bedeutete zugleich das Ende der Kampfhandlungen, denn am 25. Juli trat Waffenruhe ein[97].

Der Gebirgskrieg im Ersten Weltkrieg

Als Österreich-Ungarn sich nicht gewillt zeigte, die italienischen Forderungen nach Abtretung Südtirols und des Trentino zu erfüllen, erklärte Italien am 23. Mai 1915 der Donaumonarchie den Krieg. Damit eröffnete sich für Österreich-Ungarn eine dritte Front mit einer Länge von rund 600 km – davon 550 km im Gebirge –, an der sich von der Schweizer Grenze (Stilfser Joch) in den hochalpinen Regionen bis zu den Julischen Alpen ein Stellungskrieg entwickelte, der nach Süden bis in das westliche Vorfeld von Triest reichte. An der Südwestfront gab es fünf Hauptfronten: zwischen Stilfser Joch und Gardasee, vom Gardasee bis zum Kreuzbergsattel bei Sexten, auf den Kämmen der Karnischen und Julischen Alpen, am Isonzo und an der Piave-Grappa-Front. Stellungen befanden sich teilweise auf fast 4000 m

---

[97] Österreichs Kämpfe im Jahre 1866, Bd 5: Die Vertheidigung Tirol's, Wien 1869, S. 3-71; Alexander Hold, Geschichte des Feldzuges 1866 in Italien, Wien 1867, S. 194-245; W. Rüstow, Der Krieg von 1866 in Deutschland und Italien, politisch-militärisch betrachtet, Zürich 1866, S. 350-362; Anton Freiherr von Scudier, Der Krieg 1866 in Italien und Süd-Tirol, Wien 1900, S. 5 f., 434-541.

Höhe, etwa am Ortler. Obwohl zur Grenzsicherung in Tirol, Kärnten und am Isonzo nur schwache Kräfte bereit standen, war man entschlossen, der neuen Bedrohung die Stirn zu bieten. Schon in den frühen Morgenstunden des 24. Mai beschossen starke Seestreitkräfte unter Admiral Anton Haus Hafenanlagen und militärische Einrichtungen an mehreren Punkten entlang der italienischen Adriaküste[98].

Die italienischen Planungen sahen vor, die 1. Armee gegenüber Südtirol in der Defensive zu halten, während die 4. Armee und die Karnische Gruppe gegen Kärnten und Osttirol, die 2. und 3. Armee aber an der Isonzogrenze Richtung Osten angreifen sollten. Die starken Heeresreserven bei Verona und Vicenza waren für die Sicherung der rückwärtigen Verbindungen gegen einen möglichen Angriff aus Südtirol vorgesehen. Von den an der Italienfront eingesetzten italienischen Soldaten sollten drei Fünftel ständig am Isonzo und zwei Fünftel an der Alpenfront zwischen Stilfser Joch und oberem Isonzo stehen. Die Österreicher konnten fürs Erste nur fünf schlecht ausgerüstete Divisionen aufbieten, die durch Freiwillige – in Tirol durch Standschützen – verstärkt wurden. Am Anfang eilten als erstes österreichisches Aufgebot vor allem die nicht mehr wehrtauglichen Alten und die noch nicht wehrpflichtigen jungen Männer mit den Standschützen und den Freiwilligen Schützen an die Grenze und besetzten provisorisch die Gebirgspässe.

Die Ankunft des divisionsstarken deutschen Alpenkorps in Südtirol war vorläufig nur von psychologischem Wert, da sich Deutschland erst ab August 1916 im Kriegszustand mit Italien befand. Allerdings waren die Grenzen der Monarchie durch Befestigungsanlagen gut gesichert. Unter anderem aus diesem Grund gingen die Italiener, von kleineren Grenzscharmützeln abgesehen, erst nach Abschluss der Mobilisierung in der zweiten Junihälfte offensiv vor. Bis dahin konnte Österreich-Ungarn seiner Südwestfront laufend Verstärkungen zuführen. Anfang Juni 1915 standen dem Kommandanten der Südwestfront, Generaloberst Erzherzog Eugen, bereits rund 225 000 Mann und 640 mobile Geschütze zur Verfügung. Damit waren die Verteidiger den Italienern (460 000 Mann, 1900 Geschütze) zwar noch immer weit unterlegen, doch war das Kräfteverhältnis nicht mehr ganz so katastrophal wie zum Zeitpunkt der italienischen Kriegserklärung, als die Österreicher über knapp 100 000 Mann und 300 Geschütze verfügt hatten[99].

Die Operationen im Gebirge stellten an die Soldaten beider Seiten höchste Anforderungen. Während Italien aber über gut ausgebildete Alpineinheiten verfügte,

---

[98] Die Literatur zum Thema Alpenfront im Ersten Weltkrieg ist sehr umfangreich. Daher seien stellvertretend nur einige wichtige Werke und Beiträge genannt: Wolfgang Etschmann, Die Südfront 1915–1918. In: Tirol und der Erste Weltkrieg. Hrsg. von Klaus Eisterer und Rolf Steininger, Wien, Innsbruck 1995 (= Innsbrucker Forschungen zur Zeitgeschichte, 12), S. 27–60; Heinz von Lichem, Gebirgskrieg 1915–1918, 3 Bde, Bozen 1980–1981; Der Erste Weltkrieg im Alpenraum. Erfahrung, Deutung, Erinnerung. La Grande Guerra nell'arco alpino. Esperienze e memoria. Hrsg. von Hermann J.W. Kuprian und Oswald Überegger, Innsbruck 2006 (= Veröffentlichungen des Südtiroler Landesarchivs, 23); Alexander Jordan, Krieg um die Alpen. Der Erste Weltkrieg im Alpenraum und der bayerische Grenzschutz in Tirol, Berlin 2008 (= Zeitgeschichtliche Forschungen, 35).

[99] Etschmann, Die Südfront 1915–1918 (wie Anm. 98), S. 29.

war Österreich erst nach und nach in der Lage, speziell ausgerüstete Gebirgstruppen aus dem Balkan an die Südwestfront zu verlegen. Anfangs verfügte die Monarchie lediglich in den Standschützen- und Freiwilligenformationen aus den Alpenländern über gebirgsgewohnte Verbände; man sprach daher zunächst vom Krieg der Bergführer.

Die Italiener griffen nur langsam an und rückten zögernd gegen die Tiroler Gebirgsfront vor, wo sich der Krieg als Kampf um die Sperrforts und Gipfel entwickelte. Trotz des Bündnisses zwischen Österreich-Ungarn und Italien waren zwischen Rovereto und dem Suganertal, italienisch Val Sugana, beiderseits der Reichsgrenze große Befestigungsanlagen entstanden, wobei die Eigentümlichkeit der österreichischen Sperrforts darin bestand, dass sie zwar mächtige Bauwerke, artilleristisch aber schwach bestückt waren. Der österreichisch-ungarischen Armeeführung war bewusst, dass diese Sperranlagen einem Beschuss mit modernen Artilleriegeschützen nicht standhalten würden. Die Geschütze und Besatzungen dieser Forts waren deshalb noch vor Kriegsausbruch, bis auf eine minimale Restmannschaft, die eine Vollbesetzung vortäuschte, abgezogen worden[100].

Die Italiener überschütteten die österreichisch-ungarischen Sperrforts mit Geschützfeuer, auch die Hochfläche der Sieben Gemeinden in der Provinz Vicenza war bald in Rauch gehüllt. Die Festungswerke von Serrada, Sommo, Sebastiano, Gschwendt, Verle und Cima di Vezzena verwandelten sich in Trümmerhaufen. Keines der Sperrforts musste jedoch aufgegeben werden, da die Italiener nicht mit Infanterie über die Hochfläche angriffen[101]. So blieb den Italienern der rasche Erfolg versagt, wobei den Österreichern sicher die genaue Kenntnis der italienischen Kräfteverteilung zugutekam. Die Italiener hatten am 15. August mit dem Wirkungsschießen gegen die Sperrforts auf der Hochfläche von Folgaria und Lavarone begonnen. Sie stellten es jedoch Ende des Monats wieder ein, da die österreichischen Truppen dem Beschuss nicht nur standhielten, sondern ihr eigenes Feuer sehr wirkungsvoll gegen die italienischen Sperrforts legen konnten. Bei einem weiteren Durchbruchsversuch besetzten die Italiener kurzfristig den Gipfel des Col di Lana, büßten ihn aber wieder ein, und auch 26 weitere Angriffe blieben erfolglos. Sie begannen daraufhin, den Gipfel zu unterminieren[102].

Während es in den Karnischen Alpen und an der Ostgrenze Tirols zu größeren italienischen Angriffen kam, trugen die Kontrahenten entlang der Süd- und Westgrenze Tirols nur unbedeutende Gefechte aus. Der Generalstabschef der k.u.k. Armee, Feldmarschall Franz Conrad Freiherr von Hötzendorf[103], wollte 1916 in

---

[100] Manfried Rauchensteiner, Österreich-Ungarn und der Erste Weltkrieg 1914–1918, Graz 1998, S. 110 f. Zum Festungskrieg im Hochgebirge siehe das v.a. den technischen Aspekten gewidmete Werk von Rolf Hentschel, Festungskrieg im Hochgebirge. Der Kampf um die österreichischen und italienischen Hochgebirgsforts in Südtirol im Ersten Weltkrieg, Bozen 2008.
[101] Rauchensteiner, Österreich-Ungarn und der Erste Weltkrieg 1914–1918 (wie Anm. 100), S. 111.
[102] Ebd., S. 69.
[103] Als Generalstabschef prägte Conrad die k.u.k. Armee von 1906 bis 1911 und von 1912 bis 1917 und war für die militärische Führung im Ersten Weltkrieg verantwortlich. Er genoss bei der Masse der Offiziere ein Übermaß an Anerkennung und Respekt. Nachdem der neue Kaiser Karl I. persönlich den Oberbefehl übernommen hatte, enthob er Conrad am 27.2.1917 seines Kommandos als Chef des Generalstabes und ersetzte ihn durch General Arthur Arz Freiherr von Strau-

einer entscheidenden Gegenoffensive von Südtirol aus den in Venetien und am Isonzo stehenden italienischen Hauptkräften in den Rücken fallen und sie zur Bewegungsschlacht zwingen. Aufgrund von Unstimmigkeiten zwischen den Generalstabschefs Österreich-Ungarns und des Deutschen Reiches[104] war es jedoch nicht möglich, für 1916 ein gemeinsames Vorgehen der deutschen und österreichischen Streitkräfte zu vereinbaren: Conrad plante, von Südtirol aus offensiv zu werden, Erich von Falkenhayn beabsichtigte einen Angriff auf Verdun, wofür von allen übrigen Fronten die entbehrlich erscheinenden deutschen Truppen abgezogen wurden[105].

Nachdem er von Wien die Zustimmung für eine Offensive gegen Italien erhalten hatte, wollte Conrad seinen oben genannten Plan einer Gegenoffensive im Frühjahr 1916 realisieren. Die ungünstige Wetterlage – im März und April war noch viel Schnee gefallen, in den Senken betrug die Schneehöhe noch bis zu vier Meter – machte einen frühen Angriffstermin Ende März/Anfang April illusorisch. Dadurch ging der Überraschungseffekt verloren. Zudem gelang den Italienern ein spektakulärer Erfolg in den Dolomiten: Sie sprengten im April den Gipfel des Col di Lana; es war dies die erste große Minensprengung des Gebirgskrieges. Von den 280 Mann Besatzung des Tiroler Kaiserjägerregiments Nr. 2 wurden mehr als hundert unter den Felstrümmern begraben. Der markante Gipfel befand sich also nun in den Händen der Italiener. Während Conrad dies mit den Worten: »Die Verteidigung von Tirol ist ziemlich passiv« abtat, herrschte in Wien enorme Aufregung.

Am 15. Mai begann schließlich die sogenannte Südtirol-Offensive, die man als »Strafexpedition« bezeichnete. Es war ein wohl einmaliger Versuch, mit zwei hintereinander aufgestellten Armeen, der 11. und der 3. – also einer ganzen Heeresgruppe mit insgesamt 157 000 Mann –, im Hoch- und Mittelgebirge eine große Operation zu beginnen und Richtung Süden in die venezianische Ebene und die Niederungen des Po vorzustoßen. Die Wucht des österreichisch-ungarischen Angriffes war so gewaltig, dass die Italiener in allen Abschnitten zurückweichen

---

ßenburg. Auf Druck des Kaisers übernahm Conrad später ein Heeresgruppenkommando an der Südwestfront gegen Italien in Tirol, um den Italienern vorzutäuschen, Österreich-Ungarn bereite eine neue große Offensive vor. Nach einer gescheiterten Offensive wurde er am 14.7.1918 von Karl seines Postens enthoben und gleichzeitig in den Grafenstand erhoben. Manfried Rauchensteiner, Der Tod des Doppeladlers. Österreich-Ungarn und der Erste Weltkrieg, Graz, Wien, Köln 1997, S. 430–432, 499; Rauchensteiner, Österreich-Ungarn und der Erste Weltkrieg (wie Anm. 100), S. 87 f., 93–95, 194 f.; Lawrence Sondhaus, Franz Conrad von Hötzendorf. Architekt der Apokalypse, Wien, Graz 2003, S. 86–116, 127–223.

[104] Falkenhayn sah im Gegensatz zu Conrad das Ziel des Feldzuges mit der Niederwerfung Serbiens erreicht und zog acht der zehn eingesetzten deutschen Divisionen vom Balkan ab. Um einen Alleingang der Österreicher gegen Montenegro und auch Italien zu verhindern, verlangte er zudem die Ablöse der deutschen Truppen an der russischen Front und deren Ersetzung durch k.u.k. Truppen. Rauchensteiner, Österreich-Ungarn und der Erste Weltkrieg (wie Anm. 100), S. 73 f.; Holger Afflerbach, Falkenhayn. Politisches Denken und Handeln im Kaiserreich, München 1994 (= Beiträge zur Militärgeschichte, 42), S. 266–375, v.a. S. 341–359.

[105] Militärgeschichte II. Das Zeitalter der Weltkriege 1914–1945. Hrsg. vom Heeresgeschichtlichen Museum/Militärwissenschaftliches Institut, Wien 1983, S. 12–14.

Österreichisch-ungarische Soldaten am Feldtelefon. Dolomitenfront in Südtirol, Herbst 1915. *ullstein bild*

Österreichische Gebirgartillerie in Stellung im Gipfelgebiet des Ortlers in 3800 m Höhe, Herbst 1916. *ullstein bild*

Isonzofront im Friaul, 1916: Unterstände der k.u.k. Armee. *ullstein bild*

mussten[106]. Doch bald stellten sich mannigfache Probleme ein: So wurde etwa dem zerklüfteten, unwegsamen Gelände zuwenig Rechnung getragen. Den angreifenden Truppen fehlte die nötige Artillerieunterstützung; Munitionsmangel machte sich bemerkbar. Immer wieder traten Verzögerungen ein, da man erst die Artillerie nachziehen musste, um eine systematische Feuervorbereitung beginnen zu können. Der hartnäckige Kampf um einzelne Berggipfel und Felsennester ermöglichte nur langsames Vorrücken. Statt in den Tälern schnell vorzustoßen und die rasch zurückweichenden Italiener zu verfolgen, wurde erst langwierig versucht, die beherrschenden Höhenzüge zu sichern. Durch dieses vorsichtige Verhalten, das auf dem Befehl des Heeresgruppenkommandos beruhte, möglichst schonend mit Menschenleben umzugehen, ging der Schwung der Offensive verloren. Die Italiener gewannen Zeit und setzten mit Hilfe ihres gut ausgebauten Eisenbahnnetzes eine massive Truppenverschiebung in Gang. Der Krieg stand auf des Messers Schneide. Die Italiener waren sich dessen wohl bewusst – und möglicherweise verloren ihn die Mittelmächte tatsächlich am Pasubio und am Monte Meletta. Wäre das Konzept Conrads aufgegangen, wären, so Manfried Rauchensteiner, 250 000 Italiener eingeschlossen worden und Italien aus dem Krieg ausgeschieden[107]!

Doch am 7. und 8. Juni lief sich der Angriff im Feuer der gut gedeckten italienischen Stellungen am Südrand des Beckens von Asiago (Sieben Gemeinden) fest: Keine einzige in die Ebene führende Straße, geschweige denn eine Bahnlinie war gewonnen worden. Durch die Anfang Juni 1916 begonnene Brusilov-Offensive der Russen an der Ostfront kam eine Fortsetzung des Angriffes nicht mehr infrage; zur Frontverkürzung mussten die österreichischen Truppen sogar das Gebiet um die Sieben Gemeinden wieder aufgeben. Die 200 000 Mann starken Angriffsverbände hatten während der Südtirol-Offensive rund 30 000 Mann Verluste zu verzeichnen gehabt. Der einzig greifbare Erfolg waren 40 000 italienische Gefangene und 300 erbeutete Geschütze. Trotz der Geländegewinne war der österreichische Versuch eines Durchbruchs in diesem Kampfraum endgültig gescheitert[108]. Da die Isonzofront in der Folge strategisch wesentlich bedeutsamer war als Südtirol, blieb dieser Teil der Gebirgsfront seit der österreichischen Offensive im Mai/Juni 1916 stabil.

Der Krieg an der Dolomitenfront, in den Karnischen und Julischen Alpen, dauerte dagegen bis Mitte November 1917. Beide Fronten wurden letztlich durch den Vorstoß der Mittelmächte im Rahmen der 12. Isonzoschlacht überrannt. Bei den Planungen für die Offensive 1918 gingen die Vorstellungen der beteiligten Oberkommandierenden der Heeresgruppen Conrad (Südtirol) und Boroević (Isonzo/Piave, Feldmarschall Svetozar Boroević von Bojna[109]) auseinander. Conrad wollte erneut aus dem Gebiet der Sieben Gemeinden nach Süden angreifen, um den am Piave stehenden italienischen Truppen in den Rücken zu fallen. Bo-

---

[106] Rauchensteiner, Österreich-Ungarn und der Erste Weltkrieg (wie Anm. 100), S. 76 f.
[107] Ebd., S. 77.
[108] Etschmann, Die Südfront 1915–1918 (wie Anm. 98), S. 31–33.
[109] Siehe Ernest Bauer, Der Löwe vom Isonzo. Feldmarschall Svetozar Boroević de Bojna, 2. Aufl., Graz, Wien 1986.

Die Monarchen von Deutschland, Kaiser Wilhelm II., und Österreich-Ungarn, Kaiser Karl I., bei einem Frontbesuch vor der Oktoberoffensive 1917 im Bereich der Isonzofront.   *ullstein bild/SZ Photo*

roević hingegen trat für einen Frontalangriff über den Piave ein. Da Kaiser Karl und das Armeeoberkommando es nicht wagten, einen der beiden Feldherren vor den Kopf zu stoßen, kam es zu keiner echten Schwerpunktbildung. In Verkennung der Lage wurden beiden dadurch massive Truppenverstärkungen und Nachschubgüter vorenthalten.

Am 13. Juni begann ein Angriff vom Tonalepass bis an die Schweizer Grenze, um die großen Viehherden im Addatal zu erbeuten und so die Verpflegungslage der Armee zu verbessern. Der Angriff war zur Ablenkung der Italiener gedacht, scheiterte jedoch an der heftigen italienischen Abwehr. Für den am 15. Juni beginnenden Hauptangriff entlang der Front von den Sieben Gemeinden bis zum Piave standen beiden Heeresgruppen je 24 Divisionen zur Verfügung. Zahlenmäßig waren die Angreifer den Verteidigern geringfügig unterlegen. Die Alliierten wussten über den Zeitpunkt des Angriffs Bescheid und begannen mit heftigem Artilleriestörfeuer. Die österreichisch-ungarische Artillerie setzte erst Stunden später ein, und deren Feuer blieb auf der Hochfläche ohne nennenswerte Wirkung. Der Munitionsmangel verhinderte eine effektive artilleristische Unterstützung des Angriffs auf der Hochfläche von Asiago, zumal die italienischen Batterien durch Gasbeschuss – anders als bei Flitsch und Tolmein – kaum beeinträchtigt wurden. Der Infanterieangriff scheiterte wie schon 1916 und 1917 an der heftigen Abwehr der in gut ausgebauten und getarnten Stellungen kämpfenden Italiener, Briten und Franzosen. Die meisten Korps kamen über ihre Ausgangsstellungen nicht hinaus. Auch im unwegsamen Grappa-Massiv mussten die österreichisch-ungarischen

Truppen nach kleineren Anfangserfolgen in die Ausgangsstellungen zurückgenommen werden. Durch den Misserfolg der Angriffe Conrads im Gebirge hatte das italienische Commando Supremo weitere Reserven an die Piave-Front verlegen können. Dies ließ die letzte Offensive des österreichisch-ungarischen Heeres schließlich scheitern. Die Verluste der Österreicher waren trotz der wenigen Kampftage außerordentlich schwer (insgesamt fast 150 000 Mann)[110]. Dazu kamen ungeheure Mengen an verlorengegangenen Waffen und Ausrüstungen. Das immer offenkundiger gewordene Führungschaos hatte Konsequenzen: Am 11. Juli 1918 enthob Kaiser Karl Conrad seines Kommandos als Oberbefehlshaber der Heeresgruppe Südtirol.

In dieser angespannten Situation, als auch die Armee langsam zu zerfallen begann, setzte am 24. Oktober 1918 der Großangriff der Alliierten an der italienischen Front ein. Am Jahrestag des Beginns der Durchbruchsschlacht von Flitsch–Tolmein wurde eine Offensive mit dem Ziel gestartet, einen Durchbruch in Richtung Feltre und Vittorio und damit eine Spaltung der beiden Heeresgruppen in Tirol bzw. am Piave zu erreichen. Fast überfallsartig setzte am Grappa-Massiv das Artilleriefeuer ein. Tausende Geschütze feuerten wenig später entlang der gesamten Front. Doch trotz der beträchtlichen Überlegenheit der Angreifer konnte die Offensive zunächst abgewehrt werden. Die angegriffenen Truppen verteidigten sich so, als ob es keine zusammenbrechende Front gäbe – 30 bis 70 Prozent Ausfälle und 32 000 Gefangene waren zu verzeichnen; 150 Geschütze gingen verloren. Die Misserfolge am Piave ließen schließlich auch die Tiroler Heeresgruppe wanken. Sie musste nach Norden zurückweichen. Der Zusammenhalt zwischen den beiden Heeresgruppen ging dadurch verloren. Im folgenden, am 3. November 1918 in der Villa Giusti bei Padua unterzeichneten Waffenstillstand verpflichteten sich die Österreicher, Südtirol zu räumen[111].

Fazit

»Zu den schwierigsten Aufgaben der Kriegführung gehören der Angriff und die Vertheidigung eines Gebirgslandes. Die Nachtheile dieser beiden Formen der Kriegführung nehmen im Gebirge oft so großartige Dimensionen an, dass nur ein scharfer, alles genau berechnender und abwägender Verstand, die höchste Energie des Feldherrn, sowie die zähe Ausdauer geschulter Truppen die Masse der Friktionen zu überwinden vermögen. Wir finden auch in der Kriegsgeschichte aller Zeiten, dass die Vertheidigung eines Gebirgslandes im vollen Sinne des Wortes nur in seltenen Fällen gelungen ist und ebenso dass der Angriff dort, wo die Vertheidigung ihre Vortheile zu benützen verstand, das Terrain genau kannte und energische Gegenstöße zu führen wusste, mit kaum zu überwältigenden Hindernissen zu kämpfen hatte[112].«

---

[110] Rauchensteiner, Österreich-Ungarn und der Erste Weltkrieg (wie Anm. 100), S. 194 f.; Etschmann, Die Südfront 1915–1918 (wie Anm. 98), S. 45–47.
[111] Rauchensteiner, Österreich-Ungarn und der Erste Weltkrieg (wie Anm. 100), S. 201; Etschmann, Die Südfront 1915–1918 (wie Anm. 98), S. 47–51; Militärgeschichte II (wie Anm. 105), S. 43 f.
[112] Franz Freiherr von Kuhn, Der Gebirgskrieg, Wien 1870, S. 1.

Mit diesen Worten leitete der damalige österreichische Reichskriegsminister, Feldmarschallleutnant Franz Kuhn Freiherr von Kuhnenfeld, seine Studie über die Kriegführung im Gebirge aus dem Jahre 1870 ein. Er legte darin die Grundzüge einer Theorie des Gebirgskrieges fest und regte die an der Wende vom 18. zum 19. Jahrhundert einsetzende österreichische Gebirgskriegsdiskussion an[113]. Neben den trockenen, der Militärstrategie gewidmeten Kapiteln finden sich in diesem Werk nicht nur zeitgenössische Beispiele aus der Geschichte des Gebirgskrieges, sondern auch solche aus Antike oder Neuzeit.

Diese von Kuhn angeführten Beispiele belegen: Der Gebirgskrieg war stets von extremen topografischen Bedingungen bestimmt. Bis ins 20. Jahrhundert waren Armeen auf die Nutzung der vorhandenen Verkehrswege beschränkt. Die Unwegsamkeit in den Bergen, die damit verbundenen Nachschubprobleme, tiefe Schluchten und zahlreiche Engstellen stellten für die Armeen der frühen Neuzeit große Hindernisse dar. Truppenbewegungen konnten relativ einfach durch die Sperrung der Verkehrswege unterbunden werden. Für die Kavallerie war dieses Gebiet nur schwer bis gar nicht zugänglich. Auch die zahlenmäßige und technische Überlegenheit einer Armee konnte im Gebirgskrieg durch Ausnutzung des Geländes aufgehoben werden[114].

Hochgebirgsregionen wie die Schweiz oder Tirol waren zwar wegen der Kontrolle wichtiger Transitrouten von strategischer Bedeutung und daher auch Ziel militärischer Unternehmungen, doch größere Kampfhandlungen waren, wie bereits einleitend erwähnt, bis zum Ersten Weltkrieg eher die Ausnahme[115] – Gefechte und Schlachten fanden hauptsächlich auf weiten, offenen Feldern statt. Gebirgsregionen rückten eher als Schauplätze bemerkenswerter Marschleistungen in den Mittelpunkt des Interesses, von Hannibal über die Römer bis hin zu Prinz Eugen oder Napoleon. Bereits in der Antike waren die Alpen so zu einem militärischen Durchzugsgebiet geworden, und daran sollte sich bis zum 19. Jahrhundert nichts ändern.

Die großartigen Pionierleistungen im alpinen Straßenbau in der Zeit Napoleons und danach ließen das Gebirge von einem schwierigen militärischen Durchzugsgebiet zu einem militärischen Operationsgebiet werden. Moderne Kriegführung, das Aufgebot von Massenheeren und schwerer Artillerie hatten ebenso einen maßgeblichen Anteil daran. Der Bewegungskrieg machte nun auch vor Gebirgsregionen nicht mehr Halt. In den Napoleonischen Kriegen kam es erstmals zu größeren Gefechten in den höheren Alpenregionen. Engstellen in höher gelegenen Tälern,

---

113 O.v.L., Märsche im Gebirge. In: Streffleurs Österreichische Militärische Zeitschrift, Bd 2, Wien 1905, S. 1501.
114 Hermann Hinterstoisser und Erwin A. Schmidl, Der Krieg im Gebirge. In: Die k.k. Landwehr-Gebirgstruppen. Geschichte, Uniformierung und Ausrüstung der österreichischen Gebirgstruppen von 1906 bis 1918. Hrsg. von Hermann Hinterstoisser [u.a.], Wien 2006, S. 272–281; Meinrad Pizzinini, Der Krieg in Gletscher und Eis, ebd., S. 282–285; Hermann Hinterstoisser, Die Seilbahnen im Krieg, ebd., S. 294.
115 Als »Ausnahme« sei etwa der zeitweise erfolgreiche Einsatz ortskundiger Schützen im Zuge der »Abwehrkämpfe« in den Jahren 1800 bis 1809 in Salzburg und Tirol angeführt. Hinterstoisser, Soldaten im Hochgebirge (wie Anm. 1), S. 210.

Bergrücken und Anhöhen wurden zu strategisch wichtigen Punkten[116]. Aber auch hier zeigt sich, dass ein solches Gelände sich zwar für den »kleinen Krieg«, d.h. den Partisanen- oder Guerillakrieg, eignete – ersichtlich etwa an der Erhebung der Tiroler 1809 –, aber eben nicht für den Einsatz größerer Formationen. Erste Ansätze für eine planmäßige Berücksichtigung der Kriegführung in Gebirgsregionen durch reguläres Militär brachte in Österreich-Ungarn der Feldzug in Bosnien und Herzegowina 1878 mit sich. Vor allem die Entwicklung der Gebirgsartillerie und des Gebirgstrains wurde aufgrund der Erfahrungen am Balkan vorangetrieben[117]. Die Organisation des Bergführerwesens und des Schilaufs in der k.u.k. Armee zeigt deutlich, dass man sich mit einem möglichen Hochgebirgskrieg auseinandergesetzt hatte. Der »militärische Alpinismus« wurde zu einem Schlagwort[118].

Der technische Fortschritt, Straßenbau, Eisenbahn, Militärgeografie, Kartografie und vor allem die alpinistische Erschließung der Gebirge führten dazu, dass das Militär Anfang des 20. Jahrhunderts bis in hochalpine Regionen vorstoßen konnte. Der Krieg im Gebirge erforderte ganz neue Maßnahmen, um den Nachschub sicherzustellen, die Truppen zu versorgen und ihnen – in einem Gebiet, das, wenn überhaupt, nur wenige Monate im Jahr schneefrei war – das Überleben zu sichern. Während die österreichisch-ungarischen Truppen unterschiedliche Schienenwege anlegten, bauten die Italiener vor allem Kriegsstraßen, um alles nach vorne zu bringen, was erforderlich war, um in Regionen, die eigentlich nur mit alpinistischen Mitteln zugänglich waren, Krieg führen zu können: Waffen, Munition, Geräte aller Art, Sprengstoff, Sanitätsmaterial, Holz, Wasser, Verpflegung, Fernmeldegerät und vieles mehr. Dies erforderte eine zeitraubende und aufwendige Vorbereitung.

Vor dem Ersten Weltkrieg wurde in den Alpen bereits vereinzelt begonnen, Gebirgstruppen aufzustellen. Die italienischen Alpini gelten als erste Hochgebirgstruppe der Welt. Mit königlichem Dekret vom 15. Oktober 1872 wurden 15 Kompanien Alpenjäger zum Schutz der Gebirgsgrenzen Italiens formiert. 1888/1889 zog Frankreich mit seinen Chasseurs Alpins nach. In Österreich-Ungarn erfolgte die Gründung einer speziellen Hochgebirgstruppe erst 1906, als auf Betreiben von Generalstabschef Conrad das Kärntner Landwehr-Infanterieregiment Klagenfurt Nr. 4 und die beiden Tiroler Landesschützenregimenter zu Gebirgsregimentern bestimmt wurden (ihnen folgten 1909 das Landesschützenregiment Innichen Nr. III und 1911 das Landwehr-Infanterieregiment Laibach Nr. 27). Die Integration des alpinen Bergsteigens in die militärischen Einsätze im Ersten Weltkrieg stellte eine gewaltige Zäsur in der Entwicklung dar, denn erstmals betätigten sich Tausende Männer nicht aus eigenem Antrieb als Kletterer und Schifahrer; sie gingen nicht zur eigenen Erbauung oder Selbstbestätigung in die Berge, sondern sie mussten bei

---

[116] Patrick Gasser, Zur Entstehung des Konzeptes »Gebirgskrieg« im 19. Jahrhundert in Österreich. Ein Beitrag zur Geschichte des Dolomitenkrieges, Dipl.Arb., Universität Innsbruck 2003, S. 178 f.

[117] M. Christian Ortner, Österreichische Truppen für den Gebirgskrieg. In: Die k.k. Landwehr-Gebirgstruppen (wie Anm. 114), S. 17–20, 23–26; Hinterstoisser, Soldaten im Hochgebirge (wie Anm. 1), S. 210.

[118] Detaillierte Angaben finden sich bei Gasser, Zur Entstehung des Konzeptes »Gebirgskrieg« (wie Anm. 116), S. 135–159, und Hinterstoisser, Soldaten im Hochgebirge (wie Anm. 1), S. 210–217.

Wind und Wetter auf einsame Gipfel und ausgesetzte Grate steigen, um die Heimat zu verteidigen[119]. Zu den Aufgaben der österreichischen Hochgebirgstruppe zählte der Grenzschutz zwischen Ortlermassiv und Julischen Alpen. Den Soldaten wurde ein Höchstmaß an alpinistischen Kenntnissen und Fertigkeiten sowie die Fähigkeit zu selbstständigem Handeln unter schwierigsten Witterungs- und Geländeverhältnissen abgefordert.

Zur Lösung von Aufklärungs- und Gefechtsaufgaben im Hochgebirge wurden 1916 alpine »Streifkompanien« aufgestellt, die 1917 in Hochgebirgskompanien umgewandelt wurden[120]. Im Kampf um die (Wieder-)Besetzung von Stellungen im Jahre 1916 kam es zu einem Wettlauf der Patrouillen, der Krieg in der Region geriet zu einem Patrouillen-»Kleinkrieg«. Doch der Krieg im Hochgebirge hatte noch einen weiteren Feind – die Mächte der Natur, die auf beiden Seiten zahlreiche Opfer forderten, wie etwa extreme Kälte und Stürme, besonders im Winter. Aber auch Lawinen waren stets eine latente Gefahr. Durch diese extremen Situationen kam es oftmals zu Unterbrechungen der Versorgung mit Lebensmitteln und Brennmaterial, wodurch den Soldaten Verhungern und Erfrieren drohte[121].

Die »Front in Fels und Eis« erregte schon während des Krieges, aber vor allem in den Jahren danach großes Interesse. Die Heldenhaftigkeit der Kämpfer, aber auch die Betonung nationaler Anliegen auf beiden Seiten – für Österreich der Schutz der Grenze im Süden gegen den »verräterischen« einstigen Bundesgenossen, für Italien der Kampf um die Alpengrenze als die »natürliche« Grenze des italienischen Kulturraumes gegen die nördlichen »Barbaren« – förderten die Mythologisierung des Krieges im Gebirge[122]. Die Faszination, die von ihm ausgeht, spiegelt sich noch heute etwa in den Aktivitäten des gemeinnützigen Vereins »Dolomitenfreunde« sowie in den Schauvitrinen von Museen und in Ausstellungen wider.

---

[119] Guido Rosignoli, Alpini. Uniform, distiativi, equipaggiamento ed armi dalla costituzione ai giorminostri, Parma 1989; Les troupes de montagne. Ed. par Jean Mabire, Paris 1992; Die k.k. Landwehr-Gebirgstruppen (wie Anm. 117), passim.
[120] Hinterstoisser/Schmidl, Der Krieg im Gebirge (wie Anm. 114), S. 275 f.
[121] Pizzini, Der Krieg in Gletscher und Eis (wie Anm. 114), S. 282 f.
[122] Hinterstoisser/Schmidl, Der Krieg im Gebirge (wie Anm. 114), S. 279 f.

Felix Schneider

No last Stand.
Eisenhower, Berlin und keine Alpenfestung

»Eines weiß ich: Es ist völlig zwecklos, im Süden zu sitzen, weil ich dort keinen Einfluss und keine Armee habe. Ich wäre dort nur mit meinem Stab. Einen süddeutsch-ostmärkischen Gebirgsblock könnte ich nur halten, wenn auch Italien als Kriegsschauplatz behauptet werden könnte. Aber auch dort herrscht völliger Defätismus bei der Führung, die von oben herunter zerfressen ist[1].« (*Adolf Hitler, Letzte Lagebesprechung*)

»Das Bauen starker Festungen zeugt von menschlicher Dummheit. Denn wenn man Berge, Flüsse ja sogar Weltmeere überwinden kann, wieso dann keine Festungen[2]?« (*Dwight D. Eisenhower*)

Als die ersten alliierten Panzer am 6. Juni 1944, dem »D-Day«, aus ihren Landungsschiffen auf die Strände der Normandie rollten, fand man auf so manchen olivgrünen Fahrzeugen von ihren Besatzungen selbst verfasste Graffitis wie »Berlin or Bust!«, »Berlin, here we come« oder ähnliche Sprüche, die am »Reiseziel« der frisch gelandeten Divisionen keinen Zweifel ließen.

Allen – den westlichen Alliierten und der Sowjetunion gleichermaßen – war klar: Fiel Berlin, war Hitler-Deutschland geschlagen. Wie und wann man dieses Ziel letztendlich erreichen würde, war ungewiss, doch dass man die deutsche Hauptstadt erobern musste, um Hitler zu Fall zu bringen, leuchtete allen ein.

Knapp ein Jahr vor dem D-Day, im September 1943, waren die Alliierten in Italien gelandet. Das bayerisch-österreichische Alpengebiet hatte bis dahin als »Reichsluftschutzkeller« gegolten, was es für die deutsche Kriegswirtschaft besonders attraktiv machte. Nun gerieten die Alpen in die Reichweite der alliierten Bomber. Dennoch fungierte es weiter als »Reduit« – als Rückzugsgebiet und schließlich letzter Rest des Reiches: Neben Teilen der Tschechoslowakei waren die Alpen im Frühling 1945 noch immer in deutscher Hand und zugleich der letzte Raum, von wo aus aufgrund der den Verteidiger begünstigenden Topografie noch längere Zeit Widerstand geleistet wurde.

---

1   Adolf Hitlers letzte Lagebesprechung. In: Der Spiegel, Nr. 3/1966, zit. bei Manfried Rauchensteiner, Der Krieg in Österreich '45, Graz 1995, S. 293.
2   http://zitate.net/dwight%20d.%20eisenhower.html, eingesehen am 8.12.2010.

Zur Genese einer Entscheidung

Es gibt in der Endphase des Zweiten Weltkrieges kaum eine strategische Entscheidung, die so umstritten ist wie der Entschluss des Oberkommandierenden der alliierten Streitkräfte in Europa, General Dwight D. Eisenhower, vom ursprünglich westalliierten Primärziel Berlin praktisch »fünf vor zwölf« abzurücken und stattdessen Ende März 1945 starke Kräfte in Richtung Süden, in Richtung der vermuteten deutschen »Alpenfestung«, anzusetzen.

Verbreitung fand das Gerücht rund um ein deutsches Reduit von der Schweiz aus, wo dieses Thema ab dem Sommer 1944 eifrig diskutiert wurde, vor allem natürlich von den Medien. Die geradezu phantastischen Geschichten ob der Gefahr einer solchen letzten deutschen Rückzugsstellung waren bald Legion: Hitler habe den Bau der Alpenfestung verfügt und plane die Verlegung von 300 000 Mann Eliteeinheiten. Startanlagen für Vergeltungswaffen würden im großen Stil gebaut, in den Berg gesprengte riesige Kavernen würden zu unverwundbaren Hangars für Hunderte deutsche Strahljäger, die ihrerseits in unterirdischen Fabriken direkt gefertigt würden. Riesige Depots von Nahrungsmitteln, Waffen und Munition befänden sich in bombensicheren unterirdischen Anlagen, die es den Verteidigern gestatteten, möglicherweise sogar noch jahrelang den Alliierten Widerstand zu leisten[3].

Auch die US-Nachrichtendienste begannen sich schon sehr bald für die Thematik zu interessieren – allen voran der US-Auslandsnachrichtendienst OSS, das Office of Strategic Services[4]. Spätestens im Sommer 1944 wurde der Gegenstand dann zur realen Befürchtung. OSS-Bern berichtete am 12. August 1944 nach Washington: »The Nazi theory is that by stationing 1 000 000 troops on the Vorarlberg, Austrian and Bavarian Alps, together with sufficient material, they could resist for a period extending from 6 to 12 months[5].« Keine guten Nachrichten also für die alliierten Planer, die den Krieg in Europa noch 1944 beenden wollten[6]. Anfang 1945, als sich das Ende des deutschen militärischen Widerstandes abzeichnete, konkretisierten sich auch die Befürchtungen um einen »last stand« der nationalsozialistischen Eliten im Alpenraum: »it seems likely that the men around Hitler

---

[3] Vgl. stellvertretend für ähnliche Phantasien den Bericht des G-2 der 7. US-Armee, Oberst William W. Quinn. In: Rodney G. Minott, Top Secret. Hitlers Alpenfestung. Tatsachenbericht über einen Mythos, Reinbek bei Hamburg 1967, S. 47.

[4] Vgl. zu den Aktivitäten des OSS speziell zum Thema Alpenfestung Mario Muigg, Die Alpenfestung. Mythos oder Realität?, unter http://www.acipss.org/security_studies/alpenfestung.pdf, eingesehen am 8.12.2010.

[5] Telegram 4471-73, 12.8.1944, National Archives (NA), Washingthon, DC, Record Group (RG) 226, Box 191, zit. in From Hitler's Doorstep. The Wartime Intelligence Reports of Allen Dulles, 1942–1945. Ed. with Comm. by Neal H. Petersen, University Park, PA 1996, Dok. 4-60, S. 366.

[6] So wird beispielsweise im streng geheimen Planungsmemorandum der alliierten Land Forces Division (LFD) vom 15.9.1944 (!) noch ausdrücklich von der Annahme ausgegangen, dass die Wehrmacht um den 1.12.1944 kapitulieren werde: »Germany will surrender (S-Day) on or about 1st December 1944«; siehe LFD Outline Plan, 15.9.1944, National Archives/Public Record Office (PRO), Kew, Foreign Office (FO) 1020/85.

and Himmler are preparing for the possibility of a last stand in the inner fortress of the Bavarian and Austrian Alps[7].«

Schon war die Rede davon, dass es möglicherweise notwendig sein werde, das alpine Bollwerk zunächst auszusparen und später zu belagern, da eine Erstürmung – wenn überhaupt – nur unter ungeheuren eigenen Verlusten möglich sei. Lokale Zeitungsstimmen warnten indes immer lauter davor, dass eine solche Befestigungsanlage erhebliche Auswirkungen auf den Kriegsverlauf in Europa haben könne. Auch Eisenhower selbst stellte diesbezüglich Überlegungen an. Wie stark die Alpenfestung jedoch tatsächlich seine Strategie beeinflusste, ist schwer zu beurteilen, da seine Entscheidungen vom März 1945 nicht allein durch das ominöse »National Redoubt« beeinflusst wurden, wie noch zu zeigen sein wird.

Sprach Eisenhower vom »National Redoubt«, der Alpenfestung, so verstand er darunter folgenden geografischen Komplex:

»Extending some 240 miles in length and 80 miles in depth, the Redoubt comprised the western half of Austria, with small portions of Germany to the north and Italy to the south. It was bounded on the north by the Bavarian Plains, on the south by the Dolomites and Carnic Alps, on the west by the Swiss frontier and the Rhine Valley, and on the east by the Lageneurt [Klagenfurt] Basin and the eastern extremity of the Niedere Tauern. Within it lay Berchtesgaden and Hitler's ›Eagle Nest‹[8].«

Gemeinhin gilt die Alpenfestung, »the fortress that never was«[9], als frühes Beispiel fehlender politischer Weitsicht für ein Nachkriegseuropa. Nach 1945 musste sie immer wieder zur Demonstration US-amerikanischer Leichtgläubigkeit gegenüber Generalissimus Stalin herhalten. Ausgehend vom »skurrilsten militärischen Irrtum […] den die Geschichte des Zweiten Weltkrieges kennt«[10], schien es leicht, aus den verschiedensten, meist politischen, Beweggründen mit der neuen Supermacht USA schon kurz nach dem Krieg rhetorisch hart ins Gericht zu gehen. So notierte der britische Generalstabschef Sir Alan Brooke angeblich bereits am 6. März 1945, Eisenhower sei »in strategischen Fragen ein sehr, sehr begrenztes Gehirn«[11].

Eisenhower war am 12. Februar 1944 als zukünftiger Oberbefehlshaber des Supreme Headquarters Allied Expeditionary Force (SHAEF) designiert worden. In dieser Eigenschaft war er Schnittstelle zwischen den britischen und den US-amerikanischen Stabschefs und lediglich den Combined Chiefs of Staff untergeordnet. In der in diesem Zusammenhang erlassenen Ernennungsdirektive finden sich allgemeine Angaben bezüglich Eisenhowers künftiger Rolle als ranghöchstem

---

7 Radiotelephone Transmission No. 267, 18.1.1945, NA, RG 226, Entry 160, Box 1, zit. in From Hitler's Doorstep (wie Anm. 5), Dok. 5-10, S. 429 f. Vgl. dazu auch Muigg, Die Alpenfestung (wie Anm. 4).
8 Dwight D. Eisenhower, Report by the Supreme Commander to the Combined Chiefs of Staff on the Operations in Europe of the Allied Expeditionary Force, 6.6.1944 – 8.5.1945, Washington 1946, S. 112; vgl. in diesem Zusammenhang auch allg. Helmut Schöner, Ilse Lackerbauer und Fritz Hofmann, Die verhinderte Alpenfestung. Das Ende des Zweiten Weltkrieges im Raum Berchtesgaden–Bad Reichenhall–Salzburg, Berchtesgaden 1996.
9 Rodney J. Minott, The Fortress That Never Was, New York 1964; dt. Fassung u.d.T.: Top Secret.
10 »... Wie konnten wir nur so dumm sein?« Warum die Amerikaner 1945 Berlin nicht eroberten. In: Der Spiegel, Nr. 43/1961, S. 67 – 72, hier S. 68.
11 Zit. ebd.

alliierten Befehlshaber in Europa. Unter »Tasks« heißt es hier unter anderem: »you will be prepared at any time to take immediate advantage of favorable circumstances, such as withdrawal by the enemy on your front[12].« (Der Satz könnte aus einem Lehrbuch für moderne mechanisierte Kriegführung stammen und war sinngemäß in den ersten Jahren des Krieges in Europa Credo der überlegenen deutschen Blitzkriegtaktik Mansteinscher Prägung.)

Von einem definitivem Operationsziel Berlin ist in der Direktive freilich nicht die Rede, wohl aber sollte Eisenhower bereit sein, auch »notwithstanding the target date«[13] die Gunst der Stunde zu nutzen, wenn sich diese denn ergab. Dies allein zeugt von großer Entscheidungsfreiheit des alliierten Oberbefehlshabers, selbst über die Operation »Overlord« hinausgehend, die noch im Februar 1944 für einen Zeitpunkt »not later than 31 May«[14] angedacht war. Im Rahmen der strategischen Vorgaben der britischen und US-amerikanischen Stäbe oblag die Entscheidung letztlich Eisenhower, wie man gegen die Deutsche Wehrmacht vorging. Sein Ziel jedoch war klar. Es lautete: schnellstmögliche Beendigung des Krieges in Europa.

Anfang März 1945 führte Eisenhower in Europa das Kommando über sieben einsatzbereite Armeen, eine weitere acht war in Frankreich stationiert. Damit befanden sich ca. 4 Millionen Mann unter seinem Kommando. Der amerikanische Oberbefehlshaber hatte seine Streitmacht in drei Armeegruppen gegliedert, wobei der nördliche Frontabschnitt durch die vom britischen Feldmarschall Bernhard Montgomery kommandierte 21st Army Group, bestehend aus der 9. US-Armee, der 2. Britischen sowie der 1. Kanadischen Armee, der Mittelabschnitt durch Omar Bradleys 12th Army Group (1. und 3. US-Armee) und der südliche Abschnitt durch Jacob L. Devers' 6th Army Group (7. US-Armee und französische 1. Armee) gebildet wurde.

Ihm gegenüber befand sich das deutsche Westheer, das mit sieben Armeen das Reich am Rhein verteidigte. Aber diese sieben Armeen mochten nur noch auf dem Papier imposant erscheinen, wo ihre Zahl jener der alliierten Armeen entsprach. Die wirkliche Mannstärke, Qualität und Ausrüstung der deutschen Truppen war mit jener der Alliierten nicht vergleichbar. Viele der deutschen Divisionen waren in aller Eile ausgehobene Volkssturmeinheiten und verfügten weder über eine ordentliche Ausbildung noch über entsprechende Kampfmittel. Es mangelte einfach an allem, während Eisenhower über gewaltige Reserven und einen scheinbar unendlichen, nie versiegenden Nachschub verfügen konnte. Dazu kam die totale alliierte Luftüberlegenheit, die jede größere deutsche Truppenbewegung am Tage zu einem reinen Himmelfahrtskommando werden ließ.

Mit der militärischen Liquidierung Hitlerdeutschlands betrat Eisenhower Neuland. Das führt unweigerlich zu der Frage: Wie gehen totalitäre Regime zugrunde? Oder anders gefragt: Gibt es für derartige Vorgänge eine »Faustregel«? Wohl kaum. Gerade die Ereignisse von 1989 und danach können als Beispiel dafür gesehen werden, dass selbst perfekt funktionierende Polizei- und Überwachungsstaaten

---

[12] Eisenhower, Report (wie Anm. 8), S. VII.
[13] Ebd., S. VI.
[14] Ebd., S. 5.

nicht zwingend durch äußere Gewalt zum Einsturz gebracht werden müssen. Selten gehen ganze Imperien durch einen einzigen Paukenschlag zugrunde, verschwinden Großmächte ersatzlos von der Landkarte. Das hängt wohl auch damit zusammen, das bis dato Kriege nie so total geführt wurden wie der Zweite Weltkrieg. 1945 stand die deutsche Führung nach fast sechs Jahren Krieg mit dem Rücken zur Wand und mit ihr das nationalsozialistische Regime vor dem endgültigen Fall. Die für Millionen Tote und unzählige Verbrechen verantwortlichen Eliten machten sich – von wenigen Phantasten abgesehen – angesichts der drohenden Niederlage über ihr eigenes Schicksal wenig Illusionen. Was lag näher, als ihr unvermeidliches Schicksal durch einen Endkampf bis zuletzt hinauszuzögern?

Gab es historische Beispiele, an denen sich Eisenhower realistisch hätte orientieren können? Eigentlich nicht. Selbst der Kollaps der Mittelmächte 1918 war nur sehr bedingt heranzuziehen, da es sich hier um Dynastien, nicht aber um fanatische politische Eliten handelte, die, gefangen in beispiellosem Narzissmus, ihre eigene »Götterdämmerung« kausal mit dem Untergang Ihrer Heimat verknüpft sahen und auch danach handelten (»Nero-Befehl«, »Kampf bis zur letzten Patrone« usw.) Wurde von eben diesem untergehenden Regime nicht bis zuletzt gepredigt, es sei besser, »in Ehren zu sterben, als in Schande zu leben«, wie schon als tugendhaft im mittelhochdeutschen Roman des 12. und 13. Jahrhunderts wieder und wieder postuliert? Was lag näher für ein verwundetes Tier, als sich in seinen Bau zurückzuziehen und dort bis zum Tod zu kämpfen? Hatte Joseph Goebbels nicht selbst den »totalen Krieg [...] wenn nötig, totaler und radikaler, als wir ihn uns heute vorstellen können«[15] gefordert? Vor diesem Hintergrund musste Eisenhower Ende März 1945 eine militärische Entscheidung treffen.

Zur militärischen Ausgangslage im Westen

Nach der erfolgreichen Überschreitung des Rheins standen für 1945 zwei Vormarschrouten ins Zentrum Deutschlands zur Diskussion. Die erste mögliche Stoßrichtung verlief nördlich des Ruhrgebietes in die norddeutsche Tiefebene, die sich für den Einsatz mechanisierter Kräfte geradezu anbot. Die zweite Vormarschroute nahm die Region Mainz–Karlsruhe als Ausgangspunkt und sollte die alliierten Armeen über Frankfurt a.M. Richtung Kassel führen. Diese Variante hätte zusätzlich den Vorteil gehabt, unter Umständen auch Richtung Nürnberg vorstoßen zu können; ein Szenario, das Anfang 1945 jedoch nicht jene Wertigkeit besaß, die ihm später zukommen sollte. Beide Stoßrichtungen, sowohl jene nördlich des Ruhrgebietes, wie auch jene aus dem Raum Mainz–Karlsruhe heraus, bildeten gigantische Zangen, die sich eisern um das deutsche Rüstungszentrum Ruhr schließen sollten. Nach diesem für die deutsche Kriegswirtschaft tödlichen Schlag war angedacht, sich so schnell wie möglich mit den Sowjets zu vereinen und damit

---

15 Rede von Joseph Goebbels im Berliner Sportpalast vom 18.2.1943, eingesehen am 8.12.2010 unter http://www.dhm.de/lemo/html/dokumente/sportpalastrede/index.html.

Deutschland in zwei Hälften zu teilen. Anfang Januar 1945 war es noch nicht absehbar, wie schnell die Rote Armee nach Westen vorzurücken in der Lage sein würde. Zwischen den Westalliierten und den Sowjets lagen nicht nur die verbliebenen Teile der Deutschen Wehrmacht, sondern auch die deutsche Hauptstadt, die das nationalsozialistische Regime mit allen noch zur Verfügung stehenden Truppen zu verteidigen gedachte.

Für die nördliche Zange stand Anfang März 1945 die 21. Army Group unter Montgomery bereit, die mit drei Armeen stärkste Armeegruppe, die Eisenhower aufbieten konnte. Der Schwerpunkt der initialen Überquerung des Rheins sollte daher, wenig überraschend, auch hier, zwischen Emmerich und Wesel, erfolgen. Der logistische Plan Eisenhowers sah weiter vor, dass Montgomery für den Stoß ins Herz Deutschlands auch der Löwenanteil des zur Verfügung stehenden alliierten Nachschubes zukommen sollte. Bradleys 12. Army Group, die die südliche Zange darstellte, sollte bei dem großangelegten Unternehmen eine unterstützende Rolle spielen. Nachdem sich die Zangen östlich des Ruhrgebietes einmal geschlossen hatten, oblag es dann wiederum Montgomery, den finalen Stoß nach Osten, Richtung Berlin, anzuführen[16].

Was die geplante sowjetische Angriffsoperation auf Berlin betraf, so hatte Eisenhower bis Ende 1944 über die genauen Intentionen Stalins keine Informationen. Um die eigene Vorgehensweise mit den Sowjets abzustimmen, schickte er daher Anfang Januar 1945 seinen Stellvertreter Air Chief Marshall Sir Arthur W. Tedder nach Moskau, der von seinem Stabsabteilungsleiter für Militäraufklärung (G-2), Brigadier General Thomas J. Betts, sowie von dem Leiter der Stabsabteilung für Operationsplanung (G-3), Major General Harold R. Bull, begleitet wurde. In Moskau unterrichtete man Stalin sehr offen von den eigenen Planungen und setzte ihn auch bezüglich der angepeilten Termine der westalliierten Offensive in Kenntnis. Tedder und seine Begleiter wurden ihrerseits über die bevorstehende sowjetische Großoffensive unterrichtet: Mehr als 150 Divisionen der Roten Armee standen bereit, der ausgedünnten deutschen Ostfront den Todesstoß zu versetzen.

Eisenhower konnte also beruhigt sein, denn seit der für die Westalliierten völlig überraschenden Ardennenoffensive war man in den Planungsstäben vorsichtig geworden, was die Einschätzung der Möglichkeiten der Deutschen Wehrmacht anbelangte. Der alliierte Oberbefehlshaber verfügte im Januar über 71 Divisionen, doch viele dieser Einheiten waren »seriously understrength in infantry«[17]. Das war auch eine Folge der gerade erst geschlagenen »Battle of the Bulge« in den Ardennen, der für die US-Amerikaner mit knapp 20 000 Toten und mehr als 21 000 Vermissten blutigsten Schlacht des gesamten Krieges. Die Auffüllung dieser Kader benötigte Zeit; Zeit, die man dem Gegner nicht geben wollte. Trotz dieser Verluste schätzte man bei SHAEF, im März mit 85 Divisionen den Rhein überschreiten zu

---

[16] Vgl. Steven Ambrose, Eisenhower and Berlin. 1945. The Decision to Halt at the Elbe, New York 1967, S. 18.
[17] Eisenhower, Report (wie Anm. 8), S. 82 f.

No last Stand. Eisenhower, Berlin und keine Alpenfestung

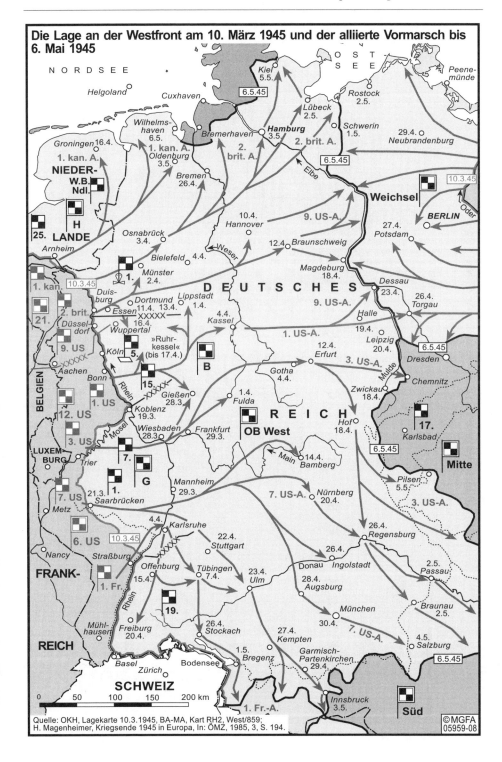

Die Lage an der Westfront am 10. März 1945 und der alliierte Vormarsch bis 6. Mai 1945

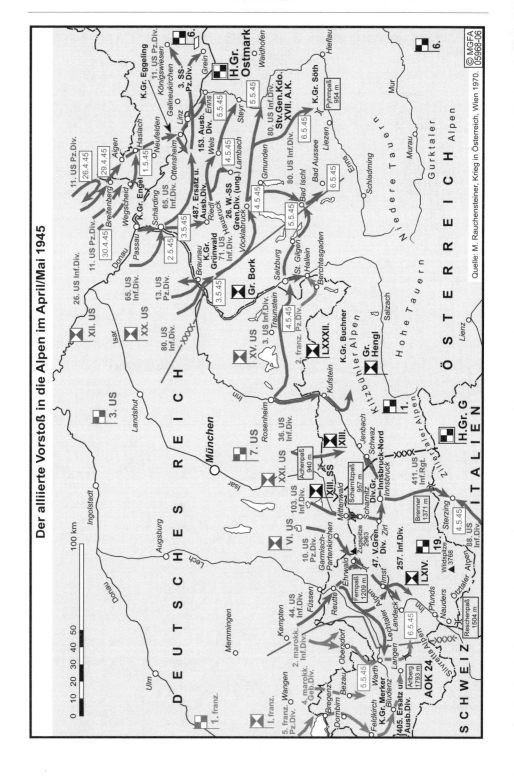

können – vorausgesetzt, der Nachschub und das Eintreffen der notwendigen Ersatzkader lief nach Plan[18].

Die Stärke des deutschen Gegners war indes nicht leicht einzuschätzen: Zum einen war es völlig unklar, ob es den Deutschen gelingen würde, aus Italien und Norwegen rechtzeitig Verstärkungen heranzuführen, während Eisenhower noch seine Offensive vorbereitete. Auch war der Erfolg der sowjetischen Frühjahrsoffensive ungewiss: Sollte es der Deutschen Wehrmacht noch einmal gelingen, den sowjetischen Vormarsch aufzuhalten oder sollte die Offensive sich als zu schwach erweisen, sah man sich am Rhein möglicherweise mit 100 deutschen Divisionen konfrontiert. Eisenhower und sein Stab gingen jedoch realistisch davon aus, dass den Rhein aufgrund der Frühjahrsoffensive der Roten Armee nicht mehr als 80 deutsche Divisionen halten würden. In diesem Sinne wurde Eisenhower durch die Informationen, die Tedder aus Moskau mitbrachte, bestätigt. Völlig überraschend fiel dann am 7. März 1945 die intakte Ludendorff-Brücke bei Remagen Einheiten der 9th Armored Division (General Courtney Hodges) in die Hände.

Die Ostfront erreicht die Alpen

Nach der gescheiterten Ardennenoffensive konzentrierte sich Hitler auf die Verteidigung der ungarischen, südwestlich des Plattensees gelegenen Ölfelder von Nagykanisza (Großkirchen). Diese Ölförderstätten waren neben jenen bei Zistersdorf in Niederdonau die letzten, die der deutschen Rüstung 1945 noch zur Verfügung standen. Entgegen den eindringlichen Warnungen hoher deutscher Truppenführer der in diesem Raum operierenden Heeresgruppe Süd befahl Hitler für den 6. März 1945 den Start des Unternehmens »Frühlingserwachen«, der versuchten Einkesselung der westlich der Donau stehenden 3. Ukrainischen Front durch die eilig aus Belgien herangeführte 6. SS-Panzerarmee, die 2. Panzerarmee (beide Heeresgruppe Süd) sowie das LXXXXI. Armeekorps (Heeresgruppe E). Es sollte dies die letzte deutsche Offensive des Krieges werden. Schon acht Tage nach Angriffsbeginn war das Unternehmen faktisch gescheitert. Der Versuch, die Rote Armee wieder über die Donau zurückzudrängen, verzögerte nicht einmal die sowjetischen Angriffsvorbereitungen. Stalins Ziel bestand nach dem Fall Budapests darin, in einem nächsten Stoß die Deutsche Wehrmacht vollständig aus Ungarn herauszudrängen und die Reichsschutzstellung auf breiter Front zu durchbrechen. Damit sollte der Weg für die »Wiener Angriffsoperation« endgültig frei gemacht werden. Als am 16. März die sowjetische Großoffensive anlief, bedeutete dies das Ende jedweder operativer Bewegungsfreiheit aufseiten der Deutschen Wehrmacht. Bis auf lokale Gegenmaßnahmen waren die Deutschen von nun an bis zum Ende des Krieges nicht mehr in der Lage, die Initiative an sich zu reißen. Die Reste der 6. Armee, der 6. SS-Panzerarmee und des LXXXXI. Armeekorps vor sich hertrei-

---

18 In diesen 85 Divisionen inkludiert waren u.a. sechs frisch herangeführte Luftlandedivisionen sowie fünf bis acht neu ausgehobene französische Einheiten, die sich zu diesem Zeitpunkt allerdings erst in Aufstellung befanden. Vgl. ebd.

bend, wälzten nicht weniger als neun sowjetische Armeen mit 42 Infanteriedivisionen und acht mechanisierten Korps auf die östliche Reichsgrenze zu[19].

Als am 29. März 1945 erstmals Verbände des sowjetischen IX. Garde-mech. Korps bei Klostermarienberg (Burgenland) die Reichsgrenze überschritten, stießen sie kaum noch auf nennenswerten Widerstand[20]. Die Schnittstelle zwischen der im Wiener Raum operierenden 6. SS-Panzerarmee und der südlich anschließenden 6. Armee war in der Nacht auf den 30. März durch Einheiten der 3. Ukrainischen Front bereits auf einer Länge von 30 km aufgerissen. Die seit Herbst 1944 vorbereitete »Reichsschutzstellung« konnte von den Deutschen vielerorts nicht einmal mehr rechtzeitig besetzt werden und wurde einfach überrollt.

Der Kampf in den Alpen oblag also praktisch seit Ende März 1945 exklusiv der Roten Armee, sieht man von den auch für den einstigen »Reichsluftschutzbunker Ostmark« seit 1943 bereits zum Alltag gewordenen angloamerikanischen Bombenangriffen in dieser Finalphase des Krieges einmal ab. Betrachtet man allerdings die sowjetische Operationsführung in diesem Zeitraum, so kann von einer dringlichen Bekämpfung der im Zentralalpenbereich stationierten deutschen Verbände keine Rede sein. Im Gegenteil, bald nach Überschreiten der östlichen Reichsgrenzen durch die Armeen der 3. Ukrainischen Front (Fëdor I. Tolbuchin) gruppierten die Sowjets um: Alles operative Denken wurde ab sofort der »Wiener Angriffsoperation« untergeordnet. Der Vorstoß verlangsamte sich und kam schließlich mehr oder weniger zum Stillstand. Denn Marschall Tolbuchin verschob den Schwerpunkt nach Norden. Das Ziel hieß nun Wien, und nicht etwa Alpenfestung!

Gerade der Faktor Zeit wäre aber hier entscheidend gewesen – so eine wirkliche Alpenfestung existiert hätte! Die sowjetische Umgruppierung gab den deutschen Verteidigern nämlich die dringend benötigte Zeit, um ihre gerade im Bereich der 6. Armee weit aufgerissene Frontlinie notdürftig mit Alarmeinheiten und Waffengattungen aller Arten zu stopfen. Eine funktionierende Kommunikation zwischen den Sowjets und den westlichen Alliierten hätte spätestens zu diesem Zeitpunkt die Schimäre einer waffenstarrenden Alpenfestung entzaubert. Nicht hochgerüstete und mit modernstem deutschen Material ausgerüstete SS-Elitetruppen stellten sich am Semmering und an den östlichen Ausläufern der steirisch-niederösterreichischen Kalkalpen, im Grazer und im Wiener Becken dem Ansturm der 2. und 3. Ukrainischen Front entgegen, sondern die Reste einer geschlagenen und vielfach bereits demoralisierten Wehrmacht, deren Protagonisten nur noch in Einzelfällen an den von der deutschen Propaganda monoton wie unablässig beschworenen »Endsieg« zu glauben vermochten. Lediglich die bereits erwähnte Schwerpunktverlagerung nach Norden und nicht zuletzt die mit den Westmächten ausgehandelte Besatzungsgeografie bewahrte den österreichischen Ostalpenraum vor weiteren, mit Nachdruck geführten Vorstößen durch die Rote Armee.

---

[19] Vgl. Manfried Rauchensteiner, Das militärische Kriegsende im Burgenland 1945. In: Das Burgenland 1945. Beiträge zur Landes-Sonderausstellung 1985. Hrsg. von Stefan Karner, Eisenstadt 1985, S. 97–110, 104.

[20] Das Kriegstagebuch der Heeresgruppe Süd nennt sogar die genaue Uhrzeit: 11:05 Uhr. Bundesarchiv, Abt. Militärarchiv, Freiburg i. Br., RH 19, Kriegstagebuch Heeresgruppe Süd, zit. bei Rauchensteiner, Der Krieg in Österreich, S. 126.

Hunderte »Monte Cassinos«?

Am 23. März übermittelte William Donovan, der Direktor des OSS, ein Memorandum an den schwerkranken Präsidenten Roosevelt, in dem er auf die Gefahren eines Guerillakrieges nach der endgültigen Niederlage der Deutschen Wehrmacht aufmerksam machte. Die Befürchtung, das militärische Kriegsende in Europa wäre mit dem totalen Zusammenbruch der regulären deutschen Verbände durchaus nicht sicher, wurde auch von General Eisenhower geteilt. Letzerer erwartete nicht einmal eine klassische Kapitulation, sondern stellte sich bereits auf ein schrittweises Niederkämpfen einer jeden deutschen (Elite-)Einheit ein[21]. Die Briten gingen im Mediterranean Theatre of Operations (MTO) bereits 1944 in ihren Planungen zur Besetzung unter anderem Südösterreichs (Operation »Freeborn«) von ähnlichen Befürchtungen aus: Man erwartete auch hier – mangels ausreichender Autorität einer deutschen Zentralgewalt –, die Kapitulation eines jeden deutschen Großverbandes einzeln entgegennehmen zu müssen[22].

Vor diesem wenig erfreulichen Hintergrund muss schließlich Eisenhowers Entscheidung, in Richtung Alpenfestung abzuschwenken, gesehen werden. Die Vorstellung, jede verbleibende größere deutsche Einheit von hohem Kampfwert[23] praktisch einzeln und damit für beide Seiten sehr verlustreich zerschlagen zu müssen, war schon desillusionierend genug. Die Vorstellung, fanatisierte Truppen in unwegsamen alpinem Terrain zu bekämpfen, wo man die eigenen Trümpfe, nämlich Mobilität, überlegene Feuerkraft und totale Luftherrschaft, nur bedingt würde ausspielen können, musste für die Stabsoffiziere in den amerikanischen Operationsabteilungen das reinste Alptraumszenario bedeutet haben; schließlich orientierte man sich hier an dem Ziel, eigene menschliche Verluste möglichst gering zu halten.

Ein Kampf in den Alpen bedeutete Nahkampf gegen einen gut getarnten, verschanzten und verbunkerten Gegner, der noch dazu das Gelände wie seine Westentasche kannte. Das hieße zudem auf einem durch die Deutschen vorbereiteten Schlachtfeld kämpfen zu müssen und – bedingt durch die geografischen Gegebenheiten – einen Gutteil der eigenen überlegenen Feuerkraft schlichtweg nicht umsetzen zu können, wie das Beispiel Monte Cassino anschaulich wie gleichsam schmerzlich gezeigt hatte. Und die Alpen verfügten über Hunderte Monte Cassinos!

Die Alliierten hatten es in der Endphase des Krieges im Prinzip mit zwei voneinander unabhängigen Problemkreisen zu tun: auf der einen Seite die Alpenfestung als mögliches letztes großes militärisches Hindernis auf dem Weg zur endgültigen deut-

---

[21] Vgl. Timothy Naftali, Creating the Myth of the Alpenfestung: Allied Intelligence and the Collapse of the Nazi Police-State. In: Austrian Historical Memory and National Identity. Ed. by Günter Bischof and Anton Pelinka, New Brunswick, London 1997 (= Contemporary Austrian Studies, 5), S. 203–246, hier S. 203 f.

[22] Freeborn-Directive, 11.10.1944, PRO, WO 219/314.

[23] Eisenhower erwähnte in diesem Zusammenhang in seinem Telegramm an Präsident Roosevelt vom 31.3.1945 ausdrücklich die deutschen Fallschirmtruppen, die Panzertruppen sowie die Einheiten der (Waffen)-SS. Eisenhower to George C. Marshall for FDR, 31.3.1945, The Papers of DDE, The War Years: IV, No. 2377, zit. bei Naftali, Creating the Myth (wie Anm. 21), S. 204.

schen Niederlage, auf der anderen Seite die Gefahr eines Guerillakrieges der »Werwölfe«, der »Die-hard-Nazis« usw., die sich nicht an eine bedingungslose Gesamtkapitulation halten und ihren fanatischen Kampf fortsetzen wollten[24]. Beide Komplexe dürfen jedoch nicht getrennt voneinander betrachtet werden: Deshalb stellt sich gar nicht die Frage, ob Eisenhower mehr die Alpenfestung oder einen Guerillakrieg fürchtete. Beide Problemfelder existierten nicht nur parallel, sondern hingen vielmehr auch kausal zusammen:

Eine real existierende Alpenfestung, die dem Ansturm der alliierten Armeen nur hinlänglich lange trotzte, mochte zum Fanal des Widerstandes auch für all jene Fanatiker werden, die sich bereits im besetzen Teil Deutschlands befanden. Colonel Dick G. White, Planer der britischen Gegenspionage im SHAEF, ging daher von der Möglichkeit aus, dass ein »Bavarian Redoubt«[25] in der Lage sein könnte, Untergrund- und Guerillaaktivitäten auch im bereits besetzten Deutschland zu koordinieren. Was diese »bayerische Alpenfestung« betraf, so veranschlagte White bei seinen Berechnungen betreffend der zu erwartenden Widerstandsdauer einen Zeitraum von 6 bis 12 Monaten[26]. Interessanterweise spielte für Eisenhower die Gefahr des Guerillakrieges eine größere Rolle, als es die Alpenfestung tat. Diese Angst zieht sich im Übrigen auch wie ein roter Faden durch die entsprechenden britischen Planungsunterlagen, wie etwa der Operation »Freeborn«, der Besetzung Österreichs von Italien aus.

Die Italienfront

Am 27. April 1945 erreichte die alliierte Frühjahrsoffensive in Italien, die bereits am 9. April eingesetzt und in der Folge die Kontrolle eines Großteils der Po-Ebene nach sich gezogen hatte, die »Venezianische Verteidigungsstellung« der Deutschen bei Padua und Venedig und durchbrach auch diese Linie mühelos. Bereits zwei Tage zuvor hatte ein allgemeiner Aufstand italienischer Partisanen begonnen, die bis zum 28. April vorübergehend alle Alpenpässe in ihre Gewalt bringen konnten. Ab dem 25. April stießen die Alliierten bei ihrem Vormarsch in Italien nur noch auf geringen Widerstand. Nicht nur erklärte Marschall Rodolfo Graziani am selben Tag die Kapitulation der letzten faschistischen Verbände, die noch aufseiten Deutschlands kämpften; auch deutsche Kontingente begannen sich in immer größerer Zahl zu ergeben.

Bereits im Februar hatten erste geheime Verhandlungen über eine Feuereinstellung in Italien stattgefunden. Der Befehlshaber der SS in Italien, SS-Obergruppenführer Karl Wolff, von dem die Initiative ausgegangen war, kontaktierte über Mittelsmänner in der Schweiz den damaligen Chef des OSS in Bern, Allen W.

---

24 Vgl. ebd., S. 205.
25 Col. D.G. White, Asst. Chief, SHAEF, G-2, CI to Lt.Col. MacLeod, SHAEF, 2.2.1945, NA, RG 331, Box 109, zit. ebd.
26 Vgl. ebd. Nach dem Krieg wurde Colonel White geadelt und fungierte in weiterer Folge als (bisher) Einziger als Chef sowohl des MI6 wie auch des MI5.

Dulles. Später folgten direkte Gespräche. Mögen Wolffs Motive zum Teil auch vom irrealen Wunsch geprägt gewesen sein, mit den Westalliierten nach Beendigung der Kampfhandlungen in Italien »gemeinsame Sache« gegen die Sowjetunion zu machen, so war die Person Wolffs für die Westalliierten in seiner Funktion als Befehlshaber auch der rückwärtigen alpinen Etappenabschnitte schon in Hinblick auf die möglicherweise notwendige Erstürmung einer Alpenfestung ein interessanter Gesprächspartner[27].

Nach erfolgter bedingungsloser Teilkapitulation der Heeresgruppe C vom 2. Mai 1945, die im Übrigen durch die Regierung Dönitz erst nachträglich anerkannt wurde[28], begannen die Briten (8. Armee) und US-Amerikaner (5. Armee) aus der oberitalienischen Tiefebene auf den Südrand der Alpen vorzurücken, stießen dabei jedoch immer wieder auf deutsche Truppen, die sich nicht an die Kapitulation gebunden fühlten und weiterhin Widerstand leisteten[29]. Aus diesem Grund und aufgrund der unzähligen gesprengten Brücken und Straßen konnte der alliierte Vormarsch auf den Südrand der Alpen in nur ganz geringem Tempo vonstattengehen. Auch am 4. Mai hielt regionales deutsches Artilleriefeuer noch an, die deutschen Verteidiger zogen sich jedoch kontinuierlich zurück. Am 7. Mai überquerten britische Truppen des V. Korps der 8. Armee dann erstmals die italienisch-österreichische Grenze am Plöckenpass[30].

Über den Rhein ...

Eisenhowers Armeen überschritten am 23. März 1945 erfolgreich den Rhein und drangen in weiterer Folge zügig nach Osten vor. Das Ruhrgebiet wurde durch die 9. US-Armee von Norden und bzw. die 1. US-Armee, die im Süden aus dem Brückenkopf von Remagen heraus operierte, am 1. April eingekesselt. Im Raum Lippstadt schlossen sich die Zangen um rund 300 000 deutsche Verteidiger der Heeresgruppe B und Millionen Zivilisten. Am 21. April endete auch hier der letzte Widerstand, nachdem der Kessel bereits am 15. April durch Einheiten der 86. US-Infanteriedivision gespalten worden war[31]. Eisenhower hatte nun die bekannten drei Möglichkeiten:
1. Vorstoß mit dem Schwergewicht im Norden (wie ursprünglich geplant) Richtung Berlin und das Baltikum durch die 21. Army Group. Der Vorteil dieser Variante lag neben dem Prestigeziel Berlin vor allem in der Möglichkeit, den

---

27 Basil Liddell Hart, Geschichte des Zweiten Weltkrieges 1942–1945, Bd 2, Düsseldorf 1972, S. 916 f.
28 Kriegstagebuch des Oberkommandos der Wehrmacht, 1944–1945. Hrsg. von Percy Ernst Schramm, Teilbd 2, München 1982, S. 1662 f.
29 War Diary Main Eighth Army, 3.5.1945, PRO, WO 170/4183/3.
30 War Diary Main Eighth Army, 8.5.1945, PRO, WO 170/4183/10.
31 Vgl. dazu allgemein Ralf Blank, Die Kriegsendphase an Rhein und Ruhr 1944/1945. In: Kriegsende 1945. Verbrechen, Katastrophen, Befreiungen in nationaler und internationaler Perspektive. Hrsg. von Bernd-A. Rusinek, Göttingen 2004 (= Dachauer Symposien zur Zeitgeschichte, 4); Klaus-Dietmar Henke, Die amerikanische Besetzung Deutschlands, München 1995.

noch in Holland, Nordwestdeutschland bzw. in Skandinavien befindlichen, zahlenmäßig nicht unbeträchtlichen deutschen Einheiten jedwede Rückzugsmöglichkeit ins Reich zu verwehren. Darüber hinaus hätte mit dem Wegfall der bedeutenden deutschen Häfen auch jegliche Marine- bzw. U-Boot-Aktivität geendet.
2. Ein Vorstoß mit Schwerpunkt im Süden wiederum bot den Vorteil, über die Achse Nürnberg–Regensburg direkt ins Donautal vorzustoßen, den zurückflutenden deutschen Einheiten die Rückzugsmöglichkeiten Richtung Süden zu nehmen und in weiterer Folge die vermeintliche Alpenfestung frühzeitig erst zu isolieren und dann zu bekämpfen.
3. Die letzte und von Eisenhower schließlich favorisierte Variante gebot zuerst eine Offensive ins Zentrum Deutschlands, um dann das verbleibende »Dritte Reich« in zwei Teile zu spalten und diese Teile danach separat zu eliminieren. Diese Lösung hatte laut Eisenhower den Vorteil, neue eigene Schwerpunkte nach Belieben im Norden bzw. im Süden bilden zu können, je nach Erfordernis der Lage[32].

Um diesen zentralen Stoß führen zu können, entzog Eisenhower am 28. März der 21. Army Group die 9. US-Armee und unterstellte diese am 4. April dem Kommando der 12. Army Group. Bradley war nun der Mann der Stunde. Seine 12. Army Group sollte den finalen Stoß auf der Linie Erfurt–Leipzig–Dresden führen. Sowohl die 21. Army Group als auch die südlich vordringende 6. Army Group (Jacob L. Devers) waren angehalten, die Hauptoffensive im Zentrum zu unterstützen. Montgomerys Traum, als Sieger in Berlin einzumarschieren, war geplatzt. Nachdem Eisenhower Montgomery informiert hatte, kabelte er den Combined Chiefs of Staff[33] wie auch der Allied Military Mission in Moskau und unterrichtete Stalin über sein Vorhaben und seine neuen militärischen Pläne, die neben der Einkesselung des Ruhrgebietes und der Absicht, Deutschland zu teilen vor allem in dem Novum bestanden, anstatt nach Berlin nun Richtung Dresden zu marschieren. Eisenhower bat Stalin, seinerseits von den nächsten sowjetischen Schritten unterrichtet zu werden[34].

In Eisenhowers eigenmächtigem Schritt offenbarte sich indes mehr als nur eine militärische Entscheidung. Es waren letztlich zwei Welten, die aufeinanderprallten. Bis zur glücklichen und völlig überraschenden Einnahme der Ludendorff-Brücke und der Bildung eines Brückenkopfes bei Remagen wurden die britisch-amerikanischen Auffassungsunterschiede durch folgende Tatsache verdeckt: Eisenhower selbst war überzeugt, dass durch einen Vorstoß im Norden, also mit Montgomerys 21. Army Group, und dem Marsch auf Berlin sein Ziel, nämlich die schnellstmögliche Vernichtung des deutschen Widerstandes, erreicht werden konnte. Nach

---

[32] Eisenhower, Report (wie Anm. 8), S. 106
[33] Leider ist hier nicht der Platz (und auch nicht der Ort), die komplexe Struktur des Beziehungs- sowie Kompetenzgefüges zwischen Eisenhower, den Combined Chiefs of Staff, den britischen Chiefs of Staff sowie Montgomery auch nur annähernd erschöpfend zu erklären. Zur näheren Erläuterung sei an dieser Stelle daher auf das Kapitel 3 aus Ambrose, Eisenhower and Berlin, S. 47–65, verwiesen.
[34] Ambrose, Eisenhower and Berlin (wie Anm. 16), S. 48.

Remagen spielte jedoch auch eine Rolle, dass große Teile der zurückflutenden Wehrmacht begannen, sich nach Süden abzusetzen. Selbst wenn Eisenhower nichts auf die Gerüchte rund um die imaginäre Alpenfestung gegeben hätte, das Nachsetzen und der Versuch, die deutschen Rückzugsbewegungen durch Überflügeln und Einkesseln zu unterbinden, erscheinen militärisch plausibel. Darüber hinaus bewirkte die Teilung Deutschlands durch Eisenhowers Offensive im Zentrum, dass im nördlichen Teil ca. 50, im südlichen Abschnitt jedoch 100 deutsche Divisionen standen (diejenigen in Italien mit eingerechnet). Das Gros der deutschen Verbände befand sich also dort, wohin Eisenhower sich in weiterer Folge wenden wollte: im Süden[35].

In diesen Zusammenhang muss auch Eisenhowers Erklärung gegenüber Montgomery gestellt werden, der wütend protestierte und die politische Bedeutung der Reichhauptstadt einmahnte, die er nun nicht mehr einnehmen konnte. Eisenhower erwiderte dem britischen Feldmarschall, dass »that place has become, so far as I am concerned, nothing but a geographical location, and I have never been interested in these. My purpose is to destroy the enemy´s forces and his powers to resist[36].« Eisenhowers hatte einen Auftrag. Und den gedachte er ungeachtet britischer politischer Bedenken zu erfüllen.

Und noch einen weiteren Aspekt hatte Eisenhower zu beachten. Berlin anzugreifen bedeutete in jedem Fall hohe Verluste – Verluste, die man vermeiden konnte, wenn man die Eroberung der Stadt den Sowjets überließ. Stalin hatte am 15. Februar die Oder–Neisse-Linie erreicht und stand damit nur noch rund 50 km vor Berlin. In den folgenden Wochen konzentrierte er vor der deutschen Hauptstadt die größte Streitmacht, die jemals auf einem derart begrenzten Schlachtfeld zur Aufstellung gebracht worden war. Mit über 2,5 Millionen Mann und mehr als 6000 Panzern eröffneten die Sowjets am 16. April unter totaler Luftherrschaft von 7500 Flugzeugen die Schlacht, die sich bis zum 2. Mai hinzog. Der Zangenangriff der 1. Ukrainischen Front im Norden und der 1. Weißrussischen Front kostete die Rote Armee ca. 78 000 Tote, den deutschen Verteidigern 92 000 getötete Soldaten und Zehntausende zivile Opfer.

Eisenhower war mit seiner Einstellung, das Leben der G.I.'s nicht aus rein politischen Gründen aufs Spiel zu setzen, durchaus nicht allein. Ende April, als die britischen Stabschefs die Vereinigten Stabschefs darauf hinwiesen, welche politischen Vorteile möglicherweise mit einer Einnahme von Prag verbunden seien, bemerkte US-Stabschef George C. Marshall trocken: »Personally and aside from all logistic, tactical or strategical implication I would be loath to hazard American lives for purely political purposes[37].« Bradley beispielsweise schätzte die für einen Angriff auf Berlin zu erwartenden US-Verluste auf 100 000 Mann[38]. Letztlich betraten

---

[35] Vgl. Rauchensteiner, Der Krieg in Österreich (wie Anm. 1), S. 284.
[36] Eisenhower to Montgomery, 31.3.1945, Eisenhower Mss., Box 33, zit. bei John Toland, The Last 100 Days, New York 1965, S. 325.
[37] Marshall to Eisenhower, 28.4.1945, Eisenhower Mss., Box 53, zit. bei Forrest C. Pogue, The Supreme Command, unter http://www.ibiblio.org/hyperwar/USA/USA-E-Supreme/USA-E-Supreme-24.html, eingesehen am 8.12.2010.
[38] Ambrose, Eisenhower and Berlin (wie Anm. 16), S. 98.

die ersten Westalliierten im Mai 1945 anlässlich der Unterzeichnung der bedingungslosen deutschen Kapitulation die Stadt, ohne auch nur einen einzigen Soldaten verloren zu haben.

Eisenhowers Eindrehen nach Südosten, auf die vermeintliche Alpenfestung – aber eben nicht nur auf diese –, muss auch unter der Prämisse gesehen werden, dass der Krieg in Europa für die USA letztlich ein »job to be done« war. Keiner der westlichen Planer rechnete zu diesem Zeitpunkt mit einer bipolaren Konfrontation im Rahmen eines mehr als 40-jährigen »Kalten Krieges«. Für Eisenhower spielte demnach nicht Stalin, sondern der Faktor Zeit eine überragende Rolle. Er hatte keine Zeit, denn die G.I.'s in Europa wurden in Ostasien für die geplante Invasion der japanischen Mutterinseln schon dringend gebraucht. Auch wollte er den Deutschen keine Zeit geben, denn der Krieg sollte so schnell wie möglich beendet werden. Und genau das war sein Auftrag.

Wie groß die Gefahr einer Alpenfestung wirklich war, wusste Eisenhower bis zuletzt nicht. Doch dass die Deutschen, abseits einer von langer Hand geplanten Alpenfestung, Anstalten machten, den Raum zu sichern und sich auch nach Süden zurückzuziehen begannen, war evident. Eisenhower selbst formulierte das nach dem Krieg so:

> »In thus seemed evident that the enemy had no hope of ever reestablishing a line in Germany capable of withstanding the Allied avalanche. His only chance of prolonging resistance for any length of time lay in retreating to the so-called ›National Redoubt‹ in the Alps, where he might be able to hold the immensely strong natural defenses against our attacks for a considerable period [...] We had to thrust forward our armored spearheads with the maximum speed that logistics would permit, and to divide and destroy the enemy before he could withdraw into such defensible positions as those afforded by the mountains of the Redoubt[39].«

Während nördlich bereits parallel zum Kampf um den Ruhrkessel britische und kanadische Verbände der 21. Army Group Richtung Bremen und Lübeck vorstießen, erfolgte der Hauptstoß der US-Amerikaner durch die 3. US-Armee über Frankfurt a.M. bzw. die 7. US-Armee, die südlich anschließend Richtung Bayern vordrang. Die 9. US-Armee komplettierte nun das neue Schwergewicht im Zentrum und stieß Richtung Magdeburg vor.

Eisenhower gelangte Ende März mehr und mehr zur Überzeugung, dass seine früheren Annahmen hinsichtlich einer von langer Hand vorbereiteten Alpenfestung wohl zu revidieren waren (»no evidence of any completed system of defenses along the natural ramparts«)[40]. Damit befand er sich im Einklang mit OSS-Chef Allan Dulles, dem in puncto Alpenfestung auch mehr und mehr Zweifel kamen. Dulles sprach Ende März sogar ganz offen von einem »lack of convincing evidence«[41] und meinte, dass er zu dem Schluss gelangt sein, »that the German reduit will be a less well-prepared affair than newspaper reports would lead us to

---

[39] Eisenhower, Report (wie Anm. 8), S. 103.
[40] Ebd., S. 112.
[41] Radiotelephone Transmission No. 290, 27.3.1945, NA, RG 226, Entry 160, Box 1, zit. bei From Hitler's Doorstep (wie Anm. 5), Dok. 5-76, S. 485; vgl. auch Muigg, Die Alpenfestung (wie Anm. 4).

believe«[42]. Der alliierte Oberbefehlshaber befürchtete dennoch, durch die Masse der gegebenenfalls aus Italien nach Norden strömenden Verbände der Heeresgruppe C, darunter zahlreiche SS-Formationen und Panzerverbände, im Alpenraum vor große Probleme gestellt zu werden[43]. Den Mythos einer »ungeknackten« Alpenfestung – und damit eine neue Dolchstoßlegende – zu riskieren, wie Kenneth W.D. Strong, Eisenhowers Chief of Intelligence, es ausdrückte, war jedoch in jedem Fall zu vermeiden[44].

Die Entscheidung war also gefallen. Die 3. US-Armee unter Generalleutnant George S. Patton wurde in weiterer Folge angehalten, aus dem Thüringer Wald nach Südosten einzudrehen. Pattons Ziel war es, bei Regensburg beiderseitig der Donau vorzugehen und sowohl Linz als auch Salzburg einzunehmen. Die 7. US-Armee unter Generalmajor Alexander M. Patch operierte weiter entlang der Achse Würzburg–München und hatte die Aufgabe, direkt in die alpinen Gebirgsregionen einzudringen und die Alpenfestung zu besetzen. Währenddessen schickte sich die französische 1. Armee unter General Jean de Lattre de Tassigny an, über den Schwarzwald nach Vorarlberg einzudringen. Die im Ganzen von Eisenhower gegen den Alpenraum angesetzten Kräfte umfassten insgesamt acht Korps mit mehr als 30 Divisionen[45].

Der Hauptstoß der 3. US-Armee begann am 22. April. Die Donau wurde zunächst bei Regensburg, schließlich nur drei Tage später an bereits mehreren Stellen überschritten. Das Nordufer des Stromes konnte vom XII. Korps bis zum 2. Mai bis auf die Höhe von Passau gesichert werden, während das XX. Korps gleichzeitig auf dem Südufer vorrückte. Der 2. Mai sah bereits den Fernpass in alliierter Hand. Einen Tag später marschierten die US-Amerikaner in Innsbruck ein, das sich kampflos ergab. Das Chaos aufseiten der deutschen Verteidiger ließ organisierten Widerstand nur noch lokal zu. Meist beschränkten sich die zurückflutenden Verbände darauf, Brücken und Straßen unpassierbar zu machen. Das konnte den motorisierten alliierten Vormarsch jedoch nur noch verzögern, nicht mehr aufhalten[46]. Am 29./30. April 1945 erreichte die französische 1. Armee im Westen Bregenz. Der Obersalzberg fiel am 4. Mai US-amerikanischen und französischen Truppen kampflos in die Hände. Am 5. Mai wurde schließlich Linz von Einheiten der 11. US-Panzerdivision eingenommen. Die Briten überschritten von Italien aus vorstoßend gar erst am 7. Mai die Grenze zu Kärnten – übrigens zeitgleich mit den ebenfalls im Klagenfurter Becken vordringenden jugoslawischen Partisanenverbänden[47].

---

[42] Vgl. ebd.
[43] Eisenhower versuchte später, die Gefahr, die von diesen Truppen hätte ausgehen können, entsprechend plastisch darzustellen. Er sprach u.a. von (nominell) 100 Divisionen und 30 Panzerdivisionen, die (theoretisch) im Alpenraum hätten eintreffen können. Diese Anzahl ist selbst nominell stark übertrieben.
[44] Vgl. Rauchensteiner, Der Krieg in Österreich (wie Anm. 1), S. 285.
[45] Vgl. Roland Kaltenegger, Operation Alpenfestung. Mythos und Wirklichkeit, München 2000, S. 185 f.
[46] Vgl. zu den Zerstörungen der Verkehrswege in Bayern v.a. Schöner [u.a.], Die verhinderte Alpenfestung (wie Anm. 8).
[47] War Diary, 8.5.1945, PRO, WO 170/4183/10.

Im Zuge ihrer Operationen im bayerischen Alpenvorland und schließlich im Alpenraum selbst, die mehr einem motorisierten Marsch denn einem fanatischen Endkampf glichen, trafen die Alliierten auf erleichterte kriegsmüde Zivilisten und Hunderttausende sich freiwillig ergebende Angehörige der Wehrmacht. Allein – eine Alpenfestung fand man nicht.

Zur Realität der Alpenfestung

Die tatsächliche Geschichte der deutschen Alpenfestung ist schnell erzählt. »Festungen« spielten in der nationalsozialistischen Terminologie der letzten Monate und Wochen eine ganz spezielle Rolle. Selbst nicht mehr in der Lage, das militärische Geschehen aktiv bestimmen zu können, klammerte sich die deutsche Führung in grimmiger Entschlossenheit an einen Begriff, der im Rahmen der modernen Kriegführung bereits gänzlich und sonders überholt schien: die Festung. Hatte dieses Überbleibsel aus dem Sprachschatz längst vergangener Tage im Zeitalter des Luft- und Bewegungskrieges nur noch zweifelhafte militärische Relevanz, so haftete ihm ideologisch zumindest der Nimbus des »Kampfes bis zuletzt«, des »heroischen Unterganges« auf eigener Erde im Angesicht des übermächtigen Gegners an. Plätze wurden zu »festen Plätzen«, Städte zu »Festungen«, geografische Scheiden zu »Wällen« und »Linien« hochstilisiert, doch meist nicht entsprechend ausgebaut oder besetzt. All das war letztlich Ausdruck militärischer Defensive, in Erwartung des Gegners, der kommen würde.

Das Problem, bei dem nationalsozialistische Ideologie und militärische Vernunft nicht konform gehen konnten, waren der Faktor Zeit und der Wille, Rückzüge überhaupt zuzulassen, um Defensivpositionen rechtzeitig einnehmen zu können. Denn der Auf- und Ausbau einer Festung benötigt Zeit. Hitlers Beharren, jeden Meter Bodens verteidigen zu wollen, gepaart mit der psychologischen Wirkung einer »lockenden« Defensivposition im Rücken der eigenen, abgekämpften Truppe, stand einem vorsorglichen Ausbau einer jeden deutschen Festung diametral gegenüber. Rang Hitler sich dann doch zu einer Entscheidung zum Rückzug durch, war es meist schon viel zu spät; so auch im Fall der Alpenfestung.

Ein Reduit als letztes Rückzugsgebiet für sich und die Führung des Reiches überhaupt gedanklich zuzulassen, bedingte den Fall von Berlin und bedeutete mental die militärische Niederlage gegenüber Stalin. Auch in diesem Sinn ist Hitlers Entschluss vom 21. April zu sehen, in Berlin zu bleiben. Reichshauptstadt und Alpenfestung waren in gewissem Sinne also kausal miteinander verknüpft. Eine Alpenfestung ohne Hitler jedoch wäre als Sinnbild weiteren fanatischen Widerstandes psychologisch zumindest problematisch gewesen.

Welche Maßnahmen wurden aber tatsächlich gesetzt, den Alpenraum zu befestigen, und vor allem: wann? Erste Gedanken einer Sperre der Alpen galten nicht einer Schaffung einer »Festung«, sondern eines Abwehrgürtels nach Süden. Die Überlegungen, die 1943 vor allem Generalfeldmarschall Erwin Rommel befür-

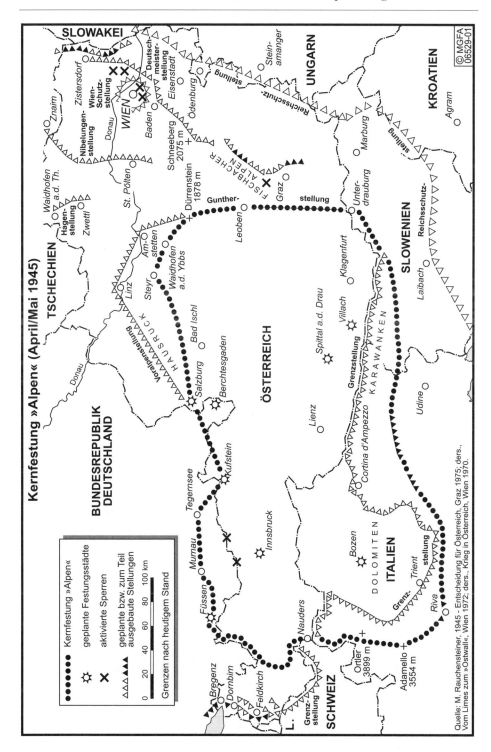

wortete, richteten sich ausschließlich gegen die von Süden her vorrückenden alliierten Truppen in Italien. Nachdem man sich jedoch dafür entschieden hatte, den Briten und US-Amerikanern schon viel weiter südlich zu begegnen, wurde von dem Projekt wieder Abstand genommen. Erst ein Jahr später, Mitte 1944, begann man mit dem Ausbau der »Voralpenstellung«, einer Verteidigungslinie von der Schweizer Grenze bis nach Istrien[48]. Aber auch diese Linie hatte mit einer Alpenfestung im klassischen Sinne nichts zu tun.

Der Tiroler Gauleiter Franz Hofer brachte den Stein schließlich ins Rollen. Im Sommer 1944 fiel Hofer über einen Mittelsmann des Sicherheitsdienstes (SD) ein Bericht des Reichssicherheitshauptamtes (RSHA) in Berlin in die Hände, der sich mit den alliierten Befürchtungen eines deutschen Rückzuggebietes beschäftigte. Hofer, der den wirklichen Stand des Ausbaues deutscher Stellungen im Alpenraum kannte, staunte nicht schlecht, als er das Ausmaß der alliierten Ängste begriff. Die Idee jedoch gefiel ihm – nicht zuletzt, da in diesen Berichten auch von einer möglichen Abspaltung des Reduits vom übrigen Reich die Rede war und davon, dass die Amerikaner eine Belagerung einem verlustreichen Sturm auf eine solche Alpenfestung vorzögen[49]. Überdies war immer wieder davon die Rede, dass sich eine solche Alpenfestung – die zu einem nicht unbeträchtlichen Teil »sein« Tirol mit einschließen würde, auch alleine würde lange halten können.

Berlin jedoch reagierte nicht auf Hofers nachdrückliches und ständiges Beharren, mit dem Ausbau einer tatsächlichen Alpenfestung endlich zu beginnen. Ohne Hitlers ausdrückliche Genehmigung war an einen auch nur partiellen Ausbau einer solchen Festung nicht zu denken. Hitlers Sekretär Martin Bormann hielt Hofers »Führervorlage« letztlich bis April (!) 1945 aus politischen Gründen zurück. Erst am 11./12. April konnte Gauleiter Hofer seine Pläne Adolf Hitler in Berlin unterbreiten. Zum gleichen Zeitpunkt war die Schlacht um Wien bereits voll im Gange, standen die sowjetischen Verbände im Südosten des Reiches 30 km vor Graz und im Westen schickte sich das XXI. Korps der 7. US-Armee gerade an, nach Schweinfurt durchzubrechen.[50]

Erst am 28. April 1945 wurde schließlich der Befehl zur Erkundung und zum Ausbau der »Kernfestung Alpen« erlassen[51]. Somit erteilte Hitler gezählte 11 Tage (!) vor der Gesamtkapitulation der Wehrmacht den offiziellen Startschuss zum Bau der Alpenfestung.

---

[48] Vgl. Karl Stuhlpfarrer, Die Operationszonen »Alpenvorland« und »Adriatisches Küstenland« 1943-1945, Wien 1969 (= Publikationen des Österreichischen Instituts für Zeitgeschichte und des Instituts für Zeitgeschichte der Universität Wien, 7), S. 113-118; Muigg, Die Alpenfestung (wie Anm. 4).
[49] Vgl. ebd.
[50] Eisenhower, Report (wie Anm. 8), S. 111.
[51] Vgl. Muigg, Die Alpenfestung (wie Anm. 4).

Schlussbetrachtung

Gegen Ende des Zweiten Weltkrieges kam der bayerische und österreichische »Alpenraum« in den zweifelhaften Genuss, zur »Festung« erklärt zu werden. Diese alpine Verteidigungsstellung existierte jedoch nur in den Köpfen – vor allem in jenen der westalliierten verantwortlichen Militärs. Um die Gefahr einer Verlängerung des Krieges in Europa abzuwenden, entschloss sich General Eisenhower im März 1945 gegen starken Widerstand vor allem der Briten, statt den Vormarsch auf Berlin mit allen Mitteln voranzutreiben, abweichend vom ursprünglichen Plan unter anderem starke Kräfte nach Süden, gegen die vermeintliche Alpenfestung, anzusetzen. Die Überraschung war groß, als man im Zuge des raschen Vormarsches im Alpenvorland und dann in Österreich feststellen musste, dass man einer Illusion aufgesessen war. Weder gab es großen Widerstand noch eine Alpenfestung. Zwar hatte es im Laufe des Krieges tatsächlich deutsche Bestrebungen und Überlegungen gegeben, einen Teil des vor allem österreichischen Alpenraumes in defensive militärische Planungen mit einzubeziehen, doch war es im Großen und Ganzen bei den Planungen geblieben. Ein umfassender Ausbau einer Alpenfestung existierte zu keinem Zeitpunkt des Krieges[52].

Tatsächlich war die Alpenfestung im Rahmen später nationalsozialistischer Propaganda eine Schimäre, eine Illusion unter Hunderten Durchhalteparolen und Latrinengerüchten – doch war sie kein Original Goebbels'scher Prägung. Goebbels profitierte lediglich von bereits vorhandenen Vorbehalten und Ängsten Eisenhowers. Inwiefern er diese entscheidend nährte, ist schwer feststellbar.

All jene Rufer in der Wüste des Kalten Krieges, die Eisenhower später vorwarfen, durch sein Verhalten der westlichen Position nachhaltig geschadet zu haben, seien daran erinnert, dass die Besatzungszonen für Deutschland im April 1945 längst beschlossene Sache waren. Die »Aufteilung der Welt« war seit der Konferenz von Jalta (4.–11. Februar) vereinbart. Eisenhower war in seiner Eigenschaft als Supreme Allied Commander lediglich ihr westlicher Vollstrecker. Demgegenüber steht die Tatsache, dass US-amerikanische Truppen tatsächlich in ihrem Vormarsch erst an der Elbe Halt machten, also deutlich innerhalb der künftigen sowjetischen Zone. Kriegsverläufe folgen eben nicht immer Vorabsprachen. Das hatte aber nicht zu bedeuten, dass sich Eisenhower nicht an die in Jalta vereinbarten Zonengrenzen zu halten gedachte: Eisenhower war letzen Endes Soldat, kein

---

[52] Im Kalten Krieg sollte der (österreichische) Alpenraum als »Festung« noch einmal eine Rolle spielen – zumindest wenn es nach französischen Planungen gegangen wäre: Aufgrund seiner geostrategischen Lage als west-östlicher Riegel und nicht zuletzt bedingt durch die Tatsache, dass die eigenen Besatzungskräfte in der französischen Besatzungszone in Österreich zu gering waren, einem Angriff aus dem Osten längere Zeit standzuhalten, ließ der französische Hochkommissar General Marie Émile Antoine Béthouart in Tirol und Vorarlberg ab 1948 ein System von Sperren in Form von Sprengvorbereitungen in Brücken, Tunnels und Engstellen anlegen, die einen sowjetischen Vormarsch nach Westen hätten behindern sollen. Vgl. dazu Bruno W. Koppensteiner, Béthouarts Alpenfestung. Militärische Planungen und Verteidigungsvorbereitungen der französischen Besatzungsmacht in Tirol und Vorarlberg. In: Österreich im frühen Kalten Krieg. Spione, Partisanen, Kriegspläne. Hrsg. von Erwin A. Schmidl, Wien 2000, S. 193–238.

Politiker. Sein Vormarsch an die Elbe zu einem Zeitpunkt, an dem Stalin sich anschickte, in einer letzten Gewaltanstrengung Berlin einzunehmen, war – militärisch gesehen – auch im Sinne des sowjetischen Alliierten: Ein Stehenbleiben an der zukünftigen britisch-amerikanisch-sowjetischen Zonengrenze hätte der Deutschen Wehrmacht noch vor Beginn der Kämpfe um die Reichshauptstadt Zeit gegeben, ihre Kräfte umzugruppieren und vermehrt nach Osten zu verschieben. Und diese wären zweifellos beim Kampf um Berlin zum Einsatz gelangt – ein Vorgang, der wohl kaum im Sinne Stalins gewesen wäre. Der US-amerikanische Vormarsch an die Elbe kann in diesem Sinne also durchaus auch als militärische Entlastung des sowjetischen Alliierten begriffen werden.

Tatsächlich war Eisenhowers Entscheidung ein Ergebnis mehrerer rationaler Faktoren. Neben den bereits mehrfach genannten: Er wollte eine für seine Truppen gut zu verteidigende Linie erreichen – die Elbe entsprach all diesen Anforderungen[53]. Eisenhowers finale Offensiven schlossen Berlin aus, spalteten Deutschland in Nord und Süd, stellten bei Torgau einen ersten Kontakt mit der Roten Armee her und zielten nun in Schwerpunkten aus dem Zentrum nach Südosten Richtung Leipzig–Dresden und nach Süden in Richtung der vermuteten Alpenfestung. Diese hatte jedoch nie existiert.

---

[53] Vgl. zu dieser Frage Jeff Korte, Eisenhower, Berlin, and the National Redoubt, http://grad.usask.ca/gateway/archive22.html; eingesehen am 8.12.2010. Die bereits besetzten Gebiete der späteren Sowjetzone Stalin eventuell nicht zurückzugeben, war in dieser Phase des Krieges kein Thema. Tatsächlich wurden hüben wie drüben nach Kriegsende die entsprechenden Territorien »zurückgetauscht« – wenn auch in manchen Fällen die alliierten Besatzungstruppen mancherorts durchaus erst nach politisch-taktischen »Verzögerungen« an ihrem Bestimmungsort eintrafen. Das galt für Deutschland ebenso wie für das wiedererstandene Österreich. Stellvertretend sei in diesem Zusammenhang die Steiermark erwähnt, die am 8.5. von insgesamt fünf verschiedenen Alliierten besetzt war: den USA, Großbritannien, der Sowjetunion, bulgarischen Einheiten und Tito-Partisanen. Erst am 24.7. wurde die Zone, nachdem sie zehn Wochen lang zu ca. 2/3 von den Sowjets besetzt und verwaltet worden war, an die für diese Region vorgesehene britische Besatzungsmacht übergeben. Vgl. dazu allgemein Die »britische« Steiermark. Hrsg. von Siegfried Beer, Graz 1995.

Erwin A. Schmidl

Österreich im frühen Kalten Krieg

Das Jahrzehnt zwischen 1945 und 1955 wird in Österreich als »Besatzungszeit« bezeichnet[1]. Das Kriegsende und die Kapitulation der Deutschen Wehrmacht 1945 empfanden zweifellos nicht alle Österreicher vorbehaltlos als Befreiung, und viele erblickten in den folgenden zehn Jahren bis 1955 weniger die Gründungsphase einer neuen, insgesamt funktionierenden Demokratie, sondern vielmehr, nach den sieben Jahren im »Dritten Reich« und einem verlorenen Krieg, eine neuerliche Zeit der Fremdbestimmung. In diesem Sinne erachteten viele Österreicher die Wiedergewinnung der Souveränität durch den Staatsvertrag 1955 stärker als »Befreiung« als den Zusammenbruch des Hitler-Regimes und die Neugründung der Republik Österreich zehn Jahre zuvor[2]. Jedenfalls war die Lage an der Trennlinie zwischen Ost und West, dem »Eisernen Vorhang«, für die politische Bedeutung des Landes entscheidend. Wie hätte sich die Geschichte Österreichs, aber auch Europas wohl entwickelt, wenn dieser »Eiserne Vorhang« nicht durch Österreich bzw. an seiner Ostgrenze verlaufen wäre, sondern ein paar hundert Kilometer weiter östlich oder westlich?

Österreich zwischen Ost und West

Österreich kam nach dem Zweiten Weltkrieg erneut, nicht nur geografisch, sondern eben auch politisch, jene »zentrale Lage [...] im Kraftfeld des Kontinents« zu, wie sie – zwischen Ost und West, Süd und Nord, im »Übergangsbereich von der

---

[1] Eine frühere, kürzere Fassung dieses Beitrags wurde als einleitender Aufsatz publiziert in: B-Gendarmerie, Waffenlager und Nachrichtendienste: Der militärische Weg zum Staatsvertrag. Hrsg. von Walter Blasi, Erwin A. Schmidl und Felix Schneider, Wien [u.a.] 2005, S. 11–26. Überlegungen zur strategischen Lage Österreichs habe ich bereits in dem Beitrag: Die strategische Bedeutung der Steiermark in der Besatzungszeit. In: Historisches Jahrbuch der Stadt Graz, Bd 34/35. Red.: Friedrich Bouvier und Nikolaus Reisinger, Graz 2005, S. 49–56, formuliert. Für wichtige Anregungen danke ich Dr. John T. Greenwood, Oberst i.R. Dr. Bruno Koppensteiner, Dr. Robert Rush und Dr. Wolfgang Mueller.

[2] Vgl. dazu v.a. den anregenden Beitrag von Ernst Hanisch, Abschied von der Staatsvertragsgeneration. In: Die Gunst des Augenblicks: Neuere Forschungen zu Staatsvertrag und Neutralität. Hrsg. von Manfried Rauchensteiner und Robert Kriechbaumer, Wien, Köln, Weimar 2005 (= Schriftenreihe der Dr.-Wilfried-Haslauer-Bibliothek Salzburg, 24), S. 537–551.

mediterranen zur baltischen Zone« – über Jahrhunderte bestanden hatte[3]. In dem 1963 vom Journalisten Otto Schulmeister zusammen mit dem Historiker Johann Christoph Allmayer-Beck und dem Fotografen Erich Lessing herausgegebenen Prachtband »Imago Austriae« betonte Allmayer-Beck die historische Bedeutung Österreichs »für die Erhaltung der europäischen Mitte [...] gegen den Druck der Flügelmächte, Frankreichs und der Osmanen«[4]. Es ist auch kein Zufall, dass derartige Interpretationen gerade zu dieser Zeit erfolgten, ging es doch nach 1945 um die Findung einer neuen (oder die Wiederbelebung der alten?) Funktion Österreichs, das erst eine eigene, nunmehr aber, anders als vor 1938, betont nichtdeutsche Identität finden musste und dies letztlich im partiellen Rückgriff auf die Habsburgermonarchie tat – allerdings geografisch verengt auf das Gebiet der Republik von 1918. Zu den bekanntesten Rückgriffen dieser Art zählen beispielsweise die zwischen 1955 und 1957 gedrehten »Sissi«-Filme Ernst Marischkas.

Nicht zuletzt angesichts des »Kalten Krieges« zwischen Ost und West konnte man auch die Vorstellung der Funktion Österreichs als »Bollwerk gegen den Osten« neu beleben, wobei lediglich das Feindbild »der Türken« durch jenes »der Russen« ersetzt werden brauchte. Gleichzeitig präsentierte sich Österreich nach 1955 geschickt als neutraler Verhandlungsort zwischen Ost und West, wobei fein säuberlich zwischen militärischer Neutralität und politischer bzw. psychologischer Zugehörigkeit zum Westen unterschieden wurde.

Dass sich diese Identität Österreichs, die letztlich bis heute nachwirkt, in dieser Form entwickeln konnte, hängt aber, und damit kehren wir zu den eingangs gestellten Fragen zurück, direkt mit dem Kriegsende 1945 und der dadurch geschaffenen Position direkt am »Eisernen Vorhang« zusammen. Ähnlich wie das Deutsche Reich wurde Österreich von den vier führenden Alliierten Mächten in vier getrennten Zonen verwaltet; allerdings in den Grenzen von 1937, das heißt ohne weitere Gebietsabtretungen, aber auch ohne eine Revision der territorialen Verluste von 1919, etwa hinsichtlich Südtirols. Die Pläne dafür wurden 1944/1945 ausgearbeitet und im Alliierten Kontrollabkommen vom 4. Juli 1945 formell beschlossen[5]. Wien war als Hauptstadt wie Berlin in Sektoren geteilt, verfügte aber anders als Berlin über einen fünften, zentralen Internationalen Sektor, den die vier Alliierten gemeinsam verwalteten und wo bis 1955 monatlich die Übergabe des Vorsitzes von einer auf die andere Macht zeremoniell begangen wurde – ungeachtet der Spannungen sonstwo auf der Welt, von der Berliner Blockade bis zum

---

[3] Joh. Christoph Allmayer-Beck, Österreichs europäische Funktion. In: Joh. Christoph Allmayer-Beck, Militär, Geschichte und Politische Bildung. Hrsg. von Peter Broucek und Erwin A. Schmidl, Wien, Köln, Weimar 2003, S. 17–30, hier S. 22 (zuerst 1963 u.d.T.: Die europäische Funktion. In: Imago Austriae. Hrsg. von Otto Schulmeister, Wien 1963, S. 217–231).
[4] Ebd., S. 23.
[5] Zum Staatsvertrag vgl. insbes. Gerald Stourzh, Um Einheit und Freiheit: Staatsvertrag, Neutralität und das Ende der Ost-West-Besetzung Österreichs 1945–1955, 5., durchges. Aufl., Wien, Köln, Graz 2005 (= Studien zu Politik und Verwaltung, 62); sowie als Überblick Rolf Steininger, Der Staatsvertrag: Österreich im Schatten von deutscher Frage und Kaltem Krieg 1938–1955, Innsbruck, Wien, Bozen 2005, mit weiteren Literaturhinweisen.

Koreakrieg⁶. Mit dem Zweiten Kontrollabkommen vom 28. Juni 1946 erhielt die österreichische Regierung bereits erweiterte Kompetenzen einschließlich der Aufnahme diplomatischer Beziehungen, obwohl die volle Souveränität erst 1955 wiederhergestellt wurde, wenn auch noch mit gewissen Einschränkungen⁷.

Von der Moskauer Deklaration zur Wiedererrichtung Österreichs 1943 bis 1945

Die Moskauer Deklaration vom 30. Oktober 1943 gilt gemeinhin als »Geburtsurkunde« der Zweiten Republik, anerkannten darin doch die Alliierten, dass Österreich 1938 »als erstes freies Land der Hitler'schen Aggression [...] zum Opfer« gefallen war und daher wiedererrichtet werden sollte. (Den zweiten Absatz, über die Mitverantwortung Österreichs als Teil des Dritten Reiches, übersah man in

---

6   Zur Besatzungszeit: Manfried Rauchensteiner, Stalinplatz 4: Österreich unter alliierter Besatzung, Wien 2005; eine frühere Version erschien 1979 u.d.T.: Der Sonderfall: Die Besatzungszeit in Österreich 1945 bis 1955; ferner Österreich unter alliierter Besatzung 1945-1955. Hrsg. von Alfred Ableitinger, Siegfried Beer und Eduard G. Staudinger, Wien, Köln, Graz 1998 (= Studien zu Politik und Verwaltung, 63); Die bevormundete Nation: Österreich und die Alliierten 1945-1949. Hrsg. von Günter Bischof und Josef Leidenfrost, Innsbruck 1988 (= Innsbrucker Forschungen zur Zeitgeschichte, 4); Hugo Portisch, Österreich II, Bd 1-2, Wien 1985-1986. Zu den einzelnen Besatzungszonen vgl. Die »britische« Steiermark 1945-1955. Hrsg. von Siegfried Beer, Graz 1995; James Jay Carafano, Waltzing into the Cold War: The Struggle for Occupied Austria, College Station, TX 2002 (= Texas A&M University Military History Series, 81); Klaus Eisterer, Französische Besatzungspolitik: Tirol und Vorarlberg 1945/46, Innsbruck 1992 (= Innsbrucker Forschungen zur Zeitgeschichte, 9); Margit Sandner, Die französisch-österreichischen Beziehungen während der Besatzungszeit von 1947 bis 1955, Wien 1983 (= Dissertationen der Universität Wien, 162). Zur sowjetischen Position bes. Wolfgang Mueller, Die sowjetische Besatzung in Österreich 1945-1955 und ihre politische Mission, Wien, Köln, Weimar 2005; Sowjetische Politik in Österreich: Dokumente aus russischen Archiven. Hrsg. von Wolfgang Mueller, Arnold Suppan, Norman M. Naimark und Gennadij Bordjugov, Wien 2005; Die Rote Armee in Österreich: Sowjetische Besatzung 1945-1955. Hrsg. von Stefan Karner und Barbara Stelzl-Marx, Wien 2005 (= Veröffentlichungen des Ludwig-Boltzmann-Instituts für Kriegsfolgen-Forschung, Sonderbd 4 und 5); außerdem immer noch Wilfried Aichinger, Sowjetische Österreichpolitik 1943-1945, Wien 1977 (= Materialien zur Zeitgeschichte, 1).

7   Diese betrafen vor allem (in den Artikeln 12 bis 16 und in Ziffer 13 des Artikels 22) Fragen der Rüstung. Besagte Artikel wurden erst am 6. November 1990 durch eine offizielle Mitteilung der Bundesregierung an die anderen vier Signatarstaaten des Staatsvertrages für obsolet erklärt; gleichzeitig verpflichtete sich Österreich, auch künftig auf atomare, biologische oder chemische Waffen zu verzichten. Vgl. dazu Wolfgang Schallenberg, Obsoleterklärung einiger Artikel des österreichischen Staatsvertrages. In: Die Gunst des Augenblicks (wie Anm. 2), S. 503-517. Schon ab 1957 war die Einfuhr von deutschen Segel- und später auch von Motor-Sportflugzeugen sowie die Ausbildung von ausländischen Flugschülern von den Signatarstaaten informell erlaubt worden. Der erste offene Verstoß gegen die Bestimmungen des Staatsvertrages war dann die Bestellung von »Airbus«-Flugzeugen durch Austrian Airlines 1983, obwohl der Staatsvertrag den Erwerb von Flugzeugen aus (auch nur teilweise) deutscher oder japanischer Produktion untersagte. Der erste Airbus der AUA, eine A310-324, landete zu Weihnachten 1988 in Wien-Schwechat. Ebenfalls 1988 bestellte Österreich Gefechtsfeld-Lenkwaffen, die jedoch – entgegen der damals in Österreich gelegentlich kolportierten Ansicht – nicht unter das »Raketenverbot« des Staatsvertrages fielen.

Österreich gern – und nach 1945 war das den Alliierten auch ganz recht, lag es doch in ihrem eigenen Interesse, die Unterschiede zwischen Österreichern und Deutschen zu betonen.) Allerdings hat Gerald Stourzh in seinem Standardwerk zur Geschichte des Staatsvertrages schon früh darauf hingewiesen, dass die Moskauer Deklaration eine Verlegenheitslösung war, ein schnell ausgearbeiteter britischer Entwurf (bis hin zum falschen Datum des »Anschlusses« von 1938, der mit dem 15. statt dem 13. März 1938 datiert wurde), auf den sich die drei alliierten Außenminister vor allem deshalb verständigten, um wenigstens irgend ein Ergebnis ihres Treffens in Moskau vorweisen zu können, wenn sie sich schon über die wirklich wichtigen Fragen nicht einig wurden[8]. Dass Österreich 1945 tatsächlich »wiedererstand« und seinen Weg in die westeuropäische, demokratisch (und kapitalistisch) orientierte Staatengemeinschaft fand, war nicht zuletzt ein Ergebnis der Kämpfe der letzten Kriegsmonate. Sogar nach 1945 schwebten noch andere Lösungen für das österreichische Gebiet im Raum, von der bayerisch-österreichischen Variante bis hin zur Donaukonföderation. Auch die Grenzen der Republik waren anfangs unklar: Zum einen erhob Jugoslawien Ansprüche auf die gemischtsprachigen Gebiete Kärntens[9], zum anderen hofften viele Österreicher auf »Grenzkorrekturen« in Südtirol oder im Salzburger Rupertiwinkel bei Berchtesgaden. Letztlich blieb es dann bei den Grenzen von 1937.

Das heißt aber nicht, dass sämtliche Vorbehalte der Alliierten schon 1945 ausgeräumt worden wären. Als die österreichische Provisorische Regierung beispielsweise im Sommer 1945 ein Heeresamt schuf, das – eigentlich ganz selbstverständlich für einen selbstständigen Staat – neben den dringenden Fragen der Demobilisierung und der Liquidierung deutschen Wehrmachteigentums auch den Aufbau eines kleinen österreichischen Heeres vorbereiten sollte[10], reagierten die Alliierten mit einem Veto: So frei war das befreite Österreich nun auch wieder nicht, dass es bereits ein eigenes Heer bräuchte! Die Heeresamtsstelle wurde mit 11. Januar 1946 aufgelöst[11]. Auch die unter britischer Ägide aus österreichischen ehemaligen Wehrmachtangehörigen aufgestellten Arbeitseinheiten, in der Steiermark und in Kärnten nach dem Kommandanten Generalleutnant Eduard Aldrian als »Brigade Aldrian« bezeichnet, blieben Episode[12]. Denn für die Sicherheit im Inneren sorgten die Besatzungsmächte zusammen mit der von ihnen kontrollierten und erneuerten

---

8   Stourzh, Um Einheit, S. 11–28.
9   Vgl. dazu detailliert Arnold Suppan, Jugoslawien und der österreichische Staatsvertrag. In: Der österreichische Staatsvertrag 1955: Internationale Strategie, rechtliche Relevanz, nationale Identität. Hrsg. von Arnold Suppan, Gerald Stourzh und Wolfgang Mueller, Wien 2005 (= Archiv für österreichische Geschichte, 140), S. 431–471, bes. S. 432–441.
10 Der einstige Chef des Stabes der 5. (d.h. der steirischen) Division des Bundesheeres, Oberstleutnant des Generalstabs Erich Oliva – nach dem »Anschluss« 1938 entlassen – legte 1945 einen Plan für ein neues Bundesheer vor, das eine Truppe von 40 000 Mann vorsah. Vgl. dazu Siegfried Beer und Eduard G. Staudinger, Von den Anfängen des zweiten österreichischen Bundesheeres: Zu Tätigkeit und Auflösung der Heeresamtsstelle Graz 1945/46. In: Geschichtsforschung in Graz, Graz 1990, S. 277–295; Heinz Richter, 1000 Jahre Wehrgeschichte der Steiermark und ihre Bedeutung für Österreich, Graz [1996], S. 80–82.
11 Felix Schneider, Der Weg zum österreichischen Wehrgesetz von 1955. In: B-Gendarmerie (wie Anm. 1), S. 171–190, bes. S. 171–175.
12 Siehe die Literaturangaben in Anm. 10.

Polizei und Gendarmerie. Diese waren freilich anfangs noch unbewaffnet; erst Mitte 1946 erließ der Alliierte Rat einheitliche Richtlinien zur Ausrüstung der Gendarmerie mit Gewehren und der Polizei mit Revolvern[13].

Zwischen den einzelnen Besatzungszonen bestanden erhebliche Unterschiede. Die Sowjets hielten sich weitgehend aus der täglichen Verwaltung heraus, führten manchmal aber eine sehr harte Oberaufsicht[14]. Die westlichen Alliierten, vor allem die Amerikaner, griffen stärker in die »normale« Verwaltungstätigkeit ein[15]. Gemeinsam war den vier Mächten anfangs die Furcht vor Werwolf-Partisanen und Nationalsozialisten, das Bemühen um eine weitgehende Entnazifizierung und die Sorge, die Österreicher könnten (militärisch) zu schnell wieder auf eigenen Füßen stehen. Selbst gewisse Polizeiaufgaben wollte man nicht allzu schnell den Deutschen oder Österreichern überlassen, weswegen die US-Militärverwaltung in Österreich, ähnlich wie in den US-Zonen in Deutschland, Kampftruppen zu Polizeiformationen umschulte. So entstand die U.S. Constabulary, in der Bevölkerung wegen ihrer gelb-grünen Abzeichen auch als »Kartoffelkäfer« bezeichnet[16].

Das Hineinwachsen in den Kalten Krieg
1945 bis 1949

Erst vor dem Hintergrund des sich verschärfenden Ost-West-Konfliktes verschoben sich die Bedrohungsbilder der Alliierten, änderten sich in der Folge die Einschätzung und Position Österreichs[17]. Von der vermeintlichen Alpenfestung und

---

13 Dazu detailliert Fritz Unteregger, Die B-Gendarmerie: Organisation – Uniformierung – Bewaffnung. In: Hermann Hinterstoisser und Fritz Unteregger, Die B-Gendarmerie. Hrsg. von der Österreichischen Gesellschaft für Heereskunde, Wien 2006 (= Militaria Austriaca, 19), S. 37–214, hier S. 109 ff.
14 Vgl. Anm. 6.
15 Neben den in Anm. 6 genannten Arbeiten auch: Kurt Tweraser, US-Militärregierung Oberösterreich, Bd 1: Sicherheitspolitische Aspekte der amerikanischen Besatzung in Oberösterreich-Süd 1945–1950, Linz 1995 (= Beiträge zur Zeitgeschichte Oberösterreichs, 14); Donald R. Whitnah and Edgar L. Erickson, The American Occupation of Austria: Planning and Early Years, Westport, CT 1985 (= Contributions in Military Studies, 46).
16 Carafano, Waltzing into the Cold War (wie Anm. 6), S. 75 f. Zur U.S. Constabulary allgemein: David Colley, Circle C Cowboys: Cold War Constabulary. In: Veterans of Foreign Wars Journal (VFW), Juni/Juli 1996, S. 20–23; Michael A. Rauer, Order out of Chaos: The United States Constabulary in Postwar Germany (Paper presented to the 1998 Conference of Army Historians, Washington, DC, 10.6.1998); James M. Snyder, The Establishment and Operations of the United States Constabulary, 3.10.1945–30.6.1947, HQ, U.S. Constabulary, 1947; The United States Constabulary (1947 verfasst für die Serie »Occupation Forces in Europe«, Kopie im U.S. Army Center of Military History, CMH 8-3.1, CA22 CI 1906); Earl F. Ziemke, The U.S. Army in the Occupation of Germany 1944–1946, Army Historical Series, Washington, DC 1975.
17 Vgl. dazu die Darstellung bei Carafano, Waltzing into the Cold War (wie Anm. 6); und James Jay Carafano, Deconstructing U.S. Army Intelligence Operations in Postwar Austria: The Early Years 1945–1948. In: Österreich im frühen Kalten Krieg 1945–1958: Spione, Partisanen, Kriegspläne. Hrsg. von Erwin A. Schmidl, Wien, Köln, Weimar 2000, S. 55–72. Außerdem zu dieser Problematik: Günter Bischof, The Making of a Cold Warrior: Karl Gruber and Austrian Foreign Policy,

dem möglichen Refugium für Nazis und Werwölfe wurde Österreich zu einem strategisch wichtigen Land direkt am »Eisernen Vorhang«, der, wie Winston S. Churchill am 5. März 1946 in seiner Rede in Fulton, Missouri, meinte, von Stettin bis Triest niedergegangen war – und der genau genommen vorerst mitten durch Österreich verlief[18].

(Der Begriff »Eiserner Vorhang« stammt aus der Theaterwelt. Die im 19. Jahrhundert eingeführte Vorrichtung diente dem Schutz des Publikums vor Bränden im Bühnenbereich. Schon kurz nach der russischen Oktoberrevolution 1917 sprach man bereits von einem »Eisernen Vorhang« als Metapher für die Abschottung der bolschewistischen bzw. kommunistischen Diktatur von der Außenwelt. Im Februar 1945 griff Reichspropagandaminister Joseph Goebbels den Ausdruck auf, um die düstere Zukunft des östlichen Europas unter sowjetischer Vorherrschaft zu beschreiben. Churchill verwendete ihn ebenfalls schon 1945 in seiner Fultoner Rede; von Fulton aus ging der Begriff dann in der heute üblichen politischen Verwendung in die Geschichte ein.)

Ab 1948 wurde die Grenze des nach 1945 entstandenen sowjetischen Imperiums in Mittel- und Osteuropa durch technische Sperren befestigt. Damit wurde aus dem »mentalen« Eisernen Vorhang, von dem Churchill gesprochen hatte, eine reale Grenzbefestigung, die in den folgenden Jahrzehnten mit Minen, Selbstschuss- und Warnanlagen weiter aufgerüstet wurde. Aus österreichischer Perspektive ist anzumerken, dass dieser reale Eiserne Vorhang nicht denselben Verlauf hatte wie der mentale Vorhang zuvor: Jener von 1945 folgte in Österreich der sowjetischen Zonengrenze an Donau, Enns und Semmering, die technischen Sperren von 1948 aber wurden an den Staatsgrenzen zur Tschechoslowakei und zu Ungarn errichtet, die sowjetische Besatzungszone in Österreich umfassten sie nicht mehr. Das passt auch zum mittlerweile quellenmäßig belegten Befund, dass eine Teilung Österreichs, analog zum deutschen Vorbild, zwar um 1948 von einigen österreichischen Kommunisten angestrebt wurde, die hofften, so wenigstens im Osten an die Macht zu gelangen, nicht aber von der Führung in Moskau, der ein geeintes, neutralisiertes Österreich wichtiger war als ein Abdriften Westösterreichs in den entstehenden NATO-Raum[19].

Im Rückblick erscheint – zu Recht – ein möglicherweise atomar geführter »Dritter Weltkrieg« als die schlimmste Katastrophe, der die Welt im Kalten Krieg gerade noch entgangen ist. Die Befürchtungen des Westens im beginnenden Ost-West-Konflikt nach 1945 gingen aber in eine andere Richtung. Angesichts der

---

1945–1953. In: Austrian History Yearbook, 26 (1995), S. 99–127; Oliver Rathkolb, Washington ruft Wien: US-Großmachtpolitik und Österreich 1953–1963, Wien, Köln, Weimar 1997.

[18] Zur Entwicklung in Europa nach dem Zweiten Weltkrieg vgl. auch The Failure of Peace in Europe, 1943–48. Ed. by Antonio Varsori and Elena Calandri, Basingstoke, Hampshire 2002 (= Cold War History); im Internet unter http://www.palgrave.com/pdfs/0333723384.pdf, zuletzt eingesehen am 29.11.2010; für Österreich v.a. Oliver Rathkolb, First Budapest, then Prague and Berlin, why not Vienna? Austria and the Origins of the Cold War, 1947–48, ebd., S. 306–318.

[19] Vgl. dazu Mueller, Die sowjetische Besatzung in Österreich (wie Anm. 6), bes. S. 192 ff.; Wolfgang Mueller, Gab es eine »verpasste Chance«? Die sowjetische Haltung zum Staatsvertrag 1946–1952. In: Der österreichische Staatsvertrag (wie Anm. 9), S. 89–120, hier S. 97 ff.

schweren Kriegsschäden in den meisten europäischen Staaten, insbesondere in der Sowjetunion, hielt man einen neuen großen Krieg in Europa für nicht sehr wahrscheinlich. Natürlich erkannte man die Gefahr, dass aus einem lokalen Konflikt unbeabsichtigt ein größerer Krieg entstehen könnte, etwa um Griechenland, wo bis 1949 ein Bürgerkrieg tobte[20]. Für diesen Fall sahen die Westalliierten den Rückzug aus großen Teilen Europas vor und, ähnlich wie im Zweiten Weltkrieg gegen die Achsenmächte, einen strategischen Luftkrieg gegen die Sowjetunion von Stützpunkten in Großbritannien, allenfalls Spanien und Italien, Nordafrika, dem Mittleren Osten, Asien und Nordamerika aus. Erst zu einem späteren Zeitpunkt, nach Niederringung des sowjetischen Potenzials, sollte die Invasion und Befreiung des Kontinents beginnen[21]. Die Staaten Westeuropas, allen voran Frankreich, Belgien, die Niederlande und Luxemburg sowie Großbritannien, sahen einen neuerlichen Rückzug aus Europa nicht einmal ein Jahrzehnt nach dem Debakel von Dünkirchen im Jahre 1940, natürlich weniger begeistert und bereiteten sich ernsthafter auf einen möglichen Krieg in Europa vor. In der französischen Besatzungszone Österreichs, in Nordtirol und Vorarlberg, wurden über 60 Sperren von Brücken, Tunnels und Engstellen vorbereitet, die – auch mit Hilfe österreichischer Kräfte, unter anderem der Tiroler Schützen – verteidigt werden sollten, um einen sowjetischen Vorstoß nach Westeuropa möglichst weit östlich zu verzögern[22].

General Marie Émile Béthouart, der französische Hochkommissar, meinte in seinen Erinnerungen sogar, er wäre in Tirol zum Europäer geworden[23]: »Europa besaß, wer die österreichischen Alpen in Händen hatte«, und folgerte weiter: »Solange die Westmächte die Alpen mit ausreichenden Kräften allein oder mit Unterstützung einer wiederaufgestellten österreichischen Armee in Händen hielten, war das Mittelmeerbecken und damit die Verbindung zum Mittleren Osten gesichert[24].« Amerikanische und französische Offiziere entwickelten 1949 eine Serie von Plänen für einen möglichen Krieg in Europa unter dem Codewort »Pilgrim«. Diese sahen in mehreren Varianten einen Rückzug der westalliierten Truppen aus Österreich nach Italien oder Frankreich vor. In der Planungsvariante »Pilgrim Dog« hingegen war eine Verteidigung Westeuropas angedacht, mit Innsbruck als Versorgungsbasis für den Alpenraum[25]. Derartige Konzepte wurden auch in gemeinsamen amerikanisch-französischen Manövern geübt[26].

---

[20] Howard Jones, »A New Kind of War«: America's Global Strategy and the Truman Doctrine in Greece, New York 1989.
[21] Vgl. dazu Steven T. Ross, American War Plans 1945–1950, New York 1988.
[22] Bruno W. Koppensteiner, Béthouarts Alpenfestung: Militärische Planungen und Verteidigungsvorbereitungen der französischen Besatzungsmacht in Tirol und Vorarlberg. In: Österreich im frühen Kalten Krieg (wie Anm. 17), S. 193–237, bes. S. 212–221.
[23] Sandner, Französisch-österreichische Beziehungen (wie Anm. 6), S. 260–272; Portisch, Österreich II (wie Anm. 6), Bd 2, S. 372–374.
[24] General [Marie Emile] Béthouart, Die Schlacht um Österreich, Wien 1967, S. 273 bzw. S. 162, zit. bei Koppensteiner, Béthouarts Alpenfestung (wie Anm. 22), S. 198.
[25] Operation Plan »Pilgrim Dog«, 30.11.1949, National Archives, Washington, DC (NA), Record Group (RG) 341, Records of Headquarters U.S. Air Force, File OPD 381 Austria, 20.4.1950). »Pilgrim Dog« bezieht sich auf den vierten einer Serie von »Pilgrim«-Plänen: »Pilgrim Able« betraf die Verteidigung der italienischen Alpen, »Pilgrim Baker« einen Rückzug aus Norditalien, und »Pilgrim Charlie« einen alliierten Rückzug aus Österreich Richtung Westen (als Teiloperation des

Unter den westlichen Alliierten bestanden durchaus unterschiedliche Vorstellungen über die Bedeutung des Alpenraums und somit auch Italiens für die Verteidigung Europas. Ab 1949 jedenfalls nahm die Verteidigung der Laibacher Pforte (»Ljubljana Gap«) und der italienisch-österreichischen Grenze in den Planungen der NATO eine immer bedeutendere Rolle ein. Die britischen Besatzungstruppen sollten sich demnach, in ihren Verzögerungskämpfen von italienischen Kräften (dem Panzer-Aufklärungsregiment »Gorizia«) unterstützt, aus Kärnten in Richtung Kanaltal im Ländereck Jugoslawien–Italien–Österreich bewegen, während sich die amerikanischen und französischen Truppen im Inntal auf den Brenner- und Reschenpass zurückziehen sollten[27]. Abgestützt auf die österreichischen und die schweizerischen Alpen im Norden hoffte man, so eine Verteidigungslinie in Venetien, am ehesten an der Livenza, zu halten. Aus gesamteuropäischer Perspektive der NATO hatte Oberitalien eine ähnliche Bedeutung wie der dänisch-schleswigsche Raum am Ausgang der Ostsee: Würde einer dieser Flankenräume den Sowjets und ihren Verbündeten in die Hände fallen, schien es aussichtslos, die Rheinlinie zu halten; müsste folglich Westeuropa bis zum Ärmelkanal bzw. zu den Pyrenäen aufgegeben werden.

Auch wenn die westlichen Planer – letztlich realistisch – selbst im Falle einer erfolgreichen Verteidigung im Raum Kärnten–Friaul bzw. in Tirol damit rechneten, große Teile Österreichs aufgeben zu müssen, hofften die Österreicher selbst naturgemäß auf eine Verteidigung möglichst weit im Osten. Diese unterschiedlichen Vorstellungen wurden bis 1954/55 nicht wirklich geklärt. Während die »Aufgabe der im Wesen offenen Steiermark« wie der ohnedies sowjetisch besetzten Region um Wien im Nordosten aus sachlichen Gründen geboten schien, so ein österreichisches Dokument, hoffte man doch, die Alliierten zum Aufbau einer Verteidigungslinie im Bereich der Koralpe oder an der Pack bewegen zu können. Unter ehemaligen Offizieren kursierte die Vorstellung, Salzburg als Stützpunkt zu halten; Oberösterreich wäre dafür das »Glacis« gewesen.

Realistisch waren derartige Vorstellungen allerdings kaum. Die Westalliierten hielten eine Verteidigung erst weiter im Westen für möglich, wobei es auch da vor allem darum ging, einen sowjetischen Vormarsch zu verzögern, um den Rückzug nach Italien zu decken. Dort hoffte man (teils wohl in Erinnerung an den hartnä-

---

Gesamtplans »Offtackle«). Vgl. Günter Bischof, Österreich – ein »geheimer Verbündeter« des Westens? Wirtschafts- und sicherheitspolitische Fragen der Integration aus der Sicht der USA. In: Österreich und die europäische Integration 1945–1993. Aspekte einer wechselvollen Entwicklung. Hrsg. von Michael Gehler und Rolf Steininger, Wien, Köln, Weimar 1993 (= Arbeitskreis Europäische Integration. Historische Forschungen, 1), S. 425–450, hier S. 446 f.; sowie den Bericht über den Besuch einer Delegation des U.S. State Department und des Verteidigungsministeriums in Österreich im Juli 1948 (NA, RG 319, File 333 TS, Box 66), der auch Pläne eines Rückzugs der US-Truppen und Nonkombattanten von Österreich nach Deutschland sowie den französischen Plan »to make a stand in the Austrian Tyrol« erwähnt.

26 Vgl. dazu detailliert Carafano, Waltzing into the Cold War (wie Anm. 6), S. 88 f., 100–114 und bes. S. 118–125.

27 Vgl. dazu jetzt neu die eindrucksvolle und auf solider Quellenbasis erarbeitete Studie von Dieter Krüger, Brennender Enzian: Die Operationsplanung der NATO für Österreich und Norditalien 1951 bis 1960, Freiburg i.Br., Berlin, Wien 2010 (= Einzelschriften zur Militärgeschichte, 46), S. 21–23 und 48–57.

ckigen deutschen Widerstand 1943 bis 1945, wenn auch in der umgekehrten Richtung), eine Front halten zu können, hinter der sich die Basen für den strategischen Luftkrieg befinden sollten. Falls man auch Italien räumen müsste, wären die Stützpunkte für Luftangriffe auf die Sowjetunion und ihre Truppen in Europa erst in Nordafrika gewesen.

Wiederbewaffnung und B-Gendarmerie

Die Überlegungen über eine westliche, wenigstens hinhaltende, Verteidigung in Österreich belebten auch die Überlegungen zur österreichischen »Wiederbewaffnung«. Schon im Herbst 1950 wurde anlässlich der großen Streiks, des Generalstreiks vom 26. September und der gelegentlich zum vermeintlichen »KP-Putschversuch« hochstilisierten Auseinandersetzungen vom 4. Oktober, angedacht, 15 000 ehemalige Soldaten »als Assistenzen der Gendarmerie bei außerordentlichen Verhältnissen« zum Objektschutz einzuberufen, wie Bundeskanzler Leopold Figl am 3. Oktober dem US-Hauptquartier schrieb[28]. Ende 1951 begannen die westlichen Alliierten zusammen mit den österreichischen Behörden ein österreichisches »Aufgebot« für den Fall eines Krieges vorzubereiten. Dieses sollte in den westlichen Besatzungszonen mobilgemacht werden, um bei der Verteidigung des Landes zu helfen[29]. Dabei rechnete man 1952 mit zwei Divisionen, also etwa 30 000 Mann, 1954 gar mit rund 100 000; selbst Zahlen von 200 000 Mann wurden gelegentlich genannt[30]. Entsprechende Listen wurden bei den jeweiligen Landesregierungen angelegt – ohne dass die Betroffenen davon wussten[31]. Die Angehörigen des »Aufgebots« hätten im Ernstfall zusammen mit den alliierten Truppen nach Italien oder Nordafrika evakuiert werden sollen, um dort den Kern einer österreichischen Exilarmee zu bilden und später bei der Befreiung Europas mitzukämpfen.

In diesem Zusammenhang muss daran erinnert werden, dass die Perzeption der Bedrohung nahe der möglichen »Front«, also etwa in Österreich, immer stärker war als in den europäischen Hauptstädten, beispielsweise in Paris und London, oder gar in Washington. Lokale Befehlshaber wie Béthouart oder der US-Oberbefehlshaber und Hochkommissar Geoffrey Keyes empfanden die sowjetische Gefahr naturgemäß unmittelbarer als ihre Vorgesetzten in den Planungsstäben zu Hause. Ähnliches mochte übrigens durchaus auch für die sowjetische Besatzungsmacht gegolten haben.

Mehr als einen großen Krieg befürchtete man im Westen jedenfalls ab 1947/1948 eine Fortsetzung der östlichen »Salamitaktik«, um gewissermaßen

---

28 Manfried Rauchensteiner, Staatsvertrag und Neutralität aus militärhistorischer Perspektive. In: Der österreichische Staatsvertrag (wie Anm. 9), S. 57–86, hier S. 73.
29 Vgl. dazu Gerhard Artl, Das Aufgebot: (West-)Österreich als »geheimer Verbündeter« der NATO? In: B-Gendarmerie (wie Anm. 1), S. 97–122.
30 Vgl. Rauchensteiner, Stalinplatz 4 (wie Anm. 6), S. 179.
31 Detailliert wird dies für die französische Zone von Bruno Koppensteiner dargestellt (wie Anm. 22).

»scheibchenweise« ein Land ums andere durch Staatsstreich, Wahlen (oder vielmehr Wahlbetrug) und andere scheinbar friedliche Mittel dem kommunistischen Machtbereich einzuverleiben. Die Machtübernahmen der Kommunisten in Polen, Ungarn und in der Tschechoslowakei 1947/1948 schienen diese Befürchtungen zu bestätigen[32]. Für Österreich, das in den Wahlen vom 25. November 1945 der KPÖ eine ebenso klare wie überraschende Abfuhr erteilt hatte, erschien daher ein KP-Putsch als aktuelle Gefahr[33], auch wenn dies zurückblickend als übertrieben erscheinen mag[34].

Wesentlich für die Westalliierten war vor allem, dass Österreich nach dem eventuellen Abzug der Besatzungstruppen nach Abschluss des Staatsvertrages »auf eigenen Beinen stehen« konnte, auch und gerade hinsichtlich der inneren wie äußeren Sicherheit. Ein gemeinsames Vorgehen der vier Besatzungsmächte zur Stärkung der österreichischen Exekutive, geschweige denn zur Aufstellung eines österreichischen Militärs, scheiterte aber am sowjetischen Einspruch, die ein zu stark pro-westlich bzw. anti-kommunistisch (»anti-demokratisch«) geprägtes Heer befürchteten. Noch Ende 1952 hatten die Sowjets sogar Bedenken gegen die Ausrüstung der Gendarmerie mit Gummiknüppeln[35]. Ein österreichisches Militär sollte aus sowjetischer Sicht erst nach Unterzeichnung des Staatsvertrages entstehen, nicht davor.

Dazu kam freilich, dass die Westmächte, vor allem die Amerikaner, immer weniger Interesse an einem gemeinsamen Vorgehen mit den Sowjets hatten und sich ab 1948 verstärkt um die Aufstellung von Alarmformationen der Exekutive bemühten. Im Rahmen der Gendarmerie, die 1849 als Teil der Armee geschaffen worden war und daher noch immer eine gewisse militärische Tradition hatte, entstand der »Hilfskörper II« als regimentsstarker Verband für den Ernstfall, aus dem sich später die »B-Gendarmerie« entwickelte. Der 1. August 1952 gilt als »Geburtstag« dieser Truppe. Mit diesem Stichtag wurden die leitenden Gendarmeriebeamten durch kriegserfahrene Heeresoffiziere ersetzt. Doch handelte es sich bei der Entstehung der B-Gendarmerie um eine schrittweise Entwicklung[36]. Das Unter-

---

[32] Vgl. dazu auch Schicksalsjahre der Tschechoslowakei 1945-1948. Hrsg. von Nikolaus Lobkowicz und Friedrich Prinz, München, Wien 1981. Vgl. auch Günter Bischof, »Prag liegt westlich von Wien«: Internationale Krisen im Jahre 1948 und ihr Einfluß auf Österreich. In: Die bevormundete Nation (wie Anm. 6), S. 315-346.

[33] Vgl. die Notiz über die Unterredung zwischen John Foster Dulles und Innenminister Oskar Helmer am 16.10.1948, NA, RG 84, Records of the Foreign Service Posts of the Department of State, File NN3-59-91-027, Austria, Oct 48, Box 1, Accession No. 71D325.

[34] Manfried Rauchensteiner und Oliver Rathkolb betonen, dass die sowjetischen Absichten weniger aggressiv waren, als dies die Zeitgenossen vermutet hatten; vgl. Oliver Rathkolb, Von der Besatzung zur Neutralität: Österreich in den außenpolitischen Strategien des Nationalen Sicherheitsrates unter Truman und Eisenhower. In: Die bevormundete Nation (wie Anm. 6), S. 371-405. Kritischer interpretiert die sowjetischen Absichten hingegen Günter Bischof, Austria looks to the West: Kommunistische Putschgefahr, geheime Wiederbewaffnung und Westorientierung am Anfang der Fünfziger Jahre. In: Österreich in den Fünfzigern. Hrsg. von Thomas Albrich [u.a.], Innsbruck, Wien 1995 (= Innsbrucker Forschungen zur Zeitgeschichte, 11), S. 183-209, bes. S. 187 ff.

[35] Unteregger, Die B-Gendarmerie (wie Anm. 13), S. 109 ff.

[36] Vgl. dazu ausführlich Walter Blasi, Die B-Gendarmerie. In: B-Gendarmerie (wie Anm. 1), S. 27-74; auch (wenngleich äußerst kritisch gegenüber Österreichs West-Orientierung) Christian

nehmen war so geheim, dass nicht einmal die Bedeutung des »B« eindeutig geklärt ist: Es wurde verschiedentlich als Abkürzung für Bereitschafts- oder bewaffnete Gendarmerie gedeutet, dürfte aber am ehesten auf den Gegensatz zur »Allgemeinen« Gendarmerie (A-Gendarmerie) anspielen, also die »andere« oder »zweite« Gendarmerie gewissermaßen, wie dies ja auch in der Zahl »II« des Vorläuferverbandes, des Hilfskörpers II, zum Ausdruck kam[37]. Unter der Tarnbezeichnung »Gendarmerieschulen« wurden Infanteriebataillone errichtet, dazu kamen »Fahreinheiten« (= Aufklärungskompanien) und entsprechende Versorgungskomponenten. Die Sowjets wussten darüber natürlich trotz aller Geheimhaltung Bescheid, duldeten diese Aktivitäten aber bis zu einem bestimmten Grad[38]. Bis 1955 standen so 7500 Mann zur Verfügung, die den Kern des künftigen Bundesheeres bilden konnten. Die US-Behörden stellten darüber hinaus Waffen und Ausrüstung für 28 000 Mann zur Verfügung. In diesem Programm zur Aufrüstung spielten die USA, von denen die Masse der finanziellen Mittel kam, die führende Rolle.

Während sich viele B-Gendarmen, vor allem die Offiziere, als Kader des neuen Bundesheeres sahen (was sie dann auch wurden), galten die Intentionen der Westmächte weniger einer Armee für den äußeren Verteidigungsfall, sondern vielmehr einer innenpolitischen Eingreiftruppe für den Fall eines kommunistischen Staatsstreiches oder Putschversuches. Nach dem Abzug der Besatzungstruppen durfte Österreich keinesfalls, weder nach innen noch nach außen, ein sicherheitspolitisches »Vakuum« werden. Damit aber gewann die B-Gendarmerie staatspolitisch eine Bedeutung, die weit über ihre administrative Funktion als Vorläuferin des Bundesheeres hinausging: Ihre Existenz war letztlich für die Westmächte eine wesentliche Bedingung dafür, dass Österreich überhaupt den Staatsvertrag und damit seine Souveränität erhalten konnte.

Der jugoslawische Faktor und die geänderte geopolitische Lage 1948 bis 1954

Im Fall eines großen Krieges in Europa glaubte man in den Vierziger- und Fünfzigerjahren, in Österreich wenig mehr tun zu können, als einen Vormarsch der sowjetischen Truppen zu verzögern und den alliierten Besatzungstruppen sowie

---

Stifter, Die Wiederaufrüstung Österreichs: Die geheime Remilitarisierung der westlichen Besatzungszonen 1945–1955, Innsbruck, Wien 1997 (= Wiener Zeitgeschichte-Studien, 1).

[37] Später wurde das »B« auch als Hinweis auf »Bundesheer-Gendarmerie« interpretiert. Für diesen Hinweis danke ich Herrn Ernestus Mathon.

[38] Wie Anm. 36. Besonders schön illustriert dies eine Begebenheit, von der General i.R. Lothar Brósch-Fohraheim dem Autor berichtete. Als junger Oberleutnant befehligte er eine Kompanie der B-Gendarmerie, die anlässlich der Hochwasserkatastrophe 1954 zur Assistenzleistung in das nördliche Oberösterreich geschickt wurde, also in die sowjetische Besatzungszone. Den Gendarmen war eingeschärft worden, auf Befragen anzugeben, sie wären normale Postengendarmen, die nur für diese Assistenzleistung zusammengezogen worden wären; offiziell gab es die B-Gendarmerie gar nicht. Mit etwas mulmigem Gefühl fuhren die Gendarmen über die Linzer Donaubrücke aufs nördliche Ufer. Sie wurden vom dortigen Postenkommandanten stramm als »erste Einheit der B-Gendarmerie in der sowjetischen Zone« freundlich begrüßt.

möglichst vielen Österreichern den Rückzug Richtung Italien zu ermöglichen. Die B-Gendarmerie könnte allenfalls helfen, diesen Rückzug zu decken. Außerdem sollten möglichst viele kriegsgediente Österreicher vor den Sowjets in Sicherheit gebracht werden.

Diese eher pessimistische Einschätzung, Europa im Fall eines sowjetischen Angriffes zu verteidigen, beschränkte sich nicht auf Österreich und Norditalien. Auch in Westdeutschland sah man sich in den ersten Jahren nach der Gründung der NATO 1949 kaum in der Lage, sowjetische Truppen zu stoppen, und selbst die Rheinlinie schien bis in die Fünfzigerjahre hinein kaum zu halten. Erst ab 1958 begannen ernsthafte Planungen, die Hauptverteidigungslinie von der Rhein–Ijssel-Linie ostwärts hin zur Ems–Neckar-Linie zu verschieben[39]. Während die Niederländer an die Überflutung großer Teile des Landes dachten, um die Sowjets aufzuhalten, rechnete man in Washington bis in die Fünfzigerjahre eher damit, selbst große Teile Frankreichs zu räumen und eine Front irgendwo zwischen Rhein und Pyrenäen aufzubauen. Spanien sollte – schon als mögliche Basis für den strategischen Luftkrieg – ähnlich wie Italien gehalten werden, ebenso Großbritannien.

Nach 1948 ergab sich ein neuer Faktor für die Beurteilung der Lage in Europa und damit auch der strategischen Position Österreichs. Dies lag nicht an Entwicklungen in Österreich selbst, auch nicht so sehr am Koreakrieg (1950–1953) und der dadurch ausgelösten verstärkten Furcht vor einem sowjetischen Angriff in Europa, sondern vor allem an Jugoslawien. Bis 1948 hatte die jugoslawische Armee als einer der stärksten sowjetischen Verbündeten für den Fall einer künftigen Auseinandersetzung in Europa gegolten[40]. In den Kräfteübersichten westlicher Generalstäbe schienen jugoslawische Divisionen als besonders kampfstarke Verbände der Sowjetunion und ihrer Satelliten auf, rechnete man mit einem Angriff durch die Laibacher Pforte nach Oberitalien. Die Erinnerung daran, dass es 1945/1946 mehrmals so ausgesehen hatte, als könnte es mit Jugoslawien zum Krieg kommen, war ebenso lebendig wie das Wissen um die jugoslawische Unterstützung für die kommunistischen Partisanen im griechischen Bürgerkrieg 1946 bis 1948, und in den Vierzigerjahren erschien eine jugoslawische Unterstützung der italienischen Kommunisten als durchaus reale Bedrohung[41]. Auch war die Frage der Zugehörigkeit Triests immer noch offen; seit 1945 wurden Triest und das Hinterland in zwei getrennten Besatzungszonen verwaltet: die Stadt vom Westen, das Hinterland von Jugoslawien, das aber auch die altösterreichische Hafenstadt für sich beanspruchte.

---

[39] Vgl. dazu – und speziell hinsichtlich der Konsequenzen für den süddeutsch-österreichischen Raum – jetzt Helmut R. Hammerich, Der Kampf ums Edelweiß: Das II. (GE) Korps und die geplante Verteidigung der bayerischen Alpen während des Kalten Krieges. In: Die Planung der Abwehr in der Armee 61. Hrsg. von Peter Braun und Hervé de Weck, Bern 2009 [= Tagungsband des Kolloquiums der Schweizerischen Vereinigung für Militärgeschichte und Militärwissenschaft (SVMM) und des Centre d'histoire et de prosective militaires (CHPM) vom 17.10.2008], S. 51–77, hier bes. S. 60.
[40] Vgl. Ross, American War Plans (wie Anm. 21), S. 40.
[41] Vgl. Krüger, Brennender Enzian (wie Anm. 27), S. 3 f.

1948 kam es zum »großen Bruch« Josip Broz Titos mit Iosif V. Stalin – und auf einmal schien alles anders. Hatte der Westen nicht schon zwischen 1943 und 1945 mit den Tito-Partisanen gut zusammengearbeitet? Stand nicht die Tito'sche Variante des Kommunismus eigentlich dem westlichen Demokratieverständnis näher als dem diktatorischen Regime Stalins? Und wäre nicht Jugoslawien im Ernstfall ein wichtiger Verbündeter des Westens in einer Auseinandersetzung mit dem Osten?

Im Rückblick wirken diese Ansichten als übertrieben, teils sogar als naives Wunschdenken. Damals aber, um 1948/1949 und bis hin zum Koreakrieg, waren sie Anlass, die strategische Lage in Europa neu zu beurteilen. Dieser Entwicklung gingen große Veränderungen der europäischen Sicherheitspolitik und die »Verfestigung« der Blöcke in Europa voraus. 1947 stand beim »Pakt von Dünkirchen« (4. März) zwischen Frankreich und Großbritannien noch die mögliche Bedrohung durch ein wieder erstarktes Deutschland im Vordergrund, das es zu verhindern galt. Auch die Ortswahl war symbolisch, stand Dünkirchen doch für die Fortsetzung des Krieges durch die Westmächte nach der Niederlage Frankreichs 1940[42]. Ein Jahr später, am 17. März 1948, wurde dieser Bündnisvertrag durch den Beitritt der Benelux-Staaten zum »Brüsseler Fünfmächtevertrag« erweitert (Westunion, seit 1955 Westeuropäische Union, WEU). Die Vertragspartner verpflichteten sich, ihre Wirtschaftspolitik zu koordinieren, Streitigkeiten friedlich beizulegen und einander zu unterstützen, sollte einer der fünf Staaten militärisch angegriffen werden. Inzwischen hatte sich das Bedrohungsbild aber zunehmend auf die Sowjetunion verlagert, den einstigen Verbündeten des Weltkrieges. 1947/1948 konsolidierte sich die kommunistische Machtzone im östlichen Mitteleuropa; gleichzeitig leiteten die Truman-Doktrin und der Marshall-Plan ein verstärktes amerikanisches Engagement in Europa ein: Der schleichenden Ausbreitung des Kommunismus sollte Widerstand geleistet werden[43]. 1948/1949 demonstrierte die Berliner Luftbrücke die Entschlossenheit des Westens, die Einverleibung (West-)Berlins in die Ostzone nicht hinzunehmen. 1949 entstanden in den westlichen bzw. östlichen Besatzungszonen die Bundesrepublik Deutschland (23. Mai) und die Deutsche Demokratische Republik (7. Oktober)[44]. Zur Einbindung der USA und Kanadas in die europäischen Sicherheitsstrukturen wurde am 4. April 1949 in Washington der Nordatlantikpakt unterzeichnet, aus dem sich schließlich die NATO (North Atlantic Treaty Organization) entwickelte.

---

[42] Zum Hintergrund des »Wunders von Dünkirchen« 1940, d.h. der Evakuierung großer Teile der französischen und britischen Expeditionstruppen (fast 340 000 Mann!) in Folge einer zweitägigen Pause im deutschen Vormarsch, vgl. Karl-Heinz Frieser, Blitzkrieg-Legende: Der Westfeldzug 1940, München 1996 (= Operationen des Zweiten Weltkrieges, 2), S. 363–376.

[43] Vgl. Derek W. Urwin, The Community of Europe: A History of European Integration since 1945, 2. ed., London, New York 1995, S. 15; zur französischen Einschätzung: Sandner, Die französisch-österreichischen Beziehungen (wie Anm. 6), S. 287.

[44] Auf die Deutschlandfrage kann hier nicht im Detail eingegangen werden. Zum Hintergrund vgl. Andreas Hillgruber, Europa in der Weltpolitik der Nachkriegszeit 1945–1963, München, Wien 1981 (= Grundriß der Geschichte, 18); sowie verschiedene Arbeiten insbes. von Michael Gehler und Rolf Steininger.

Einstweilen aber war diese NATO noch keine effektive militärische Organisation. Noch heute ist die militärische Beistandspflicht der NATO-Partner weit weniger verbindlich formuliert als etwa jene im Brüsseler (WEU-)Vertrag. Die NATO der Anfangsjahre verstand sich bis zum Koreakrieg in erster Linie als eine politische Allianz, die über keine eigenen Streitkräfte verfügte; Zeitgenossen werteten es als durchaus symbolisch, dass die US-Militärkapelle anlässlich der Unterzeichnung des Vertrages im April 1949 »I've Got Plenty of Nothing!« intonierte. Die Aussichten, einem allfälligen massiven sowjetischen Angriff östlich des Rheins Widerstand leisten zu können, wurden lange höchst skeptisch beurteilt[45].

Unter diesen Umständen bot der vermeintliche »Frontwechsel« Titos einen Hoffnungsschimmer, ja mehr noch, eine verlockende Alternative. Wenn man sich auch in Nordwesteuropa zurückziehen müsste und hoffte, die Front bestenfalls irgendwo zwischen Rhein und Pyrenäen stabilisieren zu können: Lag es da nicht nahe, das Schwergewicht der Verteidigungsanstrengungen nach Südosteuropa zu verlagern? Oberitalien könnte so weit besser geschützt, darüber hinaus könnten sogar Teile Jugoslawiens gehalten werden. Mit etwas Glück schien es sogar möglich, die Landverbindung nach Griechenland zu halten, wo der blutige Bürgerkrieg gerade erst mit einem Sieg des Westens zu Ende ging. Die Überlegungen gingen weiter: In einer offensiven Operation könnte in Bulgarien die Donau erreicht werden (dies war übrigens der einzige Fall, in dem NATO-Planungen je ein angriffsweises Vorgehen vorsahen). Dadurch hoffte man, eine geschlossene Front über Griechenland bis in die Türkei aufzubauen – beide Staaten wurden 1952 Mitglieder der NATO. Und den Sowjets wäre der Zugriff aufs Mittelmeer verwehrt[46].

Überlegungen wurden auch hinsichtlich der strategischen Bedeutung Österreichs angestellt. Zwar ging es in westlichen Planungen weiterhin nicht so sehr um eine Verteidigung des gesamten Territoriums der Alpenrepublik, aber angesichts der Bedeutung der Landverbindung zwischen Italien und Jugoslawien gewann der »italienisch-österreichische Brückenkopf«, wie es in den Quellen heißt, einen ganz neuen Stellenwert, da er der einzig mögliche Brückenkopf in Europa überhaupt gewesen wäre[47]. In einem Kriegsfall wäre Österreich somit wohl verstärkt in Kampfhandlungen hineingezogen worden, wären große Teile des Landes Schauplatz der Kämpfe oder doch in unmittelbarer Frontnähe gewesen – mit allen Fol-

---

[45] Für eine Beurteilung aus niederländischer Sicht vgl. Jan Hoffenaar, Military Wishes and Economic Realities: The NATO Temporary Council Committee and the Build-up of the Dutch Armed Forces, 1951-1952 (http://www.php.isn.ethz.ch/publications/areastudies/nethcw.cfm, zuletzt eingesehen am 29.11.2010); Beatrice Heuser, Nato-Kernwaffenstrategie im Kalten Krieg: Eine kleine rückblickende Übersicht. In: Österreichische Militärische Zeitschrift, 33 (1995), S. 145-156 und S. 265-274; Hillgruber, Europa (wie Anm. 44), S. 56.

[46] Zu diesem Thema ausführlich und gestützt auf eine solide Quellenbasis Beatrice Heuser, Western Containment Policies in the Cold War: The Yugoslav Case 1948-53, London, New York 1989.

[47] »The only possible bridgehead is the Italo-Austrian bridgehead.« Planungspapier »Defence of Europe in the Short Term«, COS (51) 322, 31.5.1951, The National Archives/Public Record Office (PRO), Kew, DEFE 5/31; im Internet unter http://www.php.isn.ethz.ch/collections/colltopic.cfm?lng=en&id=18491&navinfo=14968 (zuletzt eingesehen am 29.11.2010). Diese Internet-Sammlung wichtiger Dokumente ist Teil des Parallel History Project, an dem Österreich durch die Landesverteidigungsakademie Wien beteiligt ist. Vgl. auch Heuser, Western Containment Policies (wie Anm. 46), S. 156 f.

gen für die Bevölkerung und die Infrastruktur. Zumal gerade in den Fünfzigerjahren die Möglichkeit, die Alpentäler durch nukleare Explosionen zu sperren, immer konkretere Formen annahm[48]. Auch Béthouarts Befestigungen in Tirol und Vorarlberg gewinnen unter diesem Gesichtspunkt eine zusätzliche Dimension, vor allem was die Sperren an Nord-Süd-Verbindungen (etwa am Fernpass) betrifft.

Diese Szenarien, die letztlich bis zur Lösung der Triest-Frage (1954) und der »Heimkehr« Jugoslawiens in den sowjetischen Machtbereich nach Stalins Tod (1953) andauerten, bieten auch den plausibelsten Hintergrund für die Anlage der amerikanischen und britischen Waffenlager in den jeweiligen Besatzungszonen in den Jahren 1949 bis 1954[49]. Denn die Begründung für Partisanenaktionen im Rücken der sowjetischen Truppen, für die diese Waffenlager vorbereitet waren, ist für den vergleichsweise frontnahen Bereich nördlich der Laibacher Pforte einleuchtender als für den Fall einer Front irgendwo in Italien oder Frankreich.

Wann genau erste Waffenlager errichtet wurden, ist unklar; ein Hinweis auf erste britische Lager in Kärnten schon 1946 oder 1947 ist wenig glaubwürdig. Insgesamt legten Amerikaner und Briten an die 100 Depots in den westlichen Besatzungszonen an. Die Bergung des Großteils der US-Waffenlager 1996 erregte bekanntlich große Aufmerksamkeit in den Medien. Einige US-Lager waren freilich schon davor etwa bei Bauarbeiten zufällig entdeckt und geborgen worden, daher war die Existenz solcher Lager keine echte Überraschung. Die britischen Lager hingegen waren schon zwischen 1959 und 1965 amtlich ausgehoben oder teils bereits davor geplündert worden. Diese Lager, in mehreren Phasen angelegt, enthielten Infanteriewaffen, Sprengstoff, Uniformen und Ausrüstungsgegenstände. Ihr Zweck bestand offenbar darin, in einem Kriegsfall einheimische Partisanen auszurüsten, die unter Führung amerikanischer Offiziere der Special Forces und britischer Experten des Special Air Service Guerilaaktionen und Überfälle gegen sowjetische Streitkräfte im Rücken der Front durchführen sollten.

Ausschlaggebend für ein solches Vorgehen waren die britischen und amerikanischen Erfahrungen mit Partisanen in Frankreich, Jugoslawien, Griechenland und anderen Staaten gegen die deutschen und im Fernen Osten gegen die japanischen Truppen im Weltkrieg. In den britischen Planungen »Fairfax« für das erste Halbjahr 1953 beispielsweise wird ausdrücklich festgehalten, dass Österreich zwar nur über geringe Polizeistreitkräfte verfüge, die Sympathien der Bevölkerung aber eindeutig beim Westen lägen. Im Falle eines sowjetischen Angriffes wäre daher vor allem in den Bergen mit Partisanenaktionen gegen die sowjetischen Truppen zu rechnen[50]. Diese wurden auch vorbereitet: Es gibt Berichte, wonach Offiziere der Royal Marines österreichische Freiwillige ausbildeten[51].

---

48 Vgl. Krüger, Brennender Enzian (wie Anm. 27), S. 64–70.
49 Vgl. dazu detailliert die Beiträge von Walter Blasi und Wolfgang Etschmann, Überlegungen zu den britischen Waffenlagern in Österreich, und von M. Christian Ortner, Die amerikanischen Waffendepots in Österreich. In: B-Gendarmerie (wie Anm. 1), S. 139–153 bzw. S. 155–170; außerdem die Informationen auf der PHP-Website: http://www.php.isn.ethz.ch/collections/coll-topic.cfm?lng=en&id=15301 (zuletzt eingesehen am 29.11.2010).
50 »Austria has only a small armed police force, but her sympathies are with the West. In the event of a Soviet attack, there will be some guerilla warfare against the Soviet forces, especially in the

Obwohl es spätestens 1954 auf der Hand lag, dass sich die Erwartungen eines Zusammengehens Jugoslawiens mit dem Westen nicht erfüllten (zwischenzeitlich hatten sogar schon Waffenlieferungen an den Staat Titos begonnen[52], begründet vor allem die Nähe zur Adria die strategische Bedeutung Österreichs, während die Donauachse, die später in den österreichischen Verteidigungsplanungen des Kalten Krieges so wichtig war, offenbar zweitrangig schien. Die US-Besatzungstruppen aus Triest wurden 1954, mit der Lösung der Triest-Frage, nach Salzburg gebracht, um weiter in der Nähe der Laibacher Pforte bereit zu stehen. 1955, nach Abschluss des Staatsvertrages, wurden sie nach Oberitalien verlegt[53].

Österreich und die europäische Einigung 1949 bis 1955

Es ist fraglich, ob die Auswirkungen der jugoslawischen Geschehnisse auf Österreich Anfang der Fünfzigerjahre in Wien in ihrer ganzen Tragweite erkannt wurden. In der vorhandenen Literatur zu Besatzungszeit und Staatsvertrag nehmen sie bislang jedenfalls einen vergleichsweise geringen Stellenwert ein, und es ist das Verdienst Beatrice Heusers (Universität Reading), auf diesen Zusammenhang hingewiesen zu haben. Hingegen stand der europäische Einigungsprozess schon länger im Blickfeld auch österreichischer Forscher, wobei hier vor allem die Arbeiten von Rolf Steininger und Michael Gehler (Institut für Zeitgeschichte der Universität Innsbruck bzw. Universität Hildesheim) zu nennen sind.

Um einerseits die Wiederholung einer Katastrophe wie der beiden Weltkriege zu verhindern und andererseits der kommunistischen Bedrohung durch eine Einigung Westeuropas besser widerstehen zu können, entstand ein Netzwerk europäischer Institutionen: Auf Basis des amerikanischen Marshallplan-Programms für den wirtschaftlichen Wiederaufbau Westeuropas (European Recovery Program, ERP) vom Juni 1947 schlossen sich die 16 Empfängerstaaten im April 1948 zur Organisation für europäische wirtschaftliche Zusammenarbeit zusammen (Organization of European Economic Cooperation, OEEC; seit 1960 Organization of Economic Co-operation and Development, OECD)[54]. Österreich gehörte zu den anteilsmäßig besonders bevorzugten Empfängern des Marshallplans; als Beson-

---

mountainous regions.« Plan Fairfax (Outline of United Kingdom Intentions in War) für das erste Halbjahr 1953, Annex to JP (52) 108 (final) vom November 1952, PRO, DEFE 4/58; im Internet unter http://www.php.isn.ethz.ch/collections/colltopic.cfm?lng=en&id=18487&navinfo=14968 (zuletzt eingesehen am 29.11.2010).
51 Vgl. Michael Smith, New Cloak, Old Dagger: How Britain's Spies came in from the Cold, London 1996, S. 117; zit. nach Daniele Ganser, NATO's Secret Armies: Operation Gladio and Terrorism in Western Europe, London, New York 2005 (= Contemporary Security Studies), S. 37, 42.
52 Dazu im Detail Heuser, Western Containment Policies (wie Anm. 46), Kap. 6.
53 Carafano, Waltzing into the Cold War (wie Anm. 6), S. 151 f.
54 Auch die Umschichtung der Wirtschaftshilfe von UN-Programmen (wie UNRRA) zu Marshallplan und OEEC zeigte das geänderte Verständnis für die Aufgaben der UN in der Welt nach 1945. Vgl. J.P.D. Dunbabin, The Cold War: The Great Powers and Their Allies, London, New York 1994 (= International Relations Since 1945), S. 90; auch Urwin, The Community of Europe (wie Anm. 43), S. 19.

derheit nahm in Österreich auch der sowjetisch besetzte Osten des Landes an diesem Wirtschaftshilfsprogramm teil, das ausdrücklich dazu diente, den kommunistischen Einfluss zu bekämpfen[55].

Zur Verständigung über gemeinsame politische Fragen wurde 1948/1949 der Europarat ins Leben gerufen (Londoner Zehnmächtepakt, August 1949). Die Aufnahme der Bundesrepublik Deutschland in den Europarat erfolgte 1950; am 18. April 1951 gründeten Deutschland, Frankreich, Italien und die Benelux-Staaten schließlich die Europäische Gemeinschaft für Kohle und Stahl (EGKS oder Montanunion). Durch die Unterstellung der für die Rüstungsindustrie wesentlichen Rohstoffe unter die Aufsicht einer überstaatlichen Behörde sollte die Gefahr eines neuen Krieges zwischen den westeuropäischen Staaten ein für alle Mal gebannt werden. Die EGKS wurde damit zur ersten der drei Europäischen Gemeinschaften (EG)[56]; 1957 folgten die Europäische Wirtschaftsgemeinschaft (EWG) und die Europäische Atomgemeinschaft (EAG oder Euratom). Deren weitere Entwicklung zur Europäischen Union (EU) im Sinne der Verträge von Maastricht (unterzeichnet am 7. Februar 1992, in Kraft getreten mit 1. November 1993), Amsterdam (2. Oktober 1997, in Kraft 1. Mai 1999) und Nizza (26. Februar 2001, in Kraft 1. Februar 2003) bis hin zum gescheiterten Ansatz zu einer europäischen Verfassung und schließlich zum Vertrag von Lissabon (13. Dezember 2007, in Kraft 1. Dezember 2009) braucht an dieser Stelle nicht im Detail geschildert zu werden.

Zu erwähnen ist hingegen eine weitere Initiative, die Europäische Verteidigungsgemeinschaft (EVG) von 1952. Dieser Plan einer gemeinsamen »Europaarmee« scheiterte allerdings an französischen Befürchtungen vor einem (west-)deutschen militärischen Übergewicht. Daher lief die militärische Einigung Europas zunehmend auf einer anderen Schiene, die die transatlantische Partnerschaft und die US-Führungsrolle in diesem Bereich betonte, nämlich über die NATO, der dann 1955 auch die Bundesrepublik Deutschland beitrat. Anders als die Europäischen Gemeinschaften (einschließlich der geplanten EVG) verzichtete die NATO auf den supranationalen Anspruch und beschränkte sich auf die politische und militärische Kooperation im Bündnis[57].

Angesichts der Erfahrungen der Zwischenkriegszeit versuchte Österreich schon 1945, sich möglichst rasch in die Staatengemeinschaft zu (re-)integrieren, wobei es anfangs wohl kaum bewusste Unterscheidungen zwischen den weltweiten und den spezifisch europäischen Entwicklungen gab. Teilweise ging es auch um

---

55 Dazu das Standardwerk von Wilfried Mähr, Der Marshallplan in Österreich, Graz, Wien, Köln 1989; sowie jetzt auch: The Marshall Plan in Austria. Ed. by Günter Bischof, Anton Pelinka and Dieter Stiefel, New Brunswick, London 2000 (= Contemporary Austrian Studies, 8).

56 Obwohl oft im Singular gebraucht, müsste man bis zum Inkrafttreten des Vertrags von Maastricht eigentlich von *drei* Europäischen Gemeinschaft*en* (EG) sprechen, trotz der Zusammenlegung der Institutionen durch den mit 1.7.1967 in Kraft getretenen Fusionsvertrag. Mit dem Vertrag von Maastricht wurde die EWG dann zur EG (Singular) umgewandelt.

57 Vgl. Paul Noack, Militärpolitische Entscheidungen nach dem Scheitern der Europäischen Verteidigungsgemeinschaft. In: Aspekte der deutschen Wiederbewaffnung bis 1955, Boppard a.Rh. 1975 (= Militärgeschichte seit 1945, 1), S. 149–168; Hillgruber, Europa (wie Anm. 44), S. 59.

die internationale Hilfe in der Phase des Wiederaufbaus nach Kriegsende; schon ab 1945 wurde Österreich durch die 1943 gegründete Hilfsorganisation der Vereinten Nationen (United Nations Relief and Rehabilitation Administration, UNRRA) unterstützt[58]. Obwohl ein erster Antrag auf Mitgliedschaft in der UNO 1947 scheiterte, wurde Österreich in andere Organisationen des UN-Systems entweder wieder zugelassen (so 1946 in den Weltpostverein) oder neu als Mitglied aufgenommen (1947 in die Kulturorganisation UNESCO sowie in die Landwirtschaftsorganisation FAO, 1948 in die Weltbank). Der Beitritt zur UNO musste freilich noch bis 1955 warten[59].

Zu dieser Zeit entstanden, wie erwähnt, auch die ersten Ansätze für europäische Organisationen. Einer österreichischen Integration standen hier aber zwei große Hindernisse entgegen: einerseits die besonderen Bedingungen der Vormundschaft der Besatzungsmächte und deren einander zunehmend widersprechenden Ziele, andererseits die Berührungsängste hinsichtlich Deutschlands – immerhin war man gerade erst dem »Anschluss« von 1938 bis 1945 entkommen. Während noch mehrere Jahrzehnte bis zur Mitgliedschaft in den Europäischen Gemeinschaften vergingen, trat Österreich schon am 16. April 1956 dem Europarat bei und war führend an der Schaffung der Europäischen Freihandelsgemeinschaft EFTA (European Free Trade Agreement, 1960) beteiligt[60]. Trotz der Restriktionen von Staatsvertrag und Neutralität suchte die Alpenrepublik in den Sechzigerjahren bereits eine Annäherung an die Europäischen Gemeinschaften.

Staatsvertrag, Neutralität und Bundesheer

Damit aber sind wir der Erzählung schon vorausgeeilt. Erst der Abschluss des Staatsvertrages brachte Österreich die Souveränität und ermöglichte das gleichberechtigte Agieren auf der internationalen Bühne. Für beide Seiten, Ost wie West, hatte die Neutralisierung Österreichs Vorteile: Ähnlich wie im Fall der Schweiz (1815) oder Albaniens (1913) zeigte sich auch hier, dass die Neutralisierung eines strategisch wichtigen Gebietes ein Beitrag zur Stabilität einer Region sein kann[61]. Aus östlicher Sicht war zusammen mit der neutralen Schweiz eine Sperre zwischen den Kräften der NATO in Deutschland und jenen in Italien entstanden. Aus west-

---

[58] Vgl. dazu Mähr, Der Marshallplan (wie Anm. 55).
[59] Zum Thema Österreich und die Vereinten Nationen vgl. mit weiteren Literaturangaben Erwin A. Schmidl, Unorientiert oder UN-orientiert? Österreich und die Vereinten Nationen 1945–1995. In: Österreichischer Zeitgeschichtetag 1995: Österreich – 50 Jahre Zweite Republik. Hrsg. von Rudolf G. Ardelt und Christian Gerbel, Innsbruck, Wien 1996, S. 138–141. Das Standardwerk über die UNO in deutscher Sprache ist das Handbuch von Günther Unser, Die UNO: Aufgaben – Strukturen – Politik, 7., neubearb. und erw. Aufl., München 2004.
[60] Vgl. dazu Österreich und die europäische Integration (wie Anm. 25); sowie die Beiträge von Thomas Angerer und Michael Gehler in: Österreichischer Zeitgeschichtetag 1995 (wie Anm. 59), S. 124–127 bzw. S. 128–133.
[61] Vgl. dazu zuletzt, aufbauend auf den Studien Heinz Vetscheras, die von diesem und von mir betreute Dissertation von Alfred Schätz, Die sowjetische Militärpolitik im Kalten Krieg und die österreichische dauernde Neutralität, phil. Diss., Universität Wien 2008.

licher Sicht hingegen verkürzte sich die im Kriegsfall zu verteidigende Frontlinie in Bayern, die dadurch auch leichter zu schützen war. Und beide Seiten konnten als Erfolg verbuchen, dass sich die Truppen der jeweils anderen Seite weiter zurückgezogen hatten.

Die Haltung der Sowjetunion hatte sich schon zu Beginn der Fünfzigerjahre, noch zu Stalins Lebzeiten, etwas entkrampft, wodurch sich für die nach den gescheiterten Verhandlungen über einen Staatsvertrag schon 1946/1947 und 1948/1949 gewissermaßen »eingefrorenen« Beziehungen neue Chancen ergaben[62]. Die Hoffnung der Sowjetunion, mit der Neutralisierung Österreichs ein Muster für eine andere Entwicklung der Deutschen Frage anzubieten, erfüllte sich allerdings nicht; Konrad Adenauer ließ sich nicht beirren und führte die Bundesrepublik Deutschland sicher ins westliche Lager. Im Mai 1955, wenige Tage vor der Unterzeichnung des Staatsvertrages von Wien, wurde die Bundesrepublik Deutschland Mitglied der NATO, und wenig später auch der bisherigen Westunion, nunmehr Westeuropäischen Union. Gewissermaßen als Revanche kündigte die Sowjetunion den seit 1944 bestehenden Freundschafts- und Bündnispakt mit Frankreich. Am Vorabend der Unterzeichnung des Wiener Staatsvertrages, am 14. Mai, wurde übrigens in Warschau der östliche Bündnisvertrag unterzeichnet. Damit formierten sich im Mai 1955 die Blöcke auf beiden Seiten des »Eisernen Vorhangs«, entstand jene machtpolitische Konstellation in Europa, die den »Kalten Krieg« während der folgenden dreieinhalb Jahrzehnte prägen sollte.

Österreich lag zwischen diesen beiden Blöcken – und wollte gleichzeitig keinen Zweifel daran lassen, dass die militärische Neutralität keine ideologische bedeutete. Freilich dauerte es noch einige Zeit, bis sich die künftige außenpolitische Linie Österreichs klar definieren ließ. Die Haltung Österreichs während der Ungarnkrise: zunächst ausgesprochen anti-sowjetisch im Oktober 1956, dann schon vorsichtiger im November[63], und die deutliche Mahnung der Sowjetunion anlässlich amerikanischer Überflüge über Tirol während der Libanonkrise 1958, die Neutralität nicht zu pro-westlich zu interpretieren[64], waren hier prägende Ereignisse.

In Österreich gab es offenbar zwei verschiedene Ansätze. Die eine Gruppe, der vor allem hohe Militärs, aber auch Verteidigungsminister Ferdinand Graf angehörten, hätte wohl schon im Frieden eine Annäherung an die NATO begrüßt. In diesen Zusammenhang gehören auch die Gespräche, die General der Artillerie Emil Liebitzky Ende 1955 in Rom führte[65]. Interessant ist hierbei, dass der Kontakt mit der NATO nicht über die Bundesrepublik Deutschland gesucht wurde

---

[62] Manfried Rauchensteiner bezeichnete sogar den April 1953 als »Honigmond in den österreichisch-sowjetischen Beziehungen«; Rauchensteiner, Staatsvertrag und Neutralität (wie Anm. 28), S. 76.
[63] Vgl dazu detailliert die Beiträge in dem Band: Die Ungarnkrise 1956 und Österreich. Hrsg. von Erwin A. Schmidl, Wien, Köln, Weimar 2003.
[64] Vgl. Walter Blasi, Die Libanonkrise 1958 und die US-Überflüge. In: Österreich im frühen Kalten Krieg (wie Anm. 17), S. 239–259.
[65] Walter Blasi, General der Artillerie Ing. Dr. Emil Liebitzky – Österreichs »Heusinger«?, Bonn 2002 (= Militärgeschichte und Militärwissenschaften, 6), S. 198 f; Rathkolb, Washington ruft Wien (wie Anm. 17), S. 122 f.

(hier bestanden noch erhebliche Berührungsängste), sondern über den südlichen Nachbarstaat. Dies lag einerseits wohl an Liebitzkys eigener Erfahrung als österreichischer Militärattaché in Rom vor 1938, könnte andererseits aber auch auf Kontakte aus der alliierten Besatzungszeit zurückgehen, auch vor dem Hintergrund der oben erwähnten Idee eines »österreichisch-italienischen Brückenkopfes«[66]. Eine Karte aus den Akten Minister Grafs über mögliche sowjetische Vormarschrichtungen und österreichische Verteidigungsplanungen von 1955 oder 1956 ähnelt zudem im Ansatz den Planungen aus der Besatzungszeit: Der Nordosten des Landes mit Wien und Niederösterreich sollte offenbar aufgegeben, eine Verteidigung des Alpenraumes hingegen versucht werden. Sowjetische Vorstöße wurden nicht nur aus dem Osten, sondern auch aus Süddeutschland in Richtung Tirol erwartet (was wiederum zu den französischen Vorbereitungen für Sperren der Nord-Süd-Verbindungen passen könnte)[67].

Liebitzkys Sondierungen in Rom scheinen bei einigen italienischen Gesprächspartnern durchaus auf Gegenliebe gestoßen zu sein. Allerdings war all diesen Versuchen kein Erfolg beschieden: Selbst wenn man eine Kooperation mit der NATO im Falle eines Krieges nicht ausschloss, durfte es im Sinne der österreichischen Neutralität keine vorbereitenden Kontakte geben; dies machte Außenminister Bruno Kreisky den Militärs unmissverständlich klar[68]. Kreisky entwickelte dagegen sein Konzept einer aktiven Neutralitätspolitik. Er wollte die Möglichkeiten Österreichs zur Profilierung innerhalb der Staatengemeinschaft – vor allem in den Vereinten Nationen – weitestgehend nützen und so die internationale Verankerung des Staates absichern[69]. Mit dem UN-Beitritt am 14. Dezember 1955 entfernte sich Österreich bereits vom schweizerischen Modell einer strikten Neutralitätspolitik (die Schweiz trat der UNO erst 2002 bei, obwohl sie deren Arbeit schon davor finanziell und organisatorisch unterstützt hatte)[70]. 1957 gelang Österreich der erste Schritt zur Etablierung Wiens als »dritter UN-Hauptstadt« neben New York und Genf (später kam noch Nairobi als vierte UN-Hauptstadt dazu): Die neu gegründete Internationale Atomenergie-Organisation (IAEA) nahm Österreichs Angebot an und wählte Wien als Standort. 1961 und 1963 fanden die UN-Konferenzen über diplomatische bzw. konsularische Beziehungen in Wien statt; weitere Konferenzen folgten. 1966 bezog die Organisation für industrielle Entwicklung

---

[66] Vgl. dazu jetzt Krüger, Brennender Enzian (wie Anm. 27), S. 103–108. Demnach war 1956 vorgesehen, das italienische Panzer-Aufklärungsregiment »Lancieri di Aosta« für einen Verzögerungskampf im Inntal einzusetzen.

[67] Diese Karte ist als Nachsatz in Rathkolb, Washington ruft Wien (wie Anm. 17), abgedruckt.

[68] Vgl. Stefan Bader, General Erwin Fussenegger 1908 bis 1986: Der erste Generaltruppeninspektor des Österreichischen Bundesheeres der Zweiten Republik, Wien 2003 (= Schriften zur Geschichte des Österreichischen Bundesheeres, 1), S. 124 (über die Besprechung mit Außenminister Kreisky auf Schloss Wartenstein am 29.6.1960).

[69] Vgl. bes. das zweibändige Standardwerk von Michael Gehler, Österreichs Außenpolitik der Zweiten Republik: Von der alliierten Besatzung bis zum Europa des 21. Jahrhunderts, Innsbruck, Wien, Bozen 2005.

[70] Als Überblick über die österreichische Neutralitätspolitik – insbesondere auch im Vergleich zur Schweiz und mit ausführlichen Literaturbelegen – vgl. nunmehr Thomas Fischer, Neutral Power in the CSCE: The N+N States and the Making of the Helsinki Accords 1975, Baden-Baden 2009 (= Wiener Schriften zur Internationalen Politik, 12), bes. S. 36–40.

(UNIDO) ihren Sitz in Wien und 1979 wurde das Vienna International Centre, die »UNO-City«, mit exterritorialem Status der UNO übergeben.

Zu diesem Zeitpunkt präsentierte sich Österreich unzweifelhaft als gefestigtes demokratisches Staatswesen. Die Unterstützung für die Kommunistische Partei ging – nicht zuletzt als Antwort auf die sowjetische Intervention in Ungarn 1956 – immer mehr zurück, und kaum jemand befürchtete einen Putschversuch wie noch 1950. Auch westliche Beobachter, die dem Experiment der Neutralität zunächst skeptisch gegenüber gestanden hatten, waren bald von der Zugehörigkeit Österreichs zum Westen überzeugt[71]. Der »Eiserne Vorhang«, der 1945 mitten durch Österreich gegangen war, verlief ab 1955 unzweifelhaft an der östlichen Grenze.

Ausblick

Die Funktion Österreichs nach 1955 war die eines neutralen Staates »zwischen Ost und West«, es war Bollwerk und Brücke zugleich. Wenn manche Elemente der österreichischen Identität jener Jahre im Rückblick vielleicht auch überzogen anmuten mögen, so beeinflussten sie doch das Selbstverständnis vieler Österreicher bis in die Gegenwart. Auch die Skepsis gegenüber NATO und EU, die aus Meinungsumfragen deutlich wird, mag zum Teil auf die historische Erfahrung der Jahre nach 1945 zurückzuführen sein. Auf das Jahrzehnt der vierfachen Besatzung folgten über drei Jahrzehnte der »blockfreien« Existenz. An der österreichisch-ungarischen Grenze ging 1989 schließlich mit dem Abbau der technischen Sperren in Ungarn ab dem 2. Mai, mit dem symbolischen Durchschneiden des Stacheldrahtzaunes durch die beiden Außenminister Alois Mock und Guyla Horn am 27. Juni und dem »Paneuropa-Picknick« bei Sopron/Ödenburg am 19. August das Zeitalter des »Eisernen Vorhangs« für alle sichtbar zu Ende. Von hier aus führte der Weg zum »Fall der Berliner Mauer« am 9. November 1989 und zur deutschen Wiedervereinigung 1990.

---

71 Vgl. dazu etwa die Beurteilungen des britischen Botschafters und seines Militärattachés, nachdem Österreich seine Bewährungsprobe in der Ungarnkrise bravourös bestanden hatte; Die Ungarnkrise 1956 (wie Anm. 63), S. 272 f.

Horst Pleiner

Strategisches Denken im Alpenraum aus österreichischer Sicht von 1955 bis in die Gegenwart

Die Entwicklung des strategischen Denkens und der damit verbundenen Doktrinen bzw. Konzepte ab 1955 wurde bisher in Österreich noch kaum einer zusammenfassenden, systematischen Untersuchung oder gar kritischen Aufarbeitung unterzogen. Die Ursache dafür mag in einer ausgeprägten Hochachtung vor den Altvorderen liegen, die in Anerkennung der beachtlichen Aufbauleistung vor allem der Jahre von 1955 bis 1980 eine Bewertung bisher weitgehend verhindert hat. Daher wurden die zwischen 1955 und 1989 gesetzten Maßnahmen zur Wahrung der Souveränität und Unabhängigkeit oder zur Verteidigung der Neutralität einfach als Vorgaben angesehen und hinsichtlich ihrer Zielsetzung und Zweckmäßigkeit nicht weiter hinterfragt. Außerdem dürfte es nicht gerade opportun gewesen sein, die stets von führenden Militärs beklagte und der Politik zugeschobene Schere zwischen Auftrag und Mitteln durch eine Prüfung der Übereinstimmung des Auftrages im Rahmen der Neutralität und der strategischen Ziele und operativen Vorstellungen zu entwerten und damit als Druckmittel zur Einforderung erhöhter Mittel zu verlieren. Nun aber sollte es doch möglich sein, sich eingehender mit dem strategischen Denken von 1955 bis in die Gegenwart zu befassen. Der begrenzte Umfang der Darstellung zwingt jedoch zu einer gewissen Fokussierung.

Die unbekannte militärische Neutralität

Die politisch-strategische Ausgangslage Österreichs nach der Unterzeichnung des Staatsvertrages am 15. Mai 1955 wurde bestimmt durch eine neue strategische Situation in Zentraleuropa. Diese ergab sich aus dem Beitritt der Bundesrepublik Deutschland zur NATO und den damit verbundenen Bedenken der UdSSR gegen die Einbeziehung der bundesdeutschen Kapazitäten in das westliche Verteidigungssystem, die gleichzeitig am 15. Mai 1955 zur Gründung des Warschau Paktes führten. Für Österreich bedeutete die Entwicklung zum Staatsvertrag die Akzeptanz des von der UdSSR bereits 1953/1954 in den Staatsvertragsverhandlungen angesprochenen Status einer militärischen Neutralität[1]. Eine solche Neutralität

---

1 Andrew Earl Harrod, Felix Austria? Cold War Security Policy between NATO, Neutrality and the Warsaw Pact, 1945–1989, New York 2007, S. 131–134.

erbrachte durch Bildung eines geschlossenen neutralen Riegels aus Österreich und der Schweiz und dessen Fortsetzung durch ein blockfreies Jugoslawien erhebliche operative Nachteile für die NATO in Europa. In der Begeisterung über die Unterzeichnung des Staatsvertrages und der damit wiedererlangten vollen Souveränität konnte oder wollte man in Österreich den engen strategisch-operativen Zusammenhang der eigenen Neutralität und der militärstrategischen Lage in Zentraleuropa nicht eingehender beurteilen oder sich mit den Konsequenzen daraus befassen.

Zu dieser immerwährenden militärischen Neutralität, die bei den Verhandlungen zum Staatsvertrag in Moskau von österreichischer Seite angeboten und in einem Bundesverfassungsgesetz über die militärische Neutralität am 26. Oktober 1955 festgelegt worden war, besaß man 1955/1956 in Österreich weder bei der Masse der politischen Verantwortungsträger noch den höheren Militärs eine innere Beziehung, noch hatte man konkrete Vorstellungen, geschweige denn auch nur Ansätze einer darauf ausgerichteten strategischen Konzeption des neutralen Kleinstaates entwickelt. Der Hinweis »nach dem Muster der Schweiz« war bei den Verhandlungen in Moskau zwar Aufhänger und Ausgangspunkt gewesen, mit den Konsequenzen für die eigene Strategie und militärische Konzeption hatte sich aber niemand näher befasst. Man bemühte sich nicht, die Situation der neutralen Schweiz in der Tiefe der NATO mit derjenigen Österreichs, das sich in unangenehmer operativer Rand- und Flankenlage zwischen den beiden Bündnissystemen befand und unmittelbar an Jugoslawien grenzte, vergleichend zu beurteilen. Dabei stand der Staat Titos nach wie vor in einem politisch-strategischen Verhältnis zur UdSSR.

Der neutrale Status schrieb fest, dass österreichisches Gebiet und österreichischer Luftraum von keinem der beiden Bündnissysteme bzw. einem seiner Mitgliedsstaaten genutzt werden durften. Der Zusammenhang zwischen einer konsequenten Neutralitätspolitik und deren militärischer Wahrnehmung wurde in diesem Rahmen jedoch nur oberflächlich wahrgenommen. In der Führung des österreichischen Bundesheeres wurde zwar das militärische Potenzial der Schweiz als Vorbild und visionäres Fernziel angesehen. Aber schon in den ersten Beurteilungen hatte der damals für die Planungen zuständige Generaltruppeninspektor (GTI) Erwin Fussenegger erkannt, dass es wohl überaus schwierig werden würde, in Österreich die politische Unterstützung für einen der Schweiz vergleichbaren finanziellen Verteidigungsaufwand mit allen wirtschaftlichen und gesellschaftlichen Konsequenzen zu finden.

Die strategische Problematik der Anfangsjahre

Die militärstrategischen Überlegungen wurden in diesen Anfangsjahren des nunmehr souveränen Österreich nur auf die Verteidigung und die dafür erforderlichen militärischen Kapazitäten ausgerichtet. Doch dürften diese keineswegs den Vorstellungen der Politik entsprochen haben, hatte das Parlament im ersten Wehrgesetz dem Bundesheer doch nur den Schutz der Grenzen übertragen. Für die militärische Führung ergab sich daraus eine als belastend wahrgenommene Schere zwischen dem gesetzlichen und von den Repräsentanten der beiden Regierungsparteien SPÖ (Sozialistische Partei Österreichs) und ÖVP (Österreichische Volkspartei) vertretenen Auftrag und den eigenen Überlegungen zur Verteidigung. So beklagte Fussenegger zumindest in seinem Tagebuch mehrfach diese Diskrepanz zwischen Auftrag und Mitteln. Er billigte dem noch jungen Bundesheer zu, bestenfalls zur Sicherung der Grenzen geeignet zu sein[2]. Welche Aufgaben und Mittel für einen neutralen Kleinstaat tatsächlich erforderlich waren, das spielte dabei offenbar keine Rolle.

Gerade die Ende Oktober 1956 ausgebrochene Krise in Ungarn hätte eine Chance geboten, für Österreich ein in der Praxis nutzbares und auf Grund der Ressourcen auch verwirklichbares strategisches Konzept zu entwickeln, dessen Akzeptanz bei der Politik zu erwirken und daraus die erforderlichen taktischen und organisatorischen Ableitungen zu treffen[3]. Aber die militärischen Spitzen verblieben bei den Erfahrungswerten des zurückliegenden Weltkrieges und sahen nur eine Sicherung und Überwachung der Grenze vor. Der GTI gab bei ersten Anzeichen einer eventuellen Ausweitung der militärischen Konfrontation in Ungarn Weisungen für eine Art hinhaltenden Kampf in westlicher Richtung. Dabei bemühte er sich weder um Abstimmung mit dem Bundesminister oder der Bundesregierung, noch versuchte er diese Maßnahmen auf ein koordiniertes, neutralitätspolitisches Handeln auszurichten[4].

Da mit keinen Alternativen aufgewartet wurde, entwickelte sich eine geradezu permanente Frustration und eine Reihe von Auffassungsunterschieden zwischen den verantwortlichen Militärs und den Repräsentanten der großen Parteien[5]. Die militärische Führung sah, dass die Politik die erforderlichen Mittel vorenthielt und erkannte die unzureichenden Fähigkeiten des Bundesheeres zur Auseinandersetzung mit einem modernen Gegner in der ›Schlacht‹. Gleichwohl verfolgte sie operative Möglichkeiten der Verteidigung und taktische Verfahren vor allem mit zeitlich begrenzter Verteidigung in Widerstandslinien, Ausweichen und Verzögerungskampf bis

---

[2] Stefan Bader, General Erwin Fussenegger 1908 bis 1986. Der erste Generaltruppeninspektor des österreichischen Bundesheeres der Zweiten Republik, Wien 2003 (= Schriften zur Geschichte des österreichischen Bundesheeres, 1), S. 40 f.
[3] Norbert Sinn, Volksaufstand in Ungarn 1956. Der erste Einsatz des jungen österreichischen Bundesheeres. In: Zum Schutz der Republik Österreich. 50 Jahre Bundesheer, 50 Jahre Sicherheit: gestern – heute – morgen. Hrsg. von Wolfgang Etschmann und Hubert Speckner, Wien 2005 (= Schriften zur Geschichte des österreichischen Bundesheeres, Sonderbd), S. 235–268; Rolf M. Urrisk, Die Einsätze des österreichischen Bundesheeres im In- und Ausland von 1955 bis 2001, Graz 2001, S. 13–22.
[4] Bader, Fussenegger (wie Anm. 2), S. 44–54; Manfried Rauchensteiner, Die Maßnahmen Österreichs bei der Revolution in Ungarn im Jahre 1956. In: Truppendienst, 30 (1991), 5, S. 433–438; Erfahrungsbericht über den Grenzschutzeinsatz des Bundesheeres während der ungarischen Revolution 1956 (Kurzfassung). In: Das Bundesheer der Zweiten Republik. Eine Dokumentation. Gesamtred.: Manfried Rauchensteiner, Wien 1980 (= Schriften des Heeresgeschichtlichen Museums in Wien, 9), S. 37 f.
[5] Siegbert Kreuter, Erlebtes Bundesheer …, T. 1: Vom Hilfsgendarm zum Kompaniekommandanten 1952 bis 1963, Wien 2006 (= Schriften zur Geschichte des österreichischen Bundesheeres, 6/1), S. 298 f.; Bader, Fussenegger (wie Anm. 2), S. 94–98.

an den Rand des Alpenraumes. An deren Sinnhaftigkeit konnten die hohen Verantwortungsträger nicht wirklich glauben – und schon gar nicht die beobachtende Öffentlichkeit! Folgerichtig war die militärische Führung nicht in der Lage, der breiten Öffentlichkeit die Bedeutung des Bundesheeres als sinnvolle militärische Komponente für die Handhabung und Wahrung der Neutralität zu vermitteln, damit die uneingeschränkte Akzeptanz des Bundesheeres zu begründen und dem Volk verständlich zu machen, dass Aufwendungen für dieses Instrument der Allgemeinheit dienten und folglich sinnvoll waren – und es nicht nur Instrument bei der Hilfeleistung nach Hochwässern und anderen Katastrophen sei.

Als Ausweg aus diesem Balanceakt zwischen eigener militärischer Zielsetzung und politischer Erwartung wurde im Offizierkorps überwiegend die Auffassung vertreten, man sei ideologisch ohnedies dem Westen zugehörig und erwarte sich letztlich Unterstützung vonseiten der NATO. Ohne diese Annahme hinsichtlich der Kapazitäten oder operativen Möglichkeiten der NATO zu hinterfragen – oder vorfühlend auszuloten – wurde immer wieder etwa die Idee der zusammenhängenden Abwehr am Rande des Alpenraumes oder allenfalls erst entlang der Linie zwischen Villach und Salzburg vertreten und die Einwirkung der »grünen«, also westlichen, Luftstreitkräfte als gegeben angenommen. In späteren Jahren wurden diese Überlegungen hinsichtlich eines militärischen Beistands seitens der westlichen Allianz von der Erwartung abgelöst, es werde ein internationaler Sicherheitsmechanismus wirksam werden. Offenbar hoffte man, eine Resolution der UNO würde einen Angreifer zum unverzüglichen Abbruch seiner Operation oder gar zum schleunigen Rückzug veranlassen.

Dabei hatte die Politik ihre Vorstellungen deutlich zum Ausdruck gebracht, als in einer Sitzung des Landesverteidigungsrates im Februar 1958 Bundeskanzler Julius Raab klar feststellte, »man werde das Bundesheer nicht zur Verteidigung« einsetzen. Allenfalls gehe es um den »symbolischen« Schuss, also darum, den Willen zur Selbstbehauptung zu demonstrieren[6]. Die Aussage Raabs zeigt, dass auch die Politik die Hinderungspflichten durch den neutralen Staat und die damit verbundenen Konsequenzen und Erfordernisse nicht wirklich wahrgenommen und durchdacht hatte. Dies hätte eine eingehende Analyse der Erfahrungen der neutralen Staaten während des Zweiten Weltkriegs mit entsprechenden Ableitungen für die österreichische Situation erfordert. Eine solche ist damals im Bundesministerium für Landesverteidigung, wenn überhaupt, nur sehr eingeschränkt erfolgt und hat offenbar auch in anderen Ressorts keinen Stellenwert gehabt. Die Entwicklung einer zwischen Außen- und Verteidigungspolitik abgestimmten Neutralitätspolitik und eine darauf konsequent abgestimmte militärische Konzeption und Struktur, die nicht auf die Verteidigung des alleinstehenden Kleinstaates gegen eines oder gar beide der großen Militärbündnisse im direkten Umfeld ausgerichtet war, wurde nicht vorangetrieben.

In der angesprochenen Sitzung hat der damalige Bundesminister für Landesverteidigung Ferdinand Graf dem Bundeskanzler insofern widersprochen, als er es

---

6   Gedächtnisprotokoll über die Sitzung des LV-Rates am 25.2.1958. In: Das Bundesheer der Zweiten Republik (wie Anm. 4), S. 41 f.

für die Offiziere unannehmbar hielt, eine derartige strategische Funktion des Bundesheeres anzuerkennen. Daher blieb es bei der eher unglücklichen, nicht eindeutig definierten Auftragslage. Jedenfalls stand für Fussenegger fest, dass sich der März 1938 mit den damals in den Kasernen verbliebenen Streitkräften nicht wiederholen dürfe[7]. Das Bundesheer hatte also Widerstand zu leisten; eine Auffassung, die aus der persönlichen Erfahrungslage der Kriegsteilnehmer umso leichter akzeptiert werden konnte, ging es dabei doch klar um die Abwehr einer Bedrohung ›aus dem Osten‹. Die Distanz zur Handhabung der Neutralität wird in einem Tagebucheintrag Fusseneggers vom 17. Juli 1958 überaus deutlich. Darin beurteilt er im Zusammenhang mit der Libanonkrise die US-Überflüge über Tirol: »Während der Minister noch in seiner Haltung schwankt, ist der Staatssekretär für eine sture Einhaltung unserer Neutralität und für den Schießbefehl gegen amerikanische Flugzeuge. Ich halte das für eine unfähige Maßnahme, da wir gegen die Amerikaner keinen Krieg beginnen können und uns jedes Geplänkel in eine üble Lage bringen würde. Wir sind vom Westen viel zu sehr abhängig, um uns in einen Streit oder gar Kampf einzulassen [...] So haben uns die Amerikaner in eine unangenehme Lage gebracht, sich letzten Endes dadurch geschadet und für uns die Gefahr heraufbeschworen uns als ostblockhörig hinzustellen[8].« Der Auftrag zum Schutz der Grenzen blieb also in der strategischen Grauzone. Da es offenbar aus budgetären und wohl auch ideologischen Gründen keine wirkliche Abstimmung innerhalb der politischen Parteien und zwischen der Bundesregierung und den führenden Militärs gab, drifteten über zwei Jahrzehnte Auffassungen und Rollenverständnis auseinander. (Für die SPÖ war die Erinnerung an den Einsatz des Bundesheeres im Februar 1934 gegen die Arbeiterschaft und Kräfte des Republikanischen Schutzbundes in diesen ersten beiden Jahrzehnten nach dem Staatsvertrag ein Grund des Misstrauens gegenüber dem militärischen Instrument.) Die Außenpolitik blieb eher in Distanz zur Verteidigungspolitik; die Zusammenführung dieser beiden »Stränge« zu einer zielführenden Sicherheits- und Neutralitätspolitik ist in diesen Jahren nicht gelungen[9].

Erste Bemühungen um eine strategische Konzeption

Dabei gab es Ansätze für die Erarbeitung einer strategischen Konzeption. Sie sollte, von einer Arbeitsgruppe koordiniert, vom Staatssekretär für Landesverteidigung (Karl Stephani, SPÖ) als Landesverteidigungsplan ausgearbeitet werden. Die

---

7   Hubert Speckner, »... wenn einwandfrei erkannter Feind ...« Der Einsatz des Heerespionierbataillons in den Krisentagen des November 1956. In: Zum Schutz der Republik (wie Anm. 3), S. 269-276.
8   Bader, Fussenegger (wie Anm. 2), S. 82 f.
9   Ebd., S. 86 f.; Manfried Rauchensteiner, Landesverteidigung und Außenpolitik – Feindliche Brüder? In: Schild ohne Schwert. Das österreichische Bundesheer 1955-1970. Hrsg. von Manfried Rauchensteiner und Wolfgang Etschmann, Graz 1991 (= Forschungen zur Militärgeschichte, 2), S. 130-137.

erste Sitzung dieser Arbeitsgruppe fand am 4. Februar 1957 statt[10]. Der »Schild- und Schwert«-Theorie[11] der Militärs stellte der Staatssekretär Fragen zur Handhabung der Neutralität gegenüber. Im Falle einer präventiven Inbesitznahme von Westösterreich durch die NATO müsse mit einer entsprechenden Reaktion des Warschauer Paktes in Ostösterreich gerechnet werden. Damit wäre Österreich gezwungen, den jeweiligen Kontrahenten des präventiv agierenden Bündnisses als Partner zu akzeptieren. Diese Überlegung bestätigte sich im Sommer 1958, als im Zusammenhang mit den bereits erwähnten Überflügen amerikanischer Flugzeuge während der Libanon-Krise die Sowjetunion Österreich das Angebot der Beistellung sowjetischer Flugzeuge zur Wahrnehmung der Hinderungspflichten in der Luft gemacht hatte[12]. Stephani sah darin keine für Österreich wünschenswerte Lage. Er wollte in der neuen Konzeption eine abschreckende Wirkung vor allem am Boden hervorgehoben haben. Damit sollten präventive Aktionen der NATO in Westösterreich verhindert und die Abwehr auf einen Angriff aus Ungarn und der ČSSR ausgerichtet werden. Man hätte folgerichtig starke Kräfte in Tirol und im Osten des Landes benötigt. Diese Auffassung Stephanis übernahm später auch sein Nachfolger Otto Rösch (SPÖ), der sie auch noch als Bundesminister für Landesverteidigung ab 1977 nachdrücklich vertrat. Er forderte für jede militärische Planung gegenüber dem Warschauer Pakt eine entsprechende Planung gegenüber der NATO.

Im Zuge der Bearbeitungen des Landesverteidigungsplans 1957/1958 wurde die Beschränkung des militärischen Einsatzes auf eine inneralpine »Reduitverteidigung« als für die Wahrung der Neutralität strategisch wertlos erkannt. Der Leiter der Grenzschutzabteilung in der militärischen Sektion II des Bundesministeriums für Landesverteidigung (BMfLV), Oberst Anton Leeb, schlug daher einen starken Grenzschutz sowie mobile Kräfte vor, die dann in der Tiefe einem Angriff schwergewichtsmäßig entgegentreten sollten. Der weitere Kampf sollte bis zur Erschöpfung der eigenen Mittel und Kräfte oder bis zum Wirksamwerden einer Hilfe von außen geführt werden. Damit wollte Leeb militärisch zu einer günstigeren Ausgangsbasis für Verhandlungen nach einem Konflikt beitragen. Die damalige Sektion II des BMfLV in Wien – geleitet von GTI Fussenegger und zuständig vor allem für operative Planung und Führung, Mobilmachung, Ausbildung und militärische Sonderbauten (Feste Anlagen und Sperrlinien) sowie die Luftstreitkräfte – kommentierte, Österreich müsse den Kampf an der Seite des Westens suchen und solle möglichst große Teile des Bundesgebietes behaupten, etwa auf

---

[10] Norbert Sinn, Die Entwicklung des operativen Denkens im Bundesheer 1955 bis 1972, Wien 1985, S. 112–135; Protokoll der ersten Sitzung zur Ausarbeitung eines Konzeptes für die LV vom 4.2.1957. In: Das Bundesheer der Zweiten Republik (wie Anm. 4), S. 39 f.

[11] Die Schild-und-Schwert-Bezeichnung war vor allem in der NATO gebräuchlich. Sie wurde jedoch unabhängig davon im BMfLV zwischen 1957 und 1960 vom Leiter der für die operative Planung zuständigen Oberst Anton Leeb sowie von Oberst Otto Heller für die von ihnen bearbeitete Konzeption benutzt.

[12] Friedrich Korkisch, Die Luftstreitkräfte der Republik Österreich 1955 bis 2005. In: Zum Schutz der Republik (wie Anm. 3), S. 281–318, hier S. 307 f.; Wolfgang Hainzl und Erwin Hauke, Die Fliegerkräfte Österreichs 1955 bis heute, Graz 1987, S. 36–40.

der als haltbar beurteilten inneralpinen Linie Koralpe–Dachstein–Tennengebirge[13]. Diese in den folgenden 15 Jahren immer wieder diskutierte Konzeption fand als »Verteidigung von Mittersill«[14] keine politische Akzeptanz, da man darin kein politisch-strategisches Ziel sah.

Es gab in diesen Entwürfen zum Landesverteidigungsplan eine strategische Komponente – wurden doch auch Aspekte des Zivilschutzes und ansatzweise der Wirtschaft angedacht. Damit hatte man im Sinne des Überlebens der Bevölkerung in einem Konflikt und der Handlungsfähigkeit des Staates, der als neutraler nicht allen Erpressungsversuchen nachgiebig gegenüberstehen sollte, weiterführende Gedanken eingebracht. Allerdings blieb es bei Ansätzen. Die von Staatssekretär Stephani sowie den hohen Militärs erarbeiteten Vorstellungen wurden ab 1959 nicht nachdrücklich weiterverfolgt, da sowohl in der SPÖ, aber auch in Teilen der ÖVP Vorbehalte gegen diese strategischen Ziele geäußert wurden. Mit der Übernahme der Position des Staatssekretärs durch Otto Rösch (SPÖ) verschwand der erste Landesverteidigungsplan dann 1959/1960 in den Archiven und privaten Unterlagen.

Das Jahrzehnt der Konflikte um die Strategie

Am 29. April 1960 besprachen Verteidigungsminister Graf und Außenminister Bruno Kreisky (SPÖ) sowie deren leitende Beamten Grundsatzfragen und gemeinsame Probleme. Allerdings blieben auch dabei die strategischen Fragen der Handhabung der Neutralität ausgeklammert. Vielmehr wurde über etwaige militärische Bedrohungen gesprochen. Dabei bestätigte Kreisky – zumindest nach den Aufzeichnungen von General Fussenegger – die Ansicht, der Osten habe in der Ungarnkrise ursprünglich eine Besetzung Österreichs geplant und der Befehl zum Halten sei von Moskau erst in allerletzter Minute gegeben worden. Man war sich einig, dass in dieser Lage niemand geholfen hätte und Österreich auf sich alleine gestellt gewesen wäre[15]. In Fortführung dieser Argumentation stand für Außenminister Kreisky fest, dass ein kleiner neutraler Staat einerseits Interesse an der UNO haben und sich andererseits an UNO-Aktionen zur Vermeidung von Kriegen beteiligen sollte.

Das im Juli 1960 vorliegende Ersuchen der UNO um Entsendung eines österreichischen Kontingentes in den unruhigen Kongo bot dann die Gelegenheit, in

---

13 Otto Heller, Die Schild-Schwert-These und die Neutralen. In: Schild ohne Schwert (wie Anm. 9), S. 70–78.
14 Der frühere Kommandant der Stabsakademie und spätere Befehlshaber des Gruppenkommandos (Korps) in Graz, General Albert Bach, hatte neben anderen Autoren mehrfach in der Österreichischen Militärischen Zeitschrift (ÖMZ), aber auch in Tageszeitungen diese Konzeption vorgestellt. Er fachte damit eine umfangreiche Diskussion sowohl unter hohen Militärs als auch bei den Repräsentanten der politischen Parteien an. Dabei wurde der Begriff der »Verteidigung von Mittersill« im abfälligen und ablehnenden Sinn gebraucht und diese Konzeption als Versuch der indirekten Anlehnung an die NATO abgewertet.
15 Bader, Fussenegger (wie Anm. 2), S. 119.

diese Politik und Strategie einzusteigen und damit einen Beitrag zur Sicherheit und Unabhängigkeit Österreichs zu leisten. Am 2. Dezember 1960 verließen erstmals Angehörige des Bundesheeres die Republik, um im Rahmen einer multinationalen UN-Operation an der Erhaltung bzw. Wiederherstellung des Friedens und an humanitärer Hilfe für die betroffene Bevölkerung mitzuwirken[16]. Diese strategische Linie wurde über die folgenden Jahrzehnte weitgehend konsequent weiterverfolgt. Die zahlreichen Kontingente und Beteiligungen stärkten die außenpolitische und sicherheitspolitische Position Österreichs. Damit einher ging eine weit über die militärischen Ressourcen und Fähigkeiten des Landes hinausreichende Wirksamkeit. Man hatte eine für den neutralen Kleinstaat wichtige und erfolgreiche Möglichkeit der Positionierung durch konkrete militärische und humanitäre Beiträge gefunden – einen strategisch richtigen Ansatz. So konnte man hoffen, dass Österreich im Ernstfall Unterstützung durch den internationalen Sicherheitsmechanismus erführe.

Bei der Umgliederung des Bundesministeriums für Landesverteidigung im Jahre 1961 wurden dem GTI die Leitung der militärischen Sektion II des BMfLV und damit wesentliche militärische Kompetenzen entzogen. Auch auf militärstrategische Entwicklungen vermochte er nicht mehr entscheidend einzuwirken. Die Aufsplitterung der Kompetenzen verhinderte in der Folge eine straffe Auseinandersetzung mit der Strategie des neutralen Kleinstaates, die in den dem BMfLV nachgeordneten Bereich verlegt wurde. Hier betätigte sich jetzt vor allem die Stabs- und spätere Landesverteidigungsakademie, wo deren Kommandant, Generalmajor Emil Spannocchi, zwischen 1966 und 1971 den gedanklichen Aufbruch zu neuen Ufern vorantrieb. Mit der Heeresgliederung 1962/1963 wurde die Organisation des Bundesheeres den strategisch-operativen Vorstellungen des neuen Bundesministers für Landesverteidigung, Karl Schleinzer (ÖVP), und seiner militärischen Berater angepasst. Drei bzw. vier Brigaden sollten sozusagen ohne Mobilmachung auf ›Knopfdruck‹ verfügbar sein, um im Bedarfsfall neben einem seit 1960 im Aufbau befindlichen Grenzschutz rasch erste Maßnahmen an den bedrohten Grenzen treffen zu können. Obwohl nicht ausdrücklich so formuliert, hatte man sich faktisch in Richtung der Wahrnehmung der Hinderungspflichten eines neutralen Staates vorgewagt. Man verstand das Konzept jedoch rein militärisch und nicht im Kontext einer übergeordneten, politisch-strategisch konzipierten Neutralitätspolitik[17].

Ab 1963 wurde ein neuer Anlauf genommen, einen militärstrategischen und sicherheitspolitischen Überbau zu erarbeiten, der im Ergebnis als »Verteidigungsdoktrin« verabschiedet wurde. Diese definierte den »Krisen-, Neutralitäts- und Verteidigungsfall« und gliederte die gesamtstaatlich zu koordinierenden sicherheitspolitischen Bereiche im Rahmen einer militärischen, wirtschaftlichen, zivilen und geistigen Landesverteidigung sowie im Hinblick auf die besondere Bedeutung von Verkehrs- und Nachrichtenwesen. Die Strategieziele des Staates waren damit angeführt, die strategisch wichtigen Komponenten angesprochen und den einzel-

---

[16] Urrisk, Die Einsätze (wie Anm. 3), S. 107–114.
[17] Bader, Fussenegger (wie Anm. 2), S. 147–159; Andreas Steiger, Die Bundesheer-Reform 1962/63. In: Zum Schutz der Republik (wie Anm. 3), S. 399–418.

nen Ministerien die Verantwortung zugeordnet[18]. Allerdings ergaben sich Diskrepanzen in der Umsetzung, vornehmlich hinsichtlich der Finanzierung. Die besondere Bedeutung der wirtschaftlichen Landesverteidigung und der Bevorratung strategischer Güter wurde zwar angesprochen, aber nicht als prioritäres Staatsziel eingestuft. Auch ein Budget war hierfür nicht vorgesehen. Ungelöst blieb des Weiteren das Problem einer österreichischen Rüstungsproduktion, die vor allem nach 1972 in das Spannungsfeld zwischen wirtschaftlichem Erfolg und Neutralität geriet. Sie scheiterte letztlich weitgehend in den 1980er Jahren an der geringen Auslastung durch Aufträge des Bundesheeres und an eingeschränkten Exportmöglichkeiten.

Die unbefriedigende strategische Situation war Politik und hohen Militärs in den 1960er Jahren bewusst. Die Planungen des Bundesheeres für die einzelnen Operationsfälle zwischen 1963 und 1967 beschränkten sich auf die einzelnen Nachbarstaaten (ohne die Schweiz). Sie bezogen sich nicht auf einen Gesamtkonflikt zwischen NATO und Warschauer Pakt. Allerdings finden sich in den Lagebeurteilungen Bezüge auf größere Zusammenhänge und strategische Aspekte innerhalb der Bündnisse, aber auch zwischen NATO und Warschauer Pakt[19]. Demgegenüber standen die unzureichende militärische Kapazität des Bundesheers und das fehlende strategische Konzept mit klaren Zielsetzungen für den neutralen Kleinstaat und sein Verhalten im Anlassfall. Dieser Situation trug dann auch die Politik Rechnung. So unterband Verteidigungsminister Georg Prader (ÖVP) für eine im Jahre 1966 erarbeitete »grundsätzliche« operative Weisung Nr. 1 die Einbeziehung des Verteidigungsfalles in die Planungen. Diese blieben auf den Krisen- und Neutralitätsfall beschränkt, beinhalteten aber eine Ausrichtung auf einen »Übergang zum Verteidigungsfall«. Die Vorgangsweise für den Übergang zum Verteidigungsfall wurde im BMfLV intern zwar weisungsmäßig vorbereitet, vom Bundesminister aber nicht genehmigt und blieb daher einer späteren Anordnung bei Eintritt eines »Anlassfalles« vorbehalten[20]. Allerdings war eine Abstimmung zwischen dem BMfLV und anderen Ressorts hinsichtlich der Verknüpfung mit dem »Krisen- oder Neutralitätsfall« im Sinne der Verteidigungsdoktrin nicht erfolgt.

Ein deutliches Zeichen dieser fehlenden politisch-strategischen und auch militärstrategischen Konzeption war der unterbliebene Einsatz des Bundesheeres während der ČSSR-Krise im August 1968. Die Bundesregierung konnte sich nicht zu einer Einstufung der Situation als »Krisenfall« entschließen. Sie verzichtete folglich auf einen Einsatz des Bundesheeres und die Aufbietung des Grenzschutzes zur Sicherung der Staatsgrenze[21]. Somit hatten Zollwache und Gendarmerie die Last

---

[18] Richard Bayer, Die Entwicklung der Umfassenden Landesverteidigung (ULV) von 1961 bis 1985. Sonderdruck der ÖMZ, 33 (1995), 1.
[19] Philipp Eder, Die operativen Planungen des öBH zwischen 1963 und 1973, Milwiss. Arbeit, Dok. der LVAK, Wien 2000, S. 133-202; Horst Pleiner, Operative Führung im Bundesheer – ein historischer Abriß. In: ÖMZ, 36 (1998), 2, S. 139-150.
[20] Eder, Die operativen Planungen (wie Anm. 19), S. 102-110.
[21] Reiner Egger, Krisen an Österreichs Grenzen, Wien 1981; Horst Pleiner, Die ČSSR-Krise 1968 – Der Einsatz des Österreichischen Bundesheeres. In: Zum Schutz der Republik (wie Anm. 3), S. 497-530.

und Bürde dieser Aufgabe allein zu tragen. Der politische Abschluss dieses ›Einsatzes‹ mit der Erklärung durch Verteidigungsminister Prader, »man habe die richtigen Maßnahmen getroffen und es sei ja alles richtig gelaufen«[22], mag geradezu als Musterbeispiel strategischer Spitzfindigkeit gelten. Die damit provozierten Zweifel und die harte Kritik der Öffentlichkeit empfand das Bundesheer als ungerecht. Sie waren aber wohl ein eher berechtigter Schlusspunkt unter eine Periode strategischer Inkonsequenz[23].

Auch im zivilen Bereich entwickelten sich Ansätze zu strategischen Alternativen. Hervorzuheben ist das Ende 1963 von dem bekannten Physiker Hans Thirring vorgestellte Konzept, das als »Thirring-Plan« in den nächsten Jahren immer wieder für Diskussionen sorgte. Thirring forderte vor dem Hintergrund der Atomwaffen die militärische Abrüstung als dringlichstes politisches Anliegen. Österreich solle als gutes Beispiel und Modell für diese Abrüstung dienen, da es aufgrund seiner Lage zwischen den großen Militärblöcken ohnehin nicht in der Lage sei, durch militärische Mittel seinen Bestand zu gewährleisten. Österreich solle den Vereinten Nationen seine Bereitschaft zur Abrüstung erklären und die früheren Besatzungsmächte sollten dafür eintreten, dass kein Staat der NATO oder des Warschauer Paktes militärische Aktionen gegen Österreich unternehme und kein Nachbarstaat territoriale Ansprüche an Österreich stelle oder sich durch die als Folge der Abrüstung nicht nachhaltig wahrgenommenen Hinderungspflichten und damit geschaffenen offenen Flanken bedroht fühle. Die jeweiligen Streitkräfte sollten in eine bestimmte Entfernung von der österreichischen Grenze zurückgezogen werden. Thirring hoffte, dass die UNO Österreich dann als Testfall einer friedlichen Koexistenz anerkennen würde.

Dieser strategische Ansatz wurde von der Österreichischen Volkspartei abgelehnt. Die SPÖ und Außenminister Kreisky hingegen zeigten Verständnis für das Friedenskonzept. Allerdings sei es mit dem völkerrechtlichen Status Österreichs nicht vereinbar, denn eine »unbewaffnete« Neutralität erfülle nicht die in der Moskauer Deklaration eingegangene Verpflichtung. Mit diesen zutreffenden Feststellungen wurde der »Thirring-Plan« von der österreichischen Politik zwar zu Grabe getragen, doch machte sich vor allem die SPÖ indirekt die Folgerungen aus diesem Plan unter den Intellektuellen Österreichs zunutze. So nahm die Partei eine positive Haltung zu einem Volksbegehren zur Abschaffung des Bundesheeres und zu einer Kampagne gegen das Militär und dessen Repräsentanten ein[24]. Daraus entwickelte sich dann – in Verbindung mit anderen Faktoren in den 1960er Jahren –

---

[22] Horst Pleiner und Hubert Speckner, »Zur Verstärkung der nördlichen Garnisonen ...« Der »Einsatz« des österreichischen Bundesheeres während der Tschechenkrise im Jahr 1968, Wien 2008 (= Schriften zur Geschichte des österreichischen Bundesheeres, 15), S. 377.

[23] Als Ausdruck dieser Frustration darf die Tatsache angeführt werden, dass GTI Fussenegger ab dem Beginn der ČSSR-Krise 1968 rund 21 Monate keine Eintragungen mehr in sein Tagebuch vornahm und diese erst am 22.4.1970 mit dem Abgang des Verteidigungsministers Prader wieder aufnahm.

[24] Siegbert Kreuter, Erlebtes Bundesheer ..., T. 2: Vom S 3 im Brigadestab in den Generalstabsdienst 1963 bis 1973, Wien 2007 (= Schriften zur Geschichte des österreichischen Bundesheeres, 6/2), S. 403–409; Reinhard Raberger, Die österreichische Friedensbewegung – ihre Stellung zu Frieden und Landesverteidigung. In: ÖMZ, 21 (1983), 2, S. 197–203.

im Kreis der pazifistisch orientierten Intellektuellen eine Ablehnung des Bundesheeres[25].

Ab 1967 erarbeitete auch das Militär Ansätze zu einer für den Kleinstaat realisierbaren und erfolgversprechenden operativen Konzeption mit neuer taktischer Ausrichtung. Sie sollte das Denken des Zweiten Weltkriegs überwinden und an die inzwischen eingetretenen Änderungen in der militärischen Technologie und Operationsführung angepasst sein. Das neuartige Verfahren sollte einem Angreifer klarmachen, dass er bei einem Stoß über Österreich eine erhebliche Einbuße an Kräften, Mitteln und vor allem Zeit zu erwarten hatte und somit auf österreichischem Boden zu keinem schnellen und einfachen Erfolg gelangen würde. Der ›Eintrittspreis‹ und der ›Aufenthaltspreis‹ sollten verhindern, dass ein Angreifer rasch vollendete Tatsachen schaffen und sich damit ungehindert der Möglichkeiten des Landes bedienen konnte[26].

Diese Entwicklung erfolgte auf mehreren Ebenen. Im BMfLV arbeiteten die Brigadiere Erwin Jetzl und Otto Heller an derartigen Konzepten. In der Landesverteidigungsakademie begann deren Kommandant Spannocchi, sich mit den entsprechenden strategischen und operativen Fragen auseinanderzusetzen. Ihm ging es um ein modernes Kriegsbild und einen strategischen »Überbau« für den neutralen Kleinstaat vor dem Hintergrund seiner Lage zwischen den Bündnissen in Mitteleuropa und an wesentlichen Verkehrslinien[27]. Er suchte nach Antworten auf die Frage der Haltung im Atomkrieg und stellte dazu heraus, dass ein neutraler Kleinstaat auf dieser Ebene und »in dieser Liga« militärisch nicht spielen könne. Spannocchi befasste sich mit den strategischen Theorien und fand in den Vorstellungen zum Kleinkrieg, wie sie von Mao Tse-tung, Che Guevara oder und dem vietnamesischen General Giap vertreten wurden, den Schlüssel zu einem Konzept der »Verteidigung ohne Schlacht«. Durch Auflösung der eigenen Kräfte in kleine Elemente sollte dem Angreifer die Möglichkeit genommen werden, seine überlegene militärische Technologie entscheidend zur Vernichtung des Widerstandes einzusetzen. Wohl aber sollte eine Vielzahl von kleinen Kampfhandlungen Bewegung, Führung, Versorgung und Verbindung des Gegners beeinträchtigen, damit dessen Kräfte binden und abnutzen und vor allem eine permanente Fortsetzung des Widerstandes möglichst im gesamten Land ermöglichen. Durch einen damit zu erwartenden hohen »Eintrittspreis« und hohen »Aufenthaltspreis« für den potenziellen Aggressor sollte eine Abhaltewirkung erzielt werden. Denn der Gegner müs-

---

[25] Siegbert Kreuter, Erlebtes Bundesheer, T. 2 (wie Anm. 24), S. 126-130.
[26] Emil Spannocchi, Das Bundesheer gestern – heute – morgen. In: ÖMZ, 13 (1975), 3, S. 173-177; Harald Müller, Die Entwicklung der Konzeption der Raumverteidigung von den Anfängen des Bundesheeres bis zur Verfügung der militärischen Komponente, Wien 1988; Otto Heller, Das Landesverteidigungskonzept. In: Der Soldat, 1969, 3; Andreas Steiger, Vom Schutz der Grenzen zur Raumverteidigung, Wien 2000, S. 55-178; Andreas Steiger, Das Raumverteidigungskonzept. Planung und Durchführung in den Jahren 1968 bis 1978. In: Zum Schutz der Republik (wie Anm. 3), S. 555-582.
[27] Emil Spannocchi, Die Verteidigung des Kleinstaates. In: ÖMZ, 8 (1970), 5, S. 349-354, und 8 (1970), 6, S. 431-437.

se befürchten, durch die Operation in und über Österreich erheblich abgenutzt und verzögert zu werden[28].

Ähnliche Gedanken zu einer Art Verteidigung des gesamten Raumes wurden in dieser Zeit auch von der zuständigen »Gruppe Einsatzvorsorgen« des BMfLV und hier vor allem von den bereits genannten Offizieren Erwin Jetzl und Otto Heller sowie von Oberst Karl Schoeller angestellt. Als Spannocchi auf der parteipolitischen Ebene an den Bundesminister für Landesverteidigung Prader herantrat, um diesem seine neuartigen Vorstellungen nahezubringen, wurde ihm eine glatte Abfuhr zuteil. »Solange ich Minister bin«, so Prader, »kommen mir derartige Vorstellungen nicht in Betracht«[29]. Damit war der Ansatz zunächst einmal abgewürgt. Obwohl die Großübung »Bärentatze« im November 1969 in aller Deutlichkeit die Schwächen des Bundesheeres und seine geringen Erfolgsaussichten im Kampf gegen einen modern ausgerüsteten Angreifer aufgezeigt hatte, blieb es bei den bisherigen Vorstellungen[30].

Durch den Wahlsieg der SPÖ im Jahre 1970 veränderte sich die politische Landschaft. Schon bald nach dem Amtsantritt der SPÖ-Minderheitenregierung unter Bundeskanzler Kreisky wurde eine Bundesheerreformkommission eingesetzt. Sie hatte sich mit allgemeinen organisatorischen und dienstlichen Belangen auseinanderzusetzen, nicht aber mit der Strategie des Kleinstaates, den damit verbundenen Zielen in der Handhabung der Neutralität oder gar den Konsequenzen der militärischen Wahrnehmung der Hinderungspflichten[31]. Die ohnedies bekanntermaßen schlechte Meinung Kreiskys über die aus der Wehrmacht stammenden höheren Offiziere des Bundesheeres[32] bestärkte seine Vorbehalte gegenüber militärischen Konzepten und Maßnahmen. Aus der Außenpolitik kommend, hielt er Diplomatie und Außenpolitik für entscheidend. Er betonte die Mitwirkung im Rahmen von Aktivitäten der UNO und sah die Prioritäten in der außenpolitischen Rolle als Mediator und Anbieter guter Dienste. Mitte der 1970er Jahre stellte er fest, die UNO-City ersetze für ihn zwei Panzerdivisionen. Das mag als deutlicher Ausdruck dieser Gesamthaltung verstanden werden. Kreisky wollte, vor allem nachdem die SPÖ die absolute Mehrheit bei den Wahlen im Jahre 1971 errungen hatte, das Bundesheer partei- und innenpolitisch aus der inzwischen intensiven Diskussion um dessen Wert und Effizienz herausbringen und damit »Ruhe« in

---

[28] Emil Spannocchi, Verteidigung ohne Selbstzerstörung. In: Verteidigung ohne Schlacht, München, Wien 1976, S. 17-91.
[29] Persönliche Aussage von Generalmajor Spannocchi gegenüber einem Kreis von Offizieren der Landesverteidigungsakademie, darunter auch der Verfasser.
[30] Horst Pleiner, Großübungen des österreichischen Bundesheeres, T. 2. In: ÖMZ, 24 (1986), 2, S. 129-135; Franz Freistetter, Bärentatze – Gefechtsübung der Gruppe I. In: ÖMZ, 8 (1970), 1, S. 8-14; August Segur-Cabanac, Lage Bärentatze. In: Truppendienst, 9 (1970), 1, S. 5-11; Abschlussbericht zur Übung Bärentatze, BMLV vom 11.2.1970, Zl. 5117-geh/Fü/70.
[31] Johann Freihsler, Zur Reform des Bundesheeres. In: ÖMZ, 8 (1970), 3, S. 265 f.; Karl-Reinhart Trauner, Die Arbeit der Bundesheerreformkommission 1970. In: Zum Schutz der Republik (wie Anm. 3), S. 531-554.
[32] So hatte Kreisky schon in seiner Funktion als Außenminister im Zusammenhang mit den ergebnislosen Besprechungen mit dem Bundesminister für Landesverteidigung und dem GTI eine derartige Einstellung gezeigt und dies in weiterer Folge auch als Bundeskanzler der Minderheitsregierung Kreisky I in den Jahren 1970 und 1971 wiederholt.

diesem Bereich haben[33]. Einige der höchsten Offiziere schieden aus Protest gegen die Verkürzung der Wehrdienstzeit aus ihren Ämtern. Damit setzte ab Ende 1971 innerhalb der Führung des Bundesheeres eine intensive Auseinandersetzung um die zukünftige Konzeption und Struktur ein[34].

Im Gefolge dieser internen Turbulenzen erhielt Generalmajor Spannocchi den Auftrag, sich mit der Konzeption einer neuartigen Bereitschaftstruppe zu befassen. Sie sollte zunächst in einer Größenordnung von rund 15 000 Mann geplant werden, um im Falle einer Krise oder eines Spannungszustandes rasch die erforderlichen Sicherungsmaßnahmen an der Grenze zu setzen. Eine Arbeitsgruppe erörterte dann im Herbst 1972 neue Ideen zu Aufgaben und Organisation und zu einer übergeordneten Konzeption. Dabei wurden auch Vorstellungen wie etwa die einer UN-Brigade oder einer nach heutigen Begriffen wohl als »Umweltschutzbrigade« zu bezeichnenden Formation bearbeitet. Diese Ideen wurden dann nicht weiter verfolgt, sie zeigen aber doch die Bereitschaft Spannocchis, neue Ideen für den neutralen Kleinstaat zu entwickeln, die aus der Erstarrung der bisherigen Abwehrkonzeption hinausführen konnten[35].

Gleichzeitig hatte er seine bisherigen Arbeiten in einer Konzeption zusammengefasst, die operativ als Gesamtraumverteidigung mit flächenhaftem Einsatz unter Vermeidung stärkerer Truppenkonzentrationen auf der strategischen Ebene auf einen Abhalteeffekt zielte. Damit war erstmals der militärstrategische Spielraum für den neutralen Kleinstaat vorhanden, um sich aus einem größeren Konflikt einigermaßen unbeschadet heraushalten oder zumindest den Schaden für die Bevölkerung minimieren zu können. Diese »Abhaltestrategie« erschien als glaubwürdige Option und wurde auch von der SPÖ und ihren Bundeskanzler nachdrücklich akzeptiert[36].

Die Umsetzung der Abhaltestrategie

Allerdings wies die österreichische Verteidigungspolitik der 1970er Jahre unter der Alleinregierung der SPÖ eine gewisse Doppelbödigkeit auf. Einerseits unterstützte man die Entwicklung der Gesamtraumverteidigung und die damit verbundenen Optionen einer wirkungsvollen Abhaltestrategie. Andererseits beschränkte man jedoch die Möglichkeit des wirksamen Einsatzes des Bundesheeres in einem Krisen- oder Neutralitätsfall durch Verkürzung des Grundwehrdienstes auf 6 Monate mit anschließenden Waffenübungen im Ausmaß von 60 Tagen, durch fortbeste-

---

33 Kreuter, Erlebtes Bundesheer, T. 2 (wie Anm. 24), S. 461.
34 Albert Bach, Die Entwicklung der österreichischen Streitkräfte der zweiten Republik bis zur Heeresreform der Regierung Kreisky. In: ÖMZ, 23 (1995), 5, S. 515–532; Bader, Fussenegger (wie Anm. 2), S. 252.
35 Spannocchi brachte diese Vorstellungen einer »Umweltschutzbrigade« usw. nochmals im Jahre 1989 in einem Brief an BMfLV Dr. Robert Lichal als Beitrag zur Weiterentwicklung des österreichischen Bundesheeres nach der strategischen »Wende« ein.
36 Günter Hochauer, Die Raumverteidigung. In: ÖMZ, 11 (1973), 4, S. 299–305, und 11 (1973), 5, S. 387–393.

hende Haushaltsengpässe für die materielle Ausrüstung der Einheiten, durch das innenpolitische Hochspielen aller Bemühungen um eine Lockerung des Raketenverbotes im Zusammenhang mit der Beschaffung von Panzer- und Fliegerabwehrlenkwaffen sowie durch den Verzicht auf Maßnahmen zur personellen Sicherstellung der geplanten Bereitschaftstruppe aus 15 000 Längerdienenden[37].

Dadurch entwertete man die politisch akzeptierte Konzeption einer Abhaltestrategie und die Bemühungen, durch eine effiziente Bereitschaftstruppe im Krisen- und Neutralitätsfall grenznah Sofortmaßnahmen zu treffen oder Truppenkonzentrationen im Landesinnern bilden zu können, um den erforderlichen neutralitätspolitischen Handlungsspielraum zu wahren. Darüber hinaus bestanden stets Zweifel an der politischen Bereitschaft, im Krisen- oder Spannungsfall durch eine Mobilmachung die für die Gesamtraumverteidigung – und später Raumverteidigung – erforderlichen milizartigen Kräfte auch tatsächlich aufzubieten und so die Abhaltestrategie auch nach innen und außen als akzeptierte Konzeption glaubhaft zu machen[38]. Die Außenpolitik nahm einen deutlich höheren Stellenwert ein als die Verteidigungspolitik; der grundsätzliche Zusammenhang von Neutralität und daraus resultierenden militärischen Erfordernissen ging in der allgemeinen Wahrnehmung verloren. Die Neutralität wurde für die breite Öffentlichkeit zum eigenständigen Garanten der Sicherheit und damit zu einem politischen Dogma, das bis in die Gegenwart wirksam zu sein scheint.

Auch die Festlegung einer politisch-strategischen Zielsetzung erlebte in den späten 1970er und frühen 1980er Jahren eine wechselvolle Entwicklung. Deren militärische Wahrnehmung blieb in letzter Konsequenz dann auch weitgehend offen – trotz der Darstellung in dem in den 1980er Jahren beschlossenen und veröffentlichten Landesverteidigungsplan. So beinhalteten diese Ziele unter anderem die Wahrung der Souveränität, die Bewahrung eines Restterritoriums und die in sich widersprüchliche Verteidigung der Neutralität. Das Problem vor allem der rechtzeitigen Aufbietung der mobilzumachenden Truppen, der logistischen Sicherstellung und der unzureichenden Bevölkerungsdichte in operativ wesentlichen Regionen und damit der nur in geringem Ausmaß möglichen Anwendung des so stark betonten Territorialprinzips wurde nicht angesprochen. All diese Aspekte hatten in der Folge nachhaltige, auch öffentlich ausgetragene Auseinandersetzungen zwischen den Vertretern der »reinen« Raumverteidigung und den auch die Zuführung mobiler Truppen berücksichtigenden Pragmatikern zur Folge.

Bundeskanzler Kreisky hat seine außenpolitischen Vorstellungen während der 1970er Jahre in konsequenter Weise verfolgt. Seine Bedeutung als strategischer Denker war außerordentlich. Er zeigte die diplomatischen Möglichkeiten des neutralen Kleinstaates auf und ließ die Bearbeitung eines Landesverteidigungsplans und den Aufbau eines damit verbundenen staatlichen Krisenmanagementes mit

---

[37] Heinz Danzmayer, Wehrpolitik in der Reformzeit. In: Tausend Nadelstiche. Das österreichische Bundesheer in der Reformzeit 1970 bis 1978, Graz 1994 (= Forschungen zur Militärgeschichte, 3), S. 172-179.
[38] Othmar Tauschitz, Die Nichtaufbietung des Miliz- bzw. Reserveheeres – Angst vor der allgemeinen Wehrpflicht. In: ÖMZ, 30 (1992), 5, S. 385-390.

einer Koordinierung der verschiedenen Teilbereiche der Umfassenden Landesverteidigung (ULV) vorantreiben. Neben dem Krisen-, Neutralitäts- und Verteidigungsfall wurde nun auch der Fall eines »drohenden Angriffes« einbezogen, der sich sowohl im Rahmen eines Krisen- oder Neutralitätsfalles, aber bei der Lage Österreichs zwischen NATO und Warschau Pakt auch überraschend sozusagen »aus dem Stand« entwickeln konnte. Dadurch entstand eine Konzeption, die bei voller Umsetzung den damals strategischen Anforderungen des neutralen Kleinstaates in der Krise usw. hätte gerecht und auch militärisch hätte umgesetzt werden können. Allerdings wurde dieser Plan erst in den 1980er Jahren fertiggestellt, als sein militärstrategischer Hintergrund mit der Konfliktsituation zwischen den großen Bündnissen sich zu verändern begann. Schon wenige Jahre nachdem der Plan beschlossen worden war, schien er obsolet[39].

In den 1980er Jahren wurde die Umsetzung der operativen Konzeption der Raumverteidigung als Grundlage der Abhaltestrategie nachhaltig vorangetrieben und der dazu erforderliche Heeresausbau bis 1986 forciert. In einem Krisenfall oder auch Neutralitätsfall konnte auf eine grenznahe Sicherung und Überwachung nicht verzichtet werden. Sie sollte, verbunden mit Maßnahmen zur Bereinigung von Grenzverletzungen, die Wahrnehmung der Hinderungspflichten gewährleisten. Daher wurde das Verfahren des Sicherungseinsatzes konzipiert, wobei die grenznah eingesetzten, meist mechanisierten Kräfte im Falle eines drohenden Angriffes in die Schlüsselzonen umgruppiert werden sollten. Bei einem Konflikt mit Jugoslawien war mit den territorial in Kärnten und der südlichen Steiermark vorgesehenen Kräften weder das Auslangen zu finden, noch zu vertreten, dass die für Schlüsselzonen in anderen Bundesländern vorgesehenen Kräfte dort verbleiben und nicht für den Abwehrkampf im Süden Österreichs herangezogen würden. Also entstand für diesen Fall mit seinen besonderen strategischen Rahmenbedingungen das Kampfverfahren des »räumlich begrenzten Abwehrkampfes« unter Konzentration starker Kräfte[40]. Kritische Beobachter sahen in diesen Festlegungen einen Versuch reaktionärer Kräfte im BMfLV, die Raumverteidigung aufzuweichen oder das Bundesheer für eine Annäherung an die NATO vorzubereiten. Tatsächlich hatte man derartiges nicht einmal angedacht, war doch mit der Abhaltestrategie endlich und erstmalig eine glaubhafte und in die Politik einbringbare Strategie vorhanden[41].

Ab 1973 leistete der Leiter der Abteilung Wehrpolitik im BMfLV und spätere Kommandant der Landesverteidigungsakademie, Generalmajor Wilhelm Kuntner, einen entscheidenden Beitrag für die sicherheitspolitische Entwicklung und die Gestaltung der strategischen Vorstellungen. Er wurde in den 1970er Jahren zum militärischen Vertreter Österreichs in den Verhandlungen im Rahmen der Konferenz für Sicherheit und Zusammenarbeit in Europa (KSZE) ernannt. Kuntner

---

[39] Bayer, Die Entwicklung der Umfassenden Landesverteidigung (wie Anm. 18).
[40] BMfLV, »Raumverteidigung. Die militärische Komponente«: Grundsatzerlaß zur Umsetzung der Raumverteidigung und deren Anwendung im Rahmen der Abhaltestrategie, BMfLV, Zl. 13.400/13-5.9/79 vom 22.12.1978.
[41] Horst Pleiner, Die Entwicklung der militärstrategischen Konzeptionen des österreichischen Bundesheeres von 1955 bis 2005. In: ÖMZ, 43 (2005), 3, S. 323–338.

formulierte für die wesentlichen strategischen Fragen den richtungsweisenden Ansatz. Er ging von der Auffassung aus, dass vor allem im militärischen Bereich vertrauens- und sicherheitsbildende Maßnahmen den entscheidenden Beitrag zur strategischen Balance und Stabilisierung in Europa leisten sollten. Der Abbau der Bedenken vor einem überraschenden Angriff des anderen Bündnissystems, der Verzicht auf verdeckte Konzentration von Truppen im Rahmen vorgeblicher oder tatsächlicher Manöver und die Offenlegung der Truppenstärken und Waffensysteme waren dabei die wesentlichen Aspekte. Kuntner wurde zu einem der Mediatoren für diesen Bereich. Aus dem Kreis der Neutralen kommend, meisterte er die Rolle des strategisch-denkenden, ausgleichenden Verhandlers und Transporteurs unterschiedlicher Auffassungen. Am Ende stand eine Reihe von Kompromissen mit bedeutenden strategischen Auswirkungen. Persönlich war Kuntner aber überaus zurückhaltend: In Österreich überließ er das Feld der medialen Ehren und öffentlichen Anerkennung seinem Freund Spannocchi[42].

Die erneute Strategiediskussion der 1980er Jahre

Spannocchi und Kuntner haben weitgehend gemeinsam die Kernaspekte einer wirksamen Abhaltestrategie als Strategie des neutralen Kleinstaates entwickelt und in der Folge sowohl gegenüber der Politik als auch im militärischen Bereich vertreten. Nach dem Übertritt Spannocchis in den Ruhestand am 30. September 1981 ergaben sich wiederum Akzeptanz- und Verständnisprobleme sowie Unterschiede in den Auffassungen zwischen dem Armeekommando und dem Stab des GTI. Als Folge des Verzichtes auf die Erhöhung der Personalstärke von 186 000 Mann auf rund 300 000 Mann ging es wiederum um die bereits in den 1960er Jahren abgehandelten Fragen der Nachhaltigkeit der eigenen Abwehrvorbereitungen im Grenzraum und im Alpenvorland. Die Alternative dazu wurde in der Zurücknahme der Masse der verfügbaren – vor allem mobilen – Truppen des Bundesheeres auf eine Verteidigung eines Basisraumes entlang einer abwehrgünstigen Linie am Nordrand der nördlichen Kalkalpen bis etwa an den Semmering im Osten Österreichs und dann entlang des Halbbogens des sogenannten Steirischen Randgebirges nach Südwesten bis zur Grenze zu Jugoslawien gesehen.

Auf diesem Wege sollte ein möglichst großer Teil des Staatsgebietes behauptet werden und ein entsprechendes Territorium unter eigener Souveränität verbleiben. Der Nachteil dieser Disposition lag jedoch in der Minderung der Abhaltewirkung und damit in einem geringeren Spielraum für eine angepasste und flexible Neutralitätspolitik. Allerdings ergab sich aus der unzureichenden Stärke und Einsatzbereitschaft der Bereitschaftstruppe von rund 15 000 Mann – drei Panzergrenadierbrigaden und einige Jägerbataillone – ein weiteres Problem, von den schwachen Luftstreit- und Fliegerabwehrkräften ganz abgesehen. Eine rasch verfügbare Trup-

---

[42] Emil Spannocchi, Das strategische Dilemma der Kleinstaaten in den achtziger Jahren. In: ÖMZ, 20 (1982), 3, S. 185–199; Wilhelm Kuntner, Die Konferenz über vertrauens- und sicherheitsbildende Maßnahmen und Abrüstung in Europa. In: ÖMZ, 22 (1984), 5, S. 389–393.

pe zur Sicherung der Grenze oder zur raschen Konzentration in Wahrnehmung der Hinderungspflichten stand daher nur sehr bedingt zur Verfügung. Dies hätte im Anlassfall die Handlungsmöglichkeiten der politischen und militärischen Führung eingeschränkt und von Anbeginn Entscheidungen zum Verzicht auf den grenznahen Einsatz oder auf eine entsprechende Gegenschlagsfähigkeit in den meist in der Tiefe gelegenen Schlüsselzonen erzwungen. Diese hätten sich nachhaltig auf die Neutralitätspolitik, die Mobilmachung und den Einsatz des Bundesheeres ausgewirkt.

Die Zeit zwischen 1980 und dem Ende des Warschauer Paktes war in der österreichischen Verteidigungspolitik in erster Linie durch eine Diskussion über die Heeresorganisation geprägt[43]. In dieser Zeit entwickelte sich auf der Basis der Abhaltestrategie erstmals die Behandlung strategischer Fragen im Zusammenhang von Außenpolitik, Sicherheitspolitik, Neutralität und militärischen Maßnahmen auf höchster politischer Ebene. Für den Anlassfall wurden Maßnahmen zur Gewährleistung der Führungsfähigkeit der obersten Führung und der staatlichen Organe gesetzt und eine dafür geeignete Zentrale in geschützter Lage im Inneren des österreichischen Alpenraumes ausgebaut. Die in einem Anlassfall der Umfassenden Landesverteidigung im Sinne des Landesverteidigungsplanes erforderlichen Abläufe und Entscheidungen einer »Bundesführungszentrale« wurden konkretisiert und mehrfach auch unter Teilnahme von Repräsentanten der Politik mit dem Leitungsstab des Verteidigungsministeriums geübt, was insgesamt das Verständnis für eine zweckmäßige Neutralitätspolitik vertiefte[44].

Von besonderer Tragweite erschien in diesem Zusammenhang die Frage der sogenannten Vorwarnzeiten und des erforderlichen zeitlichen Vorlaufes einer Mobilmachung von Teilen oder des gesamten Bundesheeres. Bei verspäteter Alarmierung konnten die schwachen Präsenzkräfte voraussichtlich nicht über den für Aufbietung, Aufmarsch und Herstellen der Abwehrbereitschaft erforderlichen Zeitraum wirksam hinhaltenden Widerstand leisten. Daher musste stets um einen angemessenen Kompromiss gerungen werden, der die vorgestaffelte Mobilmachung zumindest der wesentlichen Kräfte ermöglichte. Dieser Kompromiss sollte einerseits im Einklang stehen mit dem erforderlichen Verhalten des Neutralen und andererseits jene Vorbehalte berücksichtigen, die eine solche militärische Maßnahme in einer aufziehenden Krise außen- und sicherheitspolitisch auslösen konnte. Der Vortrag des GTI Othmar Tauschitz vor der Bundesregierung am 19. April 1988 zur strategischen Lage stand für eine solche Entwicklung, blieb in dieser Form allerdings auch ein einmaliges Ereignis. Der GTI konnte die Grund-

---

[43] Ernest König, Auftrag und Reform: Unser Heer zwischen Doktrinismus, Bürokratismus und Ökonomie. In: ÖMZ, 28 (1990), 4, S. 280-288; Josef Reifberger, Wehrpolitik und Mobilmachungssystem des Bundesheeres im Rahmen der Heeresgliederung 87 (HG 87). In: ÖMZ, 28 (1990), 3, S. 187-191; Erich Reiter, Die Bundesheerdebatte zwischen Anspruch und Wirklichkeit – Entwicklung und Analyse. In: ÖMZ, 28 (1990), 3, S. 181-186.

[44] Hubert Kempf, 15 Jahre Umfassende Landesverteidigung im Bundeskanzleramt. In: ÖMZ, 27 (1989), 2, S. 97-104; Richard Bayer, Der Landesverteidigungsplan im Spannungsfeld zwischen Zielsetzung und Realisierung. In: ÖMZ, 27 (1989), 4, S. 277-280; Franz Kernic, Politische Parteien und Landesverteidigung. In: ÖMZ, 27 (1989), 4, S. 280-285.

züge der Abhaltestrategie im Zusammenhang mit den konkreten militärstrategischen Gegebenheiten im Umfeld Österreichs darstellen und die Erfordernisse von Regierungsentscheidungen im konkreten Anlassfall erläutern, hat doch der Verteidigungsminister die Verfügungsgewalt über das Bundesheer jeweils nach von der Bundesregierung zu erlassenden Richtlinien wahrzunehmen. Immerhin dokumentierte diese Entwicklung die Akzeptanz der Abhaltestrategie als Teil der Neutralitätspolitik und unterstrich die Wirksamkeit der Bemühung für eine sinnvolle Nutzung des Bundesheeres im Rahmen der österreichischen Sicherheits- und Neutralitätspolitik.

Die Änderung der Strategie in den 1990er Jahren

Während also bis 1990 die Vorbereitungen im Sinne des Konzeptes der Raumverteidigung und der damit verbundene Heeresaufbau ihren Höchststand im Rahmen der bereits angedeuteten Einschränkungen erreichten und ein Konsens auf höchster Ebene zu Strategie, Doktrin und Heeresorganisation erzielt worden war, veränderte sich die politisch-strategische Lage im Umfeld der Republik Österreich zwischen dem Herbst 1989 und dem Sommer 1991 in einem noch kurz zuvor für die breite Allgemeinheit unvorstellbarem Ausmaß. Der im Wesentlichen auf eine Konfrontation zwischen NATO und Warschauer Pakt ausgerichtete Landesverteidigungsplan mit der darauf gründenden Konzeption der Raumverteidigung verlor sozusagen über Nacht seine Bedeutung. Im Bundesheer wurde dieser Entwicklung sowohl organisatorisch als auch konzeptionell rasch durch die Reduzierung in der Heeresgliederung »Neu« auf 120 000 Mann, durch die pragmatische Ausrichtung auf grenznahe Sicherungsmaßnahmen oder, im Falle einer Eskalation, auf möglichst grenznahe Abwehr Rechnung getragen[45]. Diese Überlegungen wurden in einer Beurteilung der militärstrategischen Erfordernisse zusammengefasst und am 25. März 1991 durch den GTI Karl Majcen genehmigt. Damit einher ging eine Ausrichtung auf Gefährdungen durch Konflikte in der Nachbarschaft ausgelöst durch die jüngsten politischen und gesellschaftlichen Umwälzungen. Sicherung der Grenze, grenznahe Abwehr, allenfalls Gegenkonzentration und Verfügbarkeit ausreichender infanteristischer Kräfte, erhielten damit Priorität.

Der Wegfall des ›Eisernen Vorhanges‹ an den Grenzen Ungarns und der Tschechoslowakei führte in Verbindung mit den dramatischen Entwicklungen in Südosteuropa (vor allem in Rumänien und dem ehemaligen Jugoslawien) zu einem explosionsartigen Anstieg der illegalen Grenzübertritte. Daher wurde mit 1. September 1990 von der österreichischen Bundesregierung im Sinne eines notwendigen Pragmatismus der Einsatz des Bundesheeres an der Grenze zu Ungarn zur Assistenz für die Organe der Grenzüberwachung verfügt. Etwa 2000 Soldaten waren ab diesem Zeitpunkt ständig für diese Aufgabe eingesetzt, die dann auch auf

---

[45] Friedrich Hessel, Die Entwicklung des Österreichischen Bundesheeres der Zweiten Republik. In: Zum Schutz der Republik (wie Anm. 3), S. 781-800; Horst Pleiner, Heeresreform 1991/92. In: ÖMZ, 29 (1991), 3, S. 193-201.

die Grenze zur Slowakei ausgedehnt und in dieser Form bis zum 21. Dezember 2007 weitergeführt wurde[46]. Die Bandbreite der friedensmäßigen Aufgaben des Bundesheeres hatte sich also erheblich erweitert.

Die für Juni 1991 angekündigte Erklärung der Unabhängigkeit durch die bisherigen Teilrepubliken Slowenien und Kroatien erforderte im Bundesheer eine intensive Vorbereitung auf mögliche künftige Entwicklungen. Da zunächst aus außenpolitischen Rücksichten gegenüber Jugoslawien keine militärischen Sicherungsmaßnahmen an der Grenze zu Jugoslawien eingeleitet wurden, war man im Anlassfall auf die rasche Konzentration der notwendigen Kräfte aus dem jeweils verfügbaren Aktivrahmen des Bundesheeres angewiesen.

Nicht unerwartet folgte auf die Ausrufung der Unabhängigkeit Sloweniens und Kroatiens am 26. Juni 1991 die militärische Intervention durch Kräfte der Jugoslawischen Volksarmee, was auch im Grenzraum Sloweniens zu Österreich gewaltsame Auseinandersetzungen nach sich zog. Der österreichische Verteidigungsminister Werner Fasslabend (ÖVP) ordnete aufgrund der Dringlichkeit der Lage am 28. Juni 1991 aus eigenem Entschluss den Einsatz des Bundesheeres zur militärischen Landesverteidigung entlang der Grenze zu Slowenien an. Innerhalb kürzester Zeit bezogen die dafür verfügbaren Bataillone und Einheiten Stellungen im Nahbereich der Grenze. Der Einflug jugoslawischer Kampfflugzeuge in den südösterreichischen Luftraum, in einem Fall sogar bis in den Raum Graz, ließ die Zustimmung zu eigenen Luftstreitkräften und den dafür erforderlichen Beschaffungen in der Öffentlichkeit sprunghaft ansteigen; sogar zwischen den politischen Parteien des Landes stellte sich erstmals Einhelligkeit in dieser Frage ein[47]. Da sich im Verlauf des Einsatzes an der Grenze die Notwendigkeit, Reservekräfte des Bundesheeres mobil zu machen, nicht ergeben hatte, verzichtete man – wie im August 1968 beim Einmarsch der Truppen des Warschauer Paktes in die ČSSR – auf diese zweifellos kostspielige Maßnahme, mit der freilich nach außen hätte Entschlossenheit demonstriert werden können. In den folgenden 15 Jahren führte das mehrfach zu öffentlichen Diskussionen über Wert oder Unwert mobilmachungsabhängiger Verbände und Einheiten, was dann organisatorische Konsequenzen durch Schaffung territorialer Milizbataillone auf Grundlage der Freiwilligkeit erbrachte.

Mit dem Einsatz an der Grenze zu Slowenien hatte sich die Entwicklung der österreichischen Streitkräfte von einem Ausbildungs- zu einem Einsatzheer abgezeichnet. Dieser Weg wurde in den nächsten Jahren weiter beschritten. Nach 1991 hatte – wie oben ausgeführt – der bisherige Landesverteidigungsplan den Bezug zur Realität weitgehend verloren, auch wenn grundsätzlich die Verteidigungsdok-

---

[46] Urrisk, Die Einsätze (wie Anm. 3), S. 44-53; Andreas Steiger, »Wir sind froh, dass ihr hier seid!« Der Assistenzeinsatz des Bundesheeres zur Grenzraumüberwachung 1990 bis 2004. In: Zum Schutz der Republik (wie Anm. 3), S. 609-624.

[47] Gerhard Christiner, Sicherungseinsatz an der Staatsgrenze 1991. In: Zum Schutz der Republik (wie Anm. 3), S. 641-650; Siegbert Kreuter, Die Sicherungseinsätze des Bundesheeres der Zweiten Republik. In: Zum Schutz der Republik (wie Anm. 3), S. 651-670; Der Einsatz des Bundesheeres an der Grenze zu Jugoslawien 1991, Beilage zu: Truppendienst, 30 (1991), 4; Urrisk, Die Einsätze (wie Anm. 3), S. 53-61.

trin mit ihrer Darstellung zu Krisen-, Neutralitäts- und Verteidigungsfall sowie dem Zustand eines »drohenden Angriffes« noch als theoretische Basis gesehen werden konnte. Man war sich sowohl in der politischen als auch in der militärischen Führung der erforderlichen Neufestlegung der Doktrin und der strategischen Zielvorstellungen bewusst. Internationale »Doktrinenseminare« und die Bemühungen verschiedener nationaler Gesellschaften und Institutionen unterstrichen diese Notwendigkeit[48].

Da Österreich sich in diesen ersten Jahren nach dem Ende des Warschauer Paktes mit Nachdruck um eine Aufnahme in die Europäische Union (EU) bemühte, stand erstmals die Einbindung der Republik in ein übergeordnetes politisch-strategisches System und damit die Frage nach der weiteren Aufrechterhaltung der immerwährenden Neutralität zur Diskussion. Ein Abgehen von dieser – inzwischen populistisch zur Garantie für eine gesicherte friedliche Entwicklung des Landes hochstilisierten – Neutralität, von der man sich stets auch begrenzte Aufwendungen für die Landesverteidigung versprach, war aus innenpolitischen, namentlich tages- und wahlpolitischen Gründen nicht opportun. Selbst eine versachlichte Diskussion über diese Frage sollte sich als unmöglich erweisen.

Mit dem Beitritt zur EU am 1. Jänner 1995 blieb Österreich nach wie vor neutral, erklärte sich jedoch mit deren sicherheitspolitischen Zielen solidarisch. Es betonte im Zeitraum bis Herbst 1999 das Interesse an der Gemeinsamen Außen- und Sicherheitspolitik (GASP) und an der Europäischen Sicherheits- und Verteidigungspolitik (ESVP). Ein entsprechender Passus in der österreichischen Bundesverfassung sicherte dieses solidarische Verhalten im Rahmen der EU rechtlich ab. Nur wurde dadurch die Neutralität ausgehöhlt und in der öffentlich vertretenen politischen Praxis auf drei in der Folge angeführte Kernpunkte reduziert. Die Pflichten des Neutralen bzw. die Wahrnehmung von Hinderungspflichten fanden keine Erwähnung mehr. Nach dieser De-facto-Interpretation werde das neutrale Österreich an keinem Krieg teilnehmen, keinem Militärbündnis beitreten und keine fremden Truppen auf seinem Territorium stationieren lassen. Dass die politisch-strategischen Entscheidungen Österreichs in der Folge immer wieder argumentatorische Balanceakte und sachliche Winkelzüge erforderten, stand zu erwarten. Allerdings ergaben sich aus der Gratwanderung zwischen Neutralität und europäischer Solidarität auch opportune Handlungsoptionen, so wie im Jahre 1999, als Österreich unter Berufung auf die Neutralität politisch und völkerrechtlich korrekt den Überflug von Kampfflugzeugen der NATO im Zuge der Lufteinsätze gegen Ziele in Jugoslawien in Richtung Ungarn und Jugoslawien verweigerte.

Österreich war nach dem Beitritt zur EU im Sinne seiner außen- und sicherheitspolitischen Ziele bereit, in verstärktem Ausmaß an multinationalen Einsätzen teilzunehmen. Dies wurde als Ausdruck der Solidarität verstanden und sollte einer-

---

[48] Werner Fasslabend, 40 Jahre militärische Landesverteidigung der Zweiten Republik – Stellenwert und Aufgaben in Vergangenheit und Zukunft. In: ÖMZ, 33 (1995), 5, S. 477–484; Erich Eder, Landesverteidigung in der Zukunft. In: ÖMZ, 34 (1996), 5, S. 515–518; Karl Majcen, Sicherheit im Alleingang – Sicherheit im Verbund. In: ÖMZ, 34 (1996), 6, S. 627–632; Gustav Gustenau und Heimo Hofmeister, Die Krise des Heeres als Krise des Staates. In: ÖMZ, 34 (1996), 1, S. 13–20; Die neue Heeresstruktur. In: ÖMZ, 36 (1998), 4, S. 427–430.

seits wie gehabt im Rahmen eines Mandates des UN-Sicherheitsrates bzw. im Rahmen der EU innerhalb der Bandbreite der Petersberger Aufgaben erfolgen, also im Such- und Rettungsdienst, in der internationalen Katastrophenhilfe sowie bei friedensbewahrenden oder -schaffenden Einsätzen. Dass aber selbst bei derartigen Vorhaben innerhalb Österreichs erhebliche Fehlinterpretationen der Neutralität auftreten können, hat sich in den Mediendiskussionen über die Beteiligung eines österreichischen Kontingentes an der Sicherungsmission im Tschad (EUFOR Tchad/RCA) gezeigt. Es gelang Verteidigungsminister Norbert Darabos (SPÖ) nur unter nachhaltigem Verweis auf den humanitären Charakter des Einsatzes, die Kritik daran zu beenden[49].

Jedenfalls standen zwischen 1991 und 1995 außenpolitische und heeresorganisatorische Grundsatzentscheidungen im Vordergrund. Sie verzögerten eine intensivere Auseinandersetzung mit strategischen Problemen sowie die Erarbeitung einer angepassten Doktrin und Konzeption. Zwar wurde ein »Bericht zur Sicherheitspolitik und Streitkräfteentwicklung« schon 1991 unter Vorsitz des Politologen und Professors an der Universität Wien, Heinrich Schneider, und des Divisionärs Ernest König ausgearbeitet, der die Grundlage für eine Festlegung der strategischen Optionen des Kleinstaates Österreich hätte bilden sollen[50]. Aber die Weiterführung des Vorhabens unterblieb ebenso wie die Neufassung des Landesverteidigungsplanes. Die Zeichen der Zeit standen eindeutig auf ›Abwarten‹[51].

Nach dem Beitritt zur EU und der Fortsetzung der aus SPÖ und ÖVP gebildeten Großen Koalition als Ergebnis der Nationalratswahlen im Herbst 1995 schien sich eine günstige Situation für die weitere Arbeit an einer neuen Doktrin zu ergeben. Das Vorhaben war sogar im Regierungsprogramm enthalten. Zwar wurde vordergründig über strategische Optionen Österreichs nachgedacht, aber im Kern ging es um die Beibehaltung der Neutralität und um den Beitritt zur NATO oder den Verbleib außerhalb des Bündnisses. Für weiterführende strategische Möglichkeiten war innerhalb dieser zwar grundsätzlichen, aber doch eng begrenzten Überlegungen kaum Spielraum vorhanden.

Die Ausarbeitung des von der Bundesregierung in Auftrag gegebenen »Optionenberichtes« zur Sicherheitspolitik Österreichs verzögerte sich allerdings bereits während der Formulierungen auf Beamtenebene. War hierbei die Einbeziehung eines Hinweises auf einen eventuellen späteren Beitritt zur NATO noch erwogen worden, kam es in der folgenden Behandlung dieses Gesichtspunktes zwischen den Koalitionspartnern zu einem nachhaltigen Gegensatz, der eine Einigung auf

---

49 Georg Geyer, Bundesheereinsatz im Tschad. In: Der Soldat, 21.11.2007, S. 1.
50 Am 5.2.1990 erging ein Ersuchen des BMfLV Fasslabend an Schneider und König zur Bildung einer Arbeitsgruppe aus zivilen und militärischen Experten zur Untersuchung des angesprochenen Themenkreises. Eine Kurzfassung des Berichtes wurde im Dezember 1990 dem Auftraggeber vorgelegt, der Abschlussbericht folgte dann 1991.
51 Erich Reiter, Sicherheitspolitik zwischen Wunsch und Wirklichkeit – Gedanken zur Wirksamkeit der österreichischen Neutralität. In: ÖMZ, 32 (1994), 2, S. 125-130; Horst Pleiner, Das Konzept für den Einsatz des Bundesheeres – Grundlagen und Grundsätze. In: ÖMZ, 32 (1994), 2, S. 115-124.

diesen »Bericht« in der laufenden Legislaturperiode bis Herbst 1999 verhinderte[52]. Um jedoch eine gewisse Perspektive für die Sicherheitspolitik vorweisen zu können, wurde politisch eine weitgehende Übereinstimmung in der Frage der österreichischen Beteiligung an zukünftigen gemeinsamen, europäischen Streitkräften erzielt. Diese Entscheidung mochte Garant dafür sein, in absehbarer Zeit nicht mit unangenehmen Detailfragen wie Zielsetzungen, Strukturen, Entscheidungsgewalt und Kommandoführung oder gar Finanzierung und personelle Sicherstellung konfrontiert zu werden. Dabei zeigte sich eine österreich-spezifische Betrachtungsweise. Sie blendete aus der Sicht des bündnisfreien und neutralen EU-Mitgliedes die Tatsache aus, dass die Masse der ›alten‹ und später auch ›neuen‹ EU-Mitglieder eben Mitglieder der NATO waren oder zu werden gedachten und sie von Anbeginn an keinen Zweifel daran gelassen hatten, dass eine Duplizierung der Strukturen für Aufgaben in den beiden Systemen NATO und EU nicht infrage kam.

Von der Neutralität zur Solidarität – Die Hinwendung zur Mitwirkung an multinationalen Aufgaben

Die ursprüngliche österreichische Zustimmung zur EU und ihrer Sicherheits- und Verteidigungspolitik (ESVP) erlitt einen erheblichen Rückschlag, nachdem die EU in den ersten Wochen des Jahres 2000 Sanktionen gegen die aus ÖVP und der – von zahlreichen europäischen Politikern als rechtslastig kritisierten – Freiheitlichen Partei Österreichs (FPÖ) gebildete Koalitionsregierung verhängte. Politische Kontakte der beteiligten EU-Staaten zu Österreich wurden ausgesetzt oder auf niederem Niveau eingefroren und darüber hinaus boykottartige Maßnahmen betrieben. In der Konsequenz wurde in Österreich die Frage eines etwaigen NATO-Beitrittes aus der öffentlichen Diskussion und von der politischen Tagesordnung gestrichen und reflexartig letztlich die Neutralität als österreichische Position fast im Sinne einer strategischen Konzeption festgeschrieben, unabhängig von ihrem tatsächlichen Gehalt unter den veränderten globalen Rahmenbedingungen.

Diese Ansicht fand dann auch in der Begründung des Antrages zur Beschlussfassung über die neue »Sicherheits- und Verteidigungsdoktrin« in der Sitzung des Landesverteidigungsausschusses des Nationalrates am 7. Dezember 2001 ihren entsprechenden Ausdruck. So wird im Sinne des Artikels 23 f des Bundesverfassungsgesetzes die Mitwirkung an der Gemeinsamen Außen- und Sicherheitspolitik der EU durch die Neutralität nicht eingeschränkt. Allerdings sei auch die klassische

---

[52] Der Bericht über alle weiterführenden Optionen Österreichs im Bereich der Sicherheitspolitik wurde rund neun Monate lang zwischen Experten des Bundeskanzleramtes, des Außen- und des Verteidigungsressorts verhandelt. Da auf politischer Ebene zunächst zwischen ÖVP und SPÖ keine Einigung über einzelne Punkte erzielt werden konnte, fand am 1.4.1998 eine letzte Kompromissbesprechung zwischen dem Bundeskanzler und dem Außenminister statt, wiederum ohne eine Einigung zu erzielen. Der Bericht wurde am Folgetag als »Der Bericht – Österreichs Sicherheit« im Einvernehmen zwischen Außenminister Wolfgang Schüssel (ÖVP) und Verteidigungsminister Fasslabend als Positionspapier und Argumentationshilfe veröffentlicht.

Neutralität nach dem Vorbild der Schweiz nicht mehr existent[53]. Gegen Ende des Jahres 2000 wurde die Ausarbeitung der angeführten neuen »Sicherheits- und Verteidigungsdoktrin« in Auftrag gegeben[54]. Sie wurde am 12. Dezember 2001 im Nationalrat mit den Stimmen von ÖVP und FPÖ beschlossen[55].

Die neue Doktrin zielte auf eine militärische Verteidigungsfähigkeit, die das Entgegentreten bei punktuellen Angriffen ständig ermöglichen sollte. Weiters sollte sich Österreich an einer gemeinsamen Verteidigung in adäquater Stärke im Umfang eines Divisionsäquivalentes sowie an den Petersberger Aufgaben bis zum Umfang einer Brigade beteiligen[56]. Davon ausgehend hätten die zuständigen Ministerien »Teilstrategien« abzuleiten. Der entsprechende Vorgang wurde zwar eingeleitet, aber nicht abgeschlossen. Selbst die vom BMfLV ausgearbeitete »Teilstrategie« erlangte nicht den Rang eines allgemein gültigen Grundsatzdokumentes. So blieb es bei Überlegungen für die zukünftige Struktur der österreichischen Streitkräfte. Die Bandbreite für die Erarbeitung strategischer Ziele, Grundsätze und Verfahren zur Nutzung der Streitkräfte im Rahmen der Verteidigungs-, Außen-, Außenwirtschafts- oder gemeinsamen europäischen Sicherheitspolitik war gering, sie beschränkte sich auf allgemeine Absichtserklärungen und Aussagen zum Umfang etwaiger österreichischer Beiträge. Daran konnte auch die Einrichtung eines »Nationalen Sicherheitsrates« nichts ändern, der trotz anderslautender Absicht letztlich nicht zum strategischen Beratungsgremium mit entsprechender Positionierung und Arbeitskapazität wurde. Vielmehr spiegelt das Gremium eigentlich nur die parteipolitischen Positionen zu Sicherheitsfragen wider.

Die Koalitionsregierung aus ÖVP und FPÖ, die am 4. Februar 2003 ihr Amt antrat, hatte in ihrem Regierungsprogramm die Einrichtung eines strategischen Führungslehrganges angekündigt. Dieser wird seitdem einmal jährlich im Zusammenwirken der zuständigen Ministerien für hochrangige Funktionsträger aus Ministerien, Wirtschaft, Politik, Exekutive und Landesverteidigung abgehalten. Er umfasst vier Module im Umfang je eines verlängerten Wochenendes und bezweckt neben der Information auf strategischer Ebene vor allem die lange vermisste Ausprägung einer »Strategic community« und die Bildung eines strategischen »Netzwerkes«. Die Auseinandersetzung mit theoretischen Aspekten der Strategie sowie eine tiefgehende Bearbeitung einer österreichbezogenen Strategie blieb allerdings zunächst einem eher eng begrenzten Personenkreis der Landesverteidigungsakademie, der Diplomatischen Akademie und der akademischen Institutionen des Landes vorbehalten. Allerdings zeigte sich doch ein steigendes Interesse außerhalb des rein Militärischen an Fragen der Strategie. So hat das Bundesministerium für Inneres im Jahr 2008 an seiner Sicherheitsakademie einen einjährigen akademi-

---

[53] Anton Striedinger, Die neue österreichische Sicherheits- und Verteidigungsdoktrin. In: ÖMZ, 40 (2002), 2, S. 197.
[54] Erich Reiter, Eine neue sicherheits- und verteidigungspolitische Doktrin für Österreich. In: ÖMZ, 38 (2000), 6, S. 691–698.
[55] Österreichische Sicherheits- und Verteidigungsdoktrin – Allgemeine Erwägungen. Entschließung des Nationalrates. Hrsg. vom Bundeskanzleramt, Wien 2002.
[56] Text der Sicherheits- und Verteidigungsdoktrin bei Striedinger (wie Anm. 53), S. 198–200.

schen Lehrgang »Strategische Führung« eingerichtet und damit eine hochwertige strategische Schulung im zivilen Bereich angeboten.

Grundsätzlich hat sich Österreich seit 1999 intensiv und mit durchschnittlich 1300 Soldaten jährlich an verschiedenen multinationalen Einsätzen – auch in Afghanistan – beteiligt und den Beitrag der UN-Kräfte auf den Golanhöhen mit aufrechterhalten. Schließlich waren auch Einsätze unter NATO-Kommando kein Gegenstand mehr für innenpolitische Auseinandersetzungen. Sie sind akzeptierter Alltag im Einsatzspektrum des österreichischen Bundesheeres. Da nach dem Prinzip des »operational control« an Einsätzen teilgenommen wurde bzw. wird, bleibt die nationale Entscheidung auch für die Durchführung des Einsatzes und konkreter Aufträge gegeben und somit die im Bedarfsfall erforderliche Distanz möglich. Man war damit tatsächlich zu einer gewissen Solidarität gelangt und sah mögliche konventionelle Bedrohungen nicht mehr im Umfeld Österreichs, sondern hatte die Vorteile erkannt, durch Mitwirkung an multinationalen Einsätzen außerhalb des Bundesgebietes nach außen- und sicherheitspolitischen Prioritäten die Sicherheit in und für Österreich zu erhöhen.

Eine von der Bundesregierung beauftragte und von Helmut Zilk, dem ehemaligen Unterrichtsminister und populären Bürgermeister Wiens, geleitete Bundesheerreformkommission erarbeitete bis Juni 2004 einen Bericht mit umfangreichen Empfehlungen zur österreichischen Sicherheits- und Verteidigungspolitik, aufbauend auf der »Sicherheits- und Verteidigungsdoktrin« aus dem Jahre 2001. Die Strategie Österreichs wurde auf die Beteiligung an multinationalen Operationen zur Wahrung und Wiederherstellung des Friedens, zur humanitären Hilfe und zum Wiederaufbau betroffener Regionen und Nationen ausgerichtet. Grundsätzlich hat sich dabei die Erkenntnis durchgesetzt, dass derartige Einsätze einen wichtigen und direkten Beitrag zur Sicherheit Österreichs leisten. Aufgaben der Streitkräfte im Inland wurden nur mehr sehr allgemein angesprochen und die für den nach wie vor neutralen Kleinstaat gebotenen Hinderungsmaßnahmen nicht mehr erwähnt[57].

Es folgten strukturelle Maßnahmen innerhalb des Bundesheers. Diese »Transformation« zielte auf ein für die geänderten Aufgaben besser ausgerichtetes, moderneres »Bundesheer 2010«, ohne den zeitlichen Rahmen auf eine Erfüllung im Jahre 2010 zu beschränken. Ansätze zur Erarbeitung von Grundsätzen der Zivil-Militärischen Zusammenarbeit – international unter dem Akronym »CIMIC« bekannt – sind ebenfalls vorhanden, bedürfen aber noch der eingehenden Konkretisierung: einerseits hinsichtlich der Aufgaben und Funktionen im Inland und andererseits eben auch im internationalen Rahmen und bei multinationalen Einsätzen außerhalb Österreichs, vor allem außerhalb der EU. Hier bietet sich ein breites Feld für die strategische Aufarbeitung und in deren Folge auch für die vom politischen Willen getragene Information und Motivation von Medien und Bevölkerung

---

[57] Bundesheer 2010 – Bericht der Bundesheer-Reformkommission vom 14.6.2004. Hrsg. vom BMfLV, Wien 2004; Bundesheer 2010 – Für ein Heer mit Zukunft. Die Bundesheerreformkommission. Beilage zu Truppendienst, 42 (2003), 6; Empfehlungen der Bundesheerreformkommission. In: ÖMZ, 42 (2004), 5, S. 603–607; Roland Ertl, Aktuelle Probleme der militärischen Landesverteidigung, Mitteilungsblatt Nr. 57 der Österreichischen Gesellschaft für Landesverteidigung und Sicherheitspolitik, Wien 2004.

über den strategischen Wert der Mitwirkung an Aktivitäten im Nahen Osten, auf dem Balkan, in Afghanistan, im Tschad oder anderswo.

Wie sich aus der Darstellung des Zeitraumes nach 1990 zeigt, beschränkte sich die Auseinandersetzung mit strategischen Fragen mehr oder weniger auf die akademische Ebene[58]. Für die konkrete Ausprägung strategischer Ziele und Grundsätze oder gar deren Festlegung in einem entsprechenden verbindlichen Dokument – womöglich sogar auf breiter politischer Basis – blieben diese akademischen Überlegungen allerdings von geringer Wirksamkeit. Hier bestimmte eine pragmatische, häufig auch tagespolitisch beeinflusste Handhabung die Entwicklung[59]. Dazu mag auch die dem militärischen System innewohnende bewahrend-konservative Grundhaltung beitragen haben, die für eine Abkehr von gewohnten oder ›ausgewogenen‹ Strukturen trotz betonter Offenheit für den Fortschritt nur zögerlich gewonnen werden konnte[60].

Immerhin wurde das seit 2001 gültige Einsatzkonzept des Bundesheeres im Jahre 2006 durch ein neues Militärstrategisches Konzept des Bundesheeres ersetzt, das als Zusammenfassung der ab 2001 angestellten Überlegungen und Planungen in Österreich und in der EU verstanden werden konnte[61]. Somit war durch die Entwicklung der letzten fünf Jahre eine Ausgangssituation geschaffen, die zu einer konsequenten Erarbeitung der strategischen Ziele, zur Formulierung einer Doktrin und über diese zu einer Klarstellung der zukünftigen Aufgaben der österreichischen Sicherheitspolitik, ihrer Streitkräfte und der dafür erforderlichen Fähigkeiten und Strukturen hätte führen können[62].

In der am 11. Januar 2007 angelobten neuen Österreichischen Bundesregierung als Koalition von SPÖ und ÖVP hatte die SPÖ das Bundesministerium für Landesverteidigung übernommen und Norbert Darabos als Bundesminister nominiert. Dieser folgte grundsätzlich den Empfehlungen, die von der bereits genannten Bundesheerreformkommission unter Vorsitz von Bundesminister a.D. Helmut Zilk abgegeben worden waren hinsichtlich der vorrangigen Wahrnehmung von internationalen Missionen im Ausland. Da diese Kommission aber die im Inland militärisch wahrzunehmenden Aufgaben nur in sehr allgemeiner Weise angesprochen hatte, ergaben sich Auffassungsunterschiede zwischen den offiziellen Stellen und verschiedenen davon unabhängigen Institutionen und Repräsentanten, vor allem aus dem Bereich der Miliz. Zur Präzisierung der nunmehrigen Ausrichtung

---

[58] Hier muss vor allem Erich Reiter genannt werden, der als Leiter der Sektion I des Bundesministeriums für Landesverteidigung [Zuständigkeit?] und später als dessen Direktor für Sicherheitspolitik durch zahlreiche Veröffentlichungen zu strategischen Fragen hervortrat.

[59] Friedrich Korkisch, Die Sicherheitspolitik Österreichs: Unklare Rahmenbedingungen. In: ÖMZ, 44 (2006), 5, S. 613–616; Günther Platter, Veränderungen für mehr Sicherheit – das österreichische Bundesheer im Umbruch. In: ÖMZ, 44 (2006), 6, S. 743.

[60] Ein Beispiel ist der Zwischenbericht der Expertenkommission beim Verteidigungsministerium zur Prüfung der möglichen Umstellung des Bundesheeres auf ein Freiwilligensystem. Der wurde am 16.1.2001 abgeschlossen. Vgl. auch Friedrich Hessel, Strukturentwicklung des Bundesheeres von der Wende 1989/90 bis zum Jahre 2003, Wien 2004.

[61] Rudolf Striedinger, Das militärstrategische Konzept des Österreichischen Bundesheeres. In: ÖMZ, 45 (2007), 5, S. 587–589.

[62] Regierungsprogramm für die XXIII. Gesetzgebungsperiode. In: ÖMZ, 45 (2007), 3, S. 323–325.

wurden von Darabos die Zielsetzungen für das Bundesheer in Schutz und Hilfe für Menschen im In- und Ausland, in der internationalen Mitwirkung (in erster Linie auf der Grundlage eines Mandates der UN) zur Eindämmung von Krisen und bei humanitären Missionen angesprochen. Dabei betonte nicht nur der Verteidigungsminister über gut drei Jahre die Bedeutung der allgemeinen Wehrpflicht insgesamt und deren Beibehaltung. Strategische Aspekte blieben in den Diskussionen weitgehend ausgeklammert, wohl wurden aber in den offiziellen Stellungnahmen die besondere Bedeutung der auf ihre Kernbereiche reduzierten Neutralität und die Ablehnung eines etwaigen Beitrittes zur NATO herausgestrichen. 2010 ergab sich wohl auch als Folge der Erkenntnisse über geänderte Formen der Bedrohungen im Rahmen eines »erweiterten«, deutlich über den rein militärischen Rahmen hinausgehenden Begriffes von »Sicherheit«, aus dem Wegfall einer unmittelbaren konventionellen Konfrontation im näheren Umfeld Österreichs sowie aus der Unsicherheit hinsichtlich der nunmehrigen Aufgaben des Bundesheeres und der als Folge der Wirtschaftskrise ab 2009 einsetzen Budgetreduzierungen in der SPÖ ein Umschwung in der grundsätzlichen Auffassung zum Wehrsystem. Im Herbst 2010 legte die SPÖ als politische Linie eine Umwandlung des Bundesheeres in ein Freiwilligenheer fest[63]. Darabos ließ in seinem Bereich einige Struktur- und Aufgabenmodelle für ein zukünftiges Bundesheer erstellen und die Aufwendungen dafür berechnen. Dies führte zu innenpolitischen Irritationen[64] und mündete schließlich zu Beginn des Jahres 2011 in die Ausarbeitung einer angepassten, neuen »Sicherheitsdoktrin« oder – wie von Darabos mehrfach bezeichnet – »Sicherheitsstrategie im Einvernehmen der beiden Koalitionspartner SPÖ und ÖVP als Grundlage für weiterführende Entscheidungen«. Am 1. März 2011 beschloss dann die Bundesregierung die neue Sicherheitsdoktrin.

Damit allerdings wird die in den letzten Jahren deutliche strategische Grundkonzeption weiter verfolgt und aktualisiert. Auf absehbare Zeit werde es keine konventionelle (militärische) Bedrohung Österreichs geben und neue Gefahren etwa aus dem internationalen Terrorismus oder dem Cyber-Bereich sowie durch Umweltkatastrophen würden in den Vordergrund rücken, heißt es nunmehr offiziell. Der strategische Ansatz wird »verbreitert«, und die Zusammenarbeit mit und der Stellenwert der nichtmilitärischen und nichtregierungsunmittelbaren Komponenten gewinnt an Bedeutung. Militärisch werden die Teilnahme an internationalen Missionen unter einem Mandat der UN, aber auch im Rahmen der EU und das Bekenntnis zur Neutralität hervorgehoben. Die in der Doktrin von 2001 noch genannte Option eines etwaigen Beitrittes zur NATO ist nicht mehr enthalten, wohl aber die weitere Kooperation mit der NATO im Rahmen der Partnerschaft

---

[63] Offiziell im Rahmen des Wahlkampfes für die Gemeinderatswahl in Wien durch den Bürgermeister von Wien Michael Häupl (SPÖ) verkündet.
[64] Als Folge von medial geäußerten Auffassungsdifferenzen wurde im Jänner 2011 der Chef des Generalstabes General Edmund Entacher durch Bundesminister Darabos von seiner Funktion entbunden. Wohl als Konsequenz der darauf folgenden öffentlichen Diskussion verschob sich die vordem für ein Freiwilligenheer eingestellte öffentliche Meinung wiederum in Richtung der Beibehaltung einer verbesserten Wehrpflicht.

für den Frieden⁶⁵. In den Medien wurde auf den teilweise »vorsichtigen« und »kompromissartigen« Charakter hingewiesen, da konkretere Formulierungen der Aufgaben hinsichtlich Umfang, Dauer und Ausmaß der Beteiligung in der Ausarbeitung fehlten. Immerhin brachten einige Regierungsmitglieder im Zusammenhang mit der Diskussion um Reaktionen der EU auf die Entwicklungen in Libyen zum Ausdruck, das in einer der EU Battle Groups derzeit eingebrachte österreichische Kontingent werde bei einem Einsatz zur Verfügung stehen; ob allerdings nur im Falle eines dafür gültigen UN-Mandats oder auch bei einem alleinigen EU-Entschluss, wurde keiner Spezifizierung unterzogen. Auf der Grundlage dieser aktuellen Sicherheitsdoktrin wollen die Regierungsparteien in absehbarer Zeit die Frage des zukünftigen Wehrsystems diskutieren und regeln. Die strategische Ausrichtung des Bundesheeres wird davon (zunächst) nur am Rande berührt und die strategische Grundhaltung der Bundesregierung ist damit definiert.

---

[65] Karl Ettinger, Doktrin fixiert Neutralität und NATO-Kooperationen, Betritt keine Option mehr. In: Die Presse, 1.3.2011, S. 2.

Peter Braun

Neutral zwischen Ost und West?
Die schweizerische Landesverteidigung und die Herausforderungen des Nuklearzeitalters 1955 bis 1961

Als der Zweite Weltkrieg 1945 zu Ende ging, herrschte in der schweizerischen Bevölkerung fast einmütig die Überzeugung, dass die Schweiz die Kriegswirren einmal mehr vor allem dank ihrem strikten Festhalten an der bewaffneten Neutralität weitgehend unbeschadet überstanden hatte. Eine kritische Auseinandersetzung mit der realen, durchaus pragmatischen Neutralitätspolitik des Landes, zu welcher der Krieg an und für sich Anlass genug gegeben hätte, blieb mehr oder weniger aus. Im Gegenteil: In einem Prozess historischer Verklärung und mythischer Überhöhung wurde das Konzept der immerwährenden, bewaffneten Neutralität im Laufe der Zeit geradezu zu einem »Dogma von fast religiöser Weihe«, wie der Historiker Edgar Bonjour in seinem mehrbändigen offiziösen Monumentalwerk über die Geschichte der schweizerischen Neutralität 1970 völlig richtig, wenn auch nicht ohne Pathos festhielt[1]. Als Folge dieser von weiten Kreisen der Bevölkerung geteilten Auffassung wurde das kleinstaatliche Abseitsstehen nach 1945 geradezu zum Ausdruck einer klugen Politik schlechthin – einer Politik notabene, die allein die Aussicht eröffnete, auch in Zukunft – und dies ist für ein Verständnis der schweizerischen Haltung im Kalten Krieg zentral – von einem europäischen Großkrieg verschont zu bleiben.

Daneben war Neutralität freilich auch weiterhin sehr konkret die Grundlage der realen schweizerischen Außen- und Sicherheitspolitik. Parlament, Regierung und mit ihr die Verwaltung waren verfassungsmäßig zur Einhaltung der Neutralität verpflichtet – eine Aufgabe, die im Kalten Krieg angesichts der Teilung der Welt in die beiden antagonistischen Blöcke geradezu zwangsläufig nicht frei von Friktionen sein konnte. Denn wirtschaftlich, kulturell und geografisch war die Schweiz eindeutig ein Teil des Westens, während sie politisch und militärisch jeglicher Allianz fernblieb.

Aus dieser Konstellation ergab sich ab Mitte der Fünfzigerjahre vor dem Hintergrund der vollständigen Nuklearisierung des Gefechtsfeldes im Zuge der damals gültigen NATO-Verteidigungsdoktrin eine Reihe von nicht zu unterschätzenden Problemen, welche sich exemplarisch an drei zentralen Teilbereichen der zeitge-

---

1   Edgar Bonjour, Geschichte der schweizerischen Neutralität. Vier Jahrhunderte eidgenössischer Außenpolitik, Bd 1, 5., durchges. Aufl., Basel 1970, S. 13.

nössischen schweizerischen Militärpolitik aufzeigen lassen: der 1955 initiierten Armeereform, der zu Beginn der Sechzigerjahre eingeleiteten Beschaffung des französischen Hochleistungsflugzeuges »Mirage« und der Mitte der Fünfzigerjahre intensivierten Atomwaffendiskussion. Alle drei Maßnahmen dienten nach zeitgenössischer Auffassung vorab der Anpassung der Schweizer Armee an die Gegebenheiten des neuzeitlichen Gefechtsfeldes und damit der Sicherstellung einer effizienten autonomen Verteidigung des neutralen Territoriums in einem künftigen, voraussichtlich nuklear geführten Krieg. Alle drei wurden von offizieller Seite stets auch als notwendig zur Erfüllung neutralitätsrechtlicher Verpflichtungen kommuniziert. Gleichzeitig waren sie allerdings mit erheblichen neutralitätspolitischen Implikationen verbunden, die der Öffentlichkeit wohlweislich verschwiegen wurden.

I.

Da absehbar war, dass der Westen der immensen militärischen Überlegenheit der Sowjetunion und ihrer Satellitenstaaten konventionell kaum je würde begegnen können, proklamierte Präsident Dwight D. Eisenhower an der Jahreswende 1953/1954 einen »New Look« der amerikanischen Sicherheitspolitik, dessen Kernstück die atomare Vergeltungsschlagfähigkeit war. Ein wichtiger Baustein der neuen Strategie war dabei der Einsatz kleinkalibriger, taktischer Nuklearwaffen gleich zu Beginn einer Auseinandersetzung, womit ein vergleichsweise kostengünstiger Ausgleich zum überlegenen konventionellen Militärpotenzial der UdSSR geschaffen werden sollte. Ende 1954 schwenkten auch die europäischen NATO-Verbündeten auf diese neue, als Schwert-Schild-Konzept bekannt gewordene Strategie ein[2]. Die durchaus berechtigte Befürchtung, dass auch die Sowjetunion, das heißt der einzige potenzielle Gegner, früher oder später in der Entwicklung nachziehen und sein Atomarsenal ebenfalls um taktische Sprengköpfe erweitern würde, führte in der Schweiz ab Mitte der Fünfzigerjahre zu einer heftigen Auseinandersetzung darüber, wie die Verteidigung auch künftig mit größter Aussicht auf Erfolg zu führen sei[3].

Die eine Gruppe in diesem »Konzeptionsstreit« plädierte für die Übernahme des amerikanischen Mobile-Defence-Konzeptes. Um dem Gegner keine lohnenden Atomwaffenziele zu bieten und einem durch die Atombresche nachstoßenden mechanisierten Angreifer mit geballter Kraft entgegentreten zu können, sollten vollständig mechanisierte und motorisierte Heereseinheiten, die unter dem Schutz

---

[2] Siehe z.B. Christian Greiner, Zur Rolle Kontinentaleuropas in den militärstrategischen und operativen Planungen der NATO von 1949 bis 1958. In: Das Nordatlantische Bündnis 1949 bis 1956. Im Auftrag des MGFA hrsg. von Klaus A. Maier und Norbert Wiggershaus, München 1993 (= Beiträge zur Militärgeschichte, 37), S. 147–175.

[3] Vgl. Alfred Ernst, Die Konzeption der schweizerischen Landesverteidigung 1815–1966, Frauenfeld, Stuttgart 1971, S. 245–314; und Peter Braun, Von der Reduitstrategie zur Abwehr. Die militärische Landesverteidigung der Schweiz im Kalten Krieg 1945–1966, Baden 2006 (= Der Schweizerische Generalstab, 10), S. 335–558.

einer stark zu vergrößernden Luftwaffe operierten, das schweizerische Mittelland zwischen Alpen und Rhein beweglich und offensiv verteidigen. Die zweite Gruppe trat demgegenüber für einen evolutionären Ausbau der Armee ein. Sie verfocht ein spezifisch schweizerisches Kampfkonzept, nämlich einen auch auf operativer Stufe rein defensiven, überwiegend statischen Abwehrkampf in Anlehnung an ein tief gestaffeltes Stellungssystem, das vor allem von infanteristischen Kräften gehalten werden sollte. Die Armeeleitung schwenkte schon relativ früh, im Sommer 1955, auf das Mobile-Defence-Konzept ein und beantragte beim Bundesrat, die Armee auf dieser Basis zu reorganisieren. In der Öffentlichkeit blieb das Projekt indessen bis Anfang der Sechzigerjahre umstritten und zumindest zu Beginn regte sich auch innerhalb des Eidgenössischen Militärdepartementes (EMD) Kritik.

II.

Mitte September 1955 unterbreitete der Waffenchef der Infanterie, Oberstdivisionär Max Waibel, seinen Vorgesetzten eine Studie mit dem Titel »Gedanken über die Zukunftsgestaltung des Heeres«[4]. Waibel rüttelte darin massiv an den Grundfesten des traditionellen schweizerischen Sicherheitsverständnisses. Die Entwicklung von Atomwaffen habe dazu geführt, gab er zu bedenken, dass sich ein neutraler Kleinstaat autonom kaum mehr erfolgreich gegen eine atomgerüstete Großmacht zu Wehr setzen könne. »Vom rein militärischen Standpunkt aus muss [...] die Frage nach der Zweckmäßigkeit der Neutralität im Frieden verneint werden, weil sie zur militärischen Isolierung führt und im Kriegsfalle keine Aussicht auf eine wirkungsvolle Verteidigung unserer Souveränität bietet.« Für die Schweiz habe die neueste waffentechnische Entwicklung zur Konsequenz, dass sie davon abkommen müsse, einen Krieg autonom führen zu wollen. Deshalb sei es unlogisch, die Armee im Frieden nach den Grundsätzen selbstständiger Kampfführung im Krieg auszugestalten. Sie müsse vielmehr so organisiert und bewaffnet werden, dass sie – spätestens im Krieg – unter günstigsten Bedingungen im Rahmen einer Koalition operieren könne. Um den gebotenen Grundsatz der »Bündnisfähigkeit« praktisch zu verwirklichen, empfahl Waibel, entweder der NATO beizutreten – seiner Ansicht nach »vom rein militärischen Standpunkt aus betrachtet« die beste Lösung – oder aber nur die Organisation und Ausbildung der Armee sukzessive auf die NATO auszurichten, ohne dass ein formeller Beitritt zur Allianz und eine ausdrückliche Abkehr vom Grundsatz der Neutralität erklärt werde. Konkret plädierte er für eine massive Vergrößerung der Panzerwaffe nach NATO-Standard, und zwar auf Kosten der Flugwaffe, welche reduziert werden könne, da ein Verbündeter die Schweiz in der Luft voraussichtlich rascher unterstützen könne als auf dem Boden.

Derartige Vorschläge standen freilich in Widerspruch zu den Grundsätzen der bewaffneten Neutralität, die darauf abzielte, dass die Schweiz genügend große und

---

[4] Schweizerisches Bundesarchiv Bern (BAR), E 9500.52(-), 1984/122, 5, Divisionär Waibel, Gedanken über die Richtlinien für die Zukunftsgestaltung des Heeres (Rot-, Blau- und Schwarzbuch), 13.9.1955.

entsprechend zusammengesetzte Streitkräfte unterhielt, um das neutrale Territorium inklusive den Luftraum – zumindest anfänglich – *autonom* gegen einen potenziellen Angreifer verteidigen zu können. Von der vorgeschlagenen »Bündnisfähigkeit« als Grundlage für die künftige Konzeption, Heeresorganisation und Bewaffnung wollte Generalstabschef Louis de Montmollin, der Ende November 1955 schriftlich zu Waibels Gedanken Stellung nahm, denn auch nichts wissen, obschon er unverblümt zugestand, dass mit dem Neutralitätsstatus im Frieden tatsächlich gewisse Schwächen im Krieg verbunden seien. Die Wahrscheinlichkeit einer Allianz in einem Atomkrieg beurteilte er nicht wesentlich anders als der Waffenchef der Infanterie. Nichtsdestoweniger riet er dringend dazu, sich auch in Zukunft rein geistig, beispielsweise im Rahmen von Operativen Übungen, nicht aber organisatorisch und materiell auf einen möglichen Schulterschluss im Krieg vorzubereiten[5].

Die bundesrätliche Militärdelegation, die sich am 1. Dezember 1955 kurz mit Waibels Studie und de Montmollins Replik befasste, teilte die Auffassung des Generalstabschefs. »Es ist möglich, dass sich das Problem der Bündnisfähigkeit für uns im Krieg stellen wird«, meinte beispielsweise Bundesrat Thomas Holenstein.

»Es ist eine sehr heikle Frage, wie wir uns heute zu diesem Problem einstellen sollen. Jedenfalls darf nichts unternommen werden, was den Eindruck erwecken könnte, wir würden uns schon jetzt unsere Neutralität antasten lassen. Militärisch gesprochen kann es nicht infrage kommen, den Gedanken von Oberstdivisionär Waibel in Bezug auf die Anpassung der Armee an die NATO zu folgen. Dagegen müssen wir genau verfolgen, was die NATO, was Deutschland und was andere Staaten tun, um sich auf einen Krieg vorzubereiten und um sich zu bewaffnen [sic][6].«

Mit dieser abschließenden Besprechung der Thesen des Waffenchefs der Infanterie war die Frage der »Bündnisfähigkeit« im Zusammenhang mit der laufenden Armeereorganisation mindestens im Bereich der Streitkräfteorganisation endgültig vom Tisch. Die in Bundesrat Holensteins Votum prägnant formulierte Absicht, die Maßnahmen der NATO-Staaten zwar zu beobachten, die Armee aber nicht wirklich der NATO anzupassen, sollte für die Anfang 1956 eingeleitete Armeereform richtungsweisend bleiben. Die amerikanische Doktrin der Kampfführung auf dem nuklearen Gefechtsfeld wurde wohl als Grundlage für die schweizerische Verteidigungskonzeption und die daraus abgeleitete organisatorische Struktur der Armee übernommen, was zwangsläufig gewisse äußerliche Ähnlichkeiten zur Folge hatte. Von einer gezielten Anpassung der Schweizer Armee an die NATO, wie sie Waibel mit dem Begriff der »Bündnisfähigkeit« umschrieben hatte, kann hingegen nicht gesprochen werden.

---

5   BAR, E 9500.52, 1984/122, 5, Korpskommandant de Montmollin an Divisionär Waibel, Conceptions d'avenir de notre défense nationale, 22.11.1955.
6   BAR, E 5560(C), 1975/46, 1, Protokoll der Sitzung der Militärdelegation des Bundesrates vom 1.12.1955, S. 4.

III.

Während der parlamentarischen Behandlung des Armeereformentwurfes im Herbst 1960 wurden die Fragen der bewaffneten Neutralität und der Bündnisfähigkeit indessen von Neuem virulent. Das Reorganisationsprojekt, dessen Kernstück die Schaffung dreier Mechanisierter Divisionen zur Führung der mobilen Verteidigung im schweizerischen Mittelland darstellte, war politisch nach wie vor heftig umstritten. Wohl wissend um den breiten innenpolitischen Konsens über den Wert der außenpolitischen Maxime legte die Landesregierung in ihrer Botschaft zur neuen Truppenordnung besonderes Gewicht darauf, die Notwendigkeit der Reorganisation mit Neutralitätsargumenten zu untermauern. Das Neutralitätsrecht gebiete, dass einem Kriegführenden auch nicht der kleinste Teil des neutralen Territoriums für einen Durchmarsch überlassen werde. Allein schon deshalb müsse die Armee eine gewisse Beweglichkeit aufweisen, während eine vorwiegend statische Verteidigung, wie sie die Opposition vertrete, nicht infrage komme[7]. Die Protokolle über die Debatten in den vorberatenden Militärkommissionen und im Ratsplenum zeigen deutlich, dass es tatsächlich gerade dieses Argument war, das sich bei den unschlüssigen Parlamentariern über alle Parteigrenzen hinweg als besonders stichhaltig erwies[8].

Anlass zu heftigsten Kontroversen gab dagegen ein zweites Argument, das ebenfalls zur Rechtfertigung der beweglichen Verteidigungskonzeption und der Mechanisierten Divisionen angeführt wurde und das einmal mehr gerade in Hinblick auf die Neutralität von besonderer Tragweite war – diesmal jedoch in umgekehrter Weise. Nach erfolgtem Angriff, hieß es nämlich an anderer Stelle der Botschaft, würden die sich aus der Neutralität ergebenden Einschränkungen wegfallen und die Schweiz könne nach freiem Ermessen mit dem Gegner des Aggressors ein Bündnis eingehen. Je besser bewaffnet und organisiert die Armee sei, desto günstiger sei in einer solchen Situation die Verhandlungsposition des Bundesrates mit der Drittpartei und desto geringer sei die Gefahr, in Abhängigkeit von der verbündeten Großmacht zu geraten[9].

Für die kommunistische Partei der Arbeit (PdA) konnte dies nur eines heißen: die verbindliche Ankündigung einer militärischen Zusammenarbeit mit den Westmächten. Problematisch war, dass es nicht allein die der militärischen Landesverteidigung ohnehin feindlich gesinnten und politisch völlig marginalen Kommunisten waren, die ihre ablehnende Haltung mit vermeintlich neutralitätspolitischen Implikationen der Reform begründeten. Ähnliche Bedenken äußerten auch die Sozialdemokraten, die damals wählerstärkste Partei der Schweiz. Ihr Fraktionssprecher Hans Oprecht meinte:

---

7 Botschaft des Bundesrates an die Bundesversammlung betr. die Organisation des Heeres (Truppenordnung) vom 30.6.1960. In: Bundesblatt (BBl) 1960, II, S. 321–388, hier S. 326.
8 Siehe BAR, E 5560(C), 1975/46, 2, Protokoll der Tagung der erweiterten Militärkommission des Nationalrats vom 30.8. bis 2.9.1960; Protokoll der Sitzung des Nationalrats vom 28./29.9.1960. In: Amtliches Stenographisches Bulletin des Nationalrats (AmtlBull NR), 1960, S. 545–634.
9 Botschaft des Bundesrates zur TO 61, 30.6.1960 (wie Anm. 7), S. 327 f.

> »Der Bundesrat hat mit seiner Anspielung auf eine allfällige Kriegsallianz ein heikles Problem berührt [...] Ich halte die Ausführungen der Botschaft über unsere Neutralitätspolitik für gefährlich. Ich kann mir diese Haltung nur so erklären, dass diejenigen, die für die Botschaft verantwortlich sind, ihre Auffassung über die militärische Neutralität unseres Landes geändert haben[10].«

Anders als die Kommunisten unterstellte der sozialdemokratische Sprecher dem Bundesrat nicht, unter Missachtung des Neutralitätsrechtes eine Annäherung an die NATO zu suchen. Worauf er aber deutlich aufmerksam machte, war die Tatsache, dass die Ausführungen in der Botschaft im Ausland zumindest in diese Richtung gedeutet werden konnten. Bereits jetzt würde nämlich in der deutschen Zeitschrift »Der Spiegel« die Ansicht vertreten, der Wortlaut der Botschaft könne nur so verstanden werden, dass die Schweiz bereit sei, im Kriegsfall mit der NATO zusammenzuarbeiten und die Armee in erster Linie deshalb modernisiert werde, weil sie »jederzeit in der Lage sein [müsse], im Verein mit anderen Armeen zum Wohle der Schweiz eingesetzt zu werden[11].«

Die bürgerliche Ratsmehrheit wollte das Argument der Sozialdemokraten indessen nicht gelten lassen.

> »Es ist [...] unangebracht und verwerflich«, gab sich beispielsweise der Sprecher der Freisinnig-Demokratischen Partei Paul Bürgi überzeugt, »gegen eine Anpassung unserer Landesverteidigung an die Erfordernisse der heutigen Kriegführung mit dem Argument Stellung zu nehmen, dass sich die Schweiz dadurch dem Verdacht aussetze, eine kleine NATO-Armee zu schaffen und eine Beziehung zur NATO herstellen zu wollen. Wenn wir einen solchen [...] Verdacht unbedingt vermeiden wollen, dürfen wir überhaupt keine moderne Armee haben, sondern müssten konsequenterweise unsere Soldaten wieder mit Hellebarde und Morgenstern bewaffnen. Damit wäre die schweizerische Eigenart in vollkommener Weise gewahrt[12].«

Die Wahrnehmung der Truppenordnung 1961 (TO 61) durch den Ostblock gab den Sozialdemokraten letztlich Recht. Wie aus mittlerweile verfügbarem osteuropäischem Archivmaterial hervorgeht, wurden die mit der Armeereform zusammenhängenden Maßnahmen jenseits des Eisernen Vorhanges tatsächlich, wie Oprecht befürchtet hatte, im Sinne des »Spiegel« und der Partei der Arbeit interpretiert. Die schweizerische Sozialdemokratie bewies in dieser Hinsicht offensichtlich mehr außenpolitisches Fingerspitzengefühl als die bürgerlichen Parteien. Diese bezogen zwar ebenfalls die Neutralität prominent in ihre Argumentation zugunsten der Truppenordnung ein, legten aber das Schwergewicht auf die aus dem Neutralitätsstatus abgeleitete Bewaffnungspflicht, das heißt auf die gebotene Aufrechterhaltung hinreichender oder gar möglichst starker Streitkräfte für die autonome Verteidigung des gesamten Territoriums.

---

[10] Protokoll der Sitzung des Nationalrats vom 28.9.1960. In: AmtlBull NR, 1960, S. 560 f.
[11] Siehe Nato-konform. In: Der Spiegel vom 7.9.1960, S. 47–49.
[12] Protokoll NR, 28.9.1960 (wie Anm. 10), S. 583.

Neutral zwischen Ost und West? 165

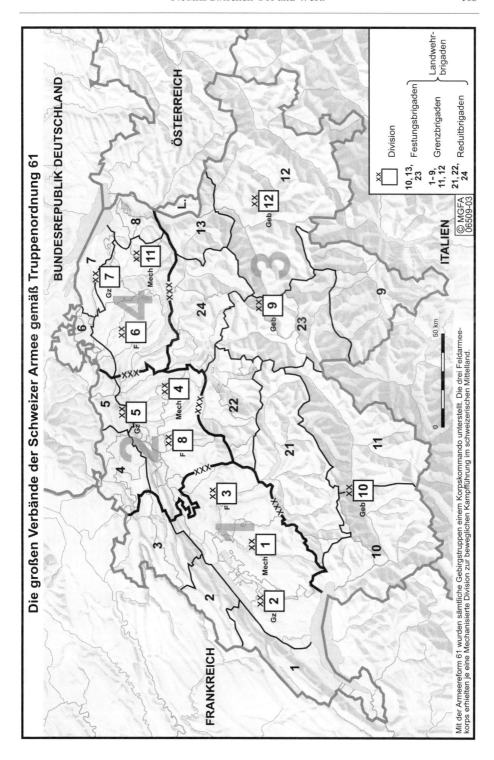

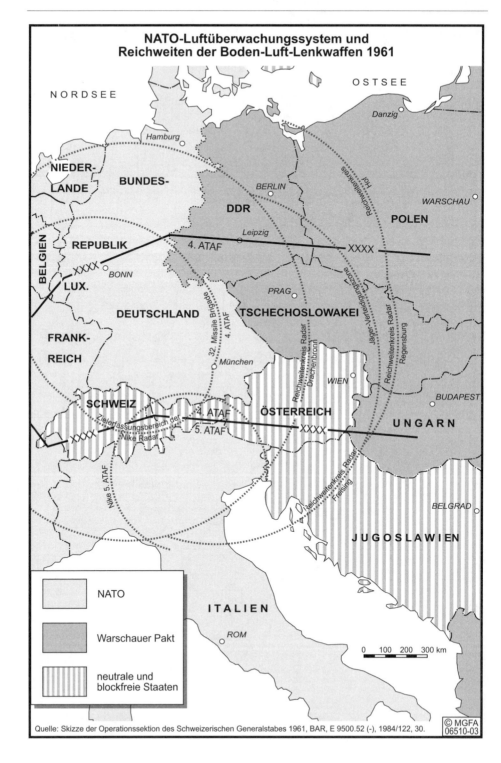

IV.

Die vollständige Nuklearisierung des Gefechtsfeldes hatte freilich nicht nur weitreichende Auswirkungen auf die Kampfführung der Bodentruppen, sondern auch und besonders auf diejenige der Luftstreitkräfte. Weil parallel zur Einführung taktischer Atomwaffen auch deren Einsatzmittel – Jagdbomber, Boden-Boden-Lenkwaffen und Artilleriegeschütze – ständig weiterentwickelt wurden, sah sich der Verteidiger in diesem Bereich vor einem eigentlichen Dilemma: Einerseits mussten angesichts der enormen Zerstörungen, die eine einzige taktische Nuklearwaffe verursachen konnte, viel höhere Abschussraten erzielt werden als noch im Zweiten Weltkrieg. Andererseits wurde genau dies wegen der Leistungssteigerungen aufseiten der Trägersysteme immer schwieriger, wenn nicht gar unmöglich. Nach langen internen Diskussionen entschloss sich die schweizerische Armeeführung im Sommer 1958 für ein analoges Vorgehen wie im Bereich der Landkriegführung: Sie übertrug die als allein Erfolg versprechend beurteilte amerikanische respektive nordatlantische Lehre zur Luftkriegführung im Nuklearzeitalter einfach in verkleinertem Maßstab auf die Schweiz. Im April 1961 beantragte der Bundesrat beim Parlament einen Kredit von weit über einer halben Milliarde Franken für die Beschaffung von 100 französischen Mirage III – ein Flugzeug, das die hohen Erwartungen der Fliegertruppe zu erfüllen versprach[13].

Die Beschaffung eines modernen Überschallflugzeuges war in der Öffentlichkeit teils aus konzeptionellen, teils aus finanziellen Gründen zeitweise noch umstrittener als die Armeereform. Der Bundesrat betonte in der Beschaffungsbotschaft an das Parlament vorab die Verwendung des Mehrzweckflugzeuges für den Neutralitätsschutz[14] – und hatte damit, ähnlich wie bei der Armeereform, durchaus Erfolg. Die diversen Ratsprotokolle legen den Schluss nahe, dass das Parlament primär aus Neutralitätsgründen der kostenintensiven Flugzeugbeschaffung zustimmte, während die eigentliche Hauptaufgabe, nämlich *offensive counter air operations* gegen Atomwaffenstellungen und vorgeschobene Flugplätze der gegnerischen taktischen Luftwaffe in der Tiefe des Raumes zu führen, offenbar eher als nützliches Beiprodukt akzeptiert wurde.

Allerdings hatte die Übernahme westlicher Luftverteidigungskonzepte gerade in Bezug auf die schweizerische Neutralität auch ihre Kehrseite. Wie, wenn überhaupt würde die Schweizer Flugwaffe in allen Höhen und erst recht jenseits der Landesgrenze operieren können, ohne dass bereits in Friedenszeiten Massnahmen ergriffen wurden, damit im Krieg die dazu nötige Abstimmung der jeweiligen Flug-

---

13 Vgl. Braun, Von der Reduitstrategie (wie Anm. 3), S. 640–744.
14 Botschaft des Bundesrates an die Bundesversammlung über die Beschaffung von Kampfflugzeugen (Mirage IIIS) und von weiterem Material für die Fliegertruppen vom 25.4.1961. In: BBl 1961, I, S. 793–823.

aktivitäten mit benachbarten Fliegerverbänden und der Austausch von Luftraumdaten sicher erfolgen konnte[15]?

Eine gute Gelegenheit, derart heikle Fragen diskret abzuklären, boten im Frühjahr 1960 zwei Einladungen zum Besuch der beiden nördlich der Schweiz operierenden Allied Tactical Air Forces in Ramstein (4. ATAF) und Mönchengladbach (2. ATAF). Offiziell sollten Probleme der Koordination zwischen Flugwaffe und Fliegerabwehrtruppen besprochen werden. Daneben wurde der zum Delegationsleiter bestimmte Kommandant der Flieger- und Fliegerabwehrtruppen, Oberstdivisionär Etienne Primault von der Armeeführung aber auch beauftragt, »Integrationsprobleme, die sich beim koordinierten Einsatz von zwei Flugwaffen ergeben«, abzuklären. Das Resultat der Besprechungen, die Primault Anfang März mit dem Kommandanten der Royal Air Force Germany, Air Marshall Humphrey J. Edwardes-Jones, in Mönchengladbach führte, war wenig erfreulich. »Eine zufriedenstellende Abklärung der mit einer allfälligen Integration zweier Luftwaffen zusammenhängenden Fragen war leider nicht möglich«, vermerkte Primault in seinem Reisebericht. »Es war befremdend festzustellen, dass nur nichtssagende und uns schon längst bekannte, sehr allgemein gehaltene Auskünfte erteilt wurden. Air Marshall Edwardes-Jones wies z.B. auf die Notwendigkeit von guten Verbindungen hin – was wir ja auch wissen – ohne aber im Einzelnen konkrete Angaben zu machen. Bei der Diskussion wurde vonseiten der RAF Germany mehrmals darauf hingewiesen, dass eine Integration viel Zeit beanspruche[16].« Immerhin riet Edwardes-Jones, besser mit der unmittelbar nördlich an die Schweiz grenzenden 4. ATAF und mit der in Oberitalien operierenden 5. ATAF in Kontakt zu treten.

Brauchbare Ergebnisse erzielte Primault aber auch einen Monat später anlässlich der Gespräche mit NATO-Offizieren in Ramstein nicht – dies nicht zuletzt deshalb, weil die Besprechungen hier jeweils in Anwesenheit des gesamten multinationalen Stabes erfolgten. Primault widerstrebte es denn auch entschieden, seine in der Grauzone des Neutralitätsrechts liegenden Anliegen vor mehreren Personen aus verschiedenen Nationen darzulegen. Fast beleidigt musste er erkennen, dass die NATO so operierte, »als ob wir überhaupt nicht vorhanden wären und kein militärisches Potenzial darstellen würden«. Der schweizerische Luftraum schien zwischen der 4. und der 5. ATAF aufgeteilt zu sein. Besonders beunruhigend war, dass die NATO vorsah, mit ihren im Schwarzwald stationierten – atomwaffenbestückten! – Fliegerabwehrlenkwaffen bis in den Raum Zürich zu wirken. Das war freilich gerade mit Blick auf die schweizerische Neutralität alles andere als unproblematisch. Zumindest aus militärischer Sicht hatte Primault indessen durchaus ein gewisses Verständnis für diese »etwas rigorose Handlungsweise« und »kalt berechnete Strategie« der NATO. Denn diese ließe sich vor allem damit erklären, dass bei der 4. ATAF offensichtlich weitgehend unbekannt sei, wie die Schweiz in einem

---

[15] Vgl. zum Folgenden auch Mauro Mantovani, Schweizerische Sicherheitspolitik im Kalten Krieg 1947–1963. Zwischen angelsächsischem Containment und Neutralitäts-Doktrin, Zürich 1999, S. 195–207.
[16] BAR, E 9500.52(-), 1984/122, 22, Divisionär Primault, Bericht über die Abkommandierung zur RAF Germany von 1. bis 4.3.1960.

Oberstdivisionär Etienne Primault (1904–1984), Kommandant der Flieger- und Fliegerabwehrtruppen.
Bibliothek am Guisanplatz, Bern

künftigen Krieg handeln würde[17]. Offenbar war die NATO entschlossen, den ungenügend verteidigten schweizerischen Luftraum von Anfang an in ihren eigenen Kampfraum zu integrieren – und zwar selbst dann, wenn die Sowjetunion die schweizerische Neutralität entgegen allen Erwartungen respektieren würde.

Diesen neutralitätspolitisch nicht unbedenklichen Befund legte im September 1961 auch die Operationssektion der Generalstabsabteilung einer Reihe von operativen Studien zugrunde. Sie kam dabei zum Schluss, dass eine »fremde, nicht feindliche Macht«, das heißt die NATO, die schweizerischen Flugzeuge voraussichtlich als feindliche betrachten und überall systematisch bekämpfen würde, um sich maximale Sicherheit zu verschaffen. Bereits im Frieden gelte es daher, sich durch Abkommandierungen von Schweizer Offizieren mit den benachbarten Flieger-Einsatzzentralen vertraut zu machen. Im Konfliktfall dürfe sich die Schweizer Flugwaffe, solange eine Integration in die befreundete Luftwaffe noch nicht erfolgt sei, nur in niedriger Flughöhe bewegen, denn eine normale Benützung des fremden *und* eigenen (!) Luftraumes setze die volle technische Integration in die nordatlantische Luftverteidigung voraus[18].

---

[17] BAR, E 9500.52, 1984/122, 23(-), Divisionär Primault, Bericht über die Abkommandierung zur 4. ATAF von 4. bis 6.4.1960. Vgl. auch Mantovani, Schweizerische Sicherheitspolitik (wie Anm. 15), S. 199 f.

[18] BAR, E 9500.52, 1984/122, 30(-), Operationssektion der Generalstabsabteilung, Studie Nr. 11, Benützung des ausländischen Luftraumes durch unsere Flugwaffe und des schweizerischen Luftraumes durch fremde (nicht feindliche) Flugwaffen, 4.9.1961; Studie Nr. 12, Auslösung der Fliegeroperationen bei Kriegsausbruch, 4.9.1961.

Als sich die Armeespitze Ende September ausführlich mit den Studien befasste, meinte Generalstabstabschef Jakob Annasohn gleich zu Beginn:

»Die Operationssektion komme in ihrer Studie zum Schluss, dass ein vernünftiger Einsatz unserer Luftwaffe in allen Höhen nur möglich sei, wenn eine Integration der schweizerischen Luftwaffe in die grünen Maßnahmen [d.h. in die Luftverteidigungsmaßnahmen der NATO] vorgenommen werde [...] Aus politischen Gründen wäre aber eine Integration unserer Luftwaffe in die Maßnahmen von Grün völlig ausgeschlossen [...] Selbstverständlich dürfen nur solche Vorbereitungen getroffen werden, die politisch tragbar seien. Dabei könnte man sogar an Vorbereitungen auf militärtechnischem Wege scheinbar hinter dem Rücken der politischen Behörden denken[19].«

Annasohns Argumentation macht deutlich, dass er offensichtlich weder aus militärischen noch aus völkerrechtlichen Gründen Bedenken hegte, in engeren Kontakt mit der NATO zu treten. Die Studien der Operationssektion hatten ja offen auf den Missstand hingewiesen, dass die schweizerische Flugwaffe ohne Koordination mit der NATO überhaupt nicht wirksam zum Einsatz gebracht werden konnte. Dass eine solche Koordination aber erst nach längerer Vorbereitungszeit zustande kommen würde, war eine Konsequenz, die Primault aus seinen Missionen vom Vorjahr gezogen hatte.

Der als notwendig erachteten Verbindung mit den benachbarten NATO-Luftstreitkräften stand in erster Linie die begründete Einschätzung entgegen, dass solche Kontakte von den verantwortlichen politischen Instanzen nie und nimmer gebilligt würden. Vorbereitungen zur engeren Koordination im Kriegsfall waren schließlich nicht nur neutralitätsrechtlich, sondern auch und vor allem neutralitätspolitisch höchst problematisch. Die Debatten um die Truppenordnung 1961 ziemlich genau ein Jahr zuvor hatten klar genug gezeigt, wie sensibel Politiker – damals waren es vor allem die Sozialdemokraten gewesen – bereits auf die völkerrechtlich an sich völlig unbedenkliche Ankündigung einer möglichen Allianz mit einer Drittmacht *nach* erfolgter Neutralitätsverletzung reagierten, weil sie die Glaubwürdigkeit der Neutralität allein schon durch die mentale Vorbereitung auf eine allfällige Zusammenarbeit im Krieg gefährdet sahen. Vor diesem Hintergrund war es natürlich erst recht völlig illusorisch zu hoffen, die Politik würde die viel konkreteren Maßnahmen billigen, welche die Operationssektion nun im Bereich der Luftverteidigung vorschlug.

»Militärtechnische« Vorbereitungen ohne allzu große neutralitätspolitische Implikationen, von denen der Generalstabschef gesprochen hatte, waren bis zu einem gewissen Grade tatsächlich möglich. Zum einen hatte der amerikanische Luftattaché dem Kommandanten der Flieger- und Fliegerabwehrtruppen bereits 1960 eine Verbindungslinie aus der US-Botschaft in Bern zu den NATO-Hauptquartieren Wiesbaden, Heidelberg und Ramstein offeriert, die vom schweizerischen Armeekommando im Ernstfall sofort für den Austausch von Radardaten übernommen werden konnte[20]. Zum anderen bestand die Möglichkeit, beim Mirage-Kampfflug-

---

[19] BAR, E 9500.52, 1984/122(-), 30, Protokoll der Sitzung der Landesverteidigungskommission [LVK] vom 29./30.9.1961, S. 425.
[20] BAR, E 9500.52(-), 1984/122, 22, Divisionär Primault, Bericht über die Abkommandierung zur 4. ATAF vom 4. bis 6.4.1960, S. 27.

zeug Freund-Feind-Erkennungsapparaturen einzubauen, deren Schlüssel vorderhand zwar noch geheim waren, die aber im Kriegsfall unverzüglich auf NATO-Schlüssel eingestellt werden konnten. Von diesem Zeitpunkt an würden alliierte Flugzeuge wie die eigenen erkannt[21]. Vor allem die technische Option beim Mirage-Kampfflugzeug dürfte die ganze Problematik der koordinierten Luftverteidigung bis zu einem gewissen Grade gemildert haben.

V.

Die absehbare vollständige Nuklearisierung des europäischen Gefechtsfeldes infolge der Einführung taktischer Atomwaffen sowie das damit einhergehende Schreckgespenst eines »Atomvakuums Schweiz« und einer – angesichts der offensichtlichen Asymmetrie innerhalb der NATO – nicht zu Unrecht befürchteten weiteren Kernwaffenproliferation stimulierte im schweizerischen Offizierkorps ab Mitte der Fünfzigerjahre auch die Diskussionen über eine allfällige aktiven Atomkriegführung und damit zusammenhängend die Frage einer eigenen Nuklearbewaffnung[22]. Das EMD nahm den Druck auf und ließ die Frage im Frühjahr 1957 durch eine Studienkommission abklären. In ihrem Ende Mai 1958 dem Bundesrat unterbreiteten Geheimbericht gaben sich die Experten überzeugt, dass die Schweiz das größtmögliche Interesse daran habe, ihre Armee mit Nuklearwaffen auszurüsten, denn würde sie auf eine Atombewaffnung verzichten, »so würde sie im westeuropäischen Verteidigungsabschnitt das schwächste Glied darstellen und damit gewissermaßen ein militärisches Vakuum darstellen, welches möglicherweise den Angriff eines Gegners direkt anziehen könnte. Die Folge davon wäre, dass ein östlicher Angreifer gegen uns alle seine Mittel, die Atomwaffen eingeschlossen, einsetzen würde, um an der schwächsten Stelle zum Erfolg zu gelangen.«

Wenn bezüglich der militärischen Notwendigkeit, eigene Atomwaffen zu besitzen, Einigkeit herrschte, so musste sich geradezu zwangsläufig die Frage stellen, woher im Falle einer Beschaffung die benötigten Sprengköpfe oder das zu einer Eigenfabrikation notwendige Spaltmaterial zu beziehen sei. Die Kommission schlug diesbezüglich Sondierungen bei den beiden Atommächten USA und Großbritannien sowie den Schwellenländern Frankreich und Schweden vor und betonte, vom Standpunkt der Neutralität aus gesehen seien entsprechende Kontakte völlig unbedenklich:

»Es ist Sache des freien Ermessens des Neutralen, in welchem Umfang er seine Rüstung auszubauen hat [...] Wenn Nuklearwaffen für die schweizerische Landesverteidigung notwendig sind, so darf sie sich solche beschaffen und wird es auch tun müssen. Es besteht hier kein Unterschied im Verhältnis zu anderen modernen Waffen [...] Die Neutralität kann sogar verlangen, dass unser Land sich Nuklearwaffen zulegt, wenn dies die

---

21 Primault vor der LVK, ebd., S. 426.
22 Vgl. Dominique B. Metzler, Die Option einer Nuklearbewaffnung für die Schweizer Armee 1945-1969. In: Rüstung und Kriegswirtschaft, Bern [u.a.] 1997 (= Zeitschrift des Schweizerischen Bundesarchivs. Studien und Quellen, 23), S. 121-169.

einzige Möglichkeit darstellt, die Unversehrtheit unseres Gebietes wirkungsvoll zu verteidigen[23].«

Im Sinne des Völkerrechtes war diese Argumentation durchaus korrekt. Sie ging auf Rudolf Bindschedler zurück, den langjährigen Rechtsberater des Eidgenössischen Politischen Departements (EPD) und Vater der nach ihm benannten Bindschedler-Doktrin, der offiziösen Leitlinie für die Handhabung der Neutralität. Gleichwohl griff Bindschedler Argument entschieden zu kurz, weil er – wie sich bald zeigen sollte – die außenpolitische Signalwirkung von Forderungen nach eigenen Atomwaffen viel zu wenig in Rechnung stellte.

Das Problem trat bereits im folgenden Jahr offen zutage: Am 11. Juli 1958 präsentierte der Bundesrat der Öffentlichkeit eine Grundsatzerklärung, worin er eine eigene Nuklearbewaffnung erstmals in aller Deutlichkeit befürwortete. Er unterstrich, dass nukleare Waffen nicht nur dem Angreifer dienten, sondern auch die Abwehrkraft in bedeutendem Maße verstärken würden, und schloss:

> »In Übereinstimmung mit unserer jahrhundertealten Tradition der Wehrhaftigkeit ist der Bundesrat [...] der Ansicht, dass der Armee zur Bewahrung der Unabhängigkeit und zum Schutze unserer Neutralität die wirksamsten Waffen gegeben werden müssen. Dazu gehören die Atomwaffen[24].«

Es war vorab dieser letzte Passus der Stellungnahme, der sowohl im Inland als auch im Ausland, und hier in besonderem Maße, zu beträchtlichen Missverständnissen führte, indem er verschiedentlich zu Mutmaßungen Anlass gab, eine Ausrüstung der Schweizer Armee sei bereits beschlossene Sache. Dem war allerdings nicht so, denn die atomwaffenpolitische Grundsatzerklärung war nicht aufgrund eines Beschlusses zu den – mittlerweile tatsächlich beim Bundesrat liegenden – Anträgen des EMD zustande gekommen. Sie stellte vielmehr eine Reaktion auf die sich formierende schweizerische Antiatombewegung dar, deren Postulate der Bundesrat für defätistisch und von Moskau gesteuert hielt. Er sah sich veranlasst, seinen Standpunkt öffentlich kundzutun und der von ihm befürchteten Verunsicherung in der Bevölkerung entgegenzuwirken. Die Erklärung sollte folglich in erster Linie innenpolitisch ein Zeichen setzen. Einen politisch verbindlichen Entscheid, tatsächlich Atomwaffen zu beschaffen, hatte die Regierung damit keinesfalls gefällt. Einigkeit herrschte lediglich darüber, dass die Einführung nuklearer Kriegsmittel nicht von vornherein ausgeschlossen werden dürfe, sollte sich eine wirksame Landesverteidigung – und notabene ein glaubwürdiger Neutralitätsschutz – ohne Rückgriff auf solche Waffen als unmöglich erweisen.

Die Reaktionen auf die bundesrätliche Verlautbarung waren vor allem in den Ostblockstaaten überaus heftig[25]. Nur drei Tage nachdem die Erklärung öffentlich geworden war, berichtete der Schweizer Botschafter in Moskau, Alfred Zehnder,

---

[23] BAR, E 9500.52(-), 1984/122, 14, Bericht des EMD an den Bundesrat betr. die Beschaffung von Atomwaffen für unsere Armee, 31.5.1958.

[24] BAR, E 5560(C), 1975/46, 80, Erklärung des Bundesrates zur Frage der Beschaffung von Atomwaffen für unsere Armee, 11.7.1958.

[25] Vgl. auch Daniel A. Neval, »Mit Atombomben bis nach Moskau«. Gegenseitige Wahrnehmung der Schweiz und des Ostblocks im Kalten Krieg 1945–1968, Zürich 2003 (= Die Schweiz und der Osten Europas, 8), S. 492–500.

von einem Zusammentreffen mit dem stellvertretenden sowjetischen Ministerpräsidenten Anastas I. Mikojan. Dieser habe zornig die Ansicht vertreten, die vom Bundesrat beschlossene Ausrüstung der Schweizer Armee könne sich allein gegen die UdSSR richten und der »Beschluss« des Bundesrates sei zweifellos unter dem Druck der USA gefällt worden, denn er ergebe nur Sinn, wenn der Schweiz die Lieferung amerikanischer Nuklearwaffen bereits mehr oder minder verbindlich zugesichert worden sei. Beunruhigen musste dieser Bericht den Vorsteher des Eidgenössischen Politischen Departements, Bundesrat Max Petitpierre. Denn Zehnder verknüpfte die ausführliche Wiedergabe der Äußerungen Mikojans mit folgender Bewertung:

> »Ich habe das Gefühl, dass alle Sowjetführer gleich reagieren werden wie Mikojan. Neu und beunruhigend ist vor allem der Umstand, dass Zweifel an der schweizerischen Neutralität geäußert werden [...] Man mag vom intelligenten und skrupellosen Mikojan halten was man will, der Eindruck bleibt, dass man in Moskau offensichtlich Bedenken hinsichtlich unserer Neutralitätspolitik hegt[26].«

Alle Versuche des EPD, den schweizerischen Standpunkt auf dem diplomatischen Wege zu klären, schlugen vorderhand fehl. Ende Juli verbreitete auch die amtliche sowjetische Nachrichtenagentur TASS einen Kommentar, in welchem behauptet wurde, die »herrschenden Kreise« in der Schweiz seien offensichtlich mit der bisherigen Neutralitätspolitik des Landes nicht mehr zufrieden und beabsichtigten, sich dem nuklearen Wettrüsten anzuschließen. Wohl nicht zuletzt wegen der latent feindseligen Haltung Moskaus sah sich der Bundesrat am 9. August 1958 veranlasst, seine Haltung in einer neuerlichen Pressemitteilung zu präzisieren, um den neutralitätspolitischen Schaden zu beschränken, den die erste Erklärung im Ausland angerichtet hatte. Er betonte abermals, noch keinen Entschluss gefasst zu haben und dies auch nicht tun zu wollen, »falls daraus irgendeine Gefahr für die Neutralität entstehen sollte«[27].

Die halboffiziellen Proteste der UdSSR kamen im Herbst 1958 allmählich zum Erliegen. Immerhin zeigten die verschiedenen Interventionen höchster sowjetischer Regierungsvertreter deutlich, welche Bedeutung die Führung der UdSSR der ganzen Angelegenheit offenbar beimaß. Es wäre wohl zu kurz gegriffen, die Auffassung, dass letztlich die Amerikaner hinter der atomwaffenpolitischen Verlautbarung stünden, einfach als östliche Propaganda abzutun. Denn dass die UdSSR die schweizerische Neutralität von diesem Moment an entschieden misstrauischer beurteilte als bis dahin, bestätigen auch Aktenbelege aus russischen Archiven[28].

Längerfristig gesehen wurde die interne Weiterbehandlung der Atomwaffenprojekte durch die bundesrätliche Grundsatzerklärung und insbesondere durch den daraus entstandenen internationalen Wirbel eher gebremst denn beschleunigt. Die heftigen Reaktionen höchster Sowjetführer auf das verbale Säbelrasseln des Bundesrates hatten nämlich erstmals deutlich vor Augen geführt, mit welchen

---

[26] BAR, E 2800(-), 1967/59, 39, Botschafter Zehnder an Bundesrat Petitpierre, 14.7.1958. Original französisch, Übersetzung durch den Verfasser.
[27] Neue Zürcher Zeitung, 11.8.1958, S. 3. Vgl. auch Mantovani, Schweizerische Sicherheitspolitik (wie Anm. 15), S. 169 f.
[28] Siehe ausführlich Neval, »Mit Atombomben bis nach Moskau« (wie Anm. 25), S. 313–326.

neutralitätspolitischen Implikationen bei einem tatsächlichen Entscheid zur Beschaffung von Atomwaffen wohl gerechnet werden musste. Vor allem dem EPD dürfte klar geworden sein, dass ein Ankauf von nuklearen Kriegsmitteln oder von waffenfähigem Spaltmaterial entgegen den Ausführungen in den Geheimberichten des EMD eben doch nicht einfach denselben Modalitäten unterliegen würde wie jedes andere Rüstungsgeschäft. Der Bundesrat begegnete konkreten Anträgen auf Sondierungen im Ausland in der Folge stets mit äußerster Zurückhaltung und sabotierte damit seine dahingehenden Aufträge an das EMD bis zu einem gewissen Grade selbst. In der Praxis wurde die Erlaubnis zu Sondierungsgesprächen in den folgenden Jahren nur ein einziges Mal erteilt, nämlich Ende November 1963, als das EMD beantragte, im Rahmen eines laufenden Projektes zur Intensivierung der Rüstungszusammenarbeit mit Schweden auch die Atomwaffenfrage behandeln zu dürfen. Kontakte mit dem skandinavischen Neutralen schienen dem Bundesrat unbedenklich, sodass er dem Antrag stattgab. Die tastenden Versuche, welche die Schweiz in der Folge mit dem Ziel unternahm, eine Kooperation in der militärischen Nuklearforschung anzubahnen, verliefen jedoch relativ rasch im Sande, denn Schweden, das just zu dieser Zeit die Option einer eigenen Atombewaffnung zugunsten eines stärkeren internationalen Engagements zur Eindämmung der Proliferation allmählich fallen ließ, hatte an einem nuklearwaffentechnologischen Schulterschluss ganz offensichtlich kein Interesse[29].

VI.

Eine abschließende Beurteilung der Armeereform 1961, der Flugzeugbeschaffung und der Atomwaffenoption im Kontext der schweizerischen Neutralitätsmaxime ist außerordentlich komplex. Fest steht, dass die Schweizer Armee durch alle drei Maßnahmen befähigt werden sollte, das Land auch in Zukunft *autonom* zu verteidigen, das heißt den Neutralitätspflichten auch auf einem vollständig nuklearisierten Gefechtsfeld bestmöglich nachzukommen. Hinter den Kulissen war es jedoch gerade die Neutralitätspolitik, die zu einer Reihe von nicht zu unterschätzenden Problemen führte.

Man mag es als Ironie der Geschichte bezeichnen, dass die Sowjets und ihre Verbündeten die mit der Armeereform 1961 geschaffenen mechanisierten Divisionen und die Einführung eines modernen Überschallflugzeuges in die Schweizer Luftwaffe zusammen mit der Ende der Fünfzigerjahre im schweizerischen Offizierkorps immer lauter gewordenen Forderung nach eigenen Atomwaffen insgesamt als Indizien für eine weitestgehende Annäherung der Schweiz an die NATO bewerteten. Alle Maßnahmen, welche nach schweizerischer Überzeugung die Schweizer Armee zur autonomen Kriegführung im Nuklearzeitalter befähigen sollten, ließen die östlichen Nachrichtenorgane – wie mittlerweile vorliegende

---

[29] BAR, E 5001(G), 1977/71, 12.1, Verstärkung der militärischen Rüstungszusammenarbeit mit Schweden.

Quellen aus Archiven ehemaliger Ostblockstaaten beweisen – zum Schluss gelangen, die schweizerische Neutralitätspolitik diene letztlich lediglich der Tarnung einer geheimen Zusammenarbeit mit der Nordatlantischen Allianz und die Schweiz werde sich trotz ihrer Neutralität im Konfliktfall voraussichtlich sofort der NATO anschließen. Darüber, ob das Land dadurch stärker in den Fokus östlicher Kriegsplanungen geriet, lässt sich höchstens spekulieren.

Der tschechoslowakische General Jan Šejna, der 1968 in den Westen überlief, berichtet in seinen 1982 veröffentlichten Erinnerungen, dass der sowjetische Verteidigungsminister ca. 1964 die Direktive gegeben habe, die schweizerische Neutralität künftig nicht mehr zu respektieren und die Schlüsselräume des Landes gleich zu Beginn einer Auseinandersetzung mit dem Westen in einem strategischen Überfall in Besitz zu nehmen[30]. Šejnas Erinnerungen sind zwar eine höchst problematische Quelle und dürften einer kritischen Überprüfung kaum standhalten. Zumindest in einem Punkt aber decken sich neuere Forschungsergebnisse mit seiner Aussage, dass nämlich die schweizerische Neutralität nach 1963 im Ostblock zunehmend kritischer beurteilt wurde[31].

Der Waffenchef der Infanterie hatte für den Fall eines Versagens der Neutralitätspolitik im Frieden gefordert, die Armee nach dem Prinzip der »Bündnisfähigkeit« organisatorisch und materiell auszugestalten. Das sollte ihr im Krieg ein Operieren unter günstigsten Bedingungen im Rahmen einer Allianz ermöglichen; der Kommandant der Flieger- und Fliegerabwehrtruppen hatte aus seinen Gesprächen mit hohen NATO-Luftwaffenoffizieren die Lehre gezogen, dass die Luftverteidigung der Schweiz bereits in Friedenszeiten zu koordinieren sei. Doch fanden weder die Konsequenzen Waibels noch die Lehren Primaults Berücksichtigung, weswegen die auch von der schweizerischen Armeeleitung völlig richtig erkannten Schwäche, die die Neutralitätsmaxime für die Verteidigungsbereitschaft hatte, zumindest zu Beginn einer Auseinandersetzung vermutlich voll zum Tragen gekommen wäre. Freilich hätten die überdurchschnittlichen militärischen Anstrengungen, welche die Schweiz gerade mit Hinweis auf ihre Neutralitätsverpflichtungen in der

---

30 Jan Sejna, We Will Bury You, London 1982, S. 121.
31 Hans Rudolf Fuhrer, Alle Roten Pfeile kamen von Osten. Zur Bedrohung der Schweiz im Kalten Krieg (1945–1966). In: Die Schweiz und der Kalte Krieg. Hrsg. von der Schweizerischen Vereinigung für Militärgeschichte und Militärwissenschaft, Bern 2003, S. 75–105. In seiner neuesten, ausführlichen Darstellung der östlichen Perzeption der schweizerischen Neutralität kommt Fuhrer zu folgendem, etwas differenzierterem Schluss: »Bis Mitte 1958 schwankte die östliche Einschätzung der Schweiz zwischen Lob und Kritik. Dies änderte sich schlagartig nach der Grundsatzerklärung […] des Bundesrates vom 11. Juli 1958 zur Frage der atomaren Bewaffnung der Schweizer Armee […] Die ausführliche östliche Berichterstattung über die Schweizer Befürwortung von Atomwaffen sowie anschließend über die Armeereform von 1960 macht deutlich, dass die Schweizer Neutralitätspolitik nun endgültig als ‚Doppelspiel' betrachtet wurde […] Unter Breznev veränderte sich die östliche Einschätzung der Schweiz nur unwesentlich. Die gegen die Schweiz erhobenen Vorwürfe waren nun zwar nicht mehr so häufig nicht mehr so heftig wie in den Jahren zuvor […] Inhaltlich blieb die östliche Kritik jedoch praktisch gleich. Die Schweiz wurde – als ideologisch, politisch und wirtschaftlich dem Westen zugehöriges Land – weiterhin grundsätzlich als eine Art ›neutraler Gegner‹ angesehen.« Siehe Hans Rudolf Fuhrer, Alle roten Pfeile kamen aus Osten – zu Recht? Das Bild und die Bedrohung der Schweiz 1945–1966 im Lichte östlicher Archive, Baden 2010 (= Der Schweizerische Generalstab, 11), S. 290 f.

zweiten Hälfte der Fünfziger- und zu Beginn der Sechzigerjahre unternommen hatte, einen östlichen Aggressor im Ernstfall unter Umständen doch noch von einer Neutralitätsverletzung abgehalten – und zwar auch dann, wenn ein prophylaktischer Angriff auf das als potenzielles NATO-Mitglied beurteilte Land in den Kriegsplänen eigentlich vorgesehen war. Eine abschließende Antwort auf die Frage nach dem Wert der schweizerischen Neutralität im Kalten Krieg hätte somit nur ein heißer Krieg gegeben – ein Krieg, von dem Europa jedoch glücklicherweise verschont blieb.

Hans Rudolf Fuhrer

Die operativen Planungen der Schweiz 1945 bis 1970

Österreich wurde bekanntlich 1955 dazu gedrängt, sich aus freien Stücken außen- und sicherheitspolitisch dem schweizerischen Vorbild anzupassen. Auf eine neutrale Tradition konnte es sich dabei nicht stützen, und es verfügte auch über kein militärgeografisch vergleichbar günstiges Territorium wie die Eidgenossenschaft. Die strategischen Ziele Österreichs und der Schweiz in dem zu betrachtenden Zeitraum sind praktisch deckungsgleich: »Frieden in Freiheit und Selbstbestimmung«[1], forderte Professor Dr. Karl Schmid im Bericht der Studienkommission zur strategischen Konzeption der Schweiz 1969. Nicht anders, nur etwas detaillierter, sind die Grundwerte in der Umfassenden Landesverteidigung Österreichs[2].

Die Umsetzung dieser fundamentalen Werte in allen Bereichen des staatlichen Handelns – insbesondere die Ausgestaltung einer glaubwürdigen bewaffneten Neutralitätspolitik zwischen den Blöcken – bereitete sowohl Österreich als auch der Schweiz stets Kopfzerbrechen. Die Neutralitätspolitik beider Staaten wurde verglichen, anerkannt und teils auch kritisiert[3].

»Bewegte geschichtliche Vergangenheit, exponierte geostrategische Lage, ein durch verschiedenartigste Interessen und Kräfte gekennzeichnetes Umfeld – das sind einige der wesentlichsten Beeinflussungsfaktoren, die der heutigen Strategie unseres östlichen Nachbarn den Stempel aufdrücken.« Mit diesen Worten leitete der Chefredakteur der Allgemeinen Schweizerischen Militärzeitschrift (ASMZ), Divisionär Frank A. Seethaler, im Mai 1983 das Sonderheft zur österreichischen Landesverteidigung ein[4]. Auf der Titelseite prangte neben dem Belagerungsplan

---

[1] Schweizerischer Aufklärungsdienst (SAD), Grundlagen einer strategischen Konzeption der Schweiz. Bericht der Studienkommission für strategische Fragen vom 14.11.1969, Schriften des SAD Nr. 11, S. 28 (Bericht Schmid).
[2] Richard Bayer, Umfassende Landesverteidigung. Ein Instrument der österreichischen Sicherheitspolitik. In: Allgemeine Schweizerische Militärzeitschrift (ASMZ), 1983, 5, S. 264. Das Ziel der Sicherheitspolitik Österreichs sei es, die fundamentalen Werte, insbesondere »die Unabhängigkeit nach außen und die territoriale Integrität und Einheit des Staatsgebietes; die Autonomie im Innern, also Selbstbestimmung und Selbstgestaltung des innerstaatlichen Lebens; den Frieden im regionalen und globalen Rahmen; die pluralistisch-demokratische Staats- und Gesellschaftsordnung und die demokratischen Freiheiten; ein Maximum an Lebensqualität gegenüber allen Bedrohungen zu bewahren.«
[3] Vgl. Hans Rudolf Fuhrer, Neutral zwischen den Blöcken: Österreich und die Schweiz. In: Zwischen den Blöcken. Hrsg. von Manfried Rauchensteiner, Wien 2010, S. 193-252; vgl. ebenso Gustav Däniker, Das Trauma der sinnlosen Schlacht. In: ASMZ, 1977, 7/8, S. 303-309.
[4] ASMZ, 1983, 5, S. 237.

Wiens von 1683 das Zitat Radetzkys: »Eine Armee ist nur aufzubauen bei fortwährender Vergleichung und Kenntnis dessen, was bei fremden Armeen geschieht.«

In Anbetracht der besonderen Verhältnisse eines allianzfreien und der bewaffneten Neutralität verpflichteten Kleinstaates wie der Schweiz, die sich die Erhaltung der Unabhängigkeit als höchstes Ziel gesetzt hat, spielte das Militärische traditionsgemäß eine zentrale Rolle in der Sicherheitspolitik. Die militärische Landesverteidigung war immer auf die größtmögliche Autonomie ausgerichtet. Obwohl Österreich grundsätzlich andere Schwerpunkte setzte und die nationale Sicherheit vor allem in der außenpolitischen Verankerung in den Vereinten Nationen suchte, wurden trotzdem militärisch bemerkenswerte Leistungen erbracht. Eine bloße Kopie der eidgenössischen Verhältnisse war aus naheliegenden Gründen unmöglich.

Seethaler meinte anerkennend: »Im Vergleich zu unserer Denkweise fällt auf, wie großzügig und großräumig – trotz der Kleinheit des Landes – modernes strategisches Denken in Österreich angelegt ist[5].« Die vorliegende Studie beschränkt sich im Wesentlichen auf die militärischen Planungen, wobei das Militärische nur ein Teil, ein zweifellos wichtiger Teil, der Strategie ist[6]. Doch schon allein dieser Bereich wirft zahllose Fragen auf, und auch hier ist rigorose Beschränkung bei den nun folgenden Ausführungen angezeigt. Um die Komplexität zu reduzieren, wähle ich ein Modell, das als gedanklicher Raster dienen soll (siehe Grafik S. 179). Es kann sich bei keinem Aspekt darum handeln, Tiefe bis ins Detail zu gewinnen oder gar eine gewisse Vollständigkeit anzustreben.

1. Das »Feindbild« – die militärische Bedrohungswahrnehmung

Unter »Feindbild« im weiteren Sinne sei hier die Synthese sämtlicher, zu einer bestimmten Zeit gegebener, politischer, wirtschaftlicher, wissenschaftlicher, technischer, strategischer, operativer und taktischer Möglichkeiten eines potenziellen Gegners oder allenfalls einer Mehrzahl von Gegnern verstanden. Das Feindbild im engeren Sinne ergibt sich aus der Beschränkung auf das Militärische. Die Bedrohungsszenarien der schweizerischen militärischen Planungsstäbe von 1945 bis 1970 gingen in der Regel von der Möglichkeit eines großen zwischenstaatlichen Konfliktes zwischen Ost und West aus[7].

---

[5] Ebd., S. 237.
[6] Die Studienkommission für strategische Fragen versteht unter »Strategie« eines Kleinstaates »den umfassend konzipierten Einsatz aller Kräfte der Nation zur Verwirklichung der politischen Ziele des Staates gegenüber einer zum Machtgebrauch bereiten Umwelt«. SAD, Grundlagen (wie Anm. 1), S. 27 (Bericht Schmid).
[7] Vgl. Hans Rudolf Fuhrer und Matthias Wild, Alle roten Pfeile kamen aus Osten – zu Recht? Das Bild und die Bedrohung der Schweiz 1945-1966 im Licht östlicher Archive, Baden 2010 (= Der Schweizer Generalstab, 11), S. 293-340; Hans Rudolf Fuhrer, Die operative Planung »Theophil«. In: Die Planung der Abwehr in der Armee 61 [Tagungsband des Kolloquiums der SVMM und des CHPM vom 17.10.2008]. Hrsg. von Peter Braun und Hervé de Weck, Bern 2009, S. 109-135, insbes. S. 114 f.

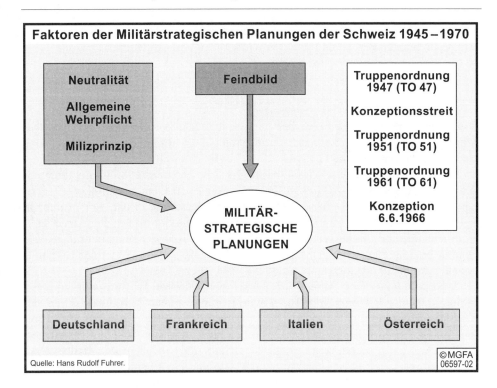

Der Bundesrat zeichnete in seiner Replik auf den Bericht von General Henri Guisan über den Aktivdienst zwischen 1939 und 1945 ein erstes Bild der neuen militärischen Gefährdung. Er sah vier Hauptgefahren:
- das Übergreifen von gesellschaftlichen Unruhen aus Nachbarstaaten auf die Schweiz;
- das Abdrängen von Truppenteilen bei Kampfhandlungen an der Landesgrenze auf schweizerisches Territorium;
- die Benutzung schweizerischen Territoriums zur Umfassung einer gegnerischen Front;
- die Besetzung schweizerischen Hoheitsgebietes zur Schaffung einer Verbindung zwischen eigenen Verbänden oder Verbündeten.

Das strategische Gleichgewicht der beiden antagonistischen Paktsysteme wurde als »jederzeit brüchig« beurteilt[8].

---

[8] Im Bericht der Studienkommission für strategische Fragen vom November 1969 heißt es beispielsweise: »Der gegenwärtige Zustand wird sowohl als ›paix belliqueuse‹ [kriegerischer Friede] wie auch als ›kalter Krieg‹ bezeichnet. Er ist dadurch gekennzeichnet, dass die Gefahr eines Bruches in den internationalen Beziehungen dauernd besteht und dass die Achtung vor den Grundsätzen und Regeln des Völkerrechts ganz allgemein abgenommen hat. Die United Nations sind nicht in der Lage, ein System der kollektiven Sicherheit zu errichten, und die Politik der Großmächte wird durch ihre Furcht vor einer direkten Konfrontation gelähmt. Das Fehlen einer internationalen Ordnungsmacht und die Unmöglichkeit, rechtlichen Normen Anerkennung oder mindestens Achtung zu verschaffen, bewirken einen Zustand der Unsicherheit in Bezug auf die

Als »heiße« Kriegsarten dieser denkbaren globalen Auseinandersetzung zwischen den Staaten der NATO und des Warschauer Vertrags wurden genannt:
- der subversiv-revolutionäre Krieg;
- der konventionelle Krieg, der immer mit einer nuklearen Eskalationsgefahr verbunden war;
- der uneingeschränkte Nuklearkrieg.

Dazu kam jede denkbare Form der Erpressung. Die Betroffenheit der Bevölkerung in einem modernen Kriege wurde »total« angenommen und forderte eine »totale Landesverteidigung«[9].

Bereits Ende Dezember 1964 hatte das Eidgenössische Militärdepartement dem wegen der »Mirage-Affäre« in Ungnade gefallenen Generalstabschef, Oberstkorpskommandant Jakob Annasohn, einen Studienauftrag erteilt: »zu prüfen, in welcher Weise eine wirksame Koordination aller Teile der totalen Landesverteidigung (militärische Landesverteidigung, Zivilschutz, Kriegswirtschaft und geistige Landesverteidigung) herbeigeführt werden kann und welche Neuerungen institutioneller Art allenfalls nötig sind, um dieses Ziel zu erreichen«[10].

Annasohn legte seine Studie Ende Dezember 1966 vor. Er kam darin zum Ergebnis, dass die Existenz von Massenvernichtungsmitteln zum Ausweichen der Konfliktaustragung auf die politische, wirtschaftliche, psychologische, elektronische und subversive Ebene führe. Der totale Krieg umfasse nicht nur die Armee, sondern das ganze Land, seine ganze Wirtschaft und vor allem die Zivilbevölkerung in ihrer Gesamtheit. Die Mittel der Gesamtverteidigung müssten deshalb über das Militärische hinausgehen. Dabei zeichneten sich in den Augen Annasohn Defizite ab. Es fehle die Synthese aller Teilbereiche der Gesamtverteidigung in einer »Gesamtabwehrkonzeption«. Namentlich existiere kein koordinierendes Organ auf Bundesebene, »welches die Kantone in ihren vielschichtigen, auch sie betreffenden Problemen der Vorbereitung der Gesamtverteidigung unterstützt.« In der Folge forderte er zunächst eine Ausbildungsstätte zur gemeinsamen Schulung von Persönlichkeiten aus zivilen und militärischen Kreisen[11].

Dieses weit über die militärische Gefahr hinausgehende Szenario der totalen Bedrohung wurde von der politischen Führung anerkannt. So heißt es in der Analyse des Bundesrates vom März 1968[12]:

»Die Bedrohung in einem künftigen Krieg richtet sich nicht allein gegen die bewaffneten Streitkräfte, sondern ebenso gegen die Zivilbevölkerung. Sie ist ihrer Natur nach total und umfasst alle Bereiche des staatlichen und menschlichen Lebens. Dementsprechend kann die Landesverteidigung nicht mehr ausschliesslich Sache der Armee sein. Sie muss zu einer Gesamtverteidigung erweitert werden, welche auch die zivilen Berei-

---

Absichten der Regierungen und eine verbreitete Neigung zu Willkürakten unter dem Vorwand der Verteidigung nationaler Interessen.« SAD, Grundlagen (wie Anm. 1), S. 33 (Bericht Schmid).

9   Jakob Annasohn schrieb 1966: »Die Bedrohung ist heute keine ausschließlich militärische mehr [...] Sie erstreckt sich auf alle Lebensgebiete unseres Volkes und kann in einen ›Totalen Krieg‹ ausmünden.« Studie »Wirksame Unterstützung des Bundesrates in der Leitung der Totalen Landesverteidigung«. Ausgabe 1966, Schweizerisches Bundesarchiv (BAR), E 5560 (D) 1996/188, 67.
10 Ebd.
11 Ebd.
12 Vgl. Bundesgesetz über die Leitungsorganisation und den Rat für Gesamtverteidigung, 30.10.1968.

che des staatlichen Lebens einschließt. In Zeiten der Gefahr wird sie zur alles umfassenden, wichtigsten Aufgabe des Bundes und der in diesem zusammengeschlossenen Gemeinwesen.«

Aus dem Spektrum der militärischen Bedrohung der Schweiz auf strategischer Ebene wählte die Untergruppe Planung der Generalstabsabteilung 1966 die folgenden denkbaren Fälle aus[13]:

- *die »indirekte Betroffenheit/Kollateralschäden«*: Das schweizerische Territorium, insbesondere der Luftraum, als Teil der neutralen Barriere (Jugoslawien, Österreich, Schweiz) zwischen Zentral- und Südeuropa (NATO Kommandobereiche Mitte und Süd) kann durch fremde Streitkräfte willentlich oder irrtümlich verletzt werden, ohne dass die Schweiz selbst an einem Konflikt direkt beteiligt ist. Dazu gehören auch die Auswirkungen von ABC-Kampfmitteln, die außerhalb der Schweiz eingesetzt werden;
- *den »Angriff«*: Denkbar ist eine kombinierte Aktion gegen die Schweiz, bei der Luft- und Landstreitkräfte eingesetzt werden. Es sprechen verschiedene Gründe für die Annahme, dass bei einem Krieg in Europa ABC-Kampfmittel verwendet werden. Dabei sind drei Fälle zu unterscheiden: die Schweiz ist Durchgangsland gegen einen Dritten; die Schweiz ist Kriegsschauplatz zur Verhinderung einer Neutralitätsverletzung durch einen Dritten (Prävention); der Angriff erfolgt aus ideologischen, politischen, wirtschaftlichen oder militärischen Gründen, um die Eidgenossenschaft zu unterwerfen oder sie physisch zu vernichten;
- *die »Erpressung«*: Nuklearmächte haben jederzeit die Möglichkeit der nuklearen Erpressung;
- *den »Luftschlag«*: Moderne Luftstreitkräfte, unter Einschluss von Lenkwaffen, haben die Möglichkeit, eine strategische Entscheidung oder eine Vernichtung der Schweiz ausschließlich aus der Luft durchzuführen;
- *den »revolutionären subversiven Krieg«*: Die Durchsetzung ideologischer, politischer, wirtschaftlicher und militärischer Ansprüche wird ohne offene militärische Aggression angestrebt. Die Formen der indirekten Kampfführung streben vor einer militärischen Aktion eine Erschütterung unserer Widerstandskraft und eine Auflösung der Ordnung an und unterstützen die Wirkung des Angriffs nach Auslösung der Aggression.

Nicht zuletzt aufgrund der revolutionären Ideologie des Kommunismus und wegen des gewaltigen militärischen Potenzials nahm man den Ostblock in der Schweiz als aggressiv und bedrohlich wahr. Die Tatsache, dass die Bevölkerung der sozialistischen Staaten durch Mauern, Besatzungstruppen, repressive Staatssicherheitsdienste, Reiseverbote sowie durch einen »Eisernen Vorhang« zu ihrem sozialistischen Glück gezwungen werden musste, zerstörte jedes Vertrauen in die Ehrlichkeit des verbalen Friedenswillens oder in die Glaubwürdigkeit des Konzepts der »Friedlichen Koexistenz«.

Das durch den schweizerischen Generalstab angenommene Feindbild stellte sich auf operativer Ebene folgendermaßen dar:

---

[13] Generalstabsabteilung, Untergruppe Planung, Das Feindbild während der 70er Jahre, 28.2.1966, *vertraulich*, entklassifiziert, Archiv Generalstabsabteilung.

Vor und unmittelbar nach Kriegsausbruch schafft sich der Gegner *erstens* günstige Voraussetzungen für den Angriff durch erhöhte politische Spannungen, Elektronische Kriegführung (EKF) und alle Formen der indirekten Kriegführung (Zersetzung der schweizerischen Verteidigungskraft, Diversion, Sabotage an Führungs- und Mobilmachungseinrichtungen, Propaganda, Desinformation, Einschleusen von Agenten usw.). Der Gegner versucht mit seinen strategischen und taktischen Luftstreitkräften die vollständige Luftüberlegenheit oder mindestens die zeitweilige Luftherrschaft zu erzwingen. Er versucht weiter, mit Helikopterverbänden und Luftlandetruppen mit oder ohne chemische Waffen operatives und taktisches Schlüsselgelände zu besetzen und Reserven zu binden.

Der Feind erzwingt *zweitens* nach Kriegsausbruch einen raschen Durchbruch durch unsere Verteidigungssysteme in folgenden Phasen des Kampfes:
- Einleitung des terrestrischen Angriffs konventionell oder durch Einsatz von atomaren und chemischen Kampfmitteln
- Angriff der mechanisierten Mittel, unterstützt durch eine gewaltige Feuerkraft der Flachbahnwaffen und der Panzer, der mechanisierten Artillerie, der Raketenwerfer, der Fliegerabwehr sowie der Luftwaffe in der direkten und indirekten Unterstützung der Bodentruppen,
- Überwindung von Geländehindernissen dank gefechtsfeldbeweglichen Genietruppen und mit Hilfe von amphibischen Kampfmitteln.

Dieses Kriegsbild – selbstverständlich konkretisiert durch die geografischen Verhältnisse, durch den Operationsraum und die östliche Militärdoktrin – war Grundlage aller Planungen, der Operativen Übungen, der großen Manöver und der Ausbildung in Schulen und Kursen. Es bestimmte auch maßgeblich alle Fragen der Rüstung und Verwendung der militärischen Mittel.

Konkret sah die allgemeine Lage in den Operativen Übungen und Manövern in der Regel so aus (siehe Grafik S. 183):
- *Roter Angriff:* Ein bewaffneter Konflikt zwischen Rot und Grün ist durch Rot überfallmäßig ausgelöst worden. Der territoriale Hauptstoß von Rot erfolgt auf der strategischen Richtung Moskau–Paris. Ein Nebenstoß wird im Süden der Westfront durch Bayern bzw. durch Baden-Württemberg und über den Rhein vorgetragen, wobei es unter anderem das Hindernis des Schwarzwaldes zu überwinden gilt. Ein Staffelwechsel, also die Ablösung der 1. strategischen durch die 2. strategische Staffel, wird etwa auf der Höhe des Bodensees angenommen. Ein weiterer Angriff wird südlich der Alpen gegen Italien geführt.
- *Grüne Verteidigung:* Der Vorstoß von Rot kommt irgendwo im Norden der Schweiz infolge einer erfolgreichen Verteidigung von Grün zum Stoppen.
- *Südumfassung über neutrales Gebiet* (die für die Schweiz gefährlichste Entwicklung): Die operative Maßnahme des roten Gegners ist nach dieser Pattsituation der Stoß durch das schweizerische Territorium im Sinne einer südlichen Umfassung oder die präventive Besetzung, um eine grüne Inbesitznahme zu verhindern, oder die Gewinnung einer Rochademöglichkeit über die Alpen zur Koordination der Stöße Mitte und Süd.

Die operativen Planungen der Schweiz 1945 bis 1970 183

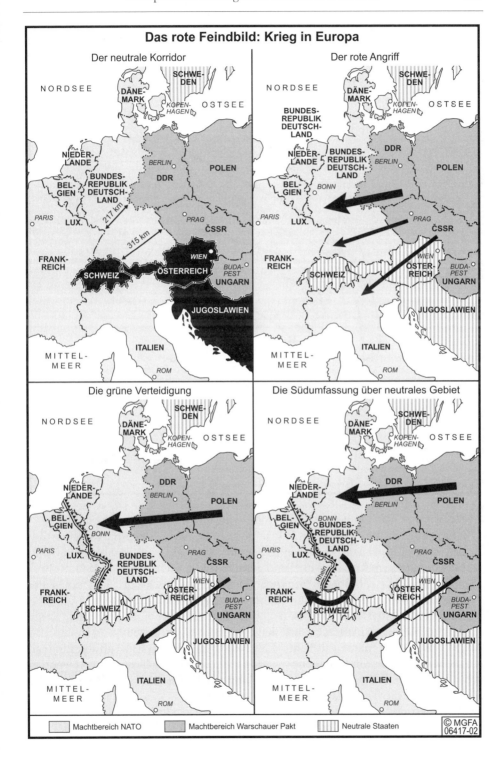

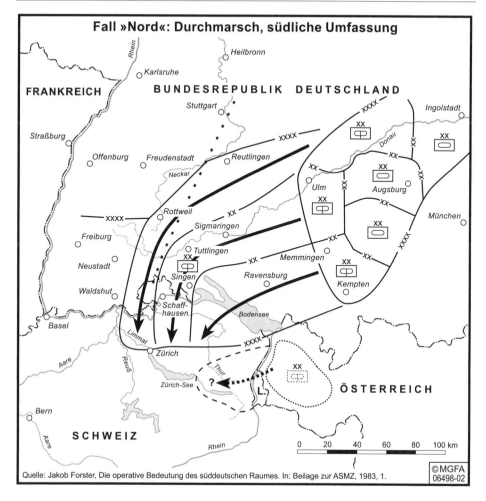

- *Fall »Nord«*: Die Hauptangriffsrichtung wird aus Richtung Nord (Süddeutschland) angenommen mit einem Schwergewicht des roten Angriffs zwischen Bodensee und Waldshut. Man ging davon aus, dass der Stoß anschließend beidseits der unteren Aare ins Mittelland geführt werde (siehe Karte S. 184).
- *Angriffshypothese »Hochrhein/Streifschuss«*: Denkbar war auch ein Stoß längs der Hochrheinachse im Sinne eines »Streifschusses« (siehe Karte S. 185).
- *Teilbesetzung*: Auch eine Teilbesetzung der Schweiz, um einer Besetzung durch die NATO zuvorzukommen, war denkbar (siehe Karte S. 186).

Als gefährlichste Variante galt beim »Fall Nord« ein direkter Stoß an die Limmat, um die im zentralen Mittelland eingesetzten schweizerischen Truppen von jenen in der Ostschweiz zu trennen und das industriell-wirtschaftliche Zentrum der Schweiz sowie die Hauptstadt in Besitz zu nehmen.

Aufgrund der sowjetischen Doktrin rechnete man mit drei bis vier Mechanisierten oder Panzerdivisionen in erster Staffel sowie mit einer zweiten und even-

Quelle: Jakob Forster, Die operative Bedeutung des süddeutschen Raumes. In: Beilage zur ASMZ, 1983, 1.

tuell einer dritten Staffel jeweils in ähnlicher Stärke. Man erachtete fünf Armeekorps zu je drei Divisionen und zwei Luftlandedivisionen als das Maximum dessen, was der schweizerische Raum kräftemäßig aufzunehmen imstande war. Ebenso wurde eine Vormarschgeschwindigkeit von 40 bis 60 km/Tag angenommen. Das bedeutete fünf bis sieben Tage ab Eisernem Vorhang bis zur schweizerischen Landesgrenze. Dazu rechnete man noch etwa drei Tage bis zum Nachzug der taktischen Luftwaffe in den süddeutschen Raum. Das ergab im theoretischen »Normalfall« neun bis zehn Tage.

Im gefährlichsten Fall konnte sich diese Zeit auf drei Tage reduzieren, wenn Rot die völlige Überraschung gelang und deshalb ein rascher Zusammenbruch von Grün angenommen werden musste. Diese zeitlichen Verhältnisse waren in der Folge für die Planung aller schweizerischen militärischen Vorbereitungen massgebend. Die Abfolge Mobilmachung – Aufmarsch – erste Kampfvorbereitungen im Einsatzraum musste durch die Verbände der Armee innerhalb dieser Zeitspanne

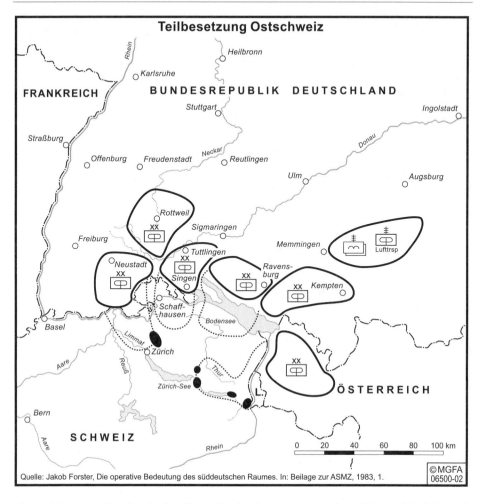

Quelle: Jakob Forster, Die operative Bedeutung des süddeutschen Raumes. In: Beilage zur ASMZ, 1983, 1.

abgeschlossen sein, damit der Kampf mit einer gewissen Aussicht auf Erfolg aufgenommen werden konnte.

Als größte Schwierigkeit galt, dass die Neutralität und gesellschaftlich-wirtschaftliche Gründe eine Kriegsmobilmachung erst dann möglich machten, wenn die Rote Armee den Eisernen Vorhang überschritt oder die NATO ihrerseits mobilisierte. Eine präventive und frühzeitige Mobilisierung schien politisch nicht machbar. Dazu kam die nachrichtendienstliche Herausforderung, den politischen Behörden rechtzeitig Signale vorzulegen, die eine akute Gefährdung so plausibel machten, dass sie die Mobilmachung auslösten.

Als wahrscheinlich wurde im Falle eines europäischen Krieges Rot gegen Grün ein Stoß an der Schweiz vorbei und somit eine Respektierung der Neutralität in einer ersten Phase angenommen. Dabei ging man davon aus, dass die Schweiz vor allem durch grüne oder rote Atomeinsätze, durch Luftraumverletzungen, durch Versorgungsengpässe, durch Flüchtlinge und durch eine revolutionäre Fünfte

Kolonne indirekt betroffen sein würde. Der gefährlichste Fall, auf den es sich besonders vorzubereiten galt, war die Verletzung der Neutralität durch eine der beiden Kriegsparteien. Wer der wahrscheinlichste Angreifer war, war im »Kalten Krieg« jederzeit unbestritten. Auf allen Planungsdokumenten kamen die roten, also die feindlichen Pfeile und in diesem Falle auch die politischen von Osten[14]. Eine isolierte »Operation Schweiz« wurde bis 1968 nie ernsthaft in Betracht gezogen (siehe hierzu unten, Kapitel 4).

2. Konzeption der Landesverteidigung[15]

Mit der Truppenorganisation 1947 (TO 47) wurden hauptsächlich die im Aktivdienst zwischen 1939 und 1945 vollzogenen Veränderungen legalisiert, aber noch keine konzeptionelle Neuausrichtung vorgenommen[16]. Diskussionen um die Neukonzeption der Landesverteidigung führten schon während des Krieges zu zwei Lagern, einem nationalen, evolutionären (Armeereformer) und einem eher dem internationalen Mainstream verpflichteten (Armeeklassiker; siehe Grafik auf S. 188).

Beide Lager waren der bewaffneten Neutralität, also der möglichst hohen Autonomie, der Allgemeinen Wehrpflicht sowie der Dissuasion, der Abhaltewirkung der Armee als strategisches Ziel, verpflichtet. Die Armeeklassiker betrachteten als anzustrebendes strategisches Ziel der Armee im Verteidigungsfall den *Sieg*. Major i.G. Robert Frick brachte es kurz und bündig auf die Formel: »Une armée n'entre pas au combat pour mourir, mais pour vaincre.« Die operative Zielsetzung der Pragmatiker war bescheidener und, wie sie meinten, realistischer. Sie waren überzeugt, dass die Schweizer Armee gegen einen modernen Gegner keinen Abwehrsieg erzielen könne, das gesamte Territorium auf die Dauer nicht zu halten sei und dass die eigenen Kräfte sich schnell erschöpfen würden. Sie erachteten im Falle eines gegnerischen Durchmarschversuches als einzige operative Möglichkeit den Kampf um Zeitgewinn bis fremde Hilfe kam oder im Falle einer Besetzung die Abnützung des Gegners im Kleinkrieg oder schließlich den Kampf im feindbesetzten Gebiet.

---

14 Vgl. Hans Rudolf Fuhrer, Die Schweiz und Österreich im Fadenkreuz des militärischen Nachrichtendienstes der DDR? In: Österreichisches Jahrbuch der Sicherheitspolitik, Wien 1999; abgedr. auch in dem Themenheft: Die sicherheitspolitische Entwicklung in Österreich und der Schweiz, Informationen zur Sicherheitspolitik Nr. 16, Wien 1999, siehe die Website http://www.bmlv.gv.at/pdf_pool/publikationen/01_seo_01_sof.pdf; Hans Rudolf Fuhrer, Alle roten Pfeile kamen von Osten. In: Die Schweiz und der Kalte Krieg 1950–1990 [Tagungsband des Kolloquiums der SVMM vom 19.10.2002]. Hrsg. von Hervié de Weck, Bern 2003, S 75–106; Fuhrer/Wild, Alle roten Pfeile (wie Anm. 7).

15 Hierzu v.a. Peter Braun, Von der Reduitstrategie zur Abwehr. Die militärische Landesverteidigung der Schweiz im Kalten Krieg 1945–1966, Baden 2006 (= Der Schweizerische Generalstab, 10); Alfred Ernst, Die Konzeption der schweizerischen Landesverteidigung 1815 bis 1966, Frauenfeld, Stuttgart 1971; Kurt Spillmann [u.a.], Schweizer Sicherheitspolitik seit 1945. Zwischen Autonomie und Kooperation, Zürich 2001.

16 Braun, Von der Reduitstrategie zur Abwehr (wie Anm. 15), S. 207.

Konzeptionsstreit im Überblick	
Armeeklassiker	**Armeeformer**
Politisch-militärische Strategie	
Dissuasion / Neutralitätsschutz	Dissuasion / Neutralitätsschutz
Strategische Verteidigung	Strategische Verteidigung
Militärisches Ziel: Sieg	Militärisches Ziel: Hinhaltender Widerstand
»Sieg« legitimiert Staatsexistenz	»Ehrenvolle Niederlage« legitimiert Wiederherstellung der Staatsexistenz
Autonomie / Expertise des Militärs	politisch-gesellschaftliche Fundierung des Militärs aus der nationalen Eigenart
Doktrin	
Offensive, bewegliche Kampfweise	Raumangelegte Kampfweise
Taktisch offensiv	Taktisch offensiv
Klassische TO mit HE / Trp Kö	TO / Inf Trp Kö
Rüstungsressoucen	
Was der »Krieg« verlangt	Was der liberal-demokratische Kleinstaat leisten kann
Mainstream der technischen Entwicklung	Nationale Umsetzung der technischen Entwicklung
Humanressoucen	
Hoher Ausbildungs- und Erziehungsstand des Auszugs	Totalität der wehrpflichtigen Staatsbürger
Sozialisationsziel: »Soldat«	Notform des Staatsbürgers: Kämpfer / Staatsbürgersoldat

© MGFA
06497-02

Vereinfacht lässt sich der Konzeptionsstreit in folgenden polaren Stichworten darstellen:
- Totale Verteidigung versus Operative Verteidigung,
- Abwehrsieg versus ehrenvolle Niederlage,
- hinhaltender Kampf versus Bewegungskrieg,
- infanteriestark versus panzerstark,
- »helvetische« Lösung versus Lösung im internationalen Mainstream,
- oder in US-amerikanischen Begriffen: »Area-Defence« versus »Mobile-Defence«.

Viel zu wenig beachtet wird das unterschiedliche Menschenbild, das den beiden Modellen zugrunde lag. Während die Militärklassiker den Bürger zum Soldaten erziehen wollten und die soldatischen Tugenden auch als vorbildlich für den Staatsbürger betrachteten, gingen die Pragmatiker vom Sonderfall Miliz aus. Sie schätzten die umfassende politisch-gesellschaftliche Fundierung des Militärs im Volk, d.h. den Bürger in Uniform, der zum staatsbürgerlich motivierten Wehrmann zu erziehen sei. Dieser konzeptionelle Streit beeinflusst immer noch die Reformphase der Gegenwart.

Die Truppenorganisation 1951 (TO 51) wie auch die noch ungerichtete Mobilmachungsaufstellung »Winkelried« (siehe die Grafiken S. 189–191) trugen den spezifisch schweizerischen Verhältnissen, etwa dem Gelände, aber auch der beschränkten Offensivkraft der verfügbaren Verbände Rechnung: keine mechanisierten Mittel und keine modernen Flugzeuge!

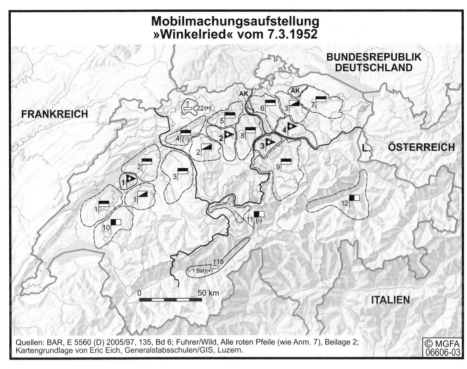

Quellen: BAR, E 5560 (D) 2005/97, 135, Bd 6; Fuhrer/Wild, Alle roten Pfeile (wie Anm. 7), Beilage 2; Kartengrundlage von Eric Eich, Generalstabsschulen/GIS, Luzern.

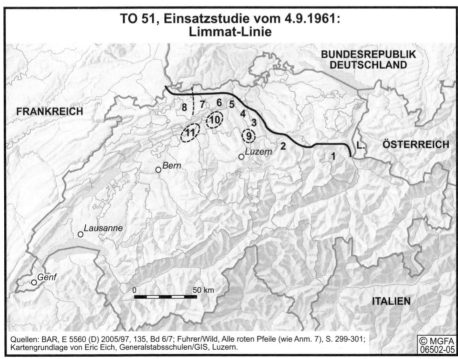

Quellen: BAR, E 5560 (D) 2005/97, 135, Bd 6/7; Fuhrer/Wild, Alle roten Pfeile (wie Anm. 7), S. 299-301; Kartengrundlage von Eric Eich, Generalstabsschulen/GIS, Luzern.

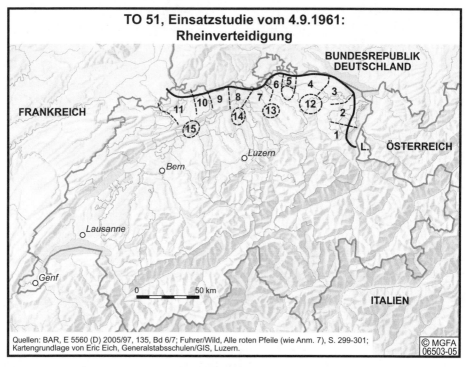

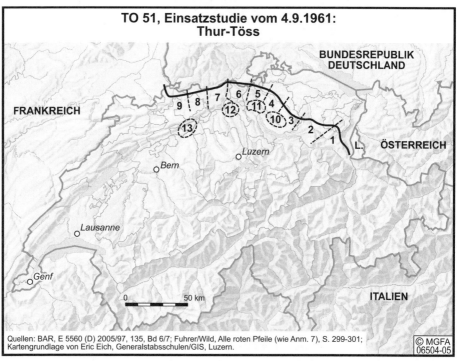

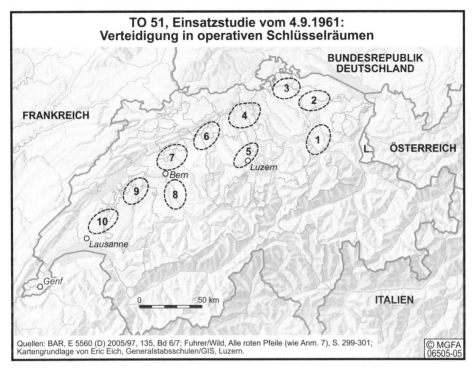

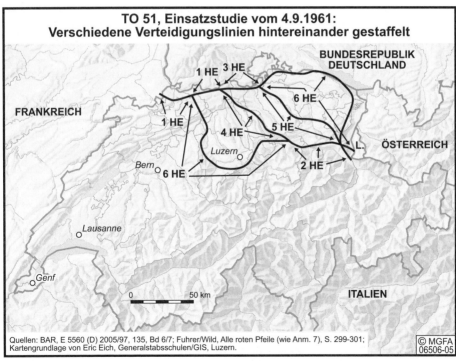

Ein Rückzug ins Gebirge, ins Reduit von 1940/1944, war keine Option mehr, zumal die NATO unmittelbar nach ihrer Gründung 1949 über ihren stellvertretenden Oberbefehlshaber in Europa, Field Marshal Bernard Law Montgomery gewünscht hatte, die Schweiz möge auch ihr Mittelland und den Luftraum selbstständig und glaubwürdig verteidigen. Unter dieser Bedingung, die das europäische Umfeld stabilisiere, sei es sinnvoll, dass die Schweiz weiterhin neutral bleibe[17]. Es wird in den operativen Übungen und Planungen dieser Zeit deutlich, dass die Armeeleitung mit einer weitgehend autonomen Landesverteidigung im Rahmen des Machbaren und finanziell Verkraftbaren gerechnet hat. Montgomery hat seinen Einfluss auf diese Entscheidung in der ihm eigenen Unbescheidenheit wohl etwas zu hoch eingeschätzt.

Die Entwicklung in Mittel- und Osteuropa und der Koreakrieg hatten zur Folge, dass die Diskussionen um eine Begrenzung oder gar drastische Reduzierung der Militärausgaben zunehmend verstummten. So konnte ein respektables Rüstungsprogramm (unter anderem Flieger/Fliegerabwehr, Panzer/Panzerabwehr, Festungen und Schutzbauten) beschlossen werden, das jedoch noch mannigfache Verzögerungen erlitt. Die Ereignisse in Ungarn 1956 wirkten dann wie ein Dammbruch. Bisher blockierte Rüstungsvorhaben wurden nun plötzlich möglich und die Ausbildung intensiviert.

a) Die Truppenorganisation 1961 (TO 61)[18]

Das Jahr 1960 war wiederum ein wichtiger Meilenstein bei der schwierigen Suche nach der den schweizerischen Verhältnissen und dem modernen Kriegsbild angepassten Einsatzdoktrin. Die moderne Kriegstechnik, die gewaltige Steigerung der konventionellen und nuklearen Feuerkraft, die Steigerung der Beweglichkeit, die Raketentechnik sowie generell die Weiterentwicklung der Mittel der Luftkriegführung, machten frühere Überlegungen hinfällig.

Man versuchte in der zweiten Hälfte der 1950er Jahre die Quadratur des Kreises zu beweisen:
- Die Truppe in den Bereitschaftsräumen oder in Verteidigungsstellungen durfte taktischen Atomwaffen kein lohnenswertes Ziel bilden, d.h. sie musste maximal aufgelockert sein.
- Die großen Verbände mussten jederzeit fähig sein, sich zu konzentrieren, Luftlandetruppen zu bekämpfen, Frontlücken nach feindlichen mechanisierten Durchbrüchen zu schließen und Gegenschläge zu führen.

Mit diesen beiden Forderungen war eine Infanteriearmee völlig überfordert. Dazu kamen spezifisch schweizerische Faktoren. An den Grundkonstanten des schweizerischen Wehrwesens: Allgemeine Wehrpflicht, Milizsystem, Bewaffnete Neutralität durfte nicht gerüttelt werden. Ebenso undiskutabel war die grundsätzlich höchstmögliche Autonomie der Verteidigung. Nur in operativen Übungen gab es

---

[17] Spillmann, Schweizer Sicherheitspolitik (wie Anm. 15), S. 69.
[18] Bericht des Bundesrates an die Bundesversammlung betreffend die Organisation des Heeres (Truppenordnung) vom 30.6.1960. In: Bundesbeschluss (BB), I 1960-169, 7987, S. 1-68.

Phasen, in denen die Problematik der Fremden Hilfe mindestens theoretisch angesprochen wurde, was die östlichen Nachrichtendienste mit Argusaugen beobachteten.

Die Diskussion, ob die Schweiz Nuklearwaffen besitzen solle oder nicht, wurde ab 1958 öffentlich geführt. In zwei Volksabstimmungen wurden zwei Volksinitiativen der Linken, die eine Atombewaffnung verbieten oder unabdingbar einem Volksentscheid unterstellen wollten, mit klarer Mehrheit abgelehnt und der Regierung die Option auf eine Beschaffung offengelassen[19]. Die östlichen Nachrichtendienste werteten diesen Entscheid als neutralitätswidrig und die sowjetische Regierung protestierte in schärfster Weise.

Die Armee behielt in der Neutralitätspolitik der Eidgenossenschaft ihre traditionelle Rolle. Die Landesverteidigungskommission (LVK) schlug dem Bundesrat als unabänderliches Fundament des Reformschrittes wiederum eine glaubwürdige Dissuasionsstrategie vor:

»Die Armee als Hilfsmittel des Staates hat die Unabhängigkeit des Landes sowohl direkt als auch indirekt sicherzustellen. Das geschieht auf zwei Wegen: a) Abschreckung eines allfälligen Gegners, überhaupt die Feindseligkeiten mit uns aufzunehmen. b) Sofern es zu Feindseligkeiten kommt, durch militärische Kampfhandlungen die Unabhängigkeit des Staates und die Integrität seines Gebietes zu behaupten. Beide Wege führen zu gleichen Folgerungen. Eine Armee, die nicht in der Lage ist, den Kampf unter den verschiedensten Umständen zu führen, wirkt auch nicht als Abschreckung[20].«

Ohne auf den Konzeptionsstreit der 1950er Jahre konkret einzugehen, bekannte sich der Bundesrat mit der TO 61 zu einem Raumverteidigungskonzept mit einem Schwergewicht in den operativen Schlüsselzonen des Landes und zu einer starken Luftverteidigung. Damit war die Konzeption der Landesverteidigung in groben Zügen gegeben und die Fundamente für die Mechanisierung von Teilen der Armee (je eine Panzerdivision in den drei Feldarmeekorps) gelegt. Vorgegeben waren damit allerdings auch die Schwierigkeiten bei der Flugzeugbeschaffung (Mirage III-S)[21].

Kritiker bezeichneten die Reformansätze als größenwahnsinnig, als »Natoisierung« der Schweizer Armee und das angestrebte Resultat als »Großmachtarmee im Westentaschenformat«[22]. Übereinstimmung herrschte dagegen in der Einsicht, dass der »totale Krieg« die einzige Kriegsform sei, welche die Schweiz existenziell bedrohen könne. Auch wenn dieser Krieg den meisten Verantwortlichen im Generalstab unwahrscheinlich erschien, wurde der speziellen Bedrohung der gesamten

---

[19] Vgl. u.a. Albert Ulrich und René Baumann, Zur Frage der Atombewaffnung der Schweizerischen Armee in den fünfziger und sechziger Jahren, Diplomarbeit an der Militärischen Führungsschule an der ETH Zürich, Zürich 1997.
[20] Bericht des Bundesrates an die Bundesversammlung betreffend die Organisation des Heeres (Truppenordnung) vom 30.6.1960. In: BB, l 1960-169, 7987, S. 3.
[21] Der Bundesrat schreibt: »Diese Aufgaben zwingen uns zur Ausgestaltung eines Systems der Luftverteidigung, welches im Rahmen der technischen und finanziellen Gegebenheiten ein Maximum an Abwehrkraft aufweist. Für den Abwehrkampf auf dem Boden muss die Armee in der Lage sein, einen sehr beweglichen Gegner, der Atomwaffen einsetzen kann, im Grenzraum zu verzögern und unter Preisgabe möglichst geringer Gebietsteile aufzuhalten. Die Armee ist so zu organisieren, dass sie mindestens mit Teilen im Mittelland einen beweglichen, durch die Flugwaffe unterstützten und geschützten Kampf führen kann.« Ebd., S. 14.
[22] Spillmann, Schweizer Sicherheitspolitik (wie Anm. 15), S. 73.

Bevölkerung im Sinne der Gesamtverteidigung Rechnung getragen. Das Wort wurde allerdings noch nicht verwendet und vorerst wurden auch noch keine weitgehenden organisatorischen Schlüsse gezogen[23].

Der bundesrätliche Antrag an das Parlament schloss mit der hoffnungsvollen Formel:

»So kann denn die Armeereform, die wir Ihnen vorschlagen, zwar nicht allen Wünschen gerecht werden, und sie wird gelegentlich auch im Widerspruch zu Sonderinteressen stehen. Wir sind aber überzeugt, dass sie die Lösung ist, welche uns, gemessen an unsern Möglichkeiten, die nachhaltigste Verstärkung der Abwehrbereitschaft bringt. Für ihre Durchführung wird eine Anstrengung nötig sein, zu der wir die Kraft aufbringen müssen, wenn wir – wie bis anhin – unser Wehrwesen auf der Höhe der Zeit halten wollen[24].«

Im Parlament erhob sich kein das Projekt gefährdender Widerstand. Zweifellos bedeutete die TO 61 einen Teilsieg des Konzeptes der mobilen Verteidigung, der »Militaristen«. Die Mobilmachungs- und Neutralitätsaufstellung »Pronto« war dann die Weiterentwicklung der operativen Planung »Winkelried« und basierte auf den neuen Grundlagen der TO 61 (siehe Karte S. 195). Die »Armee 61« wurde in der Folge bis zur »Wende« 1989 materiell und ausbildungsmäßig ständig perfektioniert[25].

b) Die Konzeption der militärischen Landesverteidigung vom 6. Juni 1966[26]

Als Versuch einer Selbstbescheidung nach dem »Mirage-Skandal« und im Bemühen, eine kompromissfähige Formel im Konzeptionsstreit zu finden, wurde in der »Konzeption der militärischen Landesverteidigung vom 6. Juni 1966« das Konzept der »Abwehr« geschaffen. Verschiedene andere denkbare Kampfformen wurden mit dieser schweizerischen Form einer Raumverteidigung ausgeschlossen: Auf operativer Ebene sollte eine dreistufige Form der Raumverteidigung geschaffen werden. 1. Der Gegner sollte durch mehrere in die Tiefe gestaffelte infanteristische Abwehrzonen kanalisiert und abgenützt werden. 2. Die vorderen Kräfte des Gegners sollten von den rückwärtigen Kräften getrennt werden, indem einerseits die

---

[23] »In einem die Armee wie die Zivilbevölkerung voraussichtlich in ihrer Gesamtheit erfassenden künftigen Krieg ist auch damit zu rechnen, dass ein Gegner alles daran setzen wird, um die Widerstandskraft der ihm gegenüberstehenden Nation durch Imprimate, Radio, Funkbild, Gerüchtemacherei und zweckgerichteten Defaitismus auszuhöhlen. Hand in Hand mit diesem Propagandakrieg können Aktionen von Saboteuren Unsicherheit hervorrufen und einer allmählichen Zermürbung des Widerstandswillens Vorschub leisten. Die dagegen zu ergreifenden Maßnahmen gehören in das Gebiet der geistigen Landesverteidigung, deren Bedeutung nicht zu unterschätzen ist, sowie in den Bereich der Polizeiorgane des Bundes und der Kantone.« Bericht des Bundesrates an die Bundesversammlung betreffend die Organisation des Heeres (Truppenordnung) vom 30.6.1960. In: BB, I 1960-169, 7987, S. 15.
[24] Ebd., S. 63.
[25] Vgl. Die Planung der Abwehr (wie Anm. 7); sowie Braun, Von der Reduitstrategie zur Abwehr (wie Anm. 15).
[26] Vgl. Bericht des Bundesrates an die Bundesversammlung über die Konzeption der militärischen Landesverteidigung vom 6.6.1966. In: Bundesblatt 1966 – 318, 9478, S. 1–25.

Die operativen Planungen der Schweiz 1945 bis 1970 195

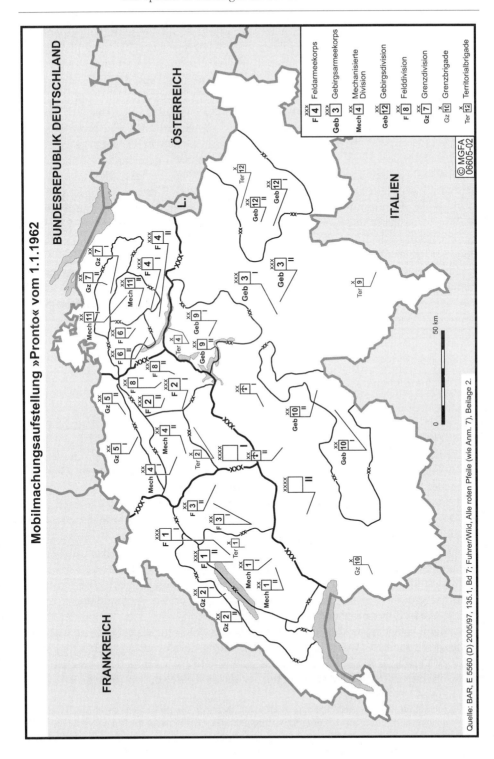

Flugwaffe das Gefechtsfeld abriegelte und andererseits abgeschnittene eigene infanteristische Verbände und Jagdkommandos durch Überfälle den feindlichen Nachschub an Menschen und Material immer wieder zu unterbinden trachteten.
3. In die Tiefe des Abwehrraumes eingebrochene oder aus der Luft abgesetzte feindliche Streitkräfte sollten durch Gegenstöße mechanisierter Heeresteile, unterstützt durch das Gros der Flugwaffe, zerschlagen werden. Verschiedene andere denkbare Kampfformen wurden mit dieser schweizerischen Raumverteidigung ausgeschlossen: ein die operative Entscheidung suchender Bewegungskrieg (die »Mobile Defence« nach NATO Terminologie war nach dem Mirage-Skandal kein Thema mehr); die Verteidigung in einer linearen Armeestellung (die nukleare Bedrohung zwang zur Dezentralisierung); ein präventiver Rückzug in ein Reduit (der Auftrag des Bundesrates erforderte einen nachhaltigen Kampf ab Landesgrenze und im Mittelland); ein Kampf aus igelartigen Widerstandszentren über das ganze Land verteilt (jede Form des Partisanen- oder des Kleinkrieges wurde als »Einladungsstrategie« abgelehnt).

Die Basis des Systems war weiterhin die Infanterie, die in Sperren und Stützpunkten, dezentralisiert und an Geländehindernisse angeklammert sowie durch Feldbefestigungen und Permanenzen geschützt, hintereinander gestaffelte Spinnennetze bildete. Deren Maschen konnten je nach Lage weiter oder enger geknüpft sein. Sobald der Feind sich verstrickte, wurde er durch die Spinnen in Gestalt der Mechanisierten Divisionen angefallen. Kam es zum befürchteten feindlichen Atomwaffeneinsatz, musste der Kampf in allen noch möglichen Formen bis zum Kleinkrieg fortgesetzt werden.

c) Eintritt in ein Bündnis – ein Unthema[27]

Anlässlich der ersten Plenarsitzung der Studienkommission für strategische Fragen (SSF) unter ETH-Professor Karl Schmid vom 7. Juli 1967 formulierte Generalstabschef Paul Gygli sinngemäß vier strategische Grundsätze.
1. Unser Land sollte nicht oder doch möglichst spät in einen Krieg eintreten.
2. Durch Maßnahmen der totalen Landesverteidigung soll der »Eintrittspreis« im Sinne einer Dissuasionsstrategie erhöht werden.
3. Es muss vermieden werden, dass unser Land in einem Krieg zwischen Koalitionen auf die »falsche Seite« gedrängt wird.
4. Während des Krieges muss die Strategie dafür vorhanden sein, dass ein möglichst großer Teil der Nation intakt bleibt und unsere Verhandlungsposition nach dem Krieg möglichst stark ist.

Jedermann war klar, welches die »richtige« und welches die »falsche« Seite war. Die Hilfe durch die NATO im Falle einer Verletzung der Neutralität durch den Warschauer Vertrag, d.h. ein Kriegsbündnis nach Obsoletwerden der Neutralität, wurde in operativen Übungen – wie bereits erwähnt – gelegentlich thematisiert, ohne

---

[27] Hans Rudolf Fuhrer, Das Phänomen des Alleingangs. Zur Frage der angeblichen »Allianz Schweiz-NATO« im Kalten Krieg. XXV. Internationales Kolloquium für Militärgeschichte 1999, Brüssel.

jedoch weitere konkrete Schritte vorzunehmen. Alle diesbezüglichen Überlegungen blieben einseitig, gehörten wohl zum Aufgabenbereich des Generalstabschefs, aber irgendwelche Absprachen waren ihm strikt untersagt. Es deutet vieles darauf hin, dass informell und auf unterer Ebene diese neutralitätspolitische Grenze ab und zu überschritten worden ist. Die freundschaftlichen Kontakte zwischen der Ostschweizer Division und dem österreichischen Kommando Vorarlberg wurden beispielsweise kaum durch allzu restriktive Spielregeln behindert.

Ein Beispiel muss genügen, um zu zeigen wie konsequent andererseits zeitweise gehandelt wurde, um die östlichen Nachrichtendienste nicht mit Zweifeln an der neutralen schweizerischen Haltung zu füttern: In der Planungsabteilung war unklar, welches System der Panzerabwehr der Zukunft gewählt werden sollte: das System Raupe/leistungsfähige Kanone oder Rad/Lenkwaffe? Die deutsche Firma Rheinmetall entwickelte je einen Prototypen, die sie den schweizerischen Stellen vorführen wollte. Der zuständige Bundesrat des Eidgenössischen Militärdepartements (EMD) wurde eingeladen. Dieser delegierte die Aufgabe an den Generalstabschef (Jörg Zumstein), der die Einladung dem Chef Planung in der Generalstabsabteilung (Eugen Lüthi) weiterleitete. Letzterer bat den Waffenchef der Infanterie (Robert Treichler), für ihn zu gehen, um nicht den Anschein einer Zusammenarbeit hoher Amtsstellen mit der NATO zu wecken. Auch Treichler erschien die Reise zu riskant und er schickte schließlich seinen eigenen Planungschef (Paul Rickert), einen Major i.G., begleitet durch einen Experten der Gruppe für Rüstung (GRD) zur Vorführung der beiden Waffensysteme.

Der strategische Leitgedanke der Konzeption vom 6. Juni 1966 war mithin die Schaffung eines optimalen Verhältnisses zwischen den operativen Größen Raum, Zeit und verfügbare Kräfte im Sinne der Strategie des »hohen Eintrittspreises«. Durch die Vorbereitung des Kampfes im feindbesetzten Gebiet sollte auch der »Aufenthaltspreis« möglichst hoch angesetzt werden. Davon erwartete man eine maximale Abhaltewirkung (Dissuasion). Auf den Begriff »Abschreckung« wurde verzichtet, da man sich eine solche nur nuklear vorstellen konnte. Die »Abwehr« wurde als »dynamische Raumverteidigung« verstanden[28]. In der Rückschau drängt sich jedoch die Frage auf, warum diese beweglich gedachte Konzeption mit der Zeit so statisch geworden ist.

3. Die Schweiz und ihre Nachbarn

a) Österreich

Ein Blick in die Fachpresse zeigt deutlich, dass immer wieder Vergleiche der österreichischen und der schweizerischen Konzeption der Landesverteidigung vorgenommen wurden. Das Schwergewicht der Diskussionen liegt jedoch deutlich nach

---

[28] Vgl. Frank Seethaler, Betrachtung zur Schweizer Abwehr-Konzeption. In: ARMADA International, 4 (1980), S. 20.

1970. Anerkennend wurde in der Schweiz festgestellt, dass sich die beiden Systeme in den Grundzügen glichen. Zeitweise kann man von einem Gleichschritt der beiden Neutralen sprechen. Der Antrag des österreichischen Bundesministers für Landesverteidigung an die Bundesregierung zum »Aufbau einer umfassenden Landesverteidigung« erfolgte beispielsweise am 18. Juli 1961, also parallel zur TO 61. Die Unterschiede waren dennoch vielfältig. Sie lagen vor allem in der politischen Kultur, insbesondere in der Rolle der Parteien und in der gewachsenen Tradition. Die größten Unterschiede im sicherheitspolitischen Bereich gab es in der der Außenpolitik sowie in der Gesamtstruktur der Streitkräfte.

Kritisch wurde beispielsweise im Herbst 1981 von Korpskommandant Josef Feldmann angemerkt, dass der stärkere Anteil der Luftkriegsmittel und der Panzerkräfte am schweizerischen Kampfpotenzial der dynamischen Komponente im Rahmen der Raumverteidigung mehr Glaubwürdigkeit verleihe als die österreichische Lösung. Zudem verschaffe sie dem höheren Führer mehr Handlungsfreiheit[29]. Die vorhandenen Mittel im österreichischen Bundesheer reichten in keiner Weise aus, um die wichtigsten Schlüsselzonen zu behaupten.

Als kaum lösbares Problem Österreichs – das sowohl aus politischen als auch aus geostrategischen Gründen resultierte – wurde das ungünstige Verhältnis zwischen Kraft und Raum bedauert. Die schweizerische Kritik ging zeitweise so weit, dass General Emil Spannocchi mit dem Slogan: »Östlich der Schweiz ist kein militärisches Loch« eine Richtigstellung vornehmen musste[30]. Auch General Wilhelm

---

[29] Vgl. Josef Feldmann, Schwächen sind erkennbar. In: Wochenpresse, 9.9.1981, erfasst in: Eidgenössische Militärbibliothek Bern (EMB)/Bibliothek am Guisenplatz, Mikrofilm (MF) 210/1703.

[30] Interview der Weltwoche mit Emil (Graf) Spannocchi: Östlich der Schweiz ist kein militärisches Loch. In: Weltwoche, 8.4.1981, erfasst in EMB, MF 201/1108.

Kuntner setzte sich mit der These »Die Schweiz grenzt nicht an Russland« für die zu oft missachtete Qualität der österreichischen Landesverteidigung ein[31]. Trotz dieser vertrauensbildenden Bemühungen wurde in der Eidgenossenschaft in nachbarschaftlicher »Liebenswürdigkeit« die Frage gestellt, was man wohl planen müsse, falls das österreichische Bundesheer angriffe. Dies sei kein Problem der Armee, war die Antwort, sondern werde durch die Pfadfinderabteilung von Buchs im Rheintal gelöst.

Im Gegensatz zu diesen gegenseitigen »Nettigkeiten« ist die Beurteilung der Generalstabsabteilung und der Kommandanten des ostschweizerischen 4. Feldarmeekorps (FAK 4) ernst zu nehmen. Ein roter Stoß durch Österreich auf der Donauachse wurde als möglich, aber nicht unbedingt zwingend angenommen. Eine Aktion über den Arlberg ins Rheintal (Fall Ost) war ebenso denkbar, aber wurde in einer ersten Phase des Krieges nicht als wahrscheinlich eingeschätzt. Vom österreichischen Bundesheer erwartete die schweizerische Armeeführung mindestens einen Verzögerungskampf längs der Operationsachsen (Donautal zwischen Wien und Linz, Steiermark–Kärnten) und eine nachhaltige Behauptung des zentralen Alpenraumes.

Sämtliche von Österreich gegen die Schweiz führenden Achsen sind relativ enge Defilées und damit ungünstig für einen Gegner, der rasch durchstoßen will. Das Rheintal sei mit einer sowjetischen Division »gesättigt«, meinten die eidgenössischen Planer. Diese feindlichen Truppen könnten zwar den Befestigungsgürtel von Sargans binden, hätten aber große Schwierigkeiten, einen Durchbruch über die nach Westen führenden Achsen zu erzwingen. Korpskommandant Josef Feldmann, in den 1960er Jahren noch Kommandant der verantwortlichen Grenzdivision 7, schreibt 17 Jahre später zum österreichischen Raumverteidigungskonzept:

»Aus spezifisch schweizerischer Sicht erscheint die gewählte Lösung besonders günstig, denn die an unser Land angrenzenden Teile Österreichs sind geografisch so beschaffen, dass dort der Einsatz einer robusten Infanterie beste Erfolgsaussichten bietet. Am dauerhaften Widerstand der Schlüsselzonen in Vorarlberg und Tirol ist nicht zu zweifeln[32].«

Korpskommandant Paul Rickert, auch er zuletzt Kommandant des FAK 4, spricht von einer »Andreas Hofer-Mentalität« im Alpenraum, auf die man gezählt habe[33]. Größere Unsicherheit habe bezüglich der Haltung der österreichischen Regierung geherrscht, wenn beispielsweise das Wiener Becken gefallen wäre. Man habe wie in der Eidgenossenschaft über die Leidensfähigkeit des Volkes im Falle des Kleinkrieges nur spekulieren können. Wie alle schweizerischen Berichterstatter nach Besuchen beim österreichischen Bundesheer ist er heute noch beeindruckt von der hohen Professionalität der Berufsmilitärs aller Stufen, von dem illusionslosen Pragmatismus und der einzigartigen Gabe, ohne ständiges helvetisches Jammern und kleinkrämerische Besserwisserei aus wenig viel zu machen.

---

[31] Interview mit Wilhelm Kuntner. In: Weltwoche, 23.7.1980, erfasst in EMB, MF 185/1335.
[32] Feldmann, Schwächen (wie Anm. 29).
[33] Interview mit KKdt Paul Rickert am 17.8.2007.

b) NATO-Staaten (Deutschland, Frankreich, Italien)

Der NATO unterstellte der schweizerische Generalstab zwischen 1950 und 1970 keine feindliche Absicht, in der ersten Dekade nicht zuletzt deshalb, weil man ihr aus politischen und militärischen Gründen – wegen unzureichender Bestände – eine solche Operation nicht zutraute. Man nahm an, dass die Neutralität der Schweiz und Österreichs allgemein akzeptiert werde, obwohl wegen des neutralen Sperrriegels ab 1955 alle Verbindungen der NATO über Frankreich laufen mussten. Eine präventive Aktion der NATO auf die Alpenpässe in Tirol zum Schutz der linken Flanke Oberitaliens und zur Sicherung der Verbindung in die Poebene konnte man sich nur unter einer Bedingung vorstellen, nämlich wenn die österreichische politische und militärische Schwäche dies nahelegte. Nach einer Verletzung des österreichischen Territoriums durch Truppen des Warschauer Paktes würden neutralitätsrechtliche Fesseln fallen und neue Lösungen ermöglicht. Keine völkerrechtlich peinlich genaue Rücksichtnahme erwartete man von der NATO-Flugwaffe[34].

Ein roter Angriff aus Richtung Italien gegen die Alpenpässe (Fall Süd) war abhängig von einer Aktion aus Ungarn heraus in den oberitalienischen Raum, und einer aus Richtung West (Frankreich) konnte erst erfolgen, wenn der operative Durchbruch gegen die NATO gelungen war und es zu einer Restbereinigung in Europa kam. Beide Fälle waren somit Produkte von effektiven Kampfhandlungen und nur ansatzweise planbar. Die dadurch entstehende Rundumbedrohung durch eine einzige Kriegspartei entsprach dem Kriegsbild von 1940/1945 und wurde als gefährlichste Feindmöglichkeit beurteilt.

Die französische Haltung wurde im schweizerischen Generalstab als vorwiegend egoistisch wahrgenommen. Hinter vorgehaltener Hand hieß es: Die Franzosen verteidigten sich im Saarland bis zum letzten Deutschen. Ein Beispiel, dass auch solche wenig wahrscheinliche internationale Entwicklungen mindestens hy-

---

[34] Hans Kissel hat die Problematik des neutralen Riegels für die Bundesrepublik Deutschland aussagekräftig so formuliert: »Im Süden grenzt die Bundesrepublik Deutschland an Österreich und die Schweiz, zwei Staaten, die für Friedens- und Kriegszeiten ihre ›ständige‹ oder ›immerwährende‹ Neutralität erklärt haben. Diese Neutralität bedeutet, dass die deutsche Südflanke in einem Verteidigungsfalle zuverlässig geschützt ist, sofern die Neutralität dieser beiden Staaten gewahrt bleibt. Voraussetzung dafür ist, dass beide Länder in der Lage und willens sind, im Falle einer Aggression ihr Hoheitsgebiet und damit ihre Neutralität zu verteidigen. Schon allein aus diesem Grunde dürfte eine Betrachtung von Gliederung und Bewaffnung der Streitkräfte dieser beiden Staaten von Interesse sein. Dem für die BRD positiven Aspekt der österreichischen und schweizerischen Neutralität steht andererseits für die NATO ein recht negativer gegenüber, schieben sich doch beide Länder als trennender Keil von Osten nach Westen in die NATO-Front ›Europa‹. In einem Konfliktsfalle würde dieser Keil die NATO-Kommandobereiche ›Europa-Mitte‹ und ›Europa-Nord‹ vom Kommandobereich ›Europa-Süd‹ trennen und so zwei Kriegsschauplätze schaffen. Diese wären sogar hermetisch voneinander getrennt, wenn Frankreich in einem Ost-West-Konflikt abseits bliebe, was bei seiner derzeitigen politischen Haltung durchaus möglich erscheint.« Hans Kissel, Das österreichische Bundesheer und die Schweizer Armee eine vergleichende Betrachtung. In: Wehrtechnische Monatshefte, 1968, 2, S. 58–68, hier S. 58, erfasst in EMB MF 202/1512.

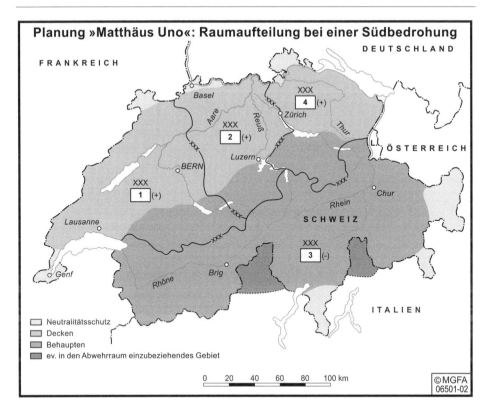

pothetisch durchdacht wurden, ist die FAK-4-Stabsübung von 1965[35]. Gemäß Übungsannahme hatten im Herbst 1964 in Frankreich und anschließend in Italien die Kommunisten die Macht übernommen. Mit der Hilfe von sowjetischen Instruktoren und unter Verwendung von amerikanischem Material im Land begannen diese in Frankreich eine rote Armee aufzubauen. Im Frühjahr 1965 verschärften sich die wirtschaftlichen und politischen Spannungen in Europa und die kommunistischen Kräfte nutzten den Umstand, dass die USA in Vietnam gebunden waren, zu offensiven Aktionen. In Belgien wurde ein Bürgerkrieg provoziert, und ein Monat später erfolgte der Einmarsch französischer Truppen, um die kommunistischen Sympathisanten zu unterstützen. Die Nationale Volksarmee (NVA) der DDR durchbrach die Zonengrenze und stand im Kampf mit westdeutschen Kräften.

Die Schweiz hatte teilmobilisiert und eine Bereitschaftsstellung West bezogen. Am 16. August überschritten französische Truppen die Grenze zwischen Genf und Basel, während in allen nicht-kommunistischen Staaten Umsturzversuche stattfanden. Nicht nur in der Schweiz konnte die Lage schließlich bereinigt werden. Ein Angriff der Truppen des Warschauer Paktes fand nicht statt. Es blieb bei Propaganda-, Spionage- und Sabotagehandlungen. Diverse Proteste von Botschaftern der durch die Übungsannahme betroffenen Länder, die sich von dieser

---

[35] FAK 4: Stabsübung 1965, BAR, E 5560 (D) 1996/188, 427.

Feindschilderung brüskiert fühlten, führten dazu, dass der Bundesrat festlegte, dass in Zukunft keine Länder mehr namentlich genannt werden dürften, sondern nur mit Farben bezeichnet. Auch die Nennung von öffentlich bekannten Personen wurde verboten.

Von den Nachbarn erwartete die schweizerische Armeeführung mindestens eine verzögernde Wirkung bei einem roten Angriff, aber keine wirksame direkte Hilfe.

4. Militärstrategische Planungen der schweizerischen Armee 1966 bis 1970

a) Die Einsatzplanung »Theophil«[36]

Die früheren Einsatzplanungen wurden bereits oben summarisch dargestellt. Die TO 61 brachte vorerst nur die Voraussetzungen für eine neue Einsatzplanung. Der wieder aufgeflammte Konzeptionsstreit, die Volksabstimmungen zur atomaren Frage und die Flugzeugbeschaffung verzögerten diese Kriegsvorbereitungen. Erst nach der konzeptionellen Einigung vom 6. Juni 1966 erarbeitete die Generalstabsabteilung ab 1967 eine neue Einsatzstudie[37]. Sie ist von besonderem Interesse, weil sie die Entwicklung des Feindbildes Rot und die operativen schweizerischen Antworten am vollständigsten wiedergibt. »Theophil« als Einsatzplanung und die noch ungerichtete Mobilmachungsaufstellung »Pronto« sollten besonders der Bedrohung Nord-Ost Rechnung tragen. Diese Planung erhielt durch die Ereignisse in der Tschechoslowakei eine erhöhte Dringlichkeit.

Der Chef der Operationssektion der 1960er Jahre und spätere Generalstabschef Hans Senn schreibt in seiner Autobiografie:

> »Nach der Besetzung der Tschechoslowakei im Jahre 1968 mussten wir im schlimmsten Fall damit rechnen, dass sowjetische Streitkräfte eine Woche nach Kriegsausbruch die Schweizergrenze erreichten. Die Kampfbereitschaft unserer Mobilmachungsarmee musste daher in kürzester Zeit erstellt werden können[38].«

Als Absolvent der École de guerre in Paris vertrat er die französische Schule. Er schlug als wichtigste Maßnahme vor, schon im Frieden Operationspläne für die wahrscheinlichsten Fälle und insbesondere für den gefährlichsten zu erarbeiten. Er musste dabei gegen die Vertreter der deutschen Schule ankämpfen, die im Sinne Helmuth von Moltkes und Ulrich Willes nur den ersten Aufmarsch planen wollten und weitergehende Planungen als vorgefasste Meinung und gefährliches Hemmnis für den im Kriegsfall zu wählenden General brandmarkten. Zur Rolle Österreichs hieß es explizit:

---

[36] Vgl. Fuhrer, Die operative Planung »Theophil« (wie Anm. 7), S. 109–136; und Fuhrer/Wild, Alle roten Pfeile (wie Anm. 7), S. 330 f.

[37] Vgl. insbes. die Sitzung der LVK vom 20. bis 22.11.1967, BAR, E 9500.52 (-), 1984/122, Bd 57.

[38] Hans Senn, Generalstabschefs Hans Senn – auf Wache im Kalten Krieg. Rückblick auf mein Leben, Zürich 2007 (= Schriftenreihe der schweizerischen Gesellschaft für militärhistorische Studienreisen, 28), S. 40.

Die operativen Planungen der Schweiz 1945 bis 1970   203

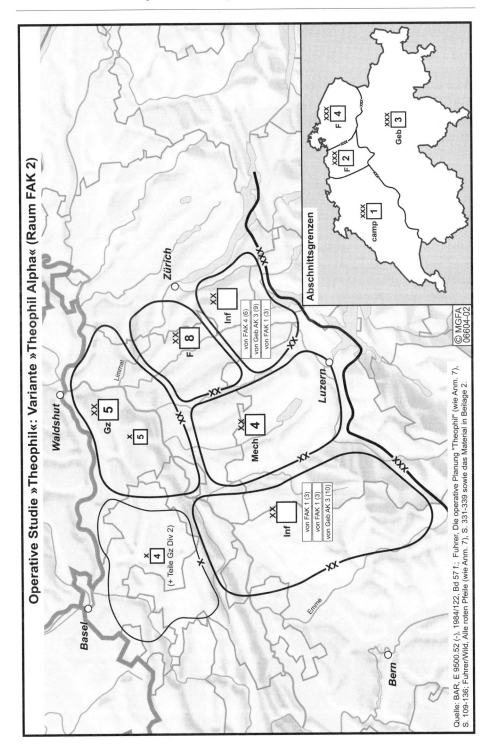

»Kräftemässig wäre *Rot* jederzeit in der Lage, in Österreich einzufallen. Die österreichische Armee hätte wohl die Möglichkeit, einen Verzögerungskampf im Alpenraum zu führen, könnte aber einen roten Vorstoß an unsere gemeinsame Grenze auf die Dauer nicht verhindern.«

Der Auftrag des FAK 4 lautete: Stellt den Neutralitätsschutz sicher; führt den Verzögerungskampf östlich der Linie Speer–Töss; behauptet den Raum westlich der Linie Speer–Töss. Für den Fall, dass dem Korps eine Division weniger unterstand, hatte es den Neutralitätsschutz sicherzustellen und den Verzögerungskampf in seinem Raum zu führen.

Der operative Entschluss von 1968 erfüllt die Bedingungen einer Raumverteidigung im Sinne der »Abwehr«. Mit den drei Feldarmeekorps sollte je ein Drittel des Mittellandes gehalten werden. Das Gebirgsarmeekorps 3 behauptete den Alpenraum sowie die Südfront. Das Schwergewicht des Verteidigungskampfes war im zentralen Mittelland zwischen Zürichsee/Limmat und der Emme im Raum des FAK 2 vorgesehen. Vor diesem Verteidigungsraum hatte das FAK 4 die Verzögerung ab Landesgrenze zu führen mit dem Zweck, »unsern Willen, keinen Landesteil kampflos preiszugeben, unter Beweis zu stellen«. Das hieß nun konkret:

»Der operativ entscheidende Raum für die Abwehr eines Angriffs aus Nordosten ist derjenige des Feldarmeekorps 2, d.h. also grob gesprochen der Raum Basel, Waldshut, Zürich, Westufer des Zürichsees, Nordufer des Zugersees, Luzern, Emmental, Basel. Dieser Raum muss entsprechend der Größe und Bedeutung der Aufgabe durch Zuführung von Heereseinheiten anderer Armeekorps verstärkt werden. Im Prinzip handelt es sich um zwei Divisionen und Teile einer dritten Division.

Dabei geht es darum, das in der Ostschweiz kämpfende Feldarmeekorps 4 nicht so entscheidend zu schwächen, dass es seine verzögernde Aufgabe nicht mehr erfüllen könnte. Das in der Westschweiz liegende Feldarmeekorps 1 darf ebenfalls nicht so geschwächt werden, dass es seine Rolle als bewegliche Armee-Reserve nicht mehr erfüllen könnte. Schließlich darf auch das Gebirgsarmeekorps 3, falls ihm die eine oder andere Division entnommen werden sollte, nicht in Schwierigkeiten geraten, die ev. in einer späteren Phase die Aufgabe von Gelände zur Folge haben könnte. Hier kommt noch ganz besonders der Umstand dazu, dass sich Gebirgsdivisionen wegen ihrer besonderen Organisation, Ausbildung und Ausrüstung für den Kampf im Mitteland schlecht eignen.«

Das Armeedispositiv musste in der Lage sein, einer sich abzeichnenden zusätzlichen Bedrohung, sei es von Westen oder aus dem Süden, rechtzeitig zu begegnen. Hans Senn hat dieser Rundumbedrohung – wie bereits erwähnt – immer eine große Bedeutung beigemessen. Gegebenenfalls sollten die Operationen auf die Bewegungen der grünen Streitkräfte (NATO), vor allem entlang der Hochrheinachse, abgestimmt werden. Konkrete Absprachen wurden keine getroffen. Die verschiedenen Varianten ergaben sich einerseits aus der Abschnittsgrenze zwischen dem ersten und dem zweiten Korps und andererseits aus den unterschiedlichen Lösungen zur Verstärkung des Schwergewichtsraumes[39]. Bewusst wurden zu Theophil

---

[39] Varianten: Im Schwergewichtsraum zwischen Zürichsee/Limmat und Napf/Hauenstein verteidigen 5 bis 6 Divisionen, drei davon stammen aus dem FAK 2, die anderen sind zugeführt: THEOPHIL ALPHA – 2 InfDiv, Teile GzBr 2 zu GzBr 4; THEOPHIL BETA – 1 InfDiv, 1 MechDiv, Teile GzBr 2 zu GzBr 4. Sitzung der LVK vom 24./25.1.1968 (letzte Sitzung als

nur militärisch-operative Überlegungen angestellt, um den Entschluss des zu wählenden Generals nicht zu beeinflussen. Es fehlen deshalb alle logistischen Überlegungen. Ebenso sind keine wirtschaftlichen, innenpolitischen oder psychologischen Probleme im Sinne der Gesamtverteidigung angesprochen worden.

In der Diskussion mit den betroffenen Korpskommandanten stellte der Kommandant FAK 4 die rhetorische Frage: Ist es richtig, auf eine nachhaltige Verteidigung der Nordostschweiz zu verzichten, wenn man davon ausgehen kann, dass die grünen Kräfte den roten Feind im Schwarzwald stoppen werden? Der Generalstabschef stellte sich auf den Standpunkt, man müsse ein realistisches Verhältnis zwischen Raum und Kraft suchen; man könne nicht alles Wünschbare tun. Er habe eine möglichst große Tiefe schaffen wollen und drei Verteidigungsriegel geplant: erstmals an der Linie Speer–Töss eine schwächere Verteidigung, dann nochmals eine nachhaltigere in der Limmatstellung und schließlich an der engsten Stelle des Mittellandes, zwischen Napf und Hauenstein die stärkste Sperre.

Der Kommandant des FAK 2, Alfred Ernst, war mit der vorgesehenen Schwächung der Ostschweiz einverstanden und gab zu bedenken, dass ein roter Stoß längs der Hochrheinachse und eine Umgehung einer grünen Rheinstellung westlich der Aaremündung über schweizerisches Gebiet alle Verbände nordöstlich der Limmat isolieren würde. Mit NATO-Hilfe könne nicht gerechnet werden, da grüne mechanisierte Divisionen im schwierigen Gelände der Schweiz und des Schwarzwaldes wenig widerstandsfähig seien. Eine Schwergewichtsverschiebung hinter der Limmat sei deshalb zweckmäßig. Der Kommandant des Gebirgsarmeekorps 3, Fritz Wille, gab zu bedenken, dass erst genaue Informationen über einen roten Stoß ein solch starres Dispositiv rechtfertigen würden. Gegen einen Stoß auf der Rochadeachse durch das Engadin nach Italien wäre er, insbesondere wenn man ihm eine Division wegnehme, völlig machtlos. Lange Zeit wurde dann gemäß Protokoll gefeilscht.

Alfred Ernst führte dann die fruchtlose Diskussion auf eine seiner Meinung nach realistischere Feindbeurteilung zurück:

»Wenn der Gegner durch unser Mittelland hindurch nach Frankreich hineinstoßen wollte, um den grünen Abwehrriegel zu umgehen, so wäre für ihn das Reduit wenig interessant. Der andere denkbare Fall, bei welchem es dem Gegner darum gehen könnte, unser ganzes Gebiet oder wesentliche Teile desselben in Besitz zu nehmen, würde dann für uns zur Rundumverteidigung führen.«

Man trennte sich mit der Einsicht, dass nicht alles planbar sei und vom General lagebezogen gehandelt werden müsse. Die Planungsunterlagen wurden deshalb einstimmig genehmigt, sodass mit großer Wahrscheinlichkeit davon ausgegangen werden kann, dass im Herbst 1968 anlässlich der Prager Krise das Dispositiv »Theophil« bezogen worden wäre, wenn sich ein sowjetischer Stoß aus Nordosten abgezeichnet hätte. Parallel zu »Theophil« wurden dreißig weitere denkbare Fälle bearbeitet und in Dossiers abgelegt[40].

»Landesverteidigungskommission«, ab 1.2.1968: »Kommission für militärische Landesverteidigung«), BAR, E 9500.52 LVK Sitzungen Akzession 1984/122, Bd 58.

40   Vgl. Fuhrer, Die operative Planung »Theophil« (wie Anm. 7), S. 125.

b) Der strategische Überfall

Unter einem »strategischen Überfall« wird die überraschende Anwendung von Waffengewalt durch einen fremden Staat gegen die Souveränität, die territoriale Unversehrtheit und politische Unabhängigkeit eines Landes verstanden[41]. Als klassischer Fall des Zweiten Weltkrieges gilt die Operation »Weserübung«, der Überfall auf Norwegen und Dänemark am 9. April 1940.

Am 25. Februar 1965 reichte der zugeteilte Stabsoffizier des Territorialregiments III/12, der Jurist Alfred Maurer, eine Eingabe an den damaligen Generalstabschef, Oberstkorpskommandant Annasohn, ein. Diese trug den Titel »Die Achillesferse der schweizerischen Landesverteidigung«[42]. Maurer skizzierte darin folgendes Kriegsbild: Völlig überraschend landen eines Nachts zwischen 24.00 und 3.00 Uhr sowjetische Luftlandetruppen in großer Zahl, um bis zum Morgengrauen
– die Mitglieder des Bundesrates und den Generalstabschef gefangen zu nehmen,
– unsere Landessender und Kommunikationsmittel lahm zu legen,
– sowie in den zehn größeren Städten unsere Polizeikasernen, die Telefonzentralen und die Eisenbahnstellwerke zu besetzen.

Während des folgenden Tages werden 20 bis 30 Bataillone auf den jetzt gesicherten Flugplätzen luftgelandet; eine geordnete Mobilmachung der Armee ist damit verhindert. Weitere später eingeflogene Verstärkungen besorgen die restliche Liquidierung der Schweiz. Das Ganze ist eine überraschende Einzelaktion gegen die Schweiz. Die NATO reagiert nicht. Maurer zog den Schluss: Auf ein solches Ereignis sind wir nicht vorbereitet, können ihm also auch nicht wirksam entgegentreten.

Maurer wurde im Juni zu einem ersten Gespräch vom Generalstabschef eingeladen[43]. Über den Inhalt wurde von beiden Seiten absolutes Stillschweigen vereinbart. Indirekt wird die Meinung der Generalstabsabteilung in einem geheimen Positionspapier vom 17. Juni 1965 ersichtlich. Man stimmte Maurer insofern zu, dass man für einen solchen Fall nicht genügend vorbereitet sei. Genügend steht in Klammern! Die Wahrscheinlichkeit des Eintretens dieses Falles werde aber als so gering angesehen, dass die Nicht-Vorbereitung als vorausberechnetes Risiko in Kauf zu nehmen sei. Man sei mit Maurer aber einer Meinung, dass in naher Zukunft darüber nachzudenken sei, wie eine ständige höhere militärische Bereitschaft verwirklicht werden könne. Diese Frage werde dringlich, »wenn sich die Distanz zwischen uns und unserem potenziellen Gegner gegenüber heute durch irgendwelche Umstände dauernd, also auch außerhalb eines kriegerischen Konfliktes, wesentlich verkleinern sollte.«

Die Hauptargumente gegen die Wahrscheinlichkeit eines strategischen Überfalls auf die Schweiz waren die folgenden:

---

[41] Vgl. u.a. Dossier Strategischer Überfall, BAR, E 4001 D 1976/136, Bd 76; Übung »Sauterelle« von 1984, BAR, E 5560 (D) 1997/160, Bd 56 f.
[42] Maurer an Annasohn, 25.2.1965, BAR, 5560 D 1996/188, Bd 58.
[43] Oberstdivisionär de Courten/Unterstabschef Front: Konzept für die Unterredung mit Major Maurer, 17.6.1965. Ebd.

- Die Schweiz ist für die Sowjetunion nicht von Interesse. Dies gilt auch für die NATO. Das östliche Interesse würde auch das westliche wecken, sodass mit einer Reaktion der NATO gerechnet werden müsse.
- Der Warschauer Vertrag muss gar nicht militärisch eingreifen, um die Schweiz gefügig zu machen. Eine wirtschaftliche Abschnürung im Fall eines Krieges zwischen Warschauer Pakt und NATO genügt. Die Schweiz wird sich zwangsläufig still verhalten.
- Es wäre widersinnig, den Überraschungsvorteil gegen einen Schwachen zu verspielen. Maurer sei ja auch der Meinung, »dass nur der völlig überraschende Angriff auf Europa entscheidende Anfangserfolge einbringt«.
- Die Idee, die NATO würde nicht reagieren, weil die Schweiz höchstens überflogen, aber nicht angegriffen würde, ist absurd. Gerade bei Luftlandeverbänden weiß man bis zuletzt den Zielort nicht. Jeder Lufttransportverband ist für die NATO eine Gefahr. Die NATO-Flablenkwaffen können nicht umflogen werden und die hohe Bereitschaft der westlichen Raketentruppen macht ein Nichteingreifen unwahrscheinlich.
- Der Warschauer Vertrag verfügt etwa über zwölf Luftlande- oder lufttransportierbare Divisionen, aber nur über Transportmittel für zwei. Solch kostbare Mittel werden nur gegen wertvolle Ziele eingesetzt und nicht gegen die Schweiz.
- Luftlandetruppen ohne Erdtruppen sind auf die Dauer zu wenig wirksam. In einer Woche, so lange brauchen die schnellsten Verbände, bis sie das schweizerische Territorium erreicht haben, hat die schweizerische Armee auch unter erschwerten Bedingungen mobilisiert und den Kampf aufgenommen.

Das Papier der Generalstabsabteilung widerlegte auch alle weiteren Argumente Maurers. Dieser gab sich anscheinend trotz des Gesprächs nicht geschlagen und antwortete mit einem längeren Exposé. Insbesondere gab er zu bedenken, dass nicht auszuschließen sei, dass die Schweiz und Österreich in einem allgemeinen Krieg gegen Westeuropa oder bei einem kommunistischen Staatsstreich in Italien besetzt würden. Vielleicht sei der Brückenkopf Österreich-Schweiz für den Kampf gegen Westdeutschland günstiger als der direkte Angriff auf den militärgeografisch gegebenen operativen Achsen. Er halte es mit dem deutschen Verteidigungsminister Kai-Uwe von Hassel, der gesagt habe: Abzustellen ist auf die Machtmittel und Möglichkeiten des potenziellen Gegners und nicht auf Spekulationen über seine angeblichen Absichten. Die Sowjetunion sei in der Lage, vor einem Angriff die erkannten Luftabwehrstellungen der NATO und deren Führungszentren mit Raketen außer Gefecht zu setzen. Unmittelbar danach würden die Bomber aufsteigen und für die Panzerkolonnen den Weg bahnen. Beinahe gleichzeitig erfolge die Luftlandeaktion Österreich-Schweiz. Die Luftlandeaktion »Alpenland« wäre also im Zeitplan nicht die erste Unternehmung, mit welcher die NATO alarmiert würde; gleichwohl käme sie in der ersten Nacht und zwar schon sehr früh zur Durchführung. Auch die logistischen Einwände des Generalstabschefs seien nicht stichhaltig. Alle Nachschubgüter seien in den beiden neutralen Zielländern in Hülle und Fülle vorhanden. Zudem sei der ungeschützte Flughafen Kloten mit ein paar wenigen Agenten zu nehmen. Innerhalb einiger Minuten wäre der Tower bereit, eine Transportmaschine nach der andern aufzunehmen. Maurer schlug vor, durch den Generalstabschef mobilisierbare Elite-Einheiten zu schaffen, um dieser Gefahr zu begegnen. Der Nachrichtenchef quittierte dieses Szenario mit einer vernichtenden Beurteilung:

> »Es ist nach wie vor unwahrscheinlich, dass die UdSSR eine überraschende Luftlandung über 1500 km unternimmt. Im Gegenteil: In den Manövern ›Oktobersturm‹ sind die Fallschirmtruppen in Artilleriereichweite vor der eigenen Front abgesetzt worden, d.h. einige Dutzend Kilometer und nicht über 1500 km[44].«

Auch die Unterredung vom 20. August brachte keine Annäherung der Standpunkte. Das Geschäft war in der Zwischenzeit vom neuen Generalstabschef Paul Gygli übernommen worden. Dieser ließ Maurer am 12. Dezember 1965 wissen, dass alle Berichte von den Warschauer-Pakt-Manövern ergeben hätten, die Wahrscheinlichkeit des Eintretens der von Maurer geschilderten Fälle sei gering. Er habe sich deshalb entschieden, das Risiko des Nichtstuns in Kauf zu nehmen[45]. Der vorwiegend technische und propagandistische Charakter der Pakt-Manöver lässt dieses Argument nur auf sehr schwachen Beinen stehen. Die Aussage Gyglis ist aber insofern wichtig, als sein Entschluss, nichts zu tun, den schweizerischen Generalstab im August 1968 unvorbereitet treffen musste.

Der schweizerische Nachrichtendienst wurde in der Nacht vom 21. auf den 22. August völlig überrascht. Er war auch wegen Personalmangel nicht in der Lage, einen effizienten 24-Stunden-Betrieb über längere Zeit aufrecht zu erhalten. Am 12. September, rund zwei Wochen nach dem strategischen Überfall auf die Tschechoslowakei, fasste die Generalstabsabteilung die Ereignisse in einem dreiseitigen Bericht vom militärischen Standpunkt aus zusammen und kam sinngemäß zu folgender Beurteilung[46]:

– Die militärpolitische Lage muss aufgrund der Besetzung der ČSSR durch Truppen der Warschauer-Pakt-Staaten neu beurteilt werden. Die Massierung sowjetischer Divisionen in Osteuropa hat die strategische Lage zum Nachteil des Westens verändert. Die Vorwarnzeit ist für die Schweiz erheblich verkürzt worden.

– Der Überfall hat gezeigt, dass Gewaltaktionen namhafter Streitkräfte jederzeit überraschend ausgelöst werden können. Wir dürfen uns deshalb nicht einer trügerischen Sicherheit hingeben, sondern müssen alle uns zu Gebote stehenden Mittel einsetzen, um Bedrohungen frühzeitig zu erkennen, erfassbare Anzeichen rasch und zuverlässig auszuwerten und damit solide Entschlussgrundlagen für die rechtzeitige Durchführung vorsorglicher Maßnahmen zu gewinnen.

– Es hat sich im August ein weiteres Mal erwiesen, dass zu diesem Zweck ein Ausbau unseres Nachrichtendienstes besonders wichtig und dringlich ist. Dass unsere Armee im Falle einer weiteren Verschärfung der internationalen Lage

---

[44] Oberstbrigadier Musy/Unterstabschef Nachrichten (USC Na) und Abwehr, 21.12.1965 an Gygli, BAR, 5560 D 1996/188, Bd 58.
[45] Gygli an Maurer, 12.12.1965, BAR, 5560 D 1996/188, Bd 58.
[46] Beurteilung durch die Generalstabsabteilung vom 12.9.1968, BAR, 5560 D 1996/188, Bd 65.

besondere Maßnahmen zur Erhöhung der Abwehrbereitschaft frühzeitig treffen muss, liegt in ihrem Milizcharakter und in der Kürze unserer Ausbildungszeiten begründet. Wir verfügen im Unterschied zu andern europäischen Staaten nicht über stehende Truppen, die jederzeit eine erste Abwehrbereitschaft gewährleisten, und sind deshalb gezwungen, schon zur Herstellung derjenigen Bereitschaftsstufe, die in andern Ländern als Dauerzustand besteht, Truppen aufzubieten, um mindestens die Funktionsbereitschaft militärischer Anlagen zu erhöhen. Die Kürze der Ausbildungszeit hat im Weiteren zur Folge, dass die Armee bei erhöhter Kriegsgefahr genügend Zeit erhält, um bestehende Ausbildungslücken zu schließen und ihre Führungsorganisation einzuspielen.
– Bei all diesen Überlegungen wäre es aber verfehlt, den Blick auf den rein militärischen Bereich einzuengen. Die jüngsten Ereignisse unterstreichen erneut die Notwendigkeit eines gesamtstrategischen Denkens und legen es uns nahe, die Arbeiten für den koordinierten Ausbau der Gesamtverteidigung zu beschleunigen.
– Die laufende Lagebeurteilung im militärischen Bereich hat den Bundesrat so beraten, dass während und nach den Ereignissen von Prag keine Elemente der Armee in eine höhere Bereitschaftsstufe zu versetzen seien oder entsprechende materielle Vorbereitungen getroffen werden müssten.
– Die Auswertung der ersten Erfahrungen hat aber auch ergeben, dass die Gesamtheit der vorsorglich festgelegten Maßnahmen zur raschen Erhöhung unserer Abwehrbereitschaft zu überprüfen sei.
– Die Gefahr eines strategischen Überfalls mit sehr kurzer Reaktionszeit trägt in sich den Keim zu Fehl- und Überreaktionen. Der Schaden, der uns aus einem vorschnellen Aufgebot erwachsen könnte, muss in Kauf genommen werden. Er wäre in jedem Falle gering im Vergleich zu den Folgen eines zu langen Zögerns.

Während die ersten sechs Schlüsse nachvollziehbar sind, erscheint der letzte fragwürdig. Es ist unwahrscheinlich, dass eine demokratische Regierung, die Rücksicht auf wirtschaftliche und neutralitätspolitische Interessen nehmen muss, in einer unsicheren Lage rechtzeitig reagiert. Ein »vorschnelles Aufgebot« hat es historisch gesehen noch nie gegeben. Zudem ist in jedem vergleichbaren strategischen Umfeld wie 1968 eine Mobilmachung in der Schweiz ohne vergleichbare Maßnahmen in den umliegenden NATO-Ländern oder in Österreich unmöglich. Es muss zudem die Frage gestellt werden, ob eine Milizarmee ohne Bereitschaftstruppen für einen strategischen Überfall überhaupt gerüstet ist.

Insgesamt hat die Generalstabsabteilung, der Empfehlung des militärischen Nachrichtendienstes im August folgend, auf eine Erhöhung der Bereitschaft verzichtet. Diese Hinnahme eines Risikos hat sich als der Lage angepasst erwiesen. Als einzige konkrete Maßnahme des Generalstabschefs zur Änderung des Friedensdienstes muss die Weisung Nr. 130/1 vom 12. September 1968 bezeichnet werden, in der er Beschränkungen für Auslandreisen erließ. Alle Kommandanten Großer Verbände bis auf die Stufe Brigade mit ihren Stäben hatten im Ausland jederzeit ihre Erreichbarkeit sicherzustellen und eine Erlaubnis für Reisen in gewisse Länder einzuholen[47].

Man hätte damit den Fall abhaken und zur gewohnten Tagesordnung zurückkehren können, wäre da nicht in der Presse eine unbequeme Frage gestellt worden, die die ruhige Bundeshauptstadt Bern aufschreckte. Am 13. Dezember 1968 setzte der Nationalrat Helmut Hubacher (Sozialdemokratische Partei) – er war später Parteipräsident und Mitglied der Sicherheitspolitischen Kommission des Nationalrates – die Generalstabsabteilung in große Aufregung. In der »Zürcher Woche« erschien auf der Titelseite aus seiner Feder ein ganzseitiger Artikel mit der reißerischen Überschrift: »Unsere Armee ist nicht bereit!«

Im Lead skizzierte er die Lage nach dem Überfall der Warschau-Pakt-Mächte auf die Tschechoslowakei:

»Sowjetische Verbände stehen nur 300 Kilometer weit vom Bodensee entfernt. Sowjetische Flotteneinheiten kreuzen im Mittelmeer und vor der Nordseeküste. Man braucht kein Säbelrassler zu sein, um sich die verstohlene Frage zu stellen: Wären wir bereit?«

Hubacher hatte in Erfahrung gebracht, dass fast die Hälfte der unlängst in Großbritannien beschafften Bloodhound Boden-Luft-Raketen in den ominösen Augusttagen 1968 nicht einsatzbereit gewesen wären und auch der Einsatz der neu beschafften Mirages III S – beides kostspieligste Neutralitätsschutzmittel – fraglich gewesen sei, falls die Sowjets im August 1968 in Prag *nicht* Halt gemacht hätten. Er schloss diesen Teil seiner Anklage mit der Bemerkung:

»Eine Waffe, zudem noch eine sehr teure, die aber im Notfall nicht losgeht, stellt eine lebensgefährliche Selbsttäuschung dar. Nichts ist schlimmer, als wenn sich ein Volk in falscher Sicherheit wiegt.«

Hubacher griff auch den Nachrichtendienst mit einer sensationell aufgemachten kleinen Geschichte an. Er wusste zu berichten, dass der schwedische Verteidigungsminister Sven Andersson in der Nacht vom 21. auf den 22. August im Hotel »Bellevue Palace« neben dem Bundeshaus logiert habe. Um 1.02 Uhr sei Andersson durch das Telefon geweckt worden. Sein Nachrichtendienst habe ihm die Meldung übermittelt: »Entschuldigung Herr Minister, aber wir müssen Ihnen mitteilen, dass vor ungefähr einer Stunde der Einmarsch der Warschau-Pakt-Truppen in die Tschechoslowakei begonnen hat.« Bundespräsident Willy Spühler, gleichzeitig Außenminister der Eidgenossenschaft, habe von der Besetzungsaktion dagegen erst um 5.32 Uhr erfahren. Ihn habe aber nicht der Nachrichtendienst, sondern ein Journalist telefonisch informiert. Die übrigen Bundesräte und darunter der Chef des Militärdepartements hätten von den Ereignissen in Prag erst beim Morgenkaffee Kenntnis erhalten. Hubacher schrieb mit ironischem Unterton:

»Während also der schwedische Nachrichtendienst seinen im Ausland weilenden Minister sofort orientierte, schliefen unsere Landesväter selig weiter. Den geplagten Regierungsherren ist der Schlaf der Gerechten sicher zu gönnen. Aber beängstigend ist das offensichtliche Versagen des Nachrichtendienstes trotzdem. Was nützt uns die best

---

[47] Die gesperrten Länder waren: Ägypten, Albanien, Bulgarien, China, DDR, Griechenland, Jordanien, Irak, Israel, Jugoslawien, Kuba, Kuwait, Libanon, Polen, Rumänien, Saudi-Arabien, Syrien, Tschechoslowakei, Türkei, UdSSR und Westberlin. Diese Einschränkung wurde am 13.11.1968 wieder aufgehoben. BAR, 5560 D 1996/188, Bd 65.

ausgerüstete und ausgebildete Armee, wenn im Ernstfall die Kommunikation dermaßen versagt.«

Er gab dann eher sarkastisch zu, dass von den zwölf Mann im Nachrichtendienst auch nicht mehr zu erwarten sei. Unerwähnt ließ er jedoch, dass seine Partei seit Jahrzehnten immer am Militärbudget am einschneidendsten gespart und die kritisierten Unterbestände somit mindestens mitzuverantworten, wenn nicht verschuldet hatte. Diesen möglichen Vorwurf parierte er präventiv:

»Wenn wir es uns leisten können, bei der Eidg. Regie- und Pferdeanstalt an die 500 Mann fest zu beschäftigen (möglicherweise mehr als es dort Pferde hat), so ist es umso unverantwortlicher, dass wir aus personellen Gründen schon bei der ersten Alarmstufe flügellahm sind.«

Freilich verfügte die Schweizer Armee zu diesem Zeitpunkt noch über eine respektable Kavallerie. Die Diskrepanz im Setzen von Prioritäten lässt sich damit jedoch nicht rechtfertigen. Abschließend folgte Hubachers Credo:

»Wir dürfen keine Großmachtsarmee im Taschenformat aufstellen. Wir dürfen nicht von allem etwas und zusammen doch wenig haben. Wir müssen unsere Nachteile, unsere Grenzen, aber auch unsere Vorteile erkennen. So wie die alten Eidgenossen ihre eigene Taktik entwickelten, so haben wir uns als Kleinstaat auf das militärisch Zweckmäßigste und finanziell Mögliche zu beschränken. Was nützen teuere Waffen, wenn sie brachliegen? Im Ernstfall wären 100 Panzerabwehrgeschütze anstelle einer lahmen Bloodhound-Rakete wirksamer. Wir wollen weder eine Phantomarmee noch eine imaginäre Maginotlinie. Wir wollen mit dem Geld, das wir in die Landesverteidigung investieren müssen, das Maximum an Abschreckungs- und Verteidigungspotenzial herausholen. Das Maximum haben wir bisher nicht erreicht. In der Privatwirtschaft redet man in solchen Fällen von Fehlinvestitionen. Und solche wiederum sind dazu da, um für die Zukunft zu lernen.«

Dieser mediale Angriff hatte politische Konsequenzen. Verschiedene Parlamentarier forderten vom Bundesrat Rechenschaft. Diese Interpellation brachte die Mühlen im Eidgenössischen Militärdepartement zum mahlen. Die betroffenen Waffenchefs und die Generalstabsabteilung hatten in ihren Stellungnahmen ausreichend gute und wahre Gründe, um ihr Verhalten zu rechtfertigen[48]. Für unsere Fragestellung ist eine Meldung des Unterstabschefs Operationen interessant, es sei eine Studie »Diamant« in Zusammenarbeit mit der Sektion Front in Auftrag gegeben worden, welche die im Falle eines strategischen Überfalls besonders gefährdeten Objekte und Schlüsselpunkte zu ermitteln und die zu ihrem vorsorglichen Schutz notwendigen Maßnahmen vorzuschlagen hatte.

---

[48] Unter anderem Kommandant der Flieger- und Fliegerabwehrtruppen, Oberstkorpskommandant Studer an GstC Paul Gygli, 8.1.1969, geheim, entklassifiziert, BAR, 5560 D 1996/188, Bd 65; Oberst Wolfensberger i.A. des Stabes GGST, Unterabteilung Nachrichtendienst und Abwehr, 10.1.1969, an den Chef UAK, geheim, entklassifiziert, BAR, 5560 D 1996/188, Bd 65; Oberst Carl Weidenmann, Bericht über die Tätigkeit der Nachrichtensektion während der Nahostkrise – Juni 1967, erwähnt in ebd.

c) Die Studie »Diamant«[49]

Die Studie »Diamant« mit dem Titel »Vorsorgliche Maßnahmen im Hinblick auf einen strategischen Überfall« ist bislang noch nicht analysiert und dargestellt worden. Die Studie sollte alle Unterlagen beschaffen, die der Generalstabschef benötigte, um beim Bundesrat die vorsorglichen Maßnahmen zu beantragen, die getroffen werden mussten, wenn *vor* Auslösung der Allgemeinen Kriegsmobilmachung ein strategischer Überfall auf die Schweiz drohte. Diese vorsorglichen Maßnahmen hatten den Zweck:
– die Führung von Volk und Armee sicherzustellen;
– die Mobilmachung des Gros der Armee zu ermöglichen;
– die wichtigsten Kampfmittel der Armee (Flugzeuge, Fliegerabwehr, Panzer) vor Zerstörung oder Zugriff durch den Gegner zu schützen;
– sowie feindlichen Streitkräften das Einfliegen von Personal und Material mit schweren Transportflugzeugen zu vereiteln.

Die Ergebnisse dieser Studie sollten zu Weisungen des Generalstabschefs verarbeitet werden, welche ständige Vorbereitungen zu enthalten hatten. Dadurch sollte die Auslösung vorsorglicher Maßnahmen erleichtert und beschleunigt werden.

Die Annahmen über die militärpolitische Lage bezogen sich auf die Ereignisse in der ČSSR:

Man bescheinigte einem roten Angriff auf Westeuropa – *jetzt auch politisch verstanden* – gewisse Erfolgsaussichten. Die Spannungen in der westlichen Allianz erschwerten »entschlossene grüne Abwehrmaßnahmen«. Die Eskalation eines bewaffneten Konfliktes zum Nuklearkrieg scheine wenig wahrscheinlich. Bestimmte Anzeichen deuteten jedoch darauf hin, dass Rot gewillt sein könnte, »die ihm günstige Konstellation zu einem Vormarsch an den Atlantik auszunützen«. Die überaus kritische Haltung des Schweizervolkes und der Regierung gegenüber der Politik der roten Mächte werde durch die sowjetischen Machthaber als Neutralitätsverletzung gebrandmarkt. Der diesbezügliche Nervenkrieg gegen Österreich und die Schweiz lasse die Befürchtung aufkommen, dass der Alpenraum von Anfang an in die roten Operationen einbezogen werden könnte, um einen Keil zwischen die grünen Heeresgruppen Europa Mitte und Europa Süd zu treiben.

Trotz der bedrohlichen Lage sei es aus politischen, wirtschaftlichen und psychologischen Gründen undenkbar, dass präventiv eine Kriegsmobilmachung angeordnet werden könnte. Erst das Überschreiten des Eisernen Vorhangs durch rote Verbände in größerer Stärke würde dazu die Voraussetzungen schaffen. Gleichzeitig mit dem Kriegsbeginn sei ein strategischer Überfall auf die Schweiz denkbar. Dieser könnte – neben der Besetzung oder Zerstörung strategisch-operativer Objekte – das Ziel haben, den Widerstandswillen des Schweizervolkes zu brechen, die Verbindung zwischen Regierung und Volk zu unterbinden und damit die Regierungstätigkeit zu lähmen sowie die Mobilmachung zu verhindern oder zumindest zu stören, um die Armee als Kampfelement auszuschalten. Rot

---
[49] Generalstabsabteilung, Studie »Diamant«, geheim, 21.10.1968, entklassifiziert am 18.2.2005, BAR, E 5560 D 2005/97, Bd 5.

werde in diesem Fall die Strategische Luftwaffe und Luftlandetruppen einsetzen. Subversive Elemente, die vor oder während der Aktion auf irgendeine Weise eingeschleust würden, würden die Operation unterstützen. Die Verbindung einer Luftlandung mit den vorrückenden Bodenverbänden müsste in ca. fünf bis sechs Tage bewerkstelligt werden.

Organisatorisch wurde beantragt, dass die einzelnen Armeekorps für die zu schützenden Objekte im eigenen Raum verantwortlich seien. Es wurden drei Kategorien von Objekten definiert:
– Objekte, die vor einer Zerstörung zu schützen sind;
– Objekte, deren Inbesitznahme durch den Gegner zu verhindern ist;
– Objekte, die im Falle eines möglichen feindlichen Zugriffs zu zerstören oder mindestens unbrauchbar zu machen sind.

Die Abschnittsgrenzen der Mobilmachungsaufstellung »Pronto« wurden als verbindlich vorgeschlagen, das heißt, dass die einzelnen Armeekorps darin die Verantwortung getragen hätten. Es folgte eine Objektliste und eine Problemanalyse der Realisierung einer taktischen Sicherung. Zum einen war eine Bewachung durch zivile Polizeikräfte oder Hilfspolizeidetachements des Territorialdienstes denkbar. Den Einsatz der Polizisten beurteilte man aus Bestandsgründen als unmöglich und politisch mindestens als schwierig, da man dadurch in die kantonale Hoheit eingriff. Die Hilfspolizisten waren erst aufzubieten und hätten die zivilen Polizeikräfte zusätzlich geschwächt. Zum andern bot sich eine Bewachung durch Truppen im Ausbildungsdienst (Wiederholungskurse/WK) an. Diese Alarmierung erachtete man grundsätzlich als möglich, doch schwierig in der Durchführung (Feiertage, keine Truppen an Wochenenden usw.). Den Einsatz von Rekrutenschulen schloss man aus grundsätzlichen Überlegungen aus. In jedem Fall sei ein Fliegerabwehr (Flab)-Schutz unabdingbar, doch dieser wäre nur in den Wochen zu gewährleisten, in denen Flab-Verbände im Ausbildungsdienst stünden.

Als einzige realistische Maßnahme erachtete man eine Teilmobilmachung. Dafür gab es bereits drei geplante Fälle mit Kennziffern (73 für 73 000 Mann, 84 für 13 000 Mann und 148 für die Flieger- und Flabtruppen/58 000 Mann sowie von Mineurdetachements mit Marschbefehl). Die Teilmobilmachungsfälle 26, 35, 67 und 92 erachtete man als wenig zweckmäßig, da die aufgebotenen Truppen feste Aufträge zu erfüllen hatten und als raumgebunden nicht frei einsetzbar waren. Es wurde schließlich vorgeschlagen, das Aufgebot von Landsturm Füsilierkompanien (8600 Mann) und von Bewachungsdetachements (2700 Mann) sowie der Hilfspolizeidetachements (5000 Mann) des Territorialdienstes zu einer neuen Kennziffer zusammenzufassen und mit den bereits vorhandenen Fällen 84, 73 und 148 zu kombinieren, wobei 148 in jedem Fall als nötig erachtet wurde[50].

Diese Grundlagen zu »Diamant« wurden zur Stellungnahme bis 31. Dezember 1968 an die Mitglieder der Landesverteidigungskommission, an die sieben bundesrätlichen Departemente und an den Stab der Gruppe für Generalstabsdienste (GGST) als Auftraggeber eingereicht. Die Reaktionen waren grundsätzlich positiv, doch die meisten sahen schwerwiegende organisatorische Probleme. Der verant-

---

50   Oberst i.G. Senn an Chef der Operationsabteilung, 16.10.1968, BAR, 5560 D 1996/188, Bd 65.

wortliche Unterstabschef Front, Divisionär Robert Stucki, meinte beispielsweise, die Wahrscheinlichkeit einer gestörten Mobilmachung sei im Falle eines strategischen Überfalls gegeben und damit das Verhalten des Wehrmannes bei Kampfhandlungen vor Erreichen der Einrückungsorte entscheidend. Dazu existierten bereits entsprechende Befehle. (»Die Taschenmunition ist ein Notvorrat für den auf sich selbst gestellten Wehrmann.«) Der beste Schutz seien jedoch präventive Massnahmen, insbesondere die frühzeitige Auslösung von Deckungs- und Bewachungstruppen. Er erachte die vorgeschlagene Lösung als zweckmäßig. Ein rechtzeitiges Aufgebot der zur Bewachung vorgesehenen Verbände sei nicht ausgeschlossen. »Überraschungen aus heiterem Himmel gibt es nicht. Vor dem Gewitter ziehen sich die Wolken zusammen.« Es sei wenig wahrscheinlich, »dass unser Land von einem feindlichen Überfall völlig überrascht wird«. Im Gegensatz zur tschechoslowakischen Regierung könne der Bundesrat die kurze Vorwarnzeit durch zweckmäßige Vorschriften für Aufgebotene nützen. Bis Ende Januar 1969 war der Entwurf bereinigt, die Ausarbeitung der im Falle zunehmender internationaler Spannungen zu ergreifenden vorsorglichen Maßnahmen an die Armeekorps befohlen sowie die Überprüfung des Bereitschaftsgrades 2 und des »Pflichtenheftes des Generalstabschefs bei Kriegsgefahr« in die Wege geleitet.

Insgesamt war also nach 1968 die Einsicht, dass die Reaktionszeit in einem künftigen Krieg sehr kurz sei, Allgemeingut geworden. Um das Risiko zu vermindern, »unnötige« Aufgebote zu erlassen, wurde die Bildung eines Krisenstabs beschlossen. Im Rahmen der für die Miliz tragbaren Maßnahmen wurden Anpassungen des Mobilmachungssystems vorgenommen. Die Bildung von stehenden Bereitschaftsverbänden für eine erste Abwehrbereitschaft war vorerst kein Thema.

d) Auf dem Weg zum Flughafenregiment[51]

Ein Attentat auf eine EL-AL-Maschine am 18. Februar 1969, wurde schließlich zum Auslöser, dass der Bundesrat am 19. November 1969 die rechtliche Grundlage schuf, das bereits bestehende Flughafenkommando 414 in Zürich-Kloten endgültig zu legitimieren[52]. Das Kommando des Sicherungsbataillons setzte sich aus einem Stab und drei schweren Landsturmfüsilierkompanien zusammen[53]. Der Gesamtbestand betrug rund 800 Mann. Das Aufgabenspektrum umfasste in erster

---

[51] Geschichte Flughafenregiment 4, BAR, E 5757-07, 2004/179, Bd 2. Vgl. Walter Bischofberger, Alarmformationen am Beispiel des Flughafenregiments 4. In: Franz Betschon und Louis Geiger, Erinnerungen an die Armee 61, Frauenfeld 2009, S. 158–170. Vgl. Fridolin Keller, Zur Genese des Flughafen-Regimentes 4, Diplomarbeit an der Militärakademie an der ETH Zürich, Zürich 1996 (vertraulich).

[52] Bundesratsbeschluss betreffend Revision 1969/I der Truppenordnung 1961 (Neugestaltung der Territorialorganisation, 19.11.1969). Vgl. Bericht des Chefs der Bundespolizei an UNA, 14.10.1968, Polizeiliche Sicherheitsmaßnahmen auf den Flugplätzen Kloten und Cointrin. Er kam zum Schluss: Die politischen Maßnahmen genügten nicht, »um unerwarteten Situationen oder gar überfallsmäßigen Aktionen zu begegnen«; eine Verstärkung der zivilen Polizei sei nicht möglich, die Bekämpfung eines strategischen Überfalls ausschließlich eine Armeeaufgabe.

[53] Als »schwere« Füsilierkompanie wurden diejenigen Landsturmeinheiten bezeichnet, die über einen Panzerabwehrzug (PAK Z) verfügten.

Linie die Bewachung der Flughafeneinrichtungen sowie die subsidiäre Unterstützung und Verstärkung der Polizeikräfte im Falle erhöhter Gefahr. Weil es sich nicht um reine Kampfaufträge handelte, wurden vor allem Wehrmänner im Landsturmalter eingesetzt. Diese erbrachten in der Regel jedoch nur eine einzige Dienstleistung unter diesem Kommando. Bis 1986 wurden die Wehrmänner mit jeweils immer neuen Beständen in lediglich fünf Ergänzungskurse einberufen. Das Ausbildungsniveau des Verbandes war dementsprechend niedrig.

Flugzeugentführungen im Herbst 1970 gaben den weiteren äußeren Anlass, das Problem beschleunigt zu lösen. Am 6. September 1970 entführten Mitglieder der »Volksfront zur Befreiung Palästinas« eine Swissair-Maschine nach Zerqa, einem Wüstenflugplatz in Jordanien. Die Entführer forderten die Freilassung der drei in der Schweiz inhaftierten »Befreiungskämpfer«, welche im Februar 1969 auf dem Flughafen Kloten eine Boeing 720 B der israelischen Fluggesellschaft EL-AL beschossen hatten. Der Bundesrat sah sich gezwungen, den Forderungen nachzukommen, und ließ die Attentäter am 1. Oktober 1970 frei. Zu diesem Zeitpunkt hatte die schweizerische Landesregierung bereits die Gesuche der Kantone Zürich und Genf zur Stationierung von Truppen auf den beiden internationalen Flughäfen gebilligt. Bis zur Aufhebung dieses Truppeneinsatzes am 8. September 1971 leisteten in Kloten rund 30 Bataillone Aktivdienst.

Auf militärischer Seite wurde die Diskussion über die Ordnungsdienstvorschriften aus den Jahren 1966/1967 wieder aufgenommen. Dies führte schließlich zur Verordnung über den Truppeneinsatz für den Ordnungsdienst (VOD) von 1979, welche am 3. September 1997 letztmals revidiert wurde.

Auf der zivilen Seite wurde die Flughafenwache kontinuierlich ausgebaut und nach modernsten Erfahrungen ausgebildet. Per 1. Januar 1980 erfolgte die Umbenennung in »Flughafensicherheitspolizei«. In langen Briefwechseln zwischen zivilen und militärischen Stellen wurde die Frage erörtert, ob die zivile Flughafensicherungspolizei bei einer Allgemeinen Kriegsmobilmachung dem Flughafenkommando unterstellte werden sollte. Vor allem aus völkerrechtlichen Gründen sah man dann aber davon ab. Zu den Verbesserungen der Sicherheit dienten ebenfalls zahlreiche bauliche Veränderungen, so etwa ein Zaun um das Flughafengelände, die verschärften Personen- und vor allem die umfassenden Gepäck- und Frachtkontrollen.

In den 1970er Jahren erhöhten sowohl die NATO- als auch die Warschauer-Pakt-Staaten ihr Luftlandepotenzial beträchtlich. Es war damit möglich geworden, ganze Divisionen über große Distanzen innerhalb kürzester Zeit zu verschieben. Die Bedrohung durch einen solchen strategischen Überfall wurde vom Bundesrat bereits im Bericht über die Sicherheitspolitik im Jahre 1973 als möglich angenommen. In einer »Verordnung über die Notschließung der Flughäfen Genf und Zürich« beauftragte der Bundesrat 1977 die Kommandanten des I. und IV. Armeekorps für disen Fall mit der entsprechenden technischen als auch taktischen Vorbereitungen.

Im Jahre 1983 wurde beispielsweise mit einer Zeitspanne von zwölf Stunden von der Vorwarnung bis zum Beginn einer Luftlandung gerechnet. Man nahm an, dass es durch eine unerwartete Landung in der Nacht, an Sonn- und Feiertagen sowie in Kursmaschinen, analog der sowjetischen Landung in Kabul 1979, möglich sei, binnen 20 Minuten nach Beginn der Operation eine ganze Luftlandedivision im Raum Kloten abzusetzen. Rund 30 Minuten nach Beginn der Luftlandung wäre nach diesem Szenario eine zweite- und weitere zehn Minuten später bereits die dritte Luftlandedivision gelandet. Den über 20 000 feindlichen Soldaten wäre zu Beginn des Überfalls lediglich die zivile Flughafensicherheitspolizei mit etwas über 100 Mann gegenübergestanden. Für die Mobilmachung des Flughafenkommandos 414 oder allenfalls die Verschiebung eines Bereitschaftsverbandes der Armee im Ausbildungsdienst rechnete man mit 24 bis 52 Stunden. Zwischen diesen beiden Annahmen klaffte eine enorme Zeitspanne, die die grundsätzliche Unsicherheitder Planer ausdrückte. Trotz des eklatanten Ungleichgewichts der Kräfte blieb es bei diesen grundsätzlichen Annahmen und den ungenügenden Vorbereitungen.

Durch einen Sprengstoffanschlag im Dezember 1980 auf eine für den Landeanflug in Kloten wichtige Radaranlage rückte das Problem der Sicherheit auf dem Flughafen in der Prioritätenliste wieder etwas nach oben. Die Szenarien eines strategischen Überfalls wurden mit den Stäben des FAK 4 sowie der Territorialzone 4 durchgespielt. Die Bereitschaft zur Verbesserung der Situation auf dem Flughafen war somit demonstriert worden[54], und es wurden Arbeitsgruppen gebildet.

Eine zentrale, treibende und koordinierende Rolle spielte in diesem Zusammenhang Major Walter Bischofberger[55], der sich während der ganzen Gründungsphase mit Akribie und Hingabe für die Schaffung und Ausrüstung des neuen Verbandes einsetzte. Der Kommandant des 4. Armeekorps, Korpskommandant Josef Feldmann, sowie der jeweilige Generalstabschef unterstützten ihrerseits das Projekt bis zur Ausführungsreife. Als zweite Instanz arbeitete das Kommando der Territorialzone 4 mit den Flughafenbetreibern zusammen. Als drittes Planungsgremium befasste sich das Flughafenkommando 414 ebenfalls mit der Bedrohung durch einen strategischen Überfall im Sinne von Übungsannahmen. Für alle Beteiligten auf allen Stufen war klar, dass es sich bei dem neu zu bildenden Verband um einen Eliteverband handeln musste, der außerordentlich rasch mobilisiert werden konnte. Im Bericht des Bundesrates zum Armeeleitbild vom Mai 1985 findest sich der Satz: Weil die Gefahr bestehe, »dass wir unsere militärischen Mittel zu spät mobilisieren«, sei es nötig, dass die Armee in die Lage versetzt werde, »bei Bedarf mit kampffähigen Teilen während des ganzen Jahres eine erste Sicherung gegen den strategischen Überfall aufzuziehen[56]«.

Trotz der politischen Rückendeckung erschwerten föderalistische und miliztechnische Auflagen die Umsetzungsschritte enorm. Aus heutiger Sicht entsprachen sie kaum den Prioritäten der gedachten Kriegswirklichkeit. Es wurde in erster

---

[54] Parallel zu den Entwicklungen in Zürich wurde mit einer gewissen zeitlichen Verzögerung das Genfer Flughafenbataillon 1 geschaffen.
[55] Jurist, Winterthurer Milizoffizier, früher Kommandant eines Motorisierten Füsilierbataillons und zu dieser Zeit im Stab FAK 4.
[56] Schweizer Bundesrat: Bericht über das Armeeleitbild vom 29.5.1985, Ziff. 235.

Dringlichkeit nur der Name des Verbandes geändert[57]. Die eingeteilten Wehrmänner mussten in der Nähe des Flughafens Kloten wohnhaft sein. Ihre Korpsausrüstung lag im flughafennahen Zeughaus bereit wie bei der Berufsfeuerwehr. Der Verband war jederzeit durch ein permanentes Alarmsystem aufbietbar. Vom 11. bis 23. Mai 1987 wurden die Wehrmänner zum ersten, zweiwöchigen Instruktionskurs[58] aufgeboten. Erster Kommandant war – wenig überraschend – Walter Bischofberger. Das Regiment setzte sich nun aus einem verstärkten Füsilierbataillon sowie aus zusätzlichen Bewachungs-, Panzergrenadier- und Flab-Verbänden zusammen. Zu Beginn der zweiten Woche wurde unter dem Codenamen »Morgenröte« die Alarmierung des Verbandes trainiert. Um 7.33 Uhr summten die Piepser der Wehrmänner – die alle höchstwahrscheinlich mit diesem Alarm rechneten –, und bereits um 9.30 Uhr meldete der Kommandant dem Inspizienten, dass sich die Truppe kampfbereit in den Verteidigungsstellungen befinde. Die gesetzten Zeitlimite war damit erfüllt; der Übungsleiter wie auch der anwesende EMD-Vorsteher, Bundesrat Arnold Koller, sowie die führende Generalität der Schweizer Armee bewerteten die Übung durchweg positiv. Am Freitag, den 6. November 1987, kurz nach Mittag, fand die erste echte Alarmübung statt. 60 Prozent der Dienstleistenden konnten nach fünf Stunden erreicht werden und waren eingerückt. Noch war also viel zu tun.

Ein etwas kleinerer Verband mit ähnlicher Aufgabenstellung wurde später in Genf gebildet. Im Weiteren koordinierte der ständige Führungsstab der Generalstabsabteilung den Einsatz von Milizverbänden, die ihren jährlichen Wiederholungskurs zu leisten hatten. Mindestens ein als »Bereitschaftsregiment« bezeichneter Verband war jederzeit alarmierbar und hatte während drei Wochen mit scharfer Munition einsatzbereit zu sein. Auch über die Feiertage wurden Bereitschaftstruppen bestimmt, die ihre ständige sofortige Erreichbarkeit zu gewährleisten hatten. Über zwanzig Jahre waren seit der Interpellation Maurers vergangen.

e) Fazit

Die Ergebnisse dieses letzten Kapitels lassen sich in sechs Punkten zusammenfassen:
1. Das Phänomen des Strategischen Überfalls aus der Luft in Kombination mit einem terrestrischen Stoß wurde erstmals nach dem Angriff auf Norwegen/Dänemark 1940 intensiv studiert. Man wollte mit gezielten Mobilisierungsmaßnahmen und ersten Formen der Totalen Verteidigung reagieren.
2. Die Möglichkeit eines strategischen Überfalls im Sinne der Eingabe Maurers wurde in den 1960er Jahren als »unwahrscheinlich« beurteilt und im Sinne des kalkulierten Risikos nichts unternommen.

---

[57] Per 1.1.1986 wurde der Verband von Flughafenkommando 414 in Flughafenkommando 4 und per 1.1.1987 in Flughafenregiment 4 umbenannt.
[58] Die Ausbildungsdienste des Flughafenregimentes hießen nicht wie üblich »Wiederholungskurse«, sondern »Instruktionsdienste«.

3. Nach den Ereignissen in der ČSSR im August 1968 wurden vor allem Operationsbefehle gegen einen Angriff Nordost (Theophil), aber auch für weitere zwanzig denkbare Fälle ausgearbeitet. Die Möglichkeit eines strategischen Überfalls wurde zwar nicht negiert, aber erste Maßnahmen lediglich auf der Verordnungsebene ergriffen.
4. Die terroristischen Anschläge zu Beginn der 1970er Jahre machten das Sicherheitsdefizit auf den Flughäfen offensichtlich. Mit der Gründung des Flughafenkommandos Kloten (Flhf Kdo 414) wurde erstmals ein spezieller militärischer Verband geschaffen, der den Flughafen nach einer Allgemeinen Kriegsmobilmachung hätte bewachen sollen. Er hätte seine Aufgabe wohl kaum erfolgversprechend erfüllen können.
5. Der sowjetische strategische Überfall auf Kabul 1979 ließ das Thema mit einem aktualisierten Szenario auf der Prioritätenliste wieder nach oben rücken.
6. Die Genese der Flughafen-Bereitschaftstruppen[59] zeigt, dass es vor allem die Gefährdungsanalyse von Einzelpersonen war, die zur Gründung eines Miliz-Alarmverbandes führte.

Mit der Einführung des »Assistenzdienstes« und seiner klaren Abgrenzung zum traditionellen Ordnungsdienst wurden die gesetzlichen Grundlagen zur subsidiären Bewältigung von außerordentlichen Krisenlagen geschaffen. In der Armeereform 95 zählten die beiden Verbände zu den Alarmformationen. Organisation und Wissen sind seither den weiteren Reformschritten zum Opfer gefallen.

5. Schlusswort

Insgesamt hat sich das Feindbild der strategisch-operativen Stufe während der ganzen Periode nur waffentechnisch verändert. Alle »roten Pfeile« kamen aus Osten. Die Betroffenheit der Eidgenossenschaft war immer Teil eines umfassenden europäischen Krieges, in dem aus irgendeinem Grund für Rot die operative Notwendigkeit entstanden war, die Umfassung über das neutrale Territorium zu erzwingen.

In der Konzeption der Landesverteidigung galt grundsätzlich die höchstmögliche Autonomie als Grundlage der Strategie. Die sich in einem langen Entwicklungsprozess herausbildende eidgenössische Sicherheitspolitik war ausschließlich auf den Ost-West-Konflikt ausgerichtet. Man wollte eine Zweikomponentenstrategie verfolgen: Gegen außen sollte eine aktive Außenpolitik »zur Gestaltung und Sicherung eines dauerhaften Friedens«[60] beitragen. Als defensive Komponente mit dem primären Ziel der Dissuasion/Abhaltung wurden die zivilen und militärischen Landesverteidigungsmittel ausgebaut. Das Schwergewicht des Denkens und Handelns – und auch der finanziellen Mittel – lag traditionsgemäß bei der bewahren-

---

[59] Das BAR verwahrt zehn Laufmeter Akten des Flughafenregiments 4, etwas weniger sind es zum Flughafenregiment 1 in Genf.
[60] Bericht zur Sicherheitspolitik 73, S. 116.

den Komponente. Von einem Gleichgewicht zwischen offensiven politisch-diplomatischen und defensiv-militärischen Mitteln kann keine Rede sein.

Gegen Ende der Periode 1945 bis 1970 und in der Folgezeit wurden die großen Manöver und die Landesverteidigungsübungen der Stäbe auf den totalen Krieg ausgerichtet und somit ausschließlich als Gesamtverteidigungsübung unter Einbezug ziviler und militärischer Gremien gespielt[61]. Die Rolle der Nachbarn war sehr unterschiedlich, aber das bilaterale Verhältnis zu allen grundsätzlich freundschaftlich. Während Österreich als Teil des neutralen Alpenriegels mit emotionaler Anteilnahme bewundernd, aber sicherheitspolitisch auch kritisch beurteilt wurde, pflegte man mit den umliegenden drei NATO-Ländern wohl umfassende wirtschaftliche und kulturelle Kontakte, blieb aber auf der offiziellen politisch-militärischen Ebene bewusst zurückhaltend. Weniger Zurückhaltung legte man sich bei inoffiziellen Kontakten und bei den Äußerungen zum Kommunismus auf, was die östlichen Nachrichtendienste davon überzeugte, mit einem »feindlichen Neutralen« rechnen zu müssen.

»Theophil« und die Entwicklung bis hin zu Alarmformationen gegen einen strategischen Überfall haben gezeigt, dass die Konzeption der »Abwehr« vom 6. Juni 1966 im strategisch-operativen Umfeld des »Kalten Krieges« mit außerordentlich großem Aufwand Schritt für Schritt verwirklicht und perfektioniert wurde. Das Ende des »Kalten Krieges« 1989 hat die »Armee 61« auf dem höchsten Punkt der Entwicklung überrascht und das unendlich weite Feld der Reformen mit neuen »Feindbildern«, Chancen und Risiken eröffnet.

Vieles deutet darauf hin, dass die Vorgabe des Österreichischen Staatsvertrages, eine Politik »nach schweizerischem Vorbild« zu führen, heute einem Paradigmenwechsel unterliegt. Die österreichische aktive Ausgestaltung der Neutralitätspolitik und die geringere Gewichtung der militärischen Landesverteidigung scheinen zunehmend zum Leitbild für die eidgenössische Sicherheitspolitik der Zukunft zu werden.

---

[61] Bekannt ist beispielsweise das Manöver »Dreizack« des FAK 4 von 1986, wohl die größte Gesamtverteidigungsübung im Kalten Krieg. Vgl. FAK 4: Manöver »Dreizack«, BAR, E 5703 1992/77, 71.

Stefanie Frey und Jürg Stüssi-Lauterburg

Die Schweiz im Kalten Krieg.
Westliche Perzeptionen 1945 bis 1973

In diesem Aufsatz sollen die Perspektiven der drei westlichen ständigen Mitglieder USA, Großbritannien und Frankreich im Sicherheitsrat der Vereinten Nationen hinsichtlich der Verteidigungs- und Sicherheitsposition der Schweiz von 1945 bis 1973 untersucht werden. Die Bipolarität des Kalten Krieges, die durch eine zunehmende wirtschaftliche, politische und militärische Integration des Westens sowie durch eine wachsende Bedeutung von Kernwaffen gekennzeichnet war, stellte die Schweiz und den Westen vor eine völlig neue Situation. Die westlichen Perzeptionen der Schweiz können jedoch nicht isoliert betrachtet werden, sondern sie sind im Kontext der Schweizer Verteidigungs- und Sicherheitsüberlegungen jener Zeit zu sehen.

Als erste Pflicht der schweizerischen Neutralität mag gelten, die Unabhängigkeit des Landes gegenüber jedwede Seite zu sichern. Jegliche Art von Bündnis ist mit dieser neutralen Unabhängigkeit unvereinbar. Die Zeit nach dem Zweiten Weltkrieg war jedoch gerade durch die westliche Integration auf den Ebenen Außenpolitik, Wirtschaft und Militär gekennzeichnet. Somit stand die Schweiz aufgrund ihrer Lage im Herzen Europas, ihrer klaren antitotalitären Haltung und ihrer neutralen Politik vor einer beispiellosen Herausforderung. Sie wurde mit der Entscheidung konfrontiert, entweder ihre Neutralität zugunsten eines Bündnisses aufzugeben, oder einen Weg zu finden, diese beiden eher gegenteiligen Vorstellungen in Einklang zu bringen.

Der Vorteil der ersten Option bestand eindeutig darin, dass die Schweiz von der kollektiven Stärke des Bündnisses profitieren würde, der Nachteil war jedoch ein klarer Verlust ihrer traditionellen Neutralität, die seit jeher das Rückrat der schweizerischen Politik gewesen war. Die Antwort der Schweiz auf die verstärkte Integration bestand darin, die Solidarität mit Westeuropa und ihr klares Bekenntnis zur Neutralität sorgfältig abzuwägen. Dies geschah, indem sich die Schweiz mit gewissen Vorbedingungen dem Marshall-Plan und der OEEC anschloss und humanitäre Maßnahmen verstärkte, die sie »Gute Dienste« nannte. Im Umgang mit der NATO ließ man jedoch Vorsicht walten.

Die Strategie des Réduit aus dem Zweiten Weltkrieg, der die Idee zugrunde lag, dass sich das schweizerische Heer in die Berge zurückziehen und von dort aus einen Guerilla-Krieg führen würde, hatte im Kalten Krieg seinen Sinn und Zweck verloren. Die Bedrohung, ein möglicher sowjetischer Vorstoß, wurde im Nordosten der Schweiz erwartet, wodurch sich für die Sowjetunion das Tor nach Frankreich öffnen würde; die alliierte Verteidigung des Rheins wäre dabei umgangen worden. Diese neue Lage bedeutete, dass die Schweiz eine Grenzverteidigung errichten und ihr Heer umstrukturieren und modernisieren musste. Dies erforderte ein gewisses Maß an Zusammenarbeit mit der NATO, welche die Beschaffung von Waffen und Ausrüstung auf rein kommerzieller Grundlage aus den USA, dem Vereinigten Königreich und Frankreich sowie umfassende gegenseitige Besuche beinhaltete.

Eine Zusammenarbeit zwischen NATO und Schweiz kann ab 1950 beobachtet werden. Sie intensivierte sich nach der Unterzeichnung des Österreichischen Staatsvertrags im Jahr 1955, als selbst ein schweizerisches Bündnis zu einer attraktiven Option wurde. Davor hatte das Interesse der NATO an der Schweiz nur darin bestanden, diese stark zu halten, sodass sie einen möglichen sowjetischen Angriff hätte abwehren können. Der Österreichische Staatsvertrag schuf nun einen neutralen Gürtel, der von den Einflusssphären des Ostblocks über Mitteleuropa bis hin zum Juragebirge reichte und die NATO-Einsätze erschwerte, indem er die nördlichen NATO-Staaten von ihren südlichen Partnern trennte. Als Folge nahm der Druck auf die Schweiz nach verstärkter Zusammenarbeit in einer Weise zu, die sich nicht länger mit der Neutralität vereinbaren ließ. Eine zweite Zäsur stellte der Ungarische Volksaufstand von 1956 dar, der die feindseligen Absichten der Sowjetunion zeigte und die Bedrohung viel näher an die Grenzen der Schweiz brachte.

Diese beiden Ereignisse veränderten das schweizerische Verteidigungsdenken und das Wesen der Beziehung zwischen Schweiz und NATO.

1. Westliche Bewertungen eines sowjetischen Angriffs auf die Schweiz

Der strategische Plan der NATO für die Verteidigung der Mittelfront in Europa in den Fünfzigerjahren stützte sich auf Ausweichstellungen hinter dem Rhein. Bis Mitte 1959 verschob sich die Hauptverteidigungslinie nach vorn zur Weser, Fulda und zum Lech, und 1963 kündigte der damalige SACEUR, General Lyman L. Lemnitzer, an, dass die NATO Westdeutschland direkt an der Grenze zu Ostdeutschland und zur Tschechoslowakei halten würde[1]. Der stellvertretende Oberbefehlshaber der NATO, der britische Feldmarschall Bernhard L. Montgomery, beurteilte 1950/1951 die westeuropäischen Verteidigungsstrategien als unzureichend und die Streitkräfte in Zahl und Ausrüstung als zu schwach, um mit den weit überlegenen sowjetischen konventionellen Streitkräften fertig zu werden. Er bestätigte, »the Allied forces would at present [1950/1951] not be able to with-

---

[1] Hugh Faringdon, Strategic Geography. NATO, the Warsaw Pact and the Superpowers, 2. ed., London 1989, S. 328–333; William Park, Defending the West. A History of NATO, Brighton 1986; British-German Defence Co-operation. Partners within the Alliance. Ed. by Karl Kaiser and John Roper, London 1988.

stand a Soviet attack in the near future and could only hope for a strong Western European defence by the year 1955«. Diese NATO-Strategie mit einer Ausweichstellung hinter dem Rhein bedeutete, dass die Schweiz ihre Nordgrenze gegen einen sowjetischen Angriff verteidigen musste[2]. Es bestand die Gefahr eines sowjetischen Vorstoßes über die schwache Nordostgrenze der Schweiz mit dem Ziel, die alliierte Verteidigung entlang des Rheins zu umgehen. Obgleich unter den Westmächten ein allgemeiner Konsens darüber herrschte, dass es unbedingt notwendig wäre, an der Nordostgrenze eine starke schweizerische Verteidigung zu haben, gab es hinsichtlich einer unmittelbar bevorstehenden Bedrohung für die Schweiz und anderer möglicher Angriffsszenarien unterschiedliche Meinungen.

Die britischen Militärattachés, Guy Wilmot-Sitwell und dessen Nachfolger, Dominik J.R. Parker, glaubten beide, dass – obwohl mit der Möglichkeit eines sowjetischen Angriffs gerechnet werden musste – im Jahre 1951 eine Bedrohung nicht unmittelbar bevorstehen würde.

Oberstleutnant Wilmot-Sitwell erklärte gegen Ende seiner Dienstzeit als Militärattaché 1949: Falls die Sowjets beabsichtigten, den Westen ohne einen Vorausangriff auf die Schweiz anzugreifen, wäre ein späterer Angriff auf die Schweiz sehr unwahrscheinlich, da die Luftüberlegenheit beim Westen liege; falls diese umgesetzt werde, würde sie einen schnellen sowjetischen Durchbruch über das Mittelland verhindern. Ein Angriff im Osten oder Süden wäre sehr unwahrscheinlich, selbst wenn die Russen Norditalien oder Österreich bereits erfolgreich überrannt hätten. Eine große Gefahr für die Schweiz wäre der Zusammenbruch der westlichen Verteidigung und eine nachfolgende sowjetische Besetzung Frankreichs. Dem würde ein Angriff auf die Schweiz über das Mittelland folgen, ein Kampf, den man schnell verlieren würde. Damit wäre die schweizerische Armee gezwungen, sich in die Alpen zurückzuziehen und von dort aus Widerstand zu leisten. Obgleich der Widerstand in einer Art von Alpenfestung die Möglichkeit der Verzögerung bieten würde, war das Hauptproblem die Schwäche der Schweiz bei der Verteidigung gegen »sudden airborne attacks«[3].

Oberstleutnant Dominik J.R. Parker, Sitwells Nachfolger, teilte dessen Vorbehalte bezüglich der bevorstehenden Bedrohung durch einen sowjetischen Angriff, obwohl er in der Regel mit Montgomerys Ansichten übereinstimmte. Er gab 1951 an, obgleich man mit der Möglichkeit eines Angriffs auf die Schweiz rechnen müsse, sei dies aus folgenden Gründen unwahrscheinlich:
– Aufgrund ihres Terrains wäre es generell schwer, sich durch die Schweiz zu kämpfen. Darüber hinaus müsste sich ein sowjetischer Angriff zuerst gegen die alliierten Kräfte durchsetzen, bevor man überhaupt auf Schweizer Territorium vorstoßen könnte.
– Eine Invasion der Schweiz würde ferner das Äquivalent von 15 zusätzlichen Divisionen bedeuten, was viel zu viel wäre.

---

2   Faringdon, Strategic Geography (wie Anm. 1), S. 327 f.; und Swiss Defence, 16.1951, National Archives/Public Record Office (PRO), Kew, FO 371/96029.
3   Defence of Switzerland by Colonel Sitwell, 20.8.1949, PRO, FO 371/79850/Z 6067.

– Es gäbe zu wenig nutzbare Routen durch die Schweiz und die Hauptrouten wären auf das Mittelland beschränkt[4].

Die Zahl der Ausgänge über die Westgrenze nach Frankreich waren begrenzt und verliefen durch schwer zugängliches Gelände. Daher kam Parker zu der Schlussfolgerung, das Land biete nicht genügend attraktive strategische Vorteile, um die mit einem Angriff verbundenen Komplikationen und Schwierigkeiten wettzumachen. Sollte es jedoch zu einem Angriff kommen, wären die Schweizer nicht in der Lage, sich zu verteidigen[5]. Die USA behaupteten in einem Bericht der Joint Chiefs of Staff, »that there is little likelihood of the USSR attacking Switzerland in any event, except as a mopping-up operation«[6].

Montgomery war jedoch etwas beunruhigt über Oberstkorpskommandant Hans Frick, der der Meinung war, ein sowjetischer Angriff stünde nicht bevor[7]. Fricks Haltung wirkte sich auf die schweizerischen Pläne und Militärmanöver negativ aus. Ein erleichterter Montgomery erklärte 1953:

»I am disturbed about the Swiss Manoeuvres. I have been trying to get rid of FRICK for 5 years! Now he has gone [...] As you know I do a lot of business with the Swiss Minister of Defence: all done under cover of tourism and skiing. It has resulted in my getting the Swiss to re-deploy their Army to fit in with our defence structures, linking up with the French and the Italians[8].«

Ein weiterer Bericht über die Möglichkeit eines sowjetischen Angriffs kam von Jan Šejna, einem führenden tschechoslowakischen Parteifunktionär, der 1968 in den Westen übergelaufen war. In seinen Memoiren wies er deutlich auf die wahren Absichten der sowjetischen Strategie hin. Obgleich die sowjetische Operationsplanung bis 1963 die Neutralität der Schweiz anerkannte, wurde dem Land letztlich – wie Marschall der Sowjetunion Rodion J. Malinovski es offenbarte – eine »reaktionäre Haltung« attestiert. Der sowjetische strategische Plan sah nicht vor, die schweizerische Neutralität zu respektieren, vielmehr planten die Sowjets tatsächlich einen Angriff. »Despite Switzerland's affirmations of non-alignment its army was included in the Soviet count of NATO forces«, erklärt zudem Šejna[9]. Die Sowjets betrachteten die Schweiz als ein bürgerliches Land, als grundlegenden Bestandteil des kapitalistischen Systems, und waren der Meinung, dass es unmöglich sei, dort den Sozialismus mit friedlichen Mitteln zu errichten. Im Jahre 1963 legte Malinovski angeblich die wahren Absichten der UdSSR offen. So ließ er wohl wissen:

»In the forthcoming struggle between Capitalism and proletariat [...] no one can be neutral. It would be betrayal of the working class for any commander to respect Capitalist neutrality[10].«

---

4 Swiss Defence, 1.6.1951, PRO, FO 371/96029/WD 1194/6/1951.
5 Foreign Office Report, PRO, FO 371/89132/WD 1201/1/1950; und Swiss Defences, 1.6.1951, PRO, FO 371/96029/WD 1194/6/1951.
6 Kopien im Privatbesitz von Stefanie Frey.
7 Für nähere Einzelheiten zu Fricks Perzeptionen bezüglich eines sowjetischen Angriffs siehe Stefanie Frey, Switzerland's Defence and Security Policy during the Cold War (1945–1973), Lenzburg 2002, Kapitel 3, S. 93 ff.
8 Letter from Montgomery to Hood, 19.10.1953, PRO, FO 371/107345/WD 1194/8/1953
9 Jan Sejna, We Will Bury You, London 1982, S. 121.
10 Ebd.

Šejna zufolge legte der sowjetische strategische Plan das Vorgehen bei Ausbruch eines Weltkrieges fest:

»Soviet parachute troops would assist our armoured ground forces in the occupation of Switzerland. By day 3, our troops would hold all the main centers of Government, industry, and population, and the military strong points. In the event of a local war with Germany, we would occupy Switzerland to prevent it from becoming a refuge for the defeated ›Fascists‹. We would also invade the country, to ›save its neutrality‹, if the West tried to counter Warsaw Pact military actions in Austria and Yugoslavia[11].«

Diese klaren sowjetischen Absichten wurden vor der Veröffentlichung von Šejnas Memoiren niemals von offizieller Seite bestätigt, was in gewissen Kreisen zu Fehleinschätzungen bezüglich der Wahrscheinlichkeit eines Angriffes führte. Inwiefern das westliche Bündnis von der oben beschriebenen Missachtung der schweizerischen Neutralität wusste und welchen Umfang dessen Pläne zum Schutz der Schweiz durch eine Einbindung in das westliche Bündnis hatten, wird nachstehend erörtert.

2. Die Bedeutung der Schweiz für die westeuropäische Verteidigung 1945 bis 1955

In den Anfangsjahren des Kalten Krieges glaubten die USA, Großbritannien und Frankreich nicht, dass eine Mitgliedschaft der Schweiz in der NATO die Sicherheit Westeuropas wesentlich verbessern würde. Diese Ansicht änderte sich mit Inkrafttreten des Österreichischen Staatsvertrags. Bis 1955 wünschten sich die Westmächte eine starke Schweiz, die in der Lage war, sich im Falle eines Angriffs mit allen Mitteln selbst zu verteidigen. In einem Bericht des Joint Planning Staff (JPS) vom 31. Dezember 1948 zur Beteiligung der Schweiz an der Westunion hieß es, es gebe Belege, dass die traditionelle schweizerische Verteidigungspolitik – die Wahrung der Neutralität – von Vertretern des schweizerischen Verteidigungsministeriums überprüft worden sei. Daraus habe man den Schluss gezogen, dass »since the preservation of neutrality might well be impossible, the Swiss armed forces should be prepared to hold out against aggression until friendly forces could come to their help[12].« Obgleich das Außenministerium der Meinung war, ein Beitritt der Schweiz zur Westunion sei zu diesem Zeitpunkt eher unwahrscheinlich, lud es dennoch die Stabschefs ein, um den strategischen Wert der Schweiz für die Westunion zu prüfen. Die Stabschefs erklärten, der strategische Wert der Schweiz hänge von ihrer geografischen Lage und ihren militärischen Fähigkeiten ab.

Der Planungsstab argumentierte: Wenn die Schweiz ihre Nordgrenze hielte, sei die Verteidigungslinie entlang der französisch-schweizerischen Grenze viel kürzer. Vom militärischen Standpunkt aus argumentierten sie wie folgt:

---

[11] Ebd.
[12] Joint Planning Staff, Participation by Switzerland in Western Union, 31.12.1948, PRO, DEFE 4/19, JP (48) 127, und DEFE 5/9, C.O.S. (48) 207, S. 3.

»By continental standards the Swiss army is well equipped for fighting inside its own frontiers. Equipment is adequate, though in some cases out of date. Although inexperienced in modern war, Swiss morale is high and training is sound. They would undoubtedly give a good account of themselves in a defensive war[13].«

Ausgehend von diesen Faktoren wurde der militärische Wert der Schweiz für die Westunion unter folgenden Gesichtspunkten betrachtet:
– im Frieden,
– in einem Krieg in naher Zukunft und
– in einem Krieg im Jahre 1957

In Friedenszeiten könne eine Allianz der Westunion mit der Schweiz zusätzliche Stärke und damit auch eine Erhöhung des Abschreckungswertes der Westunion bedeuten, doch mache das insgesamt keinen großen Unterschied.

Die Westunion würde durch eine Beteiligung der Schweiz an der Westunion in den nächsten fünf bis zehn Jahren militärisch nichts gewinnen. Sollte es zu einem *Krieg in der nahen Zukunft* kommen, hätten die Alliierten Montgomerys langjähriger Prognose zufolge nicht ausreichend Kräfte, um die Rhein-Linie zu halten; auch der italienische Widerstand würde unzureichend sein. Man kam zu dem Schluss, dass die Schweiz leider auch keine Hilfe wäre, da sie nicht außerhalb ihrer Grenzen kämpfen würde und selbst für ihre eigene Verteidigung zu wenig Kräfte hätte. Es sei daher wesentlich klüger, wenn die Schweiz neutral bliebe, da die Russen durchaus die schweizerische Neutralität akzeptieren könnten, zumal sie durch ein Überrollen des Landes wenig gewinnen würden.

Das *Kriegsszenario 1957* ging davon aus, dass die westlichen Kräfte bis 1957 wesentlich stärker sein würden und in der Lage wären, den Rhein zu verteidigen (Montgomery prognostizierte, die westlichen Verteidigungskräfte wären von 1955 an stark genug), was das Verhältnis zwischen der Schweiz und der Westunion verändern würde. Um den militärischen Wert der Schweiz im Jahre 1957 für die Westunion zu ermitteln, wurden drei Annahmen zugrunde gelegt:

Annahme 1: Die Schweiz bleibt absolut neutral. Wenn die UdSSR die Neutralität der Schweiz respektierte, dann wäre die rechte Flanke der Verbündeten, die den Rhein zu halten hatten, gesichert. Ein großer Nachteil einer völlig neutralen Schweiz wäre jedoch, dass die Verbindung zwischen Norditalien und dem Rest der NATO-Länder bis zum Norden der Schweiz für die Verbündeten gesperrt bliebe. Der Österreichische Staatsvertrag verstärkte dieses Problem 1955, da er einen neutralen Gürtel schuf, der jeglichen Zugang der südeuropäischen NATO-Staaten zu ihren nordeuropäischen Partnern verhinderte. Falls die Sowjets die schweizerische Neutralität nicht respektierten, müssten die Verbündeten kämpfen, um den Teil ihrer Linie nahe der schweizerischen Grenze zu halten, ohne von einer vorherigen Planung mit den Schweizern zu profitieren.

Annahme 2: Die Schweiz bleibt neutral, führt aber Stabsgespräche mit den Verbündeten. Insgesamt kamen die Planer zu dem Schluss, dass die Vor- und Nachteile in diesem Fall dieselben wären wie bei einer Neutralität der Schweiz, abgesehen davon, dass die Westunion durch geheime Stabsgespräche einen Partner gehabt hätte, mit

---

[13] Ebd.

dem sie ihre Verteidigungspläne hätte abstimmen können. Wenn die Pläne des Westens mit den Schweizern koordiniert werden könnten, wäre, so der JPS, die Sicherheit des Westens an dieser Front größer.

Annahme 3: Die Schweiz tritt der Westunion/NATO bei. Diese Option hätte aus Sicht der Planer den großen Vorteil gehabt, dass die schweizerischen Streitkräfte von Anfang an in die Pläne des Bündnisses einbezogen hätten werden können. Bei einer erfolgreichen Verteidigung Norditaliens wäre dies von besonderem Wert, die Verteidigungslinie des Bündnisses wäre wesentlich kürzer und hätte sich leichter halten lassen. Abgesehen von diesem Umstand würde eine Einbeziehung der Schweiz in die Westunion jedoch nur einen leichten Vorteil bedeutet haben[14].

Die allgemeine Schlussfolgerung der Planer hinsichtlich der Position der Schweiz gegenüber der Westunion lautete:

»a) In either peace or in the event of war in the near future there is no military advantage to the Allies in Switzerland joining the Western Union and b) in the event of war in 1957 there would be some slight advantage in Switzerland joining the Western Union[15].«

Die USA sahen die Sicherheit der Schweiz aufgrund ihrer geostrategischen Lage mit der Sicherheit aller NATO-Staaten verknüpft. Im Interesse Westeuropas lag es daher, entweder eine neutrale, aber militärisch starke Schweiz zu haben, oder eine weiter verbesserte Kooperation mit der NATO anzustrengen. Letzteres gewann nach der Deklaration des Österreichischen Staatsvertrags an Bedeutung, wie noch gezeigt werden wird. Eine am 17. August 1950 vom US-Außenministerium erarbeitete Grundsatzerklärung legte das Hauptziel der USA gegenüber der Schweiz wie folgt fest:

»Despite the tenacious attachment to neutrality, Switzerland has a number of valuable attributes in terms of major United States foreign policy aims. The Swiss Confederation is an important factor in European economic recovery and a positive force in the maintenance of free democratic institutions in Europe. While traditional neutrality precludes their political or military alignment with the West, the Swiss can nevertheless be relied upon to defend their territory resolutely against any aggressor. As such Switzerland constitutes a deterrent to the expansion of Soviet influence in Western Europe and a strategic asset, even though a passive one, within the frame of United States objectives. The primary aim of United States policy towards Switzerland ... are therefore to encourage increased Swiss cooperation[16].«

Angesichts dieser Ziele argumentierten die USA:

»Although neutrality prevented Switzerland from joining the United Nations and from participating in the political and military organisations of Western Europe and of the Atlantic community, there is no question but that the aims of the free nations of the West receive the unqualified moral support of the Swiss people. Second, the only potential aggressor for Switzerland is the Soviet Union. The temper of Swiss official and public opinion, indeed, is uncompromisingly anti-communist. We have accepted the fact that Switzerland, because of its firm adherence to neutrality, cannot be considered a

---

14 Report by Joint Planning Staff on ›Participation by Switzerland in Western Union‹, 31.12.1948, PRO, DEFE 4/19, JP (48) 127, und DEFE 5/9, C.O.S. (48) 207, S. 3
15 Ebd., S. 4.
16 Policy Statement on Switzerland, 17.8.1950, National Archives (NA), Washington, DC, RG 59, Department of State 1950–1954, 611.54, Box 2818.

potential member of any of the existing political and military alliance systems designed to strengthen Western Europe and check Soviet expansionism. We have equally accepted the inadvisability of attempting to exert direct pressure on the Swiss to join in these organisations[17].«

An dieser Position hielt man in den Fünfzigerjahren weitgehend fest. In einem weiteren Entwurf des US-Außenministeriums vom 7. November 1951 hieß es, dass es vom amerikanischen Standpunkt aus wichtig sei, die schweizerische Position der wirtschaftlichen, politischen, demokratischen und militärischen Stärke mit den gemeinsamen Verteidigungsanstrengungen der europäischen Gemeinschaft in Verbindung zu bringen. Darüber hinaus wurde im Interesse der Sicherheit der USA und zum Schutz aller freien demokratischen Länder argumentiert, »full use must be made of available European resources in the common defense«[18].

In einem Memorandum des Stabschefs der U.S. Army für die Joint Chiefs of Staff (JCS) vom 3. Dezember 1951 hieß es: »the contribution of [...] Switzerland [...] has a strategic importance to the security of the US«, und obgleich ihre Neutralität bedeute, dass sie keinen direkten militärischen Beitrag zur NATO leistete, »it would nevertheless in the event of war in Western Europe considerably augment the defence capabilities of NATO whether neutral or cobelligerent«[19]. Im Falle eines Angriffs gab es nach Meinung der JCS keinen Zweifel, dass die Schweiz mit stärkstem Willen und besten Fähigkeiten kämpfen werde. Somit war es zum Vorteil der Vereinigten Staaten, eine militärisch starke Schweiz zu haben.

3. Die Bedeutung der Schweiz für die westeuropäische Verteidigung 1956 bis 1973

Druck von außen und verstärkte Drohungen aus dem Osten sowie die rasante technische Entwicklung beeinflussten die westeuropäische Politik gegenüber der Schweiz, sodass die Möglichkeit eines Beitritts der Schweiz zur Westunion/NATO nach 1955 an Bedeutung gewann. Jegliche Versuche, die Schweiz in die NATO zu ziehen, erfolgten jedoch inoffiziell und geheim. Obwohl sie offiziell an ihrer neutralen Politik festhielt, hatte die Schweiz dennoch einige engere Kontakte zur NATO.

Im Februar 1956 reiste Montgomery zu einem Treffen mit Verteidigungsminister Paul Chaudet in die Schweiz, um die Bedrohung Westeuropas und damit auch der Schweiz zu erörtern. In einem streng geheimen inoffiziellen Dokument vom 10. Februar 1956 ist ein Gespräch zwischen Chaudet und Montgomery protokolliert. Es ging dabei – aus Montgomerys Sicht – um die Hauptfrage, inwieweit sich

---

[17] Ebd.
[18] Policy of the US with respect to Switzerland, Foreign Relations of the United States (FRUS), 1951, vol. 4/2: Europe. Political and Economic Developments, Washington, DC 1985, S. 875.
[19] Memorandum by the Chief of Staff, U.S. Army, for the Joint Chiefs of Staff on the Position of the United States with Respect to Switzerland, NA, RG 59, General Records of Department of State, 1944-1952, Box 53, JCS 2218/2, 3.12.1951.

die schweizerische Neutralität im Kalten Krieg überhaupt als lebensfähig erweisen könnte. Montgomery äußerte seine Besorgnis bezüglich der Fähigkeit eines neutralen Landes, sich in der Bipolarität des Kalten Krieges wirksam zu verteidigen. Er argumentierte, dass Neutralität seiner Meinung nach in einer von Kernwaffen dominierten Welt ein nicht länger lebensfähiges Verteidigungskonzept darstelle. Sollte zwischen Ost und West ein Konflikt ausbrechen, so hätte dieser eine nukleare Dimension, die es der Schweiz unmöglich mache, nach dem Ausbruch von Feindseligkeiten neutral zu bleiben. In einem atomaren Schlagaustausch wäre die Schweiz ebenso betroffen wie jedes andere Land, und die Politik der Neutralität wäre dann ein leerer Begriff. In diesem Zusammenhang erklärte Montgomery, dass die Verteidigung der Schweiz besser aufrechterhalten werden könnte, wenn die Schweiz der NATO beiträte, da sie dann vom atomaren und konventionellen Sicherheitsschirm der NATO geschützt würde[20]. Chaudet stimmte diesem Argument im Kern zu. Das Treffen zwischen den beiden war jedoch nicht offiziell und hatte daher nicht viel Gewicht.

Montgomerys Einschätzung des strategischen Umfeldes und der Bedrohung aus dem Osten fand in politischen und militärischen Kreisen der Schweiz große Zustimmung. Montgomery selbst hatte sich in der Schweiz durch sein Wirken als General im Zweiten Weltkrieg und seine große Liebe für das Land, wo er viele Urlaube verbracht hatte, hohe Anerkennung und Popularität erworben. Daher wurde seine Meinung zur Weltlage von hochrangigen Offizieren in der Schweiz sehr geschätzt[21].

Angesichts der Entwicklungen im internationalen Umfeld – Ungarnkrise, Suezkrise, Berlinkrise und Kubakrise – begann sich die Haltung des Westens zur Neutralität und gegenüber kleinen Staaten zu ändern. So erklärte zum Beispiel der niederländische General Hendrik Johan Kruls 1957, dass es einem kleinen westeuropäischen Land nicht länger möglich sei, sich selbstständig zu verteidigen. Eine realisierbare Verteidigung könnte nur innerhalb eines Bündnisses erreicht werden[22]. Diese Meinung bestätigte die britische Regierung am 4. April 1957 in ihrem Weißbuch, in dem es hieß, dass *kein* Land seine Unabhängigkeit allein verteidigen könne. Daher sei es für Großbritannien zwingend erforderlich, einem Bündnis anzugehören[23].

Die Jahre 1957 bis 1966 waren durch Aktivitäten des Westens gekennzeichnet, die Schweiz zu veranlassen, ihre Verteidigungspolitik an jene Westeuropas anzupassen und ihre Streitkräfte zu reorganisieren, damit sie den Anforderungen der modernen Kriegführung gerecht werde. Ein Bericht des britischen Außenministeriums vom 9. April 1958, erstellt von Botschafter Lionel Henry Lamb, fasst einige wesentliche Punkte aus einer Rede Max Petitpierres, Vorsteher des Eidgenössischen Politischen Departements (EPD) von 1945 bis 1961, vom 25. März 1958

---

20 Gespräch zwischen Chaudet und Montgomery, 10.2.1956, PRO, PREM 11/1224.
21 Georg Kreis, Die Schweiz im internationalen System der Nachkriegszeit 1943-1950, Basel 1996, S. 112-130.
22 Georg Heberlin, Moderner Krieg und schweizerische Landesverteidigung, Neue Züricher Zeitung (NZZ), 28./30.10.1957, Nr. 3091, 3107, 3115, S. 21.
23 Ebd.

zusammen. Darin hieß es, dass die schweizerische Neutralität zwangsläufig das Ausmaß der Zusammenarbeit zwischen der Schweiz und Westeuropa begrenze. Alle militärischen Bündnisse seien ausgeschlossen und die Schweiz müsse ihre Landesverteidigung allein vornehmen und dabei große Opfer bringen[24]. Wie Lamb erklärte, schien es in der Schweiz einen Kreis von Leuten zu geben, die glaubten, eine unabhängige Verteidigung sei zu teuer und daher wären engere Kontakte zu den Verbündeten von Vorteil. Besonders Montgomery stand in enger Verbindung mit den höheren Führungsebenen der schweizerischen Armee und beriet diese in Bezug auf einen neuen Verteidigungsplan und die Reorganisation ihrer Armee. Dieser Plan passte zum Verteidigungsplan der westlichen Verbündeten.

Zwischen 1957 und 1966 verbesserten sich auch die französisch-schweizerischen Beziehungen kontinuierlich. Die Franzosen berieten ebenfalls die Schweiz in Fragen der Umgestaltung ihrer Armee und hofften auf eine allgemeine Lockerung der schweizerischen Neutralitätspolitik, vor allem in Beschaffungsangelegenheiten. In einer geheimen Depesche, die der französische Botschafter in der Schweiz, Étienne Roland Dennery, am 6. Februar 1958 nach Paris sandte, hieß es, dass Chaudet die Behauptungen der Presse, die Schweiz würde sich im Falle einer sowjetischen Aggression der NATO anschließen, zurückwies. Er erklärte: »Die Eidgenossenschaft wird niemals von ihrer Politik der bewaffneten Neutralität abrücken, die ihre Stärke ausmacht[25].« Es sei unklug, die Schweizer zu drängen. Der richtige Weg wäre zu warten, bis sie den ersten Schritt machten[26].

Die Vereinigten Staaten begannen ebenfalls, ihre Politik in Bezug auf die Schweiz neu zu formulieren. Das Hauptargument der USA bestand darin, dass die Sicherheit der Schweiz mit der Sicherheit aller NATO-Staaten verknüpft wäre. Das US-Außenministerium veröffentlichte im Januar 1963 »Guidelines for Policy and Operations«. Das Papier wurde in der Annahme geschrieben, dass
- die Schweiz »firmly Western orientated« sei,
- die Freie Welt das Kapital und die personellen Kompetenzen der Schweiz benötigte,
- die Schweiz eine strategische Position in Europa einnehme und
- im Falle eines Angriffs der Sowjetunion mit der NATO kooperieren werde,
- andererseits die Verteidigung der Schweiz »unzulänglich« und ihre Luftverteidigung mangelhaft wäre und eine ernsthafte Schwachstelle im westeuropäischen Verteidigungsschild gegen einen sowjetischen Angriff darstelle[27].

---

[24] Foreign Office Report von Lamb vom 9.4.1958, Petitpierres Rede vom 25.3.1958, PRO, FO 371/137189/1958.
[25] »La Confédération ne s'écartera jamais de la politique de neutralité armée qui fait sa force.« Monsieur Etienne Dennery, Ambassadeur de la République Française en Suisse, à son Excellence Monsieur le Ministre des Affaires Etrangèrs, La réaffirmation de la neutralité helvétique par le Chef du Département militaire, 6.2.1958, Archives diplomatiques du Quai d'Orsay, Paris, Europe 1956–1960, Série 33, Suisse 7, dossier 1.
[26] Monsieur Etienne Dennery Ambassadeur de la Republic Française en Suisse à son Excellence Monsieur le Minister des Affaires Etrangères, 17.2.1959, Réorganisation de l'armée Suisse, Archives diplomatiques du Quai d'Orsay, Europe 1956–1960, Série 33, Suisse 7, dossier 1.
[27] US Policy Assessment on Switzerland, NA, RG 59, General Records of Department of State, 1964–1966, Box 2683, S. 1.

Die USA sollten daher gegenüber der Schweiz die folgenden Ziele verfolgen:
- den Ausbau bestehender Verbindungen zwischen der Schweiz und den westlichen Ländern in militärischen, wirtschaftlichen, kulturellen, sozialen, politischen und wissenschaftlichen Fragen fördern;
- die Ausweitung von US-Exporten fördern;
- die Beteiligung der Schweiz an internationalen Organisationen ausbauen;
- die Verteidigungsfähigkeiten der schweizerischen Streitkräfte und ihre Kompatibilität zu NATO-Kräften erhöhen, sodass die Schweizer bei einer Abschwächung ihrer neutralen Politik in der Lage sein würden, sich in fortgeschrittene Planungen, fachspezifische-militärische Beratungen sowie in die Koordination mit NATO-Dienststellen einzubringen[28].

Die Neutralitätspolitik der Schweiz verbot jedoch den Beitritt zu politischen und vor allem militärischen Bündnissen jeder Art. Eine Mitgliedschaft in der NATO war also ausgeschlossen. Dies, so hieß es im Entwurf der »Guidelines«, würde »obstruct, at least for the time being, the attainment of certain stipulated objectives, such as compatibility of Swiss and NATO defence systems and, implicitly the strengthening of Western Europe's defensive shield«[29]. Um diese Ziele der US-Politik zu erreichen, war es notwendig, die bestehenden Beziehungen zwischen den Ländern zu stärken, insbesondere die Verteidigungsfähigkeit der schweizerischen Streitkräfte und ihre Kompatibilität zur NATO[30].

Aus US-Sicht wurde die zunehmende Bereitschaft der Schweiz registriert, mit der NATO enger zusammenzuarbeiten. Diese Ansicht verfestigte sich vor allem, nachdem der Streitkräfteattaché der Schweiz das Außen- und das Verteidigungsministerium der Vereinigten Staaten um eine Studie über die militärische Bedrohung der Schweiz in der Mitte der Siebzigerjahre ersuchte, um langfristige schweizerische Beschaffungsplanungen, einschließlich zum Munitionsbedarf, zu unterstützen. In der Lesart der Vereinigten Staaten lag der Grund für dieses Ersuchen der Schweiz hierin:

»Swiss military, at least, have reached conclusion that the Swiss cannot plan or prepare for their defence operations of the future in vacuum and isolation in which their political neutrality would normally place them[31].«

Die Angst vor einer sowjetischen Bedrohung führte dazu, dass die Schweiz intensiv mit der Arbeitsgruppe des US-Verteidigungsministeriums zusammenarbeitete.

4. Waffen aus dem Westen

a) Zusammenarbeit USA/Schweiz

Am 5. September 1949 schrieb Brigadegeneral George H. Olmstead, Direktor des Amts für Militärhilfe, einen Bericht an Frank C. Nash, Berater des US-Verteidi-

---

[28] Ebd.
[29] Ebd., S. 2.
[30] Ebd., S. 4-9, 15-18.
[31] Kopien im Privatbesitz von Stefanie Frey.

gungsministers für Fragen der internationalen Sicherheit. Olmstead meinte, die USA übernehme zu viele Verpflichtungen, und gab an, dass selbst symbolische Verkäufe an die Schweiz zu Lasten der USA und ihrer Verbündeten gingen. Er hielt ein rückzahlbares Militärhilfeprogramm für notwendig. Dies sollte entsprechend dem rechtsverbindlichen § 408 (e) des Mutual Defence Assistance Act erfolgen. Eine Voraussetzung für die Gewährung dieser Hilfe bestand darin, dass zuerst ein formaler Antrag vom Außenministerium an das Verteidigungsministerium gestellt werden musste, das dann die Joint Chiefs of Staff konsultierte, die ihrerseits diesen Antrag dem Verteidigungsminister zur Ratifizierung vorlegten. Der Verteidigungsminister überreichte diesen Antrag dem Außenminister, der ihn an den Präsidenten weiterreichte. Das Verfahren war kompliziert, doch musste man in Bezug auf die Schweiz eine kohärente Strategie entwickeln: »It is agreed that the NSC [National Security Council] should develop the U.S. position on our policy towards Switzerland and recommend that Sweden should also be considered[32].«

Hilfe für die Schweiz in Form von Waffenexporten in das Land richtete sich im Wesentlichen danach, was als »US eligibility procedures and US supply position« bezeichnet wurde. Obwohl die US-Verantwortlichen behaupteten, es sei im Interesse der USA, »to maintain and strengthen Switzerland's military potential through such means as allowing the Swiss commercial access to the US market for the purchase of war materials, and by continuing to accept Swiss officers for special training in US service schools«, war bestimmtes Kriegsgerät nur für NATO-Staaten bestimmt. Die Vergabepolitik der USA war von den jeweiligen Prioritäten abhängig[33]. Mit anderen Worten, die Schweiz wurde einer Festsetzung der Dringlichkeit (»priority rating«) unterzogen, die bestimmte,

»whether Switzerland's defence program constitutes an important contribution to the collective defence efforts of Western Europe and that it is therefore in the interest of the US to facilitate its realisation«[34].

1950 äußerte Oberstbrigadier René von Wattenwyl, Chef der Kriegstechnischen Abteilung, im Namen der Schweiz Interesse an der Beschaffung der neuesten US-Panzer von Kaiser-Fraser. Das Augenmerk lag klar auf *schnellstmöglicher* Beschaffung des *besten* Panzers, den man in harter Währung bezahlen würde, sprich des neuesten Modells »Patton«, der den folgenden Vorzug hatte: »a 90 mm high velocity gun in a turret, as this would not be outdated for some time«[35]. Die USA lehnten jedoch den Export der Panzer ab. Die Herstellung mittlerer Panzer hätte

---

[32] Kopien im Privatbesitz von Stefanie Frey.
[33] Priority Rating, 26.7.1951, NA, RG 59 (MDAP), Lot file no 52-26, 1949–1952 (General Records Department of State).
[34] Will Switzerland's requirements of raw materials and other items for her defence program be Accorded a Priority Rating by US Government, 28.3.1951, NA, RG 59 (MDAP), Lot file no 52-26, 1949–1952 (General Records Department of State), Box 40.
[35] Swiss Tank Procurement, 17.11.1950, and Memorandum for Major General S.L. Scott, Department of Defence, United States Medium Tanks for Switzerland, 23.1.1951, und Schreiben an Herrn Ohly von J.H. Burns, NA, RG 59 (MDAP), Lot file no 52-26, 1949–1952 (General Records of Department of State).

für die NATO-Pläne eine so große Bedeutung, dass es dem Außenministerium nicht gestattet wäre, einer Verzögerung der US-Rüstungsanstrengungen zugunsten der Schweiz zuzustimmen[36].

Ein streng geheimes Dokument der Joint Chiefs of Staff aus dem Jahre 1951 offenbart eine deutliche Divergenz zwischen dem US-Außenministerium und den JCS in Bezug auf die Schweiz. Während das Außenministerium gegenüber der Schweiz eine moderatere Haltung zeigte, beharrten die JCS auf einer jeweiligen Einzelfallentscheidung darüber, ob die Schweiz für »Defense Order Ratings« (Bewertungssysteme für Verteidigungsaufträge) infrage kam. Sie argumentierten, dass es kurzsichtig und militärisch unseriös sei, solange die Bedürfnisse der Vereinigten Staaten und ihrer Verbündete nicht erfüllt wären, militärische Ausrüstungen, die die Vereinigten Staaten oder ihre Verbündeten selbst benötigten, in die Schweiz, einen bekennenden neutralen Staat, zu verkaufen oder ihr gegen Erstattung bereitzustellen[37].

Ende 1952 war die Schweiz an der Beschaffung des M 48 interessiert. Die USA erklärten, sie hätten nichts dagegen, diesen Panzer an die Schweiz zu verkaufen, vorausgesetzt sie würden zuerst an die Verbündeten geliefert, die eine höhere Priorität genossen. Dem schweizerischen Ersuchen für den M 48 wurde schließlich am 12. Februar 1954 entsprechend dem Rückzahlbaren Militärhilfeprogramm (Reimbursable Military Assistance Program) nach § 408 (e) des Mutual Defence Assistance Act stattgegeben[38].

b) Zusammenarbeit Großbritannien/Schweiz

In Großbritannien gab es ähnliche Überlegungen wie in den USA, nur Ausrüstungen in die Schweiz zu exportiert, die Großbritannien selbst nicht benötigte.

Nach einem Besuch der Schweizerischen Offiziergesellschaft bei der Britischen Rheinarmee (BAOR) zeigten die Schweizer großes Interesse daran, den Panzer Centurion von den Briten zu erwerben[39]. Im März 1955 hatte die Schweiz in Großbritannien 100 Panzer dieses Typs bestellt, die nach langwierigen und komplizierten Verhandlungen 1956 zu einem Preis von 171,2 Millionen Schweizer Franken geliefert wurden (die ersten sechs trafen bereits im Mai 1955 in der Schweiz ein)[40]. Die zweijährige Verzögerung beim Kauf der Centurion-Panzer hing mit einem allgemeinen Widerwillen des Schweizer Parlaments, den Kauf zu ratifi-

---

36 Department of State, RG 59. Dokument aus Privatbesitz Dr. Stüssi-Lauterburg.
37 Dokument aus Privatbesitz Dr. Stüssi-Lauterburg.
38 Trip to US of Swiss Technical Mission, NA, RG 330, Box 18, Office of Military Assistant April 1949–May 1953 and Pricing and Availability Data for M-47 and M-48 Tanks desired for purchase by the Government of Switzerland, 7.7.1953, and Reimbursable Military Assistance under Section 408(e) of the Mutual Defence Assistance Act of 1949, 17.2.1954, NA, RG 330, Secretary of Defence, Special Assistance to the Secretary of Mutual Security Affairs Department of State, Country file 1949–1955, Box 82.
39 Swiss Officers' Society visits BAOR on 5.11.1953, PRO, FO 371/112714/1953.
40 Keesing's Contemporary Archives, Weekly Diary of World Events, 1950–1955, vol. 8, S. 14335.

zieren, zusammen[41]. Trotz dieser Lieferung war Montgomery der Ansicht, dass die Schweizer mindestens 300 Panzer vom Typ Centurion benötigen würden, um eine brauchbare Verteidigung zu gewährleisten[42].

1947 finalisierten die Schweizer einen Vertrag mit den Briten über den Kauf von 75 Vampire-III-Flugzeugen zuzüglich Munition zum Preis von 64,45 Millionen Schweizer Franken[43]. Der Export von Kriegsmaterial in die Schweiz war für die Kriegsindustrie Großbritanniens überaus rentabel. In einem Bericht des Außenministeriums hieß es, »we owe Switzerland (and Sweden) a debt of gratitude, because it was their orders in 1947 which caused de Havilland's [de Havilland Aircraft Company Limited] to set up a new production line which made possible our own emergency measures in 1948«[44]. Die Schweizer Luftwaffe beantragte weitere 100 Vampire-Flugzeuge, die in Lizenz in der Schweiz gebaut werden sollten, wobei der britische Flugzeug- und Flugmotorenhersteller de Havilland die Triebwerke liefern sollte[45]. Man dachte an 100 Gasturbinen-Flugzeugtriebwerke vom Typ Goblin III oder Ghost[46]. Obgleich diese Verkäufe für die Zahlungsbilanz Großbritanniens wichtig gewesen wären, waren die Goblin-Triebwerke für NATO-Länder vorgesehen. Ein Bericht des Foreign Office nannte das Hauptproblem beim Namen: Die Briten wüssten nicht, ob ein NATO-Land diese Triebwerke brauche. In diesem Fall könnten die Schweizer sie natürlich nicht bekommen[47]. Als Antwort auf das Drängen der Schweiz erklärte der britische Premierminister Clement Attlee, das Kriterium sei ausschließlich die militärische Notwendigkeit; von Blockade, Erpressung oder ähnlichem könne keine Rede sein.

Bis 1953 waren alle Staffeln, die die Vampire erhalten sollten, ausgestattet, und die von der Pilatus Schweizer Flugzeugwerke AG hergestellten, montierten und auf dem Militärflugplatz Emmen getesteten Goblin-Triebwerke wurden von de Havilland gekauft[48]. Es wurde weiter betont, dass die »Kampffähigkeit« und operative Leistungsfähigkeit der Schweiz durch die Ausrüstung mit zusätzlichen Strahlflugzeugen weiter verbessert werden könnte. Weitere Aufträge wurden für Radarsysteme und Hubschrauber erteilt.

Der nächste Schritt bestand darin, die Beschaffung des Jagdbombers Venom einzuleiten. Bis Ende 1954 sollten 75 bis 100 Venom-Flugzeuge und 223 Ghost-Triebwerke beschafft werden, was einer Ausstattung von drei Viertel der Schwei-

---

[41] Siehe Ernst, S. 230–245; und General Observations on the post of Military Attaché in Berne, part II, no 25, PRO, FO 371/118091/WD1192/15/1955, FO 371/118091/WD1192/17/1955, FO 371/124397/WD 1201/1/1956, FO 371/118095/1955.
[42] Annual Report for 1957 by Military Attaché in Bern, PRO, FO/371/137201/1958.
[43] Memorandum on Purchase of Aircraft and Auxillary Equipment By Swiss from UK, 1948, PRO, FO 371/73398/Z10478/1948.
[44] Foreign Office Report 19.2.1949, PRO, FO 371/79848/1949.
[45] Foreign Office Report 20.9.1950, PRO, FO 371/89125/WD 1197/7/1950.
[46] Memorandum on Purchase of Aircraft and Auxillary Equipment by Swiss from UK, 1948, PRO, FO 371/73398/1948; De Havilland Contacts with Switzerland by Air Attaché Wing Commander Spencer, 26.9.1950, FO 371/89125/WD 1197/8/1950.
[47] Possible Delay in Delivery of Jet Engines to Switzerland, 20.9.1950, PRO, FO 371/89125/WD 1197/7/1950.
[48] Aircraft Programme – Swiss Air Force by Air Attaché Wing Commander Roy C.E. Scott, 31.12.1952, PRO, FO 371/107350/1224/21952.

zer Luftwaffe mit Strahlflugzeugen bedeutet hätte. Der britische Luftwaffenattaché Scott betonte, dass Ende 1953 nur die Hälfte der Schweizer Luftwaffe gerüstet war, »to give a good account of themselves against a modern enemy air force«[49]. Nach den angeführten Beschaffungen bestand die schweizerische Gefechtsgliederung Ende 1955 aus zwölf Vampire-Staffeln und neun Venom-Staffeln[50]. 1957 wurden weitere 250 Venom-Flugzeuge bestellt, die bis 1959 geliefert wurden[51]. 1960 bestand die Schweizer Luftwaffe aus 175 Vampire-, 250 Venom- und 100 Hunter-Flugzeugen. Letztere waren im Januar 1960 geliefert worden. Die Schweizer Luftwaffe war insgesamt in vier reguläre Überwachungsstaffeln und 17 Milizstaffeln gegliedert[52]. Ersatzflugzeuge für Vampire und Venom (tatsächlich war Hunter praktisch ein Ersatz für Vampire) wurden Anfang 1959 ins Auge gefasst. Zu den in Betracht gezogenen Flugzeugtypen gehörten die F.11.F, F 104, Mirage III, Draken und Fiat G.91[53]. Letztendlich entschieden sich die Schweizer für die Mirage III aus Frankreich.

c) Zusammenarbeit Frankreich/Schweiz

In streng geheimen Verhandlungen im Jahre 1954 zwischen dem schweizerischen und dem französischen Generalstab erörterten die Gesprächspartner die Beschaffung von 170 AMX 13 zum Preis von 133,3 Millionen Schweizer Franken[54]. Bei einem weiteren Besuch des schweizerischen Militärattachés, Hauptmann Jean-Pierre Keller, am 25. Oktober 1954 in Paris wurde um den Kauf zusätzlicher Panzer vom Typ 13 T ersucht[55]. Den Schweizern mangelte es jedoch an Panzer-Übungsplätzen. Der bestehende Übungsplatz in Thun reichte für eine angemessene Ausbildung der neu aufgestellten Panzerdivisionen nicht aus. Daher schlug das schweizerische Departement für Verteidigung 1957 vor, Ajoie im Jura, das Teil des Kantons Bern ist, als Übungsplatz zu nutzen. Sie sahen 850 Hektar zwischen Fahy, Bure, Courtemaiche und Courchavon vor, was 20 Millionen Schweizer Franken gekostet hätte[56]. Die Franzosen, die im Allgemeinen von der Armee der Schweiz beeindruckt waren, erklärten hinsichtlich des Ajoie-Projekts:

---

[49] Wing Commander Scott, Air Attache to H.M. Ambassador, 17.2.1954, PRO, FO 371/112715/WD 1223/1/1954.
[50] Order of Battle, PRO, FO 371/112715/WD 1223/2/1954.
[51] Annual Report on the Swiss Air Force and Swiss Aviation for the Year 1957, PRO, FO 371/137203/WD1223/1/1957.
[52] Annual Report for the Year 1959 by H.M. Air Attaché, Berne, PRO, FO 371/153868/WD1224/11960.
[53] Foreign Office Report from R. Anderson to D.F Ballentyne, 1.2.1960, PRO, FO 371/153867/WD 1223/1/1960.
[54] Achat des Chars Moyens par l'Armée Suisse, 5.11.1954, no, 85 10T 419, dossier 1; und Remise de Document à l'Etat-Major General Suisse, 1.2.1955, no 12, Service Historique de l'Armée de Terre (SHAT) au Château de Vincennes, 10T 420, dossier 1, Cooperation Franco-Suisse.
[55] Visite de Attaché Militaire de Suisse à Paris 25.10.1954, no 15965, SHAT, 10T 419, dossier 1.
[56] Le Secretaire d'Etat aux Forces Armées Terre à Monsieur le Ministre des Affaires Etrangèrs, 1.2.1958, Projet de création d'une place d'armées en Ajoie, Archives diplomatiques du Quai d'Orsay, Europe 1956–1960, Série 33, Suisse 7, dossier 1, S. 2.

»Aus französischer Sicht hat die Einrichtung dieses Stützpunktes [Ajoie] zweifelsohne den Nachteil, ein atomares Ziel unweit der Grenze zu sein. Die Wahrscheinlichkeit eines solchen Angriffs ist jedoch nur im Rahmen eines allgemeinen Konfliktes denkbar und ändert daher an der Bedrohung, die über dem Land liegt, nichts Wesentliches[57].«
Die Einwohner von Ajoie protestierten jedoch dagegen und schlugen vor, das Departement für Verteidigung solle von Frankreich ein Stück Land hinter der Grenze pachten[58].

Die Franzosen und die Amerikaner unterstützten den Erwerb moderner und leistungsfähiger Flugzeuge durch die Schweiz. Dem französischen Militär- und Luftwaffenattaché, Colonel Richard de Soultrait, zufolge erklärte der Luftwaffenattaché der Vereinigten Staaten, Oberst John C. Habecker, am 5. Oktober 1959 bei einem Gespräch anlässlich eines Abendessens, dass die Beschaffung moderner und hochleistungsfähiger Flugzeuge durch die Schweiz von klarem Vorteil wäre, da das Land auf diese Weise im Falle eines sowjetischen Angriffs ebenfalls zu einem Atomziel würde. Er fuhr fort:

»Ab dem Zeitpunkt, wo moderne Flugzeuge auf Schweizer Flugplätzen stationiert sind, muss die UdSSR drei Bomben pro Flugplatz vorhalten, d.h. insgesamt 75 Bomben, die dann nicht mehr für andere Ziele zur Verfügung stehen[59].«

Schließlich bestätigte die Bundesversammlung 1961 einen Kredit in Höhe von 871 Millionen Schweizer Franken für den Kauf von 100 Mirage III S[60]. Kostenüberschreitungen aufgrund fehlender frühzeitiger und stabiler Leistungskriterien führten jedoch zur sogenannten Mirageaffäre. Im Ergebnis konnten nur 57 Mirage erworben werden.

5. Die Kernwaffenfrage in der Schweiz

Zwischen 1955 und 1969 sondierte die Schweiz aktiv die Beschaffung von Atomwaffen im Ausland. Die Politik der Neutralität gestattet die Beschaffung im Ausland, wenn sie auf einer rein kommerziellen Ebene erfolgt. Die schweizerische Regierung und die Landesverteidigungskommission (LVK) stimmten beide überein, dass Kernwaffen Teil des Abschreckungsaspekts einer bewaffneten Neutralität seien. Am 11. Juli 1958 gab der Bundesrat offiziell bekannt, welche Bedeutung und Notwendigkeit Kernwaffen für die schweizerische Armee haben. Es wurde argu-

---

57 »Considerée du point de vue française, la creation de cette Place d'Armes [Ajoie] présente sans doute l'inconvenient de constituer un objectif atomique situé a faible distance de la frontière. L'éventualité d'une telle attaque n'est toutefois concevable que dans le cadre d'un conflit généralisé et par suite ne modifie pas sensiblement la menace qui pèse sur le pays.« Ebd., S. 3.
58 Letter from Foreign Office, 7.3.1956, PRO, FO 371/124396/WD 1192/2/1956.
59 »A partir du moment où des avions modernes seront basés sur les terraines suisses l'URSS devra immobiliser 3 bombs par terrain soit un total de 75 bombes qui ne seront plus disponible pour autres objectifs.« Le Colonel de Soultrait Attaché Militaire à M. le Ministre de la Défense Nationale, 5.12.1959 (Très Secret), no 140, SHAT, 10T 415, dossier 5.
60 Peter Braun, Die Nuklearbewaffnungsoption der Mirage III S. In: Allgemeine Schweizer Militärzeitschrift (ASMZ), 2000, 4, S. 12 f.

mentiert, dass aus militärischer Sicht Abschreckung nur mit taktischen Kernwaffen wirksam sei:

»Ein Kleinstaat, der auf die Beschaffung der Waffen verzichtet, die allein den Großstaaten Eindruck machen, hat keinen Anspruch darauf, von diesen für militärisch voll genommen zu werden. Ein Verzicht auf Atomwaffen würde somit gegenüber den Atommächten eine Preisgabe jener Abschreckungswirkung bedeuten, die uns seit den napoleonischen Kriegen den Frieden bewahrt hat[61].«

Weiter hieß es in einem Bericht des Bundesrates vom 23. Dezember 1958, dass es wünschenswert wäre, über ausländische Kontakte bei der Beschaffung von Atomwaffen zu verfügen.

Die potenziellen Geschäftspartner hierfür waren in den Fünfzigerjahren die existierenden Atommächte USA, Großbritannien und die Sowjetunion. Die Beschaffung über die Sowjetunion war natürlich nur eine theoretische Überlegung. Die Schweiz als ein offen antikommunistischer Staat, der die Sowjetunion und ihre Verbündeten als den einzigen Feind ansah, hätte daher eine solche Möglichkeit nicht wirklich in Betracht gezogen[62]. In einer vertraulichen Depesche des Außenministeriums wurde festgestellt, das Hauptproblem bei der Beschaffung aus den USA und Großbritannien liege darin, dass zum einen beide Staaten zögerten, Atomwaffen selbst an ein NATO-Land zu verkaufen, geschweige denn an einen Nicht-NATO-Staat (Frage der Prioritätenfestsetzung), und zum anderen, dass die Schweiz auf diese Weise in ein enges Verhältnis zum Westen geraten wäre und dies ein Akzeptieren der strengen Bedingungen für den Einsatz dieser Waffen bedeutet hätte[63].

Die Schweizer wandten sich in der Frage der Beschaffung von Atomsprengkörpern mit niedrigem Detonationswert 1958 inoffiziell an die USA. In einer vertraulichen Depesche des britischen Botschafters Sir William Montagu-Pollock aus dem Jahre 1958 heißt es:

»I am reliably informed that the Swiss had made discreet approaches to the US about possible sales of nuclear weapons and were turned down. To judge by Monsieur Chaudet's remark, therefore, it seems likely that the Swiss thought is turning to possible new sources of supply in France or Sweden whence atomic weapons might be available in some years time[64].«

Zu den Briten wurde ebenfalls Kontakt aufgenommen. In einem geheimen Bericht des Außenministeriums steht geschrieben, Herr Michaels vom Atomenergiebüro (Atomic Energy Office) hätte einem Mitarbeiter des Außenministeriums mitgeteilt, dass die Schweizer während der britisch-schweizerischen Verhandlungen über den Entwurf eines Abkommens zur Zusammenarbeit im Rahmen der friedlichen Nutzung der Atomenergie im Jahre 1957 offensichtlich auf Anweisung fragten, ob die Briten bereit wären, die schweizerische Regierung mit Atomwaffen

---

[61] Zur Atomwaffenfrage. In: Der Fourier, 35 (1962), 3, S. 84.
[62] Es ist jedoch festzustellen, dass Kontakte hergestellt wurden, um Material von der Tschechoslowakei zu kaufen.
[63] Letter from Martin Anderson to Sir William Montagu-Pollock, 18.8.1958, PRO, FO 371/137207/WD 1241/1.
[64] Letter from Montagu-Pollock to Selwyn Lloyd, 15.10.1958, PRO, FO 371/137207/WD1241/1/1958.

zu beliefern. Dokumente zu diesen Verhandlungen gibt es im Außenministerium keine; Herr Michaels machte klar, dass er dazu nicht bereit wäre[65].

Ab Mitte der Fünfzigerjahre arbeitete auch Frankreich tatkräftig an seinem eigenen nuklearen Arsenal, und Schweden suchte ebenso aktiv nach Wegen, um selbst Kernwaffen herzustellen, was das bis dahin existente Atommonopol infrage stellte. Der Schweiz wiederum taten sich dadurch Alternativen für die Beschaffung von Atomwaffen auf. Oberstdivisionär Robert Frick brachte sogar Deutschland als eine mögliche Quelle ins Spiel. Die schwedische Option erschien den Schweizern besonders verlockend, da das Land wie die Schweiz selbst in der Außenpolitik die Bündnisfreiheit verfolgte.

Am 14. März 1960 schlug Oberstdivisionär Annasohn vor, dass das EMD einen möglichen Kauf von Kernwaffen von den USA, Großbritannien und der Sowjetunion auf rein kommerzieller Basis prüfen und Kontakte zu Schweden und Frankreich in Form von Vorträgen und Forschungbeiträgen im Kernwaffensektor unterhalten sollte. Bemühungen um engere Kontakte zu Schweden auf militärischem Gebiet hatten sich als erfolgreich erwiesen. Am 20. September 1966 vereinbarten die Regierungen der Schweiz und Schwedens offiziell eine Zusammenarbeit im Bereich Wehrtechnik, die vordergründig auf den Bedarf an konventionellem Gerät, die Erprobung neuen Geräts und den Informationsaustausch bei dessen Indienststellung abzielte. Doch kann davon ausgegangen werden, dass die Atomfrage ebenfalls angesprochen wurde. Die Briten sahen diese Zusammenarbeit sowie die Ankündigung eines möglichen Beitritts Österreichs zu dieser Vereinbarung positiv, da ein Teil des Geräts den NATO-Normen entsprach.

Zu engeren Kontakten zwischen der Schweiz und Frankreich hinsichtlich der Kernwaffen kam es während eines Treffens des französischen Generalstabschefs General Gaston Lavaud und des französischen Luftwaffengenerals Alain Dumesnil de Maricourt sowie des Brigadegenerals Prieur vom 6. bis 9. Oktober 1959 in der Schweiz. Diskutiert wurde nicht nur die die Kooperation bei der Luftverteidigung, sondern vor allem die Bitte der Schweiz um französische Unterstützung beim Aufbau eines schweizerischen Nuklearprogramms[66].

Trotz der Absagen sowohl der USA als auch vonseiten Großbritanniens blieben die Schweizer optimistisch und betonten, dass es den Atommächten nicht möglich sein würde, ihr Atommonopol für immer aufrecht zu erhalten, insbesondere angesichts der Tatsache, dass Frankreich und Schweden an ihren eigenen Atomprogrammen arbeiteten. Dies würde einen Verlust des Monopols bedeuten, und Großbritannien und die USA wären schließlich gezwungen, ihre Atomwaffen an ihre Verbündeten zu verkaufen.

---

[65] Secret report from Foreign Office, 4.6.1959, on Nuclear Weapons for Switzerland, PRO, FO 371/145581/WD 1241/3/1959.

[66] »Mais certaines question ont été abordées: en particulier la possibilité d'établissement d'une liaison entre la Défense Aérienne du Territoire français et suisse; et également (sur la demande des Suisses) celle d'une aide éventuelle à la Confédération pour son armement atomique.« Monsieur Etienne Dennery, Ambassadeur de la République Française en Suisse, à Son Excellence Monsieur le Ministre des Affaires Etrangèrs, 13.10.1959, Visit en Suisse de Général Lavaud, Chef d'État Major des Armées, Archiv diplomatiques du Quai d'Orsay, Europe 1956–1960, Série 33, Suisse 7, dossier 1.

Helmut R. Hammerich

Die geplante Verteidigung der bayerischen Alpen im Kalten Krieg

Die Alpen stellten zumindest in der Vergangenheit ein schwer überwindbares natürliches Hindernis zwischen Mittel- und Südeuropa einerseits und West- und Osteuropa andererseits dar. Die wenigen Alpenübergänge waren daher für den Handel, aber auch für das Militär von großer Bedeutung[1]. Die Römer legten einige Militärstraßen über die Alpen an, um rasch Truppen in die besetzten Gebiete nördlich der Gebirgskette verlegen zu können. Vom Mittelalter bis in die napoleonische Ära spielten die Alpen eine ebenso wichtige Rolle im Kampf um die Vorherrschaft in Europa[2]. Auch Carl von Clausewitz wusste um deren Bedeutung und schrieb in »Vom Kriege« eigens zwei Kapitel über den Kampf im Gebirge. Er sah den Verteidiger im Gebirgskampf im Vorteil, solange dieser keine Entscheidungsschlacht suchte[3]. Während des Ersten Weltkrieges standen sich in den Alpen österreichische und deutsche Verbände auf der einen und italienische Truppen auf der anderen Seite gegenüber. Eine militärische Entscheidung konnte durch die harten und blutigen Stellungskämpfe jedoch nicht erzielt werden. Nicht umsonst wurden während des Zweiten Weltkrieges nur zeitlich begrenzte Operationen im Gebirge durchgeführt. Die Entscheidungsschlachten fanden in der Ebene statt[4]. Die Alpen spielten im Zweiten Weltkrieg nur noch eine psychologische Rolle, wie der »Mythos Alpenfestung« zeigt[5]. Noch heute besteht ein weitgespanntes Netz aus ehemaligen Militärstraßen und Festungen, die allerdings meist vor oder im Zuge des Ersten Weltkrieges angelegt worden sind[6].

---

[1] Krieg und Gebirge: Der Einfluss der Alpen und des Juras auf die Strategie im Laufe der Jahrhunderte. Hrsg. von der Schweizerischen Vereinigung für Militärgeschichte und Militärwissenschaften, Neuchâtel 1988.
[2] Werner Bätzing, Militärstraßen in den piemontesischen Alpen. In: Wege und Geschichte, 2006, 2, S. 34–37.
[3] Carl von Clausewitz, Vom Kriege, 6. Buch, 15. Kapitel, und 7. Buch, 11. Kapitel. Darüber hinaus wird auch in anderen Kapiteln auf den Kampf im Gebirge Bezug genommen.
[4] Alexander Hartinger und Gerhard Schepe, Gebirgskampf. In: Landkriegführung. Ein Handbuch. Hrsg. von Johannes Gerber, Osnabrück 1992, S. 193–204.
[5] Rodney G. Minott, Top secret: Hitlers Alpenfestung. Tatsachenbericht über einen Mythos, Reinbek bei Hamburg 1967; Roland Kaltenegger, Operation »Alpenfestung«: Das letzte Geheimnis des »Dritten Reiches«, München 2005.
[6] Achim Zahn, Mountainbike Trails. Auf alten Militärstraßen um die höchsten Berge der Alpen, München 2006.

Geschichte der Gebirgsjäger

Im Deutschen Kaiserreich gab es im Gegensatz zu Italien, Frankreich, Österreich oder der Schweiz bis 1915 keine speziellen Gebirgstruppen[7]. Im Königreich Bayern wurden die Gebirgsschützen nach 1869 aus der Armee ausgegliedert. Bis 1915 gab es in der bayerischen und in der württembergischen Armee allerdings wenige Jägerbataillone mit Winterkampfausbildung oder sogenannte Schneeschuhbataillone. Jedoch zeigten die Erfolge der französischen Spezialkräfte in den Vogesen im Winter 1914/15 die Notwendigkeit einer solchen Truppengattung. Die deutsche Antwort war ab Frühjahr 1915 das Alpenkorps im Umfang einer verstärkten Infanteriedivision. Diese Truppe galt bereits nach einer kurzen Zeit der Bewährung an der Dolomiten-Front und auf dem Balkan als Eliteverband[8]. Auch die Wehrmacht stellte ab 1937 Gebirgsdivisionen auf, die im Zweiten Weltkrieg ebenfalls rasch den Ruf von Eliteverbänden erlangten[9]. Bis Kriegsende kam es zu zahlreichen Gebirgskämpfen, etwa in Norwegen, auf dem Balkan, im Kaukasus, in den Westalpen und im Apennin. Der Krieg sollte jedoch »beweglich« geführt werden, um ein Erstarren der Fronten wie im Ersten Weltkrieg zu vermeiden. Das Gebirge spielte daher mehr im Partisanenkrieg eine Rolle; zahlreiche deutsche Gebirgsjägerverbände waren auch an schweren Kriegsverbrechen beteiligt[10].

Die Bundeswehr stellte auf besonderen Wunsch des aus Bayern stammenden Vorsitzenden des EVG-Ausschusses und späteren Verteidigungsministers Franz Josef Strauß eine Gebirgsjäger-Kampfgruppe auf, die Ende 1956 zur Division aufwuchs[11]. Diese Gebirgsdivision verfügte stets über mechanisierte Verbände und wurde im Zuge der Transformation der Bundeswehr im Sommer 2001 aufgelöst[12]. Der bestehende Kernverband der Gebirgsjäger, die Gebirgsjägerbrigade 23, ist heute der 10. Panzerdivision unterstellt.

Dieser kurze Abriss der Geschichte der deutschen Gebirgsjäger zeigt, dass die militärische Bedeutung des Alpenraumes zu keiner Zeit unterschätzt wurde. Allerdings stand die natürliche Grenze im Süden Deutschlands während des Kalten Krieges nicht im Schwerpunkt deutscher Verteidigungsplanungen.

---

[7] Günther Hebert, Das Alpenkorps: Aufbau, Organisation und Einsatz einer Gebirgstruppe im Ersten Weltkrieg, Boppard a.Rh. 1988 (= Militärgeschichtliche Studien, 33); Roland Kaltenegger, Die Geschichte der deutschen Gebirgstruppe 1915 bis heute, Stuttgart 1980.

[8] Heinz von Lichem, Der einsame Krieg: Erste Gesamtdokumentation des Gebirgskrieges 1915-1918 von den Julischen Alpen bis zum Stilfser Joch, 2. Aufl., Bozen 1981.

[9] Diesen Ruf herausstellend Alex Buchner, Vom Eismeer bis zum Kaukasus: Die deutsche Gebirgstruppe im Zweiten Weltkrieg 1941/42, Friedberg 1988; Roland Kaltenegger, Die deutsche Gebirgstruppe 1935-1945, München 1989.

[10] Hermann Frank Meyer, Blutiges Edelweiß: Die 1. Gebirgs-Division im Zweiten Weltkrieg, Berlin 2008.

[11] Franz Josef Strauß, Erinnerungen, Berlin 1989, S. 311 ff.

[12] Roland Kaltenegger, Das Buch der Gebirgsjäger: Die 1. Gebirgsdivision der Bundeswehr, Stuttgart 1980.

Moderne Operationsgeschichte

Die sicherheitspolitische und militärische Bedeutung eines geografischen Raumes führt den Historiker unweigerlich auf das Feld der Operationsgeschichte. Die historische Aufarbeitung der Operationsgeschichte des Kalten Krieges steckt allerdings – trotz der vorbildlichen Internet-Plattform »Parallel History Project on Cooperative Security« (PHP)[13] – noch in den Anfängen. Dies liegt vor allem an dem schwierigen Aktenzugang. Noch immer sind die meisten Operationspläne des Kalten Krieges als Verschlusssache eingestuft. Es mag aber auch daran liegen, dass das Interesse der Militärhistoriker an »nur« geplanten militärischen Operationen weniger ausgeprägt ist als an real geschlagenen Schlachten. Insgesamt kommt jedoch, wie Sönke Neitzel an prominenter Stelle ausführte, eine moderne Militärgeschichte nicht ohne Operationsgeschichte aus[14].

Mit der provokanten Frage »Wer kennt schon Jassy?«[15] thematisierte Bernd Wegner bereits vor einigen Jahren die operationsgeschichtliche Unkenntnis einer immer größer werdenden Schar von Historikern, die sich mit einer durchaus beachtlichen Methodenvielfalt der Geschichte des Militärs widmet[16]. Doch ohne zu wissen, dass die im August 1944 bei Jassy (rum. Iași) und Kischinew (rum. Chișinău) begonnene sowjetische Großoffensive nach wenigen Tagen zur Einschließung und Vernichtung der 6. Armee, ja sogar zur Zerschlagung einer ganzen Heeresgruppe führte und damit die deutsche Vormachtstellung in Südosteuropa beendete, kann sicher nur schwer eine Geschichte des Zweiten Weltkrieges geschrieben werden. Individuelle und kollektive Kriegserfahrungen können nur im Spiegel der Schlachten und Gefechte rekonstruiert werden, vor allem, wenn dabei auch die Vorbereitungen und die Auswirkungen der blutigen Auseinandersetzungen Berücksichtigung finden. Dabei interessieren die politischen, wirtschaftlichen, technologischen, mentalitätsbedingten und sozialen Einflüsse auf militärische Entscheidungsprozesse ebenso wie die Auswirkungen dieser Führungsentscheidungen auf den Kampf der Soldaten[17]. Für eine moderne Militärgeschichte ist es wenig hilfreich, die Geschichte der Feldzüge und Schlachten und die der militärischen Führungskunst immer wieder – vor dem Hintergrund der eigenen historischen

---

[13] Zu den Operationsplanungen des Warschauer Paktes siehe die Webseite des früheren Parallel History Project on NATO and the Warsaw Pact: <www.isn.ethz.ch/php/index.htm>, letzter Zugriff 7.3.2011.
[14] Sönke Neitzel, Militärgeschichte ohne Krieg? Eine Standortbestimmung der deutschen Militärgeschichtsschreibung über das Zeitalter der Weltkriege. In: Geschichte der Politik. Alte und Neue Wege. Hrsg. von Hans-Christof Kraus und Thomas Nicklas, München 2007 (= Historische Zeitschrift, Beiheft 44), S. 287–308.
[15] Bernd Wegner, Wozu Operationsgeschichte? In: Was ist Militärgeschichte? Hrsg. von Thomas Kühne und Benjamin Ziemann, Paderborn 2000 (= Krieg in der Geschichte, 6), S. 105–113, hier S. 109.
[16] Jutta Nowosadtko, Krieg, Gewalt und Ordnung. Einführung in die Militärgeschichte, Tübingen 2002 (= Historische Einführungen, 6).
[17] Beispielhaft Georges Duby, Der Sonntag von Bouvines 27. Juli 1214, Berlin 1988.

Entwicklung – als »Kriegsgeschichte« zu stigmatisieren[18]. Eine moderne Operationsgeschichte muss daher die Komplexität, die Ordnung, aber auch das Chaos militärischer und ziviler Transfer-, Interaktions-, Wirkungs- und Umweltsysteme erfassen und deuten können[19]. Die umfassende Analyse von militärischen Operationen, wie sie im angelsächsischen Raum durchaus verbreitet ist[20], kann sozial- und mentalitätsgeschichtliche Ansätze ebenso einbeziehen wie die Fragestellungen der historischen Anthropologie oder der Kulturgeschichte[21]. Operationsgeschichte ist und bleibt eine der wichtigsten Teildisziplinen der Militärgeschichte. Eine Gesamtgeschichte des Krieges und der Streitkräfte kann nur mit ihr, aber nicht ohne sie geschrieben werden[22].

Die Operationsgeschichte des Kalten Krieges sollte in erster Linie die Planungen für einen Atomkrieg zwischen NATO und Warschauer Pakt in den Blick nehmen. Zwar gab es zwischen 1945 und 1989/90 weltweit genug »heiße Kriege im Kalten Krieg«, doch der »Kalte Weltkrieg« (Jost Dülffer) spiegelt sich am besten in den Einsatzplänen der Militärbündnisse für einen möglichen Dritten Weltkrieg wider. Der Totale Krieg unter atomaren Bedingungen kann auf diesem Wege zumindest skizziert werden[23].

Das Militärgeschichtliche Forschungsamt (MGFA) verfolgte einen ersten Ansatz während der 47. Internationalen Tagung für Militärgeschichte in Bonn im Jahre 2005. Unter dem Thema »Der gedachte Krieg auf deutschem Boden« wurden dort unter anderem erstmalig scharfe Einsatzpläne der NATO und der Bundeswehr aus den Sechzigerjahren vorgestellt[24]. Den Faden nahmen dann im März 2007 das Niederländische Institut für Militärgeschichte und das MGFA mit der Tagung »Warfare in the Central Sector« auf[25]. Auf dieser Veranstaltung in Münster

---

[18] Gerd Krumeich, Militärgeschichte für eine zivile Gesellschaft. In: Geschichtswissenschaften. Eine Einführung. Hrsg. von Christoph Cornelißen, Frankfurt a.M. 2000, S. 178–193.
[19] Ludolf Herbst, Komplexität und Chaos. Grundzüge einer Theorie der Geschichte, München 2004.
[20] Stellvertretend seien hier John Keegan, Michael Howard, Hew Strachan, Jeremy Black oder Geoffrey Parker genannt.
[21] Zum Beispiel Jürgen Luh, Kriegskunst in Europa 1650–1800, Köln u.a. 2004; bzw. Die Erfahrung des Krieges: Erfahrungsgeschichtliche Perspektiven von der Französischen Revolution bis zum Zweiten Weltkrieg. Hrsg. von Nikolaus Buschmann und Horst Carl, Paderborn u.a. 2001 (= Krieg in der Geschichte, 9).
[22] Stig Förster, Operationsgeschichte heute. Eine Einführung. In: Militärgeschichtliche Zeitschrift, 61 (2002), 2, S. 309–313; Sönke Neitzel, Des Forschens noch wert? Anmerkungen zur Operationsgeschichte der Waffen-SS. In: ebd., S. 403–429.
[23] Für die Fünfziger- und Sechzigerjahre Bruno Thoß, NATO-Strategie und nationale Verteidigungsplanung. Planung und Aufbau der Bundeswehr unter den Bedingungen einer massiven atomaren Vergeltungsstrategie 1952 bis 1960, München 2006 (= Sicherheitspolitik und Streitkräfte der Bundesrepublik Deutschland, 1); hier v.a. die grundlegenden Ausführungen zur Zivilverteidigung im Kalten Krieg.
[24] Die Bundeswehr 1955 bis 2005. Rückblenden, Einsichten, Perspektiven. Im Auftrag des MGFA hrsg. von Frank Nägler (= Sicherheitspolitik und Streitkräfte der Bundesrepublik Deutschland, 7), München 2007, hier Teil IV, S. 291–364.
[25] Siehe dazu den Tagungsband Warfare in the Central Sector 1948–1968. Ed. by Jan Hoffenaar and Dieter Krüger (in Vorbereitung).

beschäftigten sich bereits drei Sektionen mit den Operationsplanungen der NATO und des Warschauer Paktes für die Norddeutsche Tiefebene von 1948 bis 1968. Es war also nur konsequent, mit einer weiteren Tagung, die ebenfalls 2007 stattfand, diesmal in Wien, den Blick Richtung Süden auf den Alpenraum zu lenken.

Die Beschäftigung mit den Kriegsplanungen der Militärbündnisse im Kalten Krieg ist nicht ganz einfach. Die Hauptschwierigkeit liegt wie bereits angedeutet im Aktenzugang. Sowohl die Unterlagen des Warschauer Paktes als auch jene der NATO sind noch kaum zugänglich. Die Archivsituation in Moskau ist rund zwanzig Jahre nach Glasnost und Perestroika wenig ermutigend. Die NATO begann immerhin auf Nachfrage mit dem Herabstufen wichtiger Dokumente, allerdings bleiben die atomaren Einsatzplanungen für Historiker wohl auf nicht absehbare Zeit weiter gesperrt[26]. Die Fachdisziplin ist deshalb auf Zweitüberlieferungen in nationalen Archiven oder auf Zeitzeugenbefragungen angewiesen. Erste Ergebnisse können sich allerdings durchaus sehen lassen, auch wenn immer wieder betont werden muss, dass Übungsunterlagen oder nationale Planungen nicht unbedingt mit den Operationsplänen der Generalstäbe der Militärbündnisse deckungsgleich sind[27]. Zumindest lassen sowohl diese als auch die überlieferten und zugänglichen »scharfen« Einsatzpläne der NATO und des Warschauer Paktes Rückschlüsse auf das damals herrschende Kriegsbild und auf die Umsetzung politischer und strategischer Vorgaben durch die Militärs zu. Die Auswirkungen dieser Planungen zeichnen sich wiederum an der sicherheits-, aber auch gesellschaftspolitischen Kontroverse der Siebziger- und Achtzigerjahre über die Führbarkeit eines Atomkrieges ab.

Die geplante Verteidigung der Alpen

Während des Kalten Krieges galten vor allem die Norddeutsche Tiefebene und die »Fulda-Lücke« als mögliche Einfallstore für die mechanisierten und motorisierten Truppen des Warschauer Paktes nach Westeuropa. Die Mittel- und Hochgebirgslandschaften Süddeutschlands stellten sich für einen Angreifer hingegen weit

---

[26] Dem Autor lagen »scharfe« Einsatzpläne der NATO, die Emergency Defense Plans (EDP), ab den Siebzigerjahren die General Defense Plans (GDP), und davon abgeleitete regionale Verteidigungspläne vor, die im Bundesarchiv, Abt. Militärarchiv in Freiburg i.Br. und bei SHAPE (Supreme Headquarters Allied Powers Europe) in Mons lagern und teilweise herabgestuft werden konnten. Dazu kamen Dokumente aus dem Nachlass von General Hans Speidel, LANDCENT von 1957 bis 1963, und aus dem Nachlass von General Johann Adolf Graf von Kielmansegg, Nachfolger Speidels als LANDCENT und ab 1966 CINCENT. Allerdings muss darauf hingewiesen werden, dass die Akten der NATO und der Bundeswehr nur unvollständig überliefert sind.

[27] War Plans and Alliances in the Cold War: Threat Perceptions in the East and the West. Ed. by Voitech Mastny, London 2006. Zu den ersten Ergebnissen zu den Operationsplanungen des Warschauer Paktes siehe die Web-Seite des Parallel History Project on NATO and the Warsaw Pact: <www.isn.ethz.ch/php/index.htm>, letzter Zugriff 7.3.2011.

weniger bewegungsgünstig dar[28]. Dennoch wurde mit einem Angriff auf breiter Front aus dem tschechischen Grenzgebiet ebenso gerechnet wie mit einem Angriff sowjetischer und gegebenenfalls ungarischer Streitkräfte durch das neutrale Österreich. Dieser »Fall Süd« hätte zum einen die 590 Kilometer lange Frontlinie der Central Army Group (CENTAG) um weitere 170 Kilometer auf dann immerhin 760 Kilometer verlängert. Zum anderen wäre der Zusammenhalt zwischen den NATO-Bereichen Allied Forces Central Europe (AFCENT) und Southern Europe (AFSOUTH) bedroht gewesen[29]. Aufgrund der fehlenden Divisionen in den Sechzigerjahren wäre dem Einsatz von Atomwaffen eine besondere Bedeutung zugekommen. Eine vergleichbare Lage lässt sich in jenen Jahren auch für die Northern Army Group (NORTHAG) feststellen.

Insgesamt, so die These, waren die Operationsplanungen der NATO zur Verteidigung Westeuropas gegen einen massiven Angriff des Warschauer Paktes in den Sechziger- und Siebzigerjahren trotz des Strategiewechsels der NATO von der Massiven Vergeltung zur Flexiblen Reaktion in ihrer Anlage auf einen frühzeitigen Einsatz von Atomwaffen ausgerichtet.

Im Rahmen dieser Planungen mehrten sich allerdings die Zweifel vor allem deutscher Militärs, ob das Gefecht der verbundenen Waffen unter atomaren Bedingungen überhaupt führbar sei. Auch der selektive Einsatz nuklearer Waffen auf deutschem Boden konnte nicht im Interesse der Bundesrepublik Deutschland liegen. Um auf den frühzeitigen Einsatz von Atomwaffen verzichten zu können, fehlten der NATO für die Vorneverteidigung allerdings bis weit in die Siebzigerjahre die konventionellen Land- und Luftstreitkräfte. In diesem Dilemma mussten die deutschen Truppenführer und Kommandeure die Verteidigung der deutschen Heimat ausplanen und mit ihren Soldaten üben. Der Kompromiss war einerseits die Umsetzung der Emergency Defense Plans (EDP) der Kommandobehörden der NATO mit so wenig atomarem Feuer auf deutschem Boden wie möglich sowie die vermehrte Einflussnahme auf die atomare Zielplanung der NATO durch deutsche Generale und Generalstabsoffiziere in den NATO-Stäben.

Das Heer der Bundeswehr in den Sechziger- und Siebzigerjahren

Als die Vorneverteidigung 1963 in den Operationsplanungen der NATO festgeschrieben wurde, stand das Heer der Bundeswehr im achten Jahr der Aufstellung. Der damalige Verteidigungsminister Kai-Uwe von Hassel und Generalinspekteur Friedrich Foertsch führten das Heer nach den Turbulenzen der vergangenen Jahre,

---

[28] Harald van Nes, Fränkisches Mittelgebirge, Oberpfälzer Wald und Bayerischer Wald. Landschaftliche Erscheinungsformen und ihr Einfluss auf die Bewegungsmöglichkeiten mechanisierter Großverbände im Gefecht, Jahresarbeit, Führungsakademie der Bundeswehr Hamburg 1968.

[29] Andreas Steiger, Vom Schutz der Grenze zur Raumverteidigung: Beiträge zur Geschichte des österreichischen Bundesheeres von 1968 bis 1978, Wien 2000; István Balló, Die Ungarische Volksarmee im Warschauer Pakt. Möglichkeiten und geplante Aufgaben Richtung Österreich vor 1989. In: Österreichische Militärische Zeitschrift, 36 (1998), 2, S. 161–166.

vor allem nach der Kubakrise, der Spiegelaffäre und dem Urteil der NATO: »Bedingt abwehrbereit!« in eine Konsolidierungsphase[30]. Trotz der Engpässe in den Bereichen Finanzen, Personal, Material und Infrastruktur konnte sich das Ergebnis durchaus sehen lassen: Von den rund 1000 Soldaten der ersten Stunde in Andernach Anfang 1956 war das Heer bis 1963 auf über 270 000 Soldaten angewachsen. Rund vier Fünftel der aktiven Verbände waren aufgestellt; sieben Panzergrenadier-, zwei Panzer-, eine Gebirgs- und eine Luftlandedivision mit immerhin 30 Brigaden waren bereits der NATO assigniert[31]. Die Brigadegliederung als Antwort auf das Gefecht unter atomaren Bedingungen hatte sich in der Heeresstruktur 2 durchgesetzt; die deutsche Divisionsgliederung war bei AFCENT Standard[32]. Die Mechanisierung des Heeres hatte mit 42 Panzer- und 52 Panzergrenadierbataillonen einen beachtlichen Grad erreicht, auch wenn zahlreiche Panzergrenadierverbände noch immer mit Radfahrzeugen unterwegs waren. Die Ausstattung mit rund 2300 Kampfpanzern M 47 und M 48 und 1900 Schützenpanzern HS 30 war im Vergleich zu den verbündeten Armeen angemessen, der Zulauf von 1500 Kampfpanzern Leopard 1 und von 700 Kanonenjagdpanzern bereits beschlossene Sache.

Die Aufstellung des Heeres konnte bis Ende der Sechzigerjahre größtenteils abgeschlossen werden. Die Heeresstruktur 3 als Antwort auf die NATO-Strategie der Flexible Response (MC 14/3) mit der Betonung des konventionellen Gefechtes, aber noch mehr auf die fehlenden finanziellen Mittel der Bonner Regierung war eine nicht unumstrittene Kompromisslösung[33]. Die geforderte volle Mechanisierung des Heeres musste vorerst zurückgestellt werden. Mit einer »Spezialisierung bei abgestufter Präsenz« und mit dem »Jägerkonzept« sollten die steigenden Betriebskosten der präsenten und mechanisierten Großverbände eingegrenzt werden. Vor allem die Korps- und Divisionstruppen wurden teilgekadert. Dagegen wurden die 2. und 4. Panzergrenadierdivision nun in die 2. und 4. Jägerdivision umgegliedert. Ihre drei neuen Jägerbrigaden sollten den Kampf im bedeckten und für Panzer ungünstigen Gelände führen. Die frei gewordenen Panzerkräfte wurden zu Panzerregimentern mit jeweils rund 100 Kampfpanzern zusammengefasst und bildeten mit den Luftlandebrigaden die beweglichen Einsatzreserven der Korps. Allerdings wurde diese Struktur nie voll umgesetzt. Somit standen 1971 den vier »leichten« Divisionen (zwei Jäger- und je eine Luftlande- und Gebirgsdivision) immerhin vier Panzer- und vier Panzergrenadierdivisionen gegenüber. 13 Panzer-, zwölf Panzergrenadier-, drei Jäger-, drei Luftlande- und zwei Gebirgsjägerbrigaden

---

[30] Helmut R. Hammerich, Dieter H. Kollmer, Martin Rink und Rudolf J. Schlaffer, Das Heer 1950 bis 1970. Konzeption, Organisation, Aufstellung, München 2006 (= Sicherheitspolitik und Streitkräfte der Bundesrepublik Deutschland, 3).
[31] Ende 1961 waren 12 Divisionen mit insgesamt 34 Brigaden auf- bzw. teilaufgestellt. Zustandsberichte Heer 1961, BArch, BW 2/2458.
[32] Martin Rink, »Strukturen brausen um die Wette«. Zur Organisation des deutschen Heeres. In: Hammerich u.a., Das Heer (wie Anm. 30), S. 353-484.
[33] Helmut R. Hammerich, 50 Jahre Heer der Bundeswehr. Von der multinationalen Vorwärtsverteidigung zur internationalen Konfliktverhütung und Krisenbewältigung. In: Militärgeschichte. Zeitschrift für historische Bildung, 2006, 1, S. 4-9.

bildeten die Einsatzkräfte des Feldheeres. Es fehlten jedoch zur ursprünglichen Planung von zwölf voll einsatzbereiten Divisionen weiterhin drei Panzerbrigaden[34].

Die Anforderungen des modernen Krieges führten zu einer weiteren Spezialisierung der Truppengattungen. Neben der Luftbeweglichkeit war die »Atom-Artillerie« ein Gebot der Stunde. Die neugeschaffene Raketenartillerie des Heeres wurde mit Trägersystemen ausgestattet, deren nukleare Gefechtsköpfe bis zum Einsatz in amerikanischen Händen lagen[35]. Im April 1967 verfügte die Bundeswehr insgesamt über 472 atomare Waffensysteme. Das Heer hatte sieben Sergeant- und 58 Honest-John-Abschussvorrichtungen sowie 70 Stück 203-mm-Haubitzen (M 110). Die Luftwaffe verfügte über fünf Geschwader F-104 G mit je 36 Maschinen, 153 Nike-Herkules- und vier Pershing-Abschussrampen[36].

Das Kriegsbild in den Sechziger- und Siebzigerjahren

Generalmajor Wolf Graf von Baudissin führte 1962 aus, dass es gerade in Umbruchzeiten besonders schwierig sei, ein zutreffendes Bild eines möglichen Krieges zu zeichnen. Im Umbruch war spätestens seit der Kubakrise nichts weniger als die gemeinsame Bündnisstrategie. Die Strategie der Massiven Vergeltung begann zu bröckeln, eine angemessene Reaktion auf verschiedene Formen von modernen Kriegen schien notwendig zu sein. Baudissin unterschied vier mögliche Kriegsformen: den Kalten Krieg, den subversiven Krieg, den nicht-atomaren und den atomaren Krieg. Letzterer wurde von ihm noch in den begrenzt-atomaren und den total-atomaren Krieg unterteilt. Im selben Jahr sprach der Pressesprecher von Verteidigungsminister Strauß, Oberst Gerd Schmückle, in einem nicht unumstrittenen Aufsatz von der »Wandlung der Apokalypse«[37] und betonte, dass ein Nuklearkrieg nicht steuerbar sei. Abschreckung sei daher die vordringlichste Aufgabe der Streitkräfte, nicht Kriegführung. Im deutschen Interesse lag die Kriegsverhinderung durch Abschreckung. General Ulrich de Maizière hob hervor: »Die Abschreckungsstrategie besitzt Priorität vor denkbaren Kriegführungsstrategien[38].«

Das deutsche Offizierkorps war gespalten. General Adolf Heusinger, der erste Generalinspekteur der Bundeswehr, hatte zu einem sehr frühen Zeitpunkt die Lösung für das Dilemma gefunden: die »Sowohl-als-auch-Streitkräfte«. Für die

---

[34] Hans-Jürgen Schraut, Die Streitkräftestruktur der Bundeswehr 1955-1990. Eine Dokumentation im Rahmen des Nuclear History Program, Ebenhausen 1993.
[35] Michael Poppe, Die Entwicklung der Artillerie in der Bundeswehr 1956-2006. In: Zu Gleich. Zeitschrift der Artillerietruppe, 1 (2006), S. 5-14.
[36] FüS III, Atomare Trägermittel der Bundeswehr, NHP-Dok. Nr. 175, zit. nach Axel Gablik, Strategische Planungen in der Bundesrepublik Deutschland 1955-1967: Politische Kontrolle oder militärische Notwendigkeit? Baden-Baden 1996, S. 477.
[37] Gerd Schmückle, Wandlung der Apokalypse – eine Betrachtung über das Kriegsbild in Europa. In: Christ und Welt, 26.1.1962, S. 33 f.
[38] Ulrich De Maizière, Zur Mitwirkung der Bundesrepublik Deutschland an der Nuklearstrategie der NATO (1955-1972). In: Deutschland zwischen Krieg und Frieden. Beiträge zur Politik und Kultur im 20. Jahrhundert. Festschrift für Hans-Adolf Jacobsen. Hrsg. von Karl-Dietrich Bracher, Düsseldorf 1990, S. 277-290, hier S. 288.

Bundeswehr bedeutete dieser Kompromiss angesichts der knappen Finanzen allerdings einen Spagat zwischen der teuren Modernisierung der konventionellen Kräfte und den kostspieligen neuen Waffen. Ausgegangen wurde von einem begrenzten konventionellen Angriff des Warschauer Paktes, auf den die NATO angemessen reagieren wollte. Dies beinhaltete die rein konventionelle Abwehr, aber auch den selektiven Einsatz von Atomwaffen und den totalen Atomkrieg. Allerdings brachte Baudissin auf den Punkt, was viele Heeresgenerale gerne verdrängten: »Sobald eine Seite die Entscheidung sucht, wird sie zu nuklearen Waffen greifen[39].« Diese Auffassung entsprach der geltenden Vorschriftenlage. Nicht umsonst fasste die Truppenführungsvorschrift (HDv 100/1 oder TF 62) vom Oktober 1962 zum ersten Mal die konventionelle und die atomare Kriegführung zusammen[40]. Der Kernsatz des Abschnittes Verteidigung – damals noch Abwehr – war:

»454. Die Stärke der Abwehr liegt in dem überlegten und wendigen Einsatz von Atomwaffen in Verbindung mit angriffsweiser Gefechtsführung durch mechanisierte Verbände[41].«

Die Bedenken zahlreicher deutscher Generale, der massive Einsatz von Atomwaffen mache eine Gefechtsführung unmöglich, war somit mehr als berechtigt. Eine erste Veränderung brachten die von Oberstleutnant i.G. Hans-Otto Göricke erarbeiteten nationalen Führungsrichtlinien für den Einsatz von Atomwaffen, die der damalige Heeresinspekteur Generalleutnant de Maizière im Juli 1966 unterschrieb. Nach Rücksprache mit dem Oberbefehlshaber für die Alliierten Landstreitkräfte (COMLANDCENT), General Johann Adolf Graf von Kielmansegg, versuchte de Maizière mit diesem Dokument die nationalen Befehlshaber auf einen verantwortungsbewussten und restriktiven Umgang mit Atomwaffen einzuschwören[42]. Zwar sah er weiterhin die Notwendigkeit frühzeitiger Atomwaffeneinsätze, um bei einem großangelegten Feindangriff den EDP-Auftrag erfüllen zu können. Jedoch bedeutete ein Versagen der glaubhaften und lückenlosen Abschreckung unvorstellbare Zerstörungen auf deutschem Territorium. Deshalb forderte de Maizière von seinen Kommandeuren:

»Bei dem Einsatz von Atomwaffen sind die Auswirkungen auf die Bevölkerung und im Hinblick auf Erhaltung des eigenen Landes besonders zu beachten [...] Durch die richtige Wahl des Ortes, der Art und Zeit des Einsatzes kann oft sowohl den militärischen Erfordernissen als auch der gebotenen Rücksichtnahme entsprochen werden[43].«

Im EDP 1-68 waren offenbar keine atomaren Feuerfelder mehr vorgesehen[44]. Diese Entwicklung hing auch mit der Vorstellung vom »begrenzten Krieg« zu-

---

39 Wolf von Baudissin, Das Kriegsbild, [Bad Godesberg 1962], S. 17 (Beilage zu Information für die Truppe, 1962, 9, S. 3‑19).
40 Werner von Scheven, Die Truppenführung – Zur Geschichte ihrer Vorschrift und zur Entwicklung ihrer Struktur von 1933 bis 1962, Jahresarbeit, Führungsakademie der Bundeswehr Hamburg 1969.
41 HDv 100/1, Truppenführung (TF), Oktober 1962, S. 193 f., BArch, BHD 1.
42 Führungsrichtlinien für den Einsatz von Atomwaffen (de Maizière), 18.7.1966, BArch, BH 2/160. Siehe auch Ulrich de Maizière, In der Pflicht. Lebensbericht eines deutschen Soldaten im 20. Jahrhundert, Herford 1989, S. 277 f.
43 Führungsrichtlinien für den Einsatz von Atomwaffen (wie Anm. 42), S. 9.
44 Hinweis Generalmajor a.D. Dieter Brand, Oktober 2005.

sammen, die sich im Zuge des Strategiewandels in den Vordergrund drängte. Zahlreiche Übungen und Manöver waren auf diese mögliche Vorstufe eines allgemeinen Krieges ausgerichtet und beeinflussten zunehmend auch die Operationsplanungen der NATO[45]. So hatte die Gefechtsübung des Heeres »Schwarzer Löwe« für das Jahr 1968 die bewegliche Führung und schnell ablaufende Bewegungen im nicht-atomaren Gefecht zum Thema. Damit war auch die Absicht verbunden, den gültigen EDP im Abschnitt des II. Korps zu überprüfen. Allerdings wurde die Übung aufgrund der Tschechoslowakei-Krise in den württembergischen Raum, rund 200 Kilometer westlich des vorgesehenen Geländes, verschoben. Zum Schutz der Grenze in Ostbayern beauftragte der Kommandierende General, Generalleutnant Karl-Wilhelm Thilo, die 1. Gebirgsdivision und Teile der 4. Panzergrenadierdivision. Darüber hinaus war auch die 10. Panzergrenadierdivision personell und materiell auf Kriegsstärke aufgefüllt[46]. Die Übungsauswertung zeigte, dass das bewegliche Gefecht unter nicht-atomaren Bedingungen durchaus erfolgreich zu führen war. Allerdings stellte es hohe Anforderungen an Mensch und Material und setzte die Bildung von panzerstarken operativen Reserven voraus. Die im EDP vorgesehenen operativen Reserven im süddeutschen Raum, die 10. Panzergrenadier- und die 12. Panzerdivision, wurden nach der Übung als Minimalansatz hierfür betrachtet. Die »rote Partei« konnte sich allerdings in der Gesamtbewertung durchsetzen und zeigte, welche Gefahr von rücksichtslos geführten feindlichen Truppen mit weit gesteckten Angriffszielen ausging.

Die Vorneverteidigung

Die Verteidigung des Bündnisgebietes so weit ostwärts wie möglich war ein dringendes Anliegen deutscher Militärs. Es entsprach auch den gültigen NATO-Strategiepapieren, allein die Umsetzung ließ angesichts fehlender Divisionen zu wünschen übrig. Dies änderte sich mit der Assignierung deutscher Großverbände und dem damit verbundenen wachsenden Einfluss deutscher Generale, vor allem unter dem COMLANDCENT General Hans Speidel. Aber auch andere höhere NATO-Kommandeure, zum Beispiel der Oberbefehlshaber Alliierte Streitkräfte Europa-Mitte (CINCENT) Jean Valluy oder der oberste Alliierte Befehlshaber Europa (SACEUR) Lauris Norstad, wollten den Kampf nahe der innerdeutschen Grenze aufnehmen. Doch vor allem Briten und Franzosen waren in dieser Frage sehr zurückhaltend. Bis 1957 war die Hauptverteidigungslinie die Rhein–Ijssel-Linie.

---

[45] Johannes Steinhoff und Reiner Pommerin, Strategiewechsel: Bundesrepublik und Nuklearstrategie in der Ära Adenauer-Kennedy, Baden-Baden 1992 (= Nucelar History Program, 30/1).

[46] Zur Gefechtsübung siehe II. Korps, G 3, Erfahrungsbericht Schwarzer Löwe, 18.12.1968, BArch, BH 7-2/346; und Karl-Wilhlem Thilo, Die Tschechenkrise 1968. In: Vom Kalten Krieg zur deutschen Einheit. Analysen und Zeitzeugenberichte zur deutschen Militärgeschichte 1945 bis 1995. Im Auftrag des MGFA hrsg. von Bruno Thoß unter Mitarb. von Wolfgang Schmidt, München 1995, S. 179–185.

Die geplante Verteidigung der bayerischen Alpen 249

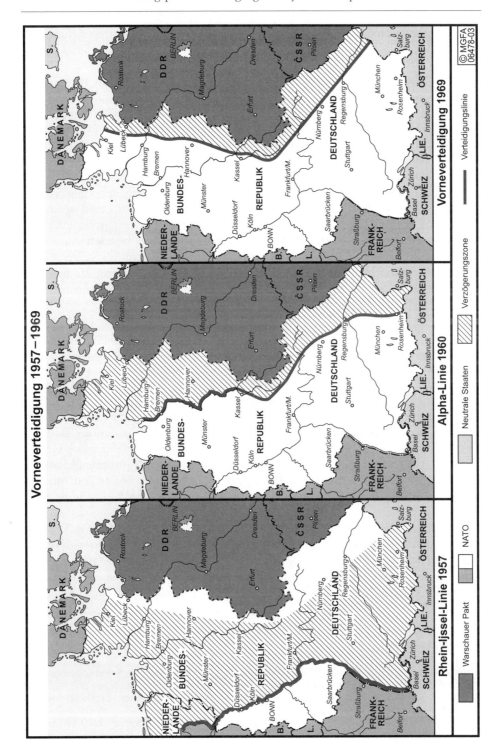

Davor lag die Verzögerungszone bis zur Ems–Neckar-Linie, davor wiederum eine erste Widerstandslinie an der Weser–Lech-Linie. Die NATO ging allerdings davon aus, dass Feindkräfte bereits nach wenigen Tagen die Ems–Neckar-Linie überschritten hätten. Brigadegeneral de Maizière notierte dazu im Frühjahr 1957: »Masse Süddeutschland, vor allem Bayern, soll mehr oder weniger kampflos geräumt werden. Erster wirklicher Widerstand in emnec Linie [Ems–Neckar-Linie]. Eingreifen bei Landcent u. evtl. Shape dringend nötig[47]!« Im Norden Deutschlands sah es zu dieser Zeit nicht viel besser aus, da die Briten ostwärts der Weser nur leichte Deckungstruppen einsetzen wollten.

Ein erster Durchbruch konnte mit dem EDP 2-58 im Juli 1958 und der Aufgabe der Rhein–Ijssel-Linie zugunsten der Ems–Neckar-Linie als Hauptverteidigungslinie erzielt werden. Ab der Weser–Lech-Linie sollte der Feind verzögert werden. CENTAG führte ab Sommer 1958 vier nach Osten verschobene Verteidigungslinien ein, die vorderste Linie verlief vom Vogelsberg westlich von Fulda über Schweinfurt und Nürnberg nach Landshut und Rosenheim. Im Süden sollten französische Streitkräfte nun nicht mehr entlang der Iller ersten Feindkontakt haben, sondern bereits am Lech. Im Norden sprach sich der britische NATO-Oberbefehlshaber aufgrund fehlender Divisionen weiterhin gegen eine Vorverlegung der Verteidigung ostwärts der Weser aus. Trotz dieser Schwierigkeiten legte SACEUR Norstad im April 1962 fest, eine bewegliche Verteidigung unmittelbar am Eisernen Vorhang beginnen zu lassen[48]. Nach einem ersten Befehl an alle Heeresgruppen erließ COMLANDCENT Speidel bereits im Juni 1962 eine operative Weisung, die festlegte, wie die Vorwärtsverteidigung bis 1966 umzusetzen sei[49]. Hinter einer Grenzüberwachungszone von etwa zehn bis 15 Kilometern sollten die Deckungstruppen so aufgestellt sein, dass sie sofort und mit voller Wirksamkeit den Verzögerungskampf aufnehmen konnten. Allerdings wurde in einer NATO-Übung im Frühjahr 1962 deutlich, dass auch eine Verstärkung des Geländes in der Verzögerungszone und hier der Einsatz von Atomsprengladungen (Atomic Demolition Munitions, ADM) sowie der frühzeitige Einsatz von anderen taktischen Nuklearwaffen für eine erfolgreiche Vorwärtsverteidigung notwendig waren[50].

Mit dem EDP 1-63 vom September 1963 hatten sich die operativen Vorstellungen vor allem der deutschen Militärs endgültig durchgesetzt. Die Ems–Neckar-Linie als Hauptverteidigungslinie wurde zugunsten der Weser–Lech-Linie aufgegeben. Im Gegensatz zu den früheren EDPs wären im Kriegsfall statt 50 Prozent nun rund 90 Prozent des Bundesgebietes verteidigt worden. Der Preis war aller-

---

[47] DTB de Maizière, STAL FüS III am 28.5.1957, BArch, N 673/23.
[48] Schreiben Norstad an CINCENT Jacquet, 6.4.1962, SHAPE/80/62 (P-5 R-150 E 53). Für die Herabstufung zahlreicher Dokumente danke ich Dr. Greg Pedlow, SHAPE, Mons.
[49] Hinweis im Vortragsmanuskript General Speidel, »Forces de couverture«, 29.6.1962, MGFA, Nachlass Hans Speidel/82.
[50] NATO Ex Hostage Brun, Juni 1962, BMVg, FüH II Erfahrungsberichte NATO-Übungen, BArch, BH 1/599.

dings hoch, denn die NATO-Oberbefehlshaber gingen davon aus, dass frühzeitig Atomwaffen eingesetzt werden mussten. General Speidel stellte dazu im Januar 1963 fest: »Unser Kampf kann bei den gegenwärtigen Stärkeverhältnissen nur Aussicht auf Erfolg haben, wenn nukleare Waffen eingesetzt werden. Ihre frühzeitige Freigabe ist lebensnotwendig[51].«

Nicht nur die Großübungen der NATO und der Bundeswehr zeigten, dass Ende der Sechzigerjahre eine im Schwerpunkt auf konventionelle Streitkräfte abgestützte Vorneverteidigung auf tönernen Füssen stand. Angesichts des Ausscheidens Frankreichs aus der militärischen Bündnisorganisation 1966 und der Truppenreduzierungen anderer Bündnispartner war es zweifelhaft, ob nach einem massiven Angriff so weit vorne wie möglich verteidigt werden konnte. Vielmehr bestand die Gefahr, aufgrund der fehlenden präsenten Truppen doch wieder weite Teile der Bundesrepublik aufgeben zu müssen und auf den frühzeitigen Einsatz von taktischen Nuklearwaffen angewiesen zu sein. Nicht umsonst wurde in der Gefechtsübung des Heeres »Großer Rösselsprung« im September 1969 die Aufgabenstellung des letzten Jahres um das Thema »Übergang zum selektiv atomar geführten Gefecht« ergänzt[52].

Die von Verteidigungsminister Gerhard Schröder im März 1967 eingeführte Sprachregelung, statt »Vorwärtsverteidigung« besser von »Vorneverteidigung« zu sprechen, entbehrte angesicht mangelnder Truppen kaum weniger der Grundlage als der bisher gültige Begriff. Weiterhin waren die mit der neuen NATO-Strategie der Flexiblen Antwort verbundenen Verteidigungsplanungen abhängig von der Bereitschaft der Mitgliedstaaten, Streitkräfte zur Verfügung zu stellen. Aus dem Ruhestand meldete sich der ehemalige Generalinspekteur Heusinger zu Wort und mahnte starke präsente konventionelle Streitkräfte mit atomaren Waffen an, »um zu vermeiden, dass Gegner sofort tief vorstößt und nicht wieder zurückzuwerfen ist«[53]. In einem Interview für die »Bunte Illustrierte« im März 1967 zeichnete er ein bedrückendes Bild:

»Das Missverhältnis zwischen den verfügbaren Kräften und der Aufgabe der Vorneverteidigung, die starke konventionelle Überlegenheit des Ostblocks [...], die bedenkliche Truppenreduzierung der NATO [...] haben zu ernsten Zweifeln an der Erfüllbarkeit des Auftrages geführt [...] Auftrag und militärische Mittel müssen endlich in Einklang gebracht werden[54].«

Dieser Truppenmangel war der ständige Begleiter der Modernisierung der Bundeswehr in den Siebzigerjahren. Die Lösung dieses Problems galt bald als Lackmustest für den politischen Willen zur Umsetzung einer erfolgversprechenden Vorneverteidigung.

---

51 Ausführungen COMLANDCENT am 17.1.1963, BArch, BW 2/8742.
52 III. Korps, G 3, Erfahrungsbericht Großer Rösselsprung, 19.12.1969, BArch, BH 7-3/14.
53 Zit. nach Georg Meyer, Adolf Heusinger. Dienst eines deutschen Soldaten 1915 bis 1964, Hamburg 2001, S. 806. Heusinger war 1966/1967 Gastdozent an der Universität Köln.
54 DPA-Archiv, HG 1961, Die Bundeswehr an der Schwelle der Siebziger Jahre, 29.9.1969, S. 9.

Die Planungen zur Verteidigung Süddeutschlands

Wie sollten nun die bayerischen Alpen durch das deutsche II. Korps – in NATO-Diktion: II. (GE) Korps – verteidigt werden und wie wirkte sich der absehbare Strategiewechsel der NATO auf die Operationsplanungen für Süddeutschland aus? Mit den in der DDR und in der ČSSR stationierten mechanisierten Kräften, 1968 immerhin allein 26 sowjetische Divisionen, war der Warschauer Pakt in der Lage, jederzeit ohne Aufmarschvorbereitungen überraschend anzugreifen[55]. Die Vorwarnzeit lag dann unter acht Stunden, was für den eigenen Aufmarsch gemäß den Einsatzplanungen nicht ausreichte. Für einen Überraschungsangriff gab es seitens der NATO Notfallpläne, die jedoch die Alarmverbände mit kaum erfüllbaren Aufträgen betrauten. Die Feindbeurteilung ergab allerdings Vorwarnzeiten zwischen 48 und mehr Stunden. Das erste operative Ziel war der Rhein. Die Truppen des Warschauer Paktes wollten dazu entscheidende Geländeräume in schnellem Zugriff nehmen, um die Operationsfreiheit ihrer Panzerverbände zum Durchstoßen in die Tiefe zu gewinnen. Im Bereich der Heeresgruppe Mitte (CENTAG) wurde der Hauptstoß aus dem Thüringer Becken heraus in Richtung auf Frankfurt und Nebenstöße über Meiningen–Würzburg auf Mannheim und über Hof–Bayreuth–Bamberg auf Karlsruhe angenommen.

Daneben wurde mit Angriffen aus dem Gebiet der damaligen Tschechoslowakei mit Schwerpunkt nördlich der Donau beiderseits Nürnberg Richtung Rhein zwischen Karlsruhe und Speyer gerechnet[56]. Eine weitere Stoßrichtung wurde aus der Further Senke über Cham zum Donau-Abschnitt Regensburg–Straubing–Deggendorf angenommen, um südlich der Donau nach Westen vorzugehen. Schließlich schien ein Angriff unter Verletzung der Neutralität Österreichs über München–Ulm–Stuttgart an den Rhein wahrscheinlich. Aufgrund des Geländes wurden starke Infanteriekräfte in erster Welle erwartet, die nachfolgenden Panzerverbände hätten taktische Erfolge operativ ausgenutzt.

Die Einsatzplanung für Süddeutschland ging von einer ersten Angriffswelle mit 12 bis 16 sowjetischen und tschechischen Divisionen aus. Darüber hinaus hatte die feindliche Artillerie eine Überlegenheit im Verhältnis 7:1. Erschwerend kam Ende der Sechzigerjahre eine 4:1-Überlegenheit des Warschauer Paktes an konventionellen Kampfflugzeugen hinzu. Pro Tag wurde von 2500 bis 4000 konventionellen Einsätzen und insgesamt rund 800(!) möglichen nuklearen Einsätzen mit Strike-Flugzeugen und Flugkörpern gegen Ziele im gesamten AFCENT-Bereich ausgegangen[57].

---

[55] Zur sowjetischen Militärstrategie David M. Glantz, The Military Strategy of the Soviet Union: A History, 2. ed., Abingdon, Oxon 2004, hier S. 169–213.

[56] Zu den Operationsplanungen des Warschauer Paktes anhand tschechischer Akten siehe Petr Lunak und Voitec Mastny, Taking Lyon on the Ninth Day? The 1964 Warsaw Pact Planfor a Nuclear War in Europe and related Documents. PHP Publications Series Washington, DC, Zürich, Mai 2000, <www.isn.ethz.ch/pubs/ph/details.cfm?lng=en&id=1069>.

[57] GI an Insp der Lw, 30.1.1969, Operationsplanung NORTHAG/2. ATAF, BArch, BL 1/4050. Für diesen Hinweis bin ich meinem Kollegen Dr. Bernd Lemke sehr dankbar.

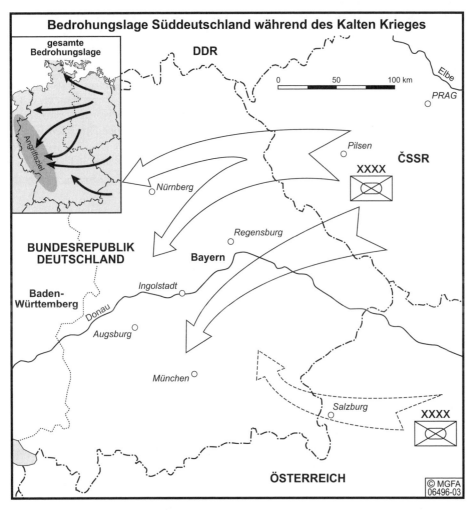

Die Heeresgruppe Nord (NORTHAG) beabsichtigte mit vier Korps, mit Schwerpunkt im Süden des Gefechtsstreifens, nebeneinander zu verteidigen. Die Truppen der Heeresgruppe Nord hätten das Vorgehen des Feindes ostwärts der Weser verzögert und wären dann zur Verteidigung im Verlauf des Flusses übergegangen[58].

Die CENTAG sollte mit vier Korps, mit Schwerpunkt im Norden, beweglich verteidigen. Der Abwehrraum ZULU (1963) mit ostwärtiger Linie Fulda–Bamberg–Regensburg–Straubing–Mühldorf und des Inn sollte ebenso gehalten werden wie der Abwehrraum SWITCH. Dieser war für einen Angriff sowjetischer Truppen über Österreich vorgesehen und erstreckte sich weiter im Süden über Tittmoning und entlang der Salzach[59].

---

[58] Dazu Warfare in the Central Sector (wie Anm. 25).
[59] CENTAG-EDP-Übung Grand Slam II 1963, KTB II. Korps, Juni 1963, BArch, BH 7-2/148.

Das deutsche II. (GE) Korps sollte bei einem Überraschungsangriff unter gleichzeitiger Herstellung der vollen eigenen Abwehrbereitschaft den Feind so weit ostwärts wie möglich auffangen und ihn im Gegenangriff zurückwerfen und damit einen Durchbruch des Feindes aus dem Süden zum Rhein bzw. zur Ruhr verhindern. Dabei bildeten der Oberpfälzer und der Bayerische Wald den Eckpfeiler der Verteidigung Süddeutschlands. Dazu standen dem II. Korps eine Panzergrenadierdivision und eine Gebirgsdivision mit insgesamt rund 600 Kampf- und Jagdpanzern zur Verfügung. Die 10. Panzergrenadierdivision mit vier Brigaden war in den Sechzigerjahren Heeresgruppenreserve der CENTAG. Das Korps hatte einen rund 160 Kilometer breiten Gefechtsstreifen zu verteidigen, der sich bei einer Verletzung der Neutralität Österreichs sogar auf über 300 Kilometer erweitert hätte.

Das II. Korps plante die Abwehr mit der 4. Panzergrenadierdivision im Schwerpunkt links und 1. Gebirgsdivision rechts eingesetzt. Die 4. sollte mit der Masse ihrer Kräfte an der Naab kämpfen, rund 30 Kilometer westlich der Grenze zur ČSSR. Die 1. Gebirgsdivision sollte das Chamer Becken und die Zugänge zum bayerischen Wald behaupten. Für die Überwachung bis zur österreichischen Grenze war nur ein Deckungsverband (»Freyung«), ein verstärktes Panzeraufklärungsbataillon, vorgesehen. Einen Durchbruch des Feindes über die Naab und über die Donau galt es zu verhindern[60].

Das Korps verfügte über keine größere Reserve. Vielmehr standen die jeweiligen Divisionsreserven unter Führungsvorbehalt des Korps. 1972 ging der Korpsstab davon aus, dass allein vor der 4. Division vier feindliche Divisionen in erster Staffel antreten würden. Drei motorisierte Schützen- und eine Panzerdivision hätten insgesamt über 800 Kampfpanzer in den Einsatz geführt. Die zwei vorn eingesetzten Jägerbrigaden – des in der Heeresstruktur 3 aus Kostengründen »verschlankten« und in 4. Jägerdivision umbenannten Großverbandes – hätten dem Gegner nur 96 Kanonenjagd-, 16 Raketenjagdpanzer und 36 mit Lenkraketen ausgerüstete Panzerabwehrtrupps entgegensetzen können. Frühzeitig wäre so der Einsatz der Divisionsreserve, der Panzerbrigade 12, notwendig geworden. Eine beweglich geführte Verteidigung war angesichts der vorhandenen Kräfte sowie der überbreiten Gefechtsstreifen und der feindlichen Luftüberlegenheit schwer möglich. Dem Handlungsspielraum des Kommandiereden Generals waren somit enge Grenzen gesetzt. Generalleutnant a.D. Franz Uhle-Wettler zitiert einen Kommandierenden General mit den Worten: »Wenn das Korps seine Reserven eingesetzt hat, wird es sie in Anbetracht des Kräfteverhältnisses kaum wieder herausziehen können. Folglich habe ich dann kaum noch etwas zu tun[61].« Eine Reaktion auf diese Entwicklung war die – jedoch nur zeitlich befristete – Schaffung eines selbstständigen Panzerregiments und die Unterstellung einer Luftlandebrigade für jedes deutsche Korps in der Heeresstruktur 3 ab 1970.

---

[60] Op-Plan 1-63, III. Korps, 17.7.1963, BArch, BH 7-3/239. Darin die Zusammenfassung für das II. Korps.
[61] Brief Generalleutnant a.D. Franz Uhle-Wettler an den Autor vom 30.1.2007.

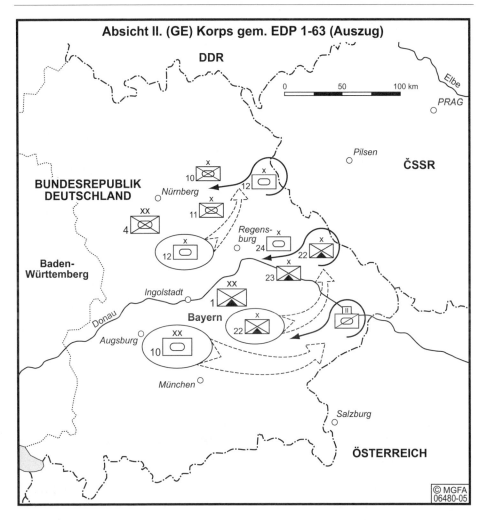

Der Korpsartillerie-Kommandeur 2 hätte den Feuerkampf des Korps geleitet und sichergestellt, dass entsprechend dem Feuerplan die atomaren Einsatzmittel nach Freigabe auf westdeutschem Gebiet und auf Ziele ostwärts der Grenze zur damaligen ČSSR unverzüglich gewirkt hätten und das Feuer der nichtatomaren Artillerie der Divisionen kurzfristig zusammengefasst worden wäre[62].

Nach Freigabe sollte die Korpsartillerie[63] zudem Feindmassierungen, Bereitstellungen und Artillerienester vernichten und auf Abruf zusätzliche Feuerfelder

---

[62] II. Korps, Anweisung für den Einsatz von Atomwaffen im Bereich des II. (GE) Korps, 15.11.1963, BArch, BH 2/1247

[63] Honest John: 40 km Reichweite, 2-50 KT; Sergeant: 150 km Reichweite, 2-50 KT; Divisionsartillerie: 6 Honest-John-Werfer, 12 x 175-mm-Geschütze, 4 x 203-mm-Geschütze; Korpsartillerie: 8 Sergeant-Werfer, 12 x 203-mm-Geschütze. Erster Raketenabschuss bei beiden Systemen nach

auslösen. Feuerfelder bestanden aus mehreren atomaren Zielpunkten. Diese bildeten neben den vorgeplanten atomaren Einzelzielpunkten den Feuerplan der atomaren Artillerie. Die Atomartillerie sollte so vorgezogen werden, dass bei Freigabe Massierungen des Feindes auch ostwärts der Grenze vernichtet worden wären. Ziele waren in erster Linie markante Verkehrspunkte und Brücken, aber auch Ortsausgänge, Ortsmitten und Höhengelände. Damit sollten die feindlichen Reserven (Zweite Staffel) zerschlagen werden. Die strategischen Reserven des Feindes sollten als Teil des atomaren Feuerplanes durch die Einsatzmittel der Armee und jene der Luftwaffe vernichtet werden. Im Falle eines Bruchs der Neutralität Österreichs war mit dem verstärkten Einsatz von Atomwaffen am Südflügel des II. Korps zu rechnen. Zu Beginn der Sechzigerjahre hätten dazu von der 7. US-Armee zusätzlich rund 50 Atomsprengkörper zwischen einer und 45 KT angefordert werden können[64]. Trotz der fehlenden Anhänge mit den Details zum Artillerieeinsatz lässt sich feststellen, dass die zusammengefasste Feuerkraft des Korps und der Divisionen eine verheerende Wirkung auf mögliche Angriffskräfte gehabt hätte. Der Schwerpunkt lag eindeutig auf dem Einsatz der Atomartillerie.

In einer ersten Phase lag der Sperrschwerpunkt der Pioniere an der Naab. Allein entlang des Flusslaufes waren über 100 vorbereitete Sperren vorgesehen. Im weiteren Verlauf des Gefechtes fiel dem Sperreinsatz im Chamer Becken besondere Bedeutung zu, da hier der Feind durch Zusammenwirken von Sperren, Feuer und Gegenangriff zum Stehen gebracht werden sollte. Den Divisionen standen für das Abwehrgefecht Atomsprengladungen (ADM) zur Verfügung[65]. Die Zielpunkte waren in erster Linie Straßen und Straßenkreuzungen. Der Einsatz der ADM erfolgte nach Antrag der Divisionen auf Befehl des Korps. Noch Ende 1965, so erinnert sich Generalleutnant a.D. Uhle-Wettler, hatte er als G3 Op – zuständig für die operative Planung – des I. (GE) Korps zusammen mit dem Kommandierenden General und dem Chef des Stabes im Gelände alle vier bis fünf Kilometer einen ADM-Punkt festzulegen. Dabei waren die ADM-Anschlusspunkte zu den benachbarten Korps vorgegeben[66]. Bei einer Breite des Gefechtsstreifens des II. Korps von rund 160 Kilometer können mindestens 40 vorgeplante ADM angenommen werden. Leider geben die ausgewerteten Dokumente keinen genauen Verlauf der vorgeplanten ADM-Punkte wieder. Ein Blick in die EDPs des III. (GE) Korps des Jahres 1963 zeigt, dass ein gestaffelter Einsatz von insgesamt rund 90 Zielpunkten zwischen der innerdeutschen Grenze und dem Abwehrraum geplant war[67]. Der damalige Kommandierende General des I. Korps, Generalleutnant Wilhelm Meyer-Detring, brachte noch während der Erkundung der ADM-Punkte seine Skepsis zum Ausdruck: »Wenn das geschieht, ist es das Ende

---

zehn bis 15 Minuten, zweiter Abschuss bei Honest John nach zehn Minuten, bei Sergeant nach einer Minute.
[64] CENTAG-EDP-Übung Grand Slam II 1963, KTB II. Korps, Juni 1963, BArch, BH 7-2/148.
[65] Reiner Pommerin, General Trettner und die Atom-Minen. In: Vierteljahrshefte für Zeitgeschichte, 39 (1991), S. 637–654.
[66] Brief Generalleutnant a.D. Uhle-Wettler an den Autor vom 30.1.2007.
[67] Op-Plan 1-63, III. Korps, 17.7.1963, BArch, BH 7-3/239.

Deutschlands und wohl auch der meisten Deutschen[68].« Erst 1985 wurde der Abzug aller Atomsprengladungen aus Deutschland angeordnet.

Schließlich sollten Kampfflugzeuge der 4. Taktischen Luftflotte der NATO (ATAF) dem II. Korps durch bewaffnete Aufklärung entlang der Anmarschstraßen des Feindes und durch Luftnahunterstützung (Close Air Support) mit nichtatomaren Mitteln zur Hilfe kommen. Darüber hinaus wären nach Freigabe die automatischen Zielpläne der CENTAG, der »Nuclear Strike Plan« sowie das »Armed Strike Recce«-Programm, realisiert und Ziele in der Tiefe vernichtet worden. Insgesamt standen 1968 dafür 400 Kampfflugzeuge zur Verfügung. Allerdings wies die Luftwaffe immer darauf hin, dass die Kräfte zur Unterstützung des Heeres in einer beweglichen Abwehrschlacht nicht ausreichen würden[69].

Erst Anfang der Achtzigerjahre sollte den NATO-Operateuren aufgrund der Verstärkung des II. (GE) Korps durch die Unterstellung der Luftlandedivision und der 10. Panzerdivision eine nachhaltige Verteidigungsplanung gelingen[70]. Das Korps konzentrierte seine Kräfte jetzt zunächst nördlich der Donau gegen einen Angriff aus der ČSSR, um den Oberpfälzer und den Bayerischen Wald als Eckpfeiler der Verteidigung Süddeutschlands zu behaupten. Die 10. Panzerdivision stand als Korpsreserve ebenfalls nördlich der Donau bereit, konnte aber auch in den Raum südlich der Donau verlegt werden, falls der Hauptangriff über Österreich erfolgen sollte. Eine zusätzliche Reserve war die kampfkräftige 4. Kanadische Brigadegruppe. Die 1. Gebirgsdivision war nur noch für den Raum nördlich der Donau verantwortlich, im Raum zwischen Donau–Inn–Salzach–Isar wurden Teile der 1. Luftlandedivision eingesetzt[71].

Bis zum Ausscheiden Frankreichs aus der militärischen Organisation der NATO 1966 spielte die 1. Französische Armee eine wichtige Rolle bei der geplanten Verteidigung Süddeutschlands. Im CENTAG-EDP von 1960 hatten die französischen Streitkräfte den Auftrag, das Verzögerungsgefecht zwischen den Flüssen Lech und Iller zu führen und entlang der Iller zu verteidigen[72]. Ein französisches Korps war darüber hinaus CENTAG-Reserve, die 2. Französische Armee war strategische Reserve. Im CENTAG-EDP 63 war dagegen bereits eine grenznahe Verteidigung vorgesehen[73]. Das II. (GE) Korps kämpfte im Verband der 1. Französischen Armee grenznah, nachdem es im EDP-60 noch Teil der 7. US-Armee war. Dem deutschen Korps waren auch französische Verbände unterstellt. Die Masse war jedoch wie drei Jahre zuvor für eine Verteidigung entlang der Iller oder zur Verstärkung der deutschen Truppen eingeplant. Damit bildeten die französi-

---

68 Zit. nach Generalleutnant a.D. Uhle-Wettler, Brief an den Autor vom 30.1.2007.
69 Bernd Lemke, Dieter Krüger, Heinz Rebhan und Wolfgang Schmidt, Die Luftwaffe 1950 bis 1970. Konzeption, Aufbau, Integration, München 2006 (= Sicherheitspolitik und Streitkräfte der Bundesrepublik Deutschland, 2).
70 Befehl Nr. 1 (Entwurf) für die Verteidigung Ostbayerns (GDP 82), Op-Plan II. (GE) Korps 33001, 6.9.1981, BArch, BH 7-2/490.
71 Divisionsbefehl Nr. 1/80 für die Verteidigung im Bayerischen Wald, 1. Gebirgsdivision, 9.9.1980, BArch, BH 8-8/207.
72 CENTAG EDP 1-60, SHAPE, 35 mm, P05 R144, L-028.
73 Erfahrungsbericht Grand Slam II, II. Korps, 15.5.1963, BArch, BH 7-2/153.

schen Streitkräfte sozusagen die zweite Staffel der Verteidigung Süddeutschlands. Nach 1966 gab es mehrere Vereinbarungen zwischen Paris und der NATO über den Einsatz der konventionellen Streitkräfte bei einem Angriff des Warschauer Paktes. 1968 versicherte General Jacques Massu, die französischen Streitkräfte im Kriegsfall an den Lech zu führen. Allerdings konnte dies nur nach einer dementsprechenden politischen Entscheidung der französischen Regierung erfolgen. Es blieb bei dem wahrscheinlichen Einsatz im Rahmen der früheren EDP-Aufträge.

Der »Fall Süd«

Ein Bruch der Neutralität Österreichs hätte die operativen Aufgaben der NATO-Kommandeure deutlich erschwert. Allein die Breite des Gefechtsstreifens des II. (GE) Korps hätten sich fast verdoppelt. Dabei wurden zwei unterschiedliche Lagen angenommen: Zum einen die »kleine Lösung«, das heißt der Angriff zweier Panzerdivisionen des Militärbezirkes Ost aus dem Raum Budweis über Linz nach Westen; zum anderen die »große Lösung« in Form einer Angriffsoperation starker Kräfte des Militärbezirks Karpaten über Wien nach Westen. Letzteres Szenario hätte allerdings umfangreiche Mobilmachungsmaßnahmen vorausgesetzt, die nicht unerkannt geblieben wären[74]. In zahlreichen NATO-Übungen wie etwa der Stabsrahmenübung »Check Mate« 1961 oder »Wintex 75« wurde dieser Fall durchgespielt. Auch hier zeigt sich bei genauer Betrachtung, dass die fehlenden Divisionen durch den verstärkten Einsatz atomarer Gefechtsfeldwaffen ausgeglichen worden wären. In seinem Zustandsbericht aus dem Jahre 1971 stellte der Kommandierende General des II. (GE) Korps fest, dass sich der sehr wahrscheinliche Vorstoß feindlicher Großverbände durch Österreich im gültigen GDP nicht widerspiegelte[75]. Vielmehr seien die im eigentlichen Verteidigungsraum bereits überforderten Kräfte des Korps dafür nicht ausreichend; mögliche Reserveverbände der NATO stünden nicht zur Verfügung.

Um eine erst in der Linie Main–Neckar wirksam werdende Verteidigung zu vermeiden, schlug das Korps auf der einen Seite einen frühzeitigen und grenznahen Einsatz atomarer Mittel und auf der anderen Seite den Aufbau zusätzlicher, mobilmachungsabhängiger Kampfverbände und weiterer »Sperrverbände« auf der Basis der Heimatschutztruppe vor[76]. Angesichts der Umgliederung des Heeres in die dritte Struktur seit 1955 und angesichts der schwierigen Haushaltslage war der erste Vorschlag realistisch, der zweite eher weniger. Dem Korps sollten deshalb mit der Freigabe der Atomwaffen ein zusätzlicher Artillerie-Regimentsstab und mehrere zusätzliche Artillerieverbände zeitlich befristet unterstellt werden.

---

[74] Feindlage gem. Divisionsbefehl Nr. 1/80 für die Verteidigung im Bayerischen Wald (GDP 80), 1. Gebirgsdivision, 9.9.1980, BArch, BH 8-8/207.
[75] Militärischer Zustandsbericht II. Korps für 1971, 14.1.1972, BArch, BH 7-2/476.
[76] II. Korps an FüH betr. Verbesserung der Abwehrbereitschaft im süddeutschen Raum, 5.1.1973, BArch, BH 7-2/286b.

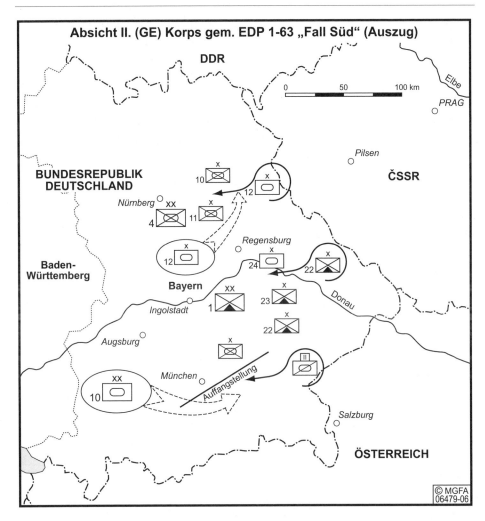

Es blieb die Improvisation: Um keine Lücken entstehen zu lassen, war es notwendig, frühzeitig Verbindung mit dem rechten Nachbarn, dem IV. (IT) Korps, aufzunehmen und die Korpsgrenze nach Süden und Südosten zu verlagern. Dazu trafen sich mehrmals im Jahr Verbindungsoffiziere aus den Korpsstäben, um Absprachen für den »Fall Süd« zu treffen. Diese reichten von den gemeinsamen Anschlusspunkten entlang der Salzach über gemeinsam zu nutzende Versorgungsanlagen bis hin zur möglichen Verstärkung der italienischen Truppen durch deutsche Fallschirmjäger[77]. Streitkräfte des Kommandobereichs LANDSOUTH sollten zudem das Inn-Tal sichern und Angriffskräfte Richtung Italien verzögern[78].

---

77 IV. (IT) Korps an II. (GE) Korps betr. Koordinierungssitzung, 22.1.1975, BArch, BH 7-2/467.
78 CENTAG EDP 1-60, SHAPE, 35 mm, P05 R144, L-028. 1960 war dafür das sogenannte Savoia-Regiment vorgesehen.

Das II. (GE) Korps hätte bei einem Angriff über Österreich die Verteidigung südlich der Donau unter Verlegung des Schwerpunktes geführt, um den Feind noch südlich der Isar zu zerschlagen. Dazu sollten Verbände der 1. Luftlandedivision unter Sicherung der südlichen Salzach und der Flusstäler des Inns ab Landesgrenze verzögern und den Raum Plattling–Landau–Landshut–Freising zeitlich befristet verteidigen, um damit Feindkräften ein Überschreiten der Isar zu verwehren und ein Vordringen in den Raum München zu verhindern. Die 10. Panzerdivision als Korpsreserve sollte dann Feindmassierungen im Gegenangriff zerschlagen. Die beiden anderen Divisionen des Korps sollten aufgrund des neuen Auftrages und der Schwerpunktverlagerung des Korps durch Heimatschutztruppen sowie durch die 4. Kanadische Brigadegruppe verstärkt werden[79]. Eine weitere wichtige Maßnahme für den »Fall Süd« war die frühzeitige Border Crossing Authority für die Luftstreitkräfte und für die eigenen Aufklärungskräfte sowie für den Einsatz der Artillerie. Dabei hatte die Luftwaffe nach Freigabe den Auftrag, den Anmarsch der Feindkräfte im Raum Oberösterreich aufzuklären, Feindannäherung durch das Mühlviertel auf die Donau und die Inn–Salzach-Linie zu verzögern und Feindangriffe über Inn und Salzach abzuriegeln. Eine deutliche Verstärkung der Artillerietruppen war ebenso vorgeplant wie die Aufnahme österreichischer Verbände, die nach angenommenem 36-stündigem Verzögerungskampf die deutsche Grenze erreichten. Auf Befehl des SACEUR war es aber auch möglich, Kampfhandlungen in Österreich durchzuführen. Die CENTAG EDP-Übung »Grand Slam II« sah für den »Fall Süd« eine »südliche Eventualgrenze« mit LANDSOUTH entlang der Linie Fernpass–Kufstein–Dachstein-Gebirge vor[80]. Allerdings waren diese Kampfhandlungen nicht im EDP vorgeplant. Sämtliche deutschen Korps- und Divisionsbefehle wiesen zudem darauf hin, dass die Grenze nach Österreich nur auf besonderen Befehl überschritten werden dürfe[81].

Zusammenfassung

Der geplante Krieg in den Sechziger- und Siebzigerjahren war der Krieg unter atomaren Bedingungen. Die Vorneverteidigung hätte vor allem aufgrund fehlender konventioneller Streitkräfte mit dem frühzeitigen Einsatz von Atomwaffen sichergestellt werden müssen[82]. In seinem militärischen Zustandsbericht des Jahres 1968 kommt der Kommandierende General, Generalleutnant Thilo, zum Ergebnis, dass

---

[79] Hierzu und im Folgenden Grundgedanken zur Operationsplanung (GDP 82), 10. Panzerdivision, 17.3.1983, BArch, BH 8-10/353.
[80] CENTAG-EDP-Übung Grand Slam II 1963, KTB II. Korps, Juni 1963, BArch, BH 7-2/148.
[81] Zum Beispiel Befehl Nr. 1 (Entwurf) für die Verteidigung Ostbayerns (GDP 82), Op-Plan II. (GE) Korps, 33001, 6.9.1981, BArch, BH 7-2/490. Darin wird angeordnet: »Jedes Überschreiten der Grenzen zu Lande, auf dem Wasser und in der Luft ist bis zur ausdrücklichen Genehmigung durch das Korps verboten.«
[82] Grundlegend Dieter Krüger, Schlachtfeld Bundesrepublik? Europa, die deutsche Luftwaffe und der Strategiewechsel der NATO 1958–1968. In: Vierteljahrshefte für Zeitgeschichte, 2 (2008), S. 171–225.

das II. Korps seinen EDP-Auftrag für einen begrenzten Zeitraum von wenigen Tagen erfüllen könne. Eine grenznahe Verteidigung sei allerdings nur bei frühzeitiger Freigabe zum selektiven Einsatz von Atomsprengkörpern und ADM möglich[83]. Dementsprechend waren die damaligen Operationspläne auf diesen frühzeitigen Einsatz ausgerichtet. Nur dadurch war eine frühe Fühlungnahme mit dem Feind ab der Demarkationslinie und eine Verzögerung und Verteidigung im Bereich des II. Korps denkbar. In einem Bericht des Korpsartilleriekommandeurs 2 aus dem Jahre 1964 über die Atomzielkonferenz der CENTAG heißt es dazu: »Die Operationen der Korps sind bisher in der Abwehr fest auf den Einsatz verfügbarer Atomsprengkörper abgestellt. Atom-Zielpunkte und Feuerfelder bilden einen integrierenden Bestandteil des Kampfes im Abwehrraum[84].« Nach seiner Einschätzung war ein neues Konzept des modernen konventionellen Feuerkampfes erst zu verwirklichen, wenn die dazu notwendige Ausstattung vorhanden sei. Die Bedenken zahlreicher deutscher Generale, der massive Einsatz von Atomwaffen mache eine Gefechtsführung unmöglich, war mithin mehr als berechtigt.

Die Atomzielplanung der NATO zu beeinflussen, war jedoch nicht so einfach. Helmuth Groscurth berichtet in seinen Erinnerungen, wie er 1966 als junger Major G-2 Stabsoffizier für nukleare Zielauswahl bei der NORTHAG wurde und keine nationalen Vorgaben für die Einflussnahme auf die Atomzielplanung hatte[85]. Er kritisierte in zahlreichen Schreiben an vorgesetzte Dienststellen, dass die atomare Einsatzplanung seit Jahren maßgeblich von einem britischen Major bestimmt werde. Zudem wies er darauf hin, dass in zahlreichen NATO-Übungen mit einer unverhältnismäßig hohen Anzahl atomarer Sprengkörper mit hohen KT-Werten umgegangen werde. Groscurths Vorgesetzte konnten nicht helfen und beruhigten ihn mit dem Hinweis, solange keine Einwände aus Bonn kämen, sei alles in Ordnung.

Eine erste Veränderung brachten die genannten nationalen Führungsrichtlinien für den Einsatz von Atomwaffen im Jahre 1966. Dennoch blieb, wie General de Maizière in einem Gespräch mit COMNORTHAG im Januar 1969 erfahren musste, der Operationsplan NORTHAG auf eine Kanalisierung feindlicher Truppen bis zum Erreichen des Abwehrraumes nahe der Weser ausgerichtet, um danach mit dem selektiven Einsatz von immerhin 50 Nuklearwaffen die Abwehrschlacht für die NATO entscheiden zu können[86]. Die Stellungnahme des Inspekteurs der Luftwaffe, Generalleutnant Johannes Steinhoff, sprach angesichts der angenommenen Luftüberlegenheit des Warschauer Paktes von 4:1 eine klare Sprache: »Es wird weder eine operative Beweglichkeit geben noch der Zusammenhang der Abwehrkräfte gewährleistet werden können[87].« Steinhoff appellierte: »Die BuRep Deutschland kann nicht einer Operationsführung zustimmen, die ihr Gebiet von

---

83 Militärischer Zustandsbericht II. Korps für 1968, 13.1.1969, BArch, BH 7-2/476.
84 ArtKdr 2, Kurzbericht über die Atomzielkonferenz bei CENTAG am 17. Dez. 1964, 22.12.1964, BArch, BH 2/1247.
85 Helmuth Groscurth, Dienstweg. Rückblicke eines Generalstabsoffiziers der Bundeswehr, Waiblingen 1994, S. 43-46 und Dokumente 3-8.
86 GI an Insp der Lw, 30.1.1969, Operationsplanung NORTHAG/2. ATAF, BArch, BL 1/4050.
87 Stellungnahme Steinhoff an GI de Maizière, 14.2.1969, BArch, BL 1/4050.

vornherein in der Tiefe zum Schlachtfeld werden lässt und der nuklearen Verwüstung aussetzt. Die Anwendung takt. nuklearer Gefechtsfeldwaffen (50 Stück als Nuklearschlag) ist als Teil konventioneller Abwehr unannehmbar[88].« Steinhoff bat Generalinspekteur de Maizière dringend, der »falsche(n) Interpretation der MC 14/3« entgegenzuwirken. Diese Feststellungen trafen auch für den Bereich der CENTAG zu. Weiterhin galt es, die im deutschen Interesse liegende Voneverteidigung im Bündnis durchzusetzen, auch wenn die konventionelle Verteidigungsfähigkeit noch lange nicht erreicht war.

Abschließend lässt sich feststellen, dass die Verteidigung der bayerischen Alpen bei einem massiven Angriff des Warschauer Paktes vor allem im Oberpfälzer und im Bayerischen Wald mit mechanisierten Großverbänden entschieden worden wäre. Die 1. Gebirgsdivision war daher nie ein reiner Spezialverband. Vielmehr bereitete sich die Masse der Soldaten mit den charakteristischen Gebirgsmützen auf einen beweglich geführten Abwehrkampf in der Mittelgebirgslandschaft entlang der Grenze zur damaligen ČSSR und zu Österreich vor. Bei einer Verletzung der Neutralität Österreichs wären die bayerischen Alpen im panzergünstigeren Gelände des bayerischen Voralpenlandes südlich der Donau verteidigt worden. Das Staatsgebiet Österreichs wäre zur »vorgelagerten« Verzögerungszone der NATO geworden.

---

[88] Ebd. und folgend.

Maurizio Cremasco

Der Alpenraum im Kalten Krieg.
Eine italienische Perspektive

Diese Abhandlung analysiert die Rolle der Alpenregion im Rahmen der italienischen Verteidigungsanstrengungen während des Kalten Kriegs von den 1950er bis zu den 1970er Jahren unter der Fragestellung: Welche Bedeutung kommt der nördlichen bzw. östlichen Front zu? Die zu dieser Frage verfügbare Literatur ist weiterhin leider nur unzulänglich, besonders mit Blick auf die nördliche Front. Das ist auch der Quellenlage geschuldet, da Italiens Militärarchive in Bezug auf die Ost-West-Konfrontation für Forscher immer noch nicht zugänglich sind. Folglich ist es schwierig, ein genaueres Verständnis der nordöstlichen Front zu erlangen. Das gilt ebenso für die Frage, welche Maßnahmen Italien im Falle einer Krise zu ergreifen beabsichtigt hätte, wie auch für den Fall einer (hypothetischen) Invasion Österreichs durch Truppen des Warschauer Pakts. Es ist unmöglich, etwaige bilaterale italienisch-österreichische Planungen hinsichtlich einer (vermuteten) gegenseitigen militärischen Unterstützung im Falle eines Konflikts zu dokumentieren.

Einleitend wird auf die geostrategische und operative Elemente der italienischen nordöstlichen Front eingegangen. Dann wird Italiens Bedrohungsperzeption untersucht, hauptsächlich im Zusammenhang mit internationalen Ereignissen, die die Geschichte Österreichs und Jugoslawiens sowie die allgemeine strategische Entwicklung des Mittelmeerraumes geprägt haben. Abschließend wird die strategische Bedeutung der nordöstlichen Front für andere, dringendere strategische Aufgabenstellungen der italienischen Sicherheitspolitik bewertet.

Die geostrategischen und operativen Faktoren

Anfang April 1945 erreichte die 9. U.S. Army die Elbe. Ihr Kommandant, Generalleutnant William H. Simpson, bat um Erlaubnis, Richtung Berlin vorzustoßen. General Dwight D. Eisenhower, Oberbefehlshaber der Alliierten Streitkräfte in Europa, wiederholte jedoch seinen Befehl, an der Elbe anzuhalten und die alliierten Divisionen nördlich in Richtung Lübeck und südlich auf die »Alpenfestung« einschwenken zu lassen.

Die Alpenfestung hat ihren Namen von dem Gebirgsmassiv, das von Südbayern über Westösterreich bis nach Norditalien reicht. Mit einer Ausdehnung von etwa 250 km Länge und 150 km Breite ist es im Norden von Bayern, im Süden von den Dolomiten und den Karnischen Alpen, im Westen von der Schweizer Grenze und dem Rheintal sowie im Osten vom Klagenfurter Becken und den östlichen Ausläufern der Niederen Tauern begrenzt.

Die Besonderheiten dieser Region wurden in den Berichten der Truppen des amerikanischen IV. Korps, das Anfang Mai 1945 in die Alpenfestung am Fernpass bei Reutte und am Scharnitz-Pass südlich von Mittenwald einfiel, plastisch dargestellt. Diese Berichte beschreiben, wie die fast vertikalen Wände des Tales, die über bewaldete Hänge zu den kahlen Gipfeln ansteigen, die Soldaten in Korridore zwangen, die nur von engen, kurvigen Straßen in kaum nutzbarem Zustand durchzogen waren – Korridore, die sich für die Einheiten der 10. Panzerdivision also keinesfalls eigneten (letztere wurde bei Garmisch zurückgelassen) und die vorgehende Infanterie dem feindlichen Feuer aussetzten[1].

Dieses gebirgige und raue Terrain ist typisch für die norditalienische Grenze, die sich vom Reschen- bis zum Brennerpass und nach Tarvisio erstreckt. Wie die Gegend auf der anderen Seite der österreichisch-italienischen Grenze ist dieses Gebiet nicht geeignet für gepanzerte Kriegführung und militärische Operationen, die auf Taktik und Geschwindigkeit basieren.

Der Stabschef der italienischen Armee, Generalleutnant Umberto Capuzzo, fasste die historische Bedeutung der Besonderheiten der Alpen wie folgt zusammen: unwegsames Terrain, das Bewegungen sehr schwierig macht, mit Ausnahme der Haupttäler; große, bewaldete Flächen; das meist raue Klima und der Schnee, der das Gebiet während vieler Monate des Jahres bedeckt; das unzulängliche Straßennetz; die große Anzahl von Bauwerken (Brücken, Viadukte, Stollen, Dämme), die, falls zerstört, jeden Vormarsch zum Stillstand bringen; die Enge vieler Täler, die den Einsatz von Streitkräften erschweren[2]. Diese geostrategischen Elemente seien von Vorteil für die Verteidigung und würden angreifenden Truppen große Schwierigkeiten bereiten.

Ein weiterer Aspekt waren die Befestigungsanlagen. Die natürlichen Gegebenheiten des Geländes und die Abwehrmöglichkeiten, die sie bieten, können durch künstlich hergestellte Barrieren noch verbessert werden, ebenso durch verstärkte und gut ausgerüstete Widerstandsnester. Die Bebauungen entlang der norditalienischen Alpenbegrenzung waren im Wesentlichen jene, die auf den italienischen Alpenwall zurückgehen, der vor dem Zweiten Weltkrieg errichtet worden war. Sie wurden aufgerüstet und modernisiert, speziell in dem Bereich, der sich vom Reschenpass bis zum Ursprung des Natisone erstreckt. Diese Abwehrlinie setzte sich aus mehr als 200 durchgehenden Anlagen zusammen, gegliedert in mehr als 30 Barrieren, zehn davon im Tiroler Etschland. Ab 1957 wurden diese Anlagen von

---

[1] Vgl. »Occupation of Tyrol by U.S. Troops« unter www.usfava.com/USFA/ArmyCorps.htm (letzter Zugriff: 22.6.2011).
[2] Vgl. Umberto Capuzzo, Mountain Warfare on the North-East Frontier. In: NATO's Sixteen Nations. Independent Review of Economic, Political and Military Power. Special Issues, 1 (1983), S. 51–57.

Alpini-Spezialeinheiten besetzt. Die »A«-klassifizierten Anlagen waren als Munitionslager ausgerüstet und ständig besetzt, während die »B«-klassifizierten unbemannt blieben, jedoch regelmäßig kontrolliert und so gewartet wurden, dass sie jederzeit einsatzfähig waren[3]. Obwohl sich die Rolle der Verteidigungsanlagen entsprechend der Entwicklung der militärischen Doktrinen ständig änderte, bildeten sie ein dauerhaftes Element der italienischen Verteidigungsbemühungen an der nordöstlichen Front.

Schließlich darf die Rolle der den Kalten Krieg bestimmenden Nuklearwaffen nicht vergessen werden. Bei einer dieser Waffen, die sich speziell für den Krieg im Gebirge eignete, handelte es sich um Atomic Demolition Munitions (ADM), eine Art nuklearer Landminen[4]. Sie wurden als eine Möglichkeit zur Massenvernichtung und großflächigen radioaktiven Verseuchung betrachtet, um den vorrückenden Feind zu stoppen und so eine Besetzung des eigenen Territoriums zu verhindern. Ihre vorrangige Rolle lag darin, Bergpässe zu sperren sowie Tunnels, Brücken, Straßen usw. durch riesige Erdrutsche zu verschütten.

Die Vereinigten Staaten entwickelten nach 1945 eine ganze Reihe solcher Minen: die T4 (1957-1963), die W30 Tactical ADM (1961-1966), die W31 ADM (1960-1965), die W45 Medium ADM (1964-1984) und schließlich die W54 Special ADM (1965-1989). Es ist nicht bekannt, wann und letztendlich welcher Typ von ADM in der U.S. Southern European Task Force (SETAF), die in Norditalien (Vicenza) am 25. Oktober 1955 als erste einsatzbereite Nuklearunterstützungseinheit stationiert worden war[5], Verwendung fand. William Arkin enthüllte 1985 erstmals, dass Medium-ADMs und Special-ADMs den amerikanischen Streitmächten in Europa zugeteilt worden waren. 21 dieser Systeme wurden in Italien stationiert[6].

Es gibt unterschiedliche Hinweise bezüglich der Einführung von amerikanischen taktischen Kernwaffen in Europa. Einige Autoren behaupten, dass diese erstmals 1953 als 208-mm-Artilleriegranaten disloziert wurden[7]. Andere meinen, dass die USA in Europa erstmals im September 1954 Kernwaffen (Freifall-Bom-

---

[3] Vgl. Carlo Alfredo Clerici [u.a.], Le moderne fortificazioni di frontiera italiane, unter http://digilander.libero.it/cacciatoridellealpi/frontiera.htm (letzter Zugriff: 11.3.2011).

[4] Betreffend das britische Projekt zur Entwicklung nuklearer Landminen zum Einsatz im Rahmen des Verantwortlichkeitsbereiches der britischen Rheinarmee in Deutschland vgl. UK planned nuke landmines, unter http://www.newscientist.com/article/mg17924040.200-uk-planned-nuke-landmines.html (letzter Zugriff: 11.3.2011).

[5] Siehe dazu die SETAF-Website: www.usfava.com/SETAF/USAREUR_SETAF.htm (letzter Zugriff 11.3.2011). Virgilio Ilari berichtet, dass US-Nuklearwaffensysteme am 12.1.1956 in Italien eintrafen. Vgl. dazu Virgilio Ilari, Concetto Difensivo e Dottrina Militare dell'Italia nel Dopoguerra. In: Lo Strumento Militare Italiano. Problemi e Prospettive. Hrsg. von Pier L. Bortoloso und Maurizio Cremasco, Milano 1986 (= Collana dell'Istituto Affari Internazionali, 2), S. 96.

[6] Vgl. William M. Arkin and Richard W. Fieldhouse, Nuclear Battlefields. Global Links in the Arms Race, Cambridge 1985, S. 61. Die Anzahl der ADM für Westdeutschland: 351.

[7] Vgl. Paolo Cotta Ramusino, Forgotten Nukes: American Tactical Nuclear Weapons in Europe, unter www.uspid.org.

ben) auf britischen Basen stationierten[8]. Einem Bericht des Redstone-Arsenal zufolge wurde im Februar 1955 das erste US-amerikanische Bataillon mit Raketen des Typs »Corporal« ausgerüstet[9]. In Italien wurden diese Systeme den US-amerikanischen Truppen vermutlich nach der Aufstellung der SETAF zugeteilt.

Es ist demzufolge davon auszugehen, dass ADM den US-Truppen in Italien zur Verfügung standen und dass auch die in den Alpen stationierten italienischen Verbände im Verteidigungsfall auf sie hätten zurückgreifen können. Die amerikanischen und italienischen Streitkräfte hätten im Vorfeld einer sich zuspitzenden Krise genügend Zeit gehabt, die Atomminen in den dafür vorgesehenen strategischen Schlüsselstellungen zu platzieren[10]. So ist anzunehmen, dass die italienische Verteidigungspolitik, besonders hinsichtlich der nördlichen und östlichen Front, von den hier angesprochenen Nuklearwaffen nachhaltig beeinflusst war.

Bei den im Frühling und Sommer 1957 von der italienischen Armee abgehaltenen Manövern »Western Phalanx« und »Latemar 2«, in denen man in erster Linie die Verteidigung des Brennerpasses und des Pustertales simulierte, wurde wiederholt unter Einbeziehung der taktischen Nuklearsysteme »Honest John« und ADM geübt[11].

Bedrohungsszenarien und -annahmen

Durch seine geografische Lage, seine politischen und wirtschaftlichen Beziehungen sowie seine militärischen Verpflichtungen ist Italien sowohl ein europäisches Land als auch ein Mittelmeerstaat. Bedrohungsbilder waren seit jeher von dieser Doppelrolle bestimmt. Aufgrund seiner Geografie musste sich Italien mit einer Vielzahl völlig unterschiedlicher Bedrohungsszenarien auseinandersetzen, was sich in den militärischen Planungen niederschlug.

Zwischen 1945 und 1949 konzentrierte sich Italien darauf, seine volle Souveränität zurückzugewinnen, seine Infrastruktur wiederherzustellen und wieder eine lebensfähige politische und wirtschaftliche Einheit zu werden. Die militärische

---

[8] Vgl. U.S. Nuclear Weapons in Europe, 1954-2004. In: The Bulletin of the Atomic Scientists, 60 (2004), 3, S. 68-70.
[9] Vgl. Historical Monograph no 4. Development of the Corporal: The Embryo of the Army Missile Program, vol. 1, Alabama 1961.
[10] Gen. Leyman L. Lemnitzer (SACEUR) sprach sich im April 1964 in Paris im Rahmen einer Diskussion mit dem US-amerikanischen Botschafter in Frankreich, Charles E. Bohlen, dem US-amerikanischen NATO-Botschafter Thomas Fineletter und Unterstaatssekretär Alexis Johnson für einen frühzeitigen Einsatz von Atomwaffen, speziell von ADM aus. Vgl. National Security Archives, U.S. Nuclear History: Nuclear Arms and Politics in the Missile Age 1955-68, Washington, DC 1998, Document 993 (gedruckte Microfiche-Collection); auch unter: www.gwu.edu/~nsarchiv/nsa/publications/nh/index.html (letzter Zugriff: 11.3.2011).
[11] Vgl. Enea Cerquetti, Le Forze Armate Italiane dal 1945 al 1975. Strutture e doktrine, Milano 1975, S. 158 f. Es soll an dieser Stelle darauf hingewiesen werden, dass die ital. III. Raketen-Brigade am 10.6.1959 als Teil der U.S. Southern European Task Force (SETAF) mit Honest John-Systemen ausgerüstet wurde. Vgl. dazu www.usfava.com/SETAF/USAREUR_SETAF.htm (letzter Zugriff: 11.3.2011).

Besatzung, die bis Dezember 1947 dauerte[12], gilt dabei als Überleitungsphase zum Wiederaufbau der Streitkräfte Italiens. Das italienische Heer erörterte in dieser Phase vor allem seine künftige Rolle und ob man in der Lage sei, die italienische Küste zu verteidigen. Man vermied zwar, den Terminus »potenzieller Feind« offen zu definieren. Aufgrund der strategischen Bedeutung der italienischen Halbinsel musste jedoch jeder Gedanke an die Neutralität des Landes zwangsläufig zur unhaltbaren Hypothese erodieren.

In diesen frühen Jahren des Kalten Kriegs war keine spezifische Bedrohung von außen wahrnehmbar. Truppen der Alliierten waren in Österreich stationiert. Jugoslawien jedoch konnte in mehrfacher Hinsicht als Problem betrachtet werden. Es war das erste osteuropäische Land, das die Einparteienherrschaft der Kommunistischen Partei etablierte. Zudem war es aufseiten der Kommunisten in den griechischen Bürgerkrieg verwickelt. Darüber hinaus stellte es Gebietsforderungen an Österreich in Kärnten und an Italien in Triest sowie in Istrien. Schließlich war Jugoslawien in Albanien militärisch präsent.

Die Triest-Frage war 1947, zumindest zum Teil, durch die Schaffung des Freien Territoriums Triest (FTT) und der Gründung einer alliierten Militärregierung (AMG) in Zone A unter dem Schutz von US-amerikanischen und britischen Truppen entschärft worden[13], während Stalin die jugoslawischen Ansprüche nach seinem Bruch mit Tito (1948) nicht weiter unterstützte[14].

Von diesem Zeitpunkt an war die Beziehung zwischen Jugoslawien und der Sowjetunion für mehr als fünf Jahre durch starke Gegensätze geprägt. Der Westen hatte nun keinen Zweifel mehr an Belgrads Absicht, jeden Konflikt an seiner Westgrenze zu vermeiden. Die Rückkehr zur früheren engen Zusammenarbeit mit Moskau schien nicht mehr denkbar[15]. Belgrad hatte einfach zu große Angst vor einem militärischen Angriff der Sowjets. Daher wurde Tito bezüglich Triest kaum mehr als Bedrohung erachtet. Obwohl kürzlich veröffentlichte ungarische Dokumente ein anderes Bild nahelegen, zogen der Westen wie auch Jugoslawien einen Einmarsch des Warschauer Pakts als reale Möglichkeit durchaus in Betracht[16].

---

[12] Italien ratifizierte den Friedensvertrag, der am 10.2.1947 unterzeichnet worden war, am 31.7. Der Vertrag trat am 15.9. in Kraft. Er sah den Abzug der US-amerikanischen und britischen Verbände innerhalb von 90 Tagen vor.

[13] Die zwei Kontingente, die jeweils über eine Stärke von 5000 Mann verfügten, wurden als TRUST (Trieste United State Troops) bzw. BETFOR (British Element Trieste Force) bezeichnet. Sie setzten sich aus Elite-Infanterie-Bataillonen und Unterstützungseinheiten zusammen.

[14] Das Julische Grenzabkommen, das am 9.6.1945 in Belgrad unterzeichnet worden war, teilte Venezia Giulia in die Zonen A und B.

[15] Stalin schrieb im August 1949 in einer diplomatischen Note an die jugoslawische Regierung: »Lasst die Völker Jugoslawiens wissen, dass die Sowjetunion das gegenwärtige jugoslawische Regime nicht als Freund und Alliierten, sondern als Feind betrachtet [...] Tito verbündet sich mehr und mehr mit imperialistischen Kreisen gegen die UdSSR.« Vgl. unter www.time.com/time/magazine/article/0,9171,800593,00.html (letzter Zugriff: 11.3.2011).

[16] Die Meinungen gehen hier auseinander. Béla Király, Oberbefehlshaber der ungarischen Armee 1949–1950, schrieb in einem Artikel im Jahre 1982, Stalin habe damals die Absicht gehabt, die Frage gewaltsam zu lösen, während der ungarische Historiker László Ritter auf Basis von erst vor kurzem freigegebenen Akten argumentierte, die ungarische Armee habe sich damals nicht auf eine Operation gegen Jugoslawien vorbereitet. Vgl. László Ritter, War on Tito's Yugoslavia? The Hungarian Army in

Die Hauptsorge der italienischen Regierung galt 1947 – nach dem Ende der Dreiparteienkoalition der Christdemokraten mit Kommunisten und Sozialisten – der innenpolitischen Stabilität und einem möglichen kommunistisch inszenierten Aufstand in Norditalien[17]. Die Wahlen von 1948 endeten mit einer schweren Niederlage der in der »Fronte Democratico Popolare« verbündeten Kommunistischen und Sozialistischen Partei und brachten der Christlich Demokratischen Partei die absolute Mehrheit in der Abgeordnetenkammer. Das zerstreute die westlichen Sorgen über einen italienischen Sonderweg und machte die Bahn frei für eine NATO-Mitgliedschaft des Landes.

Der Beitritt zum Atlantischen Bündnis bedeutete, Teil eines politisch-militärischen Systems zu sein, das in der Lage war, für ein hohes Maß an Sicherheit zu sorgen, indem es im Falle eines Angriffs Unterstützung durch die Verbündeten garantierte. Anders ausgedrückt: Die NATO wurde als einzige Lösung für Italiens Verteidigungsprobleme betrachtet, zu der es keine Alternative gab. Es bedeutete außerdem, dass im Juli 1950 die eher widerwilligen Alliierten gezwungen waren, mit dem italienischen Militär ihre Pläne betreffend der Verwendung der Besatzungstruppen abzustimmen, die in Österreich und dem FTT stationiert waren. Diese Truppen sollten nun im Ernstfall die italienische Armee bei der Verteidigung Norditaliens verstärken[18]. Italien hatte die Aufgabe, die Verbindung zwischen NATO-Mitte und NATO-Süd zu halten, das heißt den Ostabschnitt der Front zu verteidigen und gleichzeitig die Zugänge zur Poebene und zu Norditalien zu sperren, um den Sowjets eine Umfassung des Mittelabschnittes zu verwehren. Italien konnte dabei aus dem Puffer, der durch Österreich und Jugoslawien gebildet wurde, Nutzen ziehen. Belgrad hatte auch nach dem Canossagang Chruščevs und Bulganins 1955 nicht die Absicht, in den sowjetischen Schoß zurückzukehren. Es strebte weiterhin eine unabhängige Außenpolitik an und verlieh so den Blockfreien frische Impulse.

Der Abschluss des Österreichischen Staatsvertrages vom 15. Mai 1955 stellte Österreichs Souveränität wieder her und beendete die militärische Besatzung – nicht ohne damit die italienische Verteidigung vor neue Probleme zu stellen. Nun stand die Verteidigung der österreichisch-italienische Grenze plötzlich unter der alleinigen Verantwortung der italienischen Armee, da die österreichischen Truppen

---

Early Cold War Soviet Strategies. In: Parallel History Project on Cooperative Security, Februar 2005, unter http://www.php.isn.ethz.ch/collections/coll_tito/intro.cfm?navinfo=15463 (letzter Zugriff: 11.3.2011).

[17] Siehe zu dieser Frage Antonio Gambino, Storia del Dopoguerra dalla Liberazione al Potere DC, Bari 1975, Kapitel 10 und 11, S. 329–428. Zur Sorge der US-Administration vgl. das vom Policy Planning Staff des Außenministeriums verfasste Memorandum vom 24.9.1947 zur Frage der möglichen Unterstützung der italienischen Regierung im Falle einer kommunistischen Machtübernahme in Norditalien, in: Foreign Relations of the United States. Diplomatic Papers, 1947, vol. 3, Washington, DC 1972, S. 976.

[18] Als detaillierte und sehr aufschlussreiche Analyse der Zeit um 1949 vgl. Leopoldo Nuti, Italy and the Defence of NATO's Southern Flank, 1949–1955. In: Das Nordatlantische Bündnis, 1949–1956. Im Auftrag des Militärgeschichtlichen Forschungsamtes hrsg. von Klaus A. Maier und Norbert Wiggershaus, München 1993 (= Beiträge zur Militärgeschichte, 37), S. 197–212.

nur schwerlich als Ersatz für die westalliierten Einheiten aus Tirol, Kärnten und der Steiermark angesehen werden konnten.

Allerdings kompensierte die in Vincenza stationierte SETAF, die 1956 über mehrere mit US-Nuklearwaffensystemen ausgerüstete Bataillone verfügte, den Abzug der alliierten Streitkräfte von österreichischem Territorium. Diese Verbände belegten und unterstrichen aus Sicht des italienischen Militärs die Ernsthaftigkeit, mit der die USA ihren Verpflichtungen nachzukommen bereit waren[19].

Ferner könnte argumentiert werden, dass der Neutralität Österreichs eine klare politische Bedeutung zukam, die sowohl das Bedrohungsbild als auch die militärische Planung beeinflusste, dass die Neutralität also, ergänzt durch die österreichische Wiederbewaffnung[20] und verstärkt durch die Geografie der italienisch-österreichischen Grenze, die sowjetische Führung überzeugt hätte, diese Neutralität auch zu respektieren und etwaige Angriffsoperationen des Warschauer Paktes auf die italienische Ostgrenze zu konzentrieren.

In den letzten Jahren haben – mit Ausnahme der Russischen Föderation – die ehemaligen Warschauer-Pakt-Staaten im Rahmen des Parallel History Project on Cooperative Security (PHP) zahlreiche Dokumente offengelegt, die eine eingehendere Bewertung der Kriegspläne des Bündnisses erlauben (für zahlreiche NATO-Länder steht eine solche Offenlegung noch aus). 2001 veröffentlichte das PHP beispielsweise eine Reihe von ungarischen Dokumenten, die sich auf die Planung und Durchführung eines militärischen Manövers des Warschauer Paktes im Jahre 1965 beziehen. Das Übungsszenario beinhaltete nicht nur die nukleare Zerstörung Wiens[21] und einiger italienischer Städte, sondern auch einen Vorstoß durch das gesamte österreichische Gebiet, im Osten entlang des Donautals Richtung Linz und München und im Süden Richtung Graz und Villach. Diese Übungsannahme weist darauf hin, dass die Kriegspläne des Paktes auf dem politischen Willen basierten, die Neutralität Österreichs im Falle eines Ost-West-Konfliktes nicht zu berücksichtigen. Dieser Umstand widerspricht der vorherigen Hypothese über die politische Bedeutung der Neutralität für beide Bündnisse. Wie auch immer, die besagte Übung setzte voraus, dass Streitkräfte der NATO bereits auf österreichisches Gebiet vorgedrungen waren und die österreichische Armee sich beim Angriff gegen den Warschauer Pakt auf die Seite der deutschen und italienischen Einheiten geschlagen hätte.

Virgilio Ilari zufolge beinhalteten NATO-Planungen tatsächlich die Vereinigung deutscher und italienischer Truppen auf österreichischem Boden, nämlich in der Steiermark[22]. Es ist nicht bekannt, ob diese Pläne auch ungeachtet einer sowje-

---

[19] Vgl. Leopoldo Nuti and Maurizio Cremasco, Linchpin of the Southern Flank? A General Survey of Italy in NATO 1949-99. In: A History of NATO. The First Fifty Years, vol. 3. Ed. by Gustav Schmidt, Hampshire, New York 2001, S. 327.
[20] Im Jahre 1969 verfügte die österreichische Armee über drei gepanzerte Infanterie-Brigaden, vier Gebirgsjäger-Brigaden, drei Reserve-Brigaden sowie drei unabhängige Luftabwehr-Bataillone. Vgl. The Military Balance 1969-1970. Ed. by the Institute for Strategic Studies, London 1969.
[21] Vorgesehen waren zwei 500-Kilotonnen-Bomben.
[22] Vgl. Virgilio Ilari, Storia Militare della Prima Repubblica (1943-1993), Ancona 1994 (= Collana Armi e Politica, 2), S. 82 f.

tischen Verletzung österreichischer Neutralität im Ernstfall in die Tat umgesetzt worden wären. 1983 schlug dann der demokratische Senator Sam Nunn vor, zwei italienische Alpenbrigaden in Bayern zu stationieren, um so die Absicht der NATO, im Falle einer Ost-West-Krise die Brenner–Salzburg-Achse zu besetzen, klar zu unterstreichen.

Es war schwer vorstellbar, dass Tito es zugelassen hätte, das Land als Sprungbrett für einen Angriffskrieg gegen die NATO zu verwenden. Trotzdem blieben Zweifel, ob die jugoslawische Armee beabsichtigte, ihre Verteidigung nicht eher im Süden entlang der ungarischen und bulgarischen Grenze zu konzentrieren und dabei die Laibacher Pforte im Wesentlichen unverteidigt zu lassen[23].

Es gibt deutliche Anzeichen dafür, dass Italiens Hauptsorgen in den frühen Fünfzigerjahren nicht so sehr dem nördlichen Frontabschnitt galten. Vielmehr fürchtete man einen gewaltsamen Handstreich Titos zwecks Sicherung des Freien Territoriums Triest für Jugoslawien. Nicht weniger skeptisch beobachtete man das westliche Wohlwollen gegenüber einem jugoslawischen Präsidenten, der mit der Sowjetunion gebrochen hatte. Während Washington und London im Rahmen des Balkan-Pakts für eine Aufnahme Jugoslawiens in die NATO Druck machten, versuchte die italienische Politik, die eine Annexion des FTT fürchtete, eben diese pro-jugoslawische Politik zu unterminieren; sie ergriff sogar Partei für Moskaus Haltung gegen Tito[24]. Nach den jugoslawisch-italienischen Spannungen vom Sommer und Herbst 1953 stabilisierte sich die Lage im darauf folgenden Jahr wieder, als am 5. Oktober in London im Rahmen der Verhandlungen über die Zukunft des FTT beide Staaten ein »Memorandum of Understanding« unterschrieben, worin die provisorische zivile Verwaltung der Zone A an Italien und jene der Zone B an Jugoslawien übertragen wurde[25].

Am 1. Mai 1952 wurde das Kommando der 3. Armee in Padua (zusammen mit den Hauptquartieren des IV. und V. Korps in Bozen und Vittorio Veneto) disloziert. Ziel war es, auch eine »nationale« Befehlskette für jene italienischen NATO-Einheiten zu schaffen, die man im Notfall am östlichen Frontabschnitt bereitstellen wollte.

Die militärische Hauptbedrohung der italienischen Streitkräfte wurde indes in folgenden Kräften des Warschauer Pakts gesehen:
– den in Ungarn stationierten vier sowjetischen Divisionen (zwei Panzer- und zwei Mot-Schützendivisionen);
– der taktischen sowjetischen Fliegertruppe;
– der ungarischen Armee;
– jenen Divisionen der sowjetischen europäischen und südlichen Militärdistrikte, die gegen Italien und Österreich (sofern geplant) eingesetzt werden sollten;
– darüber hinaus im taktischen Nuklearpotenzial der genannten Verbände.

---

[23] Zur italienischen Einschätzung siehe allgemein Nuti, Italy and the Defence (wie Anm. 18).
[24] Vgl. dazu Ilari, Storia Militare (wie Anm. 22), S. 163 f.
[25] Zur US-amerikanischen Sicht, speziell zur Furcht der Regierung vor einer Eskalation und zur Stationierung von Kriegsschiffen der 6. Flotte in der Adria vgl. Dwight D. Eisenhower, Gli Anni della Casa Bianca 1953–1956, Milano 1964, S. 499–510.

Das schlimmstmögliche Szenario sah wie folgt aus: volle Verfügbarkeit und Zuverlässigkeit der ungarischen Truppen[26] und ein mit Moskau verbündetes Jugoslawien, wenn schon nicht in Form einer aktiven Teilnahme an der Auseinandersetzung, so zumindest in Form eines Durchmarschrechtes. Doch selbst dann wäre Italien genug Zeit geblieben, sich auf seine Verteidigung vorzubereiten. Auch wenn eine Invasion Österreichs nicht völlig ausgeschlossen werden konnte, wurde der Verteidigung der nördlichen Front aufgrund der zu erwartenden operativen Schwierigkeiten weniger Bedeutung beigemessen. Unter Berücksichtigung der Verteidigungsmöglichkeiten, die dieses Terrain bietet, stellte die Durchbruchsroute, die das Becken von Ljubljana (Laibach) über das Vipava-Tal und die Talenge von Gorizia (Görz) mit der Ebene Friauls verbindet[27], den leichteren Weg dar.

Mitte der Fünfzigerjahre verfügte die italienische Armee schließlich über erheblich verstärkte Ressourcen. 1952 bewies sie nach der ersten großen NATO-Übung (»Grand Slam«) unter dem Kommando von COMAFSOUTH, Admiral Robert Carney, dass sie in der Lage war, die Vorneverteidigung des östlichen Frontabschnittes aufrechtzuerhalten. Diese militärischen Übungen wurden jedoch unter Annahme eines langsamen Rückzuges und Verzögerungsgefechts mit dem Ziel, auf alliierte Verstärkungen für den Gegenangriff zu warten, weit jenseits der östlichen Grenze abgehalten. Dagegen war die »Lake Garda«-Übung, die italienische Ergänzung zu »Grand Slam«, die beeindruckendste, die jemals durchgeführt worden ist. »Lake Garda« wurde so weit östlich wie möglich abgehalten, um zu zeigen, dass die Verteidigungslinie nun am Isonzo und nicht mehr bei den Flüssen Tagliamento oder Piave lag[28].

Ab Mitte der Sechzigerjahre begann sich Italiens angenommene Bedrohung allmählich nach Süden zu verschieben. Die schrittweise Stationierung der Roten Flotte im Mittelmeer sollte das militärische Gleichgewicht in der Region verändern. Bis 1973 erreichte SOVMEDRON (Soviet Mediterranean Squadron) einen Höchststand von 21 000 Schifftagen und pro Tag einen Durchschnitt von 58 Schiffen auf See[29]. Das Mittelmeer war kein rein »amerikanischer See« mehr – die 6. US-Flotte hatte ihre absolute Vormachtstellung verloren. Ihre einstige Überlegenheit litt weiter durch die Dislozierung sowjetischer Tu-22M »Backfire«-Bomber, die mit weit reichenden Anti-Schiff-Flugkörpern ausgerüstet waren.

---

[26] Einige westliche Analytiker blieben bezüglich der Verlässlichkeit und operationellen Einsatzbereitschaft der ungarischen Streitkräfte sehr skeptisch. Vgl. dazu John Erickson, Soviet Options and the Southern Flank, unveröffentlichter Vortrag (1978); sowie Dale Herspring, Eastern European Armed Forces: Their Organisation and Reliability, unveröffentlichter Vortrag (1977), der argumentiert, dass Ungarn aus sowjetischer Sicht für einen Angriff auf die NATO wertlos gewesen sei.
[27] Vgl. Gen. Giorgio Donato (LANDSOUTH), The Defence of North-East Italy. In: NATO's Sixteen Nations, Juni/Juli 1983, S. 28–30.
[28] Vgl. Cerquetti, Le Forze Armate Italiane (wie Anm. 11), S. 117 f.
[29] Zur gesteigerten Präsenz sowjetischer Marine im Mittelmeer siehe Soviet Naval Developments. Capability and Context. Ed. by Michael McGwire, New York 1973, S. 325–388. Vgl. auch Maurizio Cremasco und Stefano Silvestri, Il Fianco Sud della NATO. Rapporti Politici e Strutture Militari nel Mediterraneo, Milano 1980, S. 79–100.

Obwohl es SOVMEDRON weder möglich war, den Einsatz der 6. Flotte bei militärischen Interventionen in Out-of-area-Krisen noch in deren Rolle als politisches Druckmittel oder im Sinne von »naval suasion« zu behindern[30], waren die Sowjets im Falle eines Krieges im Mittelmeerraum doch in der Lage, die 6. Flotte an ihrer vorrangigen Aufgabe zu hindern, nämlich Landoperationen an den südlichen Fronten entlang der jugoslawisch-italienischen, der nordgriechischen sowie der westtürkischen Grenze zu unterstützen. Moskaus militärische Präsenz wurde weiter verstärkt durch die politisch-militärischen Beziehungen, die die Sowjets mit einigen mittelöstlichen und nordafrikanischen Staaten unterhielten. Im NATO-Sprachgebrauch wurde die neue Situation als »die Bedrohung aus dem Süden« bezeichnet, was sich nicht nur auf die rasant gestiegenen maritimen Möglichkeiten der Sowjetunion im Mittelmeer, sondern auch auf den Fall bezog, dass ein nordafrikanisches Land Moskau im Zuge einer Krise die Nutzung seiner Häfen und seines Luftraumes gestatten könnte.

Als Mitglied der Allianz konnte Italien die zusätzlichen Pflichten, die die neue Situation seiner militärischen Stellung aufzwang, nicht einfach ignorieren. Man sah diese Situation jedoch vor allem im Rahmen der NATO-Gesamtverantwortung[31].

Die Unterzeichnung des Vertrages von Osimo zwischen Jugoslawien und Italien im Jahre 1975, der die bereits 1954 erfolgte Aufteilung des FTT endgültig besiegelte, sowie das Abkommen über die wechselseitige Unterrichtung über militärische Manöver stabilisierten die Beziehungen zwischen den beiden Staaten endgültig. Die operative Bedeutung des nordöstlichen Frontabschnittes sank damit weiter[32].

Die Ereignisse von Mitte der Sechzigerjahre bis zu den frühen Achtzigern – der Sechs-Tage-Krieg 1967; der Yom-Kippur-Krieg von 1973, der beinahe zu einer militärischen Auseinandersetzung zwischen den Supermächten führte; die arabische Ölwaffe als Instrument der politischen Erpressung; italienisches Territorium, das zum Ziel arabischer Terroranschläge wurde, wie zum Beispiel der Anschlag auf Roms Flughafen Fiumicino im Dezember 1973; die islamische Revolution in Iran; der Einmarsch der Sowjets in Afghanistan 1979 und schließlich der Irak-Iran-Krieg – wurden als Ursachen eines drastischen Wandels in Italiens strategischem Umfeld betrachtet, der nicht auf die leichte Schulter genommen werden konnte. Die Auswirkungen dieser militärischen Konflikte und die dadurch entstandene engere Bindung zwischen dem Mittelmeer und dem Persischen Golf hatten einen starken Einfluss auf die italienische Sicherheit. In der Folge änderten sich dementsprechend auch die Sichtweisen der politisch-militärischen Eliten.

---

[30] Vgl. Edward N. Luttwak and Robert Weinland, Sea Power in the Mediterranean: Political Utility and Military Constraints. In: The Washington Papers, 6/61, Center for Strategic and International Studies (CSIS), Washington, DC 1979, S. 8-12.
[31] Vgl. Maurizio Cremasco, Italy: A New Role in the Mediterranean? In: NATO's Southern Allies: Internal and External Challenges. Ed. by John Chipman, London 1988, S. 195-235.
[32] Der Vertrag von Osimo wurde am 10.11.1975 unterzeichnet und am 14.3.1977 ratifiziert. Interessant ist, dass zu dieser Zeit Gerüchte über Geheimabkommen kursierten, die eine militärische Kooperation der beiden Staaten im Falle eines Krieges zwischen der NATO und dem Warschauer Pakt zum Inhalt haben sollten.

In den frühen Sechzigerjahren lag das Hauptgewicht auf der Stärkung der Alpini-Brigaden durch Einführung neuer Waffensysteme, mit Schwerpunkt auf dem Kampf unter winterlichen Bedingungen. Dies gab die Ausstattung mit Schneemobilen, die Schaffung von Luftlandeeinheiten und die Einführung von Helikoptern als Transporteinheiten und zur logistischen Unterstützung vor. 1965 hielten die Alpini-Brigaden »Orobica« und »Tridentina« militärische Übungen ab, um ihre neue operative Bereitschaft zu demonstrieren. Parallel dazu wurde die Kampfkraft des V. Korps, das für die Verteidigung des östlichen Frontabschnittes zuständig war, gesteigert.

1975 begann dann die »Neustrukturierung« der italienischen Armee, die in drei Jahren von 36 auf 24 Brigaden reduziert wurde. Im selben Jahr verabschiedete das italienische Parlament im Rahmen des größten Flottenbauprogramms der letzten 30 Jahre einen Beschluss[33], der Gelder im Ausmaß von 1000 Milliarden Lire über einen Zeitraum von zehn Jahren bereitstellte. Ähnliche Beschlüsse für die Luftwaffe und die Landstreitkräfte wurden 1977 gefasst.

Diese Entscheidungen wurden durch die dringend notwendige Modernisierung der Streitkräfte gerechtfertigt und kamen von außerhalb des eigentlichen, völlig unzureichenden Verteidigungsbudgets. Trotzdem wurde man den Eindruck nicht los, diese Parlamentsbeschlüsse seien nicht nur von der Notwendigkeit von Ersatzinvestitionen, sondern eben auch durch die schon angesprochenen mediterranen Faktoren beeinflusst worden, die das strategische Denken in Italien verändert hatten.

Tatsächlich gab es neben einem denkbaren amerikanisch-sowjetischen Luft-See-Krieg noch andere Mittelmeer-Szenarien, die den Einsatz vor allem der italienischen Flotte erforderten. Man konnte sich auf den Standpunkt stellen, dass man in Out-of-area-Krisen, an denen die NATO nicht beteiligt war, auch nicht intervenieren müsse. Man konnte wie der italienische Verteidigungsminister im Jahr 1980 feststellen, dass es in Europa nicht länger eine »frontale Bedrohung« gebe[34], und zwei Jahre später argumentieren, dass, anders als Mitte der Siebzigerjahre, die NATO keine umfassende Verteidigungsgarantie mehr gewähre[35].

Aber das alles änderte Italiens geostrategische Position nicht. Zog man die militärischen Möglichkeiten eines potenziellen Feindes in Betracht, so durfte man nicht die Augen vor der Tatsache verschließen, dass eine Invasion Italiens nur über den Nordosten erfolgen konnte.

Eine Invasion aus dem Süden mit einer amphibischen Landung in Sizilien oder an der Tyrrhenischen Küste war undurchführbar. Während des Zweiten Weltkrieges hatte sich die alliierte Invasionsflotte für die Invasion Siziliens aus über 2500 Schiffen zusammengesetzt, darunter mehr als 1500 große und kleine Landungsboote[36]. Kaum vorstellbar war daher, dass die Sowjetunion – der einzige Staat des

---

33 Zum Marine-Beschaffungsprogramm siehe Libro Bianco della Difesa. La Sicurezza d'Italia ed i Problemi delle suw Forze Armate. Hrsg. vom Ministero della Difesa, Januar 1977, S. 288 f.
34 Vgl. Lelio Lagorio, Indirizzi di Politica Militare, Servizio Pubblica Informazione della Difesa (SPID), Roma 1980.
35 Vgl. Lelio Lagorio, Relazione alla Commissione Difesa della Camera dei Deputati, SPID, 13.10.1982.
36 Siehe G.A. Shepperd, La Campagna d'Italia 1943-1945, Milano 1975, S. 48.

Warschauer Pakts mit einer echten Kriegsflotte – imstande sei, diese Kapazitäten auch nur annähernd zu erreichen und dabei ungehindert in einem Mittelmeer zu operieren, das immer noch von NATO-Flotten beherrscht wurde. Außerdem hätten die Sowjets eine regionale Luftüberlegenheit benötigt, die zu erringen unmöglich war. Schließlich wären Luftlandungen von Süden ohne eine gleichzeitige Landoperation sinnlos, ganz abgesehen davon, dass solche Luftlandungen unter Berücksichtigung des Luftverteidigungssystems der NATO riskant gewesen wären.

Das bedeutete, dass der Brennerpass, der Toblacher Sattel, das Tarvisio-Tal und die 50 km der Engstelle von Gorizia im Rahmen der italienischen Verteidigungsplanung nicht einfach komplett gestrichen werden konnten; umso mehr, als sich an Italiens Aufgabe, die Poebene zu verteidigen, nichts geändert hatte[37].

Neue Bedrohungen

Tatsächlich ging es nicht um Kriegspläne, die nicht ohnehin schon Teil der traditionellen Bedrohungsanalyse waren. Der Punkt war, dass in den frühen Achtzigerjahren in Europa nur noch eine Minderheit an die Möglichkeit eines Konflikts zwischen der NATO und dem Warschauer Pakt glaubte. Immer mehr Menschen lenkten ihre Aufmerksamkeit stattdessen auf die Wahrscheinlichkeit einer Out-of-area-Krise, die am Ende eskalieren und das Inkrafttreten von Artikel 5 des Washingtoner Vertrags bewirken könnte, mit allen damit verbundenen Problemen. So war es nur konsequent, dass Italien seine Sicherheitsachse nach Süden verschob, zu einem Zeitpunkt, an dem eine Verteidigung der nordöstlichen Front an Bedeutung verloren hatte. Denn die Verteidigung der politischen und wirtschaftlichen Interessen außerhalb des Verantwortungsbereiches der NATO, wie zum Beispiel die Stabilität des Mittelmeerraums und der ungehinderte Zufluss von Rohöl aus dem Mittleren Osten und dem Persischen Golf, erlangte mehr und mehr Bedeutung. Daneben unternahmen die Vereinigten Staaten nach 1979 gezielte Anstrengungen, die NATO-Mitglieder dazu zu bringen, im Rahmen von möglichen Out-of-area-Krisen mehr Verantwortung zu übernehmen – ein weiterer Faktor, den die italienische Regierung nicht völlig ignorieren konnte.

Schließlich beschloss die US-Regierung unter Ronald Reagan auch ihre Einheiten in Italien in die schnelle Eingreiftruppe zu integrieren, die für Einsätze auch außerhalb des klassischen Zuständigkeitsbereichs der NATO vorgesehen war. Daher wurde auch die letzte unabhängige Kampfeinheit der U.S. Army in Italien, das 1. Bataillon, 509. Airborne Infantry Combat Team, als Speerspitze den U.S. Rapid Deployment Forces (RDF) der 82. Airborne Division (wieder) zugeteilt.

Ende der Achtzigerjahre bestätigten die neue Qualität der Beziehungen zwischen den USA und der Sowjetunion sowie der Abschluss des Washingtoner Vertrages über nukleare Mittelstreckensysteme (1987, auch als INF-Vertrag bezeich-

---

[37] Vgl. Admiral W.J. Crowe jr. (CINCSOUTH), Allied Defence of the Southern Region. In: NATO's Sixteen Nations, Juni/Juli 1983, S. 18-25.

net) wie auch zahlreiche mediterrane Szenarien die Richtigkeit der italienischen Militärpolitik. Als Beispiele seien an dieser Stelle genannt:
- der Fehlschlag der Peacekeeping-Mission im Libanon (1984);
- die Minenräumoperationen im Roten Meer und im Golf von Suez im August 1984;
- der wachsende internationale Terrorismus in Italien, wie die Entführung des Kreuzfahrschiffes »Achille Lauro« (Oktober 1985) und das Massaker auf dem römischen Flughafen Fiumicino (Dezember 1985);
- die amerikanisch-libanesische Konfrontation im Golf von Sidra (Große Syrte);
- der amerikanische Luftangriff auf Libyen (1986) und die darauf folgende libysche Raketenattacke auf die italienische Insel Lampedusa.

All diese Ereignisse rückten nun auch Italien ins Rampenlicht des mediterranen Krisenmanagements. Folgerichtig wurde der oberste italienische Verteidigungsrat am 31. Januar 1986 mit der strategischen Analyse des Mittelmeerraums betraut. Auch das Juli-Manöver 1986 unter der Annahme der Verteidigung italienischen Territoriums im Rahmen einer nicht vom Warschauer Pakt ausgehenden Bedrohung aus dem Süden zeigte die Schwerpunktverlagerung der italienischen Militärpolitik.

Die italienische Armee stellte in der Folge eine eigene Rapid Intervention Force auf[38]. Auf Sizilien wurden wieder Truppen stationiert, die Brigaden in Süditalien auf diese Weise verstärkt und ihre Einsatzmöglichkeiten durch moderne Ausrüstung und Logistik verbessert. Die Luftwaffe rüstete ihr Luftverteidigungssystem in Süditalien durch die neuen Argos-10-Radargeräte auf und dislozierte das mit TASMO-Aufgaben[39] betraute 37. Geschwader (F-104 S) bei Trapani Birgi. Vier Boeing-707-Linienjets wurden zu Tankern umgerüstet, um den Radius der Kampfflugzeuge weiter zu erhöhen. Und die italienische Marine plante die Anschaffung von Harrier-II-Senkrechtstartern, die für den Flugdeck-Kreuzer »Garibaldi« vorgesehen waren[40].

Nur wenige Jahre später löste sich der Warschauer Pakt auf, und die Sowjetunion implodierte. Der Kalte Krieg war beendet. Die nordöstliche Front als mögliches Szenario verschwand damit endgültig aus der italienischen Bedrohungswahrnehmung.

---

[38] Siehe zu diesem Thema Luigi Caligaris and Maurizio Cremasco, The Italian Rapid Intervention Force. In: The International Spectator, 20 (1985), 2, S. 51-61.
[39] Tactical Air Support of Maritime Operations (TASMO).
[40] Das Schiff wurde von der italienischen Marine am 1.10.1985 in Dienst gestellt.

László Ritter

Der geheime Krieg zwischen dem Sowjetblock und Jugoslawien 1948 bis 1953

1. Einleitung

Während des Konfliktes zwischen dem sowjetischen Block und Jugoslawien von 1948 bis 1953 war Moskau nicht imstande, das Regime Josip Broz Titos zu stürzen, das nicht nur siegreich, sondern in seiner internationalen Rolle beträchtlich gestärkt aus der Auseinandersetzung hervorging. Ausschlaggebend hierfür war unter anderem, dass Jugoslawien seine Gegner auch in einem verdeckten Krieg der Geheimdienste besiegt hat – ein bis heute kaum bekannter Umstand. Dieser Erfolg war sogar gewichtiger, als von der offiziellen jugoslawischen Parteigeschichtsschreibung dargestellt. Danach wurde »ein erbarmungsloser Kampf gegen die Kominform-Anhänger und die ausländischen Nachrichtendienste geführt [...], um jedwede Art von aggressivem Druck abzuwehren«[1]. Belgrad, das sich der Unterstützung des Westens gewiss war, riss ab 1951 immer häufiger die Initiative an sich: Mit aggressiven Geheimdienstaktionen nötigte es die Satellitenstaaten der Sowjetunion in seiner Nachbarschaft, sich an dieser »unsichtbaren Front« in erster Linie auf die Abwehr zu konzentrieren.

Der geheime Krieg zwischen dem Sowjetblock und Jugoslawien ist nicht mit den Rivalitäten der Geheimdienste zwischen Ost und West zu vergleichen. Es war vielmehr das erste und auch einzige Mal, dass einander zwei stalinistische Systeme gegenüberstanden. Beide waren »*counterintelligence state*s«[2], deren Nachrichten- und Sicherheitsdienste mit unbegrenzten Rechtsbefugnissen versehen und ausschließlich der obersten Parteiführung unterstellt waren. Vor der Verurteilung Jugoslawiens durch die im Kommunistischen Informationsbüro (Kominform) zusammengeschlossenen kommunistischen Parteien am 28. Juni 1948 hatten die Dienste eng zusammengearbeitet. Daher waren nicht nur die operativen Vorgehensweisen und Möglichkeiten der jeweiligen Gegenseite bekannt; viele Leiter der Dienste kannten sich zudem persönlich. Dies und der identische ideologische Hintergrund verliehen der Auseinandersetzung den Charakter eines »Bruderzwistes«.

---

1 A Jugoszláv Kommunista Szövetség Története [Geschichte des Jugoslawischen Bundes der Kommunisten]. Hrsg. von Stanislav Stojanović und Pero Morača, Újvidék 1985, S. 373.
2 John J. Dziak, Chekisty. A History of the KGB, Lexington 1988, S. XVI.

Den Hauptschauplatz des Kampfes bildeten Jugoslawien und die Satellitenstaaten der Sowjetunion in seiner Nachbarschaft. Ausgetragen wurde der Konflikt aber auch in der Alpenregion und in und um Triest, das bis 1954 unter internationaler Verwaltung stand (in der Stadt und ihrer unmittelbaren Umgebung waren britische und US-Truppen stationiert, im heute slowenischen Hinterland jugoslawische Verbände). Daneben betrieben die Nachrichten- und Sicherheitsdienste beider Seiten ihre Agententätigkeit auch auf österreichischem und italienischem Gebiet, gewissermaßen unter den Augen der anderen Nationen.

Der vorliegende Beitrag kann kein ganzheitliches Bild von diesem geheimen Krieg nachzeichnen. Die zur Verfügung stehenden sowjetischen (russischen), jugoslawischen (serbischen), rumänischen, bulgarischen und albanischen Quellen lassen dies derzeit noch nicht zu. Stattdessen stellt er im Sinne einer Fallstudie die ungarisch-jugoslawische Projektion des Konfliktes vor. Ungarn agierte als Satellitenstaat der Sowjetunion in dieser Auseinandersetzung; daher spiegelten die Aufgaben seiner unter unmittelbarer sowjetischer Anleitung stehenden Nachrichten- und Sicherheitsdienste Moskaus Pläne. Ihre operativen Methoden wurden, ähnlich denen der anderen »Frontstaaten«, dem sowjetischen Modell angeglichen. Das galt auch für Jugoslawien, das in ähnlicher Weise gegen Albanien, Bulgarien, Ungarn und Rumänien operierte. Bei meinen Forschungen vor einigen Jahren über die sowjetischen Pläne und die Rolle Ungarns in diesem Zusammenhang[3] stand zunächst die Frage im Raum, ob die ungarischen Nachrichtendienste einen Auftrag »Jugoslawien« erhalten hatten, der über die allgemeine militärische und militärpolitische Informationsgewinnung hinausging und der einen Hinweis auf die Vorbereitung einer größeren Angriffsoperation bot. Es zeigte sich rasch, dass auch Jugoslawien keineswegs jene rein defensive Rolle spielte, wie dies in offiziellen jugoslawischen Publikationen stets dargestellt und von der westlichen Geschichtswissenschaft übernommen wurde[4]. Tatsächlich übertraf Belgrad bei der Planung, Vorbereitung und Durchführung von Schauprozessen in vielerlei Hinsicht die unter sowjetischer Kontrolle stehenden mitteleuropäischen Länder. Jugoslawien war in der Region fast ein Vorreiter bei derartigen Prozessen gegen »Verräter« aus den Reihen der kommunistischen Partei. Im Konflikt zwischen Ungarn und Jugoslawien führte im Sommer 1949 zuerst Belgrad solche öffentlichkeitswirksame Prozesse durch, um

---

[3] Siehe die einleitende Studie sowie die Dokumenten- und Fotosammlung: László Ritter, War on Tito's Yugoslavia? The Hungarian Army in Early Cold War Soviet Strategy. In: Parallel History Project on NATO and the Warsaw Pact, Februar 2005, http://php.ins.ethz.ch/collections/coll_tito/intro.cfm (letzter Zugriff: 1.7.2011); eine kürzere, populärwissenschaftliche Variante u.d.T.: László Ritter, Titkos háború Magyarország és Jugoszlávia között. Jugoszláv és magyar hírszerzés: 1948-1953 [Der geheime Krieg zwischen Ungarn und Jugoslawien. Jugoslawisches und ungarisches Nachrichtenwesen]. In: História, 2010, 1-2, S. 48-51.

[4] Vgl. die bis heute als Standardwerk geltende Monografie von Ivo Banac, Stalin Against Tito: Cominformist Splits in Yugoslav Communism, Ithaca 1988, S. 221-242; und die Studie von Mark Kramer, Stalin, Soviet Policy, and the Consolidation of a Communist Bloc in Eastern Europe, 1944-53. In: Stalinism Revisited: The Establishment of Communist Regimes in East-Central Europe. Ed. by Vladimir Tismăneanu, Budapest 2010, S. 81-99. Kramer stützt sich auf ein breites Spektrum russischer und osteuropäischer Archivquellen.

die Einmischung der anderen Seite in die eigenen inneren Angelegenheiten »nachzuweisen«[5].

Im Historischen Archiv der Staatssicherheitsdienste (ÁBTL) in Budapest findet man ein auf Ungarisch und Serbokroatisch abgefasstes Dossier von über 300 Seiten, das sich bei der Aufklärung der Aktivitäten der jugoslawischen Seite als besonders hilfreich erwies. Es trägt den Titel »Jugoszláv hírszerző szervek« (Jugoslawische nachrichtendienstliche Stellen) und enthält die Schilderungen und Analysen des aus Kroatien stammenden, in Subotica/Szabadka geborenen Nikola Malogoski. Als hochrangiger Offizier des jugoslawischen militärischen Nachrichtendienstes war er von 1949 bis Ende 1952 in leitender Stellung für den geheimen Krieg gegen Ungarn verantwortlich. Malogoski tauchte bei den Sowjets auf, nachdem er seinen neuen Einsatzort Wien im Januar 1953 verlassen hatte[6]. Aus dem Aktenmaterial geht nicht hervor, ob er schon vorher mit dem sowjetischen Nachrichtendienst in Kontakt gestanden hatte und welche Rolle er später spielte. Sicher ist jedoch, dass er den Sowjets und den Ungarn detailliertes Material lieferte. Daraus ergab sich für den damaligen Kenntnisstand des ungarischen Nachrichtendienstes – und damit für die Nachwelt – ein einzigartiges Bild von Gliederung, Aufgaben, Vorgehensweisen sowie von der personellen Stärke und Zusammensetzung des jugoslawischen militärischen Nachrichtendienstes.

Zwei Faktoren haben die Aufarbeitung des Themas außerordentlich erschwert. Erstens wird die Sperre von Akten der ungarischen Staatssicherheit nur sehr zögerlich aufgehoben. Zweitens gibt es keine ungarische und jugoslawische Forschung und Literatur zur Geschichte des Nachrichtendienstes. Das Thema gilt sowohl in Ungarn als auch in Serbien als Terra incognita, an das sich die Wissenschaftler auf dem Gebiet des Kalten Krieges aus unterschiedlichen Gründen nur ungern heranwagen. Mit der Tätigkeit der Nachrichtendienste haben sich daher nur ein paar Arbeiten befasst[7], die zudem ein sehr unterschiedliches Niveau auf-

---

5 Banac, Stalin Against Tito (wie Anm. 4), S. 217.
6 Historisches Archiv der Staatssicherheitsdienste (ÁBTL), 3.2.4. K-903, Jugoszláv hírszerző szervek [Jugoslawische nachrichtendienstliche Stellen].
7 Die bekanntesten Arbeiten zum jugoslawischen Nachrichtendienst sind mit dem Namen des serbischen Journalisten Marko Lopušina verbunden: KGB protiv Jugoslavije [Der KGB gegen Jugoslawien], Beograd 2000; Tajne vojne službe bezbednost [Geheime militärische Nachrichtendienste], Beograd 2004; Tajne sluzbe Srbije 1945–2005 [Geheimdienste Serbiens], Bd 1, Beograd 2006. Da die dort vorkommenden Informationen aus derzeit nicht nachprüfbaren Quellen stammen, habe ich sie ausschließlich als Orientierung verwendet. Bei den ungarischen Arbeiten ragen jene von Imre Okváth heraus, etwa: Sziget egy reakciós tenger közepén. Adalékok a Katpol történetéhez, 1945–1949 [Eiland inmitten des reaktionären Meeres. Beiträge zur Geschichte der Abwehr Katpol bei der ungarischen Aufklärung]. In: Katonai perek a kommunista diktatúra időszakában 1945–1958. Tanulmányok a fegyveres testületek tagjai elleni megtorlásokról a hidegháború kezdeti időszakában [Militärgerichtsprozesse im Zeitalter der kommunistischen Diktatur. Studien über die Repressalien bei Angehörigen der bewaffneten Formationen in der Anfangszeit des Kalten Krieges]. Red.: Imre Okváth, Budapest 2001, S. 57–96. Bahnbrechende Arbeiten zum Nachrichtenwesen und zum geheimen Krieg hat János Jakus veröffentlicht, allerdings beruhen sie auf oberflächlicher Forschung und weisen zahlreiche sachliche Fehler auf; siehe z.B. A magyar biztonsági szolgálatok szerepe az országvédelem rendszerében az '50es évek elején [Die Rolle der ungarischen Sicherheitsdienste bei der Landesverteidigung im System der Landesverteidigung zu Beginn der Fünfzigerjahre]. In: Szakmai Szemle. A Katonai Biztonsági Hivatal Tudományos

weisen. Um den geheimen Krieg verstehen zu können, mussten jedoch nicht nur die Ereignisse des Konfliktes selbst, sondern auch das Gefüge und die Tätigkeiten der Nachrichtendienste rekonstruiert werden.

Neben dem Historischen Archiv der Staatssicherheitsdienste boten Bestände aus dem Ungarischen Staatsarchiv (MOL), dem Archiv für Militärgeschichte (HL) und den US-amerikanischen National Archives Quellenmaterial für diese Studie. Aus Mangel an Publikationen stellen die vom Autor geführten Interviews mit Zeitzeugen des geheimen Krieges die zweite große Quellengruppe dar[8].

2. Die Dienste in Ungarn und Jugoslawien

a) Ungarn

Ungarn wurde 1944/1945 von sowjetischen Truppen besetzt. Die neuen ungarischen Dienststellen des Nachrichtenwesens wurden auf sowjetische Initiative hin aufgestellt und standen bis 1989 durchweg unter sowjetischer Kontrolle, die wiederum in zwei signifikante Perioden zerfällt. Den Zeitraum vom Frühjahr 1945 bis Anfang 1950 kann man als Phase der »mittelbaren Kontrolle« bezeichnen. Die Arbeit der Ungarn wurde von den sowjetischen Beratern nicht unterstützt und es gab keine offizielle Verbindung zu den sowjetischen nachrichtendienstlichen Residenzen der militärischen Aufklärung und der anderen Nachrichtendienste, die zuerst unter dem Deckmantel des Alliierten Kontrollrates und ab 1947 im Schutze der sowjetischen Botschaft tätig waren. Die Aufsicht erfolgte mittelbar über die kommunistische Partei und durch die in der Führung der Dienste tätigen Agenten, die jede eingehende Information und Meldung an die Sowjets weitergaben. Es kam sogar vor, dass diese zuerst die sowjetischen und erst dann die eigenen Vorgesetzten konsultierten[9].

In der zweiten Phase ab Anfang 1950 übten die Sowjets eine »unmittelbare Kontrolle« aus. Die Beziehungen zwischen den sowjetischen und ungarischen Diensten wurden durch ein Geheimabkommen geregelt. Zur Unterstützung der Tätigkeit sowohl der militärischen Nachrichtendienste als auch der Staatssicher-

---

Tanácsának kiadványa [Szakmai Szemle. Ausgabe des Wissenschaftlichen Rates des Amtes für militärische Sicherheit], 2007, 1, S. 5–26.

[8] Unter den Gesprächspartnern dieser Interviews sind Vladimir Farkas als Organisator und Leiter der Funkaufklärung der Staatssicherheit und später des Nachrichtenwesens, Iván Vadász als stellvertretender Leiter und späterer Leiter des militärischen Dechiffrierdienstes, Albert-Ernö Svetina als Offizier der jugoslawischen Staatssicherheit und später einer der Führer der jugoslawischen politischen Emigration in Ungarn sowie Tibor Kárpáti als der damalige Belgrader Resident des militärischen Nachrichtenwesens hervorzuheben. Ohne ihre selbstlose Hilfe hätte diese Studie nicht angefertigt werden können.

[9] Másolat Gát Zoltán tanúhallgatási jegyzőkönyvről. Budapest [Abschrift des Zeugenvernehmungsprotokolls von Zoltán Gát], Budapest, 25.8.1954, Ungarisches Staatsarchiv (MOL), M-KS 276 f. 62. cs. 206 ő.e., S. 2 f.

heitsdienste trafen Beraterteams aus Moskau ein[10]. Darüber hinaus waren Berater zu den Stellen der Aufklärung der Grenztruppen abkommandiert worden. 1950 trafen Berater jedoch nicht nur bei den Fachbereichen des Kommandos der Grenztruppen, sondern auch bei den Grenzbezirken und Grenztruppenbataillonen ein[11].

Zu einer wirklichen Zusammenarbeit kam es jedoch nicht. Punkt 1/b der Vereinbarung der Nachrichtendienste der Staatssicherheitsdienste vom Frühjahr 1950 schrieb zwar vor, dass beide Seiten unter Ausnutzung ihrer spezifischen Gegebenheiten der jeweils anderen Seite bei der Arbeit behilflich sein sollten, in der Praxis verhinderte dies aber die vorwiegend vertikale Ausrichtung in den Hierarchien auf beiden Seiten. Für die Sowjets war beispielsweise – dank der Spione in den obersten westeuropäischen und amerikanischen Entscheidungsgremien – die Zusammenarbeit zwischen Jugoslawien und dem Westen geradezu ein offenes Buch, ihren ungarischen Trabanten gewährten sie jedoch diesbezüglich keinen Einblick[12]. Die sowjetischen Berater leisteten anfangs sogar den größten Teil der täglichen organisatorischen und planerischen Arbeit. 1953 teilten sie die Informationen mit den Ungarn, die sie von dem Überläufer Malogoski erhalten hatten – oder jedenfalls den größten Teil davon. Mit operativen Informationen unterstützten sie die Arbeit der Ungarn jedoch nicht. Dagegen übernahmen sie unverzüglich das gesammelte Nachrichtenmaterial sowie die für sie aussichtsreichen Kandidaten für eine Agententätigkeit und die Agenten selbst[13]. Überdies »erbten« die ungarischen Dienste über ihre Berater die Rivalität zwischen den militärischen Nachrichtendiensten und den Staatssicherheitsdiensten der Sowjetunion. Diese Reibereien nahmen in kurzer Zeit solche Ausmaße an, dass die ungarischen militärischen Nachrichtendienste und die Staatssicherheitsdienste nicht nur keine praktische Zusammenarbeit auf dem Gebiet des Nachrichtenwesens pflegten, sondern durch Zurückhalten der zur Verfügung stehenden Informationen oftmals absichtlich die Arbeit der jeweils anderen Stellen erschwerten.

In den ersten beiden Jahren des ungarisch-jugoslawischen Konfliktes war das militärische Nachrichtenwesen innerhalb der Verwaltung Militärpolitik des Ministeriums für Landesverteidigung angesiedelt, danach in der Hauptverwaltung Militärische Abwehr (Katonai Elhárító Főcsoportfőnökség, kurz: Katpol). Die in Buda in der Máté-Zalka-Kaserne nahe der Elisabeth-Brücke gelegene Einheit wurde

---

10 Beim militärischen Nachrichtenwesen sind von den Beratern die Namen Bernikov, Alexeev, Posnikov, Zapenko, Lasarev und Ječmenov bekannt. Vgl. A Magyar Néphadsereg Vezérkara 2. csoportfőnökség és elődszervezeteinek története 1945–1977 [Geschichte der 2. Verwaltung und ihrer Vorgängerstrukturen beim Generalstab der Ungarischen Volksarmee], Archiv für Militärgeschichte des Ungarischen Volksarmee HL MN Különgyűjtemény (Sondersammlung), II/B-4, 7–13. Beim Nachrichtenwesen des Staatssicherheitsdienstes leitete zunächst Oberst Filatov, dann Oberst Tiškov und im Weiteren Verlauf Oberst Čelišev die Beratertätigkeit. Interview des Verfassers mit Vladimir Farkas, 20.3.2000.
11 Jenő Kovács, Együtt a határterületi lakossággal 1945–1956 [Gemeinsam mit der Bevölkerung im Grenzgebiet]. In: Hadtörténeti Közlemények, 1981, 3, S. 415.
12 Očerki istorii rossijskoj vnešnej razvedki [Studien zur Geschichte der Russischen Auslandsaufklärung], Bd 4: 1941–1945, Moskva 2003, S. 306–320.
13 Interview des Verfassers mit Vladimir Farkas.

1945 zur »aktiven Verhinderung feindlicher Nachrichtenbeschaffung und offensiven Betreibung von Nachrichtenbeschaffung« aufgestellt[14]. Für ihre Bedeutung spricht, dass sie bis 1949 zu der Instanz des Ministeriums mit der höchsten Personalstärke wurde[15].

Die Nachrichtenbeschaffung im Personenbereich war Aufgabe der V. Abteilung (ab 1949 IV. Verwaltung) und die Funkaufklärung die der IV. Abteilung (ab 1949 III. Verwaltung)[16]. Obwohl die Verwaltungen kaum drei Jahre bestanden, handelten sie sehr effektiv. Die Agenten der von Zoltán Gát und später von Pál Demtsa geführten »operativen Dienststelle« waren nicht nur in Österreich und in den westlichen Besatzungszonen Deutschlands erfolgreich aktiv, sondern auch in Italien, in der Schweiz und in Frankreich. Einem Vermerk vom 2. April 1949 zufolge waren 75 ungarische Agenten ständig im Westen tätig, von denen 65 laufend berichteten[17]. Die von Ernő Pataki geführte Funkaufklärung und der Dechiffrierdienst kamen hingegen nur langsam an die Leistungen der Vorgängerinstitution aus der Zeit des nationalkonservativen »Reichsverwesers« Admiral Miklós Horty heran – des Dezernats »X« der Abteilung 2 (Nachrichtenbeschaffung und Spionageabwehr, ungarisch kurz 2. vkf. Osztály) des Generalstabes der ungarischen Honvéd-Armee. Sie fingen den diplomatischen und militärischen Fernmeldeverkehr von Dutzenden Ländern ab und entschlüsselten ihn.

Neben der Funkaufklärung waren auch die Agenten – der Bereich der »human intelligence«, so die heutige Diktion – militärisch und politisch tätig, ja sogar in erster Linie auf politischem Gebiet. Neben Parteikadern und Angehörigen des antifaschistischen Widerstandes kamen in großer Zahl erfahrene Fachleute aus der früheren Abteilung 2 des Generalstabes der Honvéd als Offiziere, Zivilangestellte und Agenten zum Einsatz. Das wurde dadurch möglich, dass sich die Hauptverwaltung Militärische Abwehr (Katpol) zwar von Anfang an unter der unmittelbaren und ausschließlichen Führung der Partei befand, die innenpolitischen Aktivitäten der mit der Abwehr befassten Teileinheiten der Verwaltung jedoch im Mittelpunkt der Aufmerksamkeit der Parteiführung standen. Die Parteiführung kümmerte sich im Grunde genommen lange Zeit nicht um die Tätigkeit der beiden Instanzen zur Nachrichtengewinnung. Dies änderte sich im September 1948 mit der Ernennung von Mihály Farkas zum Verteidigungsminister. Kurz nach seiner

---

[14] Kat.Pol. és hírszerző osztályok felállítása [Die Aufstellung von Katpol und der Abteilungen des Nachrichtenwesens], Budapest, 12.3.1945, Archiv für Militärgeschichte des Ministeriums für Landesverteidigung HL MN 1945. eln. 20269.
[15] 1949 arbeiteten bei Katpol 268 Soldaten (173 Offiziere und 95 Unteroffiziere) und 304 Zivilbeschäftigte (70 Fachreferenten, 80 Ermittler und 84 Beschäftigte mit Zeitverträgen), d.h. 572 Personen. Diese Personalstärke übertraf bei Weitem die einer jeden Verwaltung im Ministerium. Siehe: A Honvédelmi Minisztérium szervezete 1949 februártól [Gliederung des Ministeriums für Landesverteidigung ab Februar 1949], Budapest, 11.2.1949, Archiv für Militärgeschichte des Ministeriums für Landesverteidigung HL MN 1949/T2/2.
[16] A Magyar Néphadsereg Vezérkara 2. csoportfőnökség és elődszervezeteinek története (wie Anm. 10), S. 11.
[17] ÁBTL, 1.11.4 1 sorozat 8. doboz, Az ÁB munka és hírszerzés történettel kapcsolatos anyagok [Materialien im Zusammenhang mit der Geschichte der Arbeit der Staatssicherheit und des Nachrichtenwesens].

Amtseinführung kritisierte er scharf die Katpol und deren Dienststellen, die der »Armee den Rücken zuwenden« würden. Das war der Auftakt einer Kampagne zur Ausmerzung der ehemaligen Honvéd-Offiziere, in deren Verlauf im Dezember 1949 Zoltán Gát und im Januar 1950 auch Ernő Pataki verhaftet wurden.

1950 wurden die mit der Abwehr befassten Teileinheiten der Katpol nach sowjetischem Vorbild dem Amt für Staatsschutz (Államvédelmi Hatósáy, ÁVH) unterstellt. Die Stellen des Nachrichtenwesens wurden in der IV. Hauptverwaltung als eine neue Struktur weiterbetrieben, die sich ausschließlich mit militärischer Nachrichtengewinnung auf operativ-strategischer Ebene befassen sollte. Die von Pál Demtsa geführte bisherige IV. Verwaltung setzte als I. Verwaltung und die III. Verwaltung als II. Verwaltung ihre Arbeit fort, zunächst unter der Leitung von András Lehoczky und nach dessen Verhaftung im Jahr 1952 unter Géza Pászka[18]. Mit den Säuberungen und der Umorganisation wurde ein beträchtlicher Teil des Personals ausgewechselt. Es kamen scharenweise junge Kader aus der Arbeiterklasse zu den beiden Verwaltungen. Sie hatten eine Schule oder einen Kurzlehrgang absolviert und verfügten meist über keine Fachkenntnisse. »Die neue Stelle nahm am 1. Februar 1950 offiziell den Betrieb auf«, erinnerte sich 1956 Géza Révész als Leiter der Verwaltung, »und zwar in der Masse mit neuen, jungen Genossen, die um die 20 Jahre alt, unerfahren sowie politisch, militärisch und in punkto Allgemeinbildung ungebildet waren [...] Farkas war ungeduldig, er wollte Ergebnisse sehen [...] ihn interessierte nicht, dass die Organisation und die Herstellung der Bereitschaft einer solchen Dienststelle viel Zeit in Anspruch nahm und beharrliche, tagtägliche Kleinarbeit verlangte[19].« Die Lage wurde noch dadurch erschwert, dass mit der Umstrukturierung – wiederum nach sowjetischem Vorbild – auch die Grenztruppen in den Zuständigkeitsbereich des Amtes für Staatsschutz fielen. Damit wurden der Nachrichtenbeschaffung zahlreiche mögliche Agenten und »illegale Einflusskanäle« entzogen. Nur die Funkaufklärung, und hier vor allem der von Ottó Gyürk geleitete Dechiffrierdienst, sollte den Erwartungen gerecht werden. Das war einerseits einigen begabten Mitgliedern unter den jungen Kadern und andererseits dem Umstand zu verdanken, dass man ehemalige Angehörige des Dezernats »X« bis Januar 1953 auf ihren Dienstposten beließ[20].

Beim Amt für Staatsschutz waren drei nachrichtendienstliche Stellen tätig: eine für politische Nachrichtenbeschaffung, eine für den Grenzschutz und eine für die Funkaufklärung. Seit der Gründung der Staatssicherheit existierte eine ganz kleine, ad hoc eingerichtete Dienststelle mit minimaler Personalausstattung, die im Ausland, in erster Linie gegen die ungarische militärische Emigration in Österreich, »Offensivabwehr« betrieb. An ihrer Spitze stand Pál Szarvas. Hieraus gingen 1948 die Abteilung V, im Februar 1950 die Abteilung I/5 und dann ab August 1950 die

---

[18] A Magyar Néphadsereg Vezérkara 2. csoportfőnökség és elődszervezeteinek története (wie Anm. 10), S. 12–15.
[19] Révész Géza feljegyzése Kovács Istvánhoz Farkas Mihály ügyében [Vermerk von Géza Révész an István Kovács in der Sache Mihály Farkas], Budapest, 9.4.1956, MOL, M-KS 276. f. 62/36. ő. e., S. 6.
[20] Interview des Verfassers mit Vladimir Farkas. 6.10.2009.

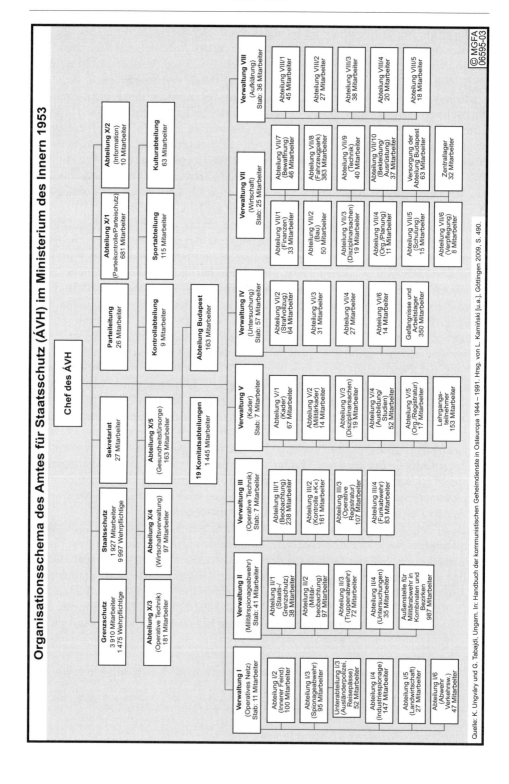

Dienststelle zur politischen Nachrichtenbeschaffung mit der Bezeichnung X/3 hervor. Ihre endgültige Form erhielt sie 1951 unter der Bezeichnung Hauptabteilung VIII. Die Aufgabe dieser von Vladimir Farkas geführten Hauptabteilung bestand in »offensiven Staatssicherheitsaktivitäten«, d.h. in der Infiltration ausländischer Organisationen mit gegen Ungarn gerichteten nachrichtendienstlichen und aufrührerischen Zielen sowie im Sammeln von politischen und wirtschaftlichen Informationen[21]. Den Erinnerungen von Vladimir Farkas zufolge befand sich das politische Nachrichtenwesen unter der unmittelbaren Aufsicht des KP-Führers Mátyás Rákosi: Der ungarische Parteichef behielt sich das Recht vor, alle operativen Auslandsaktionen nach einer kurzen und auf das Wesentliche beschränkten Vorlage persönlich zu bestätigen[22].

Die operative Arbeit gegen Jugoslawien erfolgte in den diplomatischen und Handelsvertretungen sowie über die in der Provinz gelegenen Unterabteilungen Kecskemét, Mohács, Pécs/Fünfkirchen, Szeged und Zalaegerszeg und die Außenstelle in Mohács. Während die Abteilungsleiter und ihre Stellvertreter von erfahrenen Offizieren des Einsatzpersonals des Amtes für Staatsschutz gestellt wurden, war ein Großteil des Personals mit einer Gesamtstärke von 135 Mann aus Gründen der politischen Zuverlässigkeit aus der Arbeiterklasse rekrutiert worden[23]. 1950 wurden von der aufgelösten Katpol 20 Offiziere übernommen, die zuvor mit politischem Nachrichtenwesen befasst gewesen waren, doch wurden die meisten von ihnen bereits innerhalb weniger Monate verhaftet oder aus dem Dienst entfernt, so im Frühjahr 1950 Pál Szarvas, den man beschuldigte, »als Jude kleinbürgerlicher Herkunft [...] im Kampf gegen den amerikanischen Imperialismus wankelmütig geworden zu sein«[24].

In Kooperation mit dem politischen Nachrichtendienst war die Hauptabteilung Aufklärung des Kommandos der Grenztruppen unter der Bezeichnung IV/4 unter Leitung von Dénes Kovács tätig. Die nach der Eingliederung der Grenztruppen beim Amt für Staatsschutz nach sowjetischem Muster entstandene Instanz mit einer Personalstärke von 194 Mann verrichtete beiderseits der österreichischen und jugoslawischen Grenze in einer Tiefe von 15 km »vernetzte operative Arbeit«, um »jeden Versuch einer Grenzverletzung« zu vereiteln sowie die »Aktivitäten und Pläne« gegnerischer nachrichtendienstlicher Stellen aufzuklären[25]. In Bezug auf Jugoslawien war die Hauptabteilung Aufklärung IV/4 des Kommandos der Grenz-

---

[21] Interview des Verfassers mit Vladimir Farkas. Die Abteilung war in der Innenstadt von Budapest in einem vierstöckigen Mietshaus an der Ecke Csengery-Straße und Aradi-Straße untergebracht. Ab September 1953 arbeitete sie im Gebäudetrakt des Innenministeriums in dem Flügel an der Ecke Nádor-Straße und Mérleg-Straße.
[22] Vladimir Farkas, Nincs mentség. Az ÁVH alezredese voltam [Es gibt keine Ausrede – ich war Oberstleutnant des Amtes für Staatsschutz], Budapest 1990, S. 300.
[23] Vértes János visszaemlékezése [Erinnerung von János Vértes], ÁBTL, 1.11.4 1 sorozat 8. doboz, Az ÁB munka és hírszerzés történettel kapcsolatos anyagok [Materialien im Zusammenhang mit der Geschichte der Arbeit der Staatssicherheit und des Nachrichtenwesens].
[24] Jegyzőkönyv az Államvédelmi Bizottság [Protokoll von der Sitzung des Komitees für Staatssicherheit], 22.4.1950, MOL, M-KS 276. f. 54 cs. 97 ő.e., S. 176.
[25] A Felderítő Osztály munkájáról jelentés [Bericht über die Arbeit der Abteilung Aufklärung], Budapest, 1953, MOL, XIX-B-10-083/PK. 36.d., S. 62 f.

truppen ebenfalls an der Informationsbeschaffung im Zusammenhang mit »politischen und wirtschaftlichen Vorfällen sowie militärischen Maßnahmen« beteiligt[26]. Die operative Arbeit leisteten die Unterabteilungen Aufklärung in Kiskunhalas, Nagykanizsa, Pécs und Zalaegerszeg.

Die Funkaufklärung der Staatssicherheit stellte Vladimir Farkas von 1946 bis 1947 aus Fachleuten des Institutes für Wehrtechnik und des Dezernats »X« der Abteilung 2 des Generalstabes der Honvéd zusammen, die keine Verwendung bei Katpol gefunden hatten[27]. Ihr Zentrum befand sich den zur Verfügung stehenden Quellen zufolge in der Budakeszi-Straße bzw. in der Kató-Hámán-Straße. Im Konfliktzeitraum war die Dienststelle meistenteils im Rahmen der operativtechnischen Hauptabteilung III eingesetzt. Deren Leiter waren von 1950 bis 1951 Vladimir Farkas und anschließend János Tárnoki. Genau wie die militärische Funkaufklärung erreichte sie herausragende Ergebnisse. Den Erinnerungen von Farkas zufolge war die Funkaufklärung, wo auch die von László Kunos geleitete Unterabteilung III/2-d (Dechiffrierdienst) angesiedelt war, die einzige nachrichtendienstliche Teileinheit des Amtes für Staatsschutz, deren Ergebnisse zumindest einmal sogar Stalin persönlich vorgelegt wurden[28].

b) Jugoslawien

Die Stellen des jugoslawischen militärischen Nachrichtenwesens waren in der II. Verwaltung des Generalstabes der Jugoslawischen Volksarmee (Jugoslovenska Narodna Armija, JNA) angesiedelt. Die II. Verwaltung (Nachrichtenwesen) entstand 1945 aus dem Nachrichtenwesen der Partisanenarmee (Vojno obaveštajna služba, VOS)[29]. Ihr Leiter in der Zeit des Konfliktes war Konteradmiral Sretko Manola[30]. Die von Anton Vratusa geleitete I. Abteilung befasste sich mit strategischem Nachrichtenwesen, deren Unterabteilung I/1 wiederum mit den »Anhängern von Kominform«, also mit der Arbeit gegen die Sowjetunion und deren Satellitenstaaten. Die Unterabteilung wurde ein Jahr nach dem Ausbruch des Konfliktes, im Juli 1949, aufgestellt und begann mit aktiver Nachrichtenbeschaffung durch Agenten[31]. Mit Ausnahme von Polen wurde gegen alle Satellitenstaaten der Sowjetunion nachrichtendienstliche Tätigkeit betrieben, angeleitet von jeweils eigenen Referenten-Teileinheiten[32]. Die operative Arbeit gegen Ungarn erfolgte über die diplomatischen und Handelsvertretungen sowie über die Abteilungen II (Aufklärung) der fünf Grenzschutzbataillone (in Murska Sobota, Koprivnica, Beli Manastir, Bajmak und Novi Kneževac) des Korps zur Volksverteidigung Jugosla-

---

[26] Ebd.
[27] Interview des Verfassers mit Vladimir Farkas.
[28] Vladimir Farkas, Mentség nincs [Keine Entschuldigung], Manuskript im Besitz des Verfassers), S. 388.
[29] Jugoszláv hírszerző szervek (wie Anm. 6), S. 105.
[30] Ebd., S. 73.
[31] Ebd., S. 88 f.
[32] Ebd., S. 73–77. Die Teileinheit der Referenten für Ungarn leitete 1949/1950 Milorad Delić, 1959–1952 Martin Simić und dann ab 1952 Damillo Sforcan.

wiens (Korpus Narodne Obrambe Jugoslavije, KNOJ), die die Grenze zu Ungarn sicherten[33].

Das politische Nachrichtenwesen wurde im Rahmen der Bundesverwaltung für Staatssicherheit (Uprava državne bezbednosti, UDB) betrieben. Die UDB erwuchs aus der Abwehr-Dienststelle der Partisanenstreitmacht, das Organ für Volksschutz (Odjeljenje za Zaštitu Naroda, OZNA) wurde 1945 gebildet[34]. An der Spitze der UDB stand Aleksandar Ranković. Die von Stipe Brajnik geleitete I. Abteilung befasste sich mit »offensiver« Nachrichtenbeschaffung durch Agenten oder Spione jenseits der Grenze[35]. Wann die Arbeit gegen den sowjetischen Block und Ungarn einsetzte, ist nicht bekannt. Sicher ist, dass, ähnlich wie beim militärischen Nachrichtenwesen, die gegen Ungarn gerichtete Arbeit von einer separaten Teileinheit geleistet wurde[36]. Die Operationen wurden jeweils von der I. Unterabteilung der UDB in drei Provinzen bzw. in deren nachgeordneten Bereich in acht Kreisen und in der UDB-Außenstelle Bezdán durchgeführt.

Im August 1950 wurden die II. Abteilungen (Nachrichtenwesen) der Regimenter des KNOJ und der Grenztruppenbataillone zur wirksameren Gestaltung des Nachrichtenwesens gegen die Nachbarländer mit den 1. Unterabteilungen des UBD zusammengefasst, um – hierbei operativen Aspekten folgend – einen zentralisierten und einheitlichen Nachrichtendienst zu schaffen[37]. Die neu entstandenen vereinigten Nachrichtenzentren firmierten unter der Bezeichnung 1. Unterabteilung der Bundesverwaltung für Staatssicherheit; nur sie hatten das Recht, außerhalb der Grenzen Nachrichtenbeschaffung zu betreiben. Diese Zentren wurden von der II. Verwaltung und der UDB gemeinsam geleitet, und zwar so, dass ihre Offiziere direkt dem Leiter des Nachrichtenzentrums und mittelbar der II. Verwaltung bzw. der UDB meldeten[38]. Die Tätigkeit gegen Ungarn erfolgte von acht Zentren aus: Osijek, Lendva, Koprivnica, Maribor/Marburg, Murska Sobota, Subotica, Sombor und Varaždin.

Das vereinigte jugoslawische Nachrichtenwesen verfügte über zahlreiche erfahrene und erfolgreiche Nachrichtenoffiziere: Anton Vratusa, der bis 1952 die strategische Nachrichtenabteilung der II. Verwaltung und dann die Unterabteilung für die Kominform-Länder der Koordinationsabteilung leitete, arbeitete bereits 1943 als Nachrichtendienstler der Nachrichtenstelle VOS der Partisanenarmee. Er war Stabsoffizier des Nachrichtenzentrums von Murska Sobota, das bei der gegen Ungarn gerichteten Arbeit eine wichtige Rolle spielte, sowie später des Nachrichtenzentrums von Subotica. Rode Nejád gehörte seit 1942 dem Stab eines Ustaša-Regimentes an. Es gab auch viele, die als einstige Mitglieder der Alliierten Kontrollkommission auf profunde Erfahrungen mit Ungarn verweisen konnten.

1952 wurde die über das Außenministerium tätige Koordinierungsabteilung (Koordinaciono Odeljenje Ministarstva Inostranih Poslov) als selbstständige

---

[33] Ebd., S. 88 f.
[34] Ebd., S. 106.
[35] Ebd., S. 98 f.
[36] An der Spitze der Teileinheit für Ungarn stand Dragoljub Vasović.
[37] Ebd., S. 90 und 107.
[38] Ebd.

Dienststelle eingerichtet; sie diente der Abstimmung der über die Botschaften und Handelsfilialen betriebenen Arbeit. Ihre von Mićunović Veljko geleiteten Offiziere wurden von den Staatssicherheitsdiensten der UDB und der Republiken gestellt. Es existierten ferner eine militärische Funkaufklärung und eine Funkaufklärung der Staatssicherheit, über deren Aktivitäten jedoch nur wenig bekannt ist[39].

3. Verbreitung illegaler Propaganda

a) Ungarn

Moskau hatte bereits unmittelbar nach der Veröffentlichung des Kominform-Beschlusses vom 21. Juni 1948 seine Verbündeten angewiesen, parallel zur Einleitung einer politischen und Pressekampagne gegen Tito für den illegalen Transport von Propagandapublikationen nach Jugoslawien zu sorgen. Ziel war die Zerstörung der Einheit der jugoslawischen Partei und die politische Stärkung von Gruppen, die in Opposition zur Tito-Führung standen. Man hoffte, diese würden in der Lage sein, die Macht zu übernehmen.

In Ungarn erhielt die Abteilung V (Nachrichtenwesen) der Hauptverwaltung Militärische Abwehr (Katpol) diesen Auftrag. Im Juli 1948 führte sie die erste Aktion durch[40]. Ihre Agenten schickten 2000 Exemplare einer Flugschrift mit einem gefälschten, an die Führer der Kommunistischen Partei Jugoslawiens gerichteten Brief des Zentralkomitees der KPdSU auf dem Postweg an die Partei- und Gewerkschaftsführer von Belgrad, Zagreb, Niš, Újvidék, Szabadka und Eszék; die Briefe wurden in Jugoslawien aufgegeben. Die zweite Aktion von noch größerem Ausmaß fand drei Monate später in einem gemeinschaftlichen Einsatz von nicht weniger als 16 Agenten statt. Teils auf dem Postweg, teils persönlich ließen sie führenden Parteifunktionären in neun serbischen und kroatischen Städten sowie in mehreren kleineren Ortschaften den Beschluss des KPdSU-Zentralkomitees mit der Verurteilung der jugoslawischen Führung zukommen[41]. Dabei wurde ein ungarischer Agent von der jugoslawischen Staatssicherheit aufgegriffen. Man versuchte ihn »umzudrehen«, nachdem man die Liste der Adressaten herausbekommen und ihm Details der Aktion abgerungen hatte. Er sollte beim nächsten Mal das über-

---

[39] Ich danke Dmitar Tasić für diese Information.
[40] Jugoszláv helyzetkép. A HM Katona Politikai Csoportfőnökség Hírszerző Alosztályának összefoglaló jelentése [Lagebild Jugoslawien. Sammelbericht der Unterabteilung Nachrichtenwesen der Militärpolitischen Verwaltung des Ministeriums für Landesverteidigung], Budapest, 22.10.1948, Nachlass von Vladimir Farkas (Eine Kopie ist im Besitz des Verfassers). Auf Anweisung Moskaus begann zur selben Zeit auch Bulgarien damit, gegen Tito gerichtete Propagandapublikationen auf jugoslawischem Gebiet zu verbreiten. Zu der Aktion des bulgarischen militärischen Nachrichtenwesens unter dem Decknamen »Zvezda« siehe Jordan Baev, Bulgaria an the Balkan Pact (1953–1954). In: Spoljna Politika Jugoslavije 1950–1961. Red.: Slobodan Selinić, Beograd 2008, S. 594.
[41] Jugoszláv helyzetkép (wie Anm. 40).

nommene Material direkt bei der UDB abliefern. Katpol schätzte die Operation »angesichts der realen Möglichkeit eines Misserfolgs« als Erfolg ein[42].

Nach Verschärfung der jugoslawischen Gegenmaßnahmen kam es – jedenfalls von ungarischer Seite – nicht mehr zu derart groß angelegten und mit ernsthaftem Risiko behafteten Aktionen. Die Verbreitung von Propagandamaterial wurde von den Agenten allein und auf möglichst primitive Weise vorgenommen. Nachts wurde das in einem Rucksack oder in den Kleidern verborgene Material auf der Straße verstreut oder in zufällig ausgewählte Briefkästen gesteckt[43]. Anfang 1949 konnte die UDB mehrere Agenten fassen, die noch im April 1949 in Újvidék wegen »Verbreitung von verleumderischem Material und Spionage« in einem Prozess verurteilt wurden, der in der Öffentlichkeit großes Aufsehen erregte[44]. 1950 tagte das Kominform-Sekretariat, um die Aufgaben im Zusammenhang mit dem Beschluss vom Oktober des Vorjahres zu behandeln; der Beschluss war überschrieben mit: »Die Jugoslawische Kommunistische Partei in der Hand von Mördern und Spionen«. Auch die Frage der illegal auf jugoslawischem Gebiet verbreiteten Propaganda stand auf der Tagesordnung. Ernő Gerő, der die ungarische Partei vertrat, erwähnte in seinem Bericht »kritische Stimmen«. Diese hätten darauf hingewiesen, dass das Missverhältnis zwischen den Erwartungen und den Möglichkeiten zur illegalen Verbreitung von Propaganda an die Öffentlichkeit gedrungen sei. Es wurde ein Vorschlag zur »Verbesserung« der Verbreitung von »Zeitungen, Broschüren und sonstiger Literatur zur Enttarnung der Tito-Ranković-Clique« ausgearbeitet[45].

Nach der Abschaffung der Katpol oblag die Durchführung weiterer Operationen dem Nachrichtenwesen des Amtes für Staatsschutz (ÁVH). Zu den spezifischen Aufgaben der Unterabteilung Jugoslawien, die ab Januar 1950 unter der Bezeichnung I/5-a und dann ab August als X/3-a arbeitete, zählte »die Anlieferung der in den sozialistischen Ländern angefertigten Propagandamaterialien und deren Verbreitung bei der Bevölkerung«[46]. Zur Durchführung wurden für die Un-

---

42 A HM Katona Politikai Csoportfőnökség Hírszerző Alosztályának összefoglaló jelentése [Sammelbericht der Unterabteilung Nachrichtenwesen der Militärpolitischen Verwaltung des Ministeriums für Landesverteidigung], Budapest, 22.10.1948, ÁBTL, 4.1. A-2127/24, Hírszerzés-történeti kutatás. A jugoszláv titkosszolgálat Magyarország elleni tevékenysége [Forschung zur Geschichte des Nachrichtenwesens. Aktivitäten des jugoslawischen Geheimdienstes gegen Ungarn].
43 ÁBTL, 3.4.2. K-1246 Háj János.
44 Az újvidéki kemper [Der Camper von Újvidék], Belgrád, 10.4.1949, MOL, XIX-J-4-a Belgrád TÜK 11. doboz.
45 Gerő Ernő jelentése az MDP Titkárságnak a Tájékoztató Iroda titkárságának üléséről [Ernő Gerős Bericht von der Sitzung des Kominform-Sekretariats an das Sekretariat der Partei der Ungarischen Werktätigen], Budapest, 28.4.1956, MOL, KS 276. f. 54. cs. 97. ő.e.; sowie A KV Agitációs és Propaganda Osztályának határozati javaslata a jugoszláv határvidék, valamint a Jugoszláviába irányuló agitációs és propaganda munka megerősítésére [Beschlussvorlage der Abteilung Agitation und Propaganda der Zentralen Leitung (ZK) zur Verstärkung der Agitations- und Propagandaarbeit in der Grenzregion zu Jugoslawien sowie in Richtung Jugoslawien], Referent: Mihály Komócsin, Budapest, 28.6.1950, MOL, KS 276. f. 54. cs. 106. ő.e.
46 Kolláth Ferenc visszaemlékezése [Erinnerungen von Ferenc Kolláth], Budapest (undatiert), ÁBTL, 1.11.4. 1 sorozat 8. doboz, Material zur Geschichte der Arbeit der Staatssicherheit und des Nachrichtenwesens.

terabteilung fünf Personen gewonnen. Die Agenten wurden zwei bis drei Mal mit einem Rucksack oder einem Koffer voller Flugblätter und Zeitungen über die Grenze geschickt. Diese Aktionen waren nur scheinbar erfolgreich. Später stellte sich heraus, dass die UDB von den fünf Agenten mindestens einen gleich beim ersten Grenzübertritt abgefangen und seither als Doppelagenten eingesetzt hatte[47]. Bei der Verbreitung des Propagandamaterials waren auch die Unterabteilungen I/5-c bzw. X/3-c (Westeuropa, Vatikan, Emigration) aktiv beteiligt. Ihre Residenturen sendeten auf dem Postweg 40 bis 50 verschiedene Tito-kritische Publikationen an eine von den Emigranten angegebene jugoslawische Adresse. Die Aktionen zielten nicht nur auf das Gebiet Jugoslawiens ab, denn im Mai 1950 wurden beispielsweise 400 Exemplare der Informationsschrift »Wiener Messe« so gefälscht, dass nach der Titelseite anstelle des ursprünglichen Textes die gegen die jugoslawische Führung vorgebrachten Beschuldigungen zu lesen waren[48].

Die aus der Abteilung X/3 geschaffene Abteilung VIII/1 (Jugoslawien) setzte die Weiterverbreitung auf dem Postweg fort. Die Pakete enthielten das Kominform-Wochenblatt »Tartós Békéért, Népi Demokráciáért« (Für dauerhaften Frieden und Volksdemokratie), die in Budapest von jugoslawischen politischen Emigranten auf Slowenisch herausgegebenen Flugblätter »Za Ljudsko Zmago« oder die Zeiten und die Wellenlänge für die jugoslawischen Sendungen des ungarischen Senders Magyar Rádió. Ausschließlich mit dem Auftrag der Verbreitung von Propagandamaterial wurden die Agenten jedoch nicht mehr über die Grenze geschleust.

Der sowjetische Chefberater Oberst Filatov, so erinnerte sich Hauptabteilungsleiter Vladimir Farkas, war der Auffassung, »dass wir uns mit etwas anderem zu befassen hätten. Wenn wir den Agenten Propagandamaterial gaben, so nur deshalb, damit die Jugoslawen im Falle ihres Scheiterns glauben sollten, wir hätten sie deshalb ausgesandt[49].« Die Verbreitung von Propaganda durch Agenten wurde jetzt von der Hauptabteilung Aufklärung der Grenztruppen übernommen. Einzelheiten hierzu sind allerdings nicht bekannt, weil die entsprechenden Unterlagen vernichtet wurden. Insgesamt sind in den Jahren 1952 und 1953 etwa 100 000 Stück Propagandamaterial auf jugoslawisches Gebiet gelangt[50].

---

47 Antal Müller, der aus einer in Kroatien ansässigen deutschen Familie stammte und unter Zwang angeworben worden war, wurde im März und im Juni 1950 über die Grenze entsandt, um in Zágreb/Agram Flugschriften und Zeitungen zu verteilen. Offenbar hatte er weisungsgemäß seine Aufträge ausgeführt, bis das Amt für Staatsschutz (ÁVH) im Februar 1951 den UDB-Agenten István Mahalik mit einem an Müller adressierten Brief aufgriff. Nach seiner Verhaftung und Folter gestand Müller, dass die UDB ihn bei seinem ersten Grenzübertritt gefasst und durch Erpressung zur Zusammenarbeit genötigt hatte. Er wurde 1954 wegen Untreue zu acht Jahren Gefängnis verurteilt. ÁBTL, 3.21 Bt-429, »Mihályi Antal«.
48 Kolláth Ferenc visszaemlékezése (wie Anm. 46).
49 Interview des Verfassers mit Vladimir Farkas.
50 A Felderítő Osztály munkájáról jelentése (wie Anm. 25), S. 61.

Waffen und Ausrüstung, darunter eine deutsche Maschinenpistole MPi 40 aus dem Zweiten Weltkrieg, die am 24. November 1951 den beiden UDB-Agenten János Weiszengruber and János Pásztor abgenommen wurden.
Historisches Archiv der Staatssicherheitsdienste (ÁBTL), Budapest/ 3.2.5. O-8-015/1

Ungarische Grenzwachen zur jugoslawischen Grenze an der Save 1949. Die Uniformen folgten im Wesentlichen der alten Tradition, anders als die 1951 nach sowjetischem Vorbild eingeführte Adjustierung.
Archiv und Museum für Militärgeschichte (HL/HM, Budapest/ 83.749

b) Jugoslawien

Die jugoslawische Seite griff noch im Sommer 1948 den Fehdehandschuh auf und begann mit Gegenpropaganda in den Satellitenstaaten der Sowjetunion, so auch in Ungarn. Die jugoslawischen Nachrichtendienste warben zunächst Angehörige der ungarischen Minderheit in Jugoslawien und durch Ungarn reisende Eisenbahner und Matrosen an, um Flugschriften mit der Widerlegung des Kominform-Beschlusses, von ungarischen Tageszeitungen der Vojvodina (Újvidék-Provinz), der Zeitung »Szabad Szó« und verschiedenerlei Propagandaausgaben verbreiten zu lassen. Nach Informationen der Hauptverwaltung Militärische Abwehr (Katpol) vom Oktober 1948 wurden allein in Ludaspuszta (Gemeinde Ludas in der nördlichen Batschka, einige Kilometer von Szabadka entfernt) 21 Männer unter Androhung von Vermögensentzug und möglicher Verhaftung angewiesen, Propagandahefte auf ungarisches Gebiet zu schaffen. Sie bekamen pro Kopf 4000 Dinar für ihre Tätigkeit[51]. Offenbar war dies kein Einzelfall. Gemäß Nikola Malogoski wurde 1949 und 1950 »ein Großteil des Agentenbestandes des jugoslawischen Nachrichtendienstes, insbesondere diejenigen mit schwächeren Fähigkeiten«, zur Verbreitung der Gegenpropaganda eingesetzt[52].

Zeitgleich setzte auch die Verbreitung durch Postzustellung ein. Die Jugoslawen verwendeten Umschläge »von unterschiedlicher Farbe und Größe sowie mit unterschiedlicher Schrift« und gaben sie in den Postämtern der ungarischen Ortschaften entlang der Grenze oder in Westeuropa auf[53]. Am intensivsten wurde Propagandamaterial in den Monaten nach dem Schauprozess gegen László Rajk verbreitet. Der stalinistische Innen- und anschließend Außenminister Ungarns war im Herbst 1949 als Kopf einer angeblichen »titoistischen« Verschwörung angeklagt und hingerichtet worden. Danach ebbten die Aktionen ab und ihr Ziel veränderte sich. Die UDB-Agenten verbreiteten jetzt Propagandamaterial zur Verschleierung ihres Auftrages oder zur Verwirrung und Ablenkung des ungarischen Grenzschutzes. Dabei waren sie sehr kreativ. Mal legten die jugoslawischen Agenten auf dem von den Grenzpolizisten genutzten Spurenkontrollstreifen Propagandamaterialien aus, mal ließen sie vom jugoslawischen Abschnitt der Drau aus an Holzstücken befestigtes oder in Kunststoffbehältern verpacktes Material auf ungarisches Gebiet treiben[54]. Einmal fanden ungarische Grenzpolizisten sogar ein Flugblatt, das mit

---

[51] Jugoszláv helyzetkép (wie Anm. 40).
[52] ÁBTL, 3.2.4. K-903, 130.
[53] Az ÁVH I/5-a alosztály vezetőjének feljegyzése [Vermerk des Leiters der Unterabteilung I/5-a des Amtes für Staatsschutz], Budapest, 25.8.1950, ÁBTL, 3.2.5. O-8-014/4.
[54] Ein gutes Beispiel hierfür ist der Fall in Erdőpuszta vom Juni 1951, als man über 300 jugoslawische Propagandabroschüren im Grenzkontrollstreifen fand: elf mit dem Titel »Erő és Bőség« [Kraft und Reichtum], 28 mit dem Titel »Jugoszláviának biztonsági tanácsba való beválasztása alkalmából« [Zur Wahl Jugoslawiens in den Sicherheitsrat], 39 mit dem Titel »Üdvözlet a harcosnak, Károlyi Mihálynak« [Gruß an den Kämpfer Mihály Károlyi] und 264 mit dem Titel »Tájékoztató Iroda hírvevői eltemették az élő Szretén Zsujovicsot« [Anhänger des Kominform begruben den noch lebenden Szretén Zsujovics]. Az Erdőpusztai őrs működési területén átdobott propaganda anyag kivizsgálása [Untersuchung des Propagandamaterials, das im Tätigkeitsbereich der Wache Erdőpuszta herübergeworfen worden ist], Pécs, 26.6.1951, MOL, XIX-B-10 IV/5 tk.

einem Zwirnsfaden einer Schwalbe (!) ans Bein gebunden worden war[55]. Die Flugblätter enthielten, ähnlich wie die der Ungarn, meist den Zeitpunkt und die Wellenlänge der ungarischen Sendungen des Belgrader Radios oder einen »Gruß« von übergelaufenen ungarischen Grenzpolizisten[56].

c) Bewertung der Propagandatätigkeit

Die Bewertung der illegalen Propagandatätigkeit ist schwierig. Selbst wenn die archivalischen Quellen dafür sprechen, dass die Propaganda die Zielgruppe erreicht hat, ist nur selten deren Reaktion bekannt. Aus den Unterlagen der Staatssicherheit der jeweiligen Gegenseite ist manches ersichtlich[57]. Überdies sind zahlreiche Fälle bekannt, in denen der ungarische oder jugoslawische Staatssicherheitsdienst die bei aufgegriffenen Agenten gefundenen Flugblätter selbst verteilte oder die von der Zensur abgefangenen Postsendungen selbst weitersendete, um zu sehen, wer »die Feinde des Systems« seien und mit wem man abrechnen müsse[58]. Mit Gewissheit lässt sich sagen, dass beide Seiten der Verbreitung illegaler Propaganda ernsthaft Beachtung schenkten und beträchtliche Ressourcen darauf verwendeten. Einerseits erfanden die Dienste hüben wie drüben oft neue Verfahren zur Verbreitung des Materials, die teilweise auch von den Gegenspielern kopiert wurden. Andererseits legten sie beim Inhalt der Flugblätter und Broschüren eine erschreckende Fantasielosigkeit an den Tag. Die ungarische illegale Propaganda war, genau wie die ganze Kominform-Propaganda, außerordentlich primitiv, was ihre Wirksamkeit von Anfang an begrenzte. Der Grund lag darin, dass über die inneren Verhältnisse der anderen Seite zuwenig konkrete Informationen zur Verfügung standen, die man benötigt hätte, um deren offizieller Propaganda eine glaubwürdige Alternative entgegenzuhalten. Erstaunlicherweise machte niemand von den ausgefeilten Ver-

---

170 fsz. 16. d. Zum Einsammeln von Flugblättern siehe: Az ÁVH határőrség és a Belső Karhatalom parancsnokságának 053. számú parancsa [Befehl Nr. 053 des Kommandos Grenzschutz des Amtes für Staatsschutz und der Ordnungs- und Sicherheitskräfte des Innenministeriums], Budapest, 27.6.1951.

55 Über den Vorfall erstattete der Chef des Grenzbezirkskommandos III vorschriftsmäßig Meldung: Die Schwalbe sei wegen des jugoslawischen Flugblatts »sehr erschöpft« gewesen und gegen die Wand eines Gebäudes der Landwirtschaftlichen Produktionsgenossenschaft Lónyamajor geflogen. Als Beweisstücke fügte er die von den Nachrichtenleuten übergebene »abgefangene Schwalbe und das Flugblatt« sowie ein aufgenommenes Protokoll an. Das Landeskommando Grenzschutz leitete die Angelegenheit als Provokation auch an das Außenministerium weiter, doch dieses legte bei der jugoslawischen Seite keinen Protest ein, was nicht überraschen dürfte. Jugoszláviából átrepült fecske, melyre röpirat volt kötve [Die aus Jugoslawien herübergeflogene Schwalbe, an die ein Flugblatt gebunden war], Nagyatád, 27.4.1951, MOL, XIX-B-10 IV/5 tk. 120. fsz. 16. d.

56 Az ÁVH Határőr alakulatok által észlelt túloldáli események heti összefoglaló jelentése. 1951. április 9–16 [Wöchentlicher Sammelbericht der Truppenteile des Grenzschutzes des Amtes für Staatsschutz zu den auf der Gegenseite wahrgenommenen Vorfällen, 9.–16.4.1951], Budapest, 18.4.1951, MOL, XIX-B-10 – tk. – folyószám, 30. doboz, 3.

57 Zur Problematik der Untersuchung illegaler Propaganda siehe Charles Cruickshank, The Fourth Arm. Psychological Warfare 1938-1945, Oxford 1977.

58 A jugoszláv hírszerzőszervek módszereinek ismertetése [Darstellung der Vorgehensweisen der jugoslawischen Nachrichtenstellen], Budapest, 7.7.1950, ÁBTL, 3.2.5. O-8-014/3, S. 31.

fahren der psychologischen Kriegführung Gebrauch. Den Adressaten wurde ausschließlich aggressive und humorlose politische Propaganda aufgedrängt.

4. Das Nachrichtenwesen

Infolge der Eigenheiten der am Konflikt beteiligten Systeme standen bis zum Schluss bei der Beschaffung von Information illegale Verfahren im Vordergrund. Das hatte mehrere Gründe. Seit 1948 waren in Ungarn und Jugoslawien stalinistische Ein-Parteien-Systeme an der Macht. Die Presse befand sich unter der vollständigen Kontrolle durch die Partei und wurde streng zensiert. Informationen von sicherheitspolitischer Relevanz oder glaubwürdige ökonomische Angaben wurden nicht veröffentlicht. Die diplomatischen und Handelsvertretungen wurden zudem ab Herbst 1949 mit stark eingeschränktem Personalbestand betrieben. Die Staatssicherheitsdienste nutzten jedes Mittel, um diese Vertretungen abzuschotten. Ihre Beschäftigten sowie die mit ihnen in Kontakt stehenden Personen oblagen fortlaufend der Observation und intensivem psychischem Druck. Ihre Telefone wurden abgehört und an sie gerichtete Postsendungen aufgebrochen[59]. Ihr Bewegungsradius wurde auf 30 km rund um die Hauptstadt eingeschränkt[60]. Gleichzeitig schrumpften wirtschaftliche, gesellschaftliche und private Kontakte zwischen beiden Seiten auf ein Minimum. Der Tourismus kam vollständig zum Erliegen. Damit bestanden kaum Möglichkeiten, Informationen legal zu beschaffen. Und dies ausgerechnet zu einem Zeitpunkt, als die Partei- und Staatsführer mehr Bedarf als je zuvor an detaillierten und glaubwürdigen Informationen hatten. Deshalb forderten beide Seiten von ihren Nachrichtendiensten »totale« Aufklärung, die sich auf *alles* erstreckte und mit *allen* Mitteln zu betreiben war. Die Kluft zwischen Bedarf und Verfügbarkeit von Erkenntnissen über die andere Seite sollten gesteigerte illegale nachrichtendienstliche Operationen schließen. Daher wurden in großer Zahl hierin nicht bewanderte zivile Staatsbürger zu einer nachrichtendienstlichen Tätigkeit im Ausland gepresst. Die Methode beruhte auf dem Mengenprinzip; wenigstens ein paar Agenten sollten durch das ausgebaute Grenzgebiet der Gegenseite und das gestaffelte Sicherheitssystem der Staatssicherheitsdienste hindurchschlüpfen und ihren Auftrag erfüllen[61]. Vermutlich wurde – wenngleich dies bislang nicht bewiesen werden konnte – diese Methode von der sowjetischen Staatssicherheit übernommen. Deren von Pavel Sudoplatov geleitete 4. Verwaltung

---

[59] Az UDB ellenséges tevékenysége a belgrádi magyar követség ellen [Die feindseligen UDB-Aktivitäten gegen die ungarische Botschaft in Belgrad], Budapest, 22.10.1952, ÁBTL, 3.2.6. O-8-015/1, S. 4-7.

[60] Ebd.; sowie A Külügyminisztérium javaslata a budapesti diplomáciai testület tagjainak utazási-korlátozásának módosítására [Vorschlag des Außenministeriums zur Abänderung der Reisebeschränkungen für die Mitglieder des Budapester diplomatischen Korps], Budapest, 27.6.1953, MOL, M-KS 276 f. 191. ő. e, S. 176-178.

[61] Zu den ungarischen Sicherheitsvorkehrungen an der Grenze und im Grenzgebiet siehe István Orgoványi, Buffer Zone at the Sourthern Border Zone between 1948 and 1956. In: National and Ethnic Minorities in Hungary, 1920-2001. Red.: Ágnes Tóth, Boulder, CO 2005, S. 319-322.

hatte im Krieg mehrere Tausend Menschen auf ähnliche Weise mit Nachrichten- und Sabotageaufträgen hinter die deutschen Linien geschleust[62]. Es gab freilich auch Personen, die aufgrund einer Antipathie gegen das andere Land die Nachrichtentätigkeit auf sich nahmen. Die ungarischen Agenten János Háj und József Oláh beispielsweise hatten allen Grund zum Hass auf das Tito-System, da ihre Väter von den jugoslawischen Partisanen bei den Massenhinrichtungen in der Vojvodina in den Jahren 1944 und 1945 ermordet worden waren[63].

Die meisten der auf diese Weise angeworbenen Agenten stammten aus grenznah gelegenen Städten und Dörfern. Sie verfügten jenseits der Grenze über freundschaftliche und verwandtschaftliche Kontakte und sprachen die Sprache des jeweils anderen Landes. Einige besaßen Grund und Boden beiderseits der Grenze oder waren wegen Schmuggels, illegaler Grenzübertritte oder anderer Straftaten erpressbar. Es wurden aber auch Personen angeworben, die unter Spionageverdacht standen, des Weiteren ein Großteil der aufgegriffenen feindlichen Agenten[64]. Durch die Anwerbung gerieten die Agenten unabhängig von ihrem Hintergrund in einen Teufelskreis. Hatten sie Erfolg bei der Auftragserfüllung, erwartete sie im Allgemeinen ein neuer Auftrag. Wenn sie diesen nicht übernehmen wollten, wurden sie unter Berufung auf die Gewährleistung der Geheimhaltung ins Gefängnis gesperrt oder interniert. Die meisten von ihnen scheiterten jedoch schon beim ersten oder allerspätestens beim zweiten Einsatz. Da die Agenten beider Seiten mit Maschinenpistolen und Handgranaten sowie die Grenzpolizisten mit Sturmgewehren, Maschinengewehren und sogar Granatwerfern ausgestattet waren, folgte der Entdeckung meist ein Feuergefecht[65].

In der Nacht des 23. Oktober 1952 erschoss ein UDB-Agent beim Grenzübertritt den ungarischen Major Sándor Tüdős und verwundete dessen Begleiter, den Stabsgefreiten József Kaszás, mit fünf Pistolenschüssen. Die an den Schauplatz des Geschehens eilende ungarische Patrouille »schaltete den Agenten beim Fluchtversuch aus«[66]. Am 13. März 1953 erschien der UDB-Agent János Kulcsár bei den ungarischen Grenztruppen. Mit seiner Hilfe versuchte die Hauptabteilung Aufklärung der Grenztruppen des Amtes für Staatsschutz (ÁVH) seines Kompagnons habhaft zu werden, der ihn über die Drau nach Jugoslawien hätte zurückbringen sollen. Laut Plan hätte Kulcsár den Agenten mit einem Gummiknüppel niederschlagen sollen, was jedoch misslang, denn bei der Schlägerei fielen beide in

---

[62] Siehe Pavel Sudoplatov [u.a.], Special Tasks: The Memoirs of an Unwanted Witness – A Soviet Spymaster, Boston 1994, S. 129; sowie Robert W. Stephan, Stalin's Secret War. Soviet Counterintelligence Against the Nazis, 1941–1945, Lawrence, KS 2004, S. 45–54, 206.
[63] ÁBTL, 3.2.4. K-541/T. Oláh József; sowie ÁBTL, 3.4.2 K-1246 Háj János.
[64] Die ungarisch-jugoslawische Grenze, die vom Friedensvertrag von Trianon und danach vom Pariser Friedensvertrag gezogen worden war, zerteilte Hunderte Landwirtschaften. Die meisten Eigentümer von Land beiderseits der Grenze waren Ungarn. Da sie bis 1948 oft zur Verrichtung ihrer Angelegenheiten über die Grenze gekommen waren, wurden sie nach dem Ausbruch des Konfliktes zu wichtigen Zielen für die Staatssicherheitsdienste.
[65] Jugoszláv Hírszerző Szervek (wie Anm. 6), S. 158.
[66] Ügynök megsemmisítése a zákánytelepi őrsön 1952.10.23 [Vernichtung eines Agenten am Grenzposten Zákánytelep am 23.10.1952], Budapest, 28.10.1952, MOL, XIX-B-10-XV/1-2fm-1952. (30. d.).

den Fluss und »tauchten nicht wieder auf«. Auf das Geschrei hin eröffnete der jugoslawische UDB-Trupp, der sich am anderen Ufer zur Deckung der Agenten verborgen hielt, »aus einem Sturmgewehr, einem Maschinengewehr und Maschinenpistolen« das Feuer. Nach einem viertelstündigen Feuergefecht befahl der Führer der ungarischen Teileinheit »das Herausnehmen der Leichen und des Bootes, das Einsammeln der Beweisstücke sowie die Verstärkung des fraglichen Zuges«[67].

Die erhaltenen Unterlagen lassen kaum Rückschlüsse auf die Zahl der Schwerverwundeten und Toten aus diesen Operationen zu. Sicher ist jedoch, dass mehr als einhundert Personen Opfer des ungarisch-jugoslawischen Konflikts wurden. Bei der Vernehmung der dingfest gemachten Agenten setzten die Dienststellen der Grenztruppen und Spionageabwehr fast in jedem Fall physische Gewalt ein. Für die Misshandlungen und Quälereien findet man in den Archivquellen zahlreiche Beispiele. In seltenen Fällen kam es vor, dass in den offiziellen Meldungen von der auf der eigenen Seite begangenen Gewalt berichtet wurde[68]. Nach dem Verhör hatten die Agenten im Allgemeinen zwei Möglichkeiten. Entweder wurden sie als Doppelagenten tätig, oder sie kamen für lange Zeit in ein Gefängnis oder Konzentrationslager. Viele von ihnen konnten, wenn überhaupt, erst lange Jahre nach dem Ende des Konfliktes heimkehren[69].

Immer wieder kam es zu solchen von der Propaganda zumeist als »Grenzzwischenfall« oder »Provokation« bezeichneten Zusammenstößen. Ihre Rekonstruktion und Bewertung ist nicht nur wegen ihrer Häufigkeit schwierig. Beide Seiten versuchten oft, das Einsickern von Agenten zu verschleiern, indem sie in einem anderen Teilstück desselben Grenzabschnittes einen Schusswechsel provozierten. Es sind auch mehrere Fälle bekannt, wo der Schusswechsel explizit »diplomatischen« Zwecken diente. Ein gutes Beispiel hierfür ist der Grenzzwischenfall vom

---

[67] Igazoló jelentés [Bericht zur Rechtfertigung], Budapest, 19.3.1953. MOL, XIX-B-10-XV/1-15 fm-1953. (36. d.).

[68] »Von den Grenztruppen ist vor ca. zwei Wochen der jugoslawische Staatsbürger Jenő Szabó zu unserer Abteilung überführt worden, der angeworbener UDB-Agent ist. Szabó hat bei seiner Vernehmung gesagt, dass die Kameraden ihn angespuckt, getreten und ganz schlimm beschimpft haben, als er von den Grenztruppen gestellt wurde [...] Ich erlaube mir die Bemerkung, dass die Häftlinge bei ihren Verhören angeben, dass sie nach ihrer Festnahme von den Angehörigen der Grenztruppen verprügelt werden«. Határőrség tevékenységével kapcsolatos észrevételek. Tatai Istvánnak, az ÁVH szegedi hírszerző kirendeltség vezetőjének jelentése [Bemerkungen im Zusammenhang mit der Tätigkeit der Grenztruppen. Bericht von István Tatai, dem Leiter der nachrichtendienstlichen Außenstelle Szeged des Amtes für Staatsschutz], 18.11.1950, MOL, XIX-B-10. 1950. 60. d. XV/1 (22. d.).

[69] József Oláh, Agent der IV. Hauptverwaltung des Ministeriums für Landesverteidigung der Ungarischen Volksrepublik, wurde im Mai 1952 an der Grenze aufgegriffen. Nach seinem Verhör in der UDB-Zentrale von Szabadka und daraufhin in Újvidék mit wiederholten körperlichen Misshandlungen wurde er in das »Umerziehungsheim« Bileta, das das Tito-Regime der sowjetfreundlich gesinnten innerparteilichen Opposition vorbehalten hatte, verbracht. Nach dem von ihm als »Hölle auf Erden« bezeichneten Gefängnis kam er im Februar 1954 in das schreckliche Konzentrationslager Goli Otok. Da er nicht gewillt war, als Denunziant zu arbeiten, kam er auf eine schwarze Liste und musste bis 1956 Zwangsarbeit leisten. Er wurde durch eine Amnestie freigelassen, durfte jedoch trotz wiederholten Ersuchens und der ungarisch-jugoslawischen Vereinbarung über den Austausch von politischen Gefangenen erst 1962, zehn (!) Jahre nach seiner Festnahme, nach Ungarn zurückkehren. ÁBTL, 3.2.4. K-541/T. Oláh József.

27. Oktober 1949 in Gyűrűspuszta. Das viertelstündige Feuergefecht, das ohne Todesopfer oder Verwundete endete, wurde von der jugoslawischen Seite provoziert, um den Westen nochmals auf die bedrängte Lage Jugoslawiens aufmerksam zu machen. Einige Stunden später wurde der Vertreter Jugoslawiens, der stellvertretende Außenminister Aleš Bebler, bei den Vereinten Nationen in New York vorstellig, um in dramatischem Tonfall bekannt zu geben, dass dies der »bislang dreisteste und ernsthafteste Grenzzwischenfall« gewesen sei, der auf »kriegerische Ziele« Ungarns hinweise[70]. Der Zwischenfall kam am nächsten Tag auf das Titelblatt der »New York Times«. Der ungarische Parteichef Rákosi musste sich am Telefon gegenüber dem besorgten Molotov und dem sowjetischen Generalstabschef Sergej M. Štemenko rechtfertigen. Es habe sich, so Rákosi, nur um eine weitere der üblichen kleinen Provokationen Jugoslawiens gehandelt[71].

a) Das ungarische Nachrichtenwesen

Von 1948 bis 1950 beschaffte großteils das militärische Nachrichtenwesen die relevanten Informationen, in dieser Phase vorwiegend noch mit dem Schwerpunkt auf Infos politischer und nicht militärischer Art. Nach dem Kominform-Beschluss von 1948 begann die Abteilung V (Nachrichtenwesen) der Hauptverwaltung Militärische Abwehr (Katpol) unter Leitung von Zoltán Gát mit der Informationsgewinnung. Gát verfügte über beachtliche Erfahrungen bei der Arbeit gegen Jugoslawien. Bevor er 1945 von den Sowjets angeworben und mit der Organisation der nachrichtendienstlichen Teileinheit der Kaptol beauftragt wurde, war er von 1933 bis 1936 Jugoslawien-Referent der 2. Abteilung (Nachrichtenwesen) der Jägerbrigade in Szombathely/Steinamanger gewesen. Von 1943 bis 1944 leitete er den Balkan-Frontabschnitt des Offensiv-Dezernates der Abteilung 2 des Generalstabes der Honvéd[72]. Gát nutzte zwei Arten von Quellen: Zum einen versuchte er auf der Grundlage von Hinweisen jugoslawischer politischer Emigranten diejenigen ausfindig zu machen, die dem Kominform-Beschluss beipflichteten und in Jugoslawien geblieben waren. Zum anderen war er bestrebt, österreichische und italienische Agenten und Informanten zu aktivieren, die einst in oder gegen Jugoslawien für die ehemalige Abteilung 2 des Generalstabes der Honvéd gearbeitet hatten. Dusan Vidović, der vor seiner Emigration nach Ungarn als jugoslawischer Militärattaché in Budapest gedient hatte, »empfahl« beispielsweise seinen in Belgrad lebenden Freund Branko Ivatovic der Kaptol, da dieser gegen einen Bruch mit Moskau sei[73].

---

70 Yugoslavs Allege Hungarian Firing. Say Troops and Threw Grendes Toward Border for 8 Hours. In: The New York Times, 30.10.1949, S. 1 und 16.
71 Rákosi Mátyás, Visszaemlékezések 1940–1956 [Erinnerungen], Bd 2, Budapest 1997.
72 Gát/Galocsik/Zoltán környezettanulmánya [Umfeldstudie von Zoltán Gát/Galocsik], Kistarca, 16.10.1952, ÁBTL, 2.1.VII/38 Gát Zoltán, S. 8.
73 Der erste Versuch zur Anwerbung endete in einem Fiasko. Der zu diesem Zweck am 3. Dezember 1949 nach Jugoslawien ausgesandte József Sebők wurde von den jugoslawischen Behörden abgefangen und zu sieben Jahren Freiheitsentzug verurteilt. Nach Verbüßung seiner Strafe kehrte er im Dezember 1956 heim. Komornik Vilmos rendőr alezredes feljegyzése Sebők József ügyében [Aufzeichnung von Polizeioberstleutnant Vilmos Komernik in der Sache József

Solche Anwerbungsversuche schlugen freilich meist fehl. Nur einige Agenten, die – wenigstens ungarischen Quellen zufolge – nicht Doppelagenten der jugoslawischen Staatssicherheit waren, berichteten nach ihrer Anwerbung fortlaufend aus dem gegnerischen Lager. Nach der drastischen Verschärfung der jugoslawischen Sicherheitsmaßnahmen Anfang 1949 wurde es sehr schwer, die Verbindung mit den Agenten aufrechtzuerhalten[74]. Nach der Auflösung der Katpol im Jahr 1950 verliert sich die Spur der meisten Agenten in den Unterlagen. Wenn diese auch später mit den Ungarn in Verbindung standen und erfolgreich tätig waren, so waren sie aller Wahrscheinlichkeit nach von den Sowjets übernommen worden. Vom Einsatz der vormals in Jugoslawien tätigen Agenten und Informanten der Abteilung 2 des Honvéd-Generalstabes durch Katpol ist noch weniger bekannt[75]. Offenbar stieß der Einsatz dieser Agenten und Informanten ebenfalls auf große Schwierigkeiten. Die Mehrheit der Agenten, die die Machtübernahme der jugoslawischen Kommunisten überlebt hatten und vor Ort geblieben waren, wurden 1945 von der sowjetischen Geheimpolizei NKVD aufgespürt, unter anderem dank der »funktechnischen und operativen Angaben« zum Balkan-Netz der Abteilung 2 des Honvéd-Generalstabs, die Gát im Januar 1945 an die Sowjets übergeben hatte. Diese Agenten wurden dann von den Sowjets übernommen und weiter genutzt[76]. Geschah dies nicht, so übergaben die Sowjets sie den jugoslawischen Behörden. Die Suche nach denjenigen, die durch das Netz des NKVD und des Organs für Volksschutz (OZNA) bzw. der UDB geschlüpft waren, begann gerade zur Jahreswende 1949/1950 – zeitgleich mit der Auflösung der Katpol – erste Ergebnisse zu zeitigen. Da die Agentenanwärter in erster Linie für politische nachrichtendienstliche Arbeit verwendet werden konnten, wurden die meisten Vorgänge von der ÁVH-Teileinheit für Nachrichtenwesen übernommen.

Im Januar 1949 wurde der Generalstab der ungarischen Armee aufgestellt, er begann jedoch erst Ende 1949 mit operativen Planungen[77]. Zu den Hauptaufgaben gehörte die Beschaffung der im Rahmen der Gegneraufklärung benötigten militärischen Informationen. Die Operative Verwaltung des Generalstabs legte im November 1950 zunächst die Aufgaben der IV. Hauptverwaltung des Ministeriums für Landesverteidigung fest. Vorrang hatten dabei Nachrichten über Einsatzgliede-

---

Sebők], Budapest, 31.3.1964, ÁBTL, K-943/T. Sebők József. Ob es letztlich gelang, Branko Ivatovic für Katpol zu gewinnen, ist nicht bekannt.

[74] Der Kroate Ante Rak, Leiter der Unterabteilung Infanteriemunition der Munitionsfabrik von Zágráb, wurde sofort nach seiner Ankunft in Ungarn von der Katpol angeworben. Sein Auftrag bestand in der Durchführung von Kurieraufgaben. Am 25.4.1949 wurde er nach Jugoslawien zurückgeschickt, um in Zágráb von dem für die Ungarn arbeitenden »Hauptmann Njesic« nachrichtendienstliches Material zu übernehmen und an ihn Weisungen zu übermitteln. Er führte alles wie angegeben aus und kehrte am 11.5.1949 erfolgreich zurück. Wegen der Gefahren bot er sich jedoch nicht für neuerliche Aufgaben an. Die Angelegenheit wurde der Abteilung Abschiebung übergeben. Jelentés Rak Ante ügyében [Bericht in der Sache Ante Rak], Budapest, 20.11.1952, S. 1–13, ÁBTL, K-680/T Rak Ante.

[75] Siehe z.B. ÁBTL, O-8-031 »Rába«. Die ehemalige jugoslawische Agentur der Horthy'schen Abteilung 2 des Generalstabes.

[76] Jegyzőkönyv Gát Zoltán felülvizsgálati ügyében [Protokoll in der Untersuchungsangelegenheit Zoltán Gát], Budapest, 30.8.1956, ÁBTL, 2.1. VII/38 Gát Zoltán, S. 10.

[77] Siehe Ritter, War on Tito's Yugoslavia? (wie Anm. 3), S. 19 f.

rung, Flugplätze, Marinestützpunkte, Grenzbefestigungen, die Bewaffnung sowie das Ausbildungs- und Mobilmachungssystem der jugoslawischen Streitkräfte und deren militärische Übungen. Bei der »Aufstellung bzw. bei der personellen Ergänzung des Nachrichtendienstes« sollte der nördlich der Save gelegene Raum Priorität genießen. Hier waren die »im Gebiet eintreffenden neuen Truppenteile sowie neue Befestigungsbestandteile, Flugplätze, Straßen, Eisenbahnlinien und künstliche Objekte« und solche Ereignisse aufzuklären, »die auf eine aggressive Absicht der [jugoslawischen] Imperialisten schließen lassen«[78].

Die II. Verwaltung leitete parallel zur Personalausbildung die Informationsbeschaffung ein, wofür weder ein Agent noch ein Netz aus Gewährsmännern zur Verfügung stand. »Der Jugo-Abschnitt kostete enorme Opfer«, schrieb Géza Révész, der ehemalige Leiter der IV. Hauptverwaltung, im Jahr 1956, als er Bemühungen des Bereiches Nachrichtenbeschaffung schilderte, die erteilten Aufträge zu erfüllen. Sie gingen mit schwerwiegenden Personalverlusten einher[79]. Die massenweise angeworbenen und über die Grenze geschleusten Zivilisten konnten überdies selbst bei Auftragserfüllung nicht die gewünschte Qualität erzielen. Die mangelhaften Aufklärungsergebnisse beschrieb ein Mitarbeiter der Abteilung Straßenverkehr des Generalstabes vom August 1951:

»Anhand der Angaben aus den Beschreibungen von Straßen und Schienenwegen, die von der IV. Hauptverwaltung übernommen wurden, habe ich eine Auswertung vorgenommen. Die Beschreibungen lassen keine exakten Schlussfolgerungen zu, da sie wenig konkrete Angaben enthalten. Es ist deutlich zu erkennen, dass sie nicht von Fachleuten, sondern von Laien angefertigt worden sind [...] Die eingesandten Angaben sind von sehr zweifelhaftem Wert[80].«

Der erste und bis 1953 einzige in Jugoslawien installierte Nachrichtenfachmann der IV. Hauptverwaltung des Ministeriums für Landesverteidigung war wohl der damals 28-jährige Tibor Kárpáti. Er gehörte zu den wenigen, die die Sprache des Ziellandes gut beherrschten. Vier Jahre lang diente er unter dem Deckmantel eines Büroleiters, dann 1954 als Attaché und schließlich als Zweiter Sekretär in der ungarischen Botschaft in Belgrad[81]. Da die Botschaft mit einem Minimum an Personal ausgestattet war, oblag Kárpáti auch ein Großteil der Auswertung und Administration. Allerdings konnte er wegen der allgegenwärtigen Überwachung durch die UDB seine Informationen ausschließlich aus der Presse oder von einzelnen Angehörigen des diplomatischen Korps beschaffen. Allerdings sind seine Berichte an die Zentrale derzeit noch nicht für die Forschung zugänglich und daher nur schwer zu bewerten.

---

[78] A H.V.K. Hdm. Csfség. havi felderítő jelentésekkel kapcsolatos követelményeinek meghatározása a HM IV. Főcsoportfőnökség felé [Festlegung der Anforderungen an monatliche Aufklärungsmeldungen an die VI. Verwaltung des Ministeriums für Landesverteidigung durch die Verwaltung Operativ des Generalstabes der Honvéd], Budapest, 3.11.1950, Archiv für Militärgeschichte des Ungarischen Volksarmee HL MN 1950/T 1061, S. 56-66.
[79] Révész Géza feljegyzése Kovács Istvánhoz Farkas Mihály ügyében (wie Anm. 19), S. 6.
[80] A Honvéd Vezérkar katonai közlekedési osztályának jelenetése [Bericht der Abteilung militärisches Verkehrswesen des Generalstabes der Honvéd], Budapest, 26.8.1951, Archiv für Militärgeschichte HL 1951/T 24/1.
[81] Telefonisches Interview des Verfassers mit Tibor Kárpáti.

Der Bereich des gegen Jugoslawien gerichteten ungarischen militärischen Nachrichtenwesens mit der vergleichsweise höchsten Wirksamkeit war die Funkaufklärung bzw. die Unterabteilung Dechiffrierdienst. Deren »Gruppe Jugoslawien« bestand aus János Berény als stellvertretendem Unterabteilungsleiter, Ferenc Háromy – einem Veteran des einstigen Dezernats »X« –, János Kun, Ferenc Szilágyi und István Labancz. Sie schafften es, den Teil des Funkverkehrs der jugoslawischen Streitkräfte, der mit einem so genannten »Mix« verschlüsselt wurde, zu dechiffrieren[82]. Wie sich Ottó Gyürk erinnert, konnten dadurch beachtliche Ergebnisse erzielt werden[83]. Es gelang beispielsweise, das Landeskommando Luftverteidigung über die Anzahl der in der Luft befindlichen jugoslawischen Maschinen, deren Flugrichtung und geplante Flugdauer fortlaufend zu informieren, was vor der Indienststellung des Radarsystems im Jahr 1952 von großer Bedeutung war[84]. Kein Wunder, dass zwischen dem Dechiffrierdienst und dem Landeskommando Luftverteidigung eine feste Fernschreibverbindung eingerichtet wurde. Allerdings vermochte man den mit Enigma verschlüsselten Verkehr der höheren Kommandoebenen nicht zu dechiffrieren. Bei Informationen von strategischer Bedeutung besaß man also keinen Zugriff[85].

Die politische und militärische Führung forderte ab 1952 immer nachdrücklicher Ergebnisse von der IV. Hauptverwaltung des Ministeriums für Landesverteidigung. Der enorme Druck, der die Nachrichtenbeschaffung erschwerte, geht aus den Erinnerungen von Géza Révész klar hervor:

»Nach dem Abendessen unterhielt ich mich dort in der Lokalität mit den sowjetischen Militärberatern Sergeev [Stellvertretender sowjetischer Chefberater für die Politische Hauptverwaltung] und Vassiličenko [Stellvertretender sowjetischer Chefberater für den ungarischen Generalstab], als [Verteidigungsminister] Farkas hinzutrat, sich in Napoleon-Pose vor mir aufstellte, mit der Hand auf meine Schulterstücke schlug und zu meinem größten Entsetzen sagte: ›Wenn nicht binnen kürzester Zeit in Jugoslawien ein gut funktionierendes Nachrichtennetz entsteht, degradiere ich dich und werfe dich aus der Armee hinaus‹[86].«

Die Gesamtleistung des militärischen Nachrichtenwesens wurde gleichwohl nicht besser. Im Juli 1953, also fast drei Jahre nach der Auftragserteilung, fasste der Stellvertreter des Chefs des Generalstabes, Béla Székely, zusammen, welche Angaben zu Jugoslawien der Generalstab bislang von der IV. Hauptverwaltung des Ministeriums für Landesverteidigung erhalten hatte und was im weiteren Verlauf für die operative Arbeit nötig wäre. Der Bericht macht deutlich, dass im fünften

---

[82] Interview des Verfassers mit János Berény.
[83] »Sehr viele Angaben erhielten wir über die entlang der Grenze errichteten militärischen Gebäude, über Offizierdienstposten, über die Personalstärke und Bewaffnung von Truppenteilen, sodass unsere Fernschreiben bevorzugt ausgewertet wurden [...] Einmal rief sogar der sowjetische Militärberater an, mit dem wir bislang keinen Kontakt hatten, um unsere Arbeit zu würdigen und damit ich ihm unsere Vorgehensweise dabei zeige [...] Zu Hunderten entschlüsselten wird die Fernschreiben, und aus dieser Unmenge von Material ergab sich einfach die Stationierung.« Ottó Gyürk, Az ellenség hullámhosszán avagy a kulcsos szobák titka (1947–60) [Auf der Wellenlänge des Feindes oder das Geheimnis der Chiffrierstuben], Manuskript im Besitz des Verfassers.
[84] Ebd.
[85] Interview des Verfassers mit Oberst a.D. Iván Vadász, Budapest, 28.10.2006.
[86] Révész Géza feljegyzése Kovács Istvánhoz Farkas Mihály ügyében (wie Anm. 19), S. 7.

Jahr des Konfliktes noch immer wesentliche Erkenntnisse über die Gliederung der jugoslawischen Streitkräfte, ihre Ausrüstung und Bewaffnung sowie über die militärpolitischen Absichten Belgrads fehlten[87].

Auch die VIII. Hauptabteilung des Amtes für Staatsschutz hatte den Erinnerungen von Farkas zufolge versucht, Agenten einzuschleusen. Nach dem Scheitern dieses Unterfangens ging sie dazu über, bei der Nachrichtenbeschaffung gegen den Widerstand der sowjetischen Berater professionellere Verfahren einzusetzen; sie beharrte trotz des Drucks der Führung darauf. Daher erschöpften sich ihre gegen Jugoslawien gerichteten Aktivitäten faktisch in Planungen und Vorkehrungen. Eine erste ernsthafte Anstrengung unternahm sie, als sie nach Vorbereitung durch Katpol die zur Nachrichtengewinnung verwendbaren ehemaligen Angehörigen der jugoslawischen und österreichischen Netze der Abteilung 2 des Honvéd-Generalstabes ausfindig machen und anwerben wollte. Die Hauptabteilung versuchte mit Hilfe eines Dezernatsleiters der ehemaligen Abteilung 2 und im Namen einer nicht existierenden ungarischen rechtsextremen Emigrantenorganisation Kontakt mit dem ehemaligen österreichischen Offizier Erwin von Lahousen aufzunehmen, der während des Zweiten Weltkrieges Abteilungsleiter des Amtes Ausland/Abwehr im Oberkommando der Wehrmacht gewesen war. Man hoffte, in Jugoslawien verbliebene Agenten der ehemaligen deutschen Abwehr nutzen zu können. Es ist aber unklar, ob diese Versuche bis zum Tod Lahousens im Jahr 1955 irgendwelche Ergebnisse erbrachten[88]. Mit Mihály Pintér installierte die VIII. Hauptabteilung im Januar 1952 ihren ersten Agenten in Jugoslawien; er wurde Kraftfahrer in der Belgrader Botschaft[89]. Aufträge zur Nachrichtenbeschaffung erhielt er allerdings nicht, da ihn »weder seine politische noch seine Allgemeinbildung« hierzu befähigten[90]. Die legale Residentur wurde erst im Oktober 1953 eingerichtet. Zuerst wurden József Dömény (»Kulturattaché József Kemény«) als Beigeordneter der Residentur und Pál Rácz (»Gesandtschaftssekretär II. Klasse János Arany«) als geheimer Mitarbeiter sowie im Dezember der Resident József Kádár (»Gesandtschaftssekretär II. Klasse József Kertész«) installiert. Wie die meisten ÁVH-Arbeiterkader hatten auch sie keine Erfahrungen im Nachrichtenwesen oder im Bereich der Spionageabwehr. Zudem sprachen sie schlecht serbokroatisch. Das erwies sich schnell als schwerwiegender Mangel, da die Residentur aufgrund der sich vollziehenden Normalisierung zwischen dem Sowjetblock und Jugoslawien keine Anwerbungen mehr vornehmen sollte[91]. Die Auswertung ihrer Arbeit vom September

---

[87] »Die Kenntnis der Einsatz- und Personalstärke, der Gefechtsbereitschaft sowie der Unterbringungsräume der Verbände und Truppenteile der jugoslawischen Armee sind bei der Erfüllung operativer Aufgaben grundlegende Fragen. Diese Angaben stehen jedoch entweder gar nicht oder, sofern überhaupt vorhanden, dann in sehr primitiver Weise und von minderem Wert zur Verfügung.« HM IV. Fcsf. elvtársnak. [An den Genossen Chef IV. Hauptverwaltung des Ministeriums für Landesverteidigung], Budapest, 25.7.1953, Archiv für Militärgeschichte HL 1953/T 5/2.
[88] Interview des Verfassers mit Vladimir Farkas.
[89] Pintér Mihály elvtárs jellemzése [Charakterisierung von Genosse Mihály Pintér], Budapest, 26.6.1953, ÁBTL, 3.2.6. OL-8-006/1, S 8.
[90] ÁBTL, 3.2.6. O-8-006/1, S. 36.
[91] Die Aufgaben der Residentur waren: Erkundung und Organisation von Treffpunkten, Erkundung und Untersuchung zentraler Objekte, Ausbau gesellschaftlicher Kontakte, Erkundung und

1954 zeigt, dass sich hierzu auch keine Möglichkeiten geboten hätten[92]. Im Sommer 1955 stellte die Residentur ihre Tätigkeit ein.

Über die geheimdienstlichen Aktivitäten der ungarischen Nachrichtendienste gegen Jugoslawien auf dem Boden Österreichs und Triests gibt es derzeit kaum Erkenntnisse. Sicher ist, dass die Wiener Residentur der Staatssicherheit keine Aufgaben im Zusammenhang mit Jugoslawien zu erfüllen hatte. In Triest hingegen hatten sowohl die IV. Hauptverwaltung des Ministeriums für Landesverteidigung als auch das ÁVH Vertreter, die gegen Jugoslawien eingesetzt waren. Die Einzelheiten ihrer Tätigkeit und ihrer Ergebnisse sind nicht bekannt. Die ungarischen Warenlager in Triest wurden vom Amt für Staatsschutz als Tarnorganisation benutzt[93]. Rákosi machte den Vorschlag, die kommunistische Partei der Stadt Triest unter dem ihm persönlich gut bekannten Vittorio Vidali in den Dienst der VIII. Hauptabteilung zu stellen. Der sowjetische Chefberater der Nachrichtenabteilung wies den Vorschlag wutentbrannt zurück, da Mitglieder von kommunistischen Parteien niemals angeworben werden dürften[94]. Das war kein Zufall: Vidali arbeitete tatsächlich seit Jahrzehnten als sowjetischer Agent[95].

b) Das jugoslawische Nachrichtenwesen

Die Tätigkeit des jugoslawischen Nachrichtenwesens in Ungarn lässt sich anhand der Unterlagen der ungarischen Spionageabwehr und des Malogoski-Dossiers darstellen. Malogoski berichtete von einer Konferenz im Februar 1952 in Belgrad, auf der die vereinigten Nachrichtenzentren detailliert die bisherigen Ergebnisse auswerteten. Demnach setzte Jugoslawien insgesamt 90 Agenten für eine nachrichtendienstliche Tätigkeit gegen Ungarn ein. Hiervon waren 30 Personen Bürger Ungarns und 60 Bürger Jugoslawiens, die zeitweilig auf ungarisches Gebiet gebracht wurden, um nachrichtendienstliche Aufträge zu erfüllen.

Die 30 in Ungarn ansässigen Agenten lassen sich nach ihrer Zugehörigkeit in sieben Gruppen unterteilen. Zur ersten Gruppe gehörten die Angehörigen der unter dem Decknamen »Pannonia«, »Petőfi« und »Rába« geführten Residentur des Nachrichtenzentrums in Murska Sobota: Dabei handelte es sich in der Masse um an der Grenze lebende Bauern und Arbeiter. Unter den Angehörigen der ungarischen Streitkräfte und der Grenztruppen des Amtes für Staatsschutz (ÁVH) wurden zwei Personen und aus dem Staatsapparat nur ein Beamter der Budapester Direktion der Ungarischen Eisenbahnen (MÁV) angeworben. Sie betrieben aktive

---

Untersuchung der Zentren von Organisationen mit Bezug zu Ungarn sowie der regelmäßige Besuch von Botschaftsempfängen, Ausstellungen und sonstigen Veranstaltungen. Javaslat a belgrádi rezidentúra közeljövőben végrehajtandó feladataira [Vorschlag für die in nächster Zukunft anstehenden Aufgaben der Belgrader Residentur], Budapest, 27.12.1953, ÁBTL, OL-8-006/1, S. 14.

[92] A belgrádi rezidentúra munkájának értékelése és a munka megjavítására vonatkozó javaslatok [Auswertung der Arbeit der Belgrader Residentur und Vorschläge für die Verbesserung der Arbeit], Budapest, 17.9.1954, ÁBTL, O-8-006/2, S. 39–46.
[93] Interview des Verfassers mit Vladimir Farkas.
[94] Farkas, Nincs mentség (wie Anm. 22), S. 299.
[95] Banac, Stalin Against Tito (wie Anm. 4), S. 238–241.

Agententätigkeit. Zur vierten Gruppe gehörten vier Doppelagenten. Sie waren von ungarischen Nachrichtendiensten angeworben und dann von der UDB abgefangen und »umgedreht« worden. Hiervon waren vier Agenten im Jahr 1951 aktiv. Von den Grundbesitzern beiderseits der Grenzen und den jugoslawischen Emigranten konnten insgesamt zwei Personen angeworben werden, wovon jedoch nur eine regelmäßigen Kontakt zur Zentrale unterhielt[96]. Jeder der 30 Agenten diente der Informationsbeschaffung. Die Agenten zum Aufbau und Unterhalt der Netzwerke waren jugoslawische Staatsbürger[97].

Ein Netzwerk aus 30 Personen scheint beachtlich. Doch die Konferenz hielt lediglich bei fünf bis sechs von ihnen einen weiteren Einsatz für sinnvoll. Die Führungsoffiziere, die Umstände ihrer Anwerbung und ihr weiteres Schicksal sind unbekannt. Aus den Erinnerungen von Malogoski geht nur hervor, dass die beiden bei der Volksarmee bzw. bei den Grenztruppen des Amtes für Staatsschutz dienenden Agenten 1952 schon nicht mehr aktiv waren. Zugleich waren Maßnahmen zur Anwerbung von fünf Angehörigen der ÁVH-Grenztruppen ergriffen worden, was 1952 noch keine Ergebnisse gebracht hatte[98]. Des Weiteren scheint das Amt für Staatsschutz im September 1951 eine Residentur des Nachrichtenzentrums Murska Sobota aufgerollt zu haben.

Wegen der auf ein Minimum reduzierten und streng kontrollierten Kontakte zwischen den beiden Ländern ist es interessant, wie die UDB die Verbindung zu ihren Agenten in Ungarn hielt. Neben den Kurieragenten und den »toten Briefkästen« wurde auch die normale Briefpost genutzt. Ein frühes Verfahren zur Umgehung der Zensur lässt sich anhand des Geständnisses eines 1950 abgefangenen UDB-Agenten genau rekonstruieren. Demnach war in Briefen von den Agenten für ungarisches Militär das Wort »ellátás« (Versorgung) oder »adok« (ich gebe), für sowjetisches Militär »a jó ellátás« (die gute Versorgung) oder »kövér állat« (dickes Tier), für einen Panzer das Wort »ökör« (Ochse), für einen Flugplatz das Wort »mező« (Wiese), für die serbisch- und kroatischstämmigen Ungarn das Wort »gyár« (Werk) und für die Emigranten das Wort »ismerősnek« (für den Bekannten) zu gebrauchen. Wenn die Agenten um ein Treffen baten, so war eine Ansichtskarte mit dem Schauplatz des Treffpunktes zu schicken[99]. Die Bundesverwaltung für Staatssicherheit ließ im August 1952 zwei und dann am 31. Dezember noch ein drittes Funkgerät nach Ungarn schaffen. Diese durften jedoch von den Agenten nur im Kriegsfall genutzt werden[100].

Da das Agentennetzwerk schwach war, versuchte die UDB, jede Möglichkeit zur Beschaffung von Informationen zu nutzen. Malogoski erwähnt als Beispiel die Kontakte mit mehreren zionistischen Organisationen, die Juden nach Israel bringen wollten, welche im ungarischen »Wirtschafts- und Staatsapparat leitende Stellungen« innehatten. Im Austausch für die zu erwartenden Informationen bot die

---

[96] Jugoszláv Hírszerző Szervek (wie Anm. 6), S. 126 f.
[97] Ebd.
[98] Ebd.
[99] Feljegyzés Alexa Avromov vallomásról [Aufzeichnung des Geständnisses von Alexa Avromov], Budapest, 28.9.1950.
[100] Jugoszláv Hírszerző Szervek (wie Anm. 6), S. 160 und 169.

UDB ihre Hilfe an und entsandte den Agenten Stefan Bidek mit viel Geld nach Ungarn, um mit den ausgewählten Personen Verbindung aufzunehmen. Bidek geriet nach mehrwöchigem Aufenthalt in Ungarn durch Verrat in die Hände des Amtes für Staatsschutz, womit die Aktion gescheitert war[101].

Die Nachrichtendienste der jugoslawischen Streitkräfte und der jugoslawischen Staatssicherheit waren seit 1945 in der Alpenregion aktiv, doch wurde von da aus weder vor noch nach dem Kominform-Beschluss von 1948 Aufklärung gegen Ungarn betrieben. Zeitgleich mit dem Zusammenschluss der Dienststellen der beiden Dienste im August 1950 wurde entschieden, auch über Drittländer die Aufklärung gegen Ungarn zu beginnen. Dafür wollte man zunächst die antikommunistischen ungarischen Emigranten in Westeuropa nutzen. Zwei Monate später entsandte die UDB drei Offiziere nach Österreich und Triest. Oberstleutnant Franko Telenta sollte als Erster Sekretär der jugoslawischen Botschaft in Wien auftreten, Hauptmann Tomo Zeljug vom Nachrichtenzentrum Osijek/Eszék als stellvertretender Konsul im Konsulat Klagenfurt und ein weiterer Oberstleutnant in Triest[102]. In der Wiener Botschaft wurde die gegen Ungarn gerichtet Agententätigkeit unter Anleitung von Telenta von 1950 bis 1952 von Slobodan Lozjanin, einem Dritten Sekretär zur Bearbeitung von Repatriierungsangelegenheiten, betrieben. Zwischen 1950 und 1952 konnte er freilich gerade mal eine einzige Agentin rekrutieren[103]. Wegen seiner schwachen Leistung wurde er 1952 abberufen und seine Aufgabe übernahm Malogoski. Dieser warb – wenigstens nach eigenen Erinnerungen – drei ungarische Emigranten über einen »jüdischen Zahnarzt« ungarischer Abstammung an, der für die UDB Handelsgeschäfte abwickelte und häufig Wien besuchte. Über die Agenten »Kun«, »Oszmann« und »Falek« und ihre Aktivitäten ist freilich nichts bekannt, über die einzige Informationsquelle des zum Klagenfurter Konsulat entsandten Nachrichtenoffiziers hingegen einiges. Es handelte sich um einen ehemaligen Hauptmann der Königlich Jugoslawischen Armee, der im Dienst der Außenstelle Graz des britischen Geheimdienstes stand. Der Informant lieferte militärische Angaben, und zwar hauptsächlich im Zusammenhang mit der Stationierung von Truppen der ungarischen Streitkräfte, die mit den Angaben des jugoslawischen militärischen Nachrichtenwesens »annäherungsweise übereinstimmten«[104]. Von den gegen Ungarn gerichteten Aktivitäten der nachrichtendienstlichen Außenstelle Triest ist insgesamt nur so viel bekannt, dass Belgrad im Sommer 1951 mit ihrer Hilfe Informationen über die Truppenteile der Armee und des Amtes für Staatsschutz erlangte, die im Raum Pécs und Baja stationiert waren[105]. Den gegenwärtig zur Verfügung stehenden Angaben zufolge erzielte Oberstleutnant Milan Georgiević, Wiener Resident der II. Verwaltung des Generalstabes, das Ergebnis mit der größten Tragweite. Mit seinem Namen ver-

---

[101] Ebd., S. 137. Bidek wurde von einem Gericht zum Tode verurteilt und Anfang 1953 hingerichtet.
[102] Ebd., S. 182.
[103] Die von ihm angeworbene Agentin arbeitete in dem Wiener jüdischen Krankenhaus, wo Radio Free Europe die ungarischen und tschechoslowakischen Emigranten unterbrachte. Siehe ebd., S. 41 f.
[104] Ebd., S. 183 f.
[105] Ebd., S. 183.

binden sich die Kontaktaufnahme zur »Kameradenvereinigung der Ungarischen Kämpfer« (Magyar Harcosok Bajtársi Szövetsége, MHBK) und die Gestaltung der darauf folgenden Zusammenarbeit.

Die MHBK als Sammelbecken ehemaliger Offiziere und Gendarmen war eine ungarische Emigrantenorganisation mit militant antikommunistischer Ausrichtung und oftmals faschistischer Prägung. Sie verfügte in Ungarn und Österreich über ein effektives Nachrichten- und Spionageabwehrnetz sowie über eine Funkabhöranlage bei Graz. Anfangs arbeitete sie mit dem französischen Service de Documentation Extérieure et de Contre-espionnage (SDECE) und dann mit dem Counter Intelligence Corps (CIC) der amerikanischen Streitkräfte zusammen. Doch keiner dieser Dienste wurde zu einem aufrichtigen und verlässlichen Partner. Belgrad verfolgte die Aktivitäten der MHBK von Anfang an mit Aufmerksamkeit, betrieben doch die jugoslawischen Nachrichtendienste genau wie die MHBK rege illegale Aktivitäten in der Steiermark und in Kärnten. Darüber hinaus wurden jugoslawische Agenten 1949 und 1950 »unter falscher Flagge«, getarnt als Angehörige der MHBK und mit deren Ausweisen, nach Ungarn geschickt[106]. Eine tatsächliche Zusammenarbeit verhieß jedoch wesentlich bessere Ergebnisse als die wohl zweifelhafte Täuschung einiger Informanten oder des Amtes für Staatsschutz.

Nachdem über einen in Graz lebenden ungarischen Emigranten die Verbindung zur MHBK aufgenommen werden konnte, hatte es Georgievič nicht weiter schwer. Die MHBK hatte selbst schon seit langem erwogen, Kontakte zu Jugoslawien zu knüpfen, doch war es dazu aus zweierlei Gründen nicht gekommen: zum einen, weil die MHBK nicht wusste, wie die Angehörigen der ungarischen Emigration auf einen Kontakt zu Kommunisten reagieren würden, und zum anderen, weil sowohl die MHBK als auch der französische SDECE mit einer im süddeutschen Friedrichshafen angesiedelten serbischen Emigrantenorganisation zusammenarbeiteten, die gegen Jugoslawien nachrichtendienstliche Tätigkeit betrieb. Als jedoch der Westen seine Beziehungen zum Tito-Regime geordnet und der SDECE seinen Kontakt zu den Serben abgebrochen hatte, schwanden die Bedenken gegen eine Zusammenarbeit. Die ersten Verhandlungen führte Georgievič mit Albin Kapitánffy, dem Leiter des Bereiches Abwehr der MHBK in Klagenfurt. Bei den Gesprächen vom Juli 1951 entstand eine Vereinbarung über die geheime Gründung einer Kontaktgruppe, die von den Jugoslawen finanziert werden sollte[107]. Die Vereinbarung wurde von beiden Seiten eingehalten: Die Kontaktgruppe nahm ihre Arbeit auf und die Zusammenarbeit blieb über lange Zeit hinweg sowohl den französischen als auch den amerikanischen Diensten verborgen[108].

---

[106] Daróczi Imre vallomása [Geständnis von Imre Daróczi], Budapest, 16.4.1952, ÁBTL, O-8-009, S. 61 f.

[107] Ebd., S. 160. A francia irányítás alatt álló MHBK ellenséges hírszerzőszerv kapcsolata más ellenséges hírszerző és elhárító szervek felé [Kontakt der feindlichen Nachrichtenstelle des unter französischer Anleitung stehenden MHBK zu anderen feindlichen Nachrichten- und Abwehrstellen], Budapest, undatiert, ÁBTL, 4.1. A-2127/24, Hírszerzés történeti kutatás [Geschichtsforschung zum Nachrichtenwesen], S. 158.

[108] Tipelling's information on Hungarian Veteran's Association, MHBK, Frankfurt, 7.10.1954, National Archives and Records Administration (NARA), Washington, RG 263. ZZ-19. MHBK, vol. 3. 2/1.

Im Mai 1952 verhandelten Albin Kapitánffy und András Zákó, der Führer der MHBK, in Belgrad mit den Leitern des jugoslawischen Nachrichtenwesens. Ihre Pässe waren von leitenden Diplomaten der jugoslawischen Botschaft in Wien ausgestellt worden[109]. Die Details der in Belgrad unterzeichneten Vereinbarung und die auf dieser Grundlage entstandene Zusammenarbeit sind bis heute kaum bekannt. Malogoskis Erinnerungen zufolge war sie aus jugoslawischer Sicht jedoch außerordentlich fruchtbar: Die Kameradenvereinigung der Ungarischen Kämpfer lieferte »dem jugoslawischen Nachrichtendienst im Vergleich zu anderen Diensten äußerst profunde Angaben zu Ungarn«[110].

c) Bewertung der Aktivitäten zur Informationsbeschaffung

Solange mangels archivalischer Quellen nicht nachvollziehbar ist, ob und wie weit die Ergebnisse der nachrichtendienstlichen Aufklärung die politischen und militärischen Entscheidungsprozesse beeinflusst haben, sind die nachrichtendienstlichen Unternehmungen kaum angemessen zu bewerten. Soviel lässt sich jedoch gegenwärtig feststellen: Aufgrund der früheren engen Zusammenarbeit und der bestehenden Möglichkeiten zur geheimen Informationsbeschaffung besaßen beide Seiten 1948/1949 ein relativ genaues Bild von der politischen, wirtschaftlichen und militärischen Lage der jeweils anderen Seite. Ab der zweiten Hälfte des Jahres 1949 tappten jedoch sowohl der Sowjetblock als auch Jugoslawien in vielerlei Hinsicht im Dunkeln.

Keine der beiden Seiten vermochte Agenten und Informanten anzuwerben, mit deren Hilfe man Einblick in Politik, Wirtschaft, Streitkräfte und Staatssicherheit des Gegenspielers hätte gewinnen können. Das Gros der Angeworbenen bekleidete niedere Positionen und hatte nur Zugang zu Informationen von geringem Wert. Hingegen erwiesen sich die Berichte von politischen Emigranten als wichtige Quellen. Als Agenten ließen sie sich jedoch nur selten erfolgreich einsetzen. Verschwanden sie aus ihrem bisherigen Umfeld, so erregten sie sofort die Aufmerksamkeit der feindlichen Staatssicherheit, und die mit ihnen im Kontakt befindlichen Personen gerieten unter Verdacht und wurden observiert. Durch die Spionageabwehr konnten ebenfalls umfangreiche Erkenntnisse über die Vorgehensweise der Gegenseite bei der Nachrichtenbeschaffung erlangt werden. Für die Aufklärung des jeweiligen militärischen Potenzials trifft dies allerdings nicht zu. Offenbar lieferte hier – jedenfalls bei den Ungarn – die Funkaufklärung die zuverlässigsten Ergebnisse.

5. Entführungen und Anschläge

Sowohl Ungarn als auch Jugoslawien bezichtigten einander mehrfach, Entführungen und Anschläge vorgenommen zu haben. Angesichts der Unzuverlässigkeit der offiziellen Quellen aus dieser Zeit könnte man leicht glauben, dass es sich bei den

---

[109] Jugoszláv Hírszerző Szervek (wie Anm. 6), S. 180.
[110] Ebd.

in diplomatischen Noten und in der Presse auftauchenden Fällen nur um offensichtlich unglaubwürdige Erfindungen der Propaganda gehandelt hat, wie diese im Rajk-Prozess vorgebracht wurden. Die Archivquellen zeigen jedoch eindeutig, dass die Mehrzahl der erwähnten Zwischenfälle wirklich stattgefunden hat und die Kontrahenten tatsächlich alle Mittel angewandt haben.

Im Sommer und Herbst 1949 organisierten sowohl Ungarn als auch Jugoslawen mehrere Entführungen. Die Ungarn entführten etwa Prodan Veseljko, der beiderseits der Grenze Grund und Boden besaß, und den Grenzpolizisten Slavo Krajcer; die Jugoslawen die Streifenpolizisten Lajos Nagy und János Horváth[111]. Nachrichtenoffiziere des Grenzjägerbataillons von Medjimurje/Muraköz schlugen am 15. September 1949 die Letztgenannten nieder und schleppten sie gewaltsam auf jugoslawisches Gebiet. Grund war ein Missverständnis: Aufgrund der Uniform der ungarischen Streifenpolizisten nahmen die jugoslawischen Nachrichtenoffiziere an, dass neue Truppenteile an der Grenze aufgetaucht seien, die sich auf eine Invasion Jugoslawiens vorbereiteten. Sie wollten Informationen aus erster Hand hierüber gewinnen[112].

Nachdem die Ungarn die Brieftasche von Nagy auf einem Pfad gefunden hatten, der zu einem jugoslawischen Grenzsicherungsbunker führt, forderte die ungarische Regierung Jugoslawien auf, im Sinne des Abkommens von Szabadka, das einen Monat zuvor unterzeichnet worden war, zur Untersuchung des Grenzzwischenfalls beizutragen und eine gemeinsame ungarisch-jugoslawische Untersuchungskommission einzuberufen. Als Belgrad nicht darauf einging, kündigte die ungarische Regierung aus Protest das Abkommen auf[113].

Infolge der Kriegshysterie, die damals ihren Höhepunkt erreichte, gerieten auch die Botschaften in Belgrad und Budapest ins Fadenkreuz solcher Operationen. Die Ungarn lockten schon im Sommer 1948 den des Mordes an Miloš Mojić angeklagten Presseattaché Živko Boarov aus der jugoslawischen Botschaft heraus und nahmen ihn fest. Trotz mehrfachen Protestes des jugoslawischen Außenministeriums gegen die Verletzung der diplomatischen Immunität wurde der Presseattaché nicht auf freien Fuß gesetzt und schließlich als Zeuge im Schauprozess gegen Rajk vorgeführt. Die Bundesverwaltung für Staatssicherheit versuchte zwischen Juli und September 1949 wiederholt, Mitarbeiter von ungarischen diplomatischen und Au-

---

[111] Kettősbirtokosok őrizetbe vétele jugo területen: Prodán Veszelykó [Verhaftung von Landbesitzern mit Grund und Boden beiderseits der Grenze auf jugoslawischem Gebiet], Budapest 1949, MOL, XIX-B-10 1949. 26. d. IV/15 2; Jugoszláviába a Szentgotthárd Felsőszölnöki jugoszláv-magyar határszakaszon árhurcolt magyar állampolgárok [Am jugoslawisch-ungarischen Grenzabschnitt Szentgotthárd Felsőszölnök nach Jugoslawien verschleppte ungarische Staatsbürger], Budapest 1949, MOL, XIX-B-10 1949. 26. d. IV/15 9; Krajcer Slavó jugoszláv határőr átkerülése Magyarországra [Der Übertritt des jugoslawischen Grenzpolizisten Slavo Krajcer nach Ungarn], Budapest 1949, MOL, XIX-B-10 1949. 26. d. IV/15 5.
[112] Jugoszláv Hírszerső Szervek (wie Anm. 6), S. 138.
[113] Ebd., S. 137; und Nagy Lajos és Horváth János rendőrjárőr elrablása [Entführung der Streifenpolizisten Lajos Nagy und János Horváth], Budapest, 31.10.1949, MOL, XIX-B-10 1949. 26. d. IV/15 44.

László Bálint und Sándor Kenyeres wurden in Ungarn beim Versuch festgenommen, Exil-Jugoslawen zu entführen. Nach schwerer Folter (auch ihrer Angehörigen) gestanden sie schließlich, titoistisch-imperialistische Agenten gewesen zu sein, die den Ministerpräsidenten ermorden und in Budapest Brücken sprengen sollten. Im Bild bei der Vorführung im Zuge des Gerichtsverfahrens am 17. November 1952; sie präsentieren britische Sten-Maschinenpistolen, wie sie im Weltkrieg zur Unterstützung von Partisanen geliefert worden waren. Beide wurden anschließend hingerichtet. Bálint wurde stets nur von der rechten Seite fotografiert, die linke Kopfseite war von den Verhören schwerstens verletzt.

Ungarisches Nationalmuseum, Budapest/1739/10

ßenhandelsvertretungen zu entführen oder nach ihrer Entführung gewaltsam zur Informationsbeschaffung zu pressen, allerdings vergeblich[114].

Die zweite Entführungswelle fand 1952 statt. Ende Januar überschritt ein dreiköpfiges UDB-Agententeam des Nachrichtenzentrums Szabatka die ungarische Grenze mit dem Auftrag, einen hochrangigen Vertreter der jugoslawischen Emigration in Ungarn, der sogenannten Jugoslawischen Revolutionären Emigrantengruppe, zu kidnappen. Das Team wurde von dem 1950 nach Jugoslawien geflohenen László Bálint angeführt, einem mehrfach vorbestraften Abenteurer, der zuvor als Obdachloser im IX. Stadtbezirk von Budapest bekannt war. Nachdem das Team über mehrere Wochen hinweg in Budapest die Emigranten beobachtet hatte, stieß es auf die Spur von Dusan Vidović[115], der wegen seiner Verbindung zum ungarischen Nachrichtendienst als Ziel ausgewählt worden war. Mit falschen Ausweisen des Amtes für Staatsschutz lockte man ihn aus der Wohnung, um ihn dann gefesselt nach Jugoslawien zu verschleppen. Dabei gelang es, die gesamte Überwachung der Ungarn zu überlisten. Das unglaubliche Unternehmen wurde vom Amt für Staatsschutz noch auf die Spitze getrieben, indem es sieben weitere, in

---

[114] Összefoglaló jelentés [Sammelbericht], Budapest, 12.1.1950; UDB provokációk a belgrádi magyar nagykövetség ellen [Provokationen des UDB gegen die Belgrader ungarische Botschaft], Budapest, 14.10.1950, ÁBTL, 3.2.5. O-8 046, Belgrádi magyar követség [Belgrader ungarische Botschaft].

[115] Zu Dusan Vidović siehe: A jugoszláv politikai emigráció 9 tagjának véleményezése [Beurteilung von neun Angehörigen der jugoslawischen politischen Emigration], Budapest, 14.4.1951.

wichtigen Positionen befindliche Emigranten wegen des spurlosen Verschwindens von Vidović verhaftete und sie beschuldigte, sie hätten etwas mit der Sache zu tun.

Im Eifer des Erfolges wurde das Bálint-Team im August 1952 erneut nach Ungarn entsandt. Diesmal sollte Boris Verstovšek, der einstige Sekretär der jugoslawischen UN-Mission und Chefredakteur des slowenischen Emigrantenblattes »Za Ljudsko Zmago« als anerkannter Führer der Emigration gekidnappt werden[116]. Trotz des verstärkten Schutzes der Emigranten konnte die Aufgabe wiederum erfolgreich ausgeführt werden. Verstovšek wurde, eingewickelt in einen Teppich, aus seiner Wohnung herausgeschmuggelt und dann auf der Donau in einem Boot einfach aus Budapest hinausgerudert. Das Team hatte schon beinahe die jugoslawische Grenze bei der Anlegestelle von Bogyiszló erreicht, als das Amt für Staatsschutz zufällig auf seine Spur stieß[117]. Es begann die größte Menschenjagd der Rákosi-Ära: 8772 Angehörige der Grenztruppen des ÁVH, der Armee, der Polizei sowie der Ordnungs- und Sicherheitskräfte des Innenministeriums nahmen die Verfolgung des Teams auf[118]. Nach mehr als zehn Tagen wurden Bálint und seine Männer am 24. September 1952 ostwärts von Algyő aufgegriffen. Bálint selbst ergab sich erst nach einer Verwundung bei einem Feuergefecht mit Grenzsoldaten[119].

Die ungarische Führung war vom Bálint-Unternehmen geschockt, da es der ungarischen Staatssicherheit ein katastrophales Zeugnis ausstellte. Die Rache war gnadenlos. Nach den erhaltenen Protokollen wurde Bálint von Péter Gábor selbst, dem Leiter des Amtes für Staatsschutz, verhört. Gábor leitete auch persönlich die Folter (mit Gummiknüppel, Nähnadel und Beißzange). Auf seinen Befehl hin wurden auch die Mutter, die Schwiegermutter, der jüngere Bruder und weitere Angehörige verhaftet und schwer misshandelt[120]. Die ungarische Seite wollte sich durch einen groß angelegten Schauprozess bei Jugoslawien revanchieren. Doch der Prozess gegen die »jugoslawischen Entführer«, der vom 14. bis 17. November 1952 in Budapest in Gegenwart der einheimischen und ausländischen Presse stattfand, erfüllte die Erwartungen nicht. Die vorgetragenen Anklagepunkte beruhten zwar überwiegend auf Tatsachen. Doch konnte das System der Versuchung nicht widerstehen, die Anklage um angebliche Terrorhandlungen zu ergänzen, die den stalin'schen Schauprozessen entlehnt waren[121]. Die öffentliche Meinung im In-

---

116 Zur Rolle von Boris Verstovšek bei der jugoslawischen Emigration in Ungarn siehe: Feljegyzés Rákosi elvtársnak [Notiz für den Genossen Rákosi], Budapest, 7.3. und 16.3.1953,MOL, KS 276. f. 65. cs. 105.ő.e.
117 A Határőr Parancsnokság jelentése [Bericht des Kommandos Grenztruppen], 22.9.1952, MOL, XIX-B-10 1952. 17. d. IV/6, S. 62 f.
118 A Határőr Parancsnokság jelentése [Bericht des Kommandos Grenztruppen], 19.9.1952, MOL, XIX-B-10 1952. 17. d. IV/6, S. 51.
119 Piros László, az ÁVH Határőrség parancsnokának jelentése Péter Gábornak, az ÁVH vezetőjének Bálint László és társainak elfogásáról [Bericht von László Piros, dem Befehlshaber der Grenztruppen des Amtes für Staatsschutz, an den Leiter ÁVH Gábor Péter über die Ergreifung von László Bálint und seiner Gefährten], Budapest, 26.9.1952, MOL, XIX-B-10 1952. 17. d. IV/6, S. 55.
120 ÁBTL, 3.1.9. V-888/1-12. Bálint, László.
121 Bálint hatte gestanden, dass er neben den Entführungen die »neuerbauten« Budapester Brücken sprengen sowie »auf Anweisung der UDB den Ministerpräsidenten und mehrere Männer in Führungspositionen umbringen« wollte. Siehe: A jugoszláv emberrablók bűnpere [Der Strafprozess gegen die jugoslawischen Entführer]. In: Szabad Nép, 16.11.1952, S. 2. Interessanterweise be-

und Ausland glaubte folglich, dass es sich bei dem ganzen Prozess um eine neue Inszenierung der stalin'schen Schergen des Parteichefs Rákosi handle[122]. Die Jugoslawen sahen dem Prozess nicht tatenlos zu. Am 17. November 1952 begann die Zeitung »Borba« die Serie von Geständnissen des Staatssicherheitsoffiziers György Újhelyi zu veröffentlichen, der als Leiter der Dienststelle des Amtes für Staatsschutz in Pécs und später in der Außenstelle Mohács tätig war. Diese spielte eine wichtige Rolle in den gegen Jugoslawien gerichteten Dienststellen des Nachrichtendienstes. Am 28. Juli war Újhelyi mit einer beträchtlichen Menge Geheimunterlagen über die Grenze geflüchtet[123].

Von den Zwischenfällen dieses »geheimen Krieges« zwischen zwei kommunistischen Staaten, der so viele Todesopfer gefordert hat, lässt sich anhand der derzeit zugänglichen Quellen aber nur ein Fall mit Sicherheit als gezielter Mordanschlag identifizieren: 1949 erschoss ein UDB-Agent aus Murska Sobata/Muraszombat einen Informanten des ÁVH, nachdem dieser ein anderes Mitglied der Außenstelle enttarnt hatte. Dieselbe UDB-Außenstelle begann Mitte 1951 mit der Aufstellung und Ausbildung einer zehnköpfigen Gruppe, deren einzige Aufgabe darin bestanden hätte, in einer Operation von ein- bis zweimonatiger Dauer in Ungarn ÁVH-Offiziere und -Agenten zu liquidieren[124]. Zwar sind Meldungen von Anfang 1953 überliefert, durch die die Hauptabteilung Aufklärung der Grenztruppen des Amtes für Staatsschutz auf diese Operation der UDB aufmerksam wurde. Ob diese Gruppe aber tatsächlich zum Einsatz kam, bedarf noch weiterer Nachforschungen[125].

6. Ausblick

Nach Stalins Tod klärten sich die politischen Beziehungen zwischen dem Sowjetblock und Jugoslawien. Der von der Sowjetunion eingeleitete Prozess der »Nor-

---

zeichnete der Schriftsteller Gábor Kiszely, der im Jahr 2000 als erster vom Bálint-Prozess geschrieben, jedoch den Hintergrund überhaupt nicht untersucht hatte, Bálints Beauftragung durch die UDB als »eine zu einem schlechten Spionageroman passende, aber in keinerlei Hinsicht verifizierbare Geschichte«. Siehe Gábor Kiszely, ÁVH. Egy terrorszervezet története [Das Amt für Staatsschutz – Geschichte einer Terrororganisation], Budapest 2000, S. 242. Bálint wurde zusammen mit vier Gefährten wegen Spionage und Terroraktivitäten am 17.11.1952 zum Tode verurteilt. Das Urteil wurde nach kurzer Zeit vollstreckt.

[122] Jugoszlávia Magyarország ellenes politikája [Jugoslawiens Politik gegen Ungarn], Belgrad, 27.12.1952, MOL, XIX-J-4-a-00198-1952 (12.d.), S. 393–396.

[123] Die über die Flucht vorliegenden Informationen weisen darauf hin, dass Újhelyi vorher keinen Kontakt zur Bundesverwaltung für Staatssicherheit gehabt hatte. Újhelyi áv. alhadgy. hazaárulásának kivizsgálása [Untersuchung des Vaterlandsverrates des ÁVH-Unterleutnants Újhelyi], Budapest, 30.7.1952, MOL, XIX-B-10-229/hü 1952, S. 1023–1026. Zusammenfassung der Artikelserie »Magyarország az ÁVH vascsizmája alatt« [Ungarn unter den eisernen Stiefeln des Amtes für Staatsschutz] siehe: Magyarország ellenes rágalmak [Verleumdungen Ungarns], Belgrad, 22.11.1952, MOL, XIX-J-4-a-00198-1952, S. 403–405.

[124] Jugoszláv Hírszerző Szervek (wie Anm. 6), S. 138.

[125] Ebd., und Intézkedés kisebb ellenséges diverziós csoportok felszámolására [Maßnahmen zur Auflösung kleinerer feindlicher Diversionsgruppen], Budapest, 21.3.1953, MOL, XIX-B-10-0338/hü 1953. (36.d.).

malisierung« verlief jedoch schleppend. Folglich ging auch der geheime Krieg nur langsam zu Ende. Das trifft insbesondere für den ungarisch-jugoslawischen »Frontabschnitt« zu. Hier gab es lange Zeit keine Anzeichen für eine politische Entspannung. Belgrad inszenierte zwar ab März 1953 viereinhalb Monate lang keine Spionageprozesse, doch die Bundesverwaltung für Staatssicherheit setzte, ähnlich wie in den Jahren zuvor, ihre aggressiven Operationen fort[126]. Selbst während der ungarisch-jugoslawischen Verhandlungen über die Vermeidung von Grenzzwischenfällen im August 1953 wurden mehrere bewaffnete Agenten nach Ungarn eingeschleust. Die neue ungarische Führung um Ministerpräsident Imre Nagy war darüber in Kenntnis gesetzt worden. Sie protestierte gleichwohl nicht offiziell, um kein Scheitern der Verhandlungen zu riskieren und die Normalisierung der Beziehungen nicht zu gefährden[127].

Ab Herbst 1953 zeichneten sich Veränderungen ab. Nachdem beide Länder auf Botschafterebene ihre diplomatischen Beziehungen erneuert und ihre Botschaften umstrukturiert hatten, verlagerte sich der Schwerpunkt allmählich auf die »klassische« Nachrichtengewinnung durch Residenturen. Es gab allerdings einen wesentlichen Unterschied: Die ungarische Residentur der Streitkräfte und der Staatssicherheit erhielt nur noch die Erlaubnis für Vorbereitungsarbeiten, nicht jedoch für die eigentliche Anwerbung von Informanten. Der sowjetische Geheimdienst (KGB) formulierte auf der Moskauer Konferenz der Chefs der Staatssicherheitsdienste des Sowjetblockes vom März 1955 den Auftrag, illegale Residenturen einzurichten. »Wegen der derzeit erfolgenden Normalisierung« sei »ein Ansetzen operativer Mitarbeiter jedoch vorerst nicht vorzunehmen«[128]. Zwei Monate später – zeitgleich mit Chruščevs Besuch in Belgrad, der von manchen als »Canossagang« empfunden wurde – erhielten die ungarischen Nachrichten- und Spionageabwehrstellen die Weisung, jedwede Tätigkeit gegen Jugoslawien einzustellen. Die Geste wurde nicht erwidert. Die gegen Ungarn gerichtete jugoslawische Aufklärung kam – jedenfalls den ungarischen Unterlagen der Staatssicherheit zufolge – nicht zum Erliegen. Allenfalls nahm ihre Intensität ab[129]. Der geheime Krieg war allerdings zu Ende.

(Übersetzung aus dem Ungarischen von Lars Petersen, Bundessprachenamt)

---

[126] Magyarország ellenes jugoszláv propaganda [Jugoslawische Propaganda gegen Ungarn], Belgrad, 12.6.1953, MOL, XIX-J-4-a-1-1953 14.d. 4.
[127] Gerő Ernő jelentése Rákosi Mátyásnak és Nagy Imrének [Bericht von Ernő Gerő an Mátyás Rákosi und Imre Nagy], 11.8.1953, MOL, KS 276. f.
[128] Imre Okváth, Jelentés a szocialista országok állambiztonsági vezetőinek titkos moszkvai tárgyalásairól. 1955. március 7–12 [Bericht über die Moskauer Geheimverhandlungen der Chefs der Staatssicherheitsdienste der sozialistischen Länder, 7. bis 12.3.1955]. In: Hadtörténelmi Közlemények, 2001, 4, S. 689–706.
[129] A J.SZ.N.K. hírszerző szerveinek tevékenysége a M.N.K. ellen. A BM II/2-e. osztályának összefoglaló jelentése [Aktivitäten der Nachrichtenstellen der Sozialistischen Föderativen Republik Jugoslawien gegen die Ungarische Volksrepublik. Sammelbericht der Abt. II/w-e des Innenministeriums], Budapest, 15.10.1958, ÁBTL, 3.2.5. O-8-015/1.

Vladimir Prebilič

Zur geostrategischen Bedeutung Sloweniens – Vorteil oder Fluch?

Dem Gebiet der Republik Slowenien wurde seit jeher große geostrategische Bedeutung beigemessen, insbesondere aufgrund der offenkundigen Interessen der jeweiligen Großmächte im Laufe der Geschichte. Direkte Ansprüche auf die Region lassen sich bis ins Römische Reich, die Republik Venedig, die Donaumonarchie, das Napoleonische Kaiserreich und dann im 19. und 20. Jahrhundert im Rahmen verschiedener territorialer Interessen (Italien, Österreich, Deutschland, Ungarn, Serbien, Sowjetunion) zurückverfolgen. Der Hauptgrund lag und liegt darin, dass das Gebiet Sloweniens den einzigen strategischen Landweg südlich der Alpen in Ost-West-Richtung darstellt. Darüber hinaus gilt diese Route als der kürzeste Zugangsweg zur Adria für die Kontinentalstaaten Mitteleuropas. Aus militärischer Sicht wurde dieses Gebiet in den meisten strategischen Konzepten als Durchbruchskorridor nicht nur in oben genannter Richtung, sondern vor allem als Ausgangspunkt für den Zugang nach Südosteuropa insgesamt gesehen. Diese geostrategische Lage führte zu vielen Entscheidungsschlachten, zum Aufbau von Verteidigungslinien und -systemen, zur Erarbeitung militärischer Strategien und nicht zuletzt zu intensiver diplomatischer Präsenz.

Während des Kalten Krieges wurde die Sozialistische Föderative Republik Jugoslawien (SFRJ) zu einem geostrategischen Brennpunkt zwischen den beiden Blöcken. Dieses Faktum wirkte sich vor allem auf die militärstrategischen Planungen Jugoslawiens aus. Die wachsende Stärke der Sowjetunion nach einer Reihe von erfolgreichen Interventionen in Ostdeutschland (1953), Ungarn (1956) und der Tschechoslowakei (1968) führte in Jugoslawien neben einer klaren blockfreien Haltung zu einer gewissen Eigenständigkeit in Bezug auf die Organisation seiner Verteidigung. In dieser Lage entschied die politische Elite des Landes, sich von der Idee der Jugoslawischen Volksarmee (JNA) als der einzigen militärischen Macht im Staate zu lösen und die »Territoriale Verteidigung« einzuführen, um die Landesverteidigung zu stärken. Das Verteidigungssystem, das als »Totale Landesverteidigung« bekannt ist, beschäftigte zusammen mit dem »sozialen Selbstschutz« zusätzlich zur Jugoslawischen Volksarmee nahezu fünf Prozent der Gesamtbevölkerung. Diese Entscheidung gab den Republiken Jugoslawiens als konstitutionellen Bestandteilen der Föderation die Möglichkeit, unter dem Dach der Bundesregierung eigene Verteidigungssysteme zu organisieren. Der Hauptzweck der Territorialen Verteidigung bestand darin, im Falle einer militärischen Intervention und möglichen Okkupation durch NATO oder Warschauer Pakt den Guerillakrieg zu organisieren und zu führen. Zu dieser Zeit konnte niemand vorhersehen, dass es zwischen den beiden Elementen des jugoslawischen Verteidigungssystems einmal zum Krieg kommen würde und schon gar nicht, dass die Territoriale Verteidigung die in jeder Hinsicht überlegene Jugoslawische Volksarmee besiegen würde.

Das Hoheitsgebiet der Republik Slowenien

Die Republik Slowenien gewann ihre Unabhängigkeit durch den legitimen und rechtmäßigen Einsatz der territorialen Streitkräfte im Juni/Juli 1991. Zum ersten Mal in der Geschichte tauchte damit auf der politischen Landkarte Europas ein unabhängiger slowenischer Staat auf. Obgleich neue bewaffnete Konflikte auf dem Gebiet Sloweniens heute sehr unwahrscheinlich sind, vermittelt uns ein kurzer Überblick über die militärische Geschichte der Region, dass dem nicht immer so war: Politische und diplomatische Auseinandersetzungen, die in zahlreichen Schlachten und Kriegen kulminierten, lösten seit Beginn der Besiedlung (etwa 8000 Jahre v.Chr.) einander ab. Die wechselnden Herrscher kämpften erbittert um das Gebiet und versuchten ungeachtet der Kosten, die Kontrolle zu behalten. Einige grundlegende Antworten auf die Frage nach den Gründen können durch die geopolitische Wahrnehmung des geografischen Raums definiert werden[1]. Es handelte sich zunächst, wie erwähnt, um ein Übergangs- oder Kontaktgebiet mit einer Fläche von 20 500 km², wo vier geomorphologische Einheiten aufeinandertreffen: Karst, Alpen, Pannonien und Mittelmeerraum. Jede davon weist andere physisch-geografische Eigenschaften auf, wie Klima, hydrogeografische Faktoren, Vegetation und Boden. Versteht man Geopolitik als Analyse der Wechselwirkung zwischen geografischen Gegebenheiten und Perspektiven einerseits und politischen Prozessen andererseits, dann darf die Rolle des geografischen Raumes nicht unterschätzt werden[2]. Die Wechselseitigkeit zwischen dem Verständnis geografischer Merkmale und den wichtigsten strategischen Entscheidungen der politischen Elite eines Landes ist mithin von äußerster Wichtigkeit. Im Falle eines Übergangs- bzw. Kontaktgebiets gewinnt dies aufgrund seiner Haupteigenschaft – der Möglichkeit einer Durchquerung bzw. eines Übergangs – noch mehr an Bedeutung. Dies führt zur wichtigen Frage der Sicherheit und demzufolge der Verteidigung, nicht nur des Kontaktgebietes selbst, sondern aller benachbarten Rgionen. Verschiedene Militärplaner und geostrategische Denker haben versucht, passende

---

[1] Der geografische Raum ist durch physische Geografie und Humangeografie bestimmt, die sowohl einen direkten als auch einen indirekten Einfluss auf alle Aspekte des menschlichen Seins ausüben. In der Wechselbeziehung zwischen Sicherheit und geografischem Raum sind wichtige Kenntnisse, die man heute als Militärgeografie bezeichnet, von grundlegender Bedeutung. Eine Sicherheitsplanung ohne Kenntnis der genauen geografischen Merkmale und der Eigenschaften des geografischen Raums ist nicht möglich. Das ist im Wesentlichen der Grund für die wichtige Rolle der Militärgeografie. Siehe John Palka, Military Geography: From Peace to War, Custom Publishing, New York 2005, S. V.

[2] Bernard Saul Cohen, Geopolitics of the World System, Lanhan, MD 2003, S. 12.

Antworten auf diese Frage zu finden³. Bei der Planung sollten zwei Aspekte berücksichtigt werden: Erstens ist das Übergangsmerkmal des Gebiets ein positiver Faktor, der räumliche Offenheit und ungehinderte Kommunikation mit den Nachbarregionen ermöglicht; das Übergangsmerkmal des Gebiets kann zweitens auch als negativer Faktor angesehen werden, der sorgfältiger Verteidigungsplanung bedarf und eine Herausforderung für die Sicherheit aller Nachbarregionen darstellt. Das ist die Ursache für die Rolle des heute slowenischen Gebiets als Schlachtfeld und Verteidigungsraum – seit dem Altertum.

Bereits zur Zeit des Römischen Reiches wurde hier ein sehr wichtiger Verteidigungswall errichtet, der das Gebiet zwischen den Julischen Alpen und dem Golf von Rijeka einschloss. Er bestand aus zahlreichen Festungen oder Lagern (castra), deren Positionen sorgfältig gewählt wurden, um die strategische Kontrolle über die Hauptstraßen zwischen dem Römischen Reich und dem Osten zu garantieren. Dieser Wall verlängerte die Existenz des westlichen Teils des Reiches, da er den Durchbruch verschiedener »barbarischer« Stämme, vor allem im 3. Jahrhundert n.Chr., wirksam stoppte. Der Römische Senat beschloss 170 n.Chr., den natürlichen Durchgang durch das slowenische Gebiet zwischen den Julischen Alpen und dem Golf von Triest zu schließen. Dabei wurde das gesamte Gebiet zu einer militärischen Grenze umgestaltet, dessen Rückgrat aus Sperrmauern, Wachtürmen und Festungen bestand. Das ganze Verteidigungssystem erhielt den Namen Claustra Alpium Iuliarum⁴.

Diese Rolle änderte sich im Ersten Weltkrieg kaum. Die Bedeutung der Isonzo-Front (insbesondere ihrer südlichen Seite) war dem österreichisch-ungarischen Oberkommando wohlbekannt. Der geplante Durchbruch der italienischen Streitkräfte über den Zugang Postojna (Adelsberg) und Ljubljana (Laibach) hätte eine weitere aktive Beteiligung Österreich-Ungarns am Krieg ausgeschlossen und die Sicherheit Wiens gefährdet. Slowenien war geostrategisch der am meisten gefährdete Teil auch des späteren Königreichs Jugoslawien, daher hätte ihm vom jugoslawischen Oberkommando bei der Planung der Militärstrategie eine besondere Bedeutung beigemessen werden müssen. Dieses Versäumnis erwies sich als fataler Fehler⁵. Im April 1941 wurde das Gebiet Sloweniens von drei Aggressoren

---

3   Ebd., S. 42–52. Cohen zufolge sind die geostrategischen Strukturen nach hierarchisch geordneten Raumebenen gegliedert, in denen Regionen oder Gruppen von Staaten als wichtiger Ansatzpunkt des Systems angesehen werden können. Drei Untergruppen bzw. Regionen sind jedoch aus dieser Klassifizierung ausgenommen: *Krisengürtel* (dessen innere Zersplitterung durch den Druck von Großmächten intensiviert werden), *Druckzonen* (die durch innere Spaltungen und die Einmischung von Nachbarstaaten innerhalb der Region auseinandergerissen werden) sowie *Tore* (die als Brücken zwischen Reichen, Regionen oder Staaten dienen). In dieser Hinsicht wird Slowenien zusammen mit den Staaten Estland, Lettland und Finnland in die Kategorie der Tore eingeordnet.
4   Marko Frelih, Logatec-Longaticum in rimski obrambni sistem Claustra Alpium Iuliarum (s respevkom o bitki pri reki Frgidus [Soča] leta 394), Logatec 2003, S. 32.
5   Bei der strategischen Verteidigungsplanung wurde der Befestigung der Grenzen und dem Unterbinden von Bewegungen entlang der verschiedenen Straßen und Eisenbahnlinien besondere Bedeutung beigemessen. Der Bau der westlichen befestigten Linie hatte 1937 erst begonnen, als ein neuer Plan für die Befestigung der nördlichen Grenze entstand – als Reaktion auf die Einschätzung, dass ein deutscher Angriff wahrscheinlicher wurde. Die Planer verbanden beide Abschnitte miteinander. In den Abschnitten entlang der Grenze zu Deutschland und Ungarn wurden leichte-

(Deutschland, Italien und Ungarn) gleichzeitig angegriffen, was ein schnelles und tiefes Eindringen in den zentralen Teil Jugoslawiens ermöglichte und weitere Verteidigungsmaßnahmen seitens der jugoslawischen Armee unmöglich machte. Nach nur zwei Wochen unterzeichnete das Königreich Jugoslawien seine Kapitulation[6].

Die geopolitische Umgebung des Kalten Kriegs aus jugoslawischer Sicht

Im Herbst 1944 ergriff die jugoslawische Widerstandsbewegung im Einverständnis mit der Exilregierung in der Hälfte des befreiten Landes die Macht und stellte gleichzeitig enge Beziehungen zu der ideologisch ähnlich orientierten Sowjetunion her. Die Beziehungen zu den wichtigsten westlichen Verbündeten, Großbritannien und den Vereinigten Staaten, wurden zunehmend gespannter. Am 12. April 1945 schloss die Demokratische Bundesrepublik Jugoslawien ein wichtiges militärisches Abkommen mit der Sowjetunion, das die Wiederaufrüstung der jugoslawischen Armee und den Erwerb schwerer Waffen beinhaltete. Ziel war es, die Partisanenarmee in eine gut ausgerüstete nationale Streitkraft umzuformen. Durch dieses Abkommen wurde Jugoslawien mit einer beachtlichen Armee von 800 000 Mann zum wichtigsten regionalen Verbündeten der Sowjetunion. Sie musste sowohl mit den grundlegenden Infanteriewaffen als auch mit hoch entwickelten Waffen – von Artillerie bis zu gepanzerten Fahrzeugen und Flugzeugen – ausgerüstet werden, um den militärischen Standards der Zeit zu genügen[7].

Im April 1948 kam es zwischen den kommunistischen Parteien der Sowjetunion und Jugoslawiens zu einem Streit über Fragen des sozialistischen Systems innerhalb Jugoslawiens[8]. Der Kampf um politische Dominanz auf dem Balkan eskalierte bis auf die Ebene der internationalen Beziehungen und führte letztendlich zu einer beträchtlichen Verschlechterung der geostrategischen Lage Jugoslawiens. Ein feindseliger Propagandafeldzug und verschiedene nachrichtendienstliche Aktivitäten der Sowjetunion an der Nordost- und Ostgrenze führten schließlich zu einem

---

re Verteidigungsbauten geplant, die die Haupteinfallwege schließen sollten. Nach der Annexion Österreichs durch Deutschland wurde dem Bau von Befestigungen in den Gebieten Dravodgrad und Maribor sowie entlang der Drau größere Priorität eingeräumt. Miloš Habrnal, Ladislav Čermak und Zvezdan Marković, Rupnikova črta in druge jugoslovanske utrdbe iz obdobja 1926–1941, (Zbirka Pevnosti), Dvůr Kralove nad Labem 2005, S. 282 f.

6 Velimir Terzić und Vidak Perić, Slom kraljevine Jugoslavije 1941: Uzroci i posledice poraza, Beograd 1980, S. 247 f.

7 Leonid Gibianskii, The Soviet-Yugoslav Clash: Historiographic Versions and New Archival Sources. In: Jugoslavija v hladni vojni. Yugoslavia in the Cold War, Ljubljana 2004, S. 49.

8 Der Streit entzündete sich im Februar 1948 an der geplanten jugoslawischen Militärhilfe für Albanien. Die Unvereinbarkeit sowjetischer und jugoslawischer Standpunkte in dieser Frage führte schließlich zu einer direkten Konfrontation zwischen Tito und Stalin. In der Folge wurden dann weder eine Reihe von Stalin persönlich »empfohlener« Wirtschaftsreformen in Jugoslawien umgesetzt, noch erfüllte die Implementierung eines kommunistischen Regimes nach sowjetischen Vorstellungen Moskaus Erwartungen. Jurij Hadalin, Jugoslovanski pogled na Jugoslovansko-albanske odnose po drugi svetovni vojni 1945–1971, Diss., Universität Ljubljana 2009.

geheimen Krieg, der eine ernsthafte Gewaltandrohung mit sich brachte[9]. Diese östlichen Regionen, die etwa 60 Prozent der territorialen Grenzen Jugoslawiens ausmachten, waren aufgrund des offenen und flachen Geländes, das für militärische Angriffe mit gepanzerten Fahrzeugen ein leichtes Ziel darstellt, besonders gefährdet. Die jugoslawischen Streitkräfte wurden in hohe Alarmbereitschaft versetzt und in Verteidigungsstellungen im ganzen Land und entlang der Grenzen verlegt. Es wurden neue Verteidigungspläne entworfen, die eine mögliche Besetzung einkalkulierten. Viele dieser Pläne beruhten auf der Partisanentaktik, die von der jugoslawischen Führung im Zweiten Weltkrieg erfolgreich angewandt worden war. Da die bedrohten Gebiete außerordentlich schwer zu verteidigen waren, gab es Zweifel, ob eine solche Verteidigung auch erfolgreich sein würde. Ein möglicher Weg eines sowjetischen Angriffs – vom Balaton durch das Tor von Ljubljana nach Norditalien – hätte direkt durch Jugoslawien zum Südflügel der NATO geführt[10]. Der tatsächliche sowjetische Plan für einen Angriff auf Jugoslawien wurde jedoch nie vollständig bekannt[11].

Im Jahre 1950 bat Jugoslawien seine früheren Verbündeten aus dem Zweiten Weltkrieg, die USA und Großbritannien, um militärische und wirtschaftliche Hilfe zur Stärkung seiner Verteidigungsfähigkeit. Zu jener Zeit waren die Beziehungen der Westmächte zu Jugoslawien alles andere als gut. Jugoslawiens Ausrichtung an der Sowjetunion, seine antiwestliche Propaganda sowie Verbindungen zu internationalen Organisationen, die die »imperialen Mächte« im Westen befehdeten, ließen Jugoslawien als sowjetischen Satelliten erscheinen[12]. Die Amerikaner reagierten dennoch sehr positiv, da sie die strategische Möglichkeit sahen, die Auflösung des Sowjetblocks voranzutreiben. Trotzdem waren die Amerikaner besorgt, dass der sowjetisch-jugoslawische Streit möglicherweise nur inszeniert worden sei. Sie beschränkten deshalb ihre Politik darauf, »Tito über Wasser zu halten«[13]. Schließlich bekam Jugoslawien internationale Hilfe, bestehend aus Nahrungsmitteln, Industrieerzeugnissen und schweren Waffen, die die Armee am dringendsten brauchte – zuerst von den USA allein und in Folge dann von der sogenannten Tripartite Commission, die neben den Vereinigten Staaten auch Frankreich und Großbritannien einschloss. Von 1951 bis 1956 erhielt Jugoslawien insgesamt 899 Panzer und gepanzerte Fahrzeuge, eine Flotte von Überschallflugzeugen (43 modernste Strahlflugzeuge und 360 ältere Modelle), schwere Artillerie und verschiedene andere Fahrzeuge, einschließlich etwa 10 000 LKW. Die in diesen fünf Jahren

---

9   Bela knjiga o agresivnim postupcima vlada SSSR, Poljske, Čehoslovačke, Mađarske, Romunije, Bugarske I Albanije prema Jugoslaviji. Hrsg. vom Ministarstvo inostranih poslova FNRJ, Beograd 1951, S. 371. Vgl. auch der Beitrag von László Ritter in diesem Band.
10 Gojko Miljanić, Kopnena vojska JNA 1, Beograd 1988, S. 57-67.
11 Darko Bekić, Jugoslavija u hladnom ratu. Odnosi s velikim silama 1949-1955, Zagreb 1988, S. 23-27.
12 Jože Pirjevec, Jugoslavija: nastanek, razvoj ter razpad Karadjordjevićeve in Titove Jugoslavija, Koper 1995, S. 207.
13 Lorraine M. Lees, Keeping Tito afloat: The United States, Yugoslavia and the Cold War, University Park, PA 1997.

von den USA an Jugoslawien gelieferten Waffen und Waffensysteme hatten einen Wert von 717 Millionen Dollar[14].

Als Gegenleistung für eine Hilfe in dieser Höhe erwarteten die Westmächte gewisse politische Zugeständnisse. Sie waren nicht länger nur mit dem Rückzug Jugoslawiens aus dem sowjetischen Block, seiner Positionierung in internationalen Gremien als Gegner der Sowjets und der Verbesserung seiner Beziehungen zu anderen sozialistischen Ländern, die ebenfalls eine Verringerung des sowjetischen Einflusses anstrebten, zufrieden. Sie wollten Jugoslawien näher am euro-atlantischen Militärbündnis, der NATO, sehen. Einerseits hätte der Beitritt Jugoslawiens den südlichen Flügel der NATO weiter gestärkt, nachdem 1952 Griechenland und die Türkei beigetreten waren. Andererseits wäre Jugoslawien das einzige Mitgliedsland mit einem kommunistischen Gesellschaftssystem gewesen und hätte damit die ideologische Exklusivität der NATO als Verteidiger der »freien Welt« beeinträchtigt. Der jugoslawische Staatschef Josip Broz Tito hatte jedoch nicht die Absicht, sein Land einem der beiden globalen Blöcke anzuschließen[15].

Aus diesen Gründen unterzeichnete Tito 1953 den Pakt von Ankara und 1954 den Balkan-Pakt, beides Vereinbarungen über regionale militärische Zusammenarbeit und gemeinsame Verteidigung[16]. Seine Unterschrift stand neben jener der Nato-Mitglieder Türkei und Griechenland, und die Vereinbarung ließ die mögliche Einbeziehung anderer Länder der Region zu. Die jugoslawische Führung hatte auch weiterhin Interesse an dem Abkommen und war bereit, sich an einer gemeinsamen Verteidigung zu beteiligen, solange die Bedrohung durch eine sowjetische Intervention existierte. 1953 starb jedoch Stalin. Nach einer Periode der Konsolidierung bot die neue sowjetische Führung Jugoslawien eine Normalisierung der Beziehungen an. Das verbesserte Verhältnis der beiden Ländern wurden durch einen Besuch von Stalins Nachfolger, Nikita S. Chruščev, in Jugoslawien im Mai 1955 zum Ausdruck gebracht. Von dieser Zeit an nahm Jugoslawien von einer weiteren Konsolidierung des Balkan-Paktes Abstand, obgleich das Abkommen formell bindend blieb. 1956 beendeten die Vereinigten Staaten in Form eines beiderseitigen Entschlusses offiziell die Militärhilfe für Jugoslawien. Das hatte vorwiegend politische Bedeutung, da die meisten Materiallieferungen zu diesem Zeitpunkt bereits abgeschlossen waren[17].

Dank der in der ersten Nachkriegsdekade gesammelten Erfahrungen und seiner wichtigen geostrategischen Lage zwischen den beiden Blöcken in Europa hatte Jugoslawien eine Politik der regionalen Entspannung entwickelt. Es nahm diplo-

---

[14] Omer Pezo, Opremanje naoružanjem 1945–1985: Razvoj oružanih snaga SFRJ, Beograd 1989, S. 196 f.
[15] Beatrice Heuser, Western »Containment« Policies in the Cold War: The Yugoslav Case 1948–1953, London, New York 1989, S. 117–145.
[16] Balkanski pakt 1953–1954: zbornik dokumenata. Beograd 2005, dok. 17: Ugovor o prijateljstvu i saradnji izmedju Federativne narodne republike Jugoslavije, Kraljevine Grčke i Republike Turske od 28.2.1953, S. 311–313; dok. 95: Ugovor o savezu, političkoj saradnji i uzajamnoj pomoći izmedju FNRJ, Kraljevine Grčke i Republike Turčije, 9.8.1954, S. 722–726.
[17] Dragan Bogetić, Western Economic and Military Aid to Yugoslavia during the Conflict with the Cominform. In: Jugoslavija v hladni vojni (wie Anm. 7), S. 304 f.

matische Verbindungen zu Italien und Österreich auf und normalisierte die Beziehungen mit den drei benachbarten Mitgliedsstaaten des Warschauer Paktes. Das gestattete Jugoslawien, etwaigen Bündnissen, die weitere Spannungen zum Sowjetblock verursacht hätten, entgegenzuwirken. Das Verhältnis zur Sowjetunion war für Jugoslawien sehr viel wichtiger. Die Erwartung einer sowjetischen Intervention hatte viele administrative und doktrinäre Veränderungen ausgelöst, nicht nur im zivilen, sondern auch im militärischen Leben. Damit wollte die jugoslawische Armee auf die neuen strategischen Voraussetzungen in der militärischen und politischen Lage des Landes reagieren. Im Jahre 1954 begann schließlich ein Prozess, in dessen Verlauf das Land seine Streitkräfte in beträchtlichem Umfang reduzierte. Durch Demobilisierung und die Verkürzung der Wehrdienstzeit sank die Anzahl der Soldaten auf etwa 280 000[18].

Verfassungsfragen über das zukünftige Jugoslawien wurden sofort nach Ende des Zweiten Weltkriegs gestellt. Das Hauptanliegen zielte auf die internen Beziehungen zwischen der Bundesregierung in Belgrad und den politischen Eliten in den konstitutiven Republiken. Wie zentralisiert sollte das neue Jugoslawien sein, und sollte der während des Krieges versprochene Föderalismus tatsächlich realisiert werden? Trotz seines Status als Föderationsrepublik und der Zusagen der Bundesregierung aus der Zeit des Krieges verlor Slowenien viele Attribute der Souveränität, wie zum Beispiel die Kontrolle über die Streitkräfte. Die erste jugoslawische Verfassung stimmte in weiten Teilen mit der der Sowjetunion überein, war jedoch im Falle einer Abspaltung von der Föderation noch restriktiver[19]. Die Elite der Kommunistischen Partei Jugoslawiens war entschlossen, strenge Parteidisziplin zu üben. Die Ungleichheit zwischen den Republiken sowie heterogene ethnische und religiöse Überzeugungen wurden durch den unterschiedlichen Grad der wirtschaftlichen Entwicklung weiter schwer belastet. Slowenien als die am weitesten entwickelte Republik der Föderation befand sich selbst unter enormem Druck zentralistischer Kräfte, vor allem in Bezug auf die Wirtschaft. Die Lage der Republiken in der Föderation änderte sich jedoch nicht. Dies war unter anderem der Hauptgrund, weshalb die slowenische politische Elite die Dezentralisierung Jugoslawiens, die Selbstverwaltung und die Einführung eines neuen Wirtschaftsreglements befürwortete. Nach mehreren Änderungen wurde im Jahr 1968 die Bundesverfassung angenommen; die Autonomie der Republiken wurde endlich anerkannt. Die rechtlichen Grundlagen für die Schaffung der Territorialen Verteidigung der Republiken waren somit gegeben.

---

[18] Dragan Bogetić, Jugoslavija i Zapad 1952-1955: jugoslovensko približavanje NATO-u, Beograd 2000, S. 112.
[19] Das Recht auf Selbstbestimmung und Abspaltung war kein Bestandteil des ersten Entwurfs der jugoslawischen Verfassung. Nur durch das hartnäckige Beharren slowenischer Politiker und die hitzige Debatte in der verfassungsgebenden Versammlung wurden Änderungen vorgenommen und slowenische Vorschläge akzeptiert. Übrigens gestattete die Verfassung der Sowjetunion (zumindest theoretisch) im Gegensatz zu Jugoslawien jeder Republik der Föderation, ihre eigenen diplomatischen Schritte zu setzen (z.B. diplomatische Vertreter in andere Länder zu entsenden) und, was noch wichtiger ist, ihre eigenen militärischen Formationen zu unterhalten; siehe Božo Repe, Jutri je nov dan.Slovenci in raspad Jugoslavije, Ljubljana 2002, S. 13.

Die Entstehung der Territorialen Verteidigung und die Entwicklung der slowenischen Armee

Der sowjetische Einmarsch in die Tschechoslowakei am 21. August 1968 zur Niederschlagung des Prager Frühlings führte zu einigen Änderungen in der militärischen Gliederung Jugoslawiens. Der Einmarsch, der für das Oberkommando der jugoslawischen Streitkräfte ziemlich unerwartet kam, warf eine Reihe von Fragen auf, wie zum Beispiel: Waren zentralisierte Streitkräfte wie die Jugoslawische Volksarmee (JNA) in der Lage, einen potenziellen Aggressor in die Flucht zu schlagen? Diese Frage stand in engem Zusammenhang mit der Aufsicht und Kontrolle über die Streitkräfte, die zu jener Zeit fest in den Händen der kommunistischen Elite des Bundes in Belgrad lag. Die Schaffung einer Territorialen Verteidigung an den Grenzen einer jeden jugoslawischen Republik hätte das Monopol der Verteidigungsgewalt der JNA untergraben und separatistische Ideen bei den damals nur wenigen Dissidenten hervorrufen können. Als sich jedoch der Gedanke schließlich durchsetzte, erfolgte die Dezentralisierung der militärischen Verteidigungsorganisation und der Militärdoktrin. Als Ergebnis wurde die Territoriale Verteidigung, bei der gegebenenfalls die gesamte Bevölkerung für den bewaffneten Kampf mobilisiert werden konnte, als Vorbereitung aller Bürger auf eine totale Landesverteidigung ins Leben gerufen[20].

Die Territoriale Verteidigung wurde am 20. November 1968 offiziell implementiert. Was auch immer die eigentlichen Gründe gewesen sein mögen: Es ist unbestreitbar, dass die Territoriale Verteidigung der Republik Slowenien die ersten Streitkräfte in Friedenszeiten in der Geschichte des slowenischen Volkes und damit der eigentliche Beginn der Streitkräfte des slowenischen Staates waren. Im Jahre 1968 verabschiedete die jugoslawische Bundesversammlung das Gesetz, mit dem ein Teil der Zuständigkeiten im Rahmen der Landesverteidigung auf Republikebene übertragen wurde. Mit der Bildung des Generalstabs für Nationalen Widerstand mit den ihm unterstellten Gebietshauptquartieren der Partisaneneinheiten, die Verbände von Kompanie- bis zu Bataillonsstärke umfassten, begann ab 20. November 1968 der Aufbau der Territorialen Verteidigung. Das Hauptquartier der slowenischen Territorialen Verteidigung arbeitete unter Leitung von Ivan Maček Matija, der von der politischen Führung Sloweniens mit der operativen Kontrolle betraut wurde[21]. Nach dem Gesetz der Sozialistischen Republik Slowenien (Verteidigung des slowenischen Volkes und sozialer Selbstschutz) waren alle Werktätigen und Bürger verpflichtet, sich an der Totalen Verteidigung zu beteiligen[22]. Das Hauptziel der Territorialen Verteidigung bestand darin, in Kriegszeiten dauerhaften bewaffneten Widerstand im gesamten Territorium Sloweniens zu leisten und aufrechtzuerhalten. Die Territoriale Verteidigung Sloweniens war somit ein fester Bestandteil der Volksverteidigung in Slowenien sowie der Streitkräfte Jugoslawiens und galt als militärische Organisation, die auf dem Territorialprinzip beruhte und

---

[20] Republic's law on SLO in DS, National Gazette, SRS, no. 35/82, Artikel 124.
[21] Tomaž Kladnik, Slovenian Armed Forces in the Service of Slovenia, Ljubljana 2005, S. 21.
[22] Republic's law on SLO in DS (wie Anm. 20), Artikel 125.

im gesamten Hoheitsgebiet Sloweniens tätig war[23]. Den Beziehungen zwischen der JNA und den Einheiten der Territorialen Verteidigung lag die Militärdoktrin zugrunde, nach der die JNA als Hauptmilitärmacht den feindlichen Angriff und den Durchbruch eines Aggressors zuerst schwächen oder neutralisieren sollte, während die Territoriale Verteidigung die Landesverteidigung organisierte und im zeitweilig besetzten Gebiet einen Partisanenkrieg führte[24]. Die ersten Meinungsverschiedenheiten zwischen der slowenischen Territorialen Verteidigung und dem Oberkommando der jugoslawischen Armee traten auf, als die Militärpläne vereinheitlicht werden sollten. Aufgrund der geostrategischen Exposition des slowenischen Hoheitsgebiets war die JNA nicht bereit, sich zu großen Anstrengungen bei der Bekämpfung des Aggressors zu verpflichten. Stattdessen wurde ein Rückzug ins Innere Jugoslawiens geplant (zu jener Zeit in die Republik Bosnien-Herzegowina). Diese strategischen Pläne der JNA waren für die slowenische Territoriale Verteidigung nicht akzeptabel. Es wurde allgemein angenommen, dass ein schneller Rückzug der Territorialen Verteidigung auf das besser zu verteidigende Kernland automatisch die Preisgabe slowenischen Bodens bedeute. Danach aber war eine mögliche Befreiung im Rahmen einer Gegenoffensive nicht mehr sehr wahrscheinlich. Diese slowenischen Argumente verärgerten die Genossen im Generalstab in Belgrad sehr[25].

In den Siebzigerjahren folgte der Aufbau des Systems: Nach der Errichtung des Hauptquartiers der Territorialen Verteidigung wurden regionale Hauptquartiere eingerichtet, schließlich noch die unterste organisatorische Ebene der Territorialen Verteidigung – Gemeinden und Betriebe. Das Problem der Führung wurde immer deutlicher, denn die Territoriale Verteidigung verfügte über zwei unterschiedliche Befehlsketten: die des Bundes in Belgrad und die der Republik in Ljubljana. In der gesamten Geschichte der Territorialen Verteidigung versuchte die slowenische Führung das Kommando über ihre Streitkräfte auszuweiten, was von der Bundesregierung als Versuch einer Schaffung republikeigener Streitkräfte gewertet wurde, die eine Herausforderung für die JNA darstellen konnten[26].

In den Achtzigerjahren waren mehr als vier Prozent der gesamten slowenischen Bevölkerung in die Aktivitäten der Territorialen Verteidigung einbezogen. Ihre Einheiten in Slowenien waren noch in den Siebzigerjahren mit leichten Waffen und Gerät aus Überbeständen der JNA ausgerüstet worden. Die der Territorialen Verteidigung zugewiesenen Gewehre (M 48, Kaliber 7,9) etwa galten als für die JNA ungeeignete Waffen. Bis in die Siebzigerjahre war es nicht möglich, modernere Waffen zu erwerben. Dann erhielt die JNA die Möglichkeit, Waffen aus ihren Lagern an die Territoriale Verteidigung zu verkaufen. Ende der Siebzigerjahre wurde so die Territoriale Verteidigung einer jeden jugoslawischen Republik mit neuen Typen von Infanteriewaffen ausgestattet. Um diese Gelegenheit in vollem Maße zu nutzen, wurden in den Gemeindehaushalten umfangreiche Finanzmittel

---

[23] Navodilo o uporabi Teritorialne obrambe, Vojnoizdavački zavod, Beograd 1978.
[24] Strategija oboroženega boja, Beograd 1985 (= Kujižnica Pvavila in učbeniki, 463), S. 104 f.
[25] Tomaž Kladnik, Slovenian Armed Forces (wie Anm. 21), S. 22.
[26] Miljenko Živković, Teritorialna odbrana, Vojnoizdavački zavod, Beograd 1986, S. 194.

bereitgestellt, ein einzigartiger Vorgang in Slowenien. Die slowenische Territoriale Verteidigung konnte nun mit neuen Waffen in die Achtzigerjahre gehen[27].

Auf dieser Grundlage galten die Mitglieder der slowenischen Territorialen Verteidigung und die slowenische Bevölkerung in diesem Verband mehr und mehr als »slowenische Streitkräfte« und Teil der jugoslawischen Streitkräfte. Die slowenische Territoriale Verteidigung erreichte einen außerordentlich bemerkenswerten Ausbildungsstand. Ihre Brigaden wurden oft als die besten Jugoslawiens bezeichnet. Darüber hinaus stellte das Hauptquartier der Territorialen Verteidigung der Republik Slowenien Verbindungen zu Institutionen der Republik her, die in einem möglichen Notfall den allgemeinen Widerstand des Volkes leiten würden. Die Territoriale Verteidigung war schließlich in der Lage, selbstständig Aufträge auszuführen. Ihr Schwergewicht lag dabei auf asymmetrischer Kriegführung im Falle einer feindlichen Besetzung Jugoslawiens. All dies beruhte auf der Qualität der Ausbildung und Führung, der das Hauptquartier der Territorialen Verteidigung der Republik Slowenien beachtliche Aufmerksamkeit widmete. Die Territoriale Verteidigung nutzte 0,18 Prozent des Bruttoinlandsprodukts, obwohl ihr eigentlich 0,2 Prozent zugewiesen waren, was der Hälfte der für Verteidigungszwecke bestimmten 0,4 Prozent ausmachte. In den Achtzigerjahren kam es schließlich zur Umstrukturierung der Territorialen Verteidigung: Truppenteile bis zur Divisionsebene sollten umgegliedert werden, da die Bundesbehörden eine zu mächtige slowenische Streitmacht fürchteten. Das Bundessekretariat für Landesverteidigung gab daher einen Befehl heraus, um die Bildung großer Truppenkontingente innerhalb der Territorialen Verteidigung zu beenden. Darüber hinaus wurden Brigaden der Territorialen Verteidigung in der Regel dem Kommando der JNA unterstellt; formal wurde dies begründet, indem man den Generalstab der JNA in »Generalstab der Streitkräfte« umbenannte. Letzterer entwickelte eine neue Doktrin der Territorialen Verteidigung, die ausschließlich die Republiken und die beiden Provinzen des ehemaligen Jugoslawien mit der Finanzierung der Territorialen Verteidigung betraute. Die JNA übte dabei starken Druck auf die Personalpolitik der Territorialen Verteidigung aus. Die höchsten Positionen in der Territorialen Verteidigung mussten mit aktiven JNA-Offizieren besetzt werden. Somit waren die gesprochene Sprache und die Befehlssprache nicht Slowenisch.

Fazit

Der Kalte Krieg kann als Periode des Wettrennens in der strategischen Militärplanung interpretiert werden. Beide Blöcke bereiteten sich hastig auf eine mögliche militärische Konfrontation vor, was die Waffenindustrie, Militärausgaben und demzufolge die allgemeine militärische Bereitschaft förderte. Insgesamt bestand jedoch das Ziel der Vorbereitungen darin, das Gleichgewicht zwischen den beiden

---

[27] Janez J. Švajncer, Marjan Garbajs, Teritorialna obramba Republike Slovenije, Ljubljana 1993, S. 205.

Blöcken zu erhalten und einen möglichen Vorteil des Gegners zu verhindern. Im Bereich der Militärtechnik gab es jedoch nicht viel Spielraum, da die Entwicklung und Nachrüstung militärischer Systeme vor allem zwischen den beiden Supermächten mehr oder weniger Zug um Zug erfolgte. Das war der Grund, weshalb der Kalte Krieg vornehmlich auf den Feldern der militärischen Aufklärung, Nachrichtengewinnung und strategischen Planung geführt wurde. In diesem labilen Gleichgewicht hätte jeder Vorteilsgewinn das gesamte regionale und globale sicherheitspolitische Umfeld stark verändert. Im Rahmen dieses strategischen Patts wurde Jugoslawien als ein Element für einen möglichen Ausbruch aus der Erstarrung wahrgenommen. Mit wirtschaftlichen Anreizen und diplomatischem Druck versuchten beide Lager, Jugoslawien auf ihre Seite zu ziehen. Diese internationale Lage wurde von den jugoslawischen politischen Eliten durch eine janusköpfige Diplomatie geschickt genutzt. Die Hilfe, die Jugoslawien dadurch zuteil wurde, seine diplomatische Positionierung und das erworbene politische Kapital sicherten dem Land einen Sonderstatus unter den west- und osteuropäischen Ländern. Die gestärkte Wirtschaft, eine selektive Umsetzung sozialistischer Reformen und die anhaltende wirtschaftliche Unterstützung trugen dazu bei, dass Jugoslawien wirtschaftlich besser entwickelt war als andere osteuropäische Länder. Darüber hinaus gelang es Tito, den Zusammenhalt der einzelnen Republiken zu erhalten. Das machte die Überwindung der zeitweilig enormen ethnischen und wirtschaftlichen Unterschiede zwischen den einzelnen Republiken erforderlich. Kraft seiner Autorität garantierte Tito ein sicheres Zusammenleben vieler verschiedener Kulturen innerhalb eines Staates.

Slowenien verfügte über eine einzigartige geografische, wirtschaftliche und damit geostrategische Position innerhalb der SFRJ. Erhebliche wirtschaftliche und soziale Unterschiede zwischen den Republiken der Föderation, gepaart mit einer nach dem Tode Titos immer instabileren innenpolitischen Lage, mündeten in eine wachsende Unzufriedenheit auch der slowenischen politischen Eliten. Wichtig war dabei die Frage der Streitkräfte, doch war bis 1968 eine Diskussion darüber nicht möglich; sie hätte zwangsläufig zu einem Verlust des Monopols der JNA im Bereich der nationalen Sicherheit geführt. Nach und nach jedoch änderte sich der Stellenwert von »Einheit und Brüderlichkeit« in Slowenien, vor allem in intellektuellen Kreisen. Die Begeisterung der Nachkriegszeit war vorbei. In den Siebzigerjahren konnte man Jugoslawien mit einem Zug vergleichen, bei dem der langsamste Wagen das Tempo bestimmte. Anstatt die langsamen Waggons zu drängen, die Geschwindigkeit zu erhöhen, beschloss die Bundesregierung als wichtigster Entscheidungsträger, die schnellsten zu bremsen. Im Falle der Territorialen Verteidigung spiegelte die Lage nur den politischen und wirtschaftlichen Zustand im Bund und seinen Republiken wider. In Slowenien wurde die Möglichkeit, eine eigene Armee der Teilrepublik aufzustellen, sehr positiv bewertet, und das ganze Volk zog daraus einen Vorteil. In den folgenden Jahren wuchs diese militärische Organisation und sie wurde gut gegliedert, ausgerüstet und ausgebildet. Vor allem aber repräsentierte sie die militärische Organisation Sloweniens, die den Kräften der Territorialen Verteidigung aller anderen Republiken überlegen war. Die deutliche

Unterschätzung dieser Einheiten durch die JNA führte letztlich auch zu deren Niederlage auf dem Gebiet der unabhängigen Republik Slowenien im Jahre 1991. Während des Kalten Krieges hatte Jugoslawien weiterbestanden. Diese Zeit war aus slowenischer Sicht eine Zeit der nationalen Entwicklung und politischen Reifung. Das Ende Jugoslawiens ermöglichte schließlich die Abspaltung Sloweniens von der Föderation und seine erfolgreiche Integration in die europäische Gemeinschaft.

(Übersetzung aus dem Englischen von Birgit Krüger, Bundessprachenamt)

Miljan Milkić

Das Freie Territorium Triest unter jugoslawischer Militärregierung 1947 bis 1954

Die Staatsgrenze zwischen Jugoslawien und Italien im Julischen Grenzland wurde nach dem Ersten Weltkrieg durch den Grenzvertrag von Rapallo aus dem Jahre 1920 und dem Vertrag von Rom aus dem Jahre 1924 festgelegt. Diese territoriale Teilung war den jugoslawischen Regierungen jedoch von Anfang an ein Dorn im Auge. Sie strebten die Integration der Halbinsel Istrien und des Karstgebiets in den jugoslawischen Staat an[1]. Gebietsansprüche auf diese Region wurden sowohl von der Regierung des Königreichs Jugoslawien als auch von der nach dem Zweiten Weltkrieg von den jugoslawischen Kommunisten gebildeten Regierung erhoben.

Der Führer der jugoslawischen Kommunisten und Oberkommandierende der Partisaneneinheiten, Josip Broz Tito, drängte in den Gesprächen, die er mit dem britischen Premierminister Winston S. Churchill sowie den Alliierten Befehlshabern im Mittelmeerraum von August 1944 bis Februar 1945 führte, auf die Schaffung eines gemeinsamen jugoslawisch-amerikanischen Militärdirektorats[2]. Die wichtigste Forderung während dieser Treffen war der Erhalt der von den jugoslawischen Partisanen im Julischen Grenzland errichteten Herrschaft. Die politische Entscheidung, diese Region in den Staat Jugoslawien zu integrieren, wurde militärisch durch Truppen der jugoslawischen 4. Armee umgesetzt, die am 1. Mai 1945 Triest, Monfalcone und Gorizia besetzten[3]. Zur gleichen Zeit marschierten anglo-amerikanische Verbände in diese Städte ein[4]. Die brisante Lage, die zu einem bewaffneten Vorgehen dieser Truppen gegen Jugoslawien hätte führen können, wur-

---

[1] Veselin Đuretić, Vlada na bespuću. Internacionalizacija jugoslovenskih protivurečnosti 1941–1944, Beograd 1983, S. 73; Vojislav G. Pavlović, Od monarhije do republike. SAD i Jugoslavija 1941–1945, Beograd 1998, S. 430.

[2] Anfang August 1944 führte Josip Broz in Italien Gespräche mit dem Oberbefehlshaber der Alliierten Streitkräfte im Mittelmeer, General Sir Henry Wilson, und dem Befehlshaber der Alliierten Landstreitkräfte in Italien, General Sir Herold Alexander. Mit Winston Churchill konferierte Josip Broz am 13.8.1944 in Neapel. Vom 21. bis 24.2.1945 empfing Josip Broz in Belgrad Field Marshall Sir Harold Alexander, den neuen Oberbefehlshaber der Alliierten Streitkräfte im Mittelmeerraum.

[3] Mitteilung des Generalstabs der Jugoslawischen Armee. Die Mitteilung wurde am 5.5.1945 in der offiziellen Zeitung der jugoslawischen kommunistischen Partei, der »Borba«, veröffentlicht. Siehe: Uroš Kostić, Oslobođenje Istre, Slovenačkog primorja i Trsta 1945. Ofanziva jugoslovenski 4. armije, Beograd 1978; Dokumenta o spoljnoj politici Socijalističke Federativne Republike Jugoslavije, 1945, Beograd 1984.

[4] Geoffrey Cox, La Corsa per Trieste, Gorizia 2005.

de mit der Unterzeichnung des Abkommens über das Julische Grenzland am 9. Juni 1945 beigelegt[5]. Das Gebiet wurde am 20. Juni 1945 durch ein weiteres Abkommen zwischen dem Chef des jugoslawischen Generalstabs, General Arso Jovanović, und dem Chef des alliierten Stabs, Generalleutnant W.D. Morgan, in die Zonen A und B geteilt[6]. Nach Unterzeichnung des Abkommens in Belgrad und Duino erklärte die jugoslawische Regierung ihre Unzufriedenheit mit der getroffenen Regelung und äußerte die Hoffnung, dass damit nicht der endgültige Status des Julischen Grenzlandes festgelegt worden sei[7]. Auf der Grundlage dieses Abkommens gab Tito als Oberbefehlshaber der Jugoslawischen Armee (JA) am 25. Juni 1945 seine Weisung zur Errichtung der militärischen Kontrolle über das Julische Grenzland durch die Jugoslawische Armee bekannt[8]. Die zivile Macht in dem Gebiet wurde von Komitees ausgeübt, die bereits zuvor von jugoslawischen Partisanen geschaffen worden waren.

Nach der Unterzeichnung des Friedensvertrags mit Italien am 10. Februar 1947 in Paris änderte sich der Status des Julischen Grenzlands[9]. Das Freie Territorium Triest wurde gegründet. Entsprechend dem Ständigen Statut des Freien Territoriums, das integraler Bestandteil des Friedensvertrages war, sollte das Territorium in die Befehlsgewalt eines internationalen Gouverneurs und unter die Kontrolle des Sicherheitsrats der Vereinten Nationen gestellt werden. Man erwartete, dass das eigenstaatliche Konstrukt mit dem Tag der Inkraftsetzung des Friedensvertrags in der Lage sein werde, eine unabhängige Außenpolitik zu verfolgen. Nach Abschluss des Friedensvertrags sollte die Gesamtstärke der im Territorium stationierten Streitkräfte die Zahl von jeweils 5000 Soldaten aus Großbritannien, den USA und Jugoslawien nicht überschreiten. Diese Militärangehörigen würden für die Dauer von 90 Tagen der Befehlsgewalt des Gouverneurs des Freien Territoriums Triest unterstellt. Nach Ablauf dieses Zeitraums sollten sich die Truppen aus dem Territorium zurückziehen, es sei denn, der Gouverneur erachtete ihr Verbleiben für

---

[5] Dokumenta o spoljnoj politici (wie Anm. 3), 1945, S. 81 f.
[6] Ebd., S. 98-108. Das Abkommen enthält Anhänge, die die Zusammenarbeit der jugoslawischen und alliierten Militärregierung, die Beziehungen der Militärregierungen zu zivilen Behörden, die gemeinsame Nutzung des Hafens von Triest und verschiedene andere Einzelheiten regeln. Das Abkommen wurde in Jugoslawien nicht veröffentlicht, die USA publizierten es 1960.
[7] Die Frage des territorialen Status des Julischen Grenzlands und der Stadt Triest verschärfte sich in einem Maße, das bereits Elemente des Kalten Kriegs erkennen ließ. Das Schreiben vom 23.6.1945 vom britischen Premierminister Churchill an Stalin erwähnt die Nichtachtung des britisch-sowjetischen Abkommens vom Oktober 1944 über die Teilung der Interessensgebiete auf dem Balkan und warnt vor dem großen Druck, den Josip Broz Tito auf die anglo-amerikanischen Verbündeten ausübe, mit dem Ziel, neue Gebiete zu gewinnen; Balkanski ugovorno odnosi 1976-1996. Dvostrani i višestrani međunarodni ugovori i drugi diplomatski akti o državnim granicama, političkoj i vojnoj saradnji, verskim i etničkim manjinama, vol. 2 (1919-1945), Beograd 1998, S. 671 f.
[8] Borba, 25.6.1945.
[9] Die Anhänge VI, VII, VIII und IX des Friedensvertrags von Paris definieren den Status des Freien Territoriums Triest; Verordnung über die Ratifizierung des Friedensvertrags mit Italien: Amtliches Gesetzblatt der Föderativen Volksrepublik Jugoslawien, 29.8.1947, S. 1047-1068. Der Sicherheitsrat der Vereinten Nationen billigte das Ständige Statut des Freien Territoriums von Triest auf seiner Sitzung am 10.1.1947; siehe www.un.org/documents/scres/1947/scres47.htm (letzter Zugriff: 16.3.2011).

notwendig. Jugoslawien und Italien konnten sich jedoch nicht auf die Wahl eines Gouverneurs einigen[10]. Daher wurde der Verbleib der jugoslawischen und anglo-amerikanischen Truppen bis zur endgültigen Beilegung der Triest-Krise im Oktober 1954 verlängert.

Organisation der jugoslawischen Militärregierung

Nach dem 15. September 1947 wurde zwischen Jugoslawien und dem Freien Territorium Triest eine Grenze errichtet. Die Militärregierung der Jugoslawischen Armee (VUJA) vertrat die Streitkräfte, mit denen die Föderative Volksrepublik Jugoslawien (FNRJ) ihr internationales Mandat in der Zone B ausübte. Die jugoslawische Militärregierung stützte sich bei ihrer Arbeit ganz auf die staatlichen Behörden der FNRJ, vor allem auf das Ministerium der Nationalen Verteidigung, das Außen- und das Finanzministerium. Der Warenaustausch zwischen dieser Zone und Jugoslawien erfolgte über ein Verrechnungskonto der Nationalbank der FNRJ und der Istarska Banka in Koper.

1947 zählte das der jugoslawischen Militärregierung unterstehende Gebiet des Julischen Grenzlands etwa 510 km² und 67 947 Einwohner. 61,5 Prozent der Bevölkerung dieser Zone waren in der Landwirtschaft beschäftigt. Neben der VUJA wurde im Freien Territorium Triest auch ein Truppenkontingent stationiert.

Nach dem Friedensvertrag wurde dessen Befehlshaber von der Regierung der FNRJ die Verwaltung der jugoslawischen Zone übertragen. Gemäß Befehl vom 16. September 1947 wurde die VUJA entsprechend den neuen Gegebenheiten bezüglich der im Land tätigen zivilen Behörden umstrukturiert[11]. Die Militärregierung kontrollierte vor allem die zivilen Behörden und löste Probleme der Bevölkerung in der jugoslawischen Zone des Freien Territoriums Triest. Die zivile Macht in der Zone B übte das Volkskomitee des Amtsbezirks Istrien aus. Die allgemeine Aufsicht oblag dem Chef der Militärregierung. Die Mehrheit der Referenten, Leiter und Angestellten waren Zivilpersonen aus dem Gebiet der Zone B. Die direkte Kontrolle der Grenze zur FNRJ und der Demarkationslinie zur anglo-amerikanischen Zone erfolgte durch die Nationale Miliz.

Die Führung der Militärregierung bestand aus dem Kommandanten, dem politischen Berater, der ein Vertreter der Regierung der FNRJ war, dem stellvertretenden Kommandanten, dem Leiter der Verwaltungsabteilung und Beratern. Die Militärregierung verfügte über eine Rechts-, eine Finanz-, eine Wirtschaftsschutzabteilung, ein Informationsbüro und eine Militärstaatsanwaltschaft[12]. Der politi-

---

10 Offizielle Mitteilung des Sicherheitsrats der Vereinten Nationen bezüglich der Ernennung des Gouverneurs des Freien Territoriums Triest, New York 18.12.1947; Dokumenta o spoljnoj politici (wie Anm. 3), 1947, Bd 2, Beograd 1986, S. 530. Quelle: Yearbook of the United Nations 1947–48, S. 352.
11 Militärarchiv des Verteidigungsministeriums der Republik Serbien, Fonds der Militärregierung – 1, Kasten 1368, Mappe 2, Seriennr. 1/1.
12 Ebd., Kasten 524, Mappe 10, Seriennr. 2/1, Resolution über die Organisation der Militärregierung der Jugoslawischen Volksarmee vom 12.1.1953.

sche Berater des Militärkommandanten gehörte zum Personal der FNRJ. Weitere Berater wurden von den Regierungen der Sozialistischen Republik Kroatien und der Sozialistischen Republik Slowenien ernannt. Das Informationsbüro gab Propagandazeitungen und -zeitschriften heraus. 1951 wurde auch ein Film über die jugoslawische Zone des Freien Territoriums Triest produziert[13].

Zur Verwaltungsabteilung der VUJNA[14] gehörten die Mitglieder der nationalen Sicherheit der Sozialistischen Republik Kroatien und der Sozialistischen Republik Slowenien. Die Höhe der Bezüge wurde vom nationalen Sicherheitsdienst dieser Republiken festgelegt und gezahlt. Gemäß dem am 13./14. Juli 1950 zwischen dem Militärkommandanten und den zuständigen Behörden der FNRJ in Belgrad geschlossenen Abkommen bestand die Aufgabe der Sicherheitsoffiziere in der Verwaltungsabteilung darin, die Arbeit der internen Beauftragten in den Bezirks- und Kreiskomitees über die Zweite (Inneres) und die Dritte Abteilung (Grenze) der VUJNA zu beeinflussen. Sie waren außerdem für alle Angelegenheiten des Grenzdienstes zuständig[15]. Die Staatssicherheitsoffiziere sowie die Offiziere der militärischen Abwehr zählten nicht zum VUJNA-Verband.

Die Militärregierung der jugoslawischen Volksarmee verfügte über ein Militärgericht, das jedoch bei der Bildung der Militärregierung nicht vorgesehen gewesen war. Das Kriegsgericht wurde am 13. Januar 1953 in die Struktur der VUJNA eingegliedert[16]. Bis zu diesem Zeitpunkt hatte die Militärregierung aufgrund des geringeren Arbeitsaufwandes lediglich über einen Militärstaatsanwalt verfügt. Militärrichte der VUJNA befanden sich in der FNRJ: das Militärgericht der ersten Instanz in Ljubljana und das übergeordnete Militärgericht der VUJNA (zweite Instanz) in Zagreb. Militärrichter der Gerichte der ersten und zweiten Instanz übten ihre reguläre Tätigkeit in den Gerichten in Ljubljana und Zagreb aus, an die sie berufen wurden. Das Gericht der ersten Instanz kam gelegentlich nach Koper in die Zone B zur Anhörung einiger Fälle, die in der Zuständigkeit der Militärstaatsanwaltschaft der VUJNA lagen[17]. Nach dem 28. Juli 1952, als auf dem Gebiet der Zone B das Strafgesetzbuch der FNRJ in Kraft trat, wurde die Zuständigkeit des Militärstaatsanwalts der VUJNA stark eingeschränkt. Seine Arbeit reduzierte sich im Wesentlichen auf politische Prozesse. Für die Mehrzahl der Fälle waren die örtlichen Volksgerichte und Staatsanwaltschaften der Zone B zuständig. Insgesamt wurden zwischen 1948 und 1953 85 Personen vor dem Militärgericht der VUJNA

---

[13] Ebd., Kasten 524, Mappe 6, Seriennr. 1/1. Der Kommandant der Militärregierung der Jugoslawischen Volksarmee im Freien Territorium Triest übermittelte am 23. Mai 1952 dem Ministerium für nationale Verteidigung eine »Erklärung zur Überprüfung der Ausgaben der Militärregierung der Jugoslawischen Volksarmee der jugoslawischen Zone des Freien Territoriums Triest für den Zeitraum vom 15.9.1947 bis zum 15.5.1952«.

[14] Gemäß dem Befehl des Oberbefehlshaber und Ministers für nationale Verteidigung, Josip Broz Tito, vom 22.12.1951 wurde die Jugoslawische Armee (JA) in Jugoslawische Volksarmee (JNA) umbenannt. Daher änderte die VUJA ihren Namen in VUJNA.

[15] Militärarchiv des Verteidigungsministeriums der Republik Serbien, Fonds der Militärregierung – 1, Kasten 524, Mappe 4, Seriennr. 1/1.

[16] Ebd., Kasten 524, Mappe 10, Seriennr. 2/1, Resolution über die Organisation der VUJNA vom 12.1.1953.

[17] Ebd., Kasten 524, Mappe 8, Seriennr. 2/1.

angeklagt¹⁸, davon 79 zu Gefängnisstrafen verurteilt und sechs freigesprochen. Von den genannten Personen waren 61 Einwohner des jugoslawischen Gebiets des Freien Territoriums Triest und 24 Personen Bürger der FNRJ. Nach dem am 3. April 1953 von Major Dragutin Popović, dem Militärstaatsanwalt der VUJNA, vorgelegten Bericht an den Befehlshaber der VUJNA war es nicht möglich, ein allgemeingültiges Resümee über die Arbeit des Militärgerichts zu ziehen. Das lag darin begründet, dass das Militärgericht der VUJNA Jahr für Jahr seine Zuständigkeiten abhängig von der jeweiligen politischen Lage änderte[19].

Die Aufgaben des Militärstaatsanwalts der VUJNA bestanden in der Verfolgung von Straftaten, die in die Zuständigkeit des Militärgerichts der VUJNA fielen, darüber hinaus in der Unterstützung bei der Entwicklung und Verabschiedung von durch die VUJNA herausgegebenen Rechtsvorschriften. Eine besondere Aufgabe des Militärstaatsanwalts war es, Gesetzgebungsmaßnahmen der anglo-amerikanischen Militärregierung in der Zone A zu überwachen und zu analysieren. Der Militärstaatsanwalt hielt Verbindung zum Leiter der Verwaltungsabteilung und stellvertretenden Befehlshaber und gelegentlich zum Befehlshaber der VUJNA[20].

Der Haushalt der jugoslawischen Militärregierung wurde vorwiegend durch Kredite des Finanzministeriums und Spenden der Regierung der FNRJ gedeckt. Die VUJNA erstellte einen Haushaltsplan, den dann das Finanzministerium billigte. Je nach Bedarf unterstützte die jugoslawische Militärregierung aus ihrem Haushalt die Arbeit des Nationalkomitees des Amtsbezirks Istrien. Neben den Mitteln, die aus Krediten der FNRJ kamen, erzielte die VUJNA einen Teil ihrer Einkünfte aus dem Handel mit der anglo-amerikanischen Zone.

Die Zahl der in der VUJNA eingesetzten Personen schwankte. Sie lässt sich schwer bestimmen, da sie nicht aus ein und demselben Haushalt bezahlt wurden. Einen Teil der Offiziere und Zivilangestellten entlohnte die VUJNA, während die Mitglieder der Nationalen Miliz ihr Geld aus den Haushalten der Sozialistischen Republik Slowenien und der Sozialistischen Republik Kroatien erhielten. Die Anzahl der beschäftigten Personen entsprach jedenfalls nicht der bei der Bildung der Militärregierung festgelegten Größe. Entsprechend der Struktur vom 21. Juli 1950 waren bei der jugoslawischen Militärregierung 107 Militärangehörige und Zivilpersonen beschäftigt. Diese Zahl stimmt nicht mit den Haushaltsausgaben für das Jahr 1950 überein. Entsprechend den Haushaltsausgaben waren 1947 drei Offiziere und 25 Zivilpersonen beschäftigt, 1948 waren es drei Offiziere und 70 Zivilpersonen, 1949 fünf Offiziere und 75 Zivilpersonen, 1950 sechs Offiziere und 70 Zivilpersonen sowie 180 Milizionäre, 1951 sieben Offiziere, 49 Zivilpersonen, 207 Milizionäre und ein Unteroffizier, 1952 sieben Offiziere, 34 Zivilpersonen, 55 Milizionäre und zwei Unteroffiziere[21].

Alle Befehle und Beschlüsse wurden vom Militärkommandanten in Absprache mit den staatlichen Behörden der FNRJ herausgegeben. Die Militärregierung wen-

---

[18] Ebd., Kasten 524, Mappe 9, Seriennr. 3/5.
[19] Ebd., Kasten 524, Mappe 9, Seriennr. 3/5.
[20] Ebd., Kasten 524, Mappe 5, Seriennr. 1/1.
[21] Ebd., Kasten 524, Mappe 6, Seriennr. 1/1.

dete in den ersten Jahren ihres Bestehens die von den örtlichen Nationalkomitees verabschiedeten Gesetze an. Auf Befehl des VUJNA-Kommandanten vom 28. Juli 1952 trat das Strafgesetzbuch der FNRJ auf dem Gebiet der Zone B in Kraft[22]. Dies wurde mit der Notwendigkeit einer Vereinheitlichung und der Anwendung der Gesetze auf dem Gebiet der Zone B begründet. Der wahre Grund bestand jedoch darin, dass die staatlichen Behörden der FNRJ bestrebt waren, durch die Einführung von Rechtsverordnungen die Zone B in das Gebiet der FNRJ zu integrieren. Die Entscheidungen des Militärkommandanten zielten darauf ab, das Gebiet der Zone B mit der FNRJ zu verbinden. Im Hoheitsgebiet der Militärregierung traten am 1. August 1951 Wirtschaftsmaßnahmen in Kraft, um den Warenaustausch zwischen der Zone B und der FNRJ neu zu beleben und die administrativen Beschränkungen zu verringern. Parallel zu diesen Maßnahmen stimmte der VUJNA-Kommandant Milos Stamatovic am 24. Juli 1951 in Verhandlungen mit dem Vizepräsidenten der FNRJ, Edvard Kardelj, und dem Stellvertretenden Außenminister Vejvoda einer Verstärkung der Demarkationslinie zur anglo-amerikanischen Zone zu[23]. Anstelle der Nationalen Miliz, wie im Friedensvertrag von Paris festgelegt, wurden nun Einheiten des Nationalen Befreiungskomitees Jugoslawiens (KNOJ) als Exekutivorgane des Freien Territoriums Triest entlang der Demarkationslinie zur anglo-amerikanischen Zone stationiert, an den Flanken Nationale Miliz und Staatssicherheitsoffiziere der FNRJ. Gemäß dem Vorschlag des jugoslawischen Militärkommandanten, am 27. Juli 1951 an das Verteidigungsministerium der FNRJ gesandt, sollte die Grenzeinheit an der Demarkationslinie zur Zone A formal zum Kontingent der Jugoslawischen Armee im Freien Territorium Triest gehören. Fachliche Anweisungen sollten vom zuständigen Stab des Nationalen Befreiungskomitees Jugoslawiens erteilt werden; die mit der Grenzsicherung verbundenen Aufgaben sollten von der Verwaltungsabteilung der VUJNA zugewiesen werden. Im Abkommen mit dem Staatssekretariat für Auswärtige Angelegenheiten billigte das Ministerium für Nationale Verteidigung am 10. Juli 1953 eine weitere Verstärkung des Grenzregimes zwischen den Zonen A und B[24]. Der Stab der 436. Grenzbrigade befand sich in Ljubljana, doch das Element, das die Grenze sicherte, wurde dem Befehlshaber des Kontingents der Jugoslawischen Volksarmee im Freien Territorium Triest unterstellt. Der Befehl legte fest, dass die Kontrolle der Tätigkeit der Grenzeinheit an der Demarkationslinie durch den Befehlshaber der Grenzeinheiten der FNRJ erfolgen könne, der dafür geeignete Personen beauftragte. Als schließlich die Lösung der Triest-Krise bevorstand, empfahl der VUJNA-Kommandant am 28. Juni 1954 die komplette Übernahme der gesamten Sicherung der Grenze durch die Grenzeinheiten der FNRJ[25]. Gemäß den Beschlüssen der Londoner Konferenz vom 5. Oktober 1954 wurde die Demarkationslinie zwischen den beiden Zonen A und B zur Staatsgrenze zwischen Italien und der FNRJ.

---

[22] Ebd., Kasten 524, Mappe 8, Seriennr. 2/1.
[23] Ebd., Kasten 524, Mappe 6, Seriennr. 3/1.
[24] Ebd., Kasten 524, Mappe 11, Seriennr. 1/1.
[25] Ebd., Kasten 524, Mappe 11, Seriennr. 1/1.

In Übereinstimmung mit der ausdrücklichen Absicht der FNRJ, das Gebiet der Zone B in Jugoslawien zu integrieren, wurde das Überschreiten der Grenze zwischen der Zone B und der FNRJ im Laufe der Zeit völlig liberalisiert. Der Militärkommandant der Jugoslawischen Volksarmee im Freien Territorium Triest, Oberst Stamatovic, sandte am 24. April 1953 seinen Vorschlag über die schrittweise Abschaffung der Grenze zwischen der Zone B und der FNRJ an das Ministerium für Auswärtige Angelegenheiten der FNRJ[26]. Zu dieser Zeit erfolgte der Grenzübertritt nur mit Personaldokumenten; Waren- und Geldhandel unterlagen keiner Kontrolle, da die Zone B bereits vorher in das Zoll- und Währungssystem der FNRJ integriert worden war. Oberst Stamatović empfahl, die Grenzeinheiten von der Staatsgrenze abzuziehen, um sie auf ein Minimum zu reduzieren und später durch die Nationale Miliz der Sozialistischen Republik Kroatien und der Sozialistischen Republik Slowenien zu ersetzen. Seiner Meinung nach würden diese Maßnahmen keine außenpolitischen Reaktionen nach sich ziehen, da die Sicherheit der Staatsgrenze zwischen dem Freien Territorium Triest und der FNRJ weiter bestand. Der Rechtsberater des Ministeriums für Auswärtige Angelegenheiten antwortete, dass es nicht wichtig sei, wer die physische Sicherung der Grenze durchführe; das einzig Wichtige wäre, dass diese Sicherung unter Aufsicht des jugoslawischen Militärkommandanten erfolge[27]. Den Befehl für die Übergabe der Grenze von den Grenzeinheiten der Jugoslawischen Volksarmee an die Nationale Miliz erteilte Verteidigungsminister General Ivan Gošnjak am 10. Juli 1953[28].

In Erwartung einer endgültigen territorialen Lösung erachtete die jugoslawische Regierung das Freie Territorium Triest in ihren Plänen als integralen Bestandteil Jugoslawiens. In ihrer Außenpolitik versuchte sie, die Änderung der Grenzen zu beeinflussen und den größten Teil des Freien Territoriums Jugoslawien einzuverleiben. In offiziellen Dokumenten der Staatsorgane der FNRJ trug die Zone B meist die Bezeichnung »jugoslawische Zone«. Diese Zone wurde nur sehr selten als Teil des international anerkannten Territoriums erwähnt. Eines der wenigen Dokumente, die den internationalen Status des Freien Territoriums Triest bestätigen, ist die am 12. Juli 1953 vom Rechtsberater des Außenministeriums der FNRJ herausgegebene Resolution. Sie besagt, dass Angehörige der Jugoslawischen Volksarmee auf dem Gebiet des Freien Territoriums Triest nicht von örtlichen Gerichten für Straftaten verurteilt werden dürften[29]. In der Erläuterung heißt es, dass der Status der Angehörigen der Jugoslawischen Volksarmee nicht durch die Gesetze der Zone B, sondern durch das Völkerrecht geregelt werde, obgleich der Befehl des Militärkommandanten der Jugoslawischen Volksarmee vom Dezember 1952 die Durchsetzung des Grundgesetzes über Straftaten der FNRJ auf die unter der Kontrolle der jugoslawischen Militärregierung stehende Zone ausdehnte.

---

26 Ebd., Kasten 524, Mappe 10, Seriennr. 6/2.
27 Ebd., Kasten 524, Mappe 10, Seriennr. 6/7.
28 Ebd., Kasten 524, Mappe 10, Seriennr. 6/8.
29 Ebd., Kasten 524, Mappe 12, Seriennr. 4/2.

Das Verhältnis zwischen VUJNA und anglo-amerikanischer Militärregierung

Das britische XIII. Korps , das seit Mai 1945 im Gebiet um Triest präsent war, wurde im September 1947 als BETFOR (British Element Trieste Forces) unter den Schutz der Vereinten Nationen gestellt. Die 88. US-Infanteriedivision wurde ihrerseits im Rahmen der UN-Truppen zu TRUST (Trieste United States Troops). Als der Friedensvertrag mit Italien in Kraft trat, wurden das jugoslawische und das anglo-amerikanische Gebiet im Julischen Grenzland Teil des international anerkannten Territoriums. Es war jedoch nicht realistisch zu erwarten, dass sich die Lage in dem Gebiet ändern würde. Zwischenfälle, mangelndes Verständnis und gegenseitige Schuldzuweisungen der beiden Militärregierungen setzten sich auch innerhalb des «gemeinsamen Staates» – des Freien Territoriums Triest – fort.

Das erste Treffen der beiden Militärregierungen fand am 17. Oktober 1947 statt. Die Probleme, die auf der Tagesordnung angesprochen wurden, betrafen Handel, Verkehr, Regulierung des Postverkehrs, Freiheit in der Erwerbstätigkeit, Nutzung der Rundfunkstation Triest, Regulierung finanzieller Transaktionen, Transit von Gütern aus der jugoslawischen durch die anglo-amerikanische Zone und Festlegung der Seegrenze. Besonders wichtige Punkte waren die Beziehungen auf wirtschaftlicher Ebene zwischen den beiden Zonen sowie des Verbindungspersonals zwischen der anglo-amerikanischen Zone und Italien bzw. zwischen der jugoslawischen Zone und der FNRJ. Es wurde vereinbart, dass jede Militärregierung eine eigene Kommission für die Lösung aktueller Fragen bildete. Die Kommissionen führten regelmäßige Sitzungen durch und lösten gemeinsame Probleme. Paradoxerweise existierte bis zur Gründung des Freien Territoriums Triest am 15. September 1947 bereits eine gemeinsame Wirtschaftskommission.

Die Vertreter der Jugoslawischen Armee setzten sich bei diesem ersten Treffen für den freien Handel zwischen beiden Zonen ein und empfahlen, alle bestehenden Beschränkungen abzuschaffen. Im Gegensatz zu dieser Haltung waren die Vertreter der anglo-amerikanischen Militärregierung der Meinung, dass der Handel in derselben Weise fortgesetzt werden sollte wie vor dem Friedensvertrag mit Italien. Dies bedeutete Beschränkungen für Import und Export von Waren von einer Zone in die andere. Diese Beschränkungen beruhten auf den Regelungen, die in Italien für internationalen Warenaustausch galten. Die Vertreter der jugoslawischen Militärregierung waren der Meinung, dass die Alliierten auf diese Weise Triest mit dem italienischen Hoheitsgebiet gleichsetzten und die Bestimmungen des Friedensvertrags verletzten[30]. Trotz der schwierigen Handelsbeziehungen erzielte die jugoslawische mit der anglo-amerikanischen Militärregierung im Laufe eines Jahres einen Handelsumfang von mehr als 255 Millionen Jugolira. Dabei war der Exportumfang in die anglo-amerikanische Zone 2,8 Mal höher als der Import. Wein und Branntwein hatten den höchsten Anteil am Export, gefolgt von Nah-

---

[30] Ebd., Kasten 1368, Mappe 2, Seriennr. 1/85.

rungsmitteln. Das der jugoslawischen Militärregierung unterstehende Gebiet importierte vor allem Autos und Motorräder sowie Obst, Gemüse und Medikamente[31].

Im ersten Jahr des Bestehens des Freien Territoriums verzeichnete die jugoslawische Militärregierung insgesamt 33 Zwischenfälle an der Demarkationslinie zur anglo-amerikanischen Zone[32]. In den Berichten der Jugoslawen heißt es, dass die Mitglieder der anglo-amerikanischen Militärregierung »alle Bestimmungen an der Demarkationslinie rücksichtslos verletzt haben«, die Behörden der Militärregierung der Jugoslawischen Armee andererseits keine Verstöße begangen hätten. Der größte Teil der erwähnten Zwischenfälle waren Überschreitung der Demarkationslinie durch Mitglieder der zivilen Polizei der anglo-amerikanischen Zone, Eindringen von Flugzeugen in den Luftraum und Befahren der Territorialgewässer der jugoslawischen Zone mit Schiffen und Booten. Als schwerere Zwischenfälle wurden die Verletzung eines Mitglieds der Nationalen Miliz durch Mitglieder der Zivilpolizei und zwei Gewehrschüsse aus dem Gebiet der Zone A in die Zone B registriert.

In den Berichten heißt es, dass die alliierte Militärregierung während des Treffens beinahe jeden Vorschlag der jugoslawischen Seite ablehnte[33]. Verworfen wurde der Vorschlag zum freien Zahlungsverkehr. Eine Ablehnung erfuhr der Vorschlag, Zahlungen über das von der jugoslawischen Militärregierung in ihrem Schreiben vom 16. Dezember 1947 angegebene Verrechnungskonto durchzuführen. Auf der neunzehnten Tagung der Wirtschaftskommissionen, die am 6. Mai 1948 in Koper stattfand, erklärten die anglo-amerikanischen Vertreter, dass es in Triest keine Waren gäbe, die in der jugoslawischen Zone verkauft werden könnten[34].

Diese Tagung ist ein gutes Beispiel für die erfolglosen Verhandlungen zwischen den beiden Militärregierungen. Auf die Frage von Major Jakopović, ob die alliierte Militärregierung eine Liste von Waren zum Transport in die jugoslawische Zone anbieten könne, antwortete Oberst Parsons, der Vizepräsident der Kommission der anglo-amerikanischen Militärregierung, dass dies unmöglich sei, da sich die Waren jeden Tag im Umlauf befänden. Er erwähnte, dass die meisten Waren aus italienischer Produktion stammten und daher nicht exportiert werden könnten, und schlug vor, die jugoslawische Zone solle eine Bedarfsliste erstellen und die alliierte Militärregierung würde dann prüfen, welche Güter sie exportieren könne. Parsons wies außerdem darauf hin, dass die alliierte Militärregierung in ihrer Zone von den Italienern nur solche Waren erhalte, die in der alliierten Zone benötigt würden, sodass sie nicht für den Export infrage kämen. Die italienische Regierung sei nicht bereit, der alliierten Militärregierung mehr Güter zu geben als für die Bedürfnisse der Bevölkerung der Zone A benötigt würden. Das einzige Überangebot an Waren auf dem Gebiet der Alliierten betreffe Produkte, die nicht dem Export unterlägen, da die jugoslawische Zone diese Erzeugnisse ebenfalls exportieren könne. Major Jakopović erwiderte, dass es demnach eigentlich keinerlei Güter gebe, die aus der alliierten in die jugoslawische Zone exportiert werden könnten, was

---

31 Ebd., Kasten 1368, Mappe 2, Seriennr. 1/85.
32 Ebd., Kasten 1368, Mappe 2, Seriennr. 1/88, Bericht über Zwischenfälle an der Demarkationslinie.
33 Ebd., Kasten 1368, Mappe 2, Seriennr. 1/86.
34 Ebd., Kasten 1368, Mappe 2, Seriennr. 1/76.

Parsons bestätigte: Es sei nicht möglich, eine Liste von Waren für den Export vorzuschlagen. Immerhin wollte er den Bedarf prüfen und wo immer möglich Handelsvereinbarungen treffen. Jakopović bekundete sein Befremden, dass man über Zahlungsmodalitätern diskutiere, wenn ein Export ohnehin nicht möglich sei. Er fragte, warum die alliierte Militärregierung ihre frühere Haltung in dieser Frage geändert habe. Oberst Parsons antwortete, dass die Lösung dieser Frage vollständig davon abhänge, in welchem Umfang die italienischen Behörden den Export ihrer Waren gestatten würden. Schließlich akzeptierte Parsons den Vorschlag Jakopovićs, es den Händlern zu überlassen, Vereinbarungen zu unterzeichnen und Exportlizenzen zu beantragen. Er versprach außerdem, dass die alliierte Militärverwaltung ihr Bestes tun werde, um die Bedürfnisse der jugoslawischen Zone zu befriedigen.

Die Beziehungen zwischen VUJNA und der anglo-amerikanischen Militärregierung waren rein militärisch korrekt. Beide Parteien waren sich ihrer heiklen Position bewusst und ließen eine ernsthafte Verletzung der Sicherheit auf dem Gebiet des Freien Territoriums nicht zu. So informierte Oberst J.R. Vance, Stabschef der US-Streitkräfte in Triest, am 24. Oktober 1952 die jugoslawische Militärregierung, dass am 28. Oktober ein Sondermanöver der US-Streitkräfte stattfinden werde[35]. Er erklärte, das Ziel der Übung bestehe darin, das gemeinsame Handeln der Land- und Luftstreitkräfte in dem Gebiet zu koordinieren, und dass etwa 180 Flugzeuge daran teilnehmen würden. Er bat darum, diese Information an die entsprechenden Stellen der Jugoslawischen Volksarmee weiterzuleiten, um im Falle eines unbeabsichtigten Überfliegens des Territoriums der FNRJ jegliche Folgen zu vermeiden. In jeder Hinsicht korrekt verhielten sich die anglo-amerikanische und jugoslawische Militärregierung im Oktober 1954 in Bezug auf die Einrichtung einer neuen Demarkationslinie zwischen Zone A und B. Der Kontakt zwischen den Vertretern der Militärregierungen zu dieser Frage wurde am 4. Oktober 1954 hergestellt – dem Tag, an dem bei Verhandlungen zwischen Jugoslawien und Italien in London eine Einigung über die Teilung des Freien Territoriums Triest erzielt wurde[36].

Internationaler Kontext der jugoslawischen Militärregierung

Die Ereignisse in dem der Kontrolle der VUJNA unterstehenden Gebiet im Freien Territorium Triest waren nie von ausschließlich lokaler Bedeutung, sondern stets auch ein wichtiges Thema bei diplomatischen Treffen aller Ebenen. In einer Zeit heftiger ideologischer Konflikte zwischen den Blöcken bestand das Risiko, dass die dortigen Ereignisse die Frage von Krieg und Frieden in Europa beeinflussten. Die Lage des Gebiets und seine Bedeutung für die Verteidigungspläne der europäischen Staaten bestimmten die internationalen Beziehungen und das Verhalten der Handelnden. Die Zahl derer, die ein Interesse am Freien Territorium hatten, war groß: Jugoslawien und Italien als direkte Akteure, der Sicherheitsrat der UNO als Garant

---

[35] Ebd., Kasten 524, Mappe 8, Seriennr. 3/1.
[36] Ebd., Kasten 524, Mappe 12, Seriennr. 8/2.

der Friedenserhaltung in dieser Region, Großbritannien und die USA als Mandatsträger für den Erhalt der Rechtsordnung in einem Teil des Freien Territoriums. Jugoslawien und Italien waren fast täglich über ihre Botschafter aktiv, um die je bestmöglichen Lösungen zu finden. Beide Seiten beanspruchten den größten Teil der Region, die nur formal ein freies und unabhängiges Territorium unter der Schirmherrschaft der Vereinten Nationen war. Die jugoslawische Regierung entwickelte über ihre Militärregierung in Zone B eine breite Initiative mit dem Ziel, sie in Jugoslawien zu integrieren. Die italienische Regierung hatte großen Einfluss in Zone A und versuchte, ihre Bevölkerung in der von der jugoslawischen Militärregierung kontrollierten Zone B zu schützen. Aktuelle Fragen betrafen die Amnestie einiger Italiener in der Zone B, die an Fischer aus der Zone A und aus Italien Angelscheine für die Territorialgewässer der Zone B ausgestellt hatten[37]. Im Gespräch mit dem stellvertretenden Außenminister Vladimir Popović vom 4. März 1950 wies der italienische Botschafter Enrico Martino darauf hin, dass die Zone B nicht jugoslawischer Hoheit, sondern der vorläufigen Militärregierung unterstand[38].

Da es nicht gelang, einen Gouverneur zu wählen, büßte der Sicherheitsrat der Vereinten Nationen bereits bei der Schaffung des Freien Territoriums Triest stark an Bedeutung ein. Folglich verabschiedeten die Regierungen der USA, Großbritanniens und Frankreichs ihre Erklärung vom 20. März 1948[39]. Darin schlugen sie den Regierungen der Sowjetunion und Italiens vor, einem Zusatzprotokoll zum Friedensvertrag mit Italien zuzustimmen, durch das das Freie Territorium wieder unter italienische Oberhoheit gestellt werden sollte. Die jugoslawische Regierung eröffnete eine diplomatische Kampagne gegen diese Erklärung[40]. Tatsächlich hatte sie keine formale oder rechtliche Wirkung, allerdings beeinflusste sie bis zur Lösung der Triest-Krise im Oktober 1954 die außenpolitischen Entscheidungen der jugoslawischen und italienischen Regierung bezüglich des Freien Territoriums Triest.

Die Regierungen der USA und Großbritanniens versuchten über ihre Botschafter in Belgrad, die jugoslawische Politik gegenüber dem Freien Territorium Triest zu beeinflussen und die jugoslawischen Bestrebungen hinsichtlich der Zone B zu kontrollieren. In Gesprächen zwischen dem stellvertretenden Außenminister der FNRJ, Leo Mates, und dem US-Botschafter Alen vom 5. April 1950 wurden die für den 16. April angesetzten Wahlen in der Zone B und die diesbezüglichen Absichten der jugoslawischen Regierung erwähnt[41]. Der US-Botschafter brachte seine Sorge zum Ausdruck, dass diese Wahlen als Volksentscheid für den Beitritt der Zone B zu Jugoslawien genutzt werden könnten. Er interessierte sich auch für die dortige Rechtsordnung. Der britische Botschafter Ivo Malet wollte in seinem Gespräch mit Leo Mates am 14. August 1952 wissen, ob die jugoslawische Regierung

---

[37] Als Beispiel sei auf die Gespräche des stellvertretenden Außenministers der FVRJ, Leo Mates, mit dem italienischen Botschafter in Belgrad, Enrico Martino, vom 24.5.1951 verwiesen; Archive des Präsidenten der Republik, Kabinett des Marschalls von Jugoslawien, Seriennr. I-3-b/347.
[38] Ebd., Seriennr. I-3-d/71.
[39] Balkanski ugovorno odnosi 1976–1996 (wie Anm. 7), vol. 3 (1946–1996), Beograd 1999, S. 152 f.
[40] Dokumenta o spoljnoj politici (wie Anm. 3), 1948, Beograd 1989, S. 65 f. Quelle: Tanjug, Vesti iz inostranstva, 21.3.1948, S. 163.
[41] Archive von Josip Broz Tito, Kabinett des Marschalls von Jugoslawien, Seriennr. I-3-d/71.

an der Absicht festhalte, die internationale Position der Zone B nicht zu verändern[42]. Der Anlass war die Entscheidung des VUJNA-Kommandanten über die Einführung einer Reihe jugoslawischer Gesetze in dieser Zone. Der jugoslawische Minister antwortete, dass bei den gesetzlichen Bestimmungen jene außer Acht gelassen würden, die den internationalen Status der Zone B berührten.

Eine besonders schwierige Zeit in den diplomatischen Beziehungen folgte nach dem 8. Oktober 1953 und der Verabschiedung des Beschlusses der Regierungen des Vereinigten Königreichs und der USA über die Zukunft des Freien Territoriums Triest[43]. Am selben Tag besuchten der Botschafter Großbritanniens, Malet, und der Geschäftsträger der amerikanischen Botschaft, Walner, Josip Broz Tito und übermittelten ihm offiziell den Beschluss ihrer Regierungen über den Abzug der angloamerikanischen Truppen aus der Zone A und die Überlassung dieser Zone zur Verwaltung durch die italienische Regierung. Malet und Walner teilten Tito mit, dass die Erklärung eine Befriedung der Lage hinsichtlich der Triest-Frage und die Verbesserung der Verteidigungsstrategie Südosteuropas zum Ziel hätte. Sie äußerten ihre Erwartung, dass dies in eine dauerhaften Lösung münde[44]. Daraufhin begann eine echte Kriegspsychose. Auf beiden Seiten der Grenze und an der Grenze zum Freien Territorium Triest wurden jugoslawische und italienische Truppen konzentriert[45]. Dank diplomatischer Anstrengungen beider Seiten konnte diese Krise jedoch überwunden werden, und bereits Anfang Januar 1954 nahmen Vertreter Jugoslawiens und Italiens in London Verhandlungen auf, bei denen die Botschafter Großbritanniens und der USA vermittelten. Die Verhandlungen endeten am 5. Oktober 1954 mit der Annahme eines Memorandums, das das Freie Territorium Triest zwischen Italien und der Föderativen Volksrepublik Jugoslawien aufteilte[46]. Gemäß einem Befehl Titos wurde die Militärregierung der Jugoslawischen Volksarmee im Freien Territorium Triest am 26. Oktober 1954 abgeschafft[47]. Auf Entscheidung des Ministers für Nationale Verteidigung, General Ivan Gošnjak, wurden die Einheiten, die die Demarkationslinie zwischen Zone A und B sicherten, am 25. Oktober 1954 dem Kommando der 436. Grenzbrigade der Jugoslawischen Volksarmee unterstellt[48]. Am 26. Oktober hörte das Freie Territorium Triest zu bestehen auf, wiewohl erst der Vertrag von Osimo vom 11. Oktober 1977 seine Aufteilung zwischen Italien und Jugoslawien endgültig besiegelte.

(Übersetzung aus dem Englischen von Birgit Krüger, Bundessprachenamt)

---

[42] Ebd., Seriennr. I-3-b/951.
[43] Balkanski ugovorni odnosi 1976–1996 (wie Anm. 39), S. 233 f.
[44] Dragan Bogetić, Jugoslavija i Zapad 1952–1955. Jugoslovensko približavanje NATO-u, Beograd 2000, S. 64.
[45] Paolo Emilio Taviani, I Giorni di Trieste. Diario 1953–1954, Bologna 1998, S. 171–175.
[46] Successful Negotiation: Trieste 1954. An Appraisal by the Five Participants. Ed. by John C Campbell, Princenton 1976.
[47] Militärarchiv des Verteidigungsministeriums der Republik Serbien, Fonds der Militärregierung – 1, Kasten 524, Mappe 11, Seriennr. 4/1.
[48] Ebd., Kasten 524, Mappe 11, Seriennr. 5/1.

Sviatlana Stsiaposhyna

Der Alpenraum aus sowjetischer Perspektive in der Ära Gorbačëv

Gorbačëv und das Konzept der europäischen Sicherheit

Die Beziehungen zwischen der Sowjetunion und den neutralen Staaten wie Österreich und der Schweiz in der Ära Gorbačëv und deren Bedeutung für die sowjetische Abrüstungspolitik ist nur vor dem Hintergrund des damaligen sowjetischen Sicherheitskonzeptes zu verstehen. Dieses richtete sich nicht nur an der territorialen und politischen Integrität der einzelnen Staaten unter dem Dach der Nordatlantischen Verteidigungsorganisation (NATO) und des Warschauer Paktes aus, sondern zielte darüber hinaus auf die Schaffung neuer institutioneller und politischer Bedingungen, die eine nachhaltige Sicherheit garantieren sollten.

Begleitet durch das Konzept des »Neuen Denkens«, kam der europäischen Frage in der sowjetischen Außenpolitik eine neue Bedeutung zu. Während der Politbürositzung vom 26. März 1987 erklärte Gorbačëv:

»Eines ist klar, dass ohne Rücksichtnahme auf Europa keine einzige Frage gelöst werden kann [...] Und gar in der Außenpolitik ist Europa durch nichts zu ersetzen. Ohne einen solchen Partner wie Westeuropa können wir nichts erreichen. Das Hauptziel ist, die militärische Konfrontation auf ein äußerstes Minimum zu reduzieren. Wir müssen uns bemühen, die amerikanischen Waffen aus Europa wegzubekommen. Ein Beispiel für den Aufbau neuer internationaler Beziehungen ist vorhanden: Finnland, Österreich [...] Ich denke aber, dass wir den Abrüstungsprozess Europas mit allen Mitteln unterstützen müssen. Je mehr dieser Prozess an Fahrt gewinnt, desto weniger ist man dort geneigt, eine militärische Gruppierung zu bilden [...] Wir müssen Europa in all seiner Vielfalt betrachten [...] Es gibt England, Frankreich und die BRD. Es gibt Finnland und Österreich. Es gibt Holland, Schweden und ähnliche Länder wie diese. Es gibt Spanien und Portugal. Und außerdem gibt es in jedem Land Oppositionsparteien, kommunistische Parteien und gesellschaftliche Kreise[1].«

Überlegungen über unterschiedliche Zugangskanäle zu europäischen Partnern waren der erste Schritt zum Dialog mit Europa. Der Wunsch der sowjetischen Führung nach einer stärkeren Zusammenarbeit mit Europa hat die Entwicklung

---

1   Politbürositzung, 26.3.1987. In: V Politbjuro CK KPSS. Po sapisjam Anatolija Černjaeva, Vadima Medvedeva, Georgija Šachnazarova [Im Politbüro des ZK der KPdSU. Nach Aufzeichnungen von Anatolij Černjaev, Vadim Medvedev, Georgij Šachnazarov], Projekt der Gorbačëv-Stiftung, Moskva 2006, S. 160 f.

neuer Konzepte für die europäische Sicherheitspolitik seitens des sowjetischen Apparats vorangetrieben.

Gorbačëv verkündete zum ersten Mal auf dem 27. Parteitag der KPdSU am 25. Februar 1986 das Konzept der »gemeinsamen Sicherheit«. Zur Überwindung des Antagonismus zwischen den zwei Militärblöcken bemühte sich die sowjetische Regierung, eine neue Vertrauensbasis zu schaffen. Zum Abbau des Misstrauens musste ein neues Sicherheitsprogramm entwickelt werden. 1987 legte Vjačeslav Dašičev, Mitarbeiter des Instituts für die Wirtschaft des sozialistischen Weltsystems (Institut ekonomiki socialističeskoj mirovoj sistemy), Gorbačëv eine Denkschrift vor, in der er vorschlug, »zur Schaffung günstiger Voraussetzungen für die Zusammenarbeit der Länder zweier Systeme in Europa« den »Schwerpunkt der Initiativen des Warschauer Paktes von den Fragen der nuklearen Abrüstung [...] in Europa auf die Schaffung eines Verteidigungsgleichgewichts der konventionellen Streitkräfte auf möglichst niedrigem Niveau zu verlegen«. Der NATO-Doktrin der atomaren Abschreckung stellte der Warschauer Pakt im Jahre 1987 diese Verteidigungsdoktrin gegenüber. Sie zielte auf ein »defensives Gleichgewicht zwischen der NATO und dem Warschauer Pakt auf der Grundlage der vollständigen Gegenseitigkeit und unter der Einhaltung aller Normen der Kontrolle«[2]. Die Basis der Zusammenarbeit zwischen der NATO und dem Warschauer Pakt sollte die Defensive und nicht mehr die Aggression bilden.

Der wirtschaftliche Faktor war einer der Beweggründe für eine strukturiertere politische Zuwendung gegenüber Europa. Durch Intensivierung der Wirtschaftskontakte und den Transfer des wissenschaftlich-technischen Potenzials hoffte man, dem wirtschaftlichen Niedergang der Sowjetunion entgegenzuwirken, der durch die hohen Rüstungsausgaben entstanden war. Der Genese der einzelnen Komponenten sowjetischen sicherheitspolitischen Denkens, also der Grundsteine für eine gemeinsame europäische Sicherheitsstruktur, kommt dabei besondere Bedeutung zu. Die Arbeit der Palme-Kommission im Jahre 1981, veröffentlicht 1982 als »Der Palme-Bericht. Bericht der Unabhängigen Kommission für Abrüstung und Sicherheitsfragen«, ist eine wichtige Grundlage für die Herausbildung der sowjetischen Sicherheitsvorstellungen. Egon Bahr hat zur Erarbeitung dieses Berichts wesentlich beigetragen[3]. Als weiteres Mitglied der Palme-Kommission hat Georgij Arbatov, ein wichtiger außenpolitischer Berater der sowjetischen Führung über mehrere Jahre und Direktor des USA- und Kanada-Instituts der Sowjetischen Akademie der Wissenschaften, an dem Papier mitgearbeitet. Für Arbatov war die dortige Mitarbeit »eine der wichtigsten Quellen politischer Vorstellungen und Ide-

---

[2] Memorandum vom 25.2.1987, Kopie im Besitz von Vjačeslav Dašičev. Zit. nach Wilfried Loth, Erfolg im Scheitern. Michail Gorbatschow, die deutsche Einheit und das neue Europa. In: Jahrbuch Kulturwissenschaftliches Institut 1999/2000, Essen 2000, S. 25.

[3] Vgl. Andreas Vogtmeier, Egon Bahr und die deutsche Frage. Zur Entwicklung der sozialdemokratischen Ost- und Deutschlandpolitik vom Kriegsende bis zur Vereinigung, Bonn 1996, S. 241–249.

en der neuen Zeit«[4]. Im weiteren Verlauf der Reformpolitik wurde die Bedeutung des Meinungsaustausches mit den Sozialdemokraten der Bundesrepublik Deutschland für die Entwicklung der außenpolitischen Vorstellungen von Gorbačëv selbst unterstrichen:

»Ich möchte vor allem die Bereitschaft bekräftigen, unsere Beziehungen mit der Sozialdemokratischen Partei Deutschlands zu entwickeln [...] Unsere Beziehung ist ein wichtiges Element unserer Außenpolitik [...] Ich kann mich gut an den Beitrag erinnern, den Sie Ende der 60er und in den 70er Jahren zur Schaffung einer Lage auf dem europäischen Kontinent geleistet haben, die eine Entspannung überhaupt ermöglicht hat [...] Der Kontakt mit der SPD ist zweifelsfrei von Nutzen. Und wenn als Ergebnis daraus Vorschläge, irgend welche Fortschritte oder Ideen hervorgehen, die realisiert werden können, dann wäre das ein Beitrag zum Weltfrieden[5].«

Weiters sind die unter Leitung von Oleg Bogomolov am Institut für die Wirtschaft des sozialistischen Weltsystems erstellten Expertisen für die Erarbeitung der sowjetischen Europapolitik von Bedeutung[6]. Diese Expertisen beinhalten ausführliche Analysen der sowjetischen Außenpolitik vom Zweiten Weltkrieg bis zum Ende des Kalten Krieges und darauf basierende Vorschläge zur Führung der Außenpolitik. Sie sind von Dašičev in seinem Buch »Moskaus Griff nach der Weltmacht« veröffentlicht. Dašičev hat von 1972 bis 1990 die Abteilung für außenpolitische Probleme am Institut für die Wirtschaft des sozialistischen Weltsystems geleitet und in dieser Zeit mehrere Denkschriften und Gutachten für die sowjetische Führung erarbeitet, mit denen er zur Entwicklung der einzelnen Strategien der sowjetischen Außenpolitik beigetragen hat.

Die sowjetische Seite konnte mit konkreten Vorschlägen zur Überwindung der Spannung zwischen den militärischen Blöcken aufwarten: Über die Annäherung der beiden Militärbündnisse hinaus wurde an eine »Transformation sowohl des Warschauer Pakts als auch der NATO« gedacht, »um ihr Verhältnis aus einer Quelle internationaler Spannung in einen Faktor der Stabilität zu verwandeln«. In diesem Zusammenhang plädierte man beispielsweise »für die Einrichtung eines ständigen Konfliktverhütungszentrums, in dem regionale Kontakte zwischen Vertretern der beiden Blöcke stattfinden sollten«[7]. Schließlich sollten die Vorschläge für den Abbau der beiden Militärblöcke oder zumindest der militärischen Flügel die Voraussetzung für den Bau des »gemeinsamen europäischen Hauses«[8] sein.

Die Materialien zu den Reden Gorbačëvs aus dem Jahre 1988 im polnischen Parlament und im Politischen Beratenden Ausschuss des Warschauer Paktes belegen das Bestreben, der Idee des »gemeinsamen europäischen Hauses« konzeptio-

---

4 Georgij Arbatow, Ein Beitrag zum neuen politischen Denken. In: Das Undenkbare denken. Festschrift für Egon Bahr zum siebzigsten Geburtstag. Hrsg. von Dieter S. Lutz, Baden-Baden 1992, S. 95. Zit. nach Vogtmeier, Egon Bahr (wie Anm. 3), S. 294.
5 Gespräch zwischen Gorbačëv und Brandt am 27.5.1985, Archiv 1, Dok. 10347, Archiv der Gorbačëv-Stiftung, Moskau.
6 Vgl. Wilfried Loth, Erfolg im Scheitern (wie Anm. 2), S. 24.
7 Michail Gorbatschow, Erinnerungen, Berlin 1995, S. 634.
8 Michail Gorbatschow, Perestrojka. Die zweite russische Revolution, München 1987, S. 251.

nelle Klarheit zu verleihen[9]. Die Entwicklung der gemeinsamen europäischen Sicherheit sollte wie folgt vonstatten gehen:
1. *Einrichtung eines europäischen Konfliktverhütungszentrums.* Hier war die Teilnahme aller interessierten europäischen Länder einschließlich der USA und Kanada vorgesehen. Das Zentrum sollte »als Ort der Beratungen über sowjetische Handlungen im Falle der Verzögerung des Verhandlungsprozesses« fungieren. »Es wäre der erste Schritt zur Einrichtung einer gemeinsamen Sicherheits- und Vertrauensstruktur, die über den beiden Blöcken stehen würde«[10]. Das künftige Konfliktverhütungszentrum sollte mit dem Informationsaustausch, der Gründung von Inspektionsstellen, der Erarbeitung von Maßnahmen zur Konfliktprävention sowie der Gründung einzelner regionaler Büros beauftragt werden. Die Einrichtung des Zentrums sollte im Rahmen der zweiten Etappe der Konferenz über vertrauens- und sicherheitsbildende Maßnahmen und Abrüstung in Europa (KVAE) zur Diskussion gestellt werden.
2. *Gipfeltreffen der Regierungschefs aller europäischen Regierungen.* Das geplante Gipfeltreffen sollte den Charakter eines gesamteuropäischen Reykjavik tragen. Als die Genfer Abrüstungsverhandlungen im Jahre 1985 in die Sackgasse gerieten, war das sowjetisch-amerikanische Gipfeltreffen in Reykjavik ein notwendiger Versuch, weitere Lösungen für den Abrüstungsprozess auszuarbeiten. Dieses Gipfeltreffen ist ein ausgezeichnetes Beispiel für die Instrumentalisierung von Sicherheitspolitik. Ähnlich sollte das Gipfeltreffen der europäischen Regierungschefs ausfallen, um die wichtigsten Fragen der Sicherheitspolitik auf europäischer Ebene zu lösen. Zur Vorbereitung wurden gemeinsame Sitzungen der Außenminister und der Verteidigungsminister geplant.
3. *Einberufung des runden Tisches als Ort des politischen Dialogs zwischen den Vertretern der beiden Blöcke.* Bei der Erarbeitung dieses Vorschlags unterstrich der sowjetische Regierungschef: »Das europäische Haus soll weder nach Plänen Osteuropas noch nach den Plänen Westeuropas gebaut werden. Wir brauchen ein gemeinsames Projekt [...] Dafür schlagen wir den runden Tisch vor, an dem das ganze Spektrum aller politischen Kräfte vertreten wäre[11].«

Bei der Erarbeitung des Konzepts für die gemeinsame europäische Sicherheit, das auf die Annäherung der beiden Militärblöcke zielte, wurde an eine strategische Zusammenführung der einzelnen Länder auf der subregionalen und lokalen Ebene gedacht. Dašičev konstatierte:

»Es können, außer Blöcken, Vereinigungen verschiedener Art entstehen – lokale, subregionale, formelle und informelle. Die Zonen, in denen sie entstehen könnten, sind z.B. der Balkan oder Nordeuropa. In Ungarn, der DDR, der Tschechoslowakei, Polen, in der Bundesrepublik Deutschland und Österreich, besonders in den Ländern, die früher

---

[9] Materialy k vystupleniju v pol'skom sejme: Tezisy razdela, kasajuščiesja voprosov evropejskoj bezopasnosti [Materialien zum Vortrag im polnischen Parlament: Thesen zu Fragen der europäischen Sicherheit]. In: Archiv 5, opisj 1 [Aufzeichnung 1], 15.6.1988, Archiv der Gorbačëv-Stiftung, Moskva.
[10] Ebd.
[11] Ebd.

das Habsburger Reich bildeten, schwelt die Idee der Schaffung eines kulturhistorischen und gesellschaftlichen Zentrums in Zentraleuropa.

Ein eigentümliches Beispiel der bilateralen Beziehungen zwischen den Ländern zweier Systeme liefern Ungarn und Österreich[12].«

Die erste Etappe des Konzepts sah vor, die Verhandlungen zwischen den Vertretern der beiden Blöcke innerhalb und außerhalb der Konferenz für Sicherheit und Zusammenarbeit in Europa (KSZE) zu intensivieren und die Waffen und Streitkräfte auf dem Kontinent so weit wie möglich abzubauen. In einem zweiten Schritt bildeten sich zwischen den Ländern der beiden Systeme »gemeinsame, ähnliche oder übereinstimmende Wesenszüge in ihrem inneren Gefüge und in der auswärtigen Tätigkeit. Diese gemeinsamen Wesenszüge würden zu ›Stützpunkten‹ nicht nur ihrer Zusammenarbeit, sondern ihrer realen Annäherung werden[13].« Außerdem plädierte Dašičev für die »Schaffung eines Streifens neutraler Staaten in Mitteleuropa (Schweiz, Österreich, Deutschland)«[14]. Und schließlich: »Polen, die ČSSR und Ungarn bilden zusammen mit Österreich und Jugoslawien einen bewaffneten neutralen Gürtel zwischen der Sowjetunion und der NATO[15].«

Die neutralen Staaten
und die sowjetische Sicherheitspolitik

Das Konzept des »gesamteuropäischen Hauses« lag auch den Beziehungen zwischen der Sowjetunion und den neutralen Ländern zugrunde. Im Laufe der Annäherung zwischen den beiden Blöcken und im Rahmen der Intensivierung der Europäischen Integration gewannen die neutralen Länder in der sowjetischen Außenpolitik immer mehr an Bedeutung. Gorbačëv hatte den strategischen Faktor der neutralen Länder für die Überbrückung der Konfrontationen zwischen Ost- und Westeuropa erkannt. Im Gespräch mit dem österreichischen Bundeskanzler Franz Vranitzky vom 11. Oktober 1988 wies Gorbačëv daher auf die wichtige Rolle der neutralen Länder hin. Das Gespräch verdeutlichte, dass es vor allem um die friedliche Koexistenz der beiden Blöcke ging, nicht um deren Auflösung. Gorbačëv äußerte sich dazu wie folgt: »Der Wunsch eines jeden Volkes nach Aufrechterhaltung seiner Souveränität sei ebenso eine Tatsache wie die Existenz von Ost- und Westeuropa – zweier Teile, die auf der Grundlage der nationalen Selbstbestimmung, auf der Basis des Gewaltverzichts [...] nebeneinander bestehen sollten.« In diesem Sinne imponierte Gorbačëv insbesondere die Einstellung Vranitzkys. Hinsichtlich der Beziehungen zwischen West- und Osteuropa ließ der österreichische Bundeskanzler wissen: »Eine militärisch-politische beziehungsweise wirtschaftliche

---

[12] Wjatscheslaw Daschitschew, Moskaus Griff nach der Weltmacht. Die bitteren Früchte hegemonialer Politik, Hamburg [u.a.] 2002, S. 271 f.
[13] Ebd., S. 272.
[14] Ebd., S. 357.
[15] Ebd., S. 462.

Abschottung Westeuropas«, so betonte er, sei »nicht in seinem Interesse. Einer solchen Entwicklung ist unbedingt entgegenzuwirken[16].«

Die Expertin für österreichisch-russische Beziehungen, Ljudmila Lobova, sieht vor allem im Status der Neutralität die immer wiederkehrende Bedeutung der neutralen Länder für die Sowjetunion: »Moskau betrachtete das Instrument des Neutralismus immer als stabilisierenden Faktor in der europäischen Entwicklung.« Während des Kalten Krieges lagen dem außenpolitischen Konzept der Sowjetunion vor allem die Interessen des Ostblocks zugrunde. »Im Wettstreit der Supermächte wurden die neutralen Länder von Moskau immer als Vermittler und Friedensstifter angesehen[17].« Während der Entspannungsprozess nach dem Jahr 1985 im gesamten Europa voranschritt, erarbeitete man Vorschläge zur Bildung gesamteuropäischer Institutionen, zum Beispiel auf dem Gebiet der wirtschaftlichen Zusammenarbeit, obwohl schon damals eine engere Kooperation auch im Bereich der Sicherheitspolitik geplant war. »Die sowjetische Seite hoffte, dass sich ganz Europa mit dem Zerfall des Blocksystems einem der Neutralität ähnlichen Status annähern und dies die Grundlagen für ein neues europäisches Sicherheitssystem schaffen würde[18].« Den sowjetischen Ideen zur Umgestaltung der Beziehungen zwischen der Sowjetunion und den osteuropäischen Partnern lag das Modell der »Neutralisierung« zugrunde[19].

Die stärkere Propagierung der Idee des »gesamteuropäischen« Hauses seitens der Sowjetunion wurde durch die einzelnen europäischen Initiativen unterstützt. In einem Gespräch des ehemaligen österreichischen Außenministers Erwin Lanc mit Vadim Zagladin, dem engsten Berater Gorbačëvs in internationalen Angelegenheiten, wurde die Bedeutung neutraler Staaten im gesamteuropäischen Prozess am 22. Januar 1990 in Moskau behandelt. Die Sicherheitsvorstellung von Lanc ähnelte der Idee einer europäischen Konföderation, die der damalige französische Präsident François Mitterand vertrat[20].

Die Rolle der neutralen Staaten wurde vor allem im Rahmen des voranschreitenden KSZE-Prozesses um das Jahr 1987 besonders deutlich. In einer sowjetischen Studie zu Fragen der gemeinsamen Sicherheit, die von einem Forschungszentrum für wirtschaftliche und politische Fragen an der Wissenschaftsakademie unter der Leitung von Evgenij Primakov erarbeitet wurde, wiesen die sowjetischen Experten den neutralen und nicht-paktgebundenen Staaten bei den Verhandlungen im KSZE-Prozess eine besondere Rolle zu. Österreich und die Schweiz bildeten zusammen mit Finnland und Schweden den Kern der Gruppe der neutralen Staaten. Dabei wurde jeder einzelne Staat dieser Gruppe mit eigenen Aufgaben betraut. Österreich war für die Koordination der Gruppe zuständig, die an Prinzipien der Beziehungen zwischen den Teilnehmern des KSZE-Prozesses arbeitete. Die

---

[16] Gorbatschow, Erinnerungen (wie Anm. 7), S. 636 f.
[17] Ljudmila Lobova, Die russische Auffassung des Neutralismus im entstehenden europäischen Sicherheitssystem. In: Sicherheitspolitik in der GUS und im Baltikum (1/01), www.bmlv.gv.at/pdf-Pool/publikationen/09_sgb_03_ran.pdf (letzter Zugriff: 29.6.2011), S. 1.
[18] Ebd., S. 5
[19] Vgl. ebd.
[20] Vgl. ebd., S. 4 f.

Schweiz wiederum koordinierte die Gruppe für Zusammenarbeit auf dem Gebiet von Wirtschaft und Wissenschaft sowie für Fragen der Technologie und Umwelt[21]. Die sowjetischen Sicherheitsexperten verstanden die aktive Teilnahme der neutralen und nicht-paktgebundenen Staaten als Ausdruck ihrer nationalen Interessen:

»Minderung der Konfrontation zwischen den beiden Militärblöcken [und] Verwischen der Bipolarität in Europa würden zweifellos die nationalen Interessen dieser Staaten zufrieden stellen. Gleichzeitig begünstigt die aktive Teilnahme der genannten Länder die Entwicklung des gesamteuropäischen Prozesses[22].«

Vor allem bei der Erarbeitung von Kompromissen zwischen den einzelnen Staaten spielten die neutralen Staaten eine konstruktive Rolle. Österreich und der Schweiz wurde in der Gruppe der neutralen und nicht-paktgebundenen Staaten eine wichtige Koordinierungsfunktion zugewiesen. Die Gruppe der neutralen Staaten hatte unter starkem Einfluss von Österreich und der Schweiz die Position der NATO-Staaten und der Staaten des Warschauer Paktes annähern können. Die Rolle Österreichs und der Schweiz als Koordinatoren der jeweiligen Gruppen darf nicht unterschätzt werden. Aus der Studie des Instituts für Weltwirtschaft und Internationale Beziehungen wird deutlich, dass die sowjetischen Sicherheitsexperten die Position der neutralen und nicht-paktgebundenen Staaten in den KSZE-Verhandlungen immer berücksichtigten und deren Haltung in die Erarbeitung der Position des Warschauer Paktes einfloss.

Ab Februar 1987 wurde im Rahmen des Wiener Treffens über die Vergabe der Mandate und über die Zusammensetzung der Teilnehmer für die Erarbeitung der europäischen Sicherheitsfragen zwischen den NATO-Staaten und den Staaten des Warschauer Paktes diskutiert. Der sowjetischen Expertengruppe war es besonders wichtig, Möglichkeiten der Teilnahme der neutralen und nicht-paktgebundenen Länder für die Erarbeitung des Beschlusses über die militärische Reduzierung aufzuzeigen. Es sollten zunächst die materiellen und personellen Disproportionen bei den Streikräften beider Seiten aufgehoben werden. Wer im Vergleich mit dem anderen Block in einer gegebenen Truppenart in Ausrüstung oder Personal überlegen war, musste diese Überlegenheit so weit abbauen, dass Gleichstand erreicht wurde. Das Memorandum der Staaten des Warschauer Paktes vom 11. Juni 1986 forderte dann den Einstieg der neutralen und nicht-paktgebundenen Länder in die dritte Etappe des KSZE-Prozesses im Rahmen der Verhandlungen über den Abbau der Militärpotenziale. Die neutralen und nicht-paktgebundenen Länder zielten auf einen Kompromiss in dieser Frage. Beim Treffen der Außenminister im Mai 1987 auf Zypern wurde entschieden, dass die Fragen der Abrüstung im Rahmen der KSZE-Treffen erarbeitet werden sollten. Damit würden alle KSZE-Staaten am europäischen Abrüstungsprozess teilnehmen und die Interessen der nationalen Sicherheit der einzelnen Staaten in den gesamteuropäischen Prozess einfließen. Diese Lösung garantierte den neutralen und nicht-paktgebundenen Staaten den regulären und vollen Zugang zu Informationen über den Verhandlungsprozess.

---

[21] Vgl. Razoruženie i bezopasnost' [Abrüstung und Sicherheit] 1987, Akademija nauk SSSR [Wissenschaftsakademie der UdSSR], Institut mirovoj ekonomiki i meždunarodnyck otnošenij [Institut für Weltwirtschaft und Internationale Beziehungen], Moskva 1988, S. 385 f.
[22] Ebd., S. 386.

Alle 35 Staaten würden in den Entscheidungsprozess einbezogen. Schon am Ende des Jahres 1987 wurde eine Annäherung der Positionen der beiden Militärblöcke deutlich[23].

Ergebnisse der sowjetischen Reformpolitik

Die Umsetzung der Reformen in der Sicherheitspolitik kann nur im komplexen Zusammenhang zwischen der sowjetischen Außenpolitik und deren Auswirkungen auf die Beziehungen mit den osteuropäischen Ländern einerseits und der innersowjetischen Entwicklung andererseits verstanden werden.

Die Sowjetunion stand vor der Herausforderung, einerseits das Vertrauen der westeuropäischen Partner in die Politik des »Neuen Denkens« zu gewinnen und andererseits das Interesse der osteuropäischen Partner für die Teilnahme an der Reformpolitik zu wecken. Die Idee der Gründung des »gemeinsamen europäischen Hauses« bei gleichzeitigem Fortbestand der Teilung Europas erwies sich als widersprüchlich. Auf diesen Widerspruch und auf die Gefahr der »Flucht« der osteuropäischen Nachbarn wies Dašičev in seiner Situationsanalyse vom Herbst 1988 hin. Das Fehlen eines langfristigen Konzepts für die Transformationsprozesse im Beziehungsgefüge Ost- und Westeuropa auf der Seite der sowjetischen Führung würde die osteuropäischen Bürger zwangsweise zu den westeuropäischen Ländern mit besserem Lebensstandard hinziehen, vor allem aufgrund der Auflockerung der Grenzen zwischen Ost- und Westeuropa. Gleichzeitig legte Dašičev Lösungen zur »Ausarbeitung eines kurzfristigen und langfristigen Konzepts der sowjetischen Politik in Osteuropa«[24] vor.

Die Überwindung der wirtschaftlichen Schwierigkeiten in Osteuropa war die Voraussetzung für die erfolgreiche Umsetzung der sowjetischen Reformpolitik. Dašičev plädierte für die Schaffung »einer kollektiven Grundlage« zur Nutzung des westlichen Markts, unter anderem durch einen entsprechenden Mechanismus im Raum für gegenseitige Wirtschaftshilfe (RGW), und zur »etappenweisen Öffnung der Wirtschaft osteuropäischer Länder«[25]. Dadurch sollte das Terrain für die wirtschaftliche Zusammenarbeit der Sowjetunion mit westlichen Partnern in Kooperation mit ihren osteuropäischen Partnern geschaffen werden.

Das Manko der sowjetischen Reformpolitik gegenüber den osteuropäischen Ländern sah Dašičev darin, dass die Politik der Nichteinmischung in die inneren Angelegenheiten nicht in das Konzept der politischen Zusammenarbeit eingebettet wurde. Die Reform sei kaum mit den osteuropäischen Partnern abgestimmt worden[26]. Das schwächte die sowjetische Position innerhalb des Warschauer Paktes und entfernte die Sowjetunion von ihren osteuropäischen Verbündeten.

---

[23] Vgl. ebd., S. 381 f., 389.
[24] Daschitschew, Moskaus Griff nach der Weltmacht (wie Anm. 12), S. 287.
[25] Ebd., S. 285.
[26] Vgl. ebd., S. 287.

Die zweite Fehlentwicklung der sowjetischen außenpolitischen Umsetzung der Reform ergab sich aus dem innenpolitischen Umbau, der die ambitiösen Ansätze der sowjetischen Führung praktisch im Keim erstickte. Es ging dabei vor allem um die Reorganisation des Parteiapparats während der XIX. Parteikonferenz[27]. Gorbačëv als Generalsekretär »wurde im Laufe seiner eigenen Reformpolitik zur ›Geisel seiner Revolution‹, die immer weniger Akzente setzen und fast nur noch auf die jeweiligen Ereignisse reagieren konnte«[28]. Der zeitliche Zusammenhang zwischen der Entwicklung des Reformkonzepts und dem Verlauf der innenpolitischen Krise, bedingt unter anderem durch das Bremsen der konservativen Kräfte im eigenem Apparat, erklärt, warum die Reform in Ansätzen stecken blieb. Dass Gorbačëvs Vorsätze durch die einseitige Auflösung des Warschauer Pakts überholt wurden, ist die tragische Wende in der Verwirklichung seines Konzepts des »Neuen Denkens«.

Nach dem Ende des Kalten Krieges und dem Verschwinden der Sowjetunion als politische Macht von der internationalen Bühne gewannen die Frage der Rolle Europas und insbesondere jene nach der gemeinsamen europäischen Sicherheit an Bedeutung. Der Versuch, die Politik gegenüber Europa in der sowjetischen Außenpolitik konzeptionell auszuarbeiten und auf der politischen Bühne durchzusetzen, schuf eine stabile politische Grundlage für die Postkonfrontationsära. Er begünstigte den späteren Integrationsprozess und die neu definierten Beziehungen zwischen Russland und den europäischen Staaten. Die Reformen verliefen jedoch nicht ohne Fehlschläge. Der Umbau des politischen Apparats und die Neuverteilung von Kompetenzen ergaben Handlungsspielräume für die bisherigen Machteliten, die diese nutzten, um die neue sowjetische Außenpolitik zu sabotieren. Das schwächte die Stellung des Regierungschefs, dem die politische Entwicklung zusehends entglitt und der die damit entstandene Krise nicht mehr zu bewältigen vermochte.

Mit der »Charta von Paris« im Jahre 1990 und mit der Institutionalisierung des KSZE-Prozesses, das heißt mit der Gründung der Organisation für Sicherheit und Zusammenarbeit in Europa (OSZE), begann eine neue Ära für Europa. Obwohl diese Institution nicht den politischen Einfluss auf die Sicherheitspolitik in Europa besitzt, wie ursprünglich beabsichtigt war, ist sie doch eine wichtige politische Plattform für den Dialog zwischen den einzelnen europäischen Partnern. Die Idee des »gesamteuropäischen Hauses« hat zur Konsolidierung der europäischen Sicherheitspolitik wesentlich beigetragen.

Ohne die neutralen und nicht-paktgebundenen Staaten als Vermittler, deren aktive Teilnahme die Ungleichheiten zwischen den beiden Blöcken ausbalancierte und die NATO-Staaten und die Staaten des Warschauer Paktes näher zusammenbrachte, wäre der Abrüstungsprozess und damit die Annäherung der beiden Blöcke wesentlich erschwert worden. Dass die sowjetische Führung die strategische

---

[27] Vgl. Karen N. Brutenc, Nesbyvšeesja. Neravnodušnye zametki o perestrojke [Das Nichtrealisierte. Nichtgleichgültige Notizen zur Perestrojka], Moskva 2005, S. 152 ff.
[28] Frank Umbach, Das Rote Bündnis. Entwicklung und Zerfall des Warschauer Paktes 1955–1991, Berlin 2005 (= Militärgeschichte der DDR, 10), S. 337.

Bedeutung dieser Staaten für die Umsetzung eigener Interessen erkannt und alles getan hat, um sie so weit wie möglich in den Abrüstungsprozess einzubeziehen, hat den KSZE-Prozess vorangetrieben und zur Überwindung des Systemkonflikts wesentlich beigetragen.

Die österreichischen sicherheitspolitischen Ideen, die während des Dialogs auf höchster politischer Ebene zum Ausdruck kamen, haben Österreich innerhalb der Gruppe der neutralen und nichtpaktgebundenen Staaten während der KSZE-Verhandlungen gestärkt. Die Schweiz hat dazu beigetragen, dass der Austausch zwischen zwei unterschiedlichen Wirtschaftssystemen zustande kam. Schließlich hatte Gorbačëv die Bedeutung des westlichen Know-hows und der westlichen Technologien für die Umstrukturierung der osteuropäischen Wirtschaft erkannt. Die Öffnung der Grenzen, zum Beispiel zwischen Österreich und Ungarn im Juni 1990, und die spätere erfolgreiche Integration der osteuropäischen Staaten in die gemeinsamen Sicherheitsstrukturen wie die OSZE sind Ergebnisse der jahrelangen Zusammenarbeit zwischen den Staaten der beiden Blöcke und der neutralen und nicht-paktgebundenen Staaten.

>»Der Krieg wird nicht mehr erklärt, sondern
fortgesetzt. Das Unerhörte ist alltäglich geworden. Der Held bleibt den Kämpfen fern.
Der Schwache ist in die Feuerzonen gerückt.«
(Ingeborg Bachmann, Alle Tage, 1953)

Dieter Krüger

Die Alpen im Kalten Krieg.
Versuch einer strategisch-politischen Bilanz

I.

Der Kalte Krieg war eine Auseinandersetzung über das Wesen des Menschen und die Modernisierung der Welt. Zwei Weltmächte vertraten gegensätzliche Gesellschaftsordnungen mit universalem Geltungsanspruch[1]. Sie errichteten seit 1945 unter unterschiedlichen ideologischen Vorzeichen Bündnisse und Einflusssphären, zunächst in Europa und Asien, später mit globaler Tendenz. Damit ging der Versuch einher, die Stabilität des eigenen Lagers nach außen und dessen Kohärenz nach innen zu wahren und die des anderen entsprechend zu aufzuweichen. Das lag nicht nur in der Logik des ideologischen Antagonismus. Vielmehr setzte der machtpolitische Gegensatz eine eigene Dynamik frei. Der Kalte Krieg wurde in der Konsequenz als sich selbst regulierendes System rivalisierender Mächte interpretiert – und missverstanden. Tatsächlich hat der Kalte Krieg »the longest period of stability in relations among great powers« hervorgebracht[2]. Allerdings speiste sich der Wettstreit der beiden Weltmächte nicht mehr vorrangig aus dem klassischen Antrieb, Macht zu erhalten und zu erweitern. Anders als im Konzert der Mächte des 19. und frühen 20. Jahrhunderts war die Überzeugung handlungsleitend, dass dem überlegenen eigenen Gesellschafts- und Lebensmodell die Zukunft gehöre. Folgerichtig unterstellte man dem jeweils anderen die Absicht, sein Modell gegen den Strom der Geschichte mit Androhung oder gar dem Einsatz von Gewalt zu verteidigen oder durchzusetzen, sobald die Erfolgsaussichten größer waren als die Risiken.

Die wechselseitige Wahrnehmung als aggressive Bedrohung der eigenen Sicherheit ist ohne das ideologische Axiom kaum zu verstehen. Im Jahre 2006 fand

---

[1] Vgl. Robert Jervis, Identity and the Cold War. In: The Cambridge History of the Cold War. Ed. by Melvyn P. Leffler and Odd Arne Westad, 3 vols., Cambridge 2010, vol. 2: Crisis and Détente, S. 22-43, hier S. 23-27; Wilfried Loth, The Cold War and the social and economic history of the twentieth century, ebd., S. 503-523, hier S. 503-518.
[2] Vgl. John L. Gaddis, The Long Peace. Inquiries into the history of the Cold War, New York [u.a.] 1987, S. 239-245 (Zitat S. 245).

in Stockholm ein von Historikern moderiertes Zeitzeugengespräch statt. Ehemalige Militärs und Sicherheitsexperten beider Seiten waren überrascht, wie ähnlich sie einst gedacht hatten. Jeder hatte sich von der anderen Seite bedroht gefühlt. Und jeder war noch immer überzeugt, dass der einstige Gegner keinerlei Anlass gehabt habe, sich tatsächlich bedroht zu fühlen. Ausschlaggebend dafür waren offensichtlich die Ideologie und deren Denkschablonen, die die Bedrohungsanalyse prägten. In den Worten des amerikanischen Politologen und langjährigen Russlandexperten Robert Legvold waren es: »these glasses that we wore on the two sides, the prism through which we were seeing it, and that is the factor of ideology, which led us to steoreotypes«[3]. Angesichts des finalen »collapse of legitimacy« des europäischen Kommunismus begannen die Historiografen des Kalten Krieges wieder, »to take ideas seriously«[4]. Am Ende verhinderte vor allem die Angst, die Menschheit auszulöschen, den großen Schlagabtausch. Dennoch wurde ein halbes Jahrhundert Krieg geführt[5].

Die relativ eigenständige Dynamik der machtpolitischen Konkurrenz förderte nicht nur gemeinsame Interessen der Weltmächte, sondern gleichfalls ihrer Verbündeten über die Blockgrenzen hinweg. Je unkalkulierbarer die Folgen einer militärischen Entladung des Grundkonfliktes wurden, desto stärker wurde die Neigung, ihn in Form eines politischen Wettstreits auszutragen und die Risiken eines nuklearen Schlagabtauschs unter Kontrolle zu halten. Die Führungsmächte waren bereit, die proportional höheren Kosten ihrer Führungsrolle zu tragen, um von der Gefolgschaft anderer Staaten zu profitieren. In deren Wahrnehmung musste der Zugewinn an Sicherheit größer sein als die Minderung ihrer Handlungsfreiheit. Das galt für die mehr oder minder demokratisch legitimierten nationalen Eliten Westeuropas so gut wie für die kommunistischen Machthaber Osteuropas. Freilich hatten letztere durch ihre meist schwache Akzeptanz in der eigenen Bevölkerung ein besonderes Sicherheitsbedürfnis nach innen.

Beide Lager bedienten sich des ultimativen Machtmittels der Staaten, um ihre Interessen nach außen sicherzustellen – des Militärs. Daher büßte die militärische Machtprojektion zu keinem Zeitpunkt ihre zentrale Bedeutung ein. Spätestens nach Ausbruch des Koreakrieges im Sommer 1950 hatte die Systemkonkurrenz die Züge einer militärischen Konfrontation angenommen. Nur in Europa und in der unmittelbaren Frontstellung der Supermächte auf See und in der Luft mutierte der Gegensatz zum kalten Rüstungswettlauf. In der afrikanisch-asiatischen Peripherie kam es dagegen immer wieder zu Kolonial- und Stellvertreterkriegen. Deren Ursachen lagen meist nicht allein im Kalten Krieg begründet, Verlauf und Ergebnis dieser Konflikte wurden aber stets wesentlich durch ihn bestimmt. Andererseits

---

[3] Military Planning for European Theatre Conflict. An oral history roundtable, Stockholm 24-25 April 2006. Ed. by Jan Hoffenaar and Christopher Findlay, Zürich 2007, S. 198.

[4] John L. Gaddis, We now know. Rethinking Cold War History, Oxford 1997, S. 285; sowie Odd Arne Westad, The Cold War and the international history of the twentieth century. In: The Cambridge History of the Cold War (wie Anm. 1), vol. 1: Origins, S. 1-19, hier S. 13-16; Jervis, Identity (wie Anm. 1), S. 31 f., 43.

[5] Vgl. Henri-Georges Soutou, La Guerre de Cinquante Ans. Les relations Est-Ouest 1943-1990, Paris 2001.

beeinflussten diese Konflikte den Kalten Krieg maßgeblich, denn operative und rüstungstechnische Erkenntnisse aus solchen Kolonial- und Stellvertreterkriegen gingen in die entsprechenden Planungen der Bündnisse ein. Unter den Vorzeichen des Rüstungswettlaufs als einem zentralen Feld der Systemkonkurrenz beeinflussten sich mithin wechselseitig militärische Analysen und Pläne, ideologische Kategorien, politische Ziele und strategische Absichten.

Angesichts ihres schwächeren Potenzials lag für kleine und mittlere Staaten der Beitritt zu einem Bündnis nahe, das ihren Streitkräften überhaupt erst ermöglichte, politische und militärische Macht zu projizieren. Das Beispiel Italiens erscheint dafür typisch. Die NATO-Mitgliedschaft gewährleistete Stabilisierung nach innen, Sicherheit nach außen und einen beachtlichen politischen Handlungsspielraum im Konzert der europäischen Mächte bei insgesamt doch erträglichen Aufwendungen für das eigene Militär. In der Zwischenkriegszeit hatte es zahlreiche neutrale Staaten auf dem europäischen Kontinent gegeben. Bis auf zwei waren alle vom Deutschen Reich militärisch besiegt und besetzt worden oder sie hatten sich diesem aus mehr oder weniger freien Stücken angeschlossen[6]. Vor dem Hintergrund dieser Erfahrung galt diesen Staaten die Neutralität nach 1945 nicht mehr als Königsweg, um sich aus den europäischen Händeln herauszuhalten und dadurch ihre Souveränität zu bewahren. Alle ehemals von Deutschland eroberten Klein- und Mittelstaaten Westeuropas entschieden sich für das Bündnis mit den Vereinigten Staaten. Offensichtlich rechtfertigte die Gefahr, abermals seine Souveränität zu verlieren, die Einbuße an Souveränität, wenn man sich an einen Hegemon anlehnte. Nur in den Augen der Schweizer und Schweden hatte sich die Neutralität bewährt. Sicher hatte man das eine oder andere trübe Geschäft mit dem Deutschen Reich gemacht und ihm manche Konzession eingeräumt, solange den Deutschen das Kriegsglück noch hold schien. Aber diese Angelegenheiten waren vorläufig nicht ans Licht der Öffentlichkeit gekommen.

Die Schweiz hielt an ihrem über Jahrhunderte gewachsenen Neutralitätsverständnis fest. Dabei bestanden weder bei den Schweizern selbst noch in den beiden Bündnissen Zweifel an der Rolle der Schweiz als gleichsam ideelles Mitglied des westlichen Lagers. Schweden blieb ebenfalls seiner seit dem Ersten Weltkrieg eingeschlagenen Linie treu und damit der Nordatlantischen Allianz fern, nachdem seine Sondierungen gescheitert waren, ein eigenständiges nordisches Sicherheitssystem einzurichten[7]. Das Beispiel Jugoslawien zeigt, dass sich der fragile kommunistische Vielvölkerstaat an der Nahtstelle der Blöcke aus dem engen Verhältnis zu Stalin zu lösen und auf Äquidistanz zu beiden Bündnissen zu gehen vermochte. Allerdings gelang dies einem charismatischen Oberbefehlshaber und Staatschef von »originärer Legitimität«[8] dank starker Streitkräfte. Im Zweifel ließ Josip Broz Tito jedoch ebenso wie seine Kollegen im sowjetischen Machtbereich die Ge-

---

[6] Die autoritären Diktaturen der iberischen Halbinsel verhielten sich dem Deutschen Reich gegenüber wohlwollend neutral und standen dessen Herrschaftsform nahe.
[7] Vgl. Wilhelm Agrell, Silent allies and hostile neutrals. Nonaligned states in the Cold War. In: War Plans and Alliances in the Cold War. Threat perceptions in the East and West. Ed. by Vojtech Mastny [u.a.], London [u.a.] 2006, S. 141–162, hier S. 151–153.
[8] Marie-Janine Calic, Geschichte Jugoslawiens im 20. Jahrhundert, München 2010, S. 338.

heimpolizisten von der Kette. Jugoslawien war mithin neutral bzw. blockfrei, aber keine Demokratie. Österreich stand geopolitisch zwischen seinen beiden neutralen Nachbarn: westlich orientiert, in zunehmender Distanz zu beiden Bündnissen und anders als seine neutralen Nachbarn militärisch schwach gerüstet.

Die Ost- und Zentralalpen wurden seit 1955 von diesen drei neutralen Staaten geprägt. Sie schoben sich wie ein Korridor in die militärische Phalanx der Nordatlantischen Allianz hinein. Deren erste Widerstandslinie verlief in der Bundesrepublik Deutschland und Italien. Beide waren Frontstaaten und Alpenanrainer. Der Schweizer und der französische Alpenraum bildeten gleichsam das rückwärtige Gebiet der beiden exponierten NATO-Staaten. Gedanklich verlief die westliche Widerstandslinie stets durch Österreich oder über dieses hinweg. Westösterreich und vor allem die Schweiz wurden als alpine Bollwerke mitbedacht, die sich im Falle eines umfassenden Angriffs des Warschauer Paktes der NATO anschließen würden und damit die Lücke zwischen Mittel- und Südeuropa schlössen.

II.

Der Raum ist das Schicksal des Menschen. Sein Leben vollzieht sich in der Zeit. Folgerichtig nimmt die Historiografie der Alpen im Kalten Krieg – im vorliegenden Band vornehmlich der Ost- und Zentralalpen – ihren Ausgang von der Geografie und der Geschichte. Letztere wird durch die geostrategische und geopolitische Bedeutung geprägt, welche die Alpen im Konzert der europäischen Mächte von der Antike bis zur Gegenwart besaßen. In militärischen Plänen und Operationen treffen die in ihren geologischen Grundzügen nach menschlichem Ermessen kaum veränderte Geografie und die zeitbedingten Ziele der Politik in spezifischer Weise aufeinander, wie der Beitrag *Vladimir Prebilič*[9] für Slowenien zeigt. *Reinhard Mang* beschreibt die Alpen als im Weltmaßstab räumlich vergleichsweise kleines Hochgebirge. Wie ein Wall liegt das von der Nordspitze der Adria bis ans Ligurische Meer reichende Gebirge vor der Poebene und Apenninhalbinsel. Alle Landverbindungen zwischen West- bzw. Mitteleuropa und Italien verlaufen durch die engen Täler und über die hohen Pässe der Alpen mit ihren besonderen klimatischen Bedingungen und Gefahren.

Claudia Reichl-Ham legt in ihrem militärgeschichtlichen Rückblick dar, wie die jeweiligen Akteure ihre politischen Ziele mittels militärischer Operationen in diesem Raum umzusetzen versuchten. Die Kontrolle der durch das Hochgebirge führenden Verkehrswege war die Voraussetzung für eine über die Alpen zielende Expansion der Alpenanrainer und eine gute Grundlage für den Schutz gegen solche Übergriffe. Diese Erfahrung – damit eröffnet *Reichl-Ham* – machten bereits die Römer. Sie wurden 218 v.Chr. von Hannibal auf dem Landweg über Spanien und die Westalpen direkt in Italien angegriffen. Zu Zeiten Napoleons und des russischen Generals Aleksandr V. Suvorov 1799/1800 waren solche kühnen Operatio-

---

[9] Die kursiv gesetzten Namen verweisen auf die jeweiligen Einzelbeiträge des Bandes.

nen nichts mehr wirklich Besonderes. Sie waren aber immer noch ein Himmelfahrtskommando für die beteiligten Soldaten. Wie zu Zeiten Hannibals machten ihnen die Unbilden der Natur ebenso zu schaffen wie die Mühen des Geländes, das der jeweilige Gegner zu nutzen wusste.

Die Unterwerfung des Alpenraums und seines nördlichen und östlichen Vorfeldes schützte das Römische Reich vor Barbareneinfällen. Nicht zufällig errichteten die Römer, wie *Prebilič* erwähnt, eine befestigte Grenzlinie zwischen den Julischen Alpen und dem Golf von Rijeka. Denn die slowenische Übergangszone bot die beste Möglichkeit zum Durchbruch nach Italien. Kaum verwunderlich tobten in dieser Region die Schlachten des Ersten Weltkrieges; und die Offiziere in den Operationsabteilungen der NATO rechneten stets mit einem massiven Durchbruchsversuch sowjetischer Divisionen an eben dieser Einfallspforte. Die Kontrolle der Alpen war freilich auch die Voraussetzung der römischen Expansion aus dem Kernland jenseits des Apennins in das keltisch und germanisch besiedelte West- und Mitteleuropa. Das Römische Reich nahm damit die nicht immer gleichermaßen erfolgreichen Versuche späterer Alpenanrainer vorweg. So griff der Territorialstaat Bayern bis zum Wiener Kongress immer wieder vergeblich nach Tirol. Die Habsburger errichteten im 14. Jahrhundert im Ostalpenraum ein relativ geschlossenes Herrschaftsgebiet, dagegen misslang ihnen die Unterwerfung der Talschaften um den Vierwaldstättersee. Die Ausrichtung des mittelalterlichen Kaiserreichs nach Italien war ein Erbe der Römer und der Karolinger. Der Weg zur Krönung des künftigen Kaisers in Rom führte über die Alpenpässe. Die Pässe der Zentralalpen verbanden die Poebene und das Mittelmeer direkt mit dem Rhein, der wirtschaftlichen, kulturellen und politischen Schlagader des mittelalterlichen Reiches. Die Kaiser verliehen den Schweizer Talschaften und den vorgelagerten Städten im 13. Jahrhundert Privilegien, um die Pässe als Achsen ihrer imperialen Machtpolitik zu sichern. Damit hatten sie den Grund für die spätere Eidgenossenschaft und deren Neutralität als Hüterin der Pässe bereitet.

Freilich waren die Alpen nicht nur Übergangs- und »Kontaktraum« (*Prebilič*), in dem sich Germanen, Romanen, Slawen und Magyaren begegneten. Die Alpen waren auch Rückzugsraum. Beim Untergang des Römischen Reiches zog sich die keltisch-romanische Bevölkerung vor den heranrückenden Alemannen in die Täler der Hochalpen zurück, wo sie bis heute als Rätoromanen und Ladiner eine eigenständige Sprache und Kultur pflegen. Die Alpen als schwer zugängliches Bollwerk, in dem eine durch die Natur abgehärtete und selbstbewusste Bevölkerung sich den Herrschaftsansprüchen aus der Ebene widersetzt, ist ein narrativer Topos. Er kennzeichnet den Gründungsmythos der Eidgenossenschaft. Ähnlich verhält es sich mit den Tirolern. Der Kampf der legendären Herzogin Margarete (»Maultasch«) von Tirol im 14. Jahrhundert, der von *Reichl-Ham* geschilderte Aufstand der Bauern und Bergknappen gegen eine bedrückende Obrigkeit im frühen 16. Jahrhundert, der Widerstand gegen den bayerisch-französischen Einmarsch während des Spanischen Erbfolgekriegs 1703, der Aufstand gegen die bayerisch-französische Herrschaft unter Napoleon und schließlich die Sprengstoffattentate gegen italienische Einrichtungen in den frühen 1960er Jahren gelten als historische Bezugspunkte des Selbstbewusstseins einer nationalen Minderheit, die ihre Region längst in eine der führenden Wohlstandszonen Europas verwandelt hat.

Die eingebildeten, geplanten und verwirklichten Bollwerke des 20. Jahrhunderts zehren von diesem Topos. Das gilt für die Alpenfestung, die General Henri Guisan gegen einen Angriff des Dritten Reiches anlegte und welche die Schweiz bis ans Ende des Kalten Krieges ausbaute und pflegte. Immerhin war das Alpenréduit eine heute bizarr anmutende, aber höchst reale Einrichtung[10]. Dagegen war die Alpenfestung der Nationalsozialisten ein Bluff. Er beeindruckte die Gemüter der angelsächsischen Strategen nichtdestoweniger so nachhaltig, wie *Felix Schneider* zeigt, dass sie 1945 von einem Wettlauf mit den Sowjets nach Berlin Abstand nahmen und zunächst nach Süddeutschland einschwenkten. Als die amerikanischen Infanteristen schließlich in die Alpentäler vorstießen, so *Maurizio Cremasco*, waren sie beeindruckt, wie sehr die Alpentäler den Verteidiger begünstigten. Die Alpenfestung des Generals Marie Émile Antoine Béthouart[11], der nach 1945 die französischen Besatzungstruppen in Tirol und Vorarlberg kommandierte, bestand vor allem aus geplanten und teilweise vorbereiteten Sperren der alpinen Verkehrswege. Mit dem französischen Hang zur Geschichtssymbolik legte Béthouart 1950 ausgerechnet am Denkmal von Andreas Hofer in Innsbruck feierlich einen Kranz nieder. Napoleon hatte den Führer des Tiroler Volksaufstands 1810 hinrichten lassen; jetzt galt es, den historischen Mythos gegen eine vermeintliche oder tatsächliche neue Bedrohung aus dem fernen Osten zu reaktivieren. Dabei hat die deutschsprachige Bevölkerung Südtirols in der italienischen Verwaltung die viel näher liegende Gefährdung ihrer Identität gesehen. Vermutlich als Vergeltung für Bombenanschläge auf ein dem einstigen Diktator Benito Mussolini nachempfundenes Reiterstandbild aus Aluminium im Südtiroler Waidbruck wurde der bronzene Hofer 1961 vom Sockel seines Denkmals gesprengt. Die Vorstellung eines alpinen Bollwerks in Österreich geisterte auch durch die Köpfe der frühen NATO-Strategen[12] – und beschäftigte sogar den Chef der Operationsabteilung im ehemaligen Oberkommando des Heeres, Adolf Heusinger[13], der damit das Ziel verband, einen sowjetischen Vorstoß durch Deutschland, Italien und Frankreich aufzuhalten.

Der Topos des Bollwerks verknüpfte sich mit dem des Rückzugs aus der Ebene. Der von dort herandrängende Gegner sollte in dem – für den Verteidiger ebenso bekannten wie günstigen und für den Angreifer gleichermaßen unbekannten wie schwierigen – Gelände nach Möglichkeit geschlagen, aber wenigstens in

---

[10] Vgl. Hans Rudolf Fuhrer und Marc Ramel, Réduit I, Zürich o.J., bes. S. 11–14; Roberto Bernhard, Das Reduit. Mythen und Fakten, Biel 2007.

[11] Vgl. Bruno W. Koppensteiner, Béthouarts Alpenfestung. Militärische Planungen und Verteidigungsvorbereitungen der französischen Besatzungsmacht in Tirol und Vorarlberg. In: Österreich im frühen kalten Krieg 1945–1958. Spione, Partisanen, Kriegspläne. Hrsg. von Erwin A. Schmidl, Wien [u.a.] 2000, S. 193–237.

[12] Vgl. Dieter Krüger, Brennender Enzian. Die Operationsplanung der NATO für Österreich und Norditalien 1951 bis 1960, Freiburg i.Br. 2010 (= Einzelschriften zur Militärgeschichte, 30), S. 21, 24, 29.

[13] Vgl. Georg Meyer, Adolf Heusinger, Dienst eines deutschen Soldaten 1915 bis 1964, Hamburg [u.a.] 2001, S. 371 f.

verlustreiche Abnutzungskämpfe verstrickt werden. Schweizer Armeefilme aus den 1970er Jahren reflektieren diese Verknüpfung der militärischen Operationsführung in alpinem Gelände mit der Programmatik des wehrhaften Kleinstaates im Atomzeitalter. Nahezu jede Einstellung und jeder Kommentar atmet den Geist des Bollwerks[14]. *Reichl-Ham* schildert den Sieg der Eidgenossen über die Habsburger in der Schlacht am Morgarten 1315 und die Verteidigung Vorarlbergs gegen die Schweden 1647 als Beispiele einer asymmetrisch geführten Schlacht gegen einen nach hergebrachten Regeln überlegenen Gegner in teilbefestigtem alpinem Gelände[15]. Einem vergleichbaren Konzept folgten italienische Militärs, so *Cremasco*, und die Operationsplaner der Heeresgruppe Süd der NATO. Sie wollten sich nicht nur des bereits vor dem Zweiten Weltkrieg angelegten Alpenwalls an der italienisch-österreichischen Grenze bedienen.

Die meistenteils italienischen NATO-Militärs planten noch vor dem Ende der Besatzungszeit, die Taleingänge und Passzugänge in Österreich mit kleinen Verbänden von maximal einem verstärkten Bataillon, aber unter Zuhilfenahme von Atomsprengköpfen gegen je ein bis zwei sowjetische Divisionen zu verteidigen[16]. Nicht zufällig hätte sich eine dieser Operationen an derselben Stelle abgespielt wie der von *Reichl-Ham* geschilderte Kampf um die Festung Kufstein im Bayerischen Erbfolgekrieg von 1504/1505. Der NATO-Plan aus der Zeit nach 1955, dem Gegner im Inntal mit mehreren Verzögerungspunkten und Verteidigungsstellungen den Vormarsch gegen Brenner- und Reschenpass zu erschweren, folgte dem gleichen Gedanken, das strategisch wichtige Tal zu verteidigen[17]. Die österreichische Raumverteidigung der 1970er Jahre sah ebenfalls eine alpine Kernzone vor, in die man sich kämpfend zurückzog. Kaum verwunderlich, taucht Kufstein auch hier als »selbstständiger Schlüsselraum« auf[18]. In der Schweiz war die Idee *en vogue*, das Vorland zwar hart kämpfend aufzugeben und sich ins Alpenréduit zurückzuziehen, um die Besatzungstruppen des Gegners dann mit dem »totalen Widerstand«[19] der Bevölkerung zu konfrontieren. Die westlichen Besatzungsmächte, so *Erwin Schmidl*, hatten schon früh in Österreich Waffenlager für Partisanen angelegt. Sie sollten sich überrollen lassen, um im Rücken der Front dem Gegner zuzusetzen. Freilich war das kein spezifisches Vorgehen für den Alpenraum, sondern

---

14 Vgl. Hans Rudolf Fuhrer und Matthias Wild, Alle roten Pfeile kamen aus Osten – zu Recht? Das Bild und die Bedrohung der Schweiz 1945-1966 im Licht östlicher Archive, Baden 2010 (= Der Schweizer Generalstab, 11), Beilage 1: Das moderne Kriegsbild, 1971-1973; Kleinstaat mit Chancen, 1978.
15 Die militärische Funktion der Palisaden bzw. Letzinen wird im Fall der Schlacht von Morgarten infrage gestellt. Vgl. Michael Hess, Die Schlacht am Morgarten 1315, Zürich 2003, S. 17-20.
16 Vgl. Krüger, Brennender Enzian (wie Anm. 12), S. 64-66.
17 Vgl. ebd., S. 103-108.
18 Vgl. Hannes Philipp, Der Operationsfall »A«. Gesamtbedrohung im Zeichen der Raumverteidigung, 1973-1991. In: Zwischen den Blöcken. NATO, Warschauer Pakt und Österreich. Hrsg. von Manfried Rauchensteiner, Wien 2010, S. 325-386, hier S. 345.
19 Vgl. Hans von Dach, Der totale Widerstand. »Kleinkriegsanleitung für jedermann«, 6. Aufl., Zürich 1997 (Erstausgabe 1957). Das Büchlein diente 1961 den Südtiroler Bombenlegern als Handlungsanleitung. Vgl. Der Spiegel, 4.3.1964 (Interview mit Luis Amplatz).

fügte sich in das – angelsächsisch inspirierte und bis zum Ende des Kalten Krieges durchgehaltene – »Stay behind«-Konzept der NATO ein[20].

Die Geopolitik der Alpen im Kalten Krieg war, das reflektiert auch die Retrospektive *Reichl-Hams*, zunächst ein Produkt der Staatenbildung und der Kriege in diesem Raum seit dem späten Mittelalter. Der einzige echte Passstaat war der im 14. Jahrhundert entstandene föderale Zusammenschluss der Eidgenossen, deren Territorialstaatsbildung zu Beginn des 16. Jahrhunderts zum Abschluss kam. Das Herzogtum Tirol ging im Erzherzogtum Österreich auf. Ausgehend von diesen Stammlanden und der nahezu während des gesamten 18. Jahrhunderts behaupteten Kaiserkrone des Heiligen Römischen Reiches Deutscher Nation, gelang es den Habsburgern im 19. Jahrhundert, den ostmitteleuropäischen Vielvölkerstaat der Doppelmonarchie zu errichten. Aus dem alpinen Savoyen entstand über verschiedene Vermittlungsschritte das Königreich Sardinien-Piemont. Es einigte ebenfalls im 19. Jahrhundert – gegen den Widerstand der Habsburger – Italien. Dabei trat es das alpine Stammland Savoyen an den Bündnispartner Frankreich ab. Die politische Dreiteilung des Alpenraums in den westlichen französischen, den mittleren Schweizer und den östlichen, vorwiegend österreichischen – und kleinen deutschen – Teil war damit abgeschlossen. Denn Bayern schloss sich 1871 dem Deutschen Reich an. Zugleich rückten die alpinen Regionen an die Peripherie der europäischen Großmächte Frankreich, Italien, Deutschland und Österreich-Ungarn, deren Grenzen jetzt in den Alpen verliefen.

Während sich die Verhältnisse in den West- und Zentralalpen nicht zuletzt dank der von allen Großmächten respektierten Neutralität der Schweiz dauerhaft stabilisiert hatten, barg der von deutschsprachigen Österreichern, Italienern und Slawen besiedelte Südabhang der Ostalpen im Verbund der Doppelmonarchie politischen Zündstoff. Die Idee eines eigenen südslawischen Staates ergriff zusehends Herzen und Köpfe der jugendlichen Intelligenz in den österreichisch-ungarischen Territorien auf dem Balkan. Zwar konkurrierten die südslawischen Völker in ihrem Nationalismus auch untereinander, aber im Gegensatz zur Donaumonarchie waren sich alle einig. Die Brennergrenze und der Anschluss Triests und Istriens zu Lasten Österreich-Ungarns galten wiederum vielen Italienern als notwendiger Abschluss des *Risorgimento*, also ihrer Nationalstaatsbildung. Wie alle anderen Pulverfässer Europas explodierte auch dieses im Ersten Weltkrieg. Die gegnerischen Koalitionen traten nun in den Alpen entlang der Grenze zwischen Italien und Österreich-Ungarn gegeneinander an. Italien hatte bereits im 19. Jahrhundert Infanterieverbände (*Alpini*) aufgestellt, die für den Kampf im Gebirge besonders befähigt waren. Sie bildeten bis zum Ende des Kalten Krieges eine zentrale Komponente der italienischen Landstreitkräfte. Dagegen, so *Helmut R. Hammerich* und *Reichl-Ham*, zogen Österreich-Ungarn und das Deutsche Reich (»Deutsches Al-

---

[20] Vgl. Walter Blasi und Wolfgang Etschmann, Überlegungen zu den britischen Waffenlagern in Österreich; sowie M. Christian Ortner, Die amerikanischen Waffendepots in Österreich. In: B-Gendarmerie, Waffenlager und Nachrichtendienste. Der militärische Weg zum Staatsvertrag. Hrsg. von Walter Blasi, Wien [u.a.] 2005, S. 139–170; Daniele Ganser, NATO-Geheimarmeen in Europa. Inszenierter Terror und verdeckte Kriegsführung, Zürich 2005.

penkorps«) im Wesentlichen erst während des Ersten Weltkrieges mit der Aufstellung von Gebirgstruppen nach. Deren – ursprünglich nicht geplante – Wiederkehr bei der Aufstellung der Bundeswehr ab 1956 ging nicht zuletzt auf den aus Bayern stammenden Verteidigungsminister Franz Josef Strauß zurück.

Der Misserfolg der österreichisch-ungarischen Offensive 1916 in Südtirol bestätigte die Lehren Carl von Clausewitz' über den Gebirgskrieg[21]: Die Geografie begünstigt den zahlenmäßig unterlegenen Verteidiger, namentlich wenn er sich auf Geländesperren abzustützen vermag. Sobald der Verteidiger jedoch in die Offensive geht, bekommt nun er die Nachteile der Unbeweglichkeit und des Zwangs zum überproportional hohen Kräfteansatz zu spüren. Entsprechend schwer sind entscheidende militärische Erfolge im Gebirge zu erzielen. Trotz des Einsatzes aller Mittel, die den Industriestaaten zur Verfügung standen, gelang es keiner Seite, so zeigt *Reichl-Ham*, aus dem Hochgebirge heraus eine Offensive rasch zum Erfolg zu führen. Im Gegensatz zu früheren Epochen, wo es um Pässe und Täler ging, rückten in der Ära weittragender Waffen und zusammenhängender Frontlinien auch die Alpengipfel ins Visier der Operationsoffiziere. Folgerichtig wurde mancher Gipfel einfach weggesprengt. Nur aus dem slowenischen Karst heraus vermochten die österreich-ungarischen Streitkräfte 1918 – und nachdem die Italiener ihre Kräfte hier in zwölf vergeblichen Offensiven verschlissen hatten – bis in die Poebene vorzudringen. Am Ausgang des Krieges änderte das zwar nichts mehr. Aber italienische Militärs sahen künftig im julisch-venetischen Grenzgebiet eine gefährliche Einfallspforte. Zugleich boten die Alpenübergänge in nord-südlicher Richtung dem Gegner die Chance, den zum Schutz der Poebene westlich des Isonzo aufmarschierenden eigenen Streitkräften in den Rücken zu fallen. Die Isonzoschlachten des Ersten Weltkrieges nahmen bereits die Drehung der bislang für den Alpenraum typischen geostrategischen Nord-Süd-Achse in die Ost-West-Richtung des Kalten Krieges vorweg.

Die Friedensverträge der Jahre 1919/20 lösten kaum ein europäisches Problem, schufen jedoch zahlreiche neue. Italien erreichte den Brenner und Istrien. Es inkorporierte damit erhebliche deutschsprachige und slawische Minderheiten. Der Faschismus wollte diese Volksgruppen rigoros italienisieren. In der Konsequenz sollte die italienische Republik nach 1946 zwei Hypotheken erben: die Triest- und die Südtirolkrise. Slowenien ging 1919 in dem neu geschaffenen, von Serbien dominierten, aber von zahlreichen Ethnien geprägten zentralistischen Einheitsstaat Jugoslawien auf. Dagegen wurde dem kleinen deutschsprachigen Österreich mit der nunmehr völlig hypertroph wirkenden Metropole Wien untersagt, sich dem Deutschen Reich anzuschließen. Es entstand so eine zweite reine Alpenrepublik – das Produkt politischer Willkür ohne gewachsene Identität. Österreich ging das Nationalbewusstsein der Schweiz ebenso ab wie deren relative wirtschaftliche und militärische Stabilität. Wie die übrigen Nachfolgestaaten der Donaumonarchie

---

21 »Solange also die Bewegungen allein die Sache des Angreifenden sind, solange hat der Verteidiger ein entschiedenes Übergewicht, sobald aber der Verteidiger das Prinzip der Bewegung auch anwenden will, so hört dieser Vorteil auf«. Carl von Clausewitz, Vom Kriege, Sechstes Buch, Kap. XV.

gehörte Österreich zu den zwischen dem Deutschen Reich und der Sowjetunion eingezwängten Klein- und Mittelstaaten. Frankreich versuchte, den Raum als Cordon sanitaire sowohl gegenüber Deutschland wie der Sowjetunion einzurichten. Wirtschaftlich schwach, sozial erschüttert und von Nationalitätenkonflikten gezeichnet, driftete dieser Raum jedoch in den Einflussbereich des nationalsozialistischen Deutschen Reiches.

III.

Am Ende des Zweiten Weltkrieges wechselten alle Nachfolgestaaten der Donaumonarchie mit Ausnahme Österreichs in den Einflussbereich der Sowjetunion. Mit dem kommunistischen Putsch in Prag im März 1948 wurde auch die letzte noch verbliebene Demokratie in Osteuropa durch eine stalinistische Diktatur ersetzt. Die Wiederherstellung der Republik Österreich war, so skizziert *Erwin Schmidl*, nicht zuletzt ein Ergebnis der letzten Kriegsmonate. Österreich wurde zwar wie Deutschland von den Siegermächten in Besatzungszonen aufgeteilt. Anders als Deutschland konnte die Alpenrepublik – trotz der sowjetischen Besatzung in Ostösterreich – jedoch ihre staatliche Einheit wiedergewinnen und bewahren. Italien behauptete die Brennergrenze, verlor aber fast ganz Julisch Venetien, das gesamte Istrien und die früheren dalmatinischen Gebiete an Jugoslawien. Als Problem für die künftige Operationsplanung der NATO sollte sich namentlich der Verlust der Isonzogrenze am Oberlauf des Flusses herausstellen.

Die siegreichen jugoslawischen Kommunisten spielten zunächst die Rolle der Avantgarde bei der kommunistischen Gleichschaltung Osteuropas. Dabei schreckten sie auch vor Säuberungswellen und Massenliquidationen nicht zurück, die kennzeichnend waren sowohl für die nationalsozialistische wie die stalinistische Politik. Mit ihren Ansprüchen auf Kärnten, mit der Besetzung ehemals italienischer Gebiete und mit der Unterstützung der griechischen Kommunisten im dortigen Bürgerkrieg trat das kommunistische Jugoslawien als expansive Regionalmacht auf. Zu einer ersten Machtprobe zwischen Ost und West kam es im Vorfeld der Ostalpen, als die Jugoslawen am 30. April 1945 Triest besetzten. Während des Krieges hatten die Westmächte angesichts der komplexen ethnischen und politischen Lage in dem umstrittenen Grenzland keine einheitliche und eindeutige politische Linie hinsichtlich der künftigen Behandlung Julisch Venetiens gefunden. Jetzt drohte sogar eine bewaffnete Auseinandersetzung mit den jugoslawischen Streitkräften[22]. Der sowjetische Diktator Stalin zwang Tito, die Stadt den Briten und Amerikanern zu überlassen. Diese errichteten Garnisonen, um eine Annexion zu verhindern. Ähnlich verhielt es sich in der Frage der Grenze zu Österreich in Kärnten. Titos außenpolitische Ziele waren eben nur teilidentisch mit denen Sta-

---

[22] Vgl. Roberto G. Rabel, Trieste, the United States, and the Cold War, 1941–1954, London 1988, S. 17–73; sowie zur Entwicklung des Nationalitätenkonflikts seit dem 19. Jahrhunderts Rolf Wörsdörfer, Krisenherd Adria 1915–1955. Konstruktion und Artikulation des Nationalen im italienisch-jugoslawischen Grenzraum, Paderborn [u.a.] 2004.

lins. Vor allem aber gebärdete sich der Kroate weitaus selbstständiger, als Stalin erwartete. Schon während des Krieges hatte dieser den Elan seiner jugoslawischen Genossen da gebremst, wo er negative Effekte auf sein Verhältnis zu den Westmächten fürchtete. Die jugoslawische Partisanenarmee wurde gleichwohl nach Kriegsende vollständig nach dem sowjetischen Modell ausgerichtet. Das U.S. Joint War Planning Committee traute den jugoslawischen Streitkräften 1946 zu, ohne sowjetische Unterstützung in 20 Tagen bis Mittelitalien vorzustoßen. Mit sowjetischer Hilfe hätten sie angeblich in 60 Tagen Rom und in weniger als drei Monaten die Meerenge von Messina erreicht[23].

Im Zuge des Italienischen Friedensvertrags von 1947 wurde das Freie Territorium Triest eingerichtet. Es bestand aus der von den westlichen Besatzungsmächten besetzten Stadt Triest (Zone A) und derem istrischen Hinterland (der flächenmäßig doppelt so großen Zone B), das die jugoslawischen Streitkräfte besetzt hatten. Was als multi-ethnischer Staat unter dem Schutz der Vereinten Nationen gedacht war, scheiterte als Konglomerat aus zwei auseinanderdriftenden Besatzungszonen, die von beiden Kontrahenten beansprucht wurden[24]. *Miljan Milkic* schildert am Beispiel der jugoslawischen Militärregierung der Zone B und ihres gespannten Verhältnisses zur anglo-amerikanischen Militärregierung der Zone A die allmähliche Integration dieses Gebietes in den Staatsverband der Föderation Jugoslawien. Wie *Schmidl* und *Prebilič* betonen, verschob der Bruch zwischen Tito und Stalin 1948 zwar die politischen und militärischen Gewichte im Ostalpenraum zugunsten des Westens[25]. Triest blieb jedoch vorläufig, so auch *Cremasco*, ein italienisch-jugoslawischer Zankapfel. Rom fürchtete eine Annäherung zwischen den Westmächten und Tito zu Lasten der eigenen Interessen in Triest. Italiens Bereitschaft zu direkten Gesprächen mit Belgrad war gering. Tatsächlich zeichnete sich 1949 sowohl bei den Westmächten wie bei den Jugoslawen eine Neigung zur Teilung des Territoriums ab[26].

Eine bislang wenig bekannte Episode des frühen Kalten Krieges beschreibt *László Ritter*[27]. Die Auffassung, es habe nur einen Kalten Krieg gegeben, nämlich »den in den Schattenzonen der verschiedenen, miteinander konkurrierenden offi-

---

[23] Vgl. Arnold Suppan, Austria and its neighbours in the East, 1945-1989. In: Peaceful Coexistence or Iron Curtain? Austrian Neutrality, and Eastern Europe in the Cold War and Détente, 1955-1989. Ed. by Arnold Suppan and Wolfgang Mueller, Wien [u.a.] 2009, S. 30-63, hier bes. S. 50-52; Dmitar Tasić, Jugoslawien im Kalten Krieg 1945-1961: Staat, Ideologie, Außenpolitik und Streitkräfte. In: Militär und Staatssicherheit im Sicherheitskonzept der Warschauer-Pakt-Staaten. Hrsg. von Torsten Diedrich und Walter Süß, Berlin 2010 (= Militärgeschichte der DDR, 19), S. 91-102, hier S. 91-93; Beatrice Heuser, Western Containment Policies in the Cold War. The Yugoslav Case, 1948-53, London [u.a.] 1989, S. 27-35; Wilhelm Agrell, Silent allies and hostile neutrals. Nonaligned states in the Cold War. In: War Plans and Alliances in the Cold War (wie Anm. 7), S. 141-162, hier S. 147; Rabel, Trieste (wie Anm. 22), S. 74-91.
[24] Vgl. Rabel, Trieste (wie Anm. 22), S. 91-122; Calic, Geschichte Jugoslawiens (wie Anm. 8), S. 178 f.
[25] Vgl. auch Heuser, Western Containment Policies (wie Anm. 23), S. 155-158.
[26] Vgl. auch Rabel, Trieste (wie Anm. 22), S. 122-147.
[27] Der informative Überblick von Krisztián Ungváry und Gabor Tabajdi, Ungarn. In: Handbuch der kommunistischen Geheimdienste in Osteuropa 1944-1991. Hrsg. von Łukasz Kamiński [u.a.], Göttingen 2009, S. 481-554, enthält keinen Hinweis auf den ungarisch-jugoslawischen Geheimdienstkrieg.

ziellen und inoffiziellen Geheimdienste«[28], bestätigt dieser Beitrag eindrucksvoll. Freilich dachte der englische Historiker Eric Hobsbawm – und denken Generationen von Kinogängern – an den längst zum Mythos geronnenen verdeckten Kampf zwischen den östlichen und westlichen Nachrichtendiensten. Das schloss die Rivalität der Dienste derselben Seite, ja desselben Staates untereinander ausdrücklich ein. Geradezu klassisch waren Wien und Berlin Tummelplätze für Agenten beider Seiten. Das geteilte und besetzte Deutschland, Österreich, Triest und andere neutrale Staaten an der Nahtstelle zwischen den Bündnissen boten die besten Voraussetzungen, um Nachrichten zu beschaffen, Agenten einzuschleusen und Informanten zu führen. Mit Ungarn und Jugoslawien fochten jedoch zwei kommunistische Regime gleichsam quer zur üblichen Ost-West-Richtung einen verdeckten Krieg gegeneinander aus. Stalin hat sich demnach keineswegs auf einen bloßen »war of nerves« gegen Jugoslawien beschränkt. Dabei standen beide Länder zur gleichen Zeit auch im Fadenkreuz westlicher Diplomaten und Nachrichtendienstler, die an der Spaltung Osteuropas und seiner Befreiung vom Kommunismus arbeiteten.

Der ungarisch-jugoslawische Konflikt war durch den machtpolitisch motivierten Bruch Stalins mit Tito ausgelöst worden. Er vollzog sich im unmittelbaren Vorfeld der Alpen und wurde nicht zuletzt von slawisch-magyarischen Animositäten gespeist, die schon in der Zeit der Donaumonarchie entstanden waren. Beide Regime, die die Möglichkeit einer militärischen Auseinandersetzung nicht ausschließen konnten[29], standen vor dem gleichen Problem. Die Gesellschaft des Gegners war ebenso durch Indoktrination, geheimpolizeiliche Überwachung und weitgehende Abwesenheit rechtsstaatlicher Grundsätze abgeschottet wie die eigene. Die Geheimpolizei beider Regime arbeitete mit weitgehend identischen Methoden. Das erschwerte die erforderliche politische und militärische Aufklärung. Frei zugängliche Informationen waren überwiegend Produkte der Propaganda und daher von beschränkter Aussagekraft. Berichte menschlicher Quellen fehlten entweder ganz oder waren ebenfalls von geringem Wert. Fast noch schwieriger war der Krieg um die Köpfe und Herzen. Das Informations- und Deutungsmonopol der jeweils anderen kommunistischen Partei war kaum zu durchbrechen. Wenn es denn überhaupt gelang, Argumente an die Adressaten zu bringen, waren diese Argumente so schlicht, dass sie ihre Wirkung verfehlten. Der Konflikt endete mit dem Tod Stalins. Er nahm den Alptraum einer sowjetisch-ungarisch-bulgarischen Invasion von den jugoslawischen Kommunisten und verbesserte auch die Aussichten der Österreicher.

Deren Schicksal hatte sich scheinbar einmal mehr mit dem Deutschlands verbunden. Denn ein Ende der Besatzung schien ohne Lösung der Deutschen Frage kaum denkbar. Österreich profitierte in weitaus höherem Maße als Westdeutschland von der Marshallplanhilfe, so *Schmidl*. Die Vereinigten Staaten finanzierten mit diesem Programm den westeuropäischen Staaten die dringend benötigten Einfuh-

---

[28] Eric Hobsbawm, Das Zeitalter der Extreme. Weltgeschichte des 20. Jahrhunderts, München [u.a.] 1995 (engl. 1994), S. 289.
[29] Vgl. Heuser, Western Containment Policies (wie Anm. 23), S. 54–68, 107–109, 128–130, 149–154 (Zitat S. 149), 164–170, 196–198.

ren, um eine weitere Verelendung ihrer Gesellschaften zu vermeiden, von der voraussichtlich die Kommunisten profitiert hätten. Österreich galt als ebenso anfällig für die vermeintliche oder tatsächliche Politik von äußerem Druck und innerer Unterwanderung wie Italien und Frankreich. Zudem war die wirtschaftliche Überlebensfähigkeit des kleinen Staates eine notwendige Voraussetzung, um einem erneuten Streben nach Anschluss an Deutschland vorzubeugen. Zwar witterte der Schweizer Botschafter 1953 noch Anschlussneigungen der Österreicher, die namentlich Sowjets und Franzosen fürchteten[30]. Aber selbst in den Augen der meisten Österreicher dürfte sich die Frage schon zum damaligen Zeitpunkt erledigt haben. Dem Marshallplanparadigma folgend, befürworteten Amerikaner und Franzosen den Beitritt Österreichs zum Brüsseler Pakt, was Großbritannien strikt ablehnte[31]. Schon die Rheinlinie war kaum gegen eine sowjetische Offensive zu halten; erst recht galt das für einen Außenposten in den Ostalpen. Über die Gründung der Nordatlantischen Allianz am 4. April 1949 hinaus setzten sich die Briten mit ihrem Plädoyer für eine politische Lösung durch. Auch österreichische Politiker sahen die Zukunft jetzt eher in eigenstaatlicher Neutralität, hinterlegt durch eine Mitgliedschaft in den Vereinten Nationen[32]. Auf diese zu hoffen bestand vorläufig jedoch kaum Anlass. Denn die Gründung der beiden deutschen Staaten 1949 und der Koreakrieg 1950 vertieften den Ost-West-Gegensatz.

Zum einen wurde im Herbst 1950 die Bewaffnung der Bundesrepublik Deutschland im Rahmen der westlichen Sicherheitsgemeinschaft beschlossen. Zum anderen baute die Allianz eine integrierte Militärorganisation auf. Westösterreich, so zeigt *Schmidl*, driftete in den Einflussbereich der NATO. Der Aufbau einer paramilitärischen »B-Gendarmerie« in den westlichen Besatzungszonen Österreichs folgte einem den anfänglichen Überlegungen zur Einrichtung einer westdeutschen Bundespolizei oder dem Aufbau der Polizeibereitschaften in der ostdeutschen DDR vergleichbaren Muster. Dabei war die Gendarmerie »B« für eine doppelte Aufgabe vorgesehen; Erstens sollte sie einem Putsch der österreichischen Kommunisten vorbeugen, eine Befürchtung die durch die Oktoberstreiks 1950 neue Nahrung erhalten hatte. Zweitens wäre sie im Kriegsfall kompanieweise in die amerikanischen Streitkräfte eingegliedert worden[33].

Der Befehlshaber der amerikanischen Besatzungstruppen in Österreich übernahm die Rolle des Koordinators der Allied Forces Austria. Formal unterstanden

---

[30] Vgl. Hans Rudolf Fuhrer, Neutral zwischen den Blöcken: Österreich und die Schweiz. In: Zwischen den Blöcken (wie Anm. 18), S. 193–251, hier S. 213–215.

[31] Vgl. Bruno Thoß, Österreich in der Entstehungs- und Konsolidierungsphase des westlichen Bündnissystems (1947–1967). In: Zwischen den Blöcken (wie Anm. 18), S. 19–87, hier S. 30–35.

[32] Vgl. Peter Jankowitsch, Das Problem der Äquidistanz. Die Suche der Zweiten Republik nach außenpolitischen Leitlinien. In: Zwischen den Blöcken (wie Anm. 18), S. 451–495, hier. S. 457 f.; Michael Gehler, Österreichs Außenpolitik der Zweiten Republik. Von der alliierten Besatzung bis zum Europa des 21. Jahrhunderts, 2 Bde, Innsbruck 2005, S. 149–153.

[33] Vgl. auch James J. Carafano, Waltzing into the Cold War. The struggle for occupied Austria, College Station, TX 2002, S. 177–192; sowie Walter Blasi, Die B-Gendarmerie. In: B-Gendarmerie (wie Anm. 20), S. 27–74, der im Gegensatz zu Krüger, Brennender Enzian (wie Anm. 12), S. 33, von einer ausschließlich inneren Funktion dieser paramilitärischen Truppe ausgeht.

diese Verbände nicht der NATO. Inoffiziell jedoch wurden sie als eigenes Armeekorps in die Planungen der NATO einbezogen. Westösterreich gehörte – zunächst bis über die österreichische Grenze hinaus in das schwach besetzte Südbayern hinein – faktisch zum Befehlsbereich des amerikanischen Oberbefehlshabers der Allied Forces Southern Europe und des ihm nachgeordneten italienischen Befehlshabers der Allied Land Forces Southern Europe. Faktisch war Österreich das operative Vorfeld der NATO. Aus ihm hätten sich die westlichen Besatzungstruppen möglicherweise kämpfend, vor allem aber unter möglichst umfassender Sperrung aller Verkehrswege und jedenfalls rasch auf die italienische Grenze zurückgezogen[34]. Dieses Schicksal hätten die Österreicher mit den Westdeutschen geteilt, denn die schwachen Besatzungstruppen dort wären sofort auf die Rheinlinie zurückgewichen. Die Schweiz wäre dann mit ihrer Ostgrenze zum potenziellen Frontstaat geworden. Angesichts ihrer kampfstarken Streitkräfte galt die Schweiz ungeachtet ihrer Neutralität als willkommene Stütze des Westens. *Stefanie Frey* und *Jörg Stüssi-Lauterburg* zeigen, wie der britische Feldmarschall und seit 1951 Stellvertretende Oberbefehlshaber der NATO in Europa, Bernard Montgomery, schon zu Zeiten des Brüsseler Pakts 1948/1949 die operativen Pläne des Schweizer Militärs im Sinne des westlichen Bündnisses zu beeinflussen versuchte. Die in der Ostschweiz dislozierten Verbände sollten verstärkt und damit ein möglicher Durchbruch des Gegners durch das Schweizer Mittelland verhindert werden. Ein rascher Rückzug in die Alpenfestung war damit kaum zu vereinbaren[35]. Den osteuropäischen Staaten blieb die vermeintliche oder tatsächliche Anlehnung der Schweiz an das westliche Bündnis nicht verborgen[36].

Frankreich, das sich immer tiefer in den Indochinakrieg verstrickte, reduzierte 1953 seine Besatzungstruppen in Österreich auf ein nahezu symbolisches Kontingent; die Briten unterhielten ebenfalls nur zwei schwache Bataillone in Kärnten. Vergeblich hatte sich das amerikanische Militär bemüht, diese Entwicklung aufzuhalten[37]. Obendrein kündigten die Westalliierten 1953 den Rückzug ihrer Truppen aus Triest an. Gedacht als Beitrag zu einer italienisch-jugoslawischen Einigung und damit zur Stabilisierung des gesamten Alpenraums, kochte diese Entscheidung unverzüglich zu einer militärischen Krise zwischen dem NATO-Staat Italien und Jugoslawien hoch[38]. Diese Krise beeinträchtigte nachhaltig die um 1950 einsetzende Annäherung Jugoslawiens an die angelsächsischen Mächte und die NATO. Die Vereinigten Staaten reagierten mit Militärhilfe auf die wachsende Sorge Belgrads vor einem sowjetischen Angriff. Die NATO war an operativen Absprachen für

---

[34] Vgl. Carafano, Waltzing into the Cold War (wie Anm. 33), S. 143–146; Krüger, Brennender Enzian (wie Anm. 12), S. 15–17 und passim.
[35] Vgl. auch Mauro Mantovani, Schweizerische Sicherheitspolitik im Kalten Krieg 1947–1963. Zwischen angelsächsischem Containment und Neutralitäts-Doktrin, Zürich 1999, S. 41–47, 91–122; Jürg Stüssi-Lauterburg und Stefanie Frey, Unvollständiges Protokoll eines Krieges, der nicht stattfand. Schweizerische Militärgeschichte aus der Sicht westlicher Quellen von 1944 bis 1973, Lenzburg 2009, S. 27–29, 52–55, 93–97, 106–109.
[36] Vgl. Fuhrer/Wild, Alle roten Pfeile (wie Anm. 14), S. 232–240, 247–250, 256–258.
[37] Vgl. Carafano, Waltzing into the Cold War (wie Anm. 33), S. 150–152.
[38] Vgl. Rabel, Trieste (wie Anm. 22), S. 147–152; Heuser, Western Containment Policies (wie Anm. 23), S. 201–204.

das slowenische Vorfeld interessiert. Washington war jedoch nicht bereit, den Jugoslawen Sicherheitsgarantien zu geben. Besorgt wähnte Tito schon 1952 anlässlich der Gespräche, die der amerikanische General Thomas T. Handy in Belgrad führte, dass der Westen womöglich eine militärische Auseinandersetzung mit den Sowjets auf seinem Territorium führen wolle. Offenkundig fürchtete er, dass Jugoslawien zu einem europäischen Korea werden könne. Folgerichtig führten die Verhandlungen über einen gegen die Sowjetunion gerichteten Balkanpakt mit Griechen und Türken rasch zum Erfolg. Die denkbare Option eines Beitritts zur NATO verbat sich aus dem Risiko, damit über kurz oder lang das kapitalistisch-demokratische Gesellschaftsmodell übernehmen zu müssen. Freilich entspannte der Tod Stalins 1953 auch die jugoslawische Sicherheitslage[39].

Immerhin wurde das Territorium Triest 1945 auf der Basis der bestehenden Demarkationslinie zwischen Italien und Jugoslawien geteilt. Die amerikanische Diplomatie war als energische Schlichterin aufgetreten, da der Konflikt nicht nur den Ostalpenraum destabilisierte, sondern zusehends auch die NATO belastete[40]. Gleichwohl scheinen die Verhandlungen zwischen der NATO und Jugoslawien über die Verteidigung der Laibacher Pforte nach Beilegung der Triestkrise nicht wieder aufgenommen worden zu sein. Das hätte auch dem spätestens 1955 einsetzenden Rapprochement zwischen der Sowjetunion und Jugoslawien widersprochen. Dieser Annäherung opferte Tito auch die Substanz des Balkanpakts mit Griechenland und der Türkei vom 9. August 1954, der Jugoslawien an die NATO heranrücken sollte[41]. Die Amerikaner schickten ihre Triestiner Garnison nach Österreich, was den Rückzug der Franzosen jedoch kaum kompensierte. Nur das amerikanische Militär widersetzte sich noch der wachsenden Neigung der Westmächte, ein neutrales Österreich hinzunehmen, wenn sich im Gegenzug auch die Sowjetarmee zurückzog. Denn trotz seiner geostrategischen Bedeutung waren die Europäer offenkundig nicht willens, die erforderlichen Truppen für die Verteidigung des Landes zu stellen[42]. Die Verhältnisse kamen 1954 in Bewegung, als die Sowjetführung nach Stalins Tod erkannte, dass der Beitritt Westdeutschlands zur NATO offenkundig nicht mehr zu verhindern war.

Stalins Nachfolger Nikita S. Chruščëv, so *Schmidl*, entwickelte eine außenpolitische Konzeption, die sich deutlich von dem ideologischen und machtpolitischen

---

[39] Vgl. Krüger, Brennender Enzian (wie Anm. 12), S. 71 f.; Svetozar Rajak, Yugoslavia and the Soviet Union in the Early Cold War. Reconciliation, comradeship, confrontation, 1953-1957, London [u.a.] 2011, S. 32-44, 50-57; Lorraine M. Lees, Keeping Tito Afloat. The United States, Yugoslavia, and the Cold War, University Park, PA 1997, S. 114-118.

[40] Vgl. dazu Winfried Heinemann, Vom Zusammenwachsen des Bündnisses. Die Funktionsweise der NATO in ausgewählten Krisenfällen 1951-1956, München 1998 (= Entstehung und Probleme des Atlantischen Bündnisses, 1), S. 32-60.

[41] Vgl. Tasić, Jugoslawien (wie Anm. 23), S. 93-98, Rajak, Yugoslavia (wie Anm. 39), S. 44-50, 56-98, 137-150 (Zitat S. 137); Rabel, Trieste (wie Anm. 22), S. 152-162; Lees, Keeping Tito Afloat (wie Anm. 39), S. 132 f., 137-139.

[42] Vgl. auch Thoß, Österreich (wie Anm. 31), S. 62-66; Georges-Henri Soutou, Der österreichische Staatsvertrag in der internationalen Politik 1955. In: Der österreichische Staatsvertrag. Internationale Strategie, rechtliche Relevanz, nationale Identität. Hrsg. von Arnold Suppan [u.a.], Wien 2005 (= Archiv für österreichische Geschichte, 140), S. 17-32.

Determinismus seines Vorgängers unterschied. Militärische Stärke galt ihm als Voraussetzung, den Wettstreit der Systeme ohne Krieg auf der politischen und wirtschaftlichen Bühne für den Kommunismus zu entscheiden. Folgerichtig wollte er weder Jugoslawien einfach an den Westen abschreiben, noch die Eingliederung Westösterreichs in die NATO hinnehmen, der dann womöglich der Anschluss an Westdeutschland gefolgt wäre. Chruščev wollte mit neutralen Staaten Politik machen, solange es sich um neutrale Staaten im Westen handelte. Die denkbare Neutralität Österreichs und die Äquidistanz Jugoslawiens schufen mitten in der vom Nordkap bis zum Kaukasus reichenden Kette von NATO-Staaten einen Korridor von neutralen Staaten. Das entschädigte ein wenig für den westdeutschen NATO-Beitritt. Nachdem den Finnen die – 1956 vollzogene – Rückgabe des sowjetischen Stützpunktes auf der Halbinsel Porkkala angekündigt worden war, sahen sich auch die skandinavischen NATO-Staaten massiv von Moskau umworben. Womöglich ließen sich diese Staaten für ein gesamteuropäisches Sicherheitssystem ohne den dominanten Einfluss der Vereinigten Staaten gewinnen[43].

Im März 1955 einigten sich die Wiener Regierung und die Sowjetunion auf eine Neutralität Österreichs nach dem Vorbild der Schweiz. Die Neutralität wurde im Dezember 1955 durch ein österreichisches Bundesgesetz beschlossen, das die Signatarmächte des Österreichischen Staatsvertrags anerkannten. Damit erhielt die Neutralität den Charakter einer souveränen Entscheidung des österreichischen Volkes. Freilich hatten die Wiener Politiker und Militärs kaum über die konkreten sicherheitspolitischen, geschweige denn strategischen Inhalte dieser Neutralität nachgedacht, so *Pleiner*[44]. Die österreichische und Schweizer Neutralität unterschieden sich schon in der Genese. Die europäischen Großmächte hatten die Schweizer Neutralität zumindest phasenweise im Westfälischen Frieden von 1648 und im Wiener Kongress von 1815 anerkannt. Ohne die Kontinuität überstrapazieren zu wollen, war der Konsens der Großmächte mindestens ebenso konstitutiv für die Neutralität der Schweiz wie der Wille des Schweizervolks. In der inneren Haltung der Schweizer Bevölkerung erkannte ein zeitgenössischer britischer Beobachter den wesentlichen Unterschied zur »*evident demoralisation*« der Österreicher[45]. Die Moral der Schweizer dokumentierte ein kampfstarkes Milizheer von etwa 850 000 Mann, das die Schweiz zum militärischen Faktor machte. Dagegen bein-

---

[43] Vgl. auch Soutou, Der österreichische Staatsvertrag (wie Anm. 42), S. 25–28; Gerald Stourzh, Der österreichische Staatsvertrag in den weltpolitischen Entscheidungsprozessen des Jahres 1955. In: Der österreichische Staatsvertrag (wie Anm. 42), S. 965–995; Aleksandr Fursenko and Timothy Naftali, Khrushew's Cold War. The Inside Story of an American Adversary, New York 2007, S. 22–32; Vojtech Mastny, Die NATO im sowjetischen Denken und Handeln 1949 bis 1956. In: Vojtech Mastny und Gustav Schmidt, Konfrontationsmuster des Kalten Krieges 1946–1956. Hrsg. von Norbert Wiggershaus und Dieter Krüger, München 2003 (= Entstehung und Probleme des Atlantischen Bündnisses, 3), S. 381–471, hier S. 440 f., 453–456; sowie zum sowjetischen Neutralitätsbegriff bes. Fuhrer, Neutral (wie Anm. 30), S. 196–201; und Fuhrer/Wild, Alle roten Pfeile (wie Anm. 14), S. 126–134, 543 f.

[44] Vgl. auch Manfried Rauchensteiner, Staatsvertrag und Neutralität aus militärhistorischer Perspektive. In: Der österreichische Staatsvertrag (wie Anm. 42), S. 57–86, der ebenfalls das Desinteresse der Bundesregierung unterstreicht (S. 65).

[45] Zit. nach Stüssi-Lauterburg/Frey, Unvollständiges Protokoll (wie Anm. 35), Protokoll, S. 154.

haltete der Österreichische Staatsvertrag zahlreiche Rüstungsbeschränkungen. Die österreichischen Militärs wären dem Schweizer Vorbild gern ein Stück weit gefolgt. Aber die Wiener Regierung hatte es nicht eilig, das strategische Vakuum zu füllen, das die abgezogenen Besatzer hinterlassen hatten. Die westlichen Signatarmächte wollten dieses schwache Engagement nicht noch durch eine indirekte Anbindung Österreichs an die NATO prämieren. Sie lehnten folglich eine Garantie der territorialen Integrität durch die ehemaligen Besatzungsmächte ab[46]. Noch bevor es ihn beschritten hatte, verließ Österreich den Schweizer Weg der Neutralität, so *Schmidl*. Der Schweiz galt die Mitgliedschaft in den Vereinten Nationen als unvereinbar mit ihrer Neutralität. Dagegen trat Österreich schon im Dezember 1955 den Vereinten Nationen bei und erkannte bald in diesem Engagement den Kern seiner nationalen Sicherheitspolitik. Die Annäherung an die europäischen Organisationen blieb dagegen ähnlich verhalten wie im Falle der Schweiz. Dass die Sowjets eine Annäherung der Neutralen an die Europäische Wirtschaftsgemeinschaft (EWG) ablehnten, lag auf der Hand. Aber auch die Vereinigten Staaten wünschten zumindest in den 1960er Jahren keinen österreichischen Beitritt zur EWG[47].

Schon Anfang 1954 hatte die Sowjetunion mit dem Vorschlag eines kollektiven Sicherheitssystems für Europa aufgewartet. Der Beitritt Westdeutschlands zur NATO war offenkundig auf Dauer kaum zu verhindern. Daher wollte man jetzt die NATO zugunsten eines Sicherheitssystems auflösen, in dem den Vereinigten Staaten allenfalls eine Nebenrolle zugekommen wäre, die Sowjetunion jedoch den Protagonisten gespielt hätte. Das war für den Westen ebenso unannehmbar wie der Vorschlag eines Beitritts der Sowjetunion und ihrer Verbündeten zur NATO. Die Westeuropäer hatten sich erstmals mit dem Brüsseler Pakt von 1948 gegen das aus der Zwischenkriegszeit bekannte Geflecht bilateraler Verträge und für einen kollektiven Vertrag entschieden. Sie waren seit 1949 auch nur im Rahmen der multilateralen Allianz mit den Vereinigten Staaten verbündet. Dagegen waren die osteuropäischen Staaten durch eine Vielzahl bilateraler Abkommen nach hergebrachtem Muster mit der Sowjetunion verbunden[48]. Ein kollektives Sicherheitssystem hätte diese per se nicht aufgehoben. Mit dem Rückzug aus Österreich entfiel der formelle Grund, sowjetische Truppen in Ungarn zu unterhalten. Dabei war die Stationierung sowjetischer Truppen in Polen und Ungarn, ab 1968 auch in der ČSSR, nicht nur ein Gebot der Herrschaftssicherung. Vielmehr entsprach sie nicht minder der sowjetischen Militärstrategie. Bilaterale Stationierungsverträge vor dem

---

[46] Vgl. Michael Gehler, »to guarantee a country which was a military vacuum«. Die Westmächte und Österreichs territoriale Integrität 1955-1957. In: Zwischen den Blöcken (wie Anm. 18), S. 89-133.

[47] Vgl. auch Fuhrer, Neutral (wie Anm. 30), S. 227-241; Jankowitsch, Das Problem der Äquidistanz (wie Anm. 32), S. 452 f., 470-473; Hanspeter Neuhold, Austrian foreign and security policy: Squaring the circle between permanent neutrality and other pillars of Austria's international status. In: Peaceful Coexistence (wie Anm. 23), S. 82-99, hier S. 83-88; Oliver Rathkolb, Austria and the United States, 1944-1989, ebd., S. 125-167, hier S. 141-143; Michael Gehler, Austria and European Integration, ebd., S. 146-167; Wolfgang Mueller, The Soviet Union and Austria, 1955-1991, ebd., S. 256-289, hier S. 265-70.

[48] Vgl. Frank Umbach, Das rote Bündnis: Entwicklung und Zerfall des Warschauer Paktes 1955 bis 1991, Berlin 2005 (= Militärgeschichte der DDR, 10), S. 121-127.

Hintergrund eines multilateralen Bündnisses – in Anlehnung an das Vorbild der NATO – boten einen hinreichend legitimen Ersatz für die bisherige Rechtfertigung der sowjetischen Präsenz mit Verweis auf die in Österreich stationierten Truppen. Wenn die Sowjetunion Österreich in die Neutralität entließ, wenn sie das eigenständige sozialistische Modell der Jugoslawen hinnahm und sogar deren Weg in die Blockfreiheit zuließ[49], barg das Risiken für ihren eigenen – nicht zuletzt sicherheitspolitisch motivierten – Einflussbereich in Osteuropa. Vor dem Hintergrund der historischen Verbindungen zu Österreich hofften die mitteleuropäisch geprägten Ungarn und Tschechen auf Neutralität und Blockfreiheit. Wurden solche Gedankenspiele konkret, geriet die neue sowjetische Politik zum Spiel mit dem Feuer. Tatsächlich hoffte die ungarische Bevölkerung, mit dem Abzug aus Österreich wenigstens die sowjetischen Garnisonen loszuwerden.

Mithin sprach vieles für ein multilaterales Bündnis unter Führung der Sowjetunion, um die bestehenden bilateralen Abkommen zu ergänzen. Politisch-propagandistisch legitimiert wurde es mit dem Beitritt der Bundesrepublik Deutschland zur NATO. Am 14. Mai 1955 – nahezu zeitgleich mit dem Österreichischen Staatsvertrag vom 15. Mai – unterzeichneten Albanien, Bulgarien, ČSSR, DDR, Polen, Rumänien, Sowjetunion und Ungarn den Warschauer Vertrag. Die logische Verknüpfung zwischen diesem und der österreichischen Neutralität nach Schweizer Muster lag – auch für zeitgenössische Beobachter wie den Leiter des Schweizer Nachrichtendienstes – auf der Hand. Mit ihrer Unterschrift unter dem Warschauer Vertrag hatten die Osteuropäer auf den Status neutraler Staaten mit westlichdemokratischer Gesellschaftsordnung verzichtet[50]. Während der Ära Chruščev diente der Warschauer Pakt vorwiegend als Bühne für gelegentliche diplomatische Initiativen des Ostblocks. Auch ohne diese vorwiegend politischen und noch dazu wenig aktiven Veranstaltungen standen dessen Streitkräfte dank zahlreicher Abkommen und sowjetischer Berater unter Kuratel Moskaus[51].

Allerdings zeigte sich 1956 die eigentliche Funktion des Pakts als Instrument sowjetischer Dominanz und der Herrschaftssicherung auf Gegenseitigkeit. Beides musste die unzureichende Akzeptanz der kommunistischen Regime Osteuropas in der eigenen Bevölkerung ausgleichen. Inspiriert von der österreichischen Neutralität[52], erklärte die nationalkommunistische Regierung unter Imre Nagy 1956 den Austritt Ungarns aus dem Warschauer Pakt. Der sowjetische Oberkommandierende eben dieses Paktes, Marschall Ivan S. Konev, schlug mit sowjetischen Truppen

---

[49] Vgl. dazu Rajak, Yugoslavia (wie Anm. 39), S. 128–130, 154 f.
[50] Vgl. Mastny, Die NATO im sowjetischen Denken (wie Anm. 43), S. 441–446; Wolfgang Mueller, Der Warschauer Pakt und Österreich 1955–1991. In: Zwischen den Blöcken (wie Anm. 18), S. 135–191, hier S. 142–146; Norman M. Naimark, The Soviet Union, Eastern Europe, and Austria. In: Peaceful Coexistence (wie Anm. 23), S. 244–255, hier S. 246; Fuhrer/Wild, Alle roten Pfeile (wie Anm. 14), S. 305 f.
[51] Vgl. Vojtech Mastny, Learning from the Enemy. NATO as a Model for the Warsaw Pact, Zürich 2001, S. 9–12; Umbach, Das rote Bündnis (wie Anm. 48), S. 134–142.
[52] Vgl. Gehler, Österreichs Außenpolitik (wie Anm. 32), S. 154–161; Bianca L. Adair, The Austrian State Treaty and Austro-Hungarian Relations. In: Die Ungarnkrise 1956 und Österreich. Hrsg. von Erwin A. Schmidl, Wien [u.a.] 2003, S. 201–213; Andreas Gémes, Austrian-Hungarian Relations, 1945–1989. In: Peaceful Coexistence (wie Anm. 23), S. 310–336, hier S. 316–318.

und mit Rückendeckung der Verbündeten den Aufstand der Ungarn nieder. Der Austritt war seitdem – selbst später für die polnische »Solidarność« – tabu[53]. Die ungarische Volksarmee wurde erst zu Beginn der 1960er Jahre wieder zu einer ernstzunehmenden militärischen Größe[54] – eine vorübergehende militärischer Entlastung für Österreich. Dass die Krisen 1956 in Polen und Ungarn auch dem sowjetisch-jugoslawischen Rapprochement Grenzen setzte, bevor es richtig begonnen hatte, war ein Vorteil sowohl für Österreich wie für Italien. Moskau setzte unterdessen alles daran, den Einfluss der jugoslawischen Kommunisten auf die Genossen in Osteuropa unter Kontrolle zu halten. Auch dafür war der Warschauer Pakt nützlich. Jugoslawien hatte die ungarischen Reformkommunisten zunächst verbal unterstützt. Am Ende fürchtete jedoch auch die jugoslawische Führung eine Konterrevolution, die womöglich ihr eigenes Gesellschaftsmodell bedrohte, daher billigte sie die sowjetische Intervention. Gleichwohl grenzte sich Tito anschließend wieder ideologisch von den Sowjets ab, um jeglichem Anschein einer Annäherung an den Warschauer Pakt vorzubeugen[55].

Mit der Teilung des Territoriums Triest, dem Beitritt der Bundesrepublik Deutschland zur NATO, der Gründung des Warschauer Paktes, der Äquidistanz Jugoslawiens zu beiden Bündnissen, der Neutralität der Bundesrepublik Österreich und der anhaltenden Neutralität der Schweiz war die Entwicklung der geopolitischen Struktur des Alpenraums im Kalten Krieg abgeschlossen. Es sollte sich bis zu dessen Ende auch nicht mehr grundsätzlich ändern, sieht man vielleicht vom Austritt des Alpenstaates Frankreichs aus der Militärorganisation der NATO im Jahr 1966 ab.

IV.

Die NATO besaß zum Zeitpunkt der Gründung ihres östlichen Gegenmodells bereits eine integrierte Kommandostruktur. Nach dem Beitritt Westdeutschlands zeichnete sich das unabdingbare Minimum von etwa 30 sofort einsatzbereiten Divisionen ab, mit dem diese Struktur halbwegs glaubwürdig hinterlegt werden sollte. Bis 1952 galt eine strategische Arbeitsteilung, nach der die Vereinigten Staaten den nuklearen strategischen Luftkrieg und die Europäer die konventionelle Verteidigung zu Lande führen sollten. Allerdings hätten selbst die zusätzlichen zwölf westdeutschen Divisionen die Sowjetarmee zunächst kaum daran hindern können, Westeuropa mit ihren überlegenen Streitkräften zu überrennen. Nach

---

[53] Sieht man von dem unbedeutenden Albanien ab, das sich an die Volksrepublik China anlehnte und 1968 den Pakt verließ.
[54] Vgl. Imre Okváth, Die Integration der Ungarischen Volksarmee in den Warschauer Pakt. In: Der Warschauer Pakt. Von der Gründung bis zum Zusammenbruch 1955-1991. Hrsg. von Torsten Diedrich [u.a.], Berlin 2009 (= Militärgeschichte der DDR, 16), S. 175-184, hier S. 175-179; Mastny, Learning from the Enemy (wie Anm. 51), S. 12-14.
[55] Vgl. Rajak, Yugoslavia (wie Anm. 39), S. 154-199, 214 f.

Schätzung der Heeresgruppe Südeuropa[56] verfügte die Sowjetunion um 1955 allein über etwa 175 Liniendivisionen. Dazu kamen noch rund 82 Liniendivisionen der Verbündeten von unterschiedlichem Kampfwert. Allerdings war eine Division des östlichen Typs vom Umfang kleiner als ihr westliches Pendant. Allein in der DDR standen rund 22 sowjetische Divisionen, davon acht Panzer- und zehn mechanisierte Divisionen. Sie wurden durch sieben allmählich aufwachsende ostdeutsche Divisionen ergänzt. In Polen standen eine sowjetische Panzer- und eine mechanisierte Division sowie 17 polnische Divisionen.

Maßgeblich für die unmittelbare Bedrohung Österreichs und Italiens waren zwei mechanisierte Divisionen der Sowjetarmee in Ungarn und etwa zwölf ungarische Divisionen. Bedrohlich für die NATO-Truppen in Süddeutschland wie für Österreich waren die 16 tschechoslowakischen Divisionen, darunter zwei Panzer- und vier mechanisierte Divisionen. Die ČSSR stellte auch die nach der Sowjetunion stärksten Luftstreitkräfte des Warschauer Paktes. Die eigentliche Bedrohung lag nicht nur in der angenommenen Fähigkeit namentlich der sowjetischen Divisionen, ohne lange Mobilmachungsphase in die Offensive gehen zu können. Vielmehr hätte die Sowjetarmee auf eine 2. Staffel zurückgreifen können, die in den westlichen Militärbezirken der Sowjetunion bereitstand und die rasch nachgeführt worden wäre. Man nahm an, dass die Sowjetarmee in der Lage sei, in einem Zeitraum von 30 Tagen nach einer allgemeinen Mobilmachung die Zahl ihrer Divisionen auf 320 zu erhöhen.

Folgerichtig begann die Allianz, über die amerikanischen strategischen Nuklearstreitkräfte hinaus auch die Bodentruppen und taktischen Luftstreitkräfte in Europa mit taktischen Atomwaffen auszurüsten. Nuklear gesteigerte Feuerkraft sollte die fehlenden Mannschaftsstärken ausgleichen[57]. Wie bereits erwähnt, führte die Heeresgruppe Südeuropa seit 1954 taktische Atomwaffen in ihre Operationsplanungen ein. Diese bezogen sich auch auf Österreich. Kaum verwunderlich, begann die Schweiz ebenfalls spätestens ab 1955 über die Nuklearisierung der Landkriegführung nachzudenken, wie *Peter Braun* zeigt. Zu einem Zeitpunkt, als die Österreicher eine Neutralität nach dem Vorbild der Schweiz beschlossen, räumten eidgenössische Spitzenmilitärs ein, dass eine autonome Verteidigung der Neutralität im Nuklearzeitalter kaum mehr denkbar sei. Sie folgten im Wesentlichen der Argumentation Montgomerys, als dieser 1956 wieder einmal im Gewand des Touristen Schweizer Militärs besuchte, so *Frey* und *Stüssi-Lauterburg*. Wollte man nicht gleich der NATO beitreten, was mit dem Schweizervolk nicht zu machen war, konnte man sich nur auf eine rasche Zusammenarbeit mit der NATO einstellen, sobald die Sowjetunion die Neutralität verletzte. Ähnlich dachten zunächst auch das österreichische Bundesheer und sein Verteidigungsminister Ferdinand Graf. Österreichische operativen Vorstellungen in den 1950er Jahren wiesen erhebliche Schnittstellen

---

[56] Vgl. Krüger, Brennender Enzian (wie Anm. 12), S. 44–46. Der Schweizer Nachrichtendienst ging sogar von 180 Divisionen aus. Vgl. Fuhrer/Wild, Alle roten Pfeile (wie Anm. 14), S. 306.
[57] Vgl. John S. Duffield, Power Rules. The Evolution of NATO's Conventional Force Posture, Stanford, CA 1995, S. 75–108, 112–140.

zu den in Verona geschmiedeten Plänen auf[58]. Dass Graf und sein Generalstabschef mit den Italienern verhandelte[59], war im Übrigen nicht nur den Berührungsängsten mit den Westdeutschen geschuldet, wie *Schmidl* meint. Vielmehr war das Regionalkommando der NATO in Neapel und die ihm nachgeordnete Heeresgruppe Südeuropa, wie bereits erwähnt, auch nach 1955 virtuell für ganz Österreich zuständig. Die Heeresgruppe ging von einem raschen Schulterschluss der Bataillone und Brigaden des Bundesheeres mit den Truppen der NATO aus[60].

Die Vorstellungen der in Verona tonangebenden italienischen Offiziere wiesen eine gewisse geistige Nähe zu den Vorstellungen derjenigen Schweizer Kollegen auf, die ebenfalls noch in hergebrachten Bahnen dachten. Sie plädierten für eine statische, eher infanteristische Operationsführung unter Rückgriff auf Feldbefestigungen auch im Nuklearkrieg. Die Fixierung der Italiener auf die Flussläufe Isonzo, Tagliamento, Livenza und Brenta-Bacchaglione war jedoch nicht nur der Erinnerung an den Ersten Weltkrieg geschuldet. Vielmehr verfügte das italienische Heer schlicht nicht in ausreichendem Umfang über mechanisierte und gepanzerte Truppen, um in der Poebene ein Bewegungsgefecht gepanzerter Großverbände zu führen. Dagegen konnten die Offiziere des westdeutschen Heeres angesichts der Wirtschaftskraft der Bundesrepublik genau auf diese gepanzerten Großverbände hoffen. Mit ihnen waren sie im Zweiten Weltkrieg dank überlegener Führungsfähigkeiten dem zahlenmäßig weit überlegenen sowjetischen Gegner – eher vermeintlich als tatsächlich – erfolgreich gegenüber getreten. Das italienische Heer plante, wie sein westdeutsches Pendant, seine Verteidigungslinien weit im Osten. Verständlicherweise wollte man das eigene Territorium grenznah verteidigen. Damit war der Schutz der Alpenübergänge zwischen Tarvisio und Reschenpass ebenso zwingend wie die Abstimmung mit den Österreichern naheliegend.

In der Schweizer Armee setzten sich zunächst, so *Braun* und *Hans Rudolf Fuhrer*, diejenigen Offiziere durch, die das Mittelland und das Alpenvorfeld mit drei mechanisierten Großverbänden verteidigen wollten[61]. Ihr Denken entsprach dem der westdeutschen Heeresgenerale. Nicht nur helvetische Sozialdemokraten und Kommunisten, auch der Warschauer Pakt wähnte hinter diesem Konzept die Bereitschaft, sich im Kriegsfall der NATO anzuschließen[62]. Auf derselben Linie lag die Beschaffung des französischen Strahlflugzeugs Mirage III. In Bern hatten die Franzosen größeres Glück als in Bonn. Denn hier bekam die amerikanische Industrie mit ihrem Starfighter den Zuschlag. Die Mirage sollte die Schweiz zum Angriff auf gegnerische Luftstreitkräfte befähigen, womit die Piloten freilich rasch den

---

58 Vgl. Manfried Rauchensteiner, Sandkästen und Übungsräume. Operative Annahmen und Manöver des Bundesheeres 1955-1979. In: Zwischen den Blöcken (wie Anm. 18), S. 253-323, hier S. 255-257.
59 Vgl. auch Walter Blasi, General der Artillerie Ing. Dr. Liebitzky – Österreichs »Heusinger«?, Bonn 2002, S. 197-199.
60 Vgl. Krüger, Brennender Enzian (wie Anm. 12), S. 78, 89, 143 f.
61 Vgl. auch Peter Braun, Von der Reduitstrategie zur Abwehr. Die militärische Landesverteidigung der Schweiz im Kalten Krieg 1945-1966, 2 Bde, Baden 2006 (= Der Schweizerische Generalstab, 10), S. 550-558.
62 Vgl. auch Fuhrer/Wild, Alle roten Pfeile (wie Anm. 14), S. 266-270.

Schweizer Luftraum verlassen hätten. Dabei war dieser – wie derjenige Österreichs – viel zu klein, um einen autonomen Luftkrieg zu führen. Die erforderliche Abstimmung mit den Luftstreitkräften der NATO gestaltete sich zumindest in den frühen 1960er Jahren schwierig. Die NATO hatte zu diesem Zeitpunkt noch selbst Probleme, ihre Luftverteidigung zu integrieren. Zu sehr war Frankreich auf die Wahrung seiner Souveränität bedacht. Außerdem lag auf der Hand, dass der Berner Bundesrat kaum bereit war, eine derartige Zusammenarbeit mit der NATO zu verantworten, wenn sie ans Licht der Öffentlichkeit kam. Die Ausrüstung der Schweizer Armee war jedenfalls ein ebenso lukratives Geschäft wie die der Bundeswehr. Entsprechend heftig konkurrierten namentlich Briten, Franzosen und Amerikaner um Rüstungsaufträge der Eidgenossen[63].

Mit der Mirage stand den Schweizern ein weitreichender Träger taktischer Atomwaffen zur Verfügung. Der Bundesrat plädierte 1958 grundsätzlich für die Beschaffung von Atomsprengköpfen, solange keine neutralitätspolitischen Probleme daraus resultierten. Damit schwenkte die Schweizer Regierung zum einen auf die seit 1956 geltende Strategie der NATO ein. Denn die Allianz drohte dem Gegner den umfassenden Einsatz aller taktischen und strategischen Atomwaffen an, sollten dessen Großverbände zu einer Offensive antreten. Zum anderen folgte der Berner Bundesrat der Erkenntnis, dass die Wahrung der staatlichen Souveränität im Nuklearzeitalter in letzter Instanz von der Verfügung über Atomwaffen abhing. Entsprechend wohlwollend registrierten die Schweizer, dass ihr französischer Nachbar eigene Kernwaffen entwickelte. Nicht nur Frankreich strebte nach diesen Waffen. Auch die Bundesrepublik und Italien hofften zu dem Zeitpunkt, über eine europäische Zusammenarbeit mit Frankreich oder im Rahmen der NATO die Verfügungsgewalt über Kernwaffen zu erlangen. Allerdings, so *Frey* und *Stüssi-Lauterburg*, erkannten die Schweizer, dass die Vereinigten Staaten selbst ihren Verbündeten Atomwaffen verweigerten. Nur die Briten erfreuten sich der Ausstattung ihrer eigenen Atomsprengköpfe mit modernen amerikanischen Trägern. Die Berner Nuklearpläne versandeten in den 1960er Jahren; zumal sich die NATO auf Druck der Kennedy- und der Johnson-Administration seit 1960 zunehmend von der Strategie der Massiven Vergeltung verabschiedete. Die Sowjets und ihre Verbündeten hatten die Schweizer Atompläne ohnehin stets als Neutralitätsverletzung gebrandmarkt. 1969 unterzeichnete neben der Bundesrepublik Deutschland auch die Schweiz den Nichtverbreitungsvertrag, der den Statusunterschied zwischen nuklear armierten Mächten und den atomaren Habenichtsen zementierte[64].

Immerhin hatten die Schweizer 1963 mit deutlicher Mehrheit ein Referendum verworfen, das die Einführung von Atomwaffen an einen positiven Volksentscheid binden wollte. Damit waren Bundes- und Nationalrat in der Lage, über eine Atombewaffnung zu entscheiden. Faktisch hatten die Schweizer der möglichen

---

[63] Vgl. Stüssi-Lauterburg/Frey, Unvollständiges Protokoll (wie Anm. 35), S. 43–50 und passim.
[64] Vgl. auch Mantovani, Schweizerische Sicherheitspolitik (wie Anm. 35), S. 162–172; Braun, Von der Reduitstrategie (wie Anm. 35), S. 818–824; Stüssi-Lauterburg/Frey, Unvollständiges Protokoll (wie Anm. 35), S. 36–39, 170–173, 190; Fuhrer/Wild, Alle roten Pfeile (wie Anm. 14), S. 260–266.

nuklearen Ausrüstung ihrer Streitkräfte zugestimmt. Vor dem Hintergrund dieser robusten Gesinnung mag man die Skepsis gegen das westdeutsche militärische Leitbild des »*citoyen-soldat*« verstehen, welche die Spitzen des Schweizer Milizheeres mit ihren französischen Kollegen teilten. Beide missverstanden die Innere Führung der Bundeswehr als bloße Reaktion auf die Exzesse der jüngsten deutschen Militärgeschichte[65]. Tatsächlich versuchten die Protagonisten der Inneren Führung, die Frage nach dem Sinn eines Verteidigungskrieges im Atomzeitalter zu beantworten. Denn dieser zerstörte offenkundig, was er zu verteidigen vorgab. In letzter Instanz ließ sich der kollektive Selbstmord im Atomkrieg nur begründen, wenn der Freiheit gegenüber dem Leben in einer totalitären Diktatur ein höherer Wert zugesprochen wurde als der Existenz des eigenen Volkes[66]. Für die Mehrheit der Schweizer war das zu diesem Zeitpunkt offenbar eine kaum erklärungsbedürftige Selbstverständlichkeit. Für die Österreicher stellte sich dagegen die Frage nach Atomwaffen nicht, denn diese waren ihnen durch den Staatsvertrag untersagt.

Ein direkter Angriff des Warschauer Pakts auf die Schweiz, so *Fuhrer*, war wenig wahrscheinlich. Der Gegner hätte sie über den Vorstoß durch die Poebene und durch Süddeutschland und die Burgundische Pforte umgehen können. Der Vorstoß aus dem Bodenseeraum durch das Mittelland und Genf nach Südfrankreich brachte nur bedingt operative Vorteile[67]. Darin unterschied sich die geostrategische Lage deutlich von der Österreichs und Jugoslawiens. Allerdings wäre die Schweiz mit hoher Wahrscheinlichkeit von einem Krieg mittelbar betroffen worden, zumal wenn er nuklear geführt worden wäre. So begann Frankreich in den 1960er Jahren, seine Mittelstreckenraketen auf dem Plateau d'Albion nördlich von Aix-en-Provence zu dislozieren[68]. Die Franzosen mussten folgerichtig mit einem überraschenden Luftangriff gegen diese Stellungen an der Peripherie des westlichen Alpenraums rechnen. Den Angriff hätten die sowjetischen Luftstreitkräfte vermutlich durch den Korridor des österreichisch-schweizerischen Luftraums geführt. Solange Raketen einen relativ hohen Streuungsgrad besaßen, wäre der Angriff gegen die aufgelockerten französischen Raketenstellungen vermutlich durch Fliegerkräfte durchgeführt worden. Dank der schwachen österreichischen Luftverteidigung und der offenbar unklaren Zuständigkeiten in diesem Luftraum hätten sich die sowjetischen Piloten eine gewisse Chance ausrechnen können, hier der Luftverteidigung der NATO auszuweichen[69]. Tatsächlich war der Schutz der fran-

---

[65] Zit. nach Stüssi-Lauterburg/Frey, Unvollständiges Protokoll (wie Anm. 35), S. 198.
[66] Vgl. Frank Nägler, Muster des Soldaten und Aufstellungskrise. In: Die Bundeswehr 1955 bis 2005. Rückblenden, Einsichten, Perspektiven. Hrsg. von Frank Nägler, München 2007 (= Sicherheitspolitik und Streitkräfte der Bundesrepublik Deutschland, 7), S. 81–99.
[67] Vgl. auch Peter Veleff, Angriffsziel Schweiz? Das operativ-strategische Denken im Warschauer Vertrag mit Auswirkungen auf die neutralen Staaten Schweiz und Österreich, Zürich 2007, S. 130 f., 185–187.
[68] Vgl. http://www.gerline.de/forcedefrappe/index.php (9.11.2010)
[69] Vgl. Gustav Däniker, Schweizerische Selbstbehauptungsstrategien im Kalten Krieg. Aus der Werkstatt des Stabschefs Operative Schulung während der 80er Jahre, Frauenfeld 1996, S. 90; Fritz Stoeckli, Österreich und die Schweiz während des Kalten Krieges. In: Kalter Krieg. Beiträge zur Ost-West-Konfrontation 1945–1990. Hrsg. von Stefan Karner [u.a.], Graz 2002, S. 155–160, hier S. 158.

zösischen *Force de frappe* ein wesentliches Motiv, dass Frankreich seine Assoziierung mit der NATO-Luftverteidigung auch nach 1966 aufrecht erhielt und sich an deren technologischer Weiterentwicklung beteiligte.

Da die NATO mittlerweile von einem »begrenzten Krieg« ausging, der nicht zwingend zum umfassenden nuklearen Schlagabtausch führen werde, kehrte die Schweiz um 1966 zur Raumverteidigung zurück. Das bedeutete, dass die Infanterie den Gegner in einem System von Geländebefestigungen zu binden und mit mobilen Verbänden durchgebrochene Einheiten zu zerschlagen suchte[70]. Bezeichnenderweise erhielt Alfred Ernst, der Protagonist der hergebrachten infanteriegestützten und relativ statischen Verteidigung, jetzt das Kommando über ein Feldarmeekorps. Dagegen blieb sein Gegenspieler Georg Züblin, der Vordenker der mobilen Verteidigung in Verbindung mit einer das eigene Territorium überschreitenden Luftunterstützung, auf seinem Posten als Kommandant des Gebirgsarmeekorps sitzen. Dieses besaß überdies nur noch den Status einer Reserveformation. Die Kostenexplosion des Mirage-Flugzeugs war freilich zu einem veritablen Skandal der Schweizer Politik geworden. Er ließ die Freunde des Gefechts gepanzerter Großverbände offenkundig nicht ungeschoren. Der Beschaffungsumfang der Mirage wurde auf die Hälfte reduziert. Zwar drohte der infanteriegestützten Abwehr stets die Erstarrung oder gar »Mumifizierung« in den befestigten Stellungen. Aber das Konzept blieb gleichwohl bis nach dem Ende des Kalten Krieges gültig[71]. Osteuropäische Beobachter deuteten die Rückkehr zur Raumverteidigung als Signal der Entspannung[72].

Wie *Fuhrer* betont, gab es durchaus Parallelen zur konzeptionellen Entwicklung der Raumverteidigung in Österreich. Dabei war ein Vorstoß des Warschauer Paktes auf direktem Wege durch Österreich in die Schweiz weder wahrscheinlich noch sonderlich schwer abzuwehren, sollte er denn stattfinden. Allerdings hatten Schweizer Sicherheitspolitiker und Militärs allen Anlass, sorgenvoll auf den östlichen Nachbarn zu blicken, wenn das größte militärische Risiko der Schweiz darin bestand, eingeschlossen zu werden. Ein militärisch unzureichend gerüstetes Österreich barg die Gefahr, dass die Streitkräfte des Warschauer Paktes diesen Vorteil wahrnehmen. Ihr Vorstoß sowohl im Donautal auf der Linie Bratislava–Linz–München–Belfort als auch aus Ungarn auf der Linie Graz bzw. Wiener Neustadt–Klagenfurt–Toblach–Bozen–Mantua–Mailand nach Turin und Genua hätte die Schweiz von der Verbindung mit der NATO abgeschnitten. Isoliert hätte die Schweiz – wie während des Zweiten Weltkriegs – zur Rundumverteidigung über-

---

[70] Die Feldbefestigungen und Sperrwerke waren noch während der Weltkriege angelegt worden. Vgl. dazu Jürg Keller, Schlüsselraum West. Militärische Verteidigungsplanungen und erstellte Befestigungen im Raum Murten im 20. Jahrhundert, Zürich 2005, bes. S. 39–44, 53–63.
[71] Vgl. Braun, Von der Reduitstrategie (wie Anm. 35), S. 951–958; Rudolf Jaun, Die Planung der Abwehr der Armee 61 in ihrem historischen Kontext. In: Die Planung der Abwehr in der Armee 61. La planification de la défense combinée dans l'Armee 61. Hrsg. von Peter Braun und Hervé de Weck, Bern 2009, S. 35–48, hier S. 39; Stüssi-Lauterburg/Frey, Unvollständiges Protokoll (wie Anm. 35), S. 48, 222–227; Däniker, Schweizerische Selbstbehauptungsstrategien (wie Anm. 69), S. 166–180 (Zitat S. 166).
[72] Vgl. Fuhrer/Wild, Alle roten Pfeile (wie Anm. 14), S. 286 f.

gehen müssen. Unter diesen Umständen wäre der Wert ihrer starken Armee rasch fragwürdig geworden. Die einstige »Trumpfkarte«[73] der Alpenpässe als einer geostrategischen Grundlage der Schweizer Neutralität, so auch *Fuhrer*, hatte angesichts der Ost-West-Richtung einer militärischen Auseinandersetzung an Bedeutung eingebüßt. Die Vermutung, dass ein neutraler Kleinstaat sich auf Dauer ohnehin nicht wirkungsvoll verteidigen könne, prägte dann auch nachhaltig das sicherheitspolitische Denken der Wiener Regierungen.

Dem kleinen Bundesheer wurde zunächst nur der Schutz der Staatsgrenze übertragen. Diesen setzte es in der Ungarnkrise vom Oktober/November 1956 durchaus wirkungsvoll in Szene[74]. Freilich ließen die österreichischen Spitzenmilitärs, so *Pleiner*, die Gunst der Stunde verstreichen. Sie hätten jetzt eine an die Möglichkeiten der Neutralität angepasste strategische Neukonzeption anstoßen können. Mit der Vorstellung einer kurzen Grenzverteidigung und des anschließenden Rückzugs auf die bereits zu Zeiten der Allied Forces Austria und der B-Gendarmerie geplanten Linie Salzburg–Villach – in der Öffentlichkeit als »Verteidigung von Mittersill« ironisiert – verharrte die Militärführung in der Idee des raschen Schulterschlusses mit der NATO. Dagegen betonte Bundeskanzler Franz Raab 1958 unmissverständlich, das Heer werde über den symbolischen Schuss an der Grenze hinaus nicht zur Verteidigung eingesetzt. Frustriert erkannten die Militärs, dass ihnen Öffentlichkeit und Bundesregierung vorläufig nicht die Mittel bewilligten, die ihnen erlaubt hätten, halbwegs erfolgreich eine Schlacht an der Seite der NATO zu führen. Die Rüstungsbeschränkungen des Staatsvertrages standen der Ausstattung der Streitkräfte mit modernen Lenkwaffen zunächst entgegen. Das hinderte Österreich nicht daran, 1959 Flugabwehrraketen zu beschaffen. Da es sich um ein tschechoslowakisches Modell handelte, blieb der Protest der Sowjetunion aus. Später folgten schwedische Raketen[75]. Folgerichtig zweifelte die Öffentlichkeit am Sinn solcher Streitkräfte, die im Ernstfall nur die Bundesländer Tirol und Vorarlberg verteidigt und die Mehrheit der Bevölkerung dem Gegner überlassen hätten. Die Wiener Regierung löste das Problem, so *Pleiner*, indem sie ein strategisches Grunddokument überhaupt vermied und einschlägige Zuständigkeiten so verteilte, dass die Arbeit daran wenig Aussicht auf Erfolg hatte[76]. In der ČSSR-Krise 1968 ließ sie das Bundesheer dann auch nicht mehr spektakulär an der Grenze aufmarschieren wie 1956. Den Imageschaden nach außen und innen nahm die Bundesregierung in Kauf[77]. Trotz fortschreitender Konsolidierung und Ausrüstung in den 1960er Jahren hätte das Bundesheer einen Verteidigungsfall nicht bewältigt. Das

---

[73] Neuhold, Austrian foreign and security policy (wie Anm. 47), S. 86.
[74] Vgl. Erwin A. Schmidl, Erste Bewährung. Das österreichische Bundesheer im Einsatz an der ungarischen Grenze 1956. In: Die Ungarnkrise 1956 (wie Anm. 52), S. 253–273.
[75] Vgl. John M. Luchak, Austria and US Security. In: Parameters, 18 (1988), S. 87–95, hier S. 92 f.
[76] Vgl. auch Erwin A. Schmidl, The Warsaw Pact and Austria: Threats and threat perceptions. In: Peaceful Coexistence (wie Anm. 23), S. 203–217, hier S. 210 f.
[77] Vgl. Horst Pleiner, Die CSSR-Krise 1968. Der Einsatz des Österreichischen Bundesheeres. In: Zum Schutz der Republik Österreich ... Beiträge zur Geschichte des Österreichischen Bundesheeres. Hrsg. von Wolfgang Etschmann und Hubert Speckner, Wien 2005, S. 497–530.

zeigte 1969 eine zwischen der Enns und der Traisen, zwei südlichen Nebenflüssen der Donau, abgehaltene Großübung mit dem sinnigen Namen »Bärentatze«[78].

Dem Verteidigungsfall musste sich das Bundesheer freilich bis zum heutigen Tage nicht stellen. Sein Ernstfall war – sieht man von Missionen im Rahmen der Vereinten Nationen ab – der Grenzeinsatz. Bekannt sind der Einsatz in der Ungarnkrise, nach dem Kalten Krieg 1991 an der slowenischen Grenze sowie der Assistenzeinsatz gegen den illegalen Übertritt der östlichen Landesgrenze nach 1990. Kaum noch bekannt ist der Einsatz von etwa 2000 Mann an der Grenze zu Südtirol 1967. Ähnlich wie der ungarisch-jugoslawische Geheimdienstkrieg von 1948 bis 1953 und in gewissem Maße auch die Triestkrise von 1953 lag der Konflikt zwischen der deutschsprachigen Bevölkerungsmehrheit Südtirols und dem italienischen Staat – auch geografisch – quer zum Ost-West-Konflikt. Wie die Triestkrise war der Südtirolkonflikt ein Relikt der Friedensverträge von 1919/1920. Eine kleine Schar von Südtiroler Bombenlegern verlieh ab 1957 dem Verlangen der deutschsprachigen Bevölkerung nach kultureller und wirtschaftlicher Autonomie Nachdruck. Nordtirol diente den Aktivisten als Rückzugsraum. Österreich hatte sich vorsichtig der Sache der Südtiroler angenommen. Es suchte – unter anderem, indem es 1960 die Vereinten Nationen einschaltete – nach einem Kompromiss. Die fortschreitende Radikalisierung der Attentäter erschwerte eine Lösung. Diese griffen italienische Sicherheitskräfte direkt an, die ihrerseits menschenrechtswidrige Ermittlungsmethoden angewendet hatten. Angesichts der Sympathien der eigenen Bevölkerung für die Südtiroler Aktivisten geriet die Wiener Regierung im Sommer 1967 immer mehr unter Druck. Italien sperrte sich gegen eine Annäherung der Alpenrepublik an die Europäische Gemeinschaft. Folgerichtig verstärkte die Bundesregierung während des zweiten Halbjahres 1967 die Zollwachen und die an der Grenze eingesetzte Gendarmerie in Nord- und Osttirol sowie in Salzburg durch Soldaten. Das war kaum mehr als eine Geste des guten Willens. Die von Bruno Kreisky geführte sozialistische Opposition kritisierte prompt diesen angeblich verfassungswidrigen Einsatz[79]. Erst mit dem Zweiten Autonomiestatut von 1972 wurde der Südtirolkonflikt weitgehend beigelegt.

Im Gegensatz zu Österreich verfügte die Schweiz, so konstatiert *Fuhrer*[80], über hinreichend gepanzerte und mechanisierte Kräfte, um mit den Feldarmeekorps 1 und 2 das Mittelland zu verteidigen, mit einem Gebirgskorps 3 das Alpenréduit zu besetzen und mit dem Feldarmeekorps 4 in der Ostschweiz das Verzögerungsgefecht zu führen. Dabei sollten stets ausreichend Kräfte zur Verfügung stehen, um im Rahmen einer Rundumverteidigung die Südschweiz zu verstärken. Das Feldarmeekorps 4 dachte zudem über den Kleinen Krieg in den vom Gegner besetzten

---

[78] Vgl. auch Rauchensteiner, Sandkästen (wie Anm. 58), S. 257–270, 297–299.
[79] Vgl. Erwin A. Schmidl, Der Grenzeinsatz des Österreichischen Bundesheeres in Südtirol 1967. In: Jahrbuch für europäische Sicherheitspolitik 2008. Hrsg. von Alexander Siedschlag, Baden-Baden 2008, S. 189–196. Zum Südtirolproblem vgl. Rolf Steininger, Südtirol zwischen Diplomatie und Terror 1947–1969, 3 Bde, Bozen 1999, hier zu den Ereignissen im Sommer 1967, Bd 3, S. 533–560.
[80] Vgl. auch Hans Rudolf Fuhrer, Die operative Planung »Theophil«. In: Die Planung der Abwehr (wie Anm. 71), S. 109–135.

Räumen nach⁸¹. Die geplante Verteidigung auf der Linie Walensee–Zürichsee–Hochrhein stellte eine Anlehnung an NATO-Truppen im Schwarzwald bzw. am Rhein in Rechnung. Im Übrigen erinnert dieses Konzept an die von Henri Guisan zu Beginn des Zweiten Weltkrieges geplante Limmat-Linie. Konkrete Absprachen mit der NATO wurden jedoch aus neutralitätspolitischen Gründen vermieden. Dass das Feldarmeekorps 4 und das Gebirgskorps 3 womöglich zu schwach waren, um einen Vorstoß durch das (Gebirgs-)Rheintal über das Engadin nach Italien aufzuhalten, gefährdete wiederum das italienische Dispositiv in Friaul. Nicht nur Schweizer und italienische Militärs zerbrachen sich den Kopf über einen denkbaren Vorstoß des Gegners über österreichisches Territorium. Das Problem beschäftigte auch die Bundeswehr.

Im Zuge ihres Aufbaus ab Januar 1956 wurde das deutsche II. Korps in Ulm aufgestellt. Es verstärkte im Rahmen der gemischten Präsenz der NATO-Streitkräfte an der deutsch-deutschen und deutsch-tschechischen Grenze die Heeresgruppe Mitte (CENTAG) der NATO. Sie war für die Verteidigung des gesamten süddeutschen Raumes einschließlich der bayerischen Alpen zuständig. Damit wurde das deutsche II. zum virtuellen Nachbarn des italienischen IV. Korps in Bozen, das nahezu ausschließlich aus *Alpini* bestand. Kaum verwunderlich, besprachen die Korpsstäbe den »Fall Süd«, also das gemeinsame Vorgehen im Fall der Verletzung der österreichischen Neutralität. Dem deutschen II. Korps war die 1. Gebirgsdivision in Mittenwald unterstellt. Vor dem Hintergrund dieser Entwicklung konnte der deutsche Oberbefehlshaber der Landstreitkräfte in Mitteleuropa 1960 die Grenze seiner territorialen Zuständigkeit zu Lasten der NATO-Region Südeuropa auf den Nordkamm der Alpen vorschieben. Den westdeutschen Militärs war es 1958 gelungen, die vordere Verteidigungslinie der CENTAG auf die Linie Bamberg–Regensburg–Rosenheim vorzuverlegen. In der Folge hätte ein Vorstoß des Warschauer Pakts durch das österreichische Donautal die Frontlinie der CENTAG um nahezu ein Drittel nach Süden und auf insgesamt 760 Kilometer verlängert, so *Hammerich*.

Freilich stand die Vorneverteidigung bei der CENTAG auf ebenso »tönernen Füßen« (*Hammerich*) wie bei der Heeresgruppe Südeuropa mit ihren zwei präsenten italienischen Korps (IV. und V.), solange konventionell verteidigt wurde, wie dies ab 1960 vom SACEUR expressis verbis angestrebt wurde. In der Konsequenz hatte die NATO mit den durch den Österreichischen Staatsvertrag frei werdenden amerikanischen Truppen 1955 eine Art nukleare Heeresgruppenartillerie, die Southern European Task Force (SETAF), geschaffen. Sie verfügte über Kurzstreckenraketen und Atomminen, deren Einsatz, so auch *Cremasco*, regelmäßig geübt wurde. Freilich geschah das, bevor die NATO umzudenken begann. Die Italiener hatten die Nuklearisierung genutzt, um 1957 ihre Infanterie zurückzufahren und eine Reservepanzerdivision aufzulösen⁸². *Cremasco* betont zwar die Fähigkeit der italienischen Streitkräfte zur erfolgreichen Vorneverteidigung. Nach mei-

---

81   Vgl. Josef Feldmann, Die Planung der Abwehr im Feldarmeekorps 4. In: Die Planung der Abwehr (wie Anm. 71), S. 153–169, hier S. 167–169.
82   Vgl. Krüger, Brennender Enzian (wie Anm. 12), S. 80–85, 108–117.

ner Auffassung war dies allenfalls bei massiven Nukleareinsätzen vorstellbar. Mit Recht ging die Heeresgruppe Süd der NATO von einem sowjetisch-ungarischen Vorstoß, eingeleitet durch massive Atomschläge gegen die italienische 3. Armee, über die Laibacher Pforte nach Norditalien aus. Sowohl Österreich wie Italien sollten innerhalb von 14 Tagen ausgeschaltet und Italien womöglich bis an die Südspitze Siziliens besetzt werden. Dabei mussten die italienischen Großstädte – von den diversen Atomdepots und Raketenstellungen (in Apulien) ganz abgesehen – mit Atomwaffenschlägen von bis zu einer Megatonne rechnen[83].

Im Falle des deutschen II. Korps, so *Hammerich*, hätten dessen Hauptkräfte einschließlich der Gebirgsdivision westlich der tschechischen Grenze verteidigt. Für die Deckung des Raumes westlich von Inn und Salzach stand zunächst nur ein verstärktes Panzeraufklärungsbataillon zur Verfügung. Mit der Verstärkung aus der Heeresgruppenreserve war immerhin zu rechnen. Die französischen Streitkräfte wären in der Masse erst zwischen Iller und Lech, also westlich von München, angetreten. Für die Österreicher hatte das die bittere Konsequenz, dass die NATO Vorstöße des Warschauer Pakts durch ihr Territorium voraussichtlich mit Atomschlägen bekämpft hätte, bevor dessen Streitkräfte in nennenswerten Umfang Bündnisgebiet besetzten. Das II. Korps hätte gemäß *Hammerich* zu Beginn der 1960er Jahre bei der 7. US-Armee 50 Atomsprengköpfe mit einer Sprengkraft von 1 bis 45 Kilotonnen angefordert, die voraussichtlich mit Schwerpunkt im Südbereich des Korps, als im Raum Inn und Salzach, eingesetzt worden wären. Diese Konsequenz galt voraussichtlich auch für die Jugoslawen, die jedoch militärisch sehr viel stärker waren als die Österreicher. Noch 1974 beunruhigte die Möglichkeit des raschen Vorstoßes der Sowjets durch Österreich sogar den französischen Verteidigungsminister. Er fragte, ob das Bundesheer womöglich über Innsbruck hinaus nach Westen »fliehen« werde[84].

V.

SACEUR Lauris Norstad trat schon vor dem Amtsantritt Präsident John F. Kennedys im Januar 1961 für eine Aufweichung der Massiven Vergeltung ein. Vor dem Einsatz von Atomwaffen sollte eine Pause eingelegt werden, in der man die Verhandlung mit dem Gegner suchen wollte. Bei optimaler Ausbildung, Ausrüstung, Organisation und Dislozierung reichten in seinen Augen die vorhandenen und die noch geplanten Streitkräfte des Bündnisses aus, um auf eine Aggression des Warschauer Pakts angemessen zu reagieren. Der Gedanke einer strategischen Pause vor dem Übergang zum totalen Atomkrieg wurde von der Kennedy-Administration noch vor der Kubakrise im Herbst 1962 aufgegriffen. Die Europäer

---

[83] Vgl. Miklos Horváth, Platz und Rolle Ungarns und der Ungarischen Volksarmee in der operativ-strategischen Planung des Warschauer Paktes. In: Die NVA und die Ungarische Volksarmee im Warschauer Pakt. Hrsg. von Hans-Hubertus Mack [u.a.], Potsdam 2011 (= Potsdamer Schriften zur Militärgeschichte, 15), S. 47–60.
[84] Vgl. Rauchensteiner, Sandkästen (wie Anm. 58), S. 318.

sollten jetzt die konventionelle Stärke der Sowjetunion durch erweiterte eigene konventionelle Fähigkeiten ausgleichen. Um Mittel dafür frei zu machen, sollten sie auf den Aufbau von Nuklearstreitkräften verzichten. Im Zweifel sollten die Europäer zunächst einen konventionellen oder teil-nuklearen Krieg führen, bevor die Vereinigten Staaten ihr strategisches Nuklearpotenzial einsetzten. Denn je weiter die Sowjetunion mit dem Aufbau ihres strategischen Potenzials vorankam, desto umfassender würde sie mit nuklearen Gegenschlägen antworten, die das amerikanische Volk womöglich nicht überlebte.

Nach der Kubakrise bildete sich über die Etappen des Atomteststoppabkommens 1963, des Nichtverbreitungsvertrages 1968/1969 und schließlich der SALT I und SALT II-Abkommen (1971 und 1979) ein nukleares Regime zwischen den Supermächten heraus. Beide wollten ihr nukleares Oligopol wahren und das Risiko mindern, sich durch den Einsatz ihrer strategischen Waffen selbst auszulöschen. In letzter Instanz liefen diese bilateralen Abkommen dann auch auf die quantitative und qualitative Verbesserung der Arsenale hinaus[85].

Nach heftigen Protesten der Europäer zu Beginn der 1960er Jahre konnten die Angelsachsen die Strategie der Flexiblen Reaktion 1967/1968 in der Allianz durchsetzen, als die intransigenten Franzosen deren Militärorganisation verlassen hatten. Nunmehr wollte die Allianz – auch de iure – auf einen Angriff angemessen reagieren. An die Stelle des vermeintlich bis dahin geltenden nuklearen Automatismus sollte eine dem Umfang und Ausmaß des Angriffs entsprechende konventionelle, teil-nukleare oder umfassend nukleare, jedenfalls flexible Antwort treten. Freilich hatte auch in der Ära der Massiven Vergeltung niemand daran gedacht, jeden begrenzten Übergriff sofort nuklear zu beantworten. Die Allianz hielt sich auch künftig eine vorbedachte Eskalation von einer in die nächste Stufe offen. Sie versprach sich von dieser – vermeintlichen oder tatsächlichen – Unkalkulierbarkeit eine besonders abschreckende Wirkung auf den Gegner. SACEUR Lyman Lemnitzer mahnte freilich anlässlich der Verabschiedung der neuen Doktrin, dass sich an der bisherigen Praxis des frühzeitigen Atomeinsatzes nicht viel ändern werde, wenn das Bündnis nicht ausreichend konventionelle Kräfte zur Verfügung stelle. Tatsächlich – und das zeigt *Hammerich* am Beispiel des deutschen II. Korps – waren die NATO-Streitkräfte zumindest in den 1960er Jahren nicht in der Lage, eine große Offensive rein konventionell abzuwehren. Folgerichtig deklarierte die NATO nicht mehr diese große Offensive zur wahrscheinlichsten Bedrohung, sondern den »begrenzten Krieg«[86].

---

[85] So der amerikanische Generalleutnant William Odom, militärischer Assistent des Sicherheitsberaters Zbigniew Brzezinski unter Präsident Carter. Vgl. Military Planning (wie Anm. 3), S. 128 f.
[86] Vgl. Duffield, Power Rules (wie Anm. 57), S. 145–189; Dieter Krüger, Schlachtfeld Bundesrepublik? Europa, die deutsche Luftwaffe und der Strategiewechsel der NATO 1958 bis 1968. In: Vierteljahrshefte für Zeitgeschichte, 56 (2008), S. 171–225; Andreas Wenger, The Politics of Military Planning. Evolution of NATO strategy. In: War Plans and Alliances in the Cold War (wie Anm. 7), S. 165–192, hier S. 166–180, 182–185; William Burr and David A. Rosenberg, Nuclear Competition in an Era of Stalemate, 1963–1975. In: The Cambridge History of the Cold War (wie Anm. 1), vol. 2, S. 88–111.

Richard Nixon glaubte schon zu Beginn seiner Präsidentschaft (1969-1974), der Atomschirm der NATO sei nur noch »a lot of crap«. Die Lösung lag in der räumlichen Begrenzung von Nukleareinsätzen auf jene Regionen, in denen der Warschauer Pakt angriff – faktisch also vor allem die Begrenzung des Atomkriegs auf Europa. Schließlich, so Nixons Sicherheitsberater und späterer Außenminister Henry Kissinger, könnten die Europäer nicht erwarten, dass die Amerikaner ihretwegen »Selbstmord« begingen. Allerdings zweifelten selbst amerikanische Militärs an der Durchführbarkeit begrenzter Nukleareinsätze[87].

Von der Warte der angelsächsischen Seemächte her war die neue Strategie die einleuchtende, für die Kontinentaleuropäer aber die ungemütliche Konsequenz aus dem atomaren Patt zwischen den Supermächten. Die sowjetischen Gegenspieler witterten hinter der Regionalisierung in Verbindung mit der Strategie der Flexiblen Reaktion die Gefahr eines von fremdem Territorium geführten amerikanischen Atomkrieges[88].

Im Gegensatz zu den wachsenden Zweifeln an der Massiven Vergeltung im Westen setzte Chruščëv nun immer deutlicher auf Atomraketen als entscheidende Waffe des Atomzeitalters. Die Landstreitkräfte wurden seit dem Ende der 1950er Jahre mit taktischen Atomwaffen ausgestattet, aber vom Umfang her etwas reduziert[89]. Folgerichtig plante der Warschauer Pakt schon 1957 den nuklearisierten Bewegungskrieg. Die Sowjets wollten künftig – ähnlich wie die Amerikaner in der NATO – einen Teil der Landkriegführung ihren Verbündeten übertragen, um Mittel für die strategischen Streitkräfte freizumachen. Das erforderte die anlaufende Modernisierung auch der verbündeten Streitkräfte.

Im Herbst 1961 übte der Warschauer Pakt in der Stabsrahmenübung »Burja« (Sturm) erstmals den strategischen Angriff mehrerer Heeresgruppen auf Westeuropa. Einbezogen waren alle für Mitteleuropa vorgesehenen sowjetischen Armeen einschließlich der ostdeutschen Nationalen Volksarmee sowie der tschechoslowakischen und der polnischen Streitkräfte. Am fünften Tag der Operation wollte die sowjetische Führung statt anfänglich über 42 bereits über 100 Divisionen verfügen; insgesamt fünf Panzer- und 20 allgemeine Armeen. Diesen standen angenommene 29 und am fünften Tag 37 Divisionen der NATO gegenüber. Zu diesem Zeitpunkt sollten die Panzerspitzen der Zentralfront unter Einsatz von Kernwaffen den Mittelrhein überschreiten; die Küsten- und die Westfronten sollten Nordjütland und die holländisch-belgische Grenze erreichen. Danach stand die Zerschlagung der in Frankreich bereitgestellten Gegenangriffskräfte der NATO an. Man unterstellte, dass die NATO insgesamt 1200 und der Warschauer Pakt 1000 Kern-

---

[87] Vgl. William Burr, »Is this the best they can do?« Henry Kissinger and the US quest for limited nuclear options, 1969-75. In: War Plans and Alliances in the Cold War (wie Anm. 7), S. 118-140 (Zitate S. 127, 137, Anm. 14); Burr/Rosenberg, Nuclear Competition (wie Anm. 85), S. 96.
[88] Vgl. Military Planning (wie Anm. 3), S. 116.
[89] Vgl. Mastny, Die NATO im sowjetischen Denken (wie Anm. 43), S. 457-460; Vojtech Mastny, Imaging war in Europe. Soviet strategic planning. In: War Plans and Alliances in the Cold War (wie Anm. 7), S. 15-45, hier S. 19-22; Umbach, Das rote Bündnis (wie Anm. 48), S. 105-110; Fuhrer/Wild, Alle roten Pfeile (wie Anm. 14), S. 154-165, 169-179.

sprengkörper eingesetzt hätten. Immerhin: Österreich scheint nicht Gegenstand des Manövers gewesen zu sein[90].

»Burja« markierte 1961 nicht nur eine konsolidierte Offensivstrategie, sondern auch eine neue Rolle des Pakts. Dieser wandelte sich jetzt zum multilateralen Militärbündnis unter sowjetischer Führung[91]. Dabei traute man zu diesem Zeitpunkt womöglich den Polen und Ostdeutschen nicht ganz – und traute ihnen auch nicht viel zu. Dagegen sollten Tschechen und Slowaken mit einer Heeresgruppe selbstständig in der 1. Staffel in die Offensive gehen, wie namentlich ein Operationsplan der ČSSR von 1964 belegt. Der tschechoslowakischen Front fiel die Aufgabe zu, nach dem nuklearen Eröffnungsschlag mit 41 Atomsprengkörpern die 7. US-Armee mit ihren taktischen Nuklearsystemen und das II. Korps der Bundeswehr auszuschalten. Nach rechts bzw. Norden schloss die sowjetische 8. Gardearmee an. Auch in diesem Fall begrenzten die ungarische, österreichische und Schweizer Grenze den Operationsraum der tschechoslowakischen Front. Für den Fall, dass sich das neutrale Österreich dem Westen anschloss, sah eine ungarische Stabsübung im Mai 1965 vor, gemeinsam mit der Sowjetarmee in Ungarn entlang der Donau an den Bodensee und in Richtung Poebene in Norditalien vorzustoßen. Offensichtlich blieb es auch in den 1970er Jahren bei dem Konzept. Die Ungarn sollten im Rahmen der Südwestfront des Warschauer Paktes in Richtung Norditalien vorstoßen. Die Offensive durch alpines Gelände hätte ihren dafür unzureichend vorbereiteten Verbänden einen desaströsen Blutzoll abgefordert[92].

Insgesamt sprachen die Übungen des Warschauer Pakts selbst dann nicht für die Annahme, die Sowjetunion plane begrenzte Kriege, wenn sowjetische Militärs gegen Ende der 1960er Jahre über eine mögliche Re-Konventionalisierung nachzudenken begannen. Vorläufig jedenfalls war das sowjetische Militär allenfalls bereit, das Zeitfenster operativ zu nutzen, das ihnen eine »strategische Pause« der NATO bot[93]. Keinesfalls war die konventionell-nukleare Blitzkriegstrategie jedoch

---

[90] Vgl. Matthias Uhl, Storming on to Paris. The 1961 *Buria* exercise and the planned solution of the Berlin crisis. In: War Plans and Alliances in the Cold War (wie Anm. 7), S. 46-71; Matthias Uhl, Krieg um Berlin? Die sowjetische Militär- und Sicherheitspolitik in der zweiten Berlin-Krise 1958-1962, München 2008, S. 157-181; Umbach, Das rote Bündnis (wie Anm. 48), S. 110-115; Okváth, Die Integration (wie Anm. 54), S. 179-184.

[91] Vgl. dazu auch die anschauliche Schilderung des Planungsprozesses durch Fritz Streletz. In: Veleff, Angriffsziel Schweiz? (wie Anm. 67), S. 119 f.; sowie János Jakus, Das Vereinte Oberkommando der Streitkräfte des Warschauer Vertrages und die Ungarische Volksarmee in den 1980er Jahren, S. 61-74. In: Die NVA und die ungarische Volksarmee (wie Anm. 82); Umbach, Das rote Bündnis (wie Anm. 48), S. 200-207; Mastny, Learning from the Enemy (wie Anm. 51), S. 19 f., 33-35.

[92] Vgl. István Balló, Die Ungarische Volksarmee im Warschauer Pakt. In: Österreichs Neutralität und die Operationsplanungen des Warschauer Paktes. Hrsg. von Erich Reiter und Walter Blasi, Wien 1999 (= Informationen zur Sicherheitspolitik, 20), S. 23-33; Róbert Széles, Die strategischen Überlegungen des Warschauer Paktes für Mitteleuropa in den 70er Jahren und die Rolle der Neutralen, ebd., S. 35-52.

[93] Vgl. Mastny, Imaging War (wie Anm. 89), S. 22-30; A Cardboard Castle? An inside history of the Warsaw Pact, 1955-1991, Budapest, New York 2005, S. 93 f., 97-99, 140-151, 160-169, 189-191; Petr Luňák, War Plans from Stalin to Brezhnev. The Czechoslovak pivot. In: War Plans and Alliances in the Cold War (wie Anm. 7), S. 72-94, hier S. 81-84; Agrell, Silent allies (wie Anm. 7), S. 148; Schmidl, The Warsaw Pact (wie Anm. 76), S. 204-210; Umbach, Das rote

mit der politischen Absicht gleichzusetzen, diese bei passender Gelegenheit zur Durchsetzung der politischen Ziele auch anzuwenden. Diese Absicht hat die NATO ihrem Kontrahenten wohl auch zu keinem Zeitpunkt unterstellt. Insofern nahm man Chruščëv und seinen Nachfolgern den Willen zur »friedlichen Koexistenz« im Grundsatz ab. Allerdings konnte sich ein politischer Wille nach westlichem Verständnis rasch ändern. In diesem Fall hätte eine aggressive politische Führung problemlos auf das offensiv ausgelegte Instrumentarium zurückgreifen können[94]. Überdies entsprach der stete Versuch, den Gegner auch in der Rüstung nach Möglichkeit zu überflügeln, um daraus politisch Kapital zu schlagen, der Logik einer mal mehr, mal weniger konfrontativen Gemeinsamkeit.

VI.

Für Österreich bedeutete diese strategische Großwetterlage zwischen den beiden Militärblöcken, dass es im Falle eines kriegerischen Konflikts im besten Fall ebenso umgangen wurde wie die Schweiz. Seine Neutralität war zumindest für den Warschauer Pakt eine Frage der operativen Opportunität[95]. Denn Ziel einer militärischen Auseinandersetzung waren mit hoher Wahrscheinlichkeit nicht die kleinen Alpenrepubliken. Was konnte Österreich also tun, um seine Hinderungspflicht zu erfüllen und fremden Truppen das Betreten des Landes zu verwehren? General Emil Spannocchi und andere Strategen, resümiert *Pleiner*, räumten mit der Vorstellung der Gründerväter des Bundesheeres auf, man müsse eigentlich in der Liga der hochgerüsteten Nachbarn mitspielen und irgendwelche Frontlinien verteidigen. Vielmehr knüpften Spannocchi und andere an die Frage der operativen Opportunität an, die sich einem Gegner stellte. Dabei galt nach wie vor der Warschauer Pakt, galten also die Truppen der Sowjetunion in Ungarn und (ab 1968) in der ČSSR sowie die Armeen dieser Nachbarstaaten selbst als mögliche Eindringlinge. Die NATO wurde im Sinne der zunehmend äquidistanten Außenpolitik als denkbarer Aggressor mitbedacht. Der Gegner sollte durch einen hohen »Eintritts- und Aufenthaltspreis« (*Pleiner*) davon abgehalten werden, Österreich als Vorfeld und Aufmarschfläche zu missbrauchen.

Spannocchi – einst Offizier des Bundesheeres der Ersten Republik und anschließend Stabsoffizier der Wehrmacht – verkündete nun die »Verteidigung ohne Selbstzerstörung«[96]. Er ging von zwei fragwürdigen Voraussetzungen aus. Zum einen teilte er die offizielle Auffassung der NATO, im Atomzeitalter würden nur noch begrenzte, konventionelle Kriege geführt. Zum andern sah er im Bündnis-

---

Bündnis (wie Anm. 48), S. 142–146, 169–185. Zur Zuverlässigkeit der verbündeten Streitkräfte vgl. ebd., S. 269–279.

[94] Vgl. Umbach, Das rote Bündnis (wie Anm. 48), S. 166 f.; Fuhrer/Wild, Alle roten Pfeile (wie Anm. 14), S. 540 f.

[95] Vgl. Jakus, Das Vereinte Oberkommando (wie Anm. 91), S. 65; und dagegen Fuhrer/Wild, Alle roten Pfeile (wie Anm. 14), S. 350.

[96] Vgl. Emil Spannocchi, Verteidigung ohne Selbstzerstörung. In: Verteidigung ohne Schlacht. Eingel. von Carl Friedrich von Weizsäcker, 2. Aufl., München [u.a.] 1976, S. 15–91.

beitritt des Kleinstaates einen resignativen Souveränitätsverzicht. Dagegen waren, wie eingangs erwähnt, die meisten Staaten 1949 gerade deshalb der NATO beigetreten, weil sie glaubten, nur dadurch ihre Souveränität behaupten zu können. Im Übrigen hätten anfangs manche ein bilaterales Bündnis mit den Vereinigten Staaten der multilateralen Allianz vorgezogen. Tatsächlich gewährte ihnen diese dann doch einen viel größeren politischen Spielraum gegenüber dem Hegemon als ein bilaterales Bündnis[97]. Dagegen wollte Spannocchi ungeachtet aller Sympathien für den Westen auch gegenüber der NATO Ernst machen mit der Souveränität des neutralen Kleinstaates. Es galt, auch ihr den Zugang zu verweigern. Jede klandestine Abstimmung, wie sie das Denken in Frontlinien fast zwangsläufig mit sich brachte, sollte vermieden werden.

Spannocchi knüpfte an den Erfahrungen mit den verschiedenen Guerillakriegen des 20. Jahrhunderts und den Lehren seiner Theoretiker an. Er wollte die Erfolge der Guerillakrieger aus den Dschungeln und Gebirgen Asiens, aus den Sümpfen und Wäldern der Sowjetunion und aus den Bergen des Balkans im Ernstfall in der durch Verkehrswege gut erschlossenen Kulturlandschaft der Alpenrepublik wiederholen. Der Gegner sollte mit »tausend Nadelstichen«[98] regulärer Jagd- und Kleinkampfverbände rechnen müssen. Diese hatten unter Rückgriff auf Feste Punkte aus dem alpinen Gelände heraus zuzuschlagen und bestimmte Schlüsselzonen zu verteidigen. Je weiter der Gegner vordrang, desto stärker sollte der Widerstand werden. Das werde den Gegner zwingen, das Land mit einem so hohen Aufwand an eigenen Truppen zu besetzen, dass sein möglicher operativer Nutzen diesen Aufwand deutlich überschritt und er folgerichtig darauf verzichtete, in Österreich einzudringen. Die Masse des Heeres sollte als Miliz im eigenen Heimatgebiet eingesetzt werden. Das setzte angeblich nur ein bestimmtes Spektrum militärischer Fähigkeiten voraus. Mithin sei keine lange Ausbildung erforderlich[99]. In den Ohren des konservativen Verteidigungsministers Georg Prader klang das eher abstrus, so *Pleiner*. Das Verdikt bezog sich wohl hauptsächlich auf die operativen Ableitungen, die Spannocchi aus der geostrategischen Lage Österreichs gezogen hatte. In seinen operativen Ideen waren die Erfolge Mao Tse-tungs, Titos und des Generals Võ Nguyên Giáp sowie die Clausewitz'schen Lehren über den Gebirgskrieg eine romantische Verbindung eingegangen mit »Stay-behind«, dem Andreas-Hofer-Mythos und dem Mythos Alpenfestung. Die Stunde Spannocchis und gleich denkender Militärs kam jedoch 1970 mit dem Regierungsantritt Bruno Kreiskys. Jetzt mutierten diese Ideen zur offiziellen Militärdoktrin[100].

---

[97] So in der Quintessenz auch Beatrice Heuser, Alliance of democracies and nuclear deterrence. In: War Plans and Alliances in the Cold War (wie Anm. 7), S. 193–217, und ergänzend dazu die Darstellungen zu Norwegen und Dänemark ebd., S. 218–265.
[98] Emil Spannocchi, Die Verteidigung des Kleinstaates. In: Österreichische Militärische Zeitschrift, 6 (1970), S. 433.
[99] Vgl. auch Rauchensteiner, Sandkästen (wie Anm. 58), S. 302–304; Andreas Steiger, Das Raumverteidigungskonzept. Planung und Durchführung in den Jahren 1968 bis 1978. In: Zum Schutz der Republik Österreich (wie Anm. 77), S. 555–581, hier S. 555–561.
[100] Vgl. auch Walter Mayer, Das neue Konzept. In: Tausend Nadelstiche. Das österreichische Bundesheer in der Reformzeit 1970–1978. Hrsg. von Manfried Rauchensteiner [u.a.], Graz [u.a.] 1994, S. 105–123.

Der sozialistische Bundeskanzler hatte seine Wahl unter anderem mit dem Versprechen gewonnen, die Dienstpflicht von neun auf sechs Monate zu verkürzen. Er hegte ohnehin tiefe Zweifel gegen militärische Konzepte in der Sicherheitspolitik. Noch deutlicher als in seiner Zeit als Außenminister erkannte er im Engagement in den Vereinten Nationen, die auch die Teilnahme an militärischen Missionen einschloss[101], den Kern der Sicherheit Österreichs. Es gelang Kreisky, Wien neben New York und Genf zum weiteren Standort der Vereinten Nationen zu machen. Die exterritoriale »UNO City« ersetzte nach seinen Worten zwei Panzerdivisionen. Hinter dem Bonmot stand die Hoffnung, dass im Krisenfall eine internationale Institution das neutrale Land besser und vor allem preiswerter schützen würde als eine aufwendige Rüstung nach dem Vorbild der Schweiz. Schließlich hätte diese ihre volle militärische Wirksamkeit letztlich nur im Rahmen eines Bündnisses entfalten können. Aus genau diesem Grund stieß die Schweizer Neutralität – offenbar anders als die der Österreicher – zumindest bis in die 1960er Jahre auf amerikanische Skepsis. Für die Schweizer Armee blieb die Neutralität gleichwohl »Geschäftsgrundlage«[102].

Kreisky unterstrich seine auf Konfliktverhütung durch Entspannung zwischen den Blöcken gerichtete Sicherheitspolitik, indem er deutlich auf Abstand gegenüber beiden Blöcken ging. Zusätzlich nahm er eine aktive Beobachterrolle in der 1961 in Belgrad gegründeten Bewegung der Blockfreien ein[103]. Sie war nicht zuletzt ein Produkt der jugoslawischen Außenpolitik. Noch vor den Österreichern hatte sich Jugoslawien an militärischen Missionen der Vereinten Nationen beteiligt und besondere Beziehungen zu den Staaten der Dritten Welt aufgebaut. Offenkundig war Tito ähnlich wie Kreisky bestrebt, seine Politik der Unabhängigkeit gegenüber den Blöcken und deren Hegemonen durch eine globale Rolle zu hinterlegen. Das Renommee des demokratischen Bundeskanzlers verknüpfte sich mit seiner Außenpolitik. Der jugoslawische Staatschef machte diese schon ab 1954 zum Markenzeichen seiner – von wachsenden ethnischen und wirtschaftlichen Spannungen bedrohten – charismatischen Herrschaft. Geübt in der Vermittlung zwischen gegensätzlichen nationalen Anliegen, vermochte Tito manchen Disput zwischen den Blockfreien zu mäßigen[104]. Die von Kreisky 1970 berufene Bundesheerreformkommission brachte vor allem den Übergang zum Milizheer, ergänzt durch eine kleine Bereitschaftstruppe. Am Ende setzte die Regierung von den Vorschlägen

---

[101] Vgl. Erwin A. Schmidl, Im Dienste des Friedens: Die österreichische Teilnahme an Friedensoperationen seit 1960, Graz 2001; Erwin A. Schmidl, Going International. In the Service of Peace. Das österreichische Bundesheer und die österreichische Teilnahme an internationalen Einsätzen seit 1960, Graz 2005; Jankowitsch, Das Problem der Äquidistanz (wie Anm. 32), S. 479.
[102] Vgl. Stüssi-Lauterburg/Frey, Unvollständiges Protokoll (wie Anm. 35), S. 232 f.; Däniker, Schweizerische Selbstbehauptungsstrategien (wie Anm. 69), S. 137–144 (Zitat S. 142).
[103] Vgl. Gehler, Österreichs Außenpolitik (wie Anm. 32), S. 281–300, 447–449, 462–467; Jankowitsch, Das Problem der Äquidistanz (wie Anm. 32), S. 481–484; Schmidl, The Warsaw Pact (wie Anm. 76), S. 216 f.
[104] Vgl. Rajak, Yugoslavia (wie Anm. 39), S. 101–107, 205–210; Calic, Geschichte Jugoslawiens (wie Anm. 8), S. 201–205, 261 f.; Tasić, Jugoslawien (wie Anm. 23), S. 98 f.

der Kommission nur um, »was populär und billig war«[105]. Und Spannocchi orchestrierte mit seiner Raumverteidigung die kongeniale militärstrategische Begleitmusik. Nicht der Absicht, aber der Wirkung nach camouflierte er unter den Vorzeichen weiterhin knapper Militärausgaben die selten offen ausgesprochene Überzeugung, dass Österreich einen Krieg bereits dann verloren hatte, wenn er begann.

Der neutrale Nachbar Jugoslawien verzichtete trotz seiner vergleichbaren Politik der Äquidistanz nicht auf schlagkräftige Streitkräfte. Im Gegenteil bereitete sich Jugoslawien auch in den 1960er Jahren auf einen totalen Krieg vor. Die am sowjetischen Vorbild angelehnten Strukturen der Streitkräfte wurden erneut verändert. Man kehrte zu Formen der Heimatverteidigung zurück und besann sich dabei auf die Traditionen des Partisanenkampfs im Zweiten Weltkrieg. Das kongeniale ideologische Paradigma eines eigenständigen jugoslawischen Weges zum Sozialismus hatte die kommunistische Führung in der Auseinandersetzung mit dem Stalinismus entwickelt. Der Titoismus war letztlich ein sowjetischer Popanz der späten Stalinjahre. Er entstand aus der Verlegenheit, dass der jugoslawische Diktator trotz ähnlicher Herrschaftsform und des gleichen Gesellschaftsideals sich nicht mehr dem absoluten Führungsanspruch des sowjetischen Diktators unterordnen wollte. Stalinistische Parteifunktionäre und Geheimpolizisten hefteten ihren vermeintlichen oder tatsächlichen Gegnern jetzt das Etikett des Titoismus an. Es ersetzte den früheren Vorwurf des Trotzkismus gegenüber Kommunisten, die in der nächsten Welle, aus welchen Gründen auch immer, weggesäubert werden sollten. Der jugoslawische Selbstverwaltungssozialismus war mithin nicht der Grund der Spaltung, sondern deren nachträgliche ideologische Legitimation. Mit einem höheren Maß an Dezentralisierung und kultureller Meinungsfreiheit reagierten die jugoslawischen Kommunisten nicht nur auf die inhärenten Defizite des sowjetischen Kommunismus. Vielmehr nahmen sie Rücksicht auf den Charakter eines Vielvölkerstaates, dessen Schutz man in die Hände der Gesellschaft legte. Zwar verwandelte sich Jugoslawien damit nicht in eine Demokratie. Seine Führung erwartete jedoch zu Recht erhebliche Sympathien des Westens, welche die Sowjetunion von Übergriffen abschrecken sollten[106]. Die Besetzung der ČSSR – mit der ein eigenständiger Weg der Tschechen und Slowaken zum Sozialismus gewaltsam liquidiert worden war – nahm Jugoslawien 1968 zum Anlass, so *Prebilič*, eine Territorialverteidigung einzurichten. Sie sollte nun ebenfalls einen Aggressor mit dem Widerstand der Bevölkerung konfrontieren[107].

Prebilič bestätigt überdies die Annahmen der NATO-Heeresgruppe Südeuropa aus den 1950er Jahren, dass die Jugoslawische Volksarmee im Falle einer Invasion Slowenien preisgegeben und sich relativ rasch in die Zentralregion Bosnien-Herzegowina zurückgezogen hätte. Offenbar erst in den 1970er Jahren wurde für diesen Fall der Kleine Krieg der Territorialverteidigung praktisch vorbereitet. Al-

---

[105] Vgl. Karl-Reinhart Trauner, Die Arbeit der Bundesheerreformkommission 1970. In: Zum Schutz der Republik Österreich (wie Anm. 77), S. 531–554 (Zitat S. 551).
[106] Vgl. auch Rajak, Yugoslavia (wie Anm. 39), S. 17–32.
[107] Vgl. auch Tasić, Jugoslawien (wie Anm. 23), S. 99 f.

lerdings hat das Oberkommando des Warschauer Paktes zumindest in Manövern gelegentlich die fiktive Bereitschaft Jugoslawiens eingespielt, den östlichen Streitkräften den Durchmarsch durch die Laibacher Pforte zu gestatten[108]. Mithin vermuten die italienischen Militärs durchaus zutreffend den geografischen Punkt der höchsten Verwundbarkeit weiter in Julisch Venetien und Slowenien. Zeitgleich beschäftigte sich auch das österreichische Bundesheer mit operativen Vorbereitungen auf einen möglichen sowjetischen Einmarsch in ein destabilisiertes Jugoslawien. Dabei wurde erneut augenfällig, dass Österreich über viel zu wenige präsente Truppen verfügte. Selbst bei räumlich begrenzten Operationen hätte es rasch mobil machen müssen[109]. Mit der zunehmenden Flottenpräsenz der Sowjetunion im Mittelmeer in Verbindung mit der wachsenden Unruhe im nordafrikanisch-nahöstlichen Krisenbogen verlagerte sich gemäß *Cremasco* das Augenmerk der italienischen Sicherheitspolitiker und Militärs in den 1970er Jahren von den Ostalpen ins Mittelmeer und auf die Gegenküsten.

Der Kleine Krieg der Bevölkerung setzt in der Regel sowohl ein starkes Bewusstsein regionaler Eigenständigkeit als auch die Überzeugung voraus, dass der Gegner genau diese Eigenständigkeit zu beseitigen beabsichtige. Daneben bedarf es offensichtlich einer hinreichenden materiellen Einsatzbereitschaft. Fehlt diese und dauert der Krieg lange, so kann die Motivation der zu Kriegern mutierten Bauern, Handwerker und Arbeiter rasch schwinden. Das zeigt *Reichl-Ham* am Beispiel der Tiroler und Vorarlberger Landmilizen im Dreißigjährigen Krieg. Schließlich kann sich ein Regionalbewusstsein auch gegen zentralstaatliche Institutionen richten. Wer ein Volk bewaffnet, hinterlegt womöglich Regionalbewusstsein mit militärischen Strukturen. Slowenien als Teilstaat der jugoslawischen Vielvölkerföderation, so *Prebilič*, schuf faktisch seine eigene Armee. Gleichsam unter den Augen des österreichischen Bundesheeres setzte Slowenien seine Streitkräfte im Sommer 1991 dann auch gegen die Jugoslawische Volksarmee ein, als diese den Austritt Sloweniens aus der Föderation gewaltsam zu verhindern suchte. Kaum verwunderlich, profitierten die Slowenen dabei von dem ihnen vertrauten alpinen Gelände.

Die Strategie der Massiven Vergeltung beruhte im Zeitalter des materiellen Patts auf der glaubwürdigen Bereitschaft zum kollektiven Selbstmord, wenn das eigene Territorium angegriffen wurde. Zumindest Frankreich, das an dieser Strategie stets festhielt, machte sich darüber keine Illusionen. Es verzichtete folgerichtig auf jeglichen Zivilschutz gegen einen nuklearen Angriff. Dagegen baute die Schweiz ein bemerkenswert leistungsfähiges Zivilschutzsystem aus. Spannocchis Pläne liefen auf eine – den jugoslawischen Vorbereitungen ähnliche – Territorialverteidigung hinaus. Sie sollte dem Gegner vor allem asymmetrisch gegenübertreten und dabei gleichwohl eine alpine Zentralzone behaupten. Namentlich unter den Auspizien von begrenzten Kriegen, die konventionell geführt wurden, machte das Konzept prima vista Sinn. Freilich war »die mäßig ausgebildete Landwehr [...]

---

[108] Vgl. dazu Jakus, Das Vereinte Oberkommando (wie Anm. 91), S. 65 f.
[109] Vgl. Rauchensteiner, Sandkästen (wie Anm. 58), S. 306–309.

alles, nur keine Partisanentruppe«[110]. Zugleich bestärkte die erfolgreiche Außenpolitik Kreiskys die österreichische Bevölkerung in der Annahme, so *Pleiner*, ihre Sicherheit sei schon durch die Neutralität an sich verbürgt. Deren militärischer Schutz wurde dagegen als nachrangig, womöglich gänzlich überflüssig wahrgenommen. Dazu trug die sozialistische Bundesregierung bei – darin ihren Vorgängerinnen durchaus verwandt –, indem sie dem Bundesheer die Mittel für die Schaffung, die angemessene Ausrüstung und den Unterhalt der Landwehrtruppen im erforderlichen Umfang verweigerte. Kein Wunder, dass die ostdeutsche Militäraufklärung 1974 eine »ungenügende Wehrbereitschaft der Bevölkerung«[111] ausmachte. Damit fiel eine wesentliche Voraussetzung der Raumverteidigung möglicherweise weitgehend aus, die Spannocchi stets betonte, nämlich die Bereitschaft der Bevölkerung, den Kleinen Krieg ihrer Streitkräfte gegen einen denkbaren Eindringling zu unterstützen und im Gegenzug dessen Repressalien in Kauf zu nehmen[112].

Die Masse des Bundesheeres bestand in den 1970er und 1980er Jahren aus der raumgebundenen Landwehr. Dazu kamen acht vollmotorisierte Jägerbrigaden der mobilen Landwehr und eine Panzergrenadierdivision als Bereitschaftstruppe. Das gesamte Staatsgebiet war in Raumverteidigungszonen eingeteilt. Den Kern bildete ein alpiner Zentralraum mit vorgelagerten Schlüsselzonen und selbstständigen Schlüsselräumen mit befestigten Anlagen. Der Zentralraum stellte eine Art Réduit dar. Dieses zeichnete sich nicht zuletzt dadurch aus, dass es neben den angenommenen Hauptoperationsachsen des möglichen Gegners lag. Schlüsselzonen und -räume sollten diese voraussichtlichen Operationsachsen sperren. Von zentraler Bedeutung war der dem deutschen II. Korps vorgelagerte Raum Linz–Steyr–Wels und vermutlich auch das dem italienischen V. Korps vorgelagerte Kärnten. Wäre es zu einem Angriff durch Österreich gekommen, war es Aufgabe der ungarischen Streitkräfte und der in Ungarn stationierten sowjetischen Divisionen, sowohl in Richtung Wien–Linz als auch in Richtung Graz–Klagenfurt–Italien vorzustoßen. Voraussichtlich hätten tschechoslowakische und sowjetische Verbände im Wald- und Mühlviertel angegriffen, um die Donau Richtung Süden zu überschreiten. Der Schlüsselraum Innsbruck–Brenner hatte eine doppelte Aufgabe. Zum einen sollte ein Vorstoß der NATO zur Herstellung einer Verbindung zwischen dem italienischen IV. und dem deutschen II. Korps verhindert werden. Zum anderen sollte er durchgebrochene Verbände des Ostens aufhalten. Die Hauptbedrohung blieb jedoch der Operationsfall A, der oben bereits angesprochene Vorstoß entlang der Donau nach Bayern[113].

---

[110] Friedrich Korkisch, Die atomare Komponente. In: Zwischen den Blöcken (wie Anm. 18), S. 387–450, hier S. 439. Vgl. dazu auch die negative Bilanz des Zeitzeugen Manfred Flödl, Der erste Jagdkommandokurs 1963. In: Zum Schutz der Republik Österreich (wie Anm. 76), S. 419–451, hier bes. S. 450 f.
[111] Zit. nach Fuhrer, Neutral (wie Anm. 30), S. 242.
[112] Vgl. Othmar Tauschitz (Generaltruppeninspektor 1985–1990) als Zeitzeuge. In: Korkisch, Die atomare Komponente (wie Anm. 110), S. 447.
[113] Vgl. Philipp, Der Operationsfall »A« (wie Anm. 18), S. 337–354; Steiger, Das Raumverteidigungskonzept (wie Anm. 99), S. 561–581; Róbert Széles, Die strategischen Überlegungen des

Das Bundesheer der 1970er Jahre stand vor einem Dilemma. Einen massiven Angriff des Warschauer Pakts, etwa aus der ČSSR in die Gebiete südlich der Donau, hätte es unter hohen Verlusten nur bedingt verzögern können, wenn es den Kampf grenznah aufnahm. Ein rascher Rückzug ins Gebirge widersprach dagegen dem Konzept der Raumverteidigung. Außerdem hätte man dem Gegner dadurch die Vormarschachsen überlassen. Die Nadelstiche der Jagdkampfgruppen wären vom Gegner voraussichtlich nur als lästige Mückenstiche empfunden worden; zumal sich schnell erwies, dass in weiten Teilen des alpinen Vorlandes die Infanterie ohne Lenkwaffen keinen Jagdkampf gegen Panzer führen konnte. Das Verbot des Staatsvertrages war längst obsolet. Auch waren einige Panzerabwehrraketen beschafft worden, ohne dass ein Signatarstaat Einspruch erhoben hatte. Gleichwohl diente der Staatsvertrag stets als wohlfeiles Argument gegen politisch unerwünschte Forderungen nach modernen Lenkwaffen[114]. Überdies war der Kräfteansatz zu gering. Mit der Masse der Bereitschaftstruppe und der mobilen Landwehr konnte bestenfalls der Raum Linz–Steyr–Wels verteidigt werden. Dabei handelt es sich um ein relativ dicht besiedeltes Gebiet, das die Fähigkeit zum Ortskampf erforderte. Dafür war die Landwehr jedoch kaum ausgebildet. Vor allem verblieben für die übrigen Schlüsselräume kaum ausreichend Kräfte. Folgerichtig wurde die raumgebundene Landwehr auch zur Verteidigung dieser Räume und ebenfalls zur Verteidigung des Raumes Linz–Steyr–Wels herangezogen. Damit war der Einsatz in vertrautem Gelände hinfällig und mithin die Raumverteidigung ineffektiv. Dazu kamen eklatante Mängel an Ausrüstung und Munition. Schließlich hätten die Politiker vermutlich versucht, eine vom möglichen Gegner als Eskalation wahrgenommene Mobilmachung so lange wie möglich hinauszuzögern. Gerade die rechtzeitige Mobilmachung war jedoch eine zwingende Voraussetzung für den halbwegs erfolgreichen Einsatz der Landwehr[115].

Der Raum Steyr–Wels–Linz hätte sich den Verbänden des Warschauer Pakts namentlich dann als alternative Stoßrichtung angeboten, wenn ihnen der Einbruch in die CENTAG im Bereich der Fulda-Senke misslungen wäre. Wäre die Verteidigung der österreichischen Bereitschaftstruppe und der mobilen Landwehr erfolgreich gewesen, hätten sie den Einsatz taktischer Atomwaffen des Warschauer Pakts provoziert. Stieß dieser jedoch auf wenig oder keinen Widerstand der Österreicher im Raum Steyr–Wels–Linz, hätte die NATO taktische Atomwaffen eingesetzt, um das Vordringen des Gegners nach Südbayern zu verhindern[116]. Insgesamt blieb das Spannungsverhältnis zwischen Abhaltepflicht, Raumschutz und Alpenréduit, so konstatiert *Pleiner*, weitgehend ungelöst. Die Bundesregierung reagierte auch in den 1980er Jahren wie gehabt – nämlich gar nicht. Freilich mag man

---

Warschauer Paktes für Mitteleuropa in den 70er Jahren und die Rolle der Neutralen. In: Tausend Nadelstiche (wie Anm. 100), S. 25–46.

[114] Vgl. Luchak, Austria (wie Anm. 75), S. 92 f.

[115] Vgl. Philipp, Der Operationsfall »A« (wie Anm. 18), S. 354–380; Rauchensteiner, Sandkästen (wie Anm. 58), S. 313–323; Erwin Fitz, Die Planungen des Österreichischen Bundesheeres zur Verteidigung Vorarlbergs. In: Die Planung der Abwehr (wie Anm. 71), S. 79–106, hier S. 85–103.

[116] Vgl. Korkisch, Die atomare Komponente (wie Anm. 110), S. 440, 447 f., 450.

angesichts der tatsächlichen militärischen Optionen Österreichs auch darin zweckrationales Verhalten sehen.

VII.

Österreich war ein militärischer Trittbrettfahrer der Nordatlantischen Allianz. Dabei ließ die österreichische Gesellschaft jedoch so wenig wie die der Schweiz einen Zweifel daran, welchem Lager sie sich zurechnete. Es war nur folgerichtig, dass Österreich in den Vereinten Nationen meist die westlichen Positionen unterstützte. In der Ungarnkrise von 1956 machte selbst die Regierung in Wien zum Ärger der Sowjets keinen Hehl daraus, dass ihre Sympathien bei den aufständischen Ungarn lagen. In der ČSSR-Krise hielt sie sich bereits deutlich zurück[117]. Aber selbst die Bitten der eigenen Regierung um Rücksichtnahme auf die Neutralität des Landes hielten die österreichischen Medien nicht davon ab, kritisch aus dem Brennpunkt der Krise zu berichten. Der langjährige Intendant des Österreichischen Rundfunks (ORF), Gerd Bacher, hatte schon 1967 den unvergleichlichen Status Österreichs beschworen. In der Neutralität zwischen den Blöcken und der gemeinsamen Vergangenheit vieler Völker Osteuropas mit den Österreichern in der Doppelmonarchie sah er die Grundlage, die kleine Alpenrepublik zur »Ost-West-Drehscheibe« zu machen. Tatsächlich trugen der neutrale Status ihres Landes und ihre Professionalität den österreichischen Journalisten in der osteuropäischen Bevölkerung den Nimbus besonderer Glaubwürdigkeit ein. Damit transportierten die österreichischen Medien ab den 1970er Jahren westliches Denken nach Osteuropa[118]. Wer sich hier Gedanken machte über die geistige, womöglich sogar mehr als über die materielle Verödung durch den real existierenden Kommunismus, der empfing aus Österreich den Sauerstoff glaubhafter Information und unzensierten Denkens. Allerdings profitierten die westlichen Medien nicht zuletzt von der Schlussakte von Helsinki 1975, die letztlich die Systemkonkurrenz einhegte. Zugleich eröffnete sie dem Kampf um die Köpfe und Herzen der Menschen ein neues Feld.

1966 hatte der Warschauer Pakt erneut eine gesamteuropäische Sicherheitskonferenz ins Spiel gebracht. Die europäischen NATO-Mitglieder setzten 1967 – parallel zum Strategiewechsel des Bündnisses – den nach dem belgischen Außenminister Pierre Harmel benannten Bericht durch. Dessen Kernbotschaft war die Ergänzung militärischer Sicherheit durch politische Entspannung[119]. Die Allianz bot ihrem Kontrahenten 1968 Verhandlungen über einen ausgewogenen Truppenabbau an. Dieser reagierte im März 1969 mit dem Budapester Appell für eine europäische Sicherheitskonferenz. Die finnische Regierung lud im Mai 1969 dazu ein. Die

---

[117] Vgl. Jankowitsch, Das Problem der Äquidistanz (wie Anm. 32), S. 473–481; Gehler, Österreichs Außenpolitik (wie Anm. 32), S. 161–164, 175 f.
[118] Vgl. Berthold Molden, »Die Ost-West-Drehscheibe«. Österreichs Medien im Kalten Krieg. In: Zwischen den Blöcken (wie Anm. 18), S. 687–774, hier bes. S. 705–713, 718–732.
[119] Vgl. Wenger, The Politics of Military Planning (wie Anm. 86), S. 180–182.

österreichischen Außenpolitiker sahen sich in ihrer vom Westen gelegentlich beargwöhnten Haltung bestätigt, Gesprächsangebote des Ostens auszuloten. Wien reagierte sofort. Es unterstützte 1969 die finnische KSZE-Initiative und bot 1970 Wien als Ort für die Verhandlung über den Truppenabbau an. Jugoslawien begrüßte die Initiative zwar ebenfalls, forderte aber vor allem begleitende vertrauensbildende Maßnahmen wie Manöverbeschränkungen und -beobachter. Dagegen reagierte die Schweiz wesentlich verhaltener. In einem Truppenabbau wähnte sie zunächst die Schwächung der NATO und damit auch der eigenen Sicherheit. Sie machte, gemäß ihrer hergebrachten Rolle als Anbieter guter Dienste, Strukturen zur friedlichen Konfliktregelung zu ihrem Anliegen.

Die Minderung der Ost-West-Spannung und vor allem die Reduzierung der konventionellen Truppen lagen im unmittelbaren sicherheitspolitischen Interesse Österreichs und Jugoslawiens. Tatsächlich begannen die Verhandlungen 1973 in Wien und zogen sich zunächst über Jahre ergebnislos hin. Sie änderten daher wenig an der Bedrohungslage Österreichs. Das galt auch für die Begrenzung der strategischen Rüstung, auf die sich die Supermächte 1972 einigten. Denn diese schloss einen begrenzten und womöglich teilnuklear geführten Krieg auf dem Territorium der nicht nuklear gerüsteten Staaten Europas nicht aus, wenn sie ihn nicht sogar wahrscheinlicher machte.

Schon mittelfristig bedeutsamer war die positive Reaktion der Allianz auf das Budapester Signal des Warschauer Pakts. Es waren einerseits die in der Europäischen Gemeinschaft (EG) zusammengeschlossenen Westeuropäer – einschließlich Großbritannien, dessen Beitritt bevorstand –, die den Gedanken der europäischen Sicherheitskonferenz aufgriffen. Ihre einschlägige Politik koordinierten die EG-Staaten seit 1970 in der »Europäischen Politischen Zusammenarbeit«. Durch die Entfaltung der politischen Institutionen des Warschauer Paktes stand auch dessen Mitgliedern eine Plattform zur Verfügung, um ihre Politik gegenüber dem Westen zu koordinieren. Zwischen den Neutralen (Finnland, Jugoslawien, Österreich, Schweden und der Schweiz) zeichnete sich auch ohne institutionelles Gerüst eine inhaltliche Abstimmung ab. Damit reagierten diese auch auf das koordinierte Auftreten der EG/NATO-Staaten, die das Risiko einer Einigung der Blöcke über die Köpfe der Neutralen hinweg barg. Ausschlaggebend für die Rolle sowohl der europäischen NATO-Staaten und Kanadas wie der Neutralen war der zunehmende Bilateralismus der Supermächte. Amerikaner und Sowjets waren vorwiegend an der Absicherung des Status quo der Verhältnisse in Europa interessiert. Entsprechend skeptisch nahm die Nixon-Administration den Wunsch der Europäer auf, im Rahmen einer Sicherheitskonferenz auch die Einhaltung der Menschenrechte und die größere Freizügigkeit für Menschen, Ideen und Informationen zu verhandeln. Denn diese Forderung zielte auf eine friedliche, evolutionäre Überwindung des Status quo in Europa[120].

---

[120] Vgl. Daniel C. Thomas, The Helsinki Effect: international norms, human rights, and the demise of communism, Princeton, NJ 2001, S. 39-54, 259-261; Jussi M. Hanhimäki, Détente in Europe, 1962-1975. In: The Cambridge History of the Cold War (wie Anm. 1), Bd 2, S. 198-218, hier

imperialistischer Klasseninteressen« in das Lager der NATO[126]. In Fortsetzung seiner bisherigen Linie versicherten sich die sowjetische Führung und die Wiener Regierung gleichwohl gegenseitig beste bilaterale Beziehungen. Selbst zur Militärregierung in Polen ließ Österreich bei aller Kritik den Gesprächsfaden nicht abreißen[127].

Prekär für die Sicherheit des Alpenraums waren auch wachsende Spannungen innerhalb der Vielvölkerföderation Jugoslawien. Das erhebliche internationale Ansehen, das Tito sich erworben hatte, flankierte seinen zusehends rigiden Kurs nach innen. Nicht nur in der Sowjetunion, auch in Jugoslawien nahm die Verfolgung politischer Gegner nach Unterzeichnung der Schlussakte von Helsinki wieder zu. Der Selbstverwaltungssozialismus mündete in eine lähmende Bürokratisierung von Wirtschaft und Gesellschaft. Dabei hatte Jugoslawien schon lange vor den übrigen osteuropäischen Staaten auf großzügige westliche Kredite zurückgreifen können. Die Integrationsfigur Tito starb 1980, und die nachfolgenden Regierungen konnten die galoppierende Wirtschaftskrise nicht mehr beherrschen[128]. Damit zeichnete sich ein destabilisierter Raum an der Nahtstelle der Blöcke ab. Es wuchs die vermeintliche oder tatsächliche Versuchung für den jeweils anderen Block, diesen Raum unter Kontrolle zu bringen.

VIII.

Die Schweiz, Österreich und Jugoslawien verknüpften alle drei eine unterschiedlich aktive Neutralitätspolitik mit einer Raumverteidigungskonzeption. Gemeinsam war allen drei Konzepten die Behauptung eines Gebirgsréduits – das im Falle Jugoslawiens im bosnisch-serbischen Kerngebiet lag – und eine mehr oder minder ausgeprägte Verteidigung des Vorfelds. Dabei hätten sich Jugoslawen und Österreicher stärker auf den Kleinen Krieg abgestützt. Das Milizheer der Schweiz hätte den Gegner wiederum in einem System von Geländebefestigungen zu binden gesucht, um mit seinen mechanisierten Kräften Durchbrüche zu bekämpfen und örtliche Gegenangriffe durchzuführen[129]. Auch den Jugoslawen standen in der regulären Armee solche Kräfte zur Verfügung. Alle drei Konzepte basierten auf der Annahme, das Kalkül des Gegners hinsichtlich der operativen Opportunität des Durchmarsches durch den neutralen Staat beeinflussen zu können. Der hohe Preis für den Eintritt in das und den Aufenthalt auf dem Territorium des Neutra-

---

[126] So 1981 der Chef der sowjetischen Militäraufklärung, Theo Gregori, ähnlich 1979 Fritz Streletz, Chef des Hauptstabes der NVA sowie der Bericht einer Besuchergruppe der NVA in der Schweiz 1984. Zit. nach Veleff, Angriffsziel Schweiz? (wie Anm. 67), S. 81, 190.

[127] Vgl. Gehler, Österreichs Außenpolitik (wie Anm. 32), S. 485-488; Mueller, The Soviet Union (wie Anm. 47), S. 277.

[128] Vgl. Calic, Geschichte Jugoslawiens (wie Anm. 8), S. 257-259, 263-281.

[129] Vgl. die plastischen Formulierungen des Zeitzeugen Hans Senn, Entstehung, Redaktion und Umsetzung der Konzeption der militärischen Landesverteidigung vom 6.6.66. In: Die Konzeption vom 6.6.66 – 40 Jahre danach. Beiträge zum Symposium des Chefs der Armee vom 6.6.2006, Bern 2007, S. 40-47, hier S. 46 f.

len sollte den Gegner abschrecken. Denn nur im Falle Jugoslawiens bestand ein gewisses Risiko, dass der neutrale Staat das eigentliche Ziel eines Angriffs wurde. Immerhin betonte ein tschechischer Zeitzeuge, nie Pläne gesehen zu haben, die eine vorsätzliche Verletzung der österreichischen Neutralität beinhalteten[130]. Freilich machten konventionelle militärische Konzepte in den neutralen Alpenstaaten vor allem dann Sinn, wenn man wie die NATO von der konventionellen und letztlich auf Europa begrenzten Kriegführung ausging. Die Krise der Entspannungspolitik seit den späten 1970er Jahren sprach eher gegen diese Annahme

Zeitgleich zum KSZE-Prozess und den Wiener Abrüstungsverhandlungen baute der Warschauer Pakt zwischen 1965 und 1980 seine Streitkräfte fortlaufend aus. Das ging einerseits auf den wachsenden Einfluss des sowjetischen militärisch-industriellen Komplexes unter dem Parteivorsitzenden Leonid I. Brešnev und seinem Verteidigungsminister Andrej A. Grečko zurück[131]. Andererseits hatten die sowjetischen Militärs seit 1964 der konventionellen Kriegführung als denkbarer Option für eine längere Anfangsphase eines Krieges in Europa zusehends Aufmerksamkeit gewidmet. Gerade die Flexible Reaktion der Gegenseite schien ein Fenster der Möglichkeiten am Beginn eines Konflikts zu öffnen. Vielleicht ließ sich der Zeitraum zwischen der Wahrnehmung eines umfassenden Überraschungsangriffs des Warschauer Pakts durch die NATO und deren Entscheidung über selektive Nukleareinsätze nutzen, um den Großteil des taktischen Nuklearpotenzials der NATO konventionell auszuschalten[132]. Zudem verwandelte sich der Warschauer Pakt immer stärker zum Instrument der Koalitionskriegführung. Ein geheimes Truppenstatut von 1980 unterwarf alle Truppen der Verbündeten im Konfliktfall der Führung durch den sowjetischen Generalstab. Damit wurde kodifiziert, was von Anfang an Praxis war. Parallel wurde der Kommandostrang des Paktes ausgebaut. Für jeden Kriegsschauplatz – die Alpen zählten zum Raum »Südwest« – wurde ein eigenes Oberkommando zwischengeschaltet. Im Ergebnis wurde die sowjetische Kontrolle über die Streitkräfte der Verbündeten noch engmaschiger[133]. Naturgemäß belasteten diese enormen Rüstungsanstrengungen nicht nur die ohnehin schwächelnde sowjetische Wirtschaft, sondern auch die der Verbündeten. Die auf Dauer angelegte Kriegswirtschaft mag der planwirtschaftlichen Ordnung kongenial gewesen sein, führte aber langfristig zu erheblichen Wohlfahrtsverlusten[134].

In westlichen Augen verschob sich die militärische Balance nun zugunsten der Sowjetunion. Schon der amerikanische Präsident Carter forderte daher 1977 von seinen europäischen Bündnispartnern eine massive konventionelle Aufrüstung.

---

[130] So der tschechische Generalleutnant Mojmír Zachariáš. In: Military Planning (wie Anm. 3), S. 79.
[131] So Generalmajor Aleksandr Liahkovskii, ebd., S. 95 f. Vgl. ebd., S. 182 f.; Umbach, Das rote Bündnis (wie Anm. 48), S. 150–154, 246–250.
[132] Vgl. Umbach, Das rote Bündnis (wie Anm. 48), S. 168 f.; Fuhrer/Wild, Alle roten Pfeile (wie Anm. 14), S. 180 f., 191–200.
[133] Vgl. A Cardboard Castle? (wie Anm. 93), S. 429; Umbach, Das rote Bündnis (wie Anm. 48), S. 40–42, 250–265.
[134] Vgl. Umbach, Das rote Bündnis (wie Anm. 48), S. 69–72; Military Planning (wie Anm. 3), S. 61, 65, 80, 90 f.

Der Nordatlantikrat verabschiedete 1978 einen Long Term Defence Plan (LTDP). Er sah eine jährliche Steigerung der Verteidigungsausgaben um drei Prozent vor und zielte vor allem auf die Erhöhung der Einsatzbereitschaft der konventionellen Truppen. Insgesamt nahmen die Landstreitkräfte der NATO in Europa im Zeitraum von 1969 bis 1986 von gut 26 auf fast 29 Divisionen zu. Daneben wurde Material für drei US-Divisionen eingelagert, die eingeflogen werden sollten. Freilich machte die Steigerung nur die Verluste aus den späten 1960er Jahren wett. Alle Anläufe wie die des LTDP, eine nachhaltige konventionelle Aufrüstung ins Werk zu setzen, verliefen weitgehend im Sande. Allein die Bundeswehr erreichte in den 1980er Jahren mit sechs aktiven Heimatschutzbrigaden und weiteren sechs Brigaden als Geräteeinheiten einen deutlichen Aufwuchs. Unter anderem verstärkte die aktive gepanzerte Heimatschutzbrigade 56 die 1. Gebirgsdivision und damit die Verteidigung im Bayerischen Wald. Ab 1980 sollten ein Panzeraufklärungsbataillon und ein leichtes Pionierbataillon, das die Flussbrücken über Salzach und Inn gesprengt hätte, unter Führung der 1. Luftlandedivision die österreichisch-deutsche Grenze überwachen. Griff der Warschauer Pakt südlich der Donau über Österreich an, war es Aufgabe der 10. Panzerdivision als Korpsreserve des II. Korps und der 1. Luftlandedivision, den Raum südlich der Donau zu verteidigen[135].

Mindestens so wichtig wie die Kopfstärke der Landstreitkräfte war deren Ausrüstung. Der dritte israelisch-arabische Krieg 1973 hatte die Bedeutung panzerbrechender und anderer Präzisionswaffen gezeigt. Die Ausrüstung namentlich der amerikanischen und westdeutschen Streitkräfte mit kampfwertgesteigerten Panzern, panzerbrechenden Waffen, Kampfhubschraubern und mit Systemen zur elektronischen Kriegführung schritt voran. Selbst die Schweiz vollzog diese Entwicklung nach. Sie ging einher mit Überlegungen sowohl der U.S. Army wie des SACEUR (seit 1979) Bernard Rogers und weiterer hoher NATO-Generale[136], einer Panzeroffensive des Warschauer Paktes auch konventionell durch eine Anti-Blitzkriegstrategie entgegenzutreten. Das hergebrachte Denken in Verzögerungs- und Verteidigungslinien sollte zugunsten einer Manöverkriegführung aufgegeben werden. Den angeblichen Schematismus des Warschauer Paktes wollte man durch überlegene Führungssysteme und Führungsverfahren konterkarieren. Von Anfang an sollte auch die 2. Staffel (»Follow-on forces«) des Warschauer Paktes angegriffen werden. Naturgemäß interpretierte der Pakt die Überlegungen der NATO als Ausweis ihrer wachsenden Aggressivität. Offenbar hegten sowjetische Militärs schon zu Beginn der 1980er Jahre die Sorge, ein Durchbruch zum Atlantik, wie in den Plänen aus den 1960er Jahren, werde nicht mehr möglich sein[137].

---

135 Vgl. dazu Bundesarchiv (BArch), Abteilung Militärarchiv, Freiburg i.Br., BH-8/8/207, 1. Gebirgsdivision, Divisionsbefehl Nr. 1/80, 9.9.1980. Ähnlich auch ebd., BH 8/10/353, 10. Panzerdivision, OpBefehl »B«, 17.3.1988. Diesen Hinweis verdanke ich Helmut R. Hammerich.
136 So beispielsweise der damaligen Inspekteurs des Heeres der Bundeswehr, Hans-Henning von Sandrart, Der Kampf in der Tiefe bedingt ein operatives Konzept. In: Europäische Wehrkunde, 1987, 2, S. 71–76.
137 Vgl. Duffield, Power Rules (wie Anm. 57), S. 194–229; A Cardboard Castle? (wie Anm. 93), S. 342–346, 356 f., 402 f., 406–412, 415–417, 466–482, 490 f., 500–506, 511–517; Military Planning (wie Anm. 3), S. 24 f., 47–49, 52–55, 80 f., 103–105, 108, 123, 176; Umbach, Das rote

Namentlich der seit 1974 regierende deutsche Bundeskanzler Helmut Schmidt sah die eigentliche Herausforderung in der um 1976 einsetzenden Modernisierung des sowjetischen Mittelstreckenpotenzials. Die Mittelstreckenrakete SS-20 besaß mobile Startrampen. Sie konnte innerhalb von etwa 15 Minuten gestartet werden. Schließlich vermochte man ab 1980 mit einer Rakete des Typs bis zu drei Sprengköpfe in unterschiedliche Ziele zu steuern. Die Reichweite lag mit 5000 Kilometern weit über derjenigen vergleichbarer westlicher Gegenstücke. Folgerichtig erreichten diese Raketen ganz Europa, aber ansonsten allenfalls Alaska. Die Sowjets betrachteten die Nachrüstung offiziell als schlichte Modernisierung ihrer bereits vorhandenen Mittelstreckenraketen. Tatsächlich stellte die SS-20 die Fähigkeit des Warschauer Paktes sicher, nach Atomschlägen in die Tiefe des westeuropäischen NATO-Gebiets mit einiger Aussicht auf Erfolg nach hergebrachtem Konzept die konventionell-nukleare Offensive bis an den Atlantik anzutreten[138]. Das reflektierte einerseits die sowjetische Sorge vor wachsenden konventionellen Fähigkeiten des Westens. Andererseits schuf sich die Sowjetunion mit der Mittelstreckenrüstung vor dem Hintergrund des durch den Nichtverbreitungsvertrag und die SALT-Abkommen stipulierten nuklearen Regimes der Supermächte einen politischen Hebel. Er schien womöglich gefährlicher als die militärische Bedrohung. Die Sowjets konnten die Bundesrepublik Deutschland und andere nicht nuklear gerüstete Staaten – also auch Neutrale wie Jugoslawien und Österreich – einem Wechselbad von militärischem Druck und politischen Lockungen aussetzen. In aller Schärfe stellte sich für diese nicht nuklear armierten Staaten die alte Frage nach der Glaubwürdigkeit der amerikanischen Garantien: Waren die Vereinigten Staaten wirklich bereit, dasselbe Risiko des nuklearen Untergangs zu tragen wie ihre Verbündeten? Oder hätten sie im Ernstfall deren Sicherheitsinteressen einem Arrangement mit den Sowjets geopfert?

Kaum verwunderlich angesichts der Reichweiten und des eigenen strategischen Potenzials, reagierten Carter und die Vereinigten Staaten zunächst verhalten auf die Forderung des deutschen Bundeskanzlers nach einer Antwort der NATO auf dieses spezifische Risiko. Denn die Forderung Schmidts zielte mindestens ebenso auf die Amerikaner wie auf die Sowjets. Dabei war die Entwicklung moderner Mittelstreckenwaffen, insbesondere der Marschflugkörper, in den Vereinigten Staaten bereits angelaufen. Allerdings zweifelten amerikanische Militärs offenbar am operativen Nutzen dieser Waffen; zumal wenn diese frontnah – statt in Portugal oder auf den Shetlandinseln – aufgestellt wurden[139]. Die Allianz beschloss – letztlich in der Logik des Harmel-Berichts – im Dezember 1979, entweder mit den Sowjets den Abbau oder zumindest die deutliche Reduzierung auszuhandeln oder

---

Bündnis (wie Anm. 48), S. 245 f.; Däniker, Schweizerische Selbstbehauptungsstrategien (wie Anm. 69), S. 42 f.; Richard Lock-Pullan, How to Rethink War: Conceptual innovation and Air-Land Battle Doctrine. In: The Journal of Strategic Studies, 28 (2005), S. 679–702; sowie Überlegungen der tschechoslowakischen Armee von 1984 zum Rogers-Plan in: Veleff, Angriffsziel Schweiz? (wie Anm. 67), S. 242–250.

[138] Vgl. A Cardboard Castle? (wie Anm. 93), S. 449.
[139] Vgl. Military Planning (wie Anm. 3), S. 27, 132–134.

mit amerikanischen Mittelstrecken nachzurüsten[140]. Der Beschluss wurde zwei Wochen nach dem Einmarsch der Sowjetunion in Afghanistan gefasst.

Insbesondere die Sowjetunion erkannte in der 1983 anlaufenden Modernisierung des Mittelstreckenpotenzials der NATO eine besondere Bedrohung. Nach der Kubakrise hatten die Amerikaner 1963 die in der Türkei und Italien dislozierten Mittelstreckenwaffen abmontiert, mit denen sie von fremdem Boden aus die Sowjetunion bedrohten. Jetzt, nach zwei Jahrzehnten, kehrten diese Systeme wieder. Die kurze Flugzeit der Mittelstreckenraketen setzte die Vorwarnzeiten auf wenige Minuten herab, in denen die Sowjetunion über Art und Umfang eines Zweitschlages entscheiden konnte[141]. In der Sowjetführung begann die Sorge vor einem westlichen nuklearen Enthauptungsschlag zu grassieren. Freilich materialisierte sich in dieser konkreten Sorge die Grundbefindlichkeit, überhaupt nur noch von Feinden aller Art – von der rivalisierenden kommunistischen Großmacht China über die polnische Gewerkschaft »Solidarność«, die Menschenrechtsgruppen und Islamisten bis hin zu den Vereinigten Staaten und der NATO – umgeben zu sein[142]. Dazu kam die dumpfe Ahnung, dass die kommunistische Wirtschaftsordnung an die Grenzen ihrer Möglichkeit geraten war. Wenig verwunderlich, bliesen Marschälle, Generale und KGB-Leute besonders stark ins Horn der wachsenden Bedrohung, versprach diese doch eine anhaltend gute Konjunktur für die von ihnen geleiteten Apparate. Selbstredend galt dies auch vice versa für westliche Vertreter des militärisch-industriellen Komplexes. 1984 stolperte der sowjetische Generalstabschef Nikolai V. Ogarkov über seine überzogenen Rüstungsforderungen, die wirtschaftlich nicht zu erfüllen waren[143].

Angesichts der Skepsis der westeuropäischen Öffentlichkeit gegen Atomwaffen hatte die Sowjetführung gehofft, die von ihr unterstützte Friedensbewegung im Westen werde die Nachrüstung verhindern und damit die westliche Allianz nachhaltig erschüttern. Die Chancen standen zunächst nicht schlecht. Viele Bürger Westeuropas hatten den Eindruck gewonnen, der Reagan-Administration gehe es gar nicht mehr ums Verhandeln, sondern um die Aufstellung von Raketen, mit denen die Sowjetunion unter militärischen Druck gesetzt werden sollte[144]. Das sowjetische Kalkül mit der westlichen Angst vor dem Atomkrieg ging nicht auf. Die westliche Friedensbewegung erlangte keinen durchschlagenden Einfluss auf das Regierungshandeln in den NATO-Staaten. Nur wer die französische Strategie

---

[140] Vgl. Leopoldo Nuti, The origins of the 1979 dual track decision – a survey. In: The Crisis of Détente in Europe (wie Anm. 124), S. 57–71; Marilena Gala, From INF to SDI. How Helsinki reshaped the transatlantic dimension of European security, ebd., S. 111–123, hier S. 112–115; John W. Young, Western Europe and the end of the Cold War, 1979–1989. In: The Cambridge History of the Cold War (wie Anm. 1), vol. 3, S. 289–310, hier S. 295–297.

[141] Vgl. Military Planning (wie Anm. 3), S. 62, 160, 163.

[142] Vgl. Umbach, Das rote Bündnis (wie Anm. 48), S. 220–223; Military Planning (wie Anm. 3), S. 113.

[143] Vgl. Robert Craig Nation, Programming Armageddon. Warsaw Pact war planning, 1969–1985. In: The Crisis of Détente in Europe (wie Anm. 124), S. 124–136, hier S. 131 f.; Beatrice Heuser, The Soviet response to the euromissiles crisis, ebd., S. 137–149, hier S. 140–144; Umbach, Das rote Bündnis (wie Anm. 48), S. 228–234, 325–327; Military Planning (wie Anm. 3), S. 203.

[144] Vgl. Gala, From INF to SDI (wie Anm. 140), S. 115–119.

nicht kannte, wunderte sich, dass selbst der sozialistische Präsident François Mitterrand im Januar 1983 vor dem Deutschen Bundestag vehement für die Stationierung der Mittelstrecken plädierte. Dabei regierte Mitterrand zu diesem Zeitpunkt mit einer sozialistisch-kommunistischen Koalitionsregierung. Unterdessen sahen sich die kommunistischen Regime selbst allenthalben mit Friedens- und Menschenrechtsgruppen sowie unabhängigen Gewerkschaften im eigenen Machtbereich konfrontiert. Zudem ächzten ihre Volkswirtschaften unter den sicherheitspolitischen Aufwendungen. Die Verschuldung im Westen und das Scheitern der wirtschaftlichen Arbeitsteilung im Rat für gegenseitige Wirtschaftshilfe (RGW) bildeten sich auch in den Osthandelsbilanzen Österreichs ab[145]. Damit hatte sich der Korb III von Helsinki als Hypothek erwiesen, ohne dass die Hoffnungen auf den Korb II in Erfüllung gegangen waren. Die Modernisierung der Planwirtschaften mit Hilfe westlicher Technologie war weitgehend misslungen. Östliche Zeitzeugen sehen die Ursachen freilich weniger in der Planwirtschaft als in dem angeblich vom Westen angestoßenen Rüstungswettlauf und in dessen Embargopolitik.

Vor diesem Hintergrund war die Sorge westlicher Militärs verständlich, die Sowjetunion und ihre kommunistischen Verbündeten könnten ihr Heil in einem begrenzten konventionellen Vorstoß suchen[146]. Der fatale Entschluss von 1979, zugunsten einer kommunistischen Regierung in Afghanistan einzugreifen, konnte so gedeutet werden. Mit dieser Entscheidung reagierte die kommunistische Führung in Moskau freilich nicht zuletzt auf den vermeintlich bedrohlich zunehmenden Einfluss des Islam auf eine rapide wachsende Bevölkerung in ihren südlichen Unionsstaaten. Die sowjetischen Militärs diskutierten die Überlegungen ihrer Gegenspieler zur konventionellen Kriegführung und entwickelten entsprechende Konzepte[147]. Zeitzeugen betonen dagegen, dass sich die Sowjetunion kaum auf einen begrenzten Krieg eingelassen, sondern im Konfliktfall sofort ihr gesamtes strategisches und nukleares Potenzial auch gegen die Vereinigten Staaten eingesetzt hätte[148]. Selbst Schweizer Militärs dachten zu Beginn der 1980er Jahre über einen Atomkrieg nach, zum Leidwesen ihrer politischen Führung[149]. Tatsächlich war die Haltung des sowjetischen Militärs und seiner politischen Führung zur Frage des nuklearen Ersteinsatzes zumindest ambivalent[150]. Die inneren Spannungen in der Sowjetunion und in ihrem Machtbereich sowie deren wirtschaftliche Schwäche sprachen gegen einen längeren Krieg um Westeuropa und für einen Blitzkrieg. Für diesen waren die Streitkräfte des Warschauer Paktes angesichts hoher Präsenzstär-

---

[145] Vgl. Resch, Der österreichische Osthandel (wie Anm. 122), S. 542–553, 555.
[146] Vgl. Military Planning (wie Anm. 3), S. 56 f.
[147] Vgl. Dima P. Adamsky, The conceptual battles of the central front. The air-land Battle and the Soviet military-technical revolution. In: The Crisis of Détente in Europe (wie Anm. 124), S. 150–162, hier S. 152–158.
[148] Vgl. Military Planning (wie Anm. 3), S. 61.
[149] Vgl. Däniker, Schweizerische Selbstbehauptungsstrategien (wie Anm. 69), S. 93–99; und dazu Peter Braun, Kritik an der Konzeption 66 und Anfänge einer schweizerischen Strategiediskussion – Gustav Dänikers Strategie des Kleinstaats. In: Die Konzeption vom 6.6.66 (wie Anm. 129), S. 48–59.
[150] Vgl. Umbach, Das rote Bündnis (wie Anm. 48), S. 236–244.

ken und großer Munitionsvorräte gut gerüstet. Sobald ein konventioneller Blitzkrieg stecken blieb, lag der Griff nach taktischen Atomwaffen nahe. Schließlich war auch die konventionelle Modernisierung der Streitkräfte der NATO noch keineswegs so weit gediehen, dass die NATO den raschen Einsatz von taktischen Atomwaffen ausschließen konnte. Im Gegenteil fuhren die modernisierten Mittelstreckenwaffen der NATO nun auf der Schwäbischen Alb spazieren – mithin nicht allzu weit von der Schweiz und Österreich entfernt und in bedenklicher Nähe zu den Streitkräften des Gegners[151]. Sollten diese wider Erwarten rasch in Süddeutschland eintreffen, bestand nur die Alternative, die Waffen abzufeuern oder sie in feindliche Hände fallen zu lassen. Im Übrigen stellte sich dieses Problem auch bei den weiterexistierenden Depots für Atomsprengköpfe (*special ammunition sites*) auf westdeutschem und italienischem (z.B. die der SETAF in Natz-Schabs in Südtirol) Boden weiter. Schachbrettartig waren – um nur beim unmittelbaren Alpenvorland zu bleiben – Atomwaffendepots auf der Linie München–Landsberg–Pfullendorf–Radolfzell–Villingen verteilt[152]. Sobald ein Großteil der eigenen Flugplätze zerstört gewesen wäre, die NATO ihre Reserven eingesetzt und ein massiver Durchbruch voraussichtlich zum Verlust der Verteidigungsfähigkeit geführt hätte, hätte die NATO die Freigabe dieser Atomwaffen beantragt[153].

Insgesamt sprach in dieser Atmosphäre gegenseitiger Bedrohungsängste, gepaart mit der Überzeugung, dass ein Krieg nur Verlierer kennen würde, wenig für den begrenzten Krieg mit konventionellen Mitteln und viel für die Haltung der österreichischen Regierung. Ihr genügten offenkundig auch weiterhin minimale militärische Fähigkeiten zum Grenzschutz und symbolische Streitkräfte als Ausdruck staatlicher Souveränität. Dass seine Neutralität und sein Engagement in den Vereinten Nationen und in der KSZE im Ernstfall Österreich nicht geschützt hätten, mag heute kaum mehr jemand bezweifeln[154]. Gleichwohl darf auch gefragt werden, ob dies den Schweizern gelungen wäre. Immerhin steigerten diese – im Gleichschritt mit Westdeutschen und Amerikanern – durch fortgesetzte Erneuerung der Ausrüstung ihrer Streitkräfte in den 1980er Jahren deren Kampfwert beträchtlich[155].

IX.

Mit Michail Gorbačëv vollzog die kommunistische Parteibürokratie der Sowjetunion 1985 den überfälligen Generationenwechsel an ihrer Spitze. Wie *Sviatlana Stsiaposhyna* zeigt, hielt Gorbačëv an dem ursprünglichen Konzept fest, den ameri-

---

[151] So auch Generalleutnant Oddom. Vgl. Military Planning (wie Anm. 3), S. 133.
[152] Vgl. http://www.gerline.de/sas/index.php (letzter Zugriff: 11.7.2011).
[153] So der westdeutsche General Leopold Chalupa, 1983 bis 1987 Oberbefehlshaber der NATO in Mitteleuropa (CINCENT). In: Military Planning (wie Anm. 3), S. 107.
[154] Vgl. Martin Malek, Österreich und die Auflösung des Warschauer Pakts (1989–1991). In: Zwischen den Blöcken (wie Anm. 18), S. 557–614, hier S. 593–596.
[155] Vgl. Senn, Entstehung (wie Anm. 129), S. 44–46.

kanischen Einfluss auf Westeuropa zurückzudrängen. Freilich sollte dies nicht durch Verschärfung, sondern durch den Abbau der militärischen Spannung erfolgen. Ziel war ein partnerschaftliches Verhältnis zu den europäischen Staaten im Rahmen einer gemeinsamen europäischen Sicherheit. Finnland und Österreich, aber auch Holland und das neutrale Schweden sah Gorbačëv als vorrangige Adressaten seiner Politik. Nicht nur darin erinnerte er an seine Vorgänger Jurij V. Andropov[156] und Chruščëv[157]. Dessen Absicht, über die Gründung eines Gegenbündnisses die Auflösung beider Allianzen einzuleiten, lebte in der Idee wieder auf, die beiden Militärbündnisse zu einem »gemeinsamen Haus Europa« umzubauen. Offenkundig sollten Österreich und Ungarn vor dem Hintergrund ihrer gemeinsamen Vergangenheit in der Doppelmonarchie eine Vorreiterrolle bei der Schaffung von blockübergreifenden Beziehungen in Mitteleuropa spielen. Gedacht war an die Erweiterung der bestehenden neutralen Staaten in der Mitte Europas um Deutschland, Polen, die ČSSR und Ungarn. Damit wäre ein neutraler Cordon sanitaire geschaffen worden, freilich diesmal von der Sowjetunion und unter anderen Vorzeichen als von Frankreich in der Zwischenkriegszeit[158]. Folgerichtig wies die sowjetische Außenpolitik den Neutralen in der weiter geführten KSZE eine wichtige Mittlerrolle zu. Entsprechend den Unterschieden im jeweiligen Neutralitätsverständnis sollte sich Österreich vor allem den grundsätzlichen politischen Aspekten der Beziehungen zwischen den KSZE-Staaten und die Schweiz dem wirtschaftlichen und wissenschaftlichen Austausch widmen. Damit taten sich einerseits neue Chancen für die aktive Neutralitätspolitik und die Politik der guten Nachbarschaft auf. Andererseits büßte Österreich zwangsläufig an politischer Bedeutung für die Sowjetunion ein, je mehr sich deren Dialog mit den Vereinigten Staaten intensivierte[159]. Gleichwohl war die von 1986 bis Anfang 1989 in Wien tagende KSZE-Folgekonferenz über Menschenrechte ein später Erfolg der Westeuropäer einschließlich der Neutralen, der die innere Reform der Sowjetunion in dieser Zeit begleitete[160].

Parallel zu dem neuen Kurs in der Außenpolitik sollten die politisch-diplomatischen Funktionen des Warschauer Paktes entwickelt werden. Militärisch setzte die Sowjetunion jetzt eine Defensivstrategie durch. Schon anlässlich der Verlängerung des Warschauer Vertrages hatte Gorbačëv 1985 eingeräumt, dass ein strategisches Gleichgewicht mit der NATO erreicht worden sei. Mit dem Wandel des strategischen Denkens veränderte sich auch die Führungsriege des sowjetischen Militärs[161]. Eine tschechoslowakische Stabsrahmenübung ging Anfang 1987 von

---

[156] Vgl. A Cardboard Castle? (wie Anm. 93), S. 477.
[157] Vgl. Vladislav Zubok, The Soviet Attitude towards the European Neutrals during Cold War. In: Die Neutralen und die Europäische Integration 1945–1995. Hrsg. von Michael Gehler und Rolf Steininger, Wien [u.a.] 2000, S. 29–43.
[158] Vgl. Naimark, The Soviet Union (wie Anm. 50), S. 253 f.; Gémes, Austrian-Hungarian Relations (wie Anm. 52), S. 334.
[159] Vgl. Mueller, The Soviet Union (wie Anm. 47), S. 283.
[160] Vgl. Thomas, The Helsinki Effect (wie Anm. 120), S. 236–238, 241–244, 260 f.
[161] Vgl. A Cardboard Castle? (wie Anm. 93), S. 507; Umbach, Das rote Bündnis (wie Anm. 48), S. 333–335, 339–341, 343 f., 347–352, 363 f.; Mastny, Learning from the Enemy (wie Anm. 51), S. 37–40.

einem konventionellen Angriff der NATO gemeinsam mit Österreich aus. Der Angriff sollte rein konventionell abgewehrt werden; ein Vorstoß zum Atlantik war nicht mehr vorgesehen. Im Mai 1987 verkündete die sowjetische Militärführung eine reine Defensivstrategie zur künftigen Militärdoktrin des Warschauer Paktes. Eine militärische Übermacht der NATO wollte man freilich auch in Zukunft nicht hinnehmen[162]. Im Dezember 1987 einigten sich Präsident Reagan und Generalsekretär Gorbačëv auf den vollständigen Abbau der Mittelstrecken weltweit. Und im März 1989 wurden die Verhandlungen über den wechselseitigen Truppenabbau neu gestartet, die 1990 in den Vertrag über die Konventionellen Streitkräfte in Europa mündeten. 1988 setzte der einseitige Abbau der sowjetischen Truppen in Osteuropa ein; die Verbündeten zogen 1989 nach. Damit hatten Österreich und die Schweiz wesentliche sicherheitspolitische Ziele erreicht.

Wie einst Georgij M. Malenkov, Chruščëv und ganz zaghaft auch Andropov zwischen 1982 und 1984 sah Gorbačëv die Notwendigkeit, die kommunistische Herrschaftsordnung bei Strafe des wirtschaftlichen Zusammenbruchs zu reformieren. Vor allem galt es, die überbordenden Rüstungsausgaben einzuschränken. Er machte am Ende die Erfahrung, dass systemstabilisierend und machterhaltend gedachte Reformen unter den Stichworten »Transparenz« und »Umbau« den Zusammenbruch des Kommunismus eher beschleunigten als aufhielten. Reformen ›von oben‹ schlugen rasch in Revolten ›von unten‹ um. Es war dies eine Erfahrung, die bereits die polnischen und ungarischen Genossen 1956, die tschechischen und slowakischen Genossen 1968 und dann wiederum die polnischen Genossen 1980 gemacht hatten[163]. Freilich hatte seinerzeit der Einsatz – oder die Drohung mit dem Einsatz – sowjetischer Panzer die kommunistischen Regime vor dem Kollaps bewahrt. Jetzt überforderte die sowjetische Reformpolitik die Verbündeten. Von ihnen wurde jene Transparenz und jener Umbau erwartet, welche die Sowjetführung früher stets bekämpft hatte. Offenkundig überfordert war jedoch auch die sowjetische Partei- und Wirtschaftsbürokratie selbst, wie *Stsiaposhyna* anmerkt. Kaum anders erging es der sowjetischen Generalität. Ob das Sowjetsystem an seiner strukturellen Reformunfähigkeit, an seiner Niederlage im Wettrüsten oder an der seit der Schlussakte von Helsinki nicht mehr zu ignorierenden Forderung nach Demokratie und Rechtsstaatlichkeit[164] zugrunde ging, erscheint vorläufig schwer zu entscheiden. Vermutlich wirkten alle drei Faktoren zusammen.

Die »Geisterversammlung« des Politischen Beratenden Ausschusses (PBA) des Warschauer Pakts im Juli 1989 dokumentierte dessen sich abzeichnende Auflösung, obwohl zum letzten Mal Kommunisten unter sich waren. Die politische Betonfraktion der DDR, Bulgariens und der ČSSR stand den in Richtung Demo-

---

[162] Vgl. A Cardboard Castle? (wie Anm. 93), S. 551-553, 559-561; Jakus, Das Vereinte Oberkommando (wie Anm. 91), S. 16-23; Christopher Jones, Gorbačevs Militärdoktrin und das Ende des Warschauer Paktes. In: Der Warschauer Pakt (wie Anm. 54), S. 245-271, der sich nicht zuletzt den Vordenkern der Reform widmet.
[163] Vgl. Anthony Kemp-Welch, Eastern Europe: Stalinism to solidarity. In: The Cambridge History of the Cold War (wie Anm. 1), vol. 2, S. 219-237; John L. Gaddis, Grand Strategies in the Cold War, ebd., vol. 3, S. 1-21, hier S. 9 f.
[164] Vgl. Thomas, The Helsinki Effect (wie Anm. 120), S. 222-236, 285 f.

kratie tendierenden Polen und Ungarn sowie dem stalinistischen Eigenbrötler Rumänien gegenüber. Und zwischen allen Stühlen saß Gorbačëv[165]. Er wiederholte, was er bereits im Dezember 1988 vor den Vereinten Nationen als auch am Vortag vor dem Europarat zugesichert hatte, nämlich das Recht der Osteuropäer, künftig ihren eigenen Weg zu gehen. Damit gab es keine Rückversicherung auf Gegenseitigkeit mehr. Der Pakt begann sich aufzulösen[166]. Immerhin hatte sich Ungarn schon zu Jahresbeginn 1989 in Moskau rückversichert, sein Grenzregime nach Westen zu normalisieren. Am 27. Juni 1989 durchschnitten der ungarische und der österreichische Außenminister Gyula Horn und Alois Mock in einem symbolischen Akt den Stacheldrahtzaun an der gemeinsamen Grenze im Burgenland. Das entsprach dem in Moskau ventilierten Gedanken einer Brückenfunktion beider Länder. Damit war der Kalte Krieg zu Ende – gut vier Monate vor der Grenzöffnung in Berlin. Rund drei Wochen später, am 17. Juli 1989, stellte Österreich den Antrag auf Beitritt zur EG. Schon zuvor hatte sich abgezeichnet, dass Moskau diesen Schritt letztlich doch hinnehmen werde, wenn auch zähneknirschend[167]. Allenfalls für kurze Zeit hatte Ungarn mit dem Gedanken einer Neutralität nach österreichischem Muster geliebäugelt. Die Auflösung der Militärorganisation des Warschauer Pakts zum 31. März 1991 kam zumindest für Österreich überraschend[168].

X.

Die NATO überlebte das Ende des Kalten Krieges. Zwar war der eigentliche Anlass ihrer Gründung, die Abwehr der kommunistischen Bedrohung, weggefallen. Aber ein weiterer wichtiger Grund ihrer Existenz, die Verantwortung der Vereinigten Staaten als Ordnungsmacht in Europa, verlor nichts an Aktualität. Das sollte sich in der dramatischen Unfähigkeit der Europäer zeigen, dem Bürgerkrieg in Bosnien von 1992 bis 1995 Einhalt zu gebieten. Die Schattenseite der einstigen Volksbewaffnung zeigte sich jetzt, da alle möglichen Freischärler und Banden in die Auseinandersetzungen der Volksgruppen eingriffen. Trotz der einschlägigen Erfahrungen im und nach dem Zweiten Weltkrieg waren die europäischen Staaten nicht in der Lage, jenseits ihrer Partikularinteressen den ethnischen Säuberungen wirksam entgegenzutreten[169]. Erst das amerikanische Eingreifen schuf hier Remedur. Eine NATO-Truppe löste die erfolglosen Blauhelme der Vereinten Nationen

---

[165] Vgl. A Cardboard Castle? (wie Anm. 93), S. 644–654 (Zitat DDR-Verteidigungsminister Heinz Kessler, S. 653).
[166] Vgl. Umbach, Das rote Bündnis (wie Anm. 48), passim.
[167] Vgl. Gehler, Österreichs Außenpolitik (wie Anm. 32), S. 605–610; Mueller, The Soviet Union (wie Anm. 47), S. 283 f.
[168] Vgl. Martin Malek, Österreich und die Auflösung des Warschauer Pakts (1989–1991). In: Zwischen den Blöcken (wie Anm. 18), S. 557–614.
[169] Vgl. Calic, Geschichte Jugoslawiens (wie Anm. 8), S. 308–325; Carsten Gierisch, Der Jugoslawien-Konflikt als Testfall europäischer Sicherheit. In: Aus Politik und Zeitgeschichte. Beilage zur Wochenzeitung Das Parlament, 29 (1997), S. 26–38.

ab. Im Falle des innerserbischen Konflikts um das Kosovo 1999 übernahm von vornherein die NATO die Federführung.

Zwischen 1999 und 2004 trat die Allianz das Erbe ihres einstigen Kontrahenten in Osteuropa an. Mittlerweile gehören ausnahmslos alle Nachbarstaaten der neutralen Alpenrepubliken der Allianz an. Diese selbst hielten an ihrer Neutralität fest. Immerhin trat Österreich 1995 mit diesem Vorbehalt und gemeinsam mit Finnland und Schweden der EU bei. Insofern hat auch die österreichische Neutralität die Gründe ihrer Einführung im Kalten Krieg überlebt. Dabei war Österreich aus wohlverstandenem eigenem Sicherheitsinteresse nicht am Export seiner Neutralität in die osteuropäischen Nachbarstaaten gelegen. Diese sollten sich ohnehin bald für einen Beitritt zur westlichen Sicherheitsgemeinschaft entscheiden. Damit hatte sich die geopolitische und geostrategische Bedeutung des Alpenraums fundamental gewandelt. Das alles in allem eher friedliche Ende des Kalten Krieges war auch ein Erfolg der neutralen Alpenstaaten Österreich, Schweiz und Jugoslawien. Alle drei haben in unterschiedlichem Maße und in verschiedener Form zu der von Chruščev begonnenen »friedlichen Koexistenz« beigetragen, die jedoch stets eine konfrontative Gemeinsamkeit war.

Man kann den Kalten Krieg um die Modernisierung der Welt als eine zunehmend asymmetrische Auseinandersetzung sehen[170]. Der Westen konnte sich zusehends auf seine *soft skills* verlassen. Der Osten nahm Zuflucht zu seinen *hard skills*. Seit der Kubakrise von 1962 waren beide Supermächte überzeugt, dass ein militärischer Konflikt nur Verlierer hinterlassen werde. Dennoch glaubten sie nicht, auf das Militär als ultimatives Mittel der Abschreckung und der Projektion von Macht verzichten zu können. Die militärische Bedrohung blieb gegenwärtig. Aber der Systemkonflikt verlagerte sich stärker auf die Ebene von Politik, Wirtschaft und Kultur. Der Westen konnte sich dabei auf die Anziehungskraft von Konsum, Popkultur und freier Meinungsäußerung verlassen, sofern die Bürger der kommunistischen Staaten durch Medien, Westreisen und westliche Besucher mit diesen in Berührung kamen. Im Westen erlaubte die relative Autonomie der gesellschaftlichen Sphäre vom Staat politische und kulturelle Gegenströmungen. Diese richteten sich gegen das jeweilige Establishment des Westens, ohne dass der Kommunismus Nutzen daraus ziehen konnte. Im Gegenteil stellten die oppositionellen Bewegungen – die außerparlamentarische Opposition der 1960er, die Umweltschutzbewegung der 1970er und die Friedensbewegung der 1980er Jahre – über kurz oder lang ebenfalls das Paradigma des real existierenden Sozialismus sowjetischer Prägung infrage. Dessen einstige Anziehungskraft war schon in den 1950er Jahren verblasst.

Unter den Argusaugen der Funktionäre gerann die klassische Kultur zum sterilen Erbe. Künstler und Intellektuelle bewegten sich auf dem schmalen Grat zwischen affirmativer Kritik des real existierenden Sozialismus und seiner politischen Herausforderung. Das galt selbst für den klassischen Marxismus. Marxistische

---

[170] Tony Judt, Die Geschichte Europas seit dem Zweiten Weltkrieg, München [u.a.] 2006 (engl. 2005), S. 259 f., spricht schon hinsichtlich der »kulturellen Rivalität« in der Frühphase vom asymmetrischen Charakter des Kalten Krieges.

Kritiker des realen Sozialismus in Osteuropa gerieten rasch in den Ruch der Konterrevolution. Freilich verdrängte das Helsinki-Paradigma der Wiederherstellung einer Zivilgesellschaft in den 1970er und 1980er Jahren die einst dominierende Suche der intellektuellen Opposition in Osteuropa nach einem »Sozialismus mit menschlichem Antlitz«. Dieser war mit dem Prager Frühling gestorben. Selbst der westliche Neomarxismus büßte jetzt seinen Zauber ein. Westeuropa bot mit den Menschenrechtsgedanken nicht nur einen neuen und realistischeren Ansatz zur Veränderung. Die Europäische Gemeinschaft offerierte auch eine Alternative zur sozialistischen Staatengemeinschaft. Der Wunsch der Tschechen, Ungarn und Polen, nach Europa ›zurückzukehren‹, fand hier ein konkretes Ziel. Unterdessen mengte sich in die offizielle sowjetische Ideologie zusehends russischer Nationalismus.

Ideologische Ausrichtung der Köpfe und Planwirtschaft bremsten sowohl den technologischen Fortschritt und erst recht das Wirtschaftswachstum. Der wachsende Import westlicher Technologie und westlichen Kapitals steigerte die Abhängigkeit der osteuropäischen Volkswirtschaften von den Konjunktur- und Preiszyklen des kapitalistischen Weltmarktes, ohne die Defizite in der Arbeitsteilung zwischen den Planwirtschaften zu mindern. Die sozialen Folgen des naturwüchsig krisenhaften Charakters des Kapitalismus verloren ihren Schrecken vor dem Hintergrund anhaltender Versorgungsengpässe, der galoppierenden Westverschuldung und der allenthalben sichtbaren Substanzeinbußen der kommunistischen Volkswirtschaften. Die Hoffnung der kommunistischen Eliten, durch erweiterten Konsum das Übergreifen der Systemkritik auf breite Kreise der Bevölkerung vermeiden zu können, erwies sich unter diesen Voraussetzungen als Illusion. Westliche Staaten nahmen nicht nur Ideen und Forderungen gesellschaftlicher Gegenströmungen auf, sondern inkorporierten auch Teile ihres Personals. Das gewährleistete eine vergleichsweise funktionierende Adaption des politischen Systems an den sozialen Wandel. Gegen die erodierende Legitimität ihrer Herrschaft stützten sich die kommunistischen Eliten dagegen immer mehr auf Militär und Geheimpolizei, um den gesellschaftlichen Wandel zu bremsen. Am Ende zweifelten die Eliten selbst an der eigenen Zukunft. Für Reformen ›von oben‹ war es dann zu spät, wenn denn der Kommunismus überhaupt reformfähig war[171].

Österreich kämpfte im eigenen Interesse mit seinen Möglichkeiten an der Seite des Westens. Kreiskys Politik der »gutnachbarschaftlichen Beziehungen« korrespondierte kongenial mit der Entspannungspolitik seiner alpenländischen Nachbarn: mit der »Ostpolitik« Brandts, dem Streben de Gaulles und seiner Nachfolger nach Weltgeltung im Rahmen eines eigenständigen Dialogs mit der Sowjetunion, mit dem außenpolitischen Schulterschluss der italienischen Regierungen mit den westeuropäischen Sozialdemokraten im Zeichen des *compromesso storico*. Ihrem Neutralitätsverständnis entsprechend, hielt sich die Schweiz bei grundsätzlich ähnlicher Orientierung zurück. Solange Ideen, Informationen, Kapital und namentlich Menschen die Blockgrenzen durchdrangen, nahm im Osten die Attraktivität des

---

[171] Vgl. Loth, The Cold War (wie Anm. 1), S. 518–523; Zubok, Soviet foreign policy (wie Anm. 125), S. 93–97, 109–111; Young, Western Europe (wie Anm. 140), S. 309 f.

westlichen Menschenbildes und der westlichen Lebensart zu. Dagegen galt der Anspruch der kommunistischen Eliten, auf Kosten der Gegenwart den Menschen in einer fernen Zukunft Gleichheit *und* Freiheit in einer konfliktfreien Welt zu bescheren, zusehends als illegitim. Zumindest die konservativen Regierungen Kontinentaleuropas hielten stillschweigend auch in den 1980er Jahren an dem Gedanken der allmählichen Transformation Osteuropas fest. Gleichzeitig beugte die Funktionstüchtigkeit der NATO der denkbaren Versuchung vor, die offenkundige Krise des Kommunismus durch gewaltsame Übergriffe über die Bündnisgrenzen hinweg zu lösen. Insofern behielt auch das westliche Militär seine Funktion in der politischen Auseinandersetzung mit dem Kommunismus. Mit ihrer im Harmel-Bericht paradigmatisch angelegten Doppelstrategie trugen die kontinentalen NATO-Staaten mit nicht geringer Unterstützung der Neutralen zum friedlichen Ende des Kalten Krieges bei[172]. Auf der Verliererseite stand am Ende hingegen Jugoslawien, das mit seinem Modell des multiethnischen Selbstverwaltungssozialismus scheiterte und auseinanderbrach, zum Nachteil namentlich seiner südlichen Völker. Nach dem Ende des Kalten Krieges liegen die Alpen zwar immer noch in der Mitte Europas, aber zum Glück nicht mehr im Brennpunkt europa- und weltpolitischer Gegensätze.

---

[172] »This combination of strength and willingness to talk to the other side allowed West European governments to remain popular at home, to maintain security abroad, and to pursue a dynamic policy in the Cold War«. So in der Quintessenz Young, Western Europe (wie Anm. 140), S. 289; sowie ähnlich Hanhimäki, Détente (wie Anm. 120), S. 198 f.

Abkürzungen

ABC	Atomar – Biologisch – Chemisch	CIMIC	Grundsätze der Zivil-Militärischen Zusammenarbeit
ÁBTL	Állambiztonsági Szolgálatok Történeti Levéltára (Historisches Archiv der Staatssicherheitsdienste Ungarns)	CINCENT	Commander-in-Chief Allied Forces Central Europe
ADM	Atomic Demolition Munitions	CINCSOUTH	Commander-in-Chief Allied Forces Southern Europe
AFCENT	Allied Forces Central Europe	COMAFSOUTH	Commander Allied Forces Southern Europe
AFSOUTH	Allied Forces Southern Europe	COMLANDCENT	Commander Allied Land Forces Central Europe
AMG	Allied Military Government	COMNORTHAG	Commander Northern Army Group
ASMZ	Allgemeine Schweizerische Militärzeitschrift		
ATAF	Allied Tactical Air Force		
AUA	Austrian Airlines	ČSSR	Československá socialistická republika (Tschechoslowakische Sozialistische Republik)
ÁVH	Államvédelmi Hatósáy (Amt für Staatsschutz), Ungarn		
BAOR	British Army of the Rhine	DDR	Deutsche Demokratische Republik
BAR	Schweizerisches Bundesarchiv	Div	Division
BETFOR	British Element Trieste Forces		
BMfLV	Bundesministerium für Landesverteidigung	EAG/Euratom	Europäische Atomgemeinschaft
BRD	Bundesrepublik Deutschland	Ebtm.	Erzbistum
Btm.	Bistum	EDP	Emergency Defense Plan
BuRep	Bundesrepublik	EFTA	European Free Trade Agreement
CENTAG	Central Army Group	EG	Europäische Gemeinschaft
CHPM	Centre d'histoire et de prosective militaires	EGKS	Europäische Gemeinschaft für Kohle und Stahl
CIC	Counter Intelligence Corps	EKF	Elektronische Kriegführung

EMD	Eidgenössisches Militärdepartement	IAEA	International Atomic Energy Agency, Wien
EPD	Eidgenössisches Politisches Departement	INF	Intermediate Range Nuclear Forces
ERP	European Recovery Program	Inf	Infanterie
ESVP	Europäische Sicherheits- und Verteidigungspolitik	IT	Italy
EU	Europäische Union	JA	Jugoslovenska Armija (Jugoslawische Armee)
EUFOR Tchad/RCA	European Forces Tchad/République centrafricaine	JCS	Joint Chiefs of Staff
		JNA	Jugoslovenska Narodna Armija (Jugoslawische Volksarmee)
EVG	Europäische Verteidigungsgemeinschaft	JPS	Joint Planning Staff
EWG	Europäische Wirtschaftsgemeinschaft	Katpol	Katonai Elhárító Főcsoportfőnökség (Hauptverwaltung Militärische Abwehr), Ungarn
FAK	Feldarmeekorps		
FAO	Food and Agriculture Organization of the United Nations	KGB	Komitet gosudarstvennoj bezopasnosti (Komitee für Staatssicherheit), UdSSR
Flab	Fliegerabwehr		
Flhf Kdo	Flughafenkommando	Kgr.	Königreich
FNRJ	Federativna Narodna Republika Jugoslavija (Föderative Volksrepublik Jugoslawien)	KNOJ	Korpus Narodne Obrambe Jugoslavije (Korps zur Volksverteidigung Jugoslawiens)
		KP	Kommunistische Partei
FPÖ	Freiheitliche Partei Österreichs	KPdSU	Kommunistische Partei der Sowjetunion
FTT	Freies Territorium Triest		
GASP	Gemeinsame Außen- und Sicherheitspolitik	KPÖ	Kommunistische Partei Österreichs
GDP	General Defense Plan	KSZE	Konferenz für Sicherheit und Zusammenarbeit in Europa
GE	Germany		
Gft.	Grafschaft	KT	Kilotonne
GGST	Gruppe für Generalstabsdienste	KVAE	Konferenz über vertrauens- und sicherheitsbildende Maßnahmen und Abrüstung in Europa
GRD	Gruppe für Rüstung		
GTI	Generaltruppeninspekteur		
HDv	Heeresdienstvorschrift	LANDCENT	NATO Headquarters Allied Land Forces Central Europe
HL	Hadtörténeti Levéltár (Archiv für Militärgeschichte), Budapest		
		LANDSOUTH	NATO Headquarters Allied Land Forces Southern Europe
Htm.	Herzogtum		
HRR	Heiliges Römisches Reich Deutscher Nation	LFD	Land Forces Division

LTDP	Long Term Defence Plan	OZNA	Odeljenje za Zaštitu Naroda (Organ für Volksschutz), Jugoslawien
LV	Landesverteidigung		
LVAk	Landesverteidigungsakademie Wien		
LVK	Landesverteidigungskommission	PAK Z	Panzerabwehrzug
		PBA	Politischer Beratender Ausschuss, Warschauer Pakt
MÁV	Magyar Allamvasutat (Ungarische Eisenbahnen)	PdA	Partei der Arbeit, Schweiz
Mech	Mechanisiert	PHP	Parallel History Project on Cooperative Security
Mgf.	Markgrafschaft		
MGFA	Militärgeschichtliches Forschungsamt, Potsdam	RAF	Royal Air Force
MHBK	Magyar Harcosok Bajtársi Szövetsége (Kameradenvereinigung der Ungarischen Kämpfer)	RDF	Rapid Deployment Forces
		Rep.	Republik
		RGW	Rat für gegenseitige Wirtschaftshilfe
MOL	Magyar Orszagos Levéltar (Ungarisches Staatsarchiv)	RSHA	Reichssicherheitshauptamt
MTO	Mediterranean Theatre of Operations	SACEUR	Supreme Allied Commander Europe
NATO	North Atlantic Treaty Organization	SAD	Schweizerischer Aufklärungsdienst
NKVD	Narodnyj komissariat vnutrennich del (Volkskommissariat für Innere Angelegenheiten), UdSSR	SD	Sicherheitsdienst
		SDECE	Service de Documentation Extérieure et de Contre-espionnage
NORTHAG	Northern Army Group	SETAF	Southern European Task Force
NSC	National Security Council	SFRJ	Sozialistische Föderative Republik Jugoslawien
NVA	Nationale Volksarmee		
OECD	Organization of Economic Co-operation and Development	SHAEF	Supreme Headquarters Allied Expeditionary Force
		SHAPE	Supreme Headquarters Allied Powers Europe
OEEC	Organization of European Economic Cooperation	SOVMEDRON	Soviet Mediterranean Squadron
ÖVP	Österreichische Volkspartei		
ORF	Österreichischer Rundfunk	SPÖ	Sozialistische Partei Österreichs
OSS	Office of Strategic Services		
OSZE	Organisation für Sicherheit und Zusammenarbeit in Europa	SS	Schutzstaffel
		SSF	Studienkommission für strategische Fragen

SVMM	Schweizerische Vereinigung für Militärgeschichte und Militärwissenschaft	UNESCO	United Nations Educational, Scientific and Cultural Organization
TASMO	Tactical Air Support of Maritime Operations	UNIDO	United Nations Industrial Devolopment Organization
TASS	Telegrafnoe Agenstvo Sovetsko Sojuza (Nachrichtenagentur der Sowjetunion)	UNO	United Nations Organization
		UNRRA	United Nations Relief and Rehabilitation Administration
TF	Truppenführung	USA	United States of America
TO	Truppenordnung	VOD	Verordnung über den Truppeneinsatz für den Ordnungsdienst
TRUST	Trieste United State Troops		
UDB	Uprava državne bezbednosti (Bundesverwaltung für Staatssicherheit), Jugoslawien	VOS	Vojno obaveštajna služba (Nachrichtenwesen der Partisanenarmee), Jugoslawien
		VUJA	Militärregierung der Jugoslawischen Armee
UdSSR	Union der Sozialistischen Sowjetrepubliken	VUNJA	Militärregierung der Jugoslawischen Volksarmee
ULV	Umfassende Landesverteidigung	WEU	Westeuropäische Union
UN	United Nations	WK	Wiederholungskurs

Personenregister

Adenauer, Konrad 127
Albrecht IV., Herzog von Bayern-München 43–45
Aldrian, Eduard 112
Alexander, Harold 325
Andersson, Sven 209
Andropov, Jurij V. 396 f.
Annasohn, Jakob 170, 180, 205, 238
Apuleius von Madauros 31
Arbatov, Georgij A. 338
Ariovist, Fürst der Sueben 28, 30
Arkin, William 265
Arz von Straußenburg, Arthur Freiherr 78
Attlee, Clement 234
Auffenberg, Franz Xaver Freiherr von 63
Augustus, röm. Kaiser 31 f.

Bach, Albert 137
Bacher, Gerd 385
Bahr, Egon 338
Bálint, László 308–310
Baudissin, Wolf Graf von 246 f.
Bebler, Aleš 297
Bellegarde, Heinrich Graf von 63
Berény, János 300
Bernhard, Herzog von Sachsen-Weimar 52
Béthouart, Marie Émile Antoine 107, 115, 117, 123, 352
Betts, Thomas J. 92
Bidek, Stefan 304
Bindschedler, Rudolf 172
Bischofberger, Walter 215 f.
Boarov, Živko 307

Bogomolov, Oleg T. 339
Bohlen, Charles E. 266
Bonjour, Edgar 159
Bormann, Martin 106
Boroëvić von Bojna, Svetozar 80 f.
Bradley, Omar 90, 92, 100 f.
Brajnik, Stipe 287
Brandt, Willy 400
Brežnev, Leonid I. 9, 175, 390
Brooke, Alan 89
Brósch-Fohraheim, Lothar 119
Bürgi, Paul 164
Bulganin, Nikolai A. 268
Bull, Harold R. 92

Caesar, Gaius Julius 27–31
Caligula, röm. Kaiser 32
Capuzzo, Umberto 264
Carbo, Gnaeus Papirius 26
Carl (Carl Ludwig Johann Joseph Laurentius), Erzherzog von Österreich 60–64
Carney, Robert 271
Carter, Jimmy 388, 390, 392
Cassius Dio Cocceianus 31
Chasteler, Johann Gabriel von 68
Chaudet, Paul 228–230, 237
Chlodwig, König der Franken 34
Chruščev, Nikita S. 268, 311, 318, 361 f., 364, 376, 378, 396 f., 399
Churchill, Winston S. 114, 325 f.
Claudius, röm. Kaiser 32 f.
Clausewitz, Carl Philipp Gottlieb von 239, 355
Conrad von Hötzendorf, Franz Graf 77 f., 80, 82, 84

Darabos, Norbert 151, 155 f.
Dašičev, Vjačeslav 338-341, 344
Daun, Wirich Philipp Lorenz, Graf von und zu 59
Delić, Milorad 286
Demtsa, Pál 282 f.
Dennery, Étienne Roland 230
Deroy, Bernhard Erasmus Graf von 71
Devers, Jacob L. 90, 100
Divico, Fürst der Tiguriner 27, 29
Dömény, József (»József Kemény«) 301
Dönitz, Karl 99
Donovan, William 97
Drusus, röm. Politiker 32
Dufour, Guillaume Henri 73
Dulles, Allen W. 99, 102

Eden, Anthony 112
Edwardes-Jones, Humphrey J. 168
Eisenhower, Dwight D. 87-92, 95, 97-103, 107 f., 160, 263
Elisabeth, Herzogin von Bayern 45
Ernst I., Herzog von Sachsen-Gotha-Altenburg 52
Ernst, Alfred 204, 370
Eugen, Erzherzog von Österreich-Teschen 76
Eugen Franz, Prinz von Savoyen-Carignan 25, 55, 83

Falkenhayn, Erich von 78
Farkas, Mihály 282 f., 299 f.
Farkas, Vladimir 280, 285 f., 288, 290, 301
Fasslabend, Werner 149, 151 f.
Feldmann, Josef 198 f., 215
Ferdinand I., Erzherzog von Österreich 47
Figl, Leopold 117
Filatov, sowj. Oberst 290
Fineletter, Thomas 266
Foertsch, Friedrich 244

Franz II., Kaiser (HRR) siehe Franz I.
Franz I., Kaiser von Österreich 63 f., 68
Frick, Robert 187, 238
Friedrich III., Kaiser (HRR) 43
Friedrich I., Herzog von Österreich und Steiermark 35 f.
Friedrich IV., Herzog von Tirol 39
Fussenegger, Erwin 132 f., 135-137, 140

Gábor, Péter 309
Gaismair, Michael 47
Garibald II., Herzog von Baiern 34
Garibaldi, Giuseppe 74
Gát, Zoltán 282 f., 297 f.
Gaulle, Charles de 400
Gaudenz von Matsch 43
Georg, Herzog von Bayern-Landshut 45
Georg, Herzog von Mecklenburg 49
Georgiević, Milan 304 f.
Gerő, Ernő 289
Giáp siehe Võ Nguyên Giáp
Goebbels, Joseph 91, 107, 114
Göricke, Hans-Otto 247
Gorbačëv, Michail S. 9, 12, 337-339, 341 f., 344-346, 395-398
Gošnjak, Ivan 331, 336
Graf, Ferdinand 127 f., 134, 137, 366 f.
Graziani, Rodolfo 98
Grečko, Andrej A. 390
Groscurth, Helmuth 261
Guevara de la Serna, Ernesto »Che« 141
Guisan, Henri 352, 373
Guttenstein, Wenzel Graf 56 f.
Gygli, Paul 196, 207 f.
Gyürk, Ottó 283, 300

Habecker, John C. 236
Hadik von Futak, Karl Joseph Graf 64
Háj, János 295

Handy, Thomas T. 361
Hannibal 25 f., 83, 350 f.
Háromy, Ferenc 300
Haspinger, Joachim 67
Hassel, Kai-Uwe von 206, 244
Haus, Anton 76
Heinrich V., Bischof von Chur 40
Heinrich II., König von Frankreich 49
Heinrich VI., Herzog von Kärnten, Graf von Tirol 42
Heller, Otto 136, 141 f.
Heusinger, Adolf 246, 251, 352
Hitler, Adolf 87 f., 95, 104, 106
Hodges, Courtney 95
Hofer, Andreas 67, 69, 352
Hofer, Franz 106
Hohenhauser, Dominik von 58
Holenstein, Thomas 162
Horaz 32
Horn, Gustav 52
Horn, Gyula 129, 398
Horty, Miklós 282
Horváth, János 307
Hotze, Friedrich Freiherr von 63 f., 66
Hubacher, Helmut 209 f.
Hull, Cordell 112

Ivatovic, Branko 297

Jakopović, jugosl. Major 333 f.
James Fitzjames, 1. Duke of Berwick-upon-Tweed 59
Jellačić, Franz Freiherr von 63, 66
Jetzl, Erwin 141 f.
Johann, Erzherzog von Österreich 67
Johann Friedrich I., Herzog von Sachsen 49
Johnson, Alexis 266
Joubert, Barthélemy-Catherine 60
Jovanović, Arso 326

Kádár, József 301
Kapitánffy, Albin 305 f.
Kappler, Friedrich 43

Kardelj, Edvard 330
Karl V., Kaiser (HRR) 48 f.
Karl I., Kaiser von Österreich 77 f., 81 f.
Kárpáti, Tibor 280, 299
Kaszás, József 295
Keller, Jean-Pierre 235
Kennedy, John F. 374
Keyes, Geoffrey 117
Kielmansegg, Johann Adolf Graf von 243
Kinkel, Georg August von 68
Király, Béla 267
Kissel, Hans 200
Kissinger, Henry 376
Kiszely, Gábor 310
König, Ernest 151
Koller, Arnold 216
Konev, Ivan S. 364
Kovács, Dénes 285
Krajcer, Slavo 307
Kreisky, Bruno 128, 137, 140, 142, 144, 372, 379 f., 383, 387, 400
Kruls, Hendrik Johan 229
Kuhn von Kuhnenfeld, Franz 74, 83
Kulcsár, János 295
Kun, János 300
Kunos, László 286
Kuntner, Wilhelm 145 f., 199

Labancz, István 300
Lahousen, Erwin von 301
Lamb, Lionel Henry 229 f.
Lanc, Erwin 342
La Tour d'Auvergne, Henri de, Vicomte de Turenne 53
Lattre de Tassigny, Jean de 103
Lavaud, Gaston L. 238
Lecourbe, Claude-Jacques 65
Leeb, Anton 136
Lefebvre, François Joseph 69
Legvold, Robert 348
Lehoczky, András 283
Lemnitzer, Leyman L. 222, 266, 375

Leopold I., Herzog von Österreich und Steiermark 36, 39
Leopold Wilhelm, Erzherzog von Österreich 52
Leu von Ebersol, Joseph 73
Lichal, Robert 143
Liebitzky, Emil 127 f.
Linken, Friedrich Freiherr von 64–66
Lobova, Ljudmila 341
Louis II. Joseph de Bourbon, Duc de Vendôme 55–57
Lozjanin, Slobodan 304
Ludwig IV., Herzog von Bayern 35 f.
Ludwig V., Herzog von Bayern 42
Lüthi, Eugen 197

Magarete, Gräfin von Tirol und Görz 42, 351
Mahalik, István 290
Maizière, Ulrich de 246 f., 250, 261 f.
Majcen, Karl 148
Malenkov, Georgij M. 397
Malet, Ivo 335 f.
Malinovski, Rodion J. 175, 224
Malogoski, Nikola 279, 281, 292, 302–304, 306
Manola, Sretko 286
Mao Tse-tung 141, 379
Maricourt, Alain Dumesnil de 238
Marischka, Ernst 110
Marshall, George C. 97, 101
Martino, Enrico 335
Masséna, André 61–64, 66
Massu, Jacques 258
Mates, Leo 335
Matija, Ivan Maček 320
Maurer, Alfred 205–207, 216
Maximilian I., Kaiser (HRR) 40, 44–47
Maximilian I., Herzog von Bayern 53
Maximillian II. Emanuel, Herzog von Ober- und Niederbayern und der Oberpfalz 55 f., 59

Maximilian I. Joseph, König von Bayern 71
Maximilian Willibald, Graf von Waldburg-Wolfegg 53
Mayr, Peter 69
Mazzini, Giuseppe 74
Meinhard II., Graf von Tirol 42
Meinhard III., Graf von Tirol 42
Meyer-Detring, Wilhelm 256
Mikojan, Anastas I. 173
Mitterrand, François 394
Mock, Alois 129, 398
Mojić, Miloš 307
Molotov, Vjačeslav M. 112, 297
Moltke, Helmuth von 202
Montagu-Pollock, William 237
Montgelas, Maximilian Graf von 67
Montgomery, Bernhard Law 90, 92, 100 f., 192, 222–224, 226, 228–230, 234, 360, 366
Montmollin, Louis de 162
Morgan, W.D. 326
Moritz, Herzog von Sachsen 49
Mortaigne de Potelles, Kaspar Kornelius 53
Müller, Antal 290
Mussolini, Benito 352

Nagy, Imre 311, 364
Nagy, Lajos 307
Napoleon I. (Napoleon Bonaparte), Kaiser der Franzosen 25, 60–62, 68 f., 71, 74, 83, 350–352
Nash, Frank C. 231
Nejád, Rode 287
Nerva, P. Silius 31
Nixon, Richard 376
Norstad, Lauris 248, 250, 374
Nunn, Sam 270

Ogarkov, Nikolai V. 393
Oláh, József 295 f.
Oliva, Erich 112

Olmstead, George H.   231 f.
Oprecht, Hans   163 f.
Orgetorix, gallischer Helvetier   27

Parker, Dominik J.R.   223 f.
Paßler, Peter   47
Pászka, Géza   283
Pataki, Ernő   282 f.
Patch, Alexander M.   103
Patton, George S.   103
Paul I., Kaiser von Russland   67
Petitpierre, Max   173, 229
Pienzenau, Hans von   45 f.
Pintér, Mihály   301
Plancus, L. Munatius   31
Plankensteiner, Georg   58
Polybios, griech. Historiker   27
Popović, Dragutin   329
Popović, Vladimir   335
Prader, Georg   139 f., 142
Prieur, Brigadegeneral   238
Primakov, Evgenij   342
Primault, Etienne   168, 170, 175

Raab, Franz   371
Raab, Julius   134
Rácz, Pál   301
Radetzky von Radetz, Josef Wenzel Graf   178
Rajk, László   292, 307
Rak, Ante   298
Rákosi, Mátyás   285, 297, 302, 310
Ranković, Aleksandar   287
Reagan, Ronald   274, 388, 397
Reiter, Erich   155
Révész, Géza   283, 299 f.
Rickert, Paul   197, 199
Rimskij-Korsakov, Aleksandr M.   62–64, 66
Rösch, Otto   136 f.
Roger, Bernard   391
Rohan, Viktor Fürst   64
Rommel, Erwin   104
Roosevelt, Theodor D.   97

Rudolf IV., Herzog von Österreich   42
Ruprecht von Pfalz-Simmern   44 f.

Salis-Soglio, Johann-Ulrich von   73
Salm, Niklas Graf   47
Sanseverino, Roberto da   43
Schleinzer, Karl   138
Schmid, Karl   177, 196
Schmidt, Helmut   392
Schmückle, Gerd   246
Schneider, Anton   71 f.
Schneider, Heinrich   151
Schoeller, Karl   142
Schröder, Gerhard   251
Schüssel, Wolfgang   152
Scott, brit. Luftwaffenattaché   235
Seethaler, Frank A.   177 f.
Šejna, Jan   175, 224 f.
Senn, Hans   202 f.
Sforcan, Damillo   286
Sigmund, Erzherzog von Österreich   40, 42 f.
Silius, Publius   31
Simić, Martin   286
Simpson, William H.   263
Soultrait, Richard de   236
Spannocchi, Emil   138, 141–143, 146, 198, 378 f., 381–383
Speckbacher, Josef   67
Speidel, Hans   243, 248, 250 f.
Spühler, Willy   209
Stalin, Iosif V.   89, 92, 95, 100–102, 104, 108, 121, 123, 127, 267, 310, 316, 318, 326, 349, 356–358, 361
Stamatovic, Milos   330 f.
Steck, Mathias von   58
Steinhoff, Johannes   261 f.
Štemenko, Sergej M.   297
Stephani, Karl   135–137
Strabo, griech. Historiker   26
Strauß, Franz Josef   240, 246, 355
Streich, Gottfried Freiherr von   64

Strong, Kenneth W.D. 103
Stucki, Robert 213
Sudoplatov, Pavel A. 294
Suvorov, Aleksandr V. 62-66, 350
Svetina, Albert-Ernö 280
Szabó, Jenő 296
Szarvas, Pál 283, 285
Székely, Béla 300
Szilágyi, Ferenc 300

Tárnoki, János 286
Tassilo I., Herzog von Baiern 34
Tatai, István 296
Tauschitz, Othmar 147
Tedder, Arthur W. 92, 95
Teimer, Martin 68
Telenta, Franko 304
Theoderich, König der Ostgoten 33
Thilo, Karl-Wilhelm 248, 260
Thirring, Hans 140
Thomas, Martial 67
Tiberius, röm. Kaiser 32
Tito, Josip Broz 121 f., 124, 132, 267, 270, 277, 288, 316-318, 323, 325 f., 328, 336, 349, 356-358, 361, 365, 379 f., 387, 389
Tolbuchin, Fëdor I. 96
Treichler, Robert 197
Tüdős, Sándor 295

Uhle-Wettler, Franz 254, 256
Újhelyi, György 310

Vadász, Iván 280
Valluy, Jean 248

Vance, J.R. 334
Vasović, Dragoljub 287
Vejvoda, stellv. Außenminister Jugoslawiens 330
Veljko, Mićunović 288
Verstovšek, Boris 309
Vértes, János 285
Veseljko, Prodan 307
Vidali, Vittorio 302
Vidović, Dusan 297, 308 f.
Viktor Amadeus II., Herzog von Savoyen 59
Võ Nguyên Giáp 141, 379
Vranitzky, Franz 341
Vratusa, Anton 286 f.

Waibel, Max 161 f., 175
Wattenwyl, René von 232
White, Dick G. 98
Wille, Fritz 204
Wille, Ulrich 202
Williams, James Ernst Freiherr von 67
Wilmot-Sitwell, Guy 223
Wilson, Henry 325
Wörndle, Philipp 60
Wolff, Karl 98 f.
Wrangel, Gustav 52 f.

Zagladin, Vadim 342
Zákó, András 306
Zehnder, Alfred 172 f.
Zeljug, Tomo 304
Zilk, Helmut 154 f.
Züblin, Georg 370
Zumstein, Jörg 197

Autorinnen und Autoren

Major Dr. Peter *Braun*, geb. 1972 in Luzern; Kernprozessmanager Doktrinforschung und -entwicklung im Eidgenössischen Departement für Verteidigung, Bevölkerungsschutz und Sport, Bern
E-Mail: peter.braun@vtg.admin.ch

Dr. Maurizio *Cremasco*, geb. 1932 in Genua; Senior Advisor für Strategische Studien am Istituto Affari Internazionali, Rom; Schriftsteller (u.a. Kinderbücher)
E-Mail: maurizio.cremasco@fastwebnet.it

Dr. Stefanie *Frey*, PhD, geb. 1971 in Nairobi; War Studies am King's College, London; wissenschaftliche Forschungen in Washington, London, Paris und Ottawa
E-Mail: stefanie.frey@vtxnet.ch

PD Dr. Hans Rudolf *Fuhrer*, geb. 1941 in Winterthur; bis 2006 Hauptamtlicher Dozent für Militärgeschichte an der Militärakademie/ETHZ und Privatdozent für Schweizerische Militärgeschichte an der Universität Zürich
E-Mail: hansrfuhrer@bluewin.ch

Oberstleutnant Dipl.-Staatswiss. Dr. Helmut R. *Hammerich*, geb. 1965 in Illertissen/Bayern; Wissenschaftlicher Mitarbeiter am Militärgeschichtlichen Forschungsamt, Potsdam
E-Mail: HelmutHammerich@bundeswehr.org

PD Dr. Dieter *Krüger*, geb. 1953 in Konstanz; Wissenschaftlicher Mitarbeiter am Militärgeschichtlichen Forschungsamt, Potsdam; Dozent für Zeitgeschichte an den Universitäten Halle und Potsdam
E-Mail: DieterKrüger@bundeswehr.org

Brigadier Dr. Reinhard *Mang*, geb. 1950 in Wien; Leiter des Instituts für Militärisches Geowesen, Wien
E-Mail: Reinhard.Mang@bmlvs.gv.at

Major Mag. Miljan *Milkić*, geb. 1975 in Knjaževac (Serbien); Research Assistant am Institut za strategijska istraživanja (Institut für strategische Studien), Verteidigungsministerium, Belgrad
E-Mail: miljan.milkic@mod.gov.rs

General i.R. Prof. Horst *Pleiner*, geb. 1941 in Salzburg
E-Mail: horst.pleiner@aon.at

Dr. Vladimir *Prebilič*, geb. 1974 in Ljubljana; Associate Professor am Defence Research Centre, Faculty of Social Sciences, University of Ljubljana; Bürgermeister von Kočevje
E-mail: vladimir.prebilic@fdv.uni-lj.si

Dr. Claudia *Reichl-Ham*, geb. 1968 in Wien; Stellvertretende Leiterin der Forschungsabteilung am Heeresgeschichtlichen Museum, Wien
E-Mail: c.reichl-ham@hgm.or.at

Dr. László *Ritter*, geb. 1977 in Budapest; Miklós Zrínyi Universität für Nationale Verteidigung, Institut für Geschichte der Ungarischen Akademie der Wissenschaften
E-mail: lritter@tti.hu

Hofrat Univ.-Doz. Dr. Erwin A. *Schmidl*, geb. 1956 in Wien; Leiter des Fachbereichs Zeitgeschichte am Institut für Strategie und Sicherheitspolitik an der Landesverteidigungsakademie Wien, Dozent für Neuere Geschichte und Zeitgeschichte an der Universität Innsbruck
E-Mail: erwin.schmidl@bmlv.gv.at

Dr. Felix *Schneider*, geb. 1962 in München; Militärhistoriker und Hauptlehroffizier an der Landesverteidigungsakademie Wien
E-Mail: felix.schneider@bmlvs.gv.at

Sviatlana *Stsiaposhyna*, geb. 1975 in Archangel'sk (Russland); Doktorandin am Historischen Institut der Universität Duisburg-Essen
E-Mail: sviatlana@europress-lathen.com

Oberst i.G. a.D. Dr. Jürg *Stüssi-Lauterburg*, geb. 1954 in Zürich; Historiker, Großrat des Kantons Aargau, Redakteur der Allgemeinen Schweizerischen Militärzeitschrift, Chef der Bibliothek am Guisanplatz, Bern
E-Mail: juerg.stuessi@gs-vbs.admin.ch

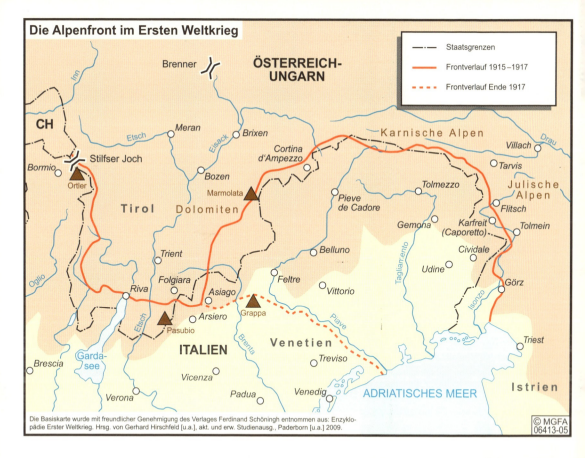